Don Wolfe

Marilyn Monroe

Enquête sur un assassinat

FRANCE LOISIRS
123, boulevard de Grenelle, Paris

Édition du Club France Loisirs, Paris,
réalisée avec l'autorisation des Éditions Albin Michel

Traduit de l'américain
par Dominique Peters, Dominique Kugler, Nadine Gassié, Pierre Girard et Andrée Nahline.

Titre original :
THE LAST DAYS OF MARILYN MONROE

ISBN 2-7441-2827-9

Pour
ma femme Ann
mon fils Paul
ma fille Mary

Sommaire

Remerciements

Cet ouvrage est l'aboutissement d'années de recherches, recherches que je n'ai pas menées seul mais parallèlement à de nombreux auteurs, biographes et journalistes d'investigation. J'ai une très grande dette envers tous mes prédécesseurs. Fred Guiles, qui a rédigé le Baedeker de toutes les biographies de Marilyn Monroe, m'a guidé d'une main irremplaçable dans le labyrinthe de l'histoire de Norma Jeane. Milo Speriglio m'a très gentiment consacré du temps et de l'énergie pour m'aider à comprendre la complexité des tromperies.

Je suit tout spécialement reconnaissant à Robert Slatzer et à son épouse Debbie pour m'avoir donné accès aux archives Slatzer. Homme rare par son esprit et sa persévérance, Bob Slatzer s'est montré envers moi d'une rare générosité.

Alors même qu'Anthony Summers était totalement engagé dans son propre projet, il a pris le temps de faire des recherches dans ses dossiers et sa note de téléphone a dû se ressentir de nos longues discussions. Je lui suis particulièrement reconnaissant de m'avoir orienté dans la forêt des éléments de désinformation — salut !

Je remercie le généalogiste Roy Turner qui m'a transmis ses précieuses découvertes à propos de Norma Jeane Baker ; avec une patience infinie, il a consacré des heures à discuter avec moi et à me guider.

Peter Brown, qui m'a soutenu dès le départ, m'a également fourni la transcription des entretiens qu'il avait menés et les dossiers qu'il détenait des archives de la Fox — merci, Peter.

Greg Shriner, Roman Hrynjszak, Patrick Miller et l'équipe unique de « Marilyn Remembered » m'ont permis de prendre contact avec ceux qui avaient connu Marilyn. Leur aide me fut inestimable.

Je voudrais remercier pour son temps et sa générosité Ted Landreth, le producteur à la BBC de « Say Goodbye to the President ».

Kathy Buster mérite des remerciements très particuliers pour l'aide éditoriale qu'elle m'a apportée, me sauvant souvent de l'enlisement dans les marais fétides de la prose hyperbolique.

Lucille Ham, qui a passé des nuits sur son clavier de traitement de texte, mérite des millions de mots de félicitations. Je ne dois pas oublier David Henschel, doué de cette mémoire absolue qui me fut si précieuse. L'aide de l'éternel ami de Marilyn, Jimmy Haspiel, ne m'a jamais fait défaut. Je suis reconnaissant à James Spada pour son assistance et ses conseils, et à Gus Russo, qui a partagé avec moi une grande richesse d'information.

Merci pour leur assistance au Special Collections Department de l'UCLA, à l'Institut de psychanalyse de Los Angeles, New York et Boston ; au bureau FOI du FBI ; aux Archives nationales de College Park ; au Special Collections Department de l'université du Texas ; à la bibliothèque de l'Académie des arts et sciences du cinéma, et à la Bibliothèque Kennedy.

La médaille d'or de la chasse aux papiers revient à mon agent, Alan Nevins, de Renaissance Agency. Alan a cru au livre dès le premier jour et il a eu la patience et la détermination de surmonter tous les obstacles encombrant la route vers la publication. Tous mes remerciements donc à Alan et aussi à Joel Gotler, Irv Schwartz, Brian Upp, sans oublier toutes ces personnes remarquables de Renaissance.

Il me faut remercier spécialement Alan Samson de Little, Brown and Company (Royaume-Uni), et Tony Cartano, des éditions Albin Michel, qui m'ont aidé et soutenu du premier au dernier mot. Je suis reconnaissant aussi à Michael Murphy, de William Morrow and Company, dont les compétences ont permis de mener ce livre à bien à travers les affres de sa publication.

Et que dire à mon épouse, Ann ? Elle ne m'a pas seulement soutenu du début à la fin, elle m'a aussi beaucoup aidé à comprendre Norma Jeane et à résoudre bien des mystères concernant Marilyn. Ann a toujours été présente, faisant tournoyer les cubes de la vérité.

Je dois exprimer ma gratitude très particulière à un homme remarquable qui est devenu un véritable ami au cours de mes recherches : Jack Clemmons. Homme intègre, Jack fut d'une rare efficacité. Comme le monde serait meilleur s'il y avait seulement dix personnes de plus comme lui ! Il est parti pour une contrée où tous les hommes sont honnêtes, et le monde y a beaucoup perdu. Je remercie Jack Clemmons d'avoir été Jack Clemmons.

PREMIÈRE PARTIE

1962-1998
DES DÉCENNIES DE TROMPERIES

1

La chambre close

> « Blonde et belle, Marilyn Monroe, symbole fascinant de la vie excitante, gaie et fastueuse de Hollywood, est morte tragiquement dimanche. On a retrouvé son corps nu dans son lit. Elle s'est probablement suicidée. Elle avait 36 ans. La star, dépressive depuis longtemps, tenait un téléphone dans une main. Tout près, une boîte de somnifères vide. »
>
> Associated Press, 5 août 1962.

Avant l'aube du dimanche 5 août 1962, un vent chaud venu du désert mojave balayait le bassin de Los Angeles, agitant les hauts eucalyptus qui protégeaient comme un rideau la maison de Marilyn Monroe, à Brentwood. On entendait tinter doucement dans l'obscurité le vieux carillon que lui avait offert le poète Carl Sandburg. D'autres sons, plus étranges, furent portés par le vent au cours de la nuit : des cris, une vitre qu'on brise. Les voisins ont parlé d'une femme hystérique qui aurait crié : « Assassins ! Espèce d'assassins ! Vous êtes contents, maintenant qu'elle est morte ? »

Mr. et Mrs. Abe Landau, qui vivaient juste à l'ouest de la maison de Marilyn Monroe, rentrèrent chez eux après un dîner tard le samedi soir et virent une ambulance et une voiture de police garées dans l'impasse devant la résidence de la star de cinéma. Vers minuit, les voisins entendirent un hélicoptère audessus d'eux. Il y eut d'autres spectacles et d'autres sons étranges avant l'aube, tandis que la ville dormait. Dans l'urgence, on rangea avec soin la maison de la star, on fit saisir les archives téléphoniques, on détruisit papiers et autres notes — et on passa un appel affolé à la Maison Blanche.

Peu avant minuit, une Mercedes noire roulait à toute vitesse vers l'est sur Olympic Boulevard, à Beverly Hills. Jugeant que la voiture allait à plus de 90 km/h, un officier de la police de Beverly Hills, Lynn Franklin, alluma sa sirène et son gyrophare et prit la voiture en chasse. Quand la Mercedes se rangea sur le bas-côté, Franklin s'approcha et éclaira de sa torche le visage des trois occupants de la voiture. Il reconnut immédiatement le conducteur, l'acteur Peter Lawford. Sur le siège arrière, il fut surpris de découvrir l'attorney général des États-Unis, Robert Kennedy, et près de lui un troisième personnage qu'il identifiera plus tard comme étant le Dr Ralph Greenson. Peter Lawford expliqua qu'il conduisait l'attorney général au Beverly Hilton Hotel pour affaire urgente. Après avoir rappelé à l'acteur que la vitesse était limitée à 55 km/h sur le boulevard, l'officier Franklin les laissa repartir.

À minuit, le sergent Jack Clemmons prit son poste au commissariat de police de West Los Angeles, Purdue Street. Les premières heures de ce 5 août 1962, un dimanche, la garde du sergent Jack Clemmons fut très calme. Jusqu'à cet appel, peu avant l'aube. Son interlocuteur se présenta : Dr Hyman Engelberg. Et il dit : « Marilyn Monroe est morte. Elle s'est suicidée. »

Croyant à une plaisanterie, Clemmons demanda :

« Qui avez-vous dit que vous étiez ?

— Je suis le docteur Hyman Engelberg, le médecin de Marilyn Monroe. Je me trouve chez elle. Elle vient de se suicider.

— Donnez-moi l'adresse, j'arrive. »

Il regarda sa montre et nota dans le registre qu'il était 4 h 25 du matin.

En descendant San Vicente Boulevard, Clemmons demanda par radio à une voiture de patrouille de le rejoindre au 12305 Fifth Helena Drive. Il parcourut les rues désertes jusqu'à Carmelina Avenue, et tourna dans la courte impasse baptisée Fifth Helena. Le numéro correspondait au bout de la rue, et il fit pénétrer sa voiture par le portail ouvert jusque dans la cour où étaient déjà garés plusieurs véhicules. Comme il descendait de voiture pour se diriger vers la maison de style « hacienda », le sergent Clemmons entendit un chien aboyer. Il frappa à la porte. Il entendit dans la maison des pas et des conversations murmurées. Il frappa à nouveau. Il se passa une bonne minute avant qu'on allume la lampe du porche et qu'une femme entre deux âges lui ouvre. Elle semblait craintive et nerveuse, et dit qu'elle était Eunice Murray, la gouvernante. Elle confirma que Marilyn Monroe s'était suicidée et conduisit le sergent Clemmons dans une chambre où gisait le corps, en travers du lit. On avait rabattu un drap sur la tête, ne laissant visible qu'une mèche de cheveux blond platine. Un homme à l'air distingué était assis, abattu, près du lit, la tête baissée, le menton dans les mains. C'était lui, dit-il, qui avait téléphoné ; il était le Dr Hyman Engelberg, le médecin de Marilyn Monroe. Un autre homme, debout près de la table de nuit, se présenta comme le Dr Ralph Greenson, le psychiatre de Marilyn Monroe.

« Elle s'est suicidée », dit le Dr Greenson. Puis, montrant la table de nuit jonchée de boîtes de comprimés, il désigna un flacon vide de Nembutal et ajouta : « Elle en a pris tout le contenu. »

Le sergent Clemmons sentit les yeux des deux médecins rivés sur lui tandis qu'il s'approchait du lit et écartait le drap qui couvrait le corps nu. C'était bien Marilyn Monroe, mais le visage connu de millions de cinéphiles dans le monde entier, sans maquillage, était transformé par la lividité cadavérique. Le corps sans vie gisait à plat ventre sur le cordon du combiné téléphonique en travers du matelas, et il semblait contusionné.

Clemmons se souvient : « Elle était à plat ventre dans ce que j'appelle la position du soldat : la tête dans un oreiller, les bras le long du corps, le bras droit légèrement plié, les jambes allongées toutes droites. » Il pensa immédiatement qu'on avait dû la placer ainsi. Il avait vu bon nombre de suicides, et contrairement à l'idée reçue selon laquelle une surdose de somnifères est une manière facile et indolore de mourir, les victimes souffrent habituellement de convulsions accompagnées de vomissements et meurent dans une posture très tourmentée.

« A-t-on bougé le corps ? demanda Clemmons.

— Non », répondirent les médecins.

Le sergent Clemmons observa les deux médecins et remarqua que le plus grand et le plus distingué, le Dr Engelberg, semblait curieusement abattu et silencieux, alors que le psychiatre, le Dr Greenson, qui parlait pour les deux, restait étrangement sur la défensive. « Il était arrogant, dit Clemmons, il me défiait presque de l'accuser de quelque chose, et je n'arrêtais pas de me demander ce qui n'allait pas chez ce type parce qu'il n'avait pas l'attitude qu'on attend dans une telle situation. »

« Avez-vous tenté de la ranimer ? demanda le sergent Clemmons.

— Non, il était trop tard — nous sommes arrivés trop tard, répondit le Dr Greenson.

— Savez-vous à quelle heure elle a pris les comprimés ?

— Non. »

Le sergent Clemmons avait l'habitude que les médecins l'informent spontanément et n'exigent pas de lui qu'il les mette à l'épreuve. Mais il s'agissait de la mort d'une star du cinéma. Quand le sergent se retourna pour parler à Mrs. Murray, il se rendit compte que la gouvernante avait quitté la pièce.

Alors qu'il fouillait la maison assez peu meublée et qu'il trouva plutôt petite et sans luxe pour une star, il retrouva Mrs. Murray dans la buanderie attenante à la cuisine, où machine à laver et séchoir étaient en marche. Elle pliait du linge sur le plan de travail et elle lui sembla agitée. Le sergent remarqua qu'elle avait déjà terminé une lessive, qu'une autre séchait et qu'une troisième tournait dans la machine à laver. Il sembla curieux au sergent Clemmons que la gouvernante s'inquiète de la lessive en pleine nuit, alors que sa patronne gisait morte dans sa chambre. Mais il savait que les gens pouvaient faire des choses bizarres quand la tragédie les frappait soudain. Tandis qu'elle continuait de plier le linge, il demanda :

« Quand avez-vous découvert que Miss Monroe avait un problème ?

— Peu après minuit, répondit Mrs. Murray. J'ai appelé le Dr Greenson, et il est arrivé vers minuit et demi. J'étais allée me coucher vers 22 heures. J'avais quelques petites choses à faire, et j'ai remarqué la lumière sous la porte de Marilyn. Je me suis dit qu'elle dormait ou qu'elle parlait avec quelqu'un au téléphone, alors je suis allée me coucher. Je me suis réveillée à minuit parce que je devais aller aux toilettes. La lumière filtrait toujours sous la porte de Marilyn, alors je me suis inquiétée. J'ai essayé d'ouvrir la porte, mais elle était fermée à clé, vous voyez, de l'intérieur.

— La porte était fermée ? fit répéter Clemmons.

— Oui, de l'intérieur. J'ai frappé, mais Marilyn n'a pas répondu, alors j'ai appelé son psychiatre, le Dr Greenson, qui n'habite pas très loin. Quand il est arrivé, elle ne lui a pas répondu non plus. Alors il est sorti et il a regardé par la fenêtre de la chambre. Il a vu Marilyn couchée, immobile, sur le lit, et il lui a trouvé une mine bizarre. Il m'a dit : “Nous l'avons perdue”, et puis il a appelé le Dr Engelberg. »

Le sergent Clemmons eut la vague impression que cette histoire avait été préparée et que Mrs. Murray la récitait par cœur, d'une voix égale et précise, tout en continuant à s'occuper du linge. Ce qui le troublait le plus dans la déclaration de la gouvernante, c'était que le corps de Marilyn Monroe avait été découvert à minuit trente, et que la police n'avait été appelée qu'à 4 h 25. Il demanda à Mrs. Murray ce qu'elle avait fait après que le corps eut été découvert.

« J'avais tant de choses à faire..., répondit-elle. Je me suis dit qu'il allait probablement venir des centaines de personnes, qu'il fallait que je m'habille. J'avais toutes sortes de choses à faire... J'ai d'abord appelé Norman Jefferies, l'homme à tout faire que Marilyn employait. Il avait participé à la décoration de la maison et il montait la garde à la porte quand c'était nécessaire. Alors je l'ai appelé immédiatement pour qu'il vienne réparer la fenêtre cassée... Et puis j'ai fait d'autres choses... vous savez.

— D'autres choses ? insista le sergent Clemmons.

— J'ai mis mes propres affaires en ordre. Je vivais pratiquement ici, et j'avais apporté beaucoup d'objets personnels en plus de mes vêtements. Et comme j'ai un panier qui m'appartient, je l'ai rempli de mes affaires. »

En retournant dans la chambre, le sergent Clemmons demanda aux médecins pourquoi il leur avait fallu près de quatre heures pour appeler la police. Le Dr Greenson répondit d'un air de défi :

« Il nous a fallu obtenir l'autorisation du service de publicité du studio avant d'appeler quiconque.

— Le service de publicité ? s'étonna Clemmons à haute voix.

— Oui, le service de publicité de la Twentieth Century Fox. Miss Monroe y tournait un film.

— Qu'avez-vous fait pendant ces heures ? »

Les médecins devinrent évasifs, mais le sergent Clemmons insista.

« Nous avons bavardé, marmonna le Dr Engelberg.

— De quoi ? demanda Clemmons. De quoi avez-vous parlé pendant des heures ? »

Les médecins haussèrent les épaules et posèrent sur lui un regard terne, sans rien dire. Le secret médical les protégeait et rien ne les obligeait à répondre à des questions, mais le sergent Clemmons trouva leur attitude étrange dans de telles circonstances. Il nota qu'il n'y avait pas de verre dans la chambre et se demanda comment la jeune femme avait avalé les comprimés de Nembutal. Il recruta donc les deux médecins pour qu'ils l'aident à chercher le verre, et ils fouillèrent toute la chambre. Même dans la salle de bains adjacente, ils ne trouvèrent ni verre ni tasse, et Clemmons découvrit que l'eau y avait été coupée pendant qu'on y faisait des travaux. Le sergent demanda alors aux médecins si Miss Monroe avait l'habitude d'utiliser une seringue hypodermique ou intraveineuse. Le Dr Engelberg répondit que non, et que les médicaments prescrits étaient tous à prendre par voie orale ; en revanche, il déclara à Clemmons qu'on l'avait récemment traitée par piqûres pour une diarrhée[1].

De retour dans la chambre, Clemmons interrogea une fois de plus les médecins sur les circonstances qui avaient présidé à la découverte du corps. Le Dr Greenson raconta l'histoire presque dans les mêmes termes que Mrs. Murray. On l'avait appelé peu après minuit et il était arrivé vers minuit trente. Il avait dû casser une fenêtre avec le tisonnier pour accéder à la chambre où il avait trouvé Marilyn sur le lit. Il indiqua que sa main tenait fermement le téléphone quand il l'avait trouvée, et qu'il le lui avait alors presque immédiatement pris. Il ajouta qu'elle avait dû essayer d'appeler à l'aide. Le sergent Clemmons trouva curieuse cette hypothèse du Dr Greenson sachant que Mrs. Murray était dans la maison, la porte de sa chambre à trois mètres de celle de Marilyn. Mais ce n'était pas au sergent Clemmons d'approfondir ces questions. Son travail consistait à établir le rapport préliminaire et à écrire ce qu'il avait vu et entendu.

Quand Clemmons quitta son travail, le soleil s'était levé et le vent du désert avait réchauffé l'air matinal. Ce serait une journée chaude. Il fut relayé par le sergent Marvin Iannone, l'officier responsable des patrouilles en voiture dans le secteur. La police avait interdit l'accès à la maison, mais la nouvelle s'était

---

1. Cette indication du Dr Engelberg à l'intention du sergent Clemmons fut passée sous silence pendant plus de trente ans. On la découvrit dans la retranscription d'une conférence donnée par Jack Clemmons le 22 mars 1991 pour l'organisation Marilyn Remembered, qui entretient à Los Angeles le souvenir de l'actrice. Il a récemment confirmé cette déclaration. Elle est surtout importante si on la rapproche des résultats de l'examen du tube digestif lors de l'autopsie (voir p. 5 du rapport d'autopsie). À ce propos, le Dr Noguchi déclare : « Le côlon montre une forte congestion et une nette décoloration. » Cette remarque jusque-là non expliquée a donné matière à des spéculations erronées sur un décès qui aurait été dû à des suppositoires ou à l'injection par le rectum de barbituriques sous forme liquide. Mais le médecin de Marilyn à New York, le Dr Richard Cottrell, dit qu'elle était sujette à des coliques quand elle subissait de fortes émotions, au point qu'en 1961 on avait diagnostiqué un côlon ulcéré.

vite répandue, et bientôt les rues furent bloquées par une foule de journalistes et de curieux.

Tandis qu'il rentrait au quartier général de la police de West Los Angeles, des idées lancinantes occupaient l'esprit du sergent Clemmons : il était certain que le corps avait été déplacé, et il se demandait de quoi les médecins avaient bien pu parler pendant quatre heures, avant d'appeler la police. Pourquoi n'avait-il pas trouvé de verre dans la pièce fermée à clé ? Pourquoi Mrs. Murray était-elle si impatiente de faire réparer par Norman Jefferies la fenêtre cassée ?

Quand il arriva au quartier général pour rédiger son rapport, Clemmons était convaincu qu'il y avait quelque chose de bizarre. Il sentait qu'on ne lui avait pas dit la vérité sur ce qui s'était produit cette nuit-là au 12305 Fifth Helena Drive.

2
« Continuez à filmer, vautours ! »

« Elle est allongée sur le canapé, endormie, la tête tournée d'un côté, les cheveux semblant s'écouler sur l'oreiller. Le col de son chemisier est ouvert, une artère soulève rythmiquement la peau pâle. Sa respiration est régulière, paisible. C'est une enfant, en dépit des longs faux cils, des cheveux soigneusement coiffés, du corps voluptueux ; l'esprit de l'enfant plane sur elle comme une lueur d'innocence. Ses paupières tremblent, un rêve sans doute... ?

Ses yeux s'ouvrent. Elle demande, parfaitement éveillée :

"Quel jour sommes-nous ?" »

Norman Rosten.

Le dimanche 5 août 1962, avant l'aube, Guy Hockett, propriétaire des pompes funèbres de Westwood Village, reçut un appel lui demandant de venir chercher le corps de Marilyn Monroe. Guy Hockett arriva chez Marilyn dans son vieux corbillard avec son fils, Don, étudiant en musique à l'université de Californie, Los Angeles, et qui payait ses études en aidant son père à transporter les corps le week-end. Ils arrivèrent au 12305 Fifth Helena Drive vers 5 h 45 du matin, et ils eurent du mal à se frayer un chemin dans la foule de plus en plus dense de journalistes et de voisins curieux qui s'étaient attroupés devant l'entrée. Ironie du sort, Marilyn Monroe, avide d'intimité, n'avait fait poser le lourd portail de bois que le vendredi précédent.

L'appel du sergent Clemmons, depuis sa voiture, pour obtenir des renforts, avait été capté par un amateur d'écoutes sur ondes courtes et relayé dans le monde entier. La nouvelle de la mort de Marilyn Monroe tomba dans les centres de communication comme un éclair d'été, réveillant rédacteurs et reporters. Le rédacteur en chef de *Time* et de *Life*, Richard Stolley, appela en urgence le reporter Tommy Thompson, qui était à l'époque le correspondant de ces deux journaux rattaché au bureau de Beverly Hills. Thompson et le photographe de *Life* Leigh Wiener arrivèrent parmi les premiers à la résidence de Marilyn.

Réveillé par un appel avant l'aube, Joe Hyams, correspondant du *New York Herald Tribune*, appela le photographe de Marilyn Monroe, Billy Woodfield, et le tira du lit. Woodfield venait de photographier la célèbre séquence de la piscine pour *Something's Got to Give*, le dernier film, inachevé, de la star. Ensemble, Hyams et Woodfield foncèrent dans les rues, étrangement vides en ce dimanche matin, jusque chez Marilyn, où ils découvrirent que le vétéran des éditorialistes de Hollywood, James Bacon, les avait devancés. Bacon avait dit au policier en faction qu'il était du bureau du coroner, si bien qu'on l'avait laissé entrer jusque dans la chambre où les photographes de la police prenaient des clichés du corps nu de la star.

Bacon se souvient : « Je suis resté juste assez longtemps pour bien voir le corps avant que la véritable équipe du coroner arrive. Je me suis alors éclipsé. » Bacon décrit le corps presque de la même manière que le sergent Clemmons : « Elle gisait à plat ventre sur le lit, le visage légèrement tourné à gauche sur un oreiller. Ses jambes étaient allongées. Elle ne tenait pas le téléphone, comme on l'a dit. J'ai remarqué qu'elle avait les ongles sales et écaillés. »

Quand Guy Hockett, des pompes funèbres, pénétra dans la chambre de Marilyn Monroe, il rassembla les indices qui pouvaient permettre de déterminer la cause de la mort — c'est-à-dire les flacons de comprimés sur la table de nuit. Il en prit huit. Une des photos de la police laisse penser qu'il y avait un verre par terre près du lit. Le sergent Clemmons affirmait qu'il n'était pas là plus tôt quand les médecins l'avaient aidé à fouiller la chambre à la recherche d'un récipient dans lequel Marilyn aurait pu boire.

Les enquêteurs de la police installèrent un quartier général temporaire dans la cuisine. Le sergent Robert Byron et son patron, le lieutenant Grover Armstrong, détectives de West Los Angeles, interrogèrent les témoins. Le sergent Byron nota qu'ils étaient arrivés dans la maison peu après 5 h 30, et que l'avocat de Marilyn Monroe, Milton Rudin, était déjà là, avec le Dr Engelberg, Eunice Murray, l'attachée de presse Pat Newcomb, et l'homme à tout faire Norman Jefferies. Apparemment, le Dr Greenson avait quitté les lieux entre le départ du sergent Clemmons et l'arrivée du sergent Byron. Rétrospectivement, Clemmons pensait possible que Rudin, Pat Newcomb et Jefferies aient été là à son arrivée vers 4 h 40, parce qu'il y avait beaucoup de voitures dans la cour, et qu'il n'était pas entré dans toutes les pièces ni dans le pavillon d'amis.

Quand le sergent Byron l'interrogea sur les circonstances entourant la découverte du corps, Mrs. Murray lui répéta la version des faits qu'elle avait donnée au sergent Clemmons — non sans pourtant en décaler le déroulement de trois heures et demie. Au lieu d'avoir vu la lumière sous la porte de sa patronne quand elle s'était levée à minuit, c'était maintenant vers 3 h 30 que cela s'était passé, et elle avait appelé le Dr Greenson à 3 h 35. Apparemment, agacés par les questions de Clemmons sur le temps écoulé entre la découverte du corps et l'appel à la police, Eunice Murray, Greenson et Engelberg avaient décidé de modifier la chronologie. Dans ses déclarations à Byron le matin, Engelberg décala aussi l'affaire de trois heures trente, déclarant qu'il avait trouvé l'actrice morte à 3 h 50 — et non « peu après minuit et demi », comme il l'avait dit à Clemmons. Dans un rapport d'enquête daté du 6 août 1962, tant le Dr Greenson que le Dr Engelberg exposèrent de nouveau au sergent Byron cette chronologie modifiée des événements. Cette modification n'était pas l'effet d'un esprit troublé ni d'une erreur de la part d'un d'entre eux : tous trois avaient changé l'histoire de la même manière.

Dans son rapport, le sergent Byron avait noté à propos des déclarations de Mrs. Murray que celle-ci semblait chercher à éluder les questions. Et plus récemment, il a déclaré : « J'avais le sentiment qu'on lui avait dit quoi dire. Que tout avait été répété avant notre arrivée. Elle avait sa version des faits, et c'était tout. » Quant à Engelberg et Greenson, de l'avis de Byron : « Ils auraient pu nous en raconter beaucoup plus... Je n'ai pas eu le sentiment qu'ils nous disaient la vérité ni sur l'heure, ni sur la situation. »

Dans la matinée de ce dimanche, le correspondant de *Time* et de *Life*, Tommy Thompson, enregistra une longue interview d'Eunice Murray. On l'entend se remémorer les événements entourant la mort de la star d'une voix sincère et douce, mesurant ses paroles avec soin et précision. Dans les décennies qui ont suivi, les preuves ont contredit sa version des faits, et elle a fini par revenir sur beaucoup des déclarations enregistrées par Tommy Thompson.

Dans sa déclaration initiale à la police et à la presse, Eunice Murray se souvenait de s'être inquiétée pour Marilyn quand elle s'était levée pour aller aux toilettes et avait vu la lumière sous la porte de la star. Elle dit clairement : « C'est la lumière sous la porte de Marilyn qui a éveillé en moi le soupçon qu'il se passait quelque chose de grave. » Pourtant, la chambre de Mrs. Murray était adjacente à celle de Marilyn, et elle disposait de sa propre salle de bains. En allant aux toilettes, elle n'avait donc aucune possibilité de voir la porte de la chambre de Marilyn. Il aurait fallu pour cela qu'elle sorte dans le couloir ou dans le salon. Quoi qu'il en soit, cette « lumière sous la porte » reste une impossibilité (voir le plan de la maison p. 519).

Quand l'ami de Marilyn Monroe, Robert Slatzer[1], à la nouvelle de la mort de Marilyn, quitta Columbus, dans l'Ohio, pour rentrer à Los Angeles, il se rendit chez la star avec l'exécutrice testamentaire de celle-ci, Inez Melson. C'était le jeudi 9 août. Slatzer remarqua que la moquette récemment posée dans la chambre de Marilyn était si épaisse qu'on avait des difficultés à fermer la porte. Le bas de la porte frottait à tel point qu'il était impossible de voir de la lumière filtrer par en dessous. Eunice Murray, présente au moment de la constatation de Slatzer, admit qu'il avait raison et qu'elle avait dû faire une erreur.

La question se pose donc de savoir ce qui a effectivement amené Mrs. Murray à penser qu'il se passait « quelque chose de grave » au milieu de la nuit.

Dans son livre *Marilyn, the Last Months,* qu'elle écrivit en 1974 avec sa belle-sœur l'astrologue Rose Shade, Mrs. Murray modifie encore son histoire. Sans plus parler de s'être levée pour aller aux toilettes, elle attribue la découverte qu'il y avait « quelque chose de grave » moins à un appel de la nature qu'aux « facultés particulières aux natifs des Poissons ».

On peut lire :

---

1. Dans son livre *Marilyn Monroe – La biographie,* Donald Spoto accuse Slatzer de n'avoir été qu'un admirateur qui aurait rencontré Marilyn pendant le tournage de *Niagara.* Des preuves et des déclarations émanant de nombreuses personnes qui connaissaient Slatzer et Marilyn pendant leur longue amitié établissent clairement la stabilité de leur relation.

> Femme douce et extrêmement intuitive, née sous le signe des Poissons, Mrs. Murray sembla sentir que le cauchemar l'attendait non pas dans son sommeil, mais par-delà la porte de sa chambre. Elle se souvient parfaitement de cette nuit :
>
> « Je n'avais aucune raison de me réveiller, d'allumer la lumière ni d'ouvrir la porte donnant sur le couloir. Il n'y avait aucun signe que quelque chose aille mal jusqu'à ce que je voie le fil du téléphone à mes pieds. J'ai su alors qu'il se passait quelque chose de grave. Le fil partait de la chambre d'amis [la pièce des téléphones] et traversait le couloir pour passer sous la porte fermée de Marilyn. Aucun bruit ne filtrait de sa chambre, et l'épaisse moquette empêchait de voir si la lumière était allumée ou non... Craignant de la réveiller inutilement, je n'ai pas frappé à la porte, je ne l'ai pas appelée. Mais comme j'étais très inquiète, j'ai composé le numéro de son psychiatre sur l'autre ligne. »

Dans cette version modifiée, Mrs. Murray raconte à ses lecteurs que la vue d'un fil de téléphone passant dans la chambre l'a poussée à appeler le psychiatre de Marilyn à 3 h 30 du matin. Pourtant, le fil du téléphone partant de la pièce où il était branché pour passer sous la porte de la chambre de Marilyn en pleine nuit n'était pas une vision inhabituelle. C'était même quelque chose de quasi quotidien.

La maison disposait de deux lignes téléphoniques. L'une était celle de la résidence, avec pour numéro GRanite 24830, et correspondait dans la pièce des téléphones au téléphone rose, l'autre, GRanite 61890, était la ligne privée de Marilyn, et elle sonnait sur un téléphone blanc branché dans la même pièce. Les deux appareils disposaient de fils de dix mètres qui permettaient d'emporter l'un ou l'autre dans sa chambre. Si Marilyn plaçait un oreiller sur le téléphone rose la nuit pour que sa sonnerie ne la dérange pas, tous ses amis savaient qu'elle emportait son téléphone privé blanc dans sa chambre. Durant ses fréquentes insomnies, afin de dissiper l'angoisse, il lui arrivait d'appeler des amis jusqu'aux premières lueurs de l'aube. Certains s'en plaignaient. Son ami Norman Rosten se souvenait qu'elle le réveillait souvent avant l'aube et qu'il l'entendait alors murmurer dans le combiné : « Devine qui c'est ? » Quand son téléphone sonnait à 2 heures du matin et qu'il le cherchait à tâtons dans le noir, il n'avait pas besoin d'une intuition particulière pour savoir que c'était Marilyn ! Un autre ami de Marilyn, Arthur James, a déclaré que, la veille de sa mort, elle avait laissé un message pour lui à 3 heures du matin. À l'évidence, le fil du téléphone privé passant sous la porte de Marilyn était la routine, pas l'exception.

Aucune des versions de Mrs. Murray concernant son sentiment qu'il se passait « quelque chose de grave » n'est plausible. Reste à se demander ce qui s'est vraiment passé au milieu de la nuit qui a inquiété Mrs. Murray au point qu'elle appelle le Dr Greenson.

Le lieutenant Armstrong indique dans son rapport : « Mrs. Murray est restée vague, voire évasive, dans sa manière de répondre aux questions concernant les activités de Miss Monroe. On n'a pu déterminer si c'était intentionnel ou non de sa part. »

Dans les déclarations qu'elle fit à la presse le lundi, Pat Newcomb raconta qu'elle avait été réveillée dans son appartement de Beverly Hills vers 4 heures le dimanche matin par un appel de l'avocat Milton « Mickey » Rudin. Rudin lui aurait dit au téléphone : « Marilyn a pris accidentellement une trop forte dose de somnifères. » Elle lui aurait demandé : « Comment va-t-elle ? », et il aurait répondu : « Elle est morte. » Pat Newcomb se souvient alors de s'être précipitée chez Marilyn à Brentwood, et d'y avoir retrouvé son patron, l'attaché de presse Arthur Jacobs. Si la police a été officiellement informée de la mort de Marilyn Monroe par l'appel du Dr Engelberg au poste de police de West Los Angeles à 4 h 25 du matin, il est donc évident, d'après les déclarations de Pat Newcomb, que tant Rudin qu'Arthur Jacobs avaient été informés de la tragédie avant la police. En ce dimanche matin, il fallut à l'attachée de presse environ quinze minutes pour se rendre au volant de sa voiture de son appartement à Beverly Hills à la résidence de Brentwood. Pourtant, dans le laps de temps où le sergent Clemmons s'était trouvé dans la maison de Marilyn — entre 4 h 40 et environ 5 h 30 —, il n'avait vu ni Pat Newcomb ni Arthur Jacobs. Le sergent Byron a cependant confirmé que Pat Newcomb était bien là quand il était arrivé peu après le départ du sergent Clemmons.

Si Pat Newcomb a déclaré qu'elle avait passé son temps, à l'aube de ce dimanche, à s'occuper de la presse et à passer de nombreux appels téléphoniques, Norman Jefferies, pour sa part, l'a décrite comme bouleversée et hystérique. Il s'est même souvenu que la police eut des difficultés avec elle : « Elle fouillait dans les tiroirs et entrait dans la chambre. Elle avait passé la soirée de vendredi dans la maison, alors peut-être cherchait-elle quelque chose qu'elle y aurait laissé. La police a dû faire preuve d'autorité. Quand on nous a dit de partir parce qu'il fallait poser les scellés sur la maison, elle a refusé de bouger. La police a eu du mal à la faire sortir. Elle tentait sans cesse de retourner à l'intérieur. Je ne sais pas si c'est parce qu'elle n'avait pas pu trouver ce qu'elle cherchait ou qu'elle n'arrivait pas à accepter ce qui était arrivé. »

Et selon Mrs. Murray : « Pat Newcomb ne voulait pas quitter la maison. Elle était assise dans la troisième chambre [la pièce des téléphones] où elle avait récemment passé la nuit. Elle s'était calmée, parce qu'avant elle était hystérique, mais elle ne montrait aucune intention de partir... La police a presque dû l'expulser de force. »

Dans la chambre, quand Guy Hockett et son fils placèrent le corps de Marilyn sur le brancard, ils remarquèrent que « la rigidité cadavérique était très prononcée, et elle n'était pas allongée toute droite, alors ça nous a pris dans les cinq minutes pour la redresser... On a eu du mal à lui rabattre les bras pour pouvoir l'attacher au brancard. Elle n'avait pas une bonne tête ; pas comme Marilyn Monroe. On aurait simplement dit une pauvre gamine qui venait de mourir... »

Si l'heure du décès est inconnue, on peut souvent la déduire de la rigidité cadavérique. Durant les quatre à quatorze heures suivant la mort, les muscles du corps se contractent pour atteindre la dureté de la pierre. Hockett se souvient qu'ils placèrent le corps sur le brancard entre 5 h 30 et 6 heures du matin. Il estima que Marilyn Monroe était morte six à huit heures plus tôt, soit entre 21 h 30 et 23 h 30 le samedi soir.

Tandis qu'on emportait le corps de Marilyn hors de sa maison, le brancard roula sur une brique du seuil portant l'inscription latine *Cursum Perficio* — que l'on peut littéralement traduire par « J'ai accompli mon voyage ». Le journaliste Joe Hyams se souvient : « Mr. Hockett a emporté le corps de Marilyn vers 6 h 30. Il l'a fait rouler dans la cour jusqu'au portail où le corbillard était garé. Le corps avait été enveloppé de la tête aux pieds dans la couverture bleu pâle du lit, qui servait de linceul. Ils lui avaient croisé les bras sur le ventre, et elle était attachée au brancard par des sangles de cuir aux pieds et à la taille. »

Tant Hyams que le photographe Billy Woodfield remarquèrent la présence sur place du capitaine James Hamilton, du bureau du renseignement de la police de Los Angeles, ainsi que de plusieurs autres officiers des services secrets. Sachant que Hamilton se montrait rarement sur les lieux d'un crime, à plus forte raison d'un suicide, Hyams se dit qu'il y avait encore des choses à apprendre sur la manière dont Marilyn Monroe était morte. Les voisins parlèrent de bruits étranges entendus dans la nuit — les hurlements d'une femme, et plus tard d'une autre femme hystérique qui criait : « Assassins ! Espèce d'assassins ! Vous êtes contents, maintenant qu'elle est morte ? » D'autres avaient entendu un hélicoptère tournoyer au-dessus de la propriété peu avant minuit.

Le corps de Marilyn une fois placé dans le corbillard, le sergent Marvin Iannone ne tarda pas à faire sortir Pat Newcomb, Norman Jefferies et Eunice Murray par la porte de la cuisine. Les scellés furent ensuite mis aux portes de la maison et du pavillon d'amis. Inexplicablement, la voiture de Pat Newcomb n'était pas là, alors qu'elle avait dit l'avoir prise pour accourir dès l'appel de Rudin. Les photos et les films des journalistes la montrent sortant de la maison et montant dans l'imposante Dodge de Mrs. Murray. Au moment où Norman Jefferies ouvrait la porte avant droite de la voiture d'Eunice Murray afin que Pat Newcomb monte, les photographes se déchaînèrent et les bombardèrent de questions sur les dernières heures de Marilyn. À nouveau hystérique, Pat Newcomb se tourna vers eux et cria : « Continuez à filmer, vautours ! » Et tandis que la voiture l'emmenait loin de la maison de Marilyn, elle cria par la fenêtre : « Qu'est-ce que ça vous ferait si votre meilleure amie mourait ? »

Peu après que la voiture de Mrs. Murray eut passé le portail, Guy Hockett et son fils firent sortir de la cour le corbillard avec à son bord le corps de la star. Le photographe hollywoodien Billy Woodfield n'était pas photographe de presse, mais, par instinct, il fixa cet instant. Au souvenir de l'incident, il a déclaré récemment : « Hyams m'avait fait entrer comme journaliste — ce qui n'était pas mon métier — mais quand le corbillard est parti, j'ai dit à Joe : "Viens, suivons l'argent !" » Woodfield prit Hyams par le bras et ils coururent à leur voiture pour suivre le véhicule de Hockett. Ils ne savaient pas au départ où se rendait le vieux corbillard Ford, mais ils le suivirent jusqu'aux pompes funèbres de Westwood Village, où l'attendait Alan Abbott, l'assistant préposé à la préparation des corps pour l'embaumement.

Guy et Don Hockett, ainsi qu'Alan Abbott entrèrent dans le bâtiment, laissant le corps momentanément sans surveillance, ce qui permit à Woodfield d'en prendre plusieurs photos dans le corbillard avant de leur emboîter le pas avec Hyams pour aller interroger Hockett. Alors qu'ils étaient dans le couloir menant au bureau, Woodfield se souvient qu'ils passèrent devant la salle d'embaumement où ils virent, près de la table d'opération, une rangée de pots en verre destinés à recevoir des prélèvements et soigneusement étiquetés avec nom et numéro. Woodfield remarqua que le nom de Marilyn Monroe figurait déjà sur les étiquettes.

En sortant le corps du corbillard, Alan Abbott s'inquiéta quand il découvrit que la presse avait suivi Hockett jusqu'aux pompes funèbres : « J'ai caché le corps de Miss Monroe dans un placard à balais, raconta-t-il. Un des journalistes m'a offert 10 000 dollars pour que je lui laisse photographier le cadavre. Je savais qu'ils ne tarderaient pas à tous nous tomber dessus, alors j'ai incité Mr. Hockett à demander des forces de sécurité. Nous n'étions que trois là-dedans, et c'était un peu effrayant — le calme avant la tempête. L'agence Pinkerton a envoyé vingt de ses hommes pour garder la presse à distance, et à la fin de la journée, nous aurions aimé qu'ils soient encore plus nombreux. »

Avant de partir, Woodfield prit une photo d'un corps couvert de son linceul, celui d'une des plus grandes stars que le cinéma ait connues : il était dans un placard à balais, entouré de têtes-de-loup et de brosses, de serpillières et de pots à prélèvements.

3

« Toodle-oo ! »

> « C'est Hollywood qui l'a détruite — Elle a été victime de ses amis... »
>
> Joe DiMaggio.

La nouvelle que Marilyn Monroe s'était suicidée mit tout Hollywood en état de choc. Ce fut la plus grande nouvelle de l'année 1962, qui occupa même plus de place dans la presse que la crise des missiles à Cuba, quelques mois plus tard. « Marilyn Monroe — Un suicide », titrait le *London Times.* Le *Los Angeles Times* publia une édition spéciale qui arriva dans les kiosques en un temps record. « Marilyn morte », proclamait la une du *Los Angeles Herald-Examiner.*

Joe DiMaggio, célèbre sportif et ancien mari de Marilyn, apprit la nouvelle très tôt le matin, à San Francisco. Il prit le premier avion pour Los Angeles. Il s'installa dans la suite 1035 de l'hôtel Miramar, non loin de chez Marilyn, et s'y cloîtra, refusant tout contact avec la presse. Son ami Harry Hall se souvient qu'il était très affecté par la mort de Marilyn, et très amer.

Robert Slatzer fut réveillé par un coup de téléphone de son voisin et ami le Dr Sanford Firestone tôt le dimanche matin. Le Dr Firestone était chez Slatzer, à Columbus, dans l'Ohio, quand, le 1er août, Marilyn avait appelé celui-ci d'une cabine téléphonique de Los Angeles. Interviewé le 23 mars 1983 par l'écrivain Anthony Summers, le Dr Firestone a confirmé sa présence, aux côtés de l'ami de Slatzer Ron Pataki. Il a déclaré : « Je sais qu'il y avait un problème. Après l'appel, Bob a dit qu'elle était très nerveuse, et qu'elle avait très peur — à cause de Bobby Kennedy et des Kennedy... »

Ce jour-là le Dr Firestone dit à Slatzer :

« Bob, j'ai une mauvaise nouvelle. Marilyn est morte. On dit que c'est les somnifères.

— Elle n'a pas pu faire ça ! s'exclama Slatzer. Elle avait trop de projets. »

Slatzer raccrocha sans dire au revoir et alluma la télévision.

« *... et les autorités déclarent que Marilyn Monroe est morte à 3 h 40, apparemment d'une surdose de barbituriques...* »

Quand Arthur Miller apprit la nouvelle, il aurait dit : « Cela devait arriver. Je ne savais ni quand ni comment, mais c'était inévitable. » Il ajouta qu'il ne se rendrait pas aux funérailles. « Elle n'est plus vraiment là. »

C'est le sergent Clemmons qui informa James Dougherty, le premier mari de Marilyn, en lui téléphonant dès son retour au poste de police de West Los Angeles. Dougherty était policier lui aussi, à Van Nuys, et Clemmons le connaissait. Quand il lui apprit la triste nouvelle, Dougherty répondit : « Je m'y attendais. »

L'ami et mentor de Marilyn, Lee Strasberg, fit une déclaration curieuse au *New York Herald-Tribune* : « Elle ne s'est pas suicidée... Si elle avait dû se suicider, elle l'aurait fait autrement. Pour commencer, elle ne l'aurait pas fait sans laisser une lettre. Et il y a d'autres raisons, dont nous ne pouvons parler, qui nous [sa femme Paula et lui] permettent d'être certains qu'elle n'a pas pu attenter à sa vie. »

Les déclarations troublantes de Strasberg avaient peut-être été influencées par Marianne Kris, la psychiatre new-yorkaise de Marilyn. Amie et voisine des Strasberg, elle était fréquemment en relation avec son associé, le Dr Ralph Greenson, et il est possible que Greenson lui ait fait des révélations sur les circonstances de la mort de Marilyn.

L'acteur Peter Lawford déclara à la presse : « Pat [Patricia Kennedy Lawford, son épouse, sœur du président Kennedy] et moi l'aimions tendrement. Elle était probablement l'être le plus merveilleux et le plus chaleureux que j'aie jamais rencontré. Tout ce que je pourrais dire d'autre serait superflu. »

Le peu qu'on savait des dernières heures de Marilyn s'appuyait sur les déclarations fragmentaires et souvent contradictoires des témoins oculaires : l'acteur Peter Lawford, la gouvernante Eunice Murray, le psychiatre Ralph Greenson, l'attachée de presse Pat Newcomb, l'avocat Milton Rudin et le médecin Hyman Engelberg. Comme il n'y eut ni enquête du coroner ni aucune enquête officielle, les témoins clés ne furent jamais contraints de témoigner sous serment et beaucoup d'entre eux, comme l'admit Mrs. Murray en 1986, dirent « ce qu'il était bon de dire à l'époque ».

Dans une interview exclusive accordée au correspondant du *Journal-American* de New York, Alfred Robbins, Pat Newcomb raconta : « Je suis arrivée chez Marilyn le vendredi. Je luttais contre une mauvaise bronchite et j'avais décidé de me faire hospitaliser pour me remettre complètement. Mais Marilyn m'a appelée et m'a dit : "Pourquoi ne viens-tu pas ici ?... Tu pourras te prélasser au soleil et te reposer autant que tu voudras et tu n'auras pas à subir l'hôpital." C'était tout Marilyn, expliqua Pat Newcomb, cet intérêt qu'elle portait à ses amis. Alors j'ai accepté son invitation. Je l'ai trouvée en grande forme. Des meubles venaient d'arriver du Mexique. Elle était de très bonne humeur — d'humeur joyeuse, même. Le vendredi soir, nous avons dîné calmement dans un restaurant près de chez elle. Le samedi, elle avait des ouvriers qui devaient faire quelques petits travaux dans la maison. Elle adorait ça. C'était la première fois qu'elle possédait une maison bien à elle. Elle était aussi excitée qu'une gamine avec un nouveau jouet. »

Pat Newcomb dit encore que lorsqu'elle avait quitté Marilyn, rien pour elle ne laissait prévoir l'imminence d'une telle tragédie. « La dernière fois que je l'ai vue, rien n'avait changé dans son humeur ni dans son comportement. » Elle se souvenait que, de la porte, Marilyn lui avait fait des signes de la main avec un grand sourire, et qu'elle avait dit : « On se revoit demain. Toodle-oo ! » Pat Newcomb avait quitté Marilyn vers 17 h 45 le samedi.

Cinq heures plus tard, Marilyn Monroe était morte.

La suite du récit des événements revient à Mrs. Murray. Celle-ci, selon ses déclarations, avait dormi le vendredi soir dans son propre appartement, à Santa Monica, et n'était revenue chez Marilyn que le samedi matin. À son arrivée, l'homme à tout faire, Norman Jefferies, était déjà au travail. Il recarrelait le sol de la cuisine.

« Je suis arrivée vers 8 h 30 le samedi matin. Marilyn était levée et vêtue de son peignoir. Pat dormait dans la chambre d'amis [la pièce des téléphones]. Marilyn et moi avons bu un jus de fruits dans le coin repas. Nous avons bavardé une petite heure de problèmes ménagers, et puis Marilyn est retournée dans sa chambre. »

Pat Newcomb dormit tard, et selon Mrs. Murray, elle eut un petit désaccord avec Marilyn quand elle émergea de la pièce des téléphones. Quand on l'interrogea au sujet de ce désaccord, Pat Newcomb déclara : « ... Notre prise de bec ce jour-là tenait au fait que j'étais capable de dormir toute la nuit, et pas Marilyn. Pendant que je dormais derrière ma porte fermée, Marilyn errait dans la maison. Elle ne pouvait supporter de ne pas parvenir à dormir. Alors, voir quelqu'un arriver bien reposé par une bonne nuit de sommeil l'a rendue furieuse. »

Toujours selon Mrs. Murray, Marilyn ne déjeuna ni ne dîna ce jour-là, et elle passa l'après-midi dans sa chambre. Mrs. Murray se souvint d'avoir vu Pat Newcomb se diriger vers sa voiture aux alentours de 13 heures. « Je l'ai appelée pour lui demander si elle voulait manger quelque chose. Elle a dit que oui et je lui ai fait une omelette. » Après le déjeuner, Pat Newcomb décida de rester. Dans l'après-midi, Mrs. Murray alla faire des courses pendant environ une heure, mais elle était rentrée à l'arrivée du Dr Greenson à 17 heures ou 17 h 30.

Le Dr Greenson ne venait pas habituellement chez Marilyn. Elle le retrouvait presque toujours chez lui, à quelques minutes de chez elle. Lorsqu'on demanda à Mrs. Murray si c'était Marilyn qui avait fait venir le Dr Greenson, elle répondit : « Non, c'est moi qui l'ai appelé en fin de matinée quand Marilyn a parlé d'oxygène. Elle m'a demandé : “Madame Murray, est-ce que nous avons de l'oxygène, ici ?” Je n'ai pas compris de quoi il s'agissait, mais je me suis dit que c'était quelque chose à ne pas négliger. Je n'avais pas coutume d'appeler le Dr Greenson pour de petits détails, mais cette fois je l'ai appelé et j'ai demandé : “Qu'est-ce que c'est que cette histoire d'oxygène ?” et il a dit : “Je ne sais pas vraiment, mais je passerai dans l'après-midi.” »

Mrs. Murray déclara que Pat Newcomb et elle discutaient au salon quand le Dr Greenson était arrivé. Après un bref passage dans la chambre de Marilyn, il revint au salon et conseilla à Pat de partir. « Quand il est venu, le docteur est allé parler à Marilyn, raconta Mrs. Murray, et puis il a demandé à Pat si elle partait. Elle a dit : “Oui, je pars.” Cela lui convenait, à l'évidence, que Pat ne reste pas, parce que Marilyn et elle avaient eu cette petite dispute. »

Mrs. Murray situe cette demande du Dr Greenson entre

17 h 30 et 18 heures. Il retourna ensuite dans la chambre de Marilyn et, environ une heure plus tard, il en ressortit et demanda à Mrs. Murray si elle pouvait rester dormir.

« J'ai répondu que oui, se souvint Mrs. Murray. Sa demande ne laissait pas supposer une quelconque urgence. Rien n'indiquait qu'il était vraiment important que je reste. » Le Dr Greenson quitta Marilyn vers 19 heures.

Quatre heures plus tard, Marilyn Monroe était morte.

Peu après le départ du Dr Greenson, un des téléphones sonna dans la pièce réservée à cet effet. « J'ai répondu et j'ai appelé Marilyn qui, assise par terre, a bavardé avec Joe DiMaggio Jr, raconta Eunice Murray. Elle était d'humeur très gaie en lui parlant. Il lui avait donné de bonnes nouvelles : il venait de rompre avec une petite amie que Marilyn n'aimait pas, et elle en était très contente. Je n'entendais pas ce qu'elle disait, mais je l'entendais rire. Après, elle a appelé le Dr Greenson et lui en a parlé. Puis elle s'est dirigée vers sa chambre. J'étais dans le salon, je voyais sa porte. Elle s'est retournée et elle a dit : "Finalement, madame Murray, nous n'allons pas faire cette promenade." Je n'ai pas su ce qu'elle voulait dire, mais le docteur m'a expliqué plus tard qu'il lui avait suggéré, si elle se sentait nerveuse, d'aller faire un tour en voiture. Comme j'étais aussi son chauffeur, nous serions parties ensemble. »

Mrs. Murray se souvenait que Marilyn était alors entrée dans sa chambre en emportant un des téléphones et qu'elle avait fermé la porte vers 20 heures. C'était la dernière fois, affirma-t-elle, qu'elle avait vu Marilyn vivante.

Trois heures plus tard, Marilyn Monroe était morte.

Bien que Peter Lawford, au fil des années, ait fait varier son récit sur des points de détail, il est resté ferme sur l'essentiel jusqu'à sa propre mort en 1984. Lawford raconta qu'il avait prévu un dîner apporté par un traiteur chinois dans sa maison sur la plage, le samedi soir, avec Marilyn et d'autres amis : un producteur de télévision, Joe Naar, et sa femme Dolores, un agent hollywoodien, George « Bullets » Durgom. Lawford téléphona une première fois à Marilyn vers 17 heures pour insister sur sa présence au dîner. Il rapporta qu'elle « avait l'air découragée par son renvoi de *Something's Got to Give* et par d'autres affaires personnelles ». Elle lui dit qu'elle n'était pas sûre de venir, qu'elle allait y réfléchir.

Comme Marilyn n'était pas là à 19 h 30, Lawford déclara l'avoir rappelée. Il la trouva déprimée et « elle parlait d'une voix pâteuse ». Elle dit qu'elle était fatiguée et qu'elle ne viendrait pas. Sa voix devint de moins en moins audible et Lawford se mit à crier pour la réveiller — il caractérisait ses cris dans le combiné comme « des claques verbales en plein visage ». Puis elle aurait dit : « Dis au revoir au Président et dis-toi au revoir aussi, parce que tu es un chic type. »

Lawford dit n'avoir plus entendu que le silence, comme si Marilyn avait posé le combiné, ou l'avait juste laissé tomber. Il avait essayé de rappeler, mais cela sonnait occupé. Très inquiet, il pensa se précipiter chez Marilyn, à dix minutes de chez lui, mais quand il le suggéra à son agent, Milt Ebbins, celui-ci s'écria : « Pour l'amour de Dieu, Peter, tu es le beau-frère du Président ! Tu ne peux pas aller chez elle. Ta femme n'est pas en ville. La presse en ferait des gorges chaudes. Je vais appeler Mickey Rudin. Il vaut mieux que l'affaire soit réglée par une autorité officielle ! »

La suite a été racontée par Milton « Mickey » Rudin. L'avocat de Marilyn évita résolument la presse, mais il résuma ce qu'il savait des événements qui se déroulèrent ce jour-là lors d'un interrogatoire mené par le lieutenant de police Armstrong, le 6 août.

> Mr. Rudin a déclaré que le soir du 4 août 1962, son secrétariat reçut un appel à 20 h 25 ; on lui transmit le message à 20 h 30. Il émanait de Milton Ebbins, qu'il devait rappeler, ce qu'il fit vers 20 h 45. Mr. Ebbins lui dit qu'il avait reçu un appel de Peter Lawford disant qu'il avait téléphoné à Marilyn Monroe chez elle et que pendant qu'il lui parlait, il avait eu l'impression que la voix de la jeune femme « s'éteignait », et que lorsqu'il avait tenté de la rappeler, la ligne était occupée. Mr. Ebbins demanda que Mr. Rudin téléphone à Miss Monroe pour s'assurer qu'elle allait bien, ou qu'il tente de joindre son médecin. Vers 21 heures, Mr. Rudin a téléphoné à Miss Monroe, et c'est Mrs. Murray qui a répondu. Il l'a interrogée quant à la santé physique de Miss Monroe, et Mrs. Murray lui a assuré que Miss Monroe allait bien. Croyant que Miss Monroe souffrait d'un de ses accès de déprime, Mr. Rudin ne pensa pas qu'il pût y avoir quelque chose de grave.

Deux heures plus tard, Marilyn Monroe était morte.

Le récit des événements des dernières heures de Marilyn Monroe par les témoins clés dépeint donc le tableau d'une journée plutôt normale où elle était « de très bonne humeur — d'humeur très joyeuse », mis à part la « petite dispute » avec Pat Newcomb et le soudain abattement au téléphone avec Lawford peu après 19 h 30. Ce récit était pourtant entaché de contradictions et de relations de cause à effet peu plausibles.

Si, comme le prétend Pat Newcomb, Marilyn l'a invitée en ces termes : « Tu pourras te prélasser au soleil et te reposer autant que tu voudras », afin d'éviter qu'elle se fasse hospitaliser, il semble peu probable que Marilyn ait été « furieuse » qu'elle dorme tard. La réalité de la dispute a été confirmée tant par Pat Newcomb que par Mrs. Murray, et plus tard par le Dr Greenson. C'est l'objet de cette dispute qui reste en question.

La visite du Dr Greenson ce jour-là soulève un autre problème. La question de Marilyn : « Mrs. Murray, est-ce que nous avons de l'oxygène, ici ? » serait la cause de l'appel de Mrs. Murray au Dr Greenson. Alors que Mrs. Murray déclare que Marilyn était « de très bonne humeur » ce matin-là, elle trouve néanmoins la question sur l'oxygène suffisamment alarmante pour appeler le psychiatre. Pourtant, cette question de l'oxygène ne se révèle alarmante qu'à postériori, une fois la mort intervenue. Mrs. Murray ne savait peut-être pas que l'oxygène était un remède bien connu à Hollywood pour soigner les cuites, mais le Dr Greenson ne pouvait l'ignorer : pourtant, l'appel téléphonique entraîna effectivement sa visite aussi prompte qu'inhabituelle. La raison donnée par Mrs. Murray pour justifier son appel n'est donc pas plausible.

Selon Mrs. Murray, après son différend avec Pat Newcomb, Marilyn se retira dans sa chambre, où elle passa presque tout l'après-midi. Elle était précise en déclarant que Marilyn était dans sa chambre quand Pat Newton partit et qu'elle ne lui dit pas au revoir. Le fait que Pat Newcomb soit restée jusqu'à 17 h 45, quand le Dr Greenson est arrivé et l'a « invitée à partir », semble aussi inexplicable que le dernier souvenir de Pat Newcomb concernant Marilyn — l'actrice souriante lui faisant des signes de la main à la porte et lui disant : « On se revoit demain. Toodle-oo ! »

Plus troublant encore est le récit du dernier appel de Peter Lawford, peu après 19 h 30. Il décrit une Marilyn profondément abattue, à l'élocution pâteuse, prononçant l'adieu dont on se souviendra : « Dis au revoir au Président, etc. » Pourtant, d'après Mrs. Murray, c'est aussi vers 19 h 30 qu'elle a appelé Marilyn pour répondre à Joe DiMaggio Jr. L'heure a été confirmée par le jeune homme lors de son interrogatoire par la police, lors duquel il a indiqué que Marilyn était tout à fait normale et de bonne humeur quand ils s'étaient parlé. Et, dans sa déclaration à la police concernant l'appel de DiMaggio, Mrs. Murray disait : « Au son de sa voix j'ai cru Miss Monroe de très bonne humeur. » Mrs. Murray avait trouvé Marilyn « d'humeur très gaie en lui parlant... je l'entendais rire ».

À en croire Lawford, quand le téléphone devint silencieux pendant sa conversation avec Marilyn, il pensa qu'elle avait raccroché. Il affirma avoir recomposé plusieurs fois le numéro, mais la ligne était toujours occupée. Il fit alors vérifier par le central téléphonique que la ligne n'était pas en dérangement, et on lui dit que le téléphone était décroché. Pourtant, Marilyn avait deux lignes téléphoniques, et Lawford connaissait certainement les deux numéros. Si sa ligne privée était décrochée et qu'il était inquiet à ce point après plusieurs tentatives et l'intervention du central téléphonique, logiquement il aurait dû tenter d'appeler sur l'autre ligne. Était-elle aussi occupée ?

Lawford ne se serait pas précipité chez Marilyn parce que Milt Ebbins lui aurait dit : « Pour l'amour de Dieu, Peter, tu es le beau-frère du Président, tu ne peux pas aller chez elle. » Pourtant, la mise en garde d'Ebbins n'est logique que rétrospectivement, quand on sait ce qui suivit.

En réponse à l'inquiétude de Lawford, l'avocat Mickey Rudin prétendit avoir appelé Mrs. Murray pour déterminer si tout allait bien. La « très intuitive » Mrs. Murray assura Mickey Rudin que Marilyn allait bien. Ce n'est que sept heures plus tard que Mrs. Murray, retrouvant son intuition de native des Poissons, « sembla sentir que le cauchemar l'attendait non pas dans son sommeil, mais par-delà la porte de sa chambre », où le fil du téléphone passant sous la porte de Marilyn indiquait qu'il y avait « quelque chose de très grave ».

C'est alors qu'elle appela le Dr Greenson pour la seconde fois ce jour-là. Pourtant, avant de changer le motif de son appel au Dr Greenson en remplaçant « la lumière sous la porte » par « le fil du téléphone passant sous la porte », Mrs. Murray avait déjà déclaré à la presse que la dernière fois qu'elle avait vu Marilyn vivante, « celle-ci s'était retournée à sa porte et avait dit : “Finalement, madame Murray, nous n'allons pas faire cette promenade”, puis qu'elle était entrée dans sa chambre en emportant le téléphone blanc ».

Bien des éléments étaient peu plausibles dans la narration par les témoins clés des événements qui se produisirent durant les dernières vingt-quatre heures de la vie de Marilyn. Au cours des années ultérieures, nombre de preuves viendront confirmer l'existence des tromperies. Les journalistes d'investigation découvriront que l'alerte concernant la santé de Marilyn remontait à 22 h 45 le samedi soir, et qu'une ambulance était arrivée alors que la jeune femme était encore en vie. Plusieurs années plus tard, Mrs. Murray modifiera à nouveau son histoire et démentira le scénario de la « chambre fermée à clé ».

Il est clair qu'en 1962 les témoins ont conspiré pour dissimuler des informations. Une question lancinante se pose : pourquoi six personnes aussi dissemblables — un acteur, une gouvernante, un psychiatre, une attachée de presse, un avocat et un médecin — ont-elles collaboré pour dissimuler la vérité concernant les circonstances de la mort de Marilyn Monroe ? Les circonstances de cette mort étaient-elles terribles au point de contraindre ce groupe disparate à conspirer dans une tromperie qui dure depuis trois décennies ?

S'agissait-il des circonstances terribles d'un suicide... ou d'un meurtre ?

4

Cas n° 81128

> « Marilyn Monroe s'est-elle suicidée, ou bien les substances qui l'ont tuée lui ont-elles été injectées par quelqu'un d'autre ? »
>
> Dr Thomas Noguchi

Si la plupart des entreprises ferment le dimanche, à la morgue du comté de Los Angeles, c'est en général le jour le plus actif. Car c'est le plus souvent le samedi soir que les gens meurent dans des circonstances curieuses. En 1962, le bureau du coroner du comté et la morgue étaient situés dans le sous-sol du palais de justice, dans le centre-ville. L'immeuble, humide et infesté de rats, souffrait du manque de crédits et d'une longue histoire de mauvaise gestion et de corruption. Des enquêtes ont mis au jour des incidents tels que vols, actes de nécrophilie et pots-de-vin versés pour la détermination officielle de la cause des décès suspects. Le personnel du coroner Curphey, sous-payé et accablé de travail, ne comptait que trois médecins légistes à temps plein, quatre techniciens de laboratoire et quelques assistants.

Le Dr Thomas Noguchi, récemment nommé médecin légiste adjoint, arriva à 6 h 30 le dimanche matin. « Quelque chose d'étrange » l'attendait. Le coroner Curphey avait appelé le bureau avant son arrivée et laissé un message : « Le Dr Curphey veut que le Dr Noguchi procède à l'autopsie de Marilyn Monroe. » Sur le coup, Noguchi ne réalisa pas qu'il s'agissait de la star de cinéma. Il ignorait qu'elle était morte et il pensa que la personne à autopsier portait le même nom qu'elle. Quand il apprit qu'il s'agissait effectivement de la célèbre Marilyn Monroe, il trouva curieux que le coroner Curphey l'ait choisi comme légiste. « On aurait dû confier une autopsie de cette importance à un médecin plus confirmé, déclara Noguchi. Et pourtant, le Dr Curphey, par son appel le dimanche matin, avait bien spécifié que le travail me revenait. »

Le Dr Noguchi vérifia la liste des corps arrivés à la morgue dans la nuit du samedi au dimanche et fut surpris de ne pas trouver de Marilyn Monroe sur la liste. Il interrogea l'assistant du coroner, Lionel Grandison. Entre autres responsabilités, Grandison devait vérifier les décès survenus dans le comté de Los Angeles et s'assurer que tous ceux qui s'étaient produits dans des circonstances peu claires, ou hors de la présence d'un médecin, soient déférés au bureau du coroner. Grandison ne tarda pas à découvrir la première des nombreuses irrégularités qui devaient le conduire à penser qu'il y avait une tentative de dissimulation concernant les circonstances de la mort de Marilyn Monroe.

« Quand les gens meurent de cause naturelle à l'hôpital, leur corps y est généralement conservé jusqu'à ce que les dispositions soient prises pour leur transport en vue des funérailles, explique Grandison. Mais quand la mort en question peut être un suicide ou un meurtre, quand il s'agit d'un accident, ou quand les causes sont tout simplement inconnues, la loi dit que le corps doit être transporté à la morgue du comté, pour que le bureau du coroner de Los Angeles tire les conclusions adéquates. »

Grandison entreprit une recherche et trouva le corps de Marilyn Monroe aux pompes funèbres de Westwood Village. « Pour que cela ait été possible, explique Grandison, il a fallu que quelqu'un téléphone à l'entreprise de pompes funèbres et demande spécifiquement qu'on vienne chercher le corps. »

Il fut d'autant plus choqué de découvrir que les responsables des pompes funèbres de Westwood Village préparaient déjà le corps pour l'embaumement, si bien qu'ils étaient très réticents à l'idée de l'envoyer au coroner. « Ils se sont mis à piailler. Ils ne voulaient pas qu'on ait le corps. Mais ils ont fini par comprendre qu'ils n'y pouvaient rien, parce qu'ils étaient sous mes ordres et dépendaient de la juridiction du comté. » C'était une situation sans précédent, et son enquête ultérieure amena Grandison à interroger le personnel des pompes funèbres de Westwood Village, mais il ne réussit pas à découvrir qui avait demandé par téléphone que le corps soit enlevé pour être transporté dans leurs locaux.

Peu après 9 heures du matin, Grandison fit prendre le corps aux pompes funèbres et le fit placer dans le casier n° 33 de la morgue du comté de Los Angeles, au palais de justice. Marilyn Monroe devint le cas n° 81128 dans les dossiers du coroner. À 10 h 15, Eddy Day, un assistant du coroner, déposa le corps sur la table en inox n° 1 pour le préparer aux fins d'autopsie. La table était équipée d'un système d'arrosage et d'évacuation des liquides, et d'une balance pour peser les organes.

Marilyn Monroe devint ainsi la première des stars à figurer dans la distribution morbide du film de la vie professionnelle du Dr Noguchi. Devaient suivre Sharon Tate, Janis Joplin, William Holden, Natalie Wood et John Belushi. En 1968, il fit aussi l'autopsie de Robert Kennedy. Noguchi publia alors un livre sur sa fréquentation des cadavres célèbres et conquit le titre sinistre de « Coroner des stars ». Après la publication de son livre en 1984, il fut démis de ses fonctions de directeur par l'administration de la ville, et mis sous tutelle à cause d'une prétendue mauvaise gestion de son bureau et de la publicité tapageuse faite autour de son métier de médecin légiste.

Peu avant le début de l'autopsie, John Miner, avocat général adjoint spécialiste de droit médical et psychiatrique, se joignit au Dr Noguchi. John Miner avait un bagage impressionnant. Il était professeur adjoint à l'école de médecine de l'université de Californie du Sud et, de même que le Dr Ralph Greenson, chargé de cours à l'Institut de psychanalyse de Los Angeles.

Le coroner du comté de Los Angeles, le Dr Theodore Curphey, assistait lui aussi à l'autopsie de Marilyn Monroe. Bien que sa présence n'eût jamais été révélée par le bureau du coroner, Lionel Grandison a récemment déclaré : « Je me souviens du jour de cette autopsie, et je peux affirmer que le Dr Curphey était là... Je sais qu'il a personnellement supervisé tout ce qui s'est passé. » La révélation de Grandison explique peut-être pourquoi on avait assigné un tout nouveau médecin légiste au cas n° 81128. « La présence du coroner Curphey à une autopsie était sans précédent, affirme Grandison. Il a supervisé toute la procédure et orchestré le rapport final. Il lui aurait été difficile de le faire avec le légiste en chef, qui aurait normalement dû se voir confier cette tâche. »

À propos de la manière dont le coroner Curphey dirigea l'autopsie, Noguchi a déclaré : « Tout jeune membre de l'équipe, je n'ai pas eu le sentiment que je pouvais m'opposer au patron sur la procédure. »

L'autopsie commença à 10 h 30. Miner se souvient que la découverte du corps le bouleversa. « J'avais vu des milliers de corps, mais Tom et moi étions très émus. Nous éprouvions une véritable tristesse et l'impression que cette si jeune femme pouvait se lever de la table à tout moment. »

Le Dr Noguchi et John Miner avaient lu les rapports de police indiquant que Marilyn Monroe était morte dans une pièce fermée de l'intérieur, et que ses médecins pensaient qu'elle avait succombé à l'ingestion d'une trop forte dose de barbituriques. Ils avaient aussi analysé les flacons de comprimés pris dans la chambre par Guy Hockett. Le Dr Engelberg avait déclaré à la police que, le vendredi 3 août, il avait renouvelé l'ordonnance de Marilyn Monroe pour 50 comprimés de Nembutal. Le registre de la pharmacie San Vicente indique que l'ordonnance avait été exécutée la veille de la mort[1].

Bien qu'on n'eût découvert aucune seringue dans la pièce fermée, le Dr Noguchi dit que l'autopsie commença par l'examen externe du corps, et par une recherche de points de perforation qui auraient indiqué que des substances avaient été administrées par injection. « Nous avons tous deux examiné le corps très soigneusement avec une loupe à la recherche de traces d'aiguille, dit John Miner. Rien n'indiquait que des substances aient été administrées à l'aide d'une seringue hypodermique. S'il y avait eu des marques, un examen aussi méticuleux du corps les aurait décelées. »

Le rapport d'autopsie (voir annexe, p. 521) indique clairement : « Pas de traces d'aiguille. » Néanmoins, on peut se poser de graves questions concernant cette conclusion. Dans le dossier, et dans les explications données à l'exécuteur testamentaire, il est bien dit que le Dr Engelberg avait fait à Marilyn une piqûre le 3 août — la veille de sa mort — vers 16 heures. Et comme elle mourut vers 22 heures le lendemain, on observe que vingt-neuf heures s'étaient écoulées.

John Miner, qui n'était pas médecin et encore moins médecin légiste, a été le principal défenseur de la « recherche très

1. Alors que c'est le seul flacon de Nembutal trouvé et inventorié, le Dr Engelberg s'est inexplicablement trompé en indiquant le nombre de comprimés prescrits. Selon le registre de la pharmacie, l'ordonnance mentionnait 25 comprimés de Nembutal, et non 50, comme l'a déclaré Engelberg.

méticuleuse de traces d'aiguille ». Pourtant, le Dr Noguchi, dans son livre *Coroner*, se demande : « Les substances qui l'ont tuée lui ont-elles été injectées par quelqu'un d'autre ? » Il poursuit en expliquant combien il est difficile de découvrir des traces de piqûre récentes. Il cite le cas de John Belushi. Après avoir examiné le corps de Belushi, la police avait éliminé l'injection d'une substance toxique comme cause de la mort, parce que le personnel du coroner n'avait pas réussi à découvrir de traces de piqûre. Le chef de la division de médecine légale, le Dr Ronald Kornblum, examina le corps de Belushi, et fut incapable lui aussi de découvrir une trace de pénétration d'aiguille — pas plus que le Dr Noguchi. Mais, soupçonneux depuis qu'on avait retrouvé de la poudre de cocaïne sur le lieu du décès, « j'ai pris le bras droit de Belushi dans mes deux mains, et je l'ai pressé, raconte le docteur... Soudain, une gouttelette de sang est apparue au creux du coude, mais le fait que les piqûres récentes aient été si difficiles à découvrir m'inquiéta... On avait utilisé une aiguille stérile et seules des gouttelettes de sang le révélaient. »

Autre sujet d'inquiétude lors de l'examen externe du corps : la lividité cadavérique. Elle est causée par l'effusion hors des vaisseaux du sang qui s'accumule dans les parties les plus basses du corps dans les heures qui suivent la mort. Il y produit des taches dont la teinte va du gris bleuâtre au violacé.

Dans son rapport, le médecin mentionne deux zones de lividité : le visage, le cou, les bras, la poitrine et l'abdomen d'une part, et « une légère lividité qui disparaît à la pression sur la face postérieure des bras et des jambes ». Cette double lividité présente une grande importance légale. Les zones de lividité secondaires se forment quand on bouge un corps pendant que s'installe la lividité cadavérique, processus qui dure généralement quatre heures après le moment de la mort. Par exemple, si un corps repose sur le ventre pendant trois heures après la mort et qu'ensuite il est mis sur le dos, une zone de lividité secondaire peut apparaître sur le dos pendant l'heure qui suit — phase finale du processus. Le Dr Noguchi et John Miner auraient pu envisager cette possibilité quand ils remarquèrent cette double lividité. On sait maintenant que Marilyn Monroe est morte vers 22 h 30 le samedi soir. Son corps a été retourné et placé sur le brancard par Guy et Don Hockett huit heures après la mort, soit quatre heures après la fin du processus d'installation de la lividité cadavérique. En conséquence, la légère lividité remarquée sur son dos n'a pu se produire qu'immédiatement après la mort, quand le corps est resté un temps sur le dos avant qu'on le place à plat ventre sur le lit, position dans laquelle il est demeuré jusqu'à la fin de la période d'installation de la lividité cadavérique.

Sans explication, le rapport du Dr Noguchi signale deux contusions récentes sur le corps de Marilyn : « une petite ecchymose sur la fesse gauche et une autre à gauche sur la chute des reins ». Pourtant, à en croire l'assistant du coroner Lionel Grandison, d'autres bleus étaient visibles sur le corps de Marilyn Monroe, dont le document officiel ne parle pas. « Quand un corps est amené à la morgue, explique Grandison, il est immédiatement inspecté par un assistant médical. À ce stade, toutes les cicatrices, bleus, coupures et autres traumatismes sont indiqués sur une première fiche d'examen. Cette fiche est intégrée au dossier officiel et elle est complétée avant le début de l'autopsie. » Lionel Grandison déclare qu'il a vu cette fiche le matin du 5 août, et qu'elle signalait les bleus sur la fesse indiqués dans le rapport d'autopsie, mais aussi d'autres bleus sur les bras et à l'arrière des jambes. Selon Grandison, « la fiche de cet examen initial faisait partie du dossier qui disparut quand l'affaire prit de l'ampleur ».

John Miner dira plus tard que tous les bleus étaient petits, sauf celui de la fesse gauche. « J'ai vu d'autres bleus sur le corps, dit-il, mais aucun n'aurait pu contribuer à entraîner la mort. » Les bleus sont pourtant un signe de violence, et le fait que ces bleus évidents n'aient conduit à aucune interrogation, et que les plus petits ne furent même pas notés, constitue une omission troublante.

Le Dr Noguchi remit plus tard en question ses propres conclusions concernant les bleus et admit lors d'une interview, en 1982, qu'on aurait dû s'intéresser au gros bleu pourpre sur la fesse gauche. « Ce bleu, dit-il, n'a jamais été totalement expliqué. » Quand les journalistes lui demandèrent ce qui aurait pu le causer, il répondit : « Il n'y a pas d'explication pour ce bleu. C'est un signe de violence. »

Après l'examen externe, le Dr Noguchi passa à l'examen interne. « On a ouvert le corps, raconte Miner. On a écarté la cage thoracique. Puis on a examiné tous les organes internes, on les a pesés, on en a prélevé des échantillons qu'on a déposés dans des bocaux de formol dans l'attente d'une analyse approfondie. »

Puis le Dr Noguchi a ouvert l'estomac, et John Miner et lui en ont examiné le contenu à la recherche de traces des comprimés de Nembutal qu'elle aurait ingérés. Ils ont donc été surpris de trouver l'estomac totalement vide. « Il y avait dans l'estomac une petite quantité de liquide, se souvient John Miner, mais nous n'y avons détecté aucun signe qui aurait indiqué qu'il avait contenu une forte dose de médicaments ou de sédatifs. »

« Un prélèvement du contenu gastrique examiné sous microscope polarisant ne montre pas de cristaux réfringents », déclare le rapport d'examen. Selon le Dr Sidney S. Weinberg, ancien médecin légiste en chef du comté de Suffolk, New York, « la mort par ingestion d'une grande quantité de barbituriques est incompatible avec l'absence de cristaux réfringents dans le tube digestif. Sous microscope polarisant, on aurait dû même déterminer la nature exacte du produit ayant entraîné la mort, car ces médicaments ont chacun leur forme cristallisée particulière. » De plus, le Dr Weinberg et plusieurs autres médecins légistes de renom ont souligné qu'on appelle le Nembutal la « veste jaune » à cause du jaune de la gélatine qui entoure le produit actif. Si Marilyn Monroe avait avalé une quarantaine de comprimés de Nembutal, comme on l'a dit, il y aurait eu des traces de teinture jaune dans le tube digestif, surtout dans un estomac vide. Le Dr Noguchi ne trouva aucune trace de teinture jaune.

Pour examiner l'intestin, le Dr Noguchi et Miner commencèrent par regarder le duodénum, la première section après l'estomac. Quand des comprimés ont séjourné un certain temps dans l'estomac, il arrive que des résidus passent dans le duodénum ; ils ne trouvèrent pourtant rien. « Je n'ai pas trouvé la moindre preuve visuelle de la présence de comprimés dans l'estomac ou l'intestin grêle, déclara le Dr Noguchi. Aucun résidu. Pas de cristaux réfringents. Et pourtant, les flacons de comprimés vides montraient que Marilyn Monroe avait avalé quarante à cinquante comprimés de Nembutal et un grand nombre de comprimés d'hydrate de chloral. »

Un des problèmes posés par l'examen ne fut donc pas tant ce que le Dr Noguchi et John Miner trouvèrent, mais plutôt ce qu'ils ne trouvèrent *pas*.

À quatre occasions au moins dans le passé, Marilyn Monroe avait tenté de mettre fin à ses jours, ce qui rendait bien sûr le scénario du « suicide » d'autant plus plausible. Pour deux au moins de ces tentatives, il y avait eu ingestion d'un grand nombre de comprimés de barbituriques. Une des deux fois au moins, elle avait pris du Nembutal.

En 1950, à Noël, Marilyn, désespérée par la mort de son mentor Johnny Hyde, s'était installée chez son professeur de diction,

Natasha Lytess. En rentrant chez elle, Natasha eut le sentiment que quelque chose n'était pas normal et découvrit sur son oreiller un mot qui disait : « Je laisse ma voiture et mon étole en vison à Natasha. » Natasha a raconté : « J'ai couru jusqu'à la porte de Marilyn, qui n'était pas fermée, et je suis entrée en trombe dans la chambre : c'était l'enfer sur terre. Marilyn était sur le lit, les joues gonflées, inconsciente. Une pâte rosâtre suintait au coin de ses lèvres. Je lui ai ouvert la bouche et j'en ai sorti une poignée d'une substance humide et rosâtre qu'elle n'avait pas réussi à avaler. Sur la table de nuit, son flacon de somnifères était vide. »

Même en buvant un verre d'eau, Marilyn s'était étouffée avec les comprimés qu'elle avait tenté d'avaler. On lui fit un lavage d'estomac et elle reprit connaissance à l'hôpital.

Bien des années plus tard, en 1960, alors qu'elle tournait *The Misfits (Les Désaxés)*, Marilyn souffrait de ses problèmes conjugaux avec Arthur Miller. Sa répétitrice, Paula Strasberg, la découvrit inconsciente sur son lit. Bien qu'elle eût réussi à avaler une grande quantité de comprimés de barbituriques, Marilyn s'était à nouveau étouffée et avait presque tout régurgité. Paula Strasberg dit qu'elle vit des traces de vomissure sur son visage et qu'elle enfonça ses doigts dans la bouche de Marilyn pour en sortir les comprimés à demi dissous. À nouveau, Marilyn subit un lavage d'estomac à l'hôpital et reprit conscience.

À la lumière de ces deux expériences, le fait que le Dr Noguchi n'ait retrouvé à l'autopsie aucune trace de vomissement est encore plus curieux.

Autre facteur important lors de l'examen tant externe qu'interne : l'absence d'« odeur de poire ». Les médecins légistes savent que les victimes d'une ingestion d'hydrate de chloral dégagent une forte odeur, dite « odeur de poire ». Ce n'est pas le cas lorsque la dose fatale d'hydrate de chloral a été injectée par voie intraveineuse et non ingérée par le tube digestif.

Le Dr Noguchi et John Miner ne trouvèrent donc aucune indication que la mort ait résulté d'une ingestion de comprimés de barbituriques. Déterminer la cause du décès revenait maintenant au laboratoire de toxicologie. L'examen devait être conduit le lendemain par le Dr R.J. Abernethy. Avant de quitter la morgue, le Dr Noguchi devait préparer le cerveau, le sang, l'urine et les organes internes pour l'examen. Au bas de son rapport, le Dr Noguchi nota : « Le sang non embaumé est prélevé pour une recherche d'alcool et de barbituriques. Le foie, les reins, l'estomac et ce qu'il contenait, l'urine et l'intestin sont conservés pour étude toxicologique approfondie. »

L'autopsie sur le corps avait duré cinq heures. On ramena ce qui restait de Marilyn Monroe dans le casier n° 33 de la morgue.

C'est peu après 22 heures ce dimanche soir que le très entreprenant photographe de *Life*, Leigh Wiener, s'introduisit dans la morgue du comté. Moyennant une bouteille de whisky, l'employé de la morgue lui ouvrit le casier n° 33 et en tira le corps pour que Wiener prenne quelques photos. Il en prit plusieurs du cadavre, couvert et découvert. Ce fut la dernière séance de photos de Marilyn Monroe.

5
Le verdict final

> « Le bureau du coroner est essentiellement un organisme destiné à déterminer des faits. »
>
> R.J. Abernethy, 1950.

R.J. Abernethy, toxicologue auprès du coroner du comté de Los Angeles, commença ses analyses de laboratoire le lundi 6 août à 8 h 30 du matin. Il conclut rapidement que la mort de Marilyn Monroe était due à une dose massive de barbituriques. Les analyses décelèrent 4,5 mg par 100 ml de pentobarbital et 8 mg par 100 ml d'hydrate de chloral dans le sang. De plus, le foie contenait 13 mg par 100 g de pentobarbital — concentration anormalement importante.

Le pentobarbital est un barbiturique que les laboratoires Abbot commercialisent sous le nom de Nembutal. L'hydrate de chloral est un puissant sédatif hypnotique qui plonge rapidement les gens dans l'inconscience. On l'appelle parfois « l'assommeur » — la drogue de la mort.

Après avoir étudié le rapport d'Abernethy sur l'analyse chimique effectuée dans son laboratoire de toxicologie, le Dr Noguchi prépara son propre rapport préliminaire d'autopsie. Les éléments disponibles indiquaient que le corps de Marilyn Monroe était dans une pièce dont portes et fenêtres avaient été fermées de l'intérieur ; aucune seringue n'avait été retrouvée dans la pièce ; parmi les huit flacons de médicaments sur la table de chevet on remarquait le n° 4, le flacon vide de 25 comprimés de 1,5 g de Nembutal (ou pentobarbital) préparé par la pharmacie San Vicente le 3 août 1962, et le n° 5, un flacon d'hydrate de chloral préparé le 25 juillet 1962, et dans lequel il restait 10 comprimés[1].

Le rapport du toxicologue sur l'analyse chimique confirmait la surdose de barbituriques.

En reliant les éléments officiellement connus aux circonstances détaillées dans le rapport de police, le Dr Noguchi conclut, à la ligne *Cause de la mort* : « Suicide ». Il entoura le mot et ajouta : « probable ».

Après avoir rédigé son rapport préliminaire, le Dr Noguchi se dit qu'il avait pratiqué un examen complet et relaté avec précision tout ce qu'il avait constaté. Des contradictions troublantes le poussèrent cependant à retourner au laboratoire de toxicologie.

Le Dr Abernethy avait fourni, sur le sang et le foie, des données de laboratoire qui indiquaient une mort par empoisonnement aux barbituriques. Pourtant, le Dr Noguchi avait aussi demandé explicitement des analyses des reins, de l'estomac, de l'urine et des intestins. Un examen des prélèvements aurait révélé la manière dont les barbituriques avaient pénétré dans le corps. Mais le court rapport toxicologique ne mentionnait aucune analyse de ces prélèvements, et ne confirmait donc pas que les barbituriques avaient été ingérés par voie orale. Ni l'autopsie du Dr Noguchi ni l'analyse chimique du Dr Abernethy n'avaient fourni de preuve absolue sur la manière dont s'était produit l'empoisonnement aux barbituriques. Le Dr Noguchi demanda donc les rapports sur les analyses des reins, de l'estomac, de l'urine et des intestins qu'il avait requises. C'est alors qu'il eut la surprise de découvrir que les échantillons, que John Miner et lui avaient si soigneusement préparés et placés dans le formol sous l'autorité du coroner Curphey, avaient tous mystérieusement disparu.

La disparition des échantillons est sans doute le problème le plus grave dans la longue liste d'irrégularités liées à l'autopsie de Marilyn Monroe. Ces échantillons manquants contenaient des informations cruciales qui auraient apporté une réponse quant à la façon dont la mort est survenue. Un examen de laboratoire des résidus de la digestion aurait confirmé les conclusions préliminaires du Dr Noguchi selon lesquelles il n'y avait aucune trace de barbituriques, ni de résidus de barbituriques,

1. Voir annexe p. 523, le rapport de l'analyse chimique, document A daté du 6 août, et p. 524, le supplément daté du 13 août.

dans l'estomac ni dans les intestins — ce qui prouvait que la dose fatale n'avait pas été administrée par voie orale.

On a découvert récemment que les échantillons avaient disparu au laboratoire de toxicologie installé par R.J. Abernethy à l'école de médecine de l'université de Californie à Los Angeles (UCLA), où le Dr Ralph Greenson était un éminent professeur. Quand on l'interrogea, le Dr Abernethy refusa de dire ce qu'il était advenu des échantillons d'organes disparus. Employé à l'époque à la morgue, Alan Abbott a déclaré récemment : « Connaissant le coroner Curphey, sachant qu'il avait présidé à l'autopsie, on a du mal à imaginer que ces échantillons aient pu tout simplement disparaître. Cela n'aurait pu arriver. »

John Miner fit observer : « Dans toute l'histoire du bureau du coroner du comté de Los Angeles, jamais il n'y avait eu d'exemple d'échantillons qui auraient disparu. »

Le rapport préliminaire du Dr Noguchi fut envoyé au coroner Curphey. Celui-ci devait étudier les conclusions de Noguchi conjointement avec les rapports de la police. Dans les cas où le coroner soupçonnait un suicide, on interrogeait les amis, les parents, les médecins et les collègues du mort pour se faire une opinion de l'état d'esprit de la victime. Le coroner décidait alors si l'évaluation globale des circonstances entourant le décès entraînait un verdict définitif de suicide. Au moindre doute sur la cause de la mort, il était de la responsabilité de Curphey de demander une enquête, de citer des témoins à comparaître et d'enclencher une procédure à grande échelle.

Pourtant, l'assistant du coroner, Lionel Grandison, prit, dit-il, peu à peu conscience que Curphey entreprenait en fait de dissimuler les causes de la mort de Marilyn Monroe. « Si j'analyse ma participation, mes conversations avec d'autres membres de l'équipe et ce que j'ai vu, déclara Grandison, il ne fait aucun doute pour moi que ce que nous connaissons de l'affaire Marilyn Monroe n'est pas la vérité. Des zones très sensibles ont été dissimulées. Des preuves ont été supprimées, des papiers retirés des dossiers, et on n'a pas écouté, et encore moins recherché, les gens qui auraient pu savoir ce qui était arrivé. »

Curphey était administrateur et n'avait aucune formation d'enquêteur. D'ordinaire, c'eût été le travail de l'équipe du coroner d'enquêter sur les circonstances de la mort de Marilyn Monroe. Mais, le 6 août, le coroner Curphey annonça à la presse qu'il interrogerait en personne les médecins de la star.

À en croire Grandison, cette ingérence dans la procédure normale d'investigation était sans précédent, et les maigres informations que Curphey transmettait à son équipe « changeaient d'un jour à l'autre, comme si elles étaient retaillées sur mesure pour s'intégrer à un scénario que ses auteurs révisaient constamment ». Grandison découvrit aussi que quelqu'un dans l'équipe subtilisait des documents clés dans le dossier de Marilyn et les récrivait : « J'ai vu des informations quitter le dossier, et beaucoup de ces informations n'y reprirent jamais leur place. » Il prétend que le dossier de l'actrice était modifié pour corroborer « ce que quelqu'un voulait que le public pense ».

Grandison ne comprit pas pleinement avant des années l'importance d'un des éléments qui disparut : le journal de Marilyn Monroe, dit « carnet de secrets ». Ce journal n'avait été retrouvé ni par la police ni par Guy Hockett dans les affaires de Marilyn, mais il tomba par hasard entre les mains de Grandison alors qu'il tentait de localiser des parents de l'actrice. Le lundi 6 août, il envoya un chauffeur chez Marilyn prendre tout ce qu'il pourrait trouver qui serait susceptible de donner l'adresse ou le numéro de téléphone de parents. Le chauffeur revint avec un petit cahier à couverture rouge qui était bien le journal de Marilyn, son « carnet de secrets ».

Ce carnet à couverture rouge est devenu le centre d'une controverse. Beaucoup ont douté qu'il ait jamais existé. Seuls Robert Slatzer et Lionel Grandison prétendent l'avoir vu et en avoir étudié le contenu ; de récentes découvertes ont cependant confirmé que le journal existait bel et bien. En 1994, un document de la CIA a fait surface, confirmant que le journal de Marilyn avait été l'objet de graves préoccupations pour la sécurité nationale (voir document de la CIA en annexe p. 526).

Un autre témoin vit ce journal, dit « carnet de secrets » : l'ancien officier de renseignement de Los Angeles, Mike Rothmiller. Il travaillait sous les ordres de Daryl Gates à l'OCID, le bureau de renseignement sur le crime organisé. En 1978, Rothmiller se retrouva en poste aux archives où, du sol au plafond, s'étageaient des milliers de dossiers confidentiels. Parmi ceux-ci, il y avait celui de Marilyn Monroe, et Rothmiller affirme qu'il contenait une copie de son journal.

« C'étaient plutôt des notes au quotidien, dit Rothmiller, presque toujours un rappel des conversations que Marilyn Monroe avaient eues avec John F. Kennedy et Robert Kennedy. Elle y parlait aussi bien de la Russie que de Cuba, de la Mafia que de Sinatra. Je me souviens qu'elle parlait de Castro en l'appelant “Fidel C.”. »

L'homme à tout faire Norman Jefferies a lui aussi confirmé l'existence du journal. Il s'est souvenu que Marilyn conservait son carnet à couverture rouge soit dans sa chambre, soit enfermé à clé dans un meuble-classeur du pavillon d'amis. Jefferies a déclaré que la nuit de la mort de Marilyn, on avait fracturé la serrure du classeur, et qu'on en avait pris une bonne partie du contenu. Le lundi 6 août, Jefferies était retourné chez Marilyn avec Mrs. Murray afin d'ouvrir la maison pour Inez Melson, l'ancien agent et exécutrice testamentaire de Marilyn. Le chauffeur du bureau du coroner était arrivé alors qu'ils attendaient Mrs. Melson. Jefferies se souvient que Mrs. Murray détenait le cahier à couverture rouge et qu'elle le donna au chauffeur avec le carnet d'adresses de Marilyn. Jefferies ne put expliquer depuis quand ni comment Mrs. Murray se trouvait en possession du cahier.

Si ce cahier ne donna à Grandison aucun indice concernant la famille de l'actrice, il citait souvent Bobby Kennedy, et on pouvait y lire des commentaires sur des personnalités du gouvernement et leurs activités. Grandison se souvient d'y avoir vu les noms des deux frères Kennedy et des notes sur la CIA et la Mafia. Il se souvient aussi d'avoir lu les noms de Jimmy Hoffa, de Fidel Castro et de Frank Sinatra. Il est certain d'avoir enfermé le cahier à couverture rouge dans le coffre du bureau du coroner en quittant le bureau ce jour-là, mais quand il rouvrit le coffre le lendemain, le cahier avait disparu. Selon Grandison, trois autres personnes seulement connaissaient la combinaison du coffre : Phil Schwartzberg, l'assistant du coroner, Richard Rathman, chargé de l'administration, et le Dr Theodore Curphey en personne.

Pendant ce temps, une presse affamée s'emparait de la moindre miette d'information concernant les derniers jours de Marilyn. Des dizaines de gens prétendaient avoir été la dernière personne sur terre à lui avoir parlé au téléphone avant sa mort. La police reçut des lettres pleines des allégations les plus folles. Une personne « savait » que c'était Joe DiMaggio qui avait tué Marilyn Monroe dans un accès de colère. Un animal en peluche que Marilyn avait reçu le jour de sa mort était prétendument lié à un « message secret » qui l'aurait conduite au suicide.

Le lundi 6 août, le Dr Curphey réunit une conférence de

presse et révéla : « Marilyn Monroe n'est pas morte de causes naturelles. » Il ajouta qu'elle avait pu prendre accidentellement une trop forte dose de somnifères. Il annonça que non seulement ses services enquêtaient sur la mort de l'actrice, mais aussi le Centre de prévention du suicide de Los Angeles, organisme indépendant qui avait son siège à l'UCLA. L'équipe désignée par le Centre était formée du Dr Robert Litman, psychiatre et professeur à l'UCLA, du Dr Norman Farberow, éminent psychologue, et du Dr Norman Tabachnick. L'édition du 6 août au soir du *Los Angeles Herald-Examiner* nomma l'équipe ainsi constituée la « Brigade du suicide ». En général, les enquêtes sur un suicide menées par le bureau du coroner sont conduites par des enquêteurs officiels et les informations récoltées font l'objet d'un dossier rendu public. En nommant comme équipe d'enquête un groupe privé qui travaillait bénévolement, le Dr Curphey rendait l'enquête officieuse. Aucune des personnes interrogées ne prêta donc serment, et rien de ce qui fut dit ne fut révélé au public. Jusqu'à ce jour, personne n'a jamais eu accès au rapport complet de la « Brigade du suicide » en dehors du Dr Curphey, qui a emporté les informations dans sa tombe. Aucun document n'indique que le Centre de prévention du suicide de Los Angeles ait participé à l'établissement d'un autre verdict à l'intention du bureau du coroner avant ou après le cas n° 81128.

Les médecins de cette « brigade », les Drs Litman, Farberow et Tabachnick, étaient des collègues du Dr Greenson, soit au sein de l'université, soit en tant que chargés de cours à l'Institut de psychanalyse, soit en tant que membres du comité directeur de l'American Civil Liberties Union. Peu après qu'on les eut recrutés en hâte afin d'assister le bureau du coroner dans son verdict, le Centre de prévention du suicide reçut une importante donation de l'Institut national de santé mentale dans le cadre d'un programme gouvernemental mis en place par Robert Kennedy et administré par son vieil ami intime David Hackett.

Le lundi 6 août, l'équipe du Centre de prévention du suicide, avec à sa tête le Dr Farberow, réunit une conférence de presse et annonça qu'elle allait mener « des interrogatoires exhaustifs concernant le suicide probable de Marilyn Monroe ».

Le mardi 7 août, l'équipe réunit une autre conférence de presse, et les Drs Farberow et Litman annoncèrent : « Nous interrogeons tout le monde et n'importe qui. » En réponse à une question d'un journaliste, le Dr Farberow déclara : « Nous rechercherons toutes les personnes avec qui Marilyn a eu récemment des relations même lointaines. »

Le mercredi 8 août, jour des funérailles de Marilyn Monroe, il y eut une autre conférence de presse, et le Dr Farberow assura les journalistes que son enquête ne connaissait « aucune limite », et que l'équipe remonterait « aussi loin que nécessaire » dans la vie de la star.

On réunit encore une conférence de presse, plutôt précipitée, le 14 août. La « brigade du suicide » travaillait depuis à peine une semaine, semaine qui apparemment avait en grande partie été passée en conférences de presse, mais le Dr Farberow annonça que l'équipe concluait que Marilyn Monroe était « une personne émotionnellement perturbée qui souffrait de profonds conflits intérieurs ». Jusque-là, son enquête concernant l'état émotionnel de la star étayait la thèse du suicide.

Comme les dossiers du Centre de prévention du suicide n'ont jamais été rendus publics, on ne sait qui fut interrogé ni ce qui fut révélé, mais des enquêtes ultérieures ont établi une longue liste d'amis proches et de collègues qui ne furent *pas* interrogés — parmi eux Peter Lawford, Natasha Lytess, Frank Sinatra et Norman Rosten. L'équipe elle-même admit n'avoir interrogé ni John ni Robert Kennedy.

Aujourd'hui, on connaît cependant le nom d'une personne interrogée, la plus importantes de toutes : le Dr Ralph Greenson. Psychiatre de la star, le Dr Greenson était bien placé pour en savoir plus que quiconque sur l'état mental de Marilyn. Cela faisait plus de deux ans qu'elle le consultait ; elle se rendait chez lui presque quotidiennement, voire deux fois par jour durant les deux derniers mois de sa vie. Le Dr Greenson avait été très secoué par la mort de sa patiente, et il renâclait à accorder des interviews. Pourtant, le coroner Curphey savait que pour compléter l'enquête il lui faudrait interroger le psychiatre de la victime. Bien que John Miner fût avocat, il avait aussi obtenu un diplôme de psychologie, et il enseignait, comme le Dr Greenson, au prestigieux Institut de psychanalyse. Ils étaient amis et associés de longue date. Le Dr Curphey, au courant de cette amitié, conclut logiquement que John Miner était la personne idéale pour aller interroger le Dr Ralph Greenson. « Je connaissais personnellement le Dr Greenson, confirme John Miner. Le Dr Curphey le savait, alors il m'a demandé d'aller l'interroger. »

Le Dr Curphey et John Miner s'attendaient à ce que le Dr Greenson réitère son affirmation selon laquelle Marilyn Monroe s'était suicidée. Pourtant, au cours de l'entretien, John Miner fut stupéfait de découvrir que le Dr Greenson avait totalement changé d'opinion. L'entretien se déroula le lundi 12 août 1962, au cabinet du Dr Greenson. Celui-ci imposa une condition : « Le Dr Greenson me fit promettre, explique Miner, que je ne révélerais rien du contenu de ce qu'il m'apprendrait. Il imposa cette condition pour des raisons d'éthique professionnelle et par respect pour l'intimité de Miss Monroe. Je lui ai donné ma parole. » Pourtant, il était bien entendu que Miner pourrait se forger une opinion et faire état de ses conclusions, tant qu'il ne révélerait pas le contenu de l'entretien.

Selon John Miner, le Dr Greenson et lui parlèrent plusieurs heures, et le Dr Greenson n'aborda « pas seulement les habitudes de Marilyn, mais relata aussi des confidences intimes qu'elle avait faites à son psychiatre ». Pendant l'entretien, il affirma penser que Marilyn Monroe ne s'était *pas* suicidée. Il fit alors écouter à John Miner une bande d'une demi-heure que Marilyn avait enregistrée chez elle sur son propre magnétophone. C'est le contenu de cet enregistrement qui convainquit aussi Miner qu'elle ne s'était pas suicidée.

« Le Dr Greenson était persuadé que Miss Monroe ne s'était pas suicidée, dira plus tard John Miner. Il était bouleversé par sa mort. L'opinion générale qui voulait qu'elle se soit suicidée ajoutait à son désarroi, parce qu'il était persuadé que ce n'était pas le cas — tout à fait persuadé, tout à fait. Je peux l'affirmer. Il ne m'a pas demandé de ne pas le dire. »

De toutes les circonstances incroyables, de toutes les contradictions et de toutes les questions sans réponse entourant la mort de Marilyn Monroe, l'interrogatoire du Dr Greenson par John Miner est peut-être l'élément le plus troublant. Il pose deux questions inévitables : Pourquoi le Dr Greenson a-t-il changé d'avis ? Et quel était le contenu de l'enregistrement qu'il fit écouter à John Miner ?

Le Dr Greenson est mort en 1979 sans jamais avoir témoigné sous serment de ce qu'il savait de la mort de Marilyn Monroe.

« J'ai donné ma parole à cet homme, dit John Miner, et il est mort. Alors je ne vois pas comment je pourrais jamais révéler le contenu de notre entretien. Un juge pourrait m'ordonner de le faire, et me mettre en prison pour refus de témoigner. J'espère que je n'en arriverai jamais là. »

Après ce stupéfiant entretien, John Miner quitta le bureau

du Dr Greenson très secoué. Il en ressortit avec l'opinion sans équivoque que Marilyn Monroe ne s'était pas suicidée, et coucha cette opinion dans un mémoire au procureur général et au bureau du coroner.

Quand le journaliste Anthony Summers l'interrogea sur le contenu de ce mémoire en 1983, John Miner se souvint d'avoir écrit : « Comme vous me l'avez demandé, je suis allé voir le Dr Greenson pour discuter avec lui de la mort de son ancienne patiente, Marilyn Monroe. Nous avons parlé plusieurs heures. En conséquence de ce que le Dr Greenson m'a dit et après avoir entendu des enregistrements sur bande, je pense pouvoir dire avec certitude qu'il ne s'agissait pas d'un suicide. »

Quand Anthony Summers lui demanda si le Dr Greenson pensait que Marilyn Monroe avait été assassinée, Miner fit une réponse significative : « C'est une question à laquelle je ne peux répondre. »

Commentant le mémoire de John Miner en 1983, le Dr Noguchi déclara : « Si l'évaluation de Miner en 1962 était correcte, la seule cause concevable de la mort de Monroe était le meurtre. » Le Dr Noguchi écarta la possibilité d'une surdose accidentelle : « Une surdose accidentelle d'une telle ampleur est très improbable. D'après mon expérience de légiste auprès des victimes de suicide, je pense que le nombre même de comprimés ingérés par Miss Monroe était trop important pour qu'elle ait pu les avaler “accidentellement”. »

Le mémoire de John Miner fut un choc pour le coroner Curphey. Deux des personnes les plus importantes qui avaient conclu à un « suicide probable » étaient maintenant d'opinions opposées : le psychiatre de Marilyn et l'avocat général adjoint.

À ce stade, la seule attitude logique et responsable du coroner Curphey eût été de demander une enquête officielle où les témoins auraient dû prêter serment. Pourtant, Curphey choisit de supprimer l'information. Le mémoire de John Miner ne tarda pas à disparaître du dossier. L'assistant du coroner, Lionel Grandison, fut appelé dans le bureau de Curphey, où on lui fit signer un certificat de décès qui indiquait comme cause de la mort : « Suicide probable ».

« La procédure habituelle, au moment de classer une affaire, dit Grandison, est que tous les rapports, les résultats d'analyses et autres papiers concernant le cas soient rassemblés dans le même dossier. Il doit comporter les conclusions des médecins, les déductions de la police et tous les résultats des enquêtes menées par d'autres organismes sur l'affaire. Le dossier ne contenait aucune de ces informations. » Avant de signer le certificat de décès, Grandison se souvient d'avoir « interrogé le Dr Curphey à propos des papiers manquants... C'était peut-être la troisième ou la quatrième fois que j'attirais son attention sur les pièces manquantes ». Grandison avait aussi remarqué que le rapport d'autopsie avait été altéré. « J'avais vu le rapport d'autopsie initial, et ce n'était pas celui-là. Le rapport avait été complètement modifié. » Quand Grandison interrogea Curphey sur les documents soustraits ou modifiés, Curphey perdit patience. « Il s'est mis très en colère, se souvient Grandison. Il m'a dit : "Écoutez, vous signez le certificat de décès... ou sinon, je vais faire quelque chose !" »

Grandison était tout jeune à l'époque ; il était marié, il avait des enfants et il craignait de perdre son emploi s'il n'obéissait pas aux ordres de Curphey. À contrecœur, il signa le certificat de décès.

Le 21 août 1962, le coroner Curphey et l'équipe du Centre de prévention du suicide convoquèrent une conférence de presse conjointe pour annoncer les conclusions et les découvertes finales de l'« enquête exhaustive » qui avait duré quinze jours pleins. Le Dr Farberow annonça que Marilyn Monroe « souffrait depuis longtemps de désordres psychiatriques. Elle connaissait de profondes peurs et de fréquentes dépressions, ses changements d'humeur étaient aussi brutaux qu'imprévisibles... Lors de notre enquête, nous avons appris que Miss Monroe avait souvent exprimé le désir d'abandonner, de se retirer et même de mourir. Plus d'une fois dans le passé, quand elle était abattue ou déprimée, elle avait fait des tentatives de suicide à l'aide de sédatifs. Les fois précédentes, elle avait appelé à l'aide et on l'avait sauvée. D'après les informations récoltées concernant les événements qui se déroulèrent au soir du 4 août, nous pouvons conclure que le même schéma s'est répété, hormis le sauvetage... Sur la base de toutes les informations rassemblées, nous pensons que sa mort était "probablement un suicide" ».

Le Dr Theodore Curphey s'avança alors pour annoncer les conclusions de son bureau : « Suicide probable ».

Le verdict final concernant ce qui est arrivé à Marilyn Monroe le samedi 4 août 1962 au soir se couvre de poussière depuis plus de trente ans dans les archives souterraines labyrinthiques du comté de Los Angeles. Mais le véritable verdict s'est toujours trouvé dans les informations apportées en 1962 par le rapport toxicologique du Dr Raymond Abernethy.

Aussi limité qu'ait été le rapport du Dr Abernethy en 1962, les banques de données informatiques à la disposition de la médecine légale dans les années 1990 ont permis une analyse du rapport original qui fournit des réponses définitives aux questions qu'on se posait des décennies plus tôt. Selon le rapport de R.J. Abernethy, l'analyse chimique montre clairement que le sang contenait 4,5 mg par 100 ml de barbituriques et 8 mg par 100 ml d'hydrate de chloral. L'analyse par ordinateur révèle que le cas n° 81128 aurait dû ingérer de 27 à 42 comprimés de Nembutal (c'est-à-dire de pentobarbital) et 14 à 23 comprimés d'hydrate de chloral pour que soient atteintes de telles concentrations. Les dosages opérés sur le sang révèlent donc l'ingestion de 41 à 65 comprimés. Mais cela n'inclut pas les 13 mg par 100 g de pentobarbital qu'Abernethy retrouva dans le foie, comme l'indique son rapport. Or il aurait fallu de 11 à 24 comprimés supplémentaires de Nembutal pour expliquer cette concentration du produit dans le foie. Nous arrivons donc à un minimum de 52 et à un maximum de 89 comprimés nécessaires pour que le cas n° 81128 succombe effectivement de cette dose létale par ingestion orale.

Pourtant, sur les milliers de cas fatals dus à un empoisonnement aigu par ingestion de barbituriques qui ont été conservés dans les banques de données du monde entier, il n'y a pas un seul cas où plus de 12 comprimés aient été absorbés sans qu'on retrouve des résidus dans le tube digestif. Dans aucun cas on n'a trouvé chez une victime une concentration aussi élevée que les 4,5 mg par 100 ml de pentobarbital dans le sang et les 13 mg par 100 g d'hydrate de chloral dans le foie sans retrouver de cristaux réfringents ni aucune concentration de comprimés dans l'estomac ou l'intestin — pas une fois sur plus de 1 500 cas comparables. Le Dr Noguchi a pourtant bien déclaré n'avoir pu déceler aucun résidu de comprimés, aucune trace de cristaux réfringents, aucune concentration de barbituriques dans l'estomac ni les intestins.

Concentration de pentobarbital dans les cas mortels d'après le toxicologue Robert H. Cravey

CAS N°	ÂGE	SEXE	DOSE EN mg	DOSE/POIDS mg/kg	SANG mg/100 ml	FOIE mg/100 g	ESTOMAC* mg
1	69	F	6	75	4,7	18,7	130
2	70	F	5	71	3,6	16,0	126
3	43	F	5	45	4,2	22,2	361
4	67	F	3	60	5,0	31,0	108
5	25	F	4	57	4,0	12,0	12
6	42	M	10	101	1,5	42,0	1 350
7	26	F	3	60	4,4	26,0	301
8	21	F	3	51	2,3	7,0	40
9	38	F	2	36	1,0	7,5	65
10	54	F	4	83	4,1	19,6	370
11	72	M	5,6	65	1,8	13,5	2 300

Le tableau ci-dessus illustre le fait que Marilyn Monroe était au plus haut des taux de ce barbiturique dans le sang. Seuls les cas n° 4 et n° 1 présentent une concentration légèrement plus élevée dans le sang. (Noter que tous les cas révèlent aussi une concentration de pentobarbital dans l'estomac.) Cependant, Marilyn Monroe présentait aussi une forte concentration d'hydrate de chloral, qui agit en synergie avec le pentobarbital et en augmente énormément l'effet létal. Les doses combinées auraient suffi à tuer de neuf à vingt personnes.

Les banques d'information de médecine légale établissent également qu'il n'existe à leur connaissance aucun cas d'une dose fatale par ingestion orale entraînant une aussi forte concentration dans le sang de pentobarbital et d'hydrate de chloral associés. La victime meurt inévitablement avant que la concentration approche ce niveau dans le sang. Marilyn Monroe serait déjà morte quand moins de 35 % de la quantité totale de barbituriques seraient passés de son tube digestif dans son sang. Il eût été impossible pour les 65 % restants d'être alors absorbés par le tube digestif et de disparaître sans laisser la moindre trace, parce que lorsque le cœur cesse de battre, le sang cesse de circuler, et les fonctions vitales s'arrêtent : l'absorption par le sang de ce que contient le système digestif cesse brusquement. Il eût été impossible au reste du pentobarbital et

* Quantité retrouvée dans la totalité du contenu de l'estomac.

de l'hydrate de chloral de pénétrer dans le système sanguin à la suite d'une ingestion, par le biais d'un suppositoire, d'un lavement ou par tout autre processus.

Comment alors la dose fatale a-t-elle été administrée ? Cela n'a pu se faire que par intraveineuse — ce genre de piqûre létale où la victime perd presque immédiatement conscience et succombe en dix à vingt minutes.

Le sergent Jack Clemmons avait raison ce dimanche 5 août au matin, quand il rentra au poste avec la conviction que quelque chose ne tournait pas rond...

Marilyn Monroe ne s'est pas suicidée. La technologie moderne à la disposition de la médecine légale nous donne le verdict final : le cas n° 81128 a été victime d'un meurtre.

6

La déconnectée

> « Vous savez de quoi j'ai toujours été dépendante ? Pas des étrangers, pas des amis — du téléphone ! C'est mon meilleur ami. J'écris rarement des lettres, mais j'adore appeler mes amis, surtout tard la nuit, quand je ne peux pas dormir. »
>
> Marilyn Monroe à W.J. Weatherby, 1961.

Le capitaine Thad Brown était un inspecteur principal légendaire de la police de Los Angeles. Il dormait dans sa caravane à Malibu, quand le matin du dimanche 5 août 1962, il fut réveillé par des coups frappés à sa porte. C'était un coursier de la police porteur d'un message urgent du chef de la police, William Parker. Parker demandait à voir Thad Brown en ville aussi vite que possible, pour des « problèmes ». Parker voulait qu'il reprenne l'enquête sur Marilyn Monroe, un des « problèmes » étant une note griffonnée sur un papier froissé, trouvé dans les couvertures du lit de Marilyn Monroe.

En 1978, l'assistant du coroner, Lionel Grandison, révéla qu'une telle note avait figuré à un moment dans le dossier Monroe. Le bruit avait couru qu'elle concernait son suicide. Sur une bande enregistrée pendant un entretien avec Robert Slatzer, Grandison déclare que la note avait été remise au bureau du coroner par le poste de police de West Los Angeles :

Grandison : Il y avait une note — presque illisible... c'était griffonné, mais probablement de sa main... Je n'ai pas pu déterminer avec précision ce que disait la note, mais il n'en reste pas moins qu'elle a disparu au bout d'un ou deux jours.

Slatzer : Qui aurait pu subtiliser cette note, à votre avis ?

Grandison : Tout ce que je peux dire, c'est qu'il s'agit de quelqu'un qui avait plus d'autorité que moi — quelqu'un qui ne voulait pas qu'on voie cette note au-delà des deux jours où elle est restée propriété du bureau du coroner.

Slatzer : Abernethy ou Curphey connaissaient-ils l'existence de cette note ?

Grandison : Oui, forcément.

L'enquêteur de police Finis Brown, le frère de Thad, a révélé que la note trouvée dans la literie portait le numéro de téléphone d'un des Kennedy. Le chef adjoint de la division des renseignements, Virgil Crabtree, confirma qu'il avait été informé que le papier froissé trouvé dans la literie de Marilyn portait le numéro d'un Kennedy. L'importance de ce numéro sur le papier froissé pourrait résider dans une série d'appels téléphoniques que Marilyn passa le vendredi 3 et le samedi 4 août.

Robert Slatzer parla deux fois à Marilyn peu avant sa mort. Il se trouvait à Columbus, dans l'Ohio, où il travaillait sur une série télévisée, quand elle avait appelé le vendredi 3 août. Elle téléphonait d'une cabine près de chez elle parce qu'elle craignait que ses lignes ne soient sur écoute. Ron Pataki, ami de Slatzer, était présent lors des deux appels. Pataki dit que, lors du premier, il parla même en personne à Marilyn, et il a récemment confirmé le contenu et la nature des deux appels de Marilyn à Slatzer.

Pendant la conversation du vendredi 3 août, Slatzer dit à Marilyn avoir lu dans la presse que Bobby Kennedy était à San Francisco, où il devait parler devant l'American Bar Association le lundi 6 août. Comme il savait que Marilyn était très désireuse de parler à Bobby, Slatzer lui suggéra d'appeler Pat Lawford pour savoir dans quel hôtel il était descendu. Lors d'une interview donnée au *Long Beach Star* en 1976, Peter Lawford déclara que Marilyn l'avait bien appelé le vendredi 3 août, parce qu'elle voulait joindre Pat Kennedy Lawford, et que c'est à regret qu'il donna à Marilyn le numéro de son épouse.

Marilyn réussit à joindre la femme de Lawford, et celle-ci l'informa que Bobby était descendu au St. Francis, à San Francisco.

La standardiste du St. Francis a confirmé que Marilyn avait tenté de joindre Bobby à l'hôtel et qu'elle avait laissé plusieurs messages. Le papier froissé retrouvé dans son lit pourrait avoir porté les numéros successifs qui lui avaient servi à tenter de joindre l'attorney général Robert Kennedy.

Outil de communication immédiat pour une âme essentiellement « solitaire » qui souffrait fréquemment d'un sentiment d'isolement, le téléphone avait fait partie intégrante de la vie de Marilyn Monroe et il semble avoir joué un rôle clé dans ses derniers instants.

Peter Lawford a décrit de façon dramatique le dernier appel de Marilyn — sa voix faiblissant jusqu'à ce qu'il n'y ait plus de réponse. Le Dr Greenson a dépeint de manière presque cinématographique le corps de Marilyn allongé sur le lit, la main agrippant le téléphone. Le téléphone devint un *deus ex machina* pour la presse. Ce dernier appel de Marilyn déclencha un ouragan médiatique.

L'APPEL MYSTÉRIEUX DE MARILYN

Le *Times* a appris que Marilyn Monroe avait reçu un mystérieux appel téléphonique peu avant d'être retrouvée morte d'une surdose de barbituriques. Lundi, Mrs. Eunice Murray, la gouvernante de la beauté blonde, nous a dit que le téléphone avait sonné peu après que l'actrice se fut retirée dans sa chambre le samedi soir.

« Je ne me souviens pas à quelle heure la sonnerie a retenti, nous a-t-elle dit, et je ne sais pas qui appelait. »

Si beaucoup de gens prétendent avoir parlé à Marilyn au téléphone ce samedi soir, quelques-uns seulement sont crédibles. Henry Rosenfeld, confident de Marilyn depuis 1949, a déclaré qu'il l'avait appelée de New York entre 20 heures et 21 heures, heure de Los Angeles. Il se souvient qu'elle semblait fatiguée, mais tout à fait égale à elle-même. Bien que Rosenfeld ait toujours refusé de révéler certains éléments de leur conversation, il dit que Marilyn parla de projets d'avenir. Elle songeait à venir à New York le jeudi suivant, et ils avaient prévu une sortie au théâtre.

Peu avant ou peu après l'appel de Henry Rosenfeld, Marilyn avait appelé son coiffeur, Sidney Guilaroff ; leur amitié datait aussi des années quarante. Guilaroff a raconté à Anthony Summers que Marilyn l'avait appelé vers 21 heures. Pendant des dizaines d'années, Guilaroff a refusé obstinément de révéler la teneur de sa conversation avec Marilyn le soir fatal ; pourtant, lors d'une récente interview, il a révélé que Marilyn l'avait appelé non pas une, mais deux fois ce samedi. La première fois, c'était en fin d'après-midi. « Marilyn était bouleversée. Elle était en larmes et presque hystérique, a confié Guilaroff. Elle a dit que Bobby Kennedy était venu chez elle avec Lawford, et qu'il l'avait menacée. Il y avait eu une violente dispute. Elle avait peur. Elle était terrifiée. J'ai tenté de la calmer. »

Le second appel de Marilyn lui était parvenu vers 21 heures le samedi soir. « Elle était plus calme, mais j'entendais encore la peur dans sa voix. Quoi qu'il se soit produit durant la visite de Bobby dans l'après-midi, cela l'avait effrayée, continua Guilaroff. Je lui ai dit que nous pourrions en reparler le lendemain matin. Jamais je n'aurais pu imaginer que plus jamais nous ne parlerions ensemble. »

Jeanne Carmen, ancienne voisine de Marilyn quand elle vivait dans son appartement de Doheny, à West Hollywood, a déclaré que Marilyn l'avait appelée entre 21 et 22 heures. À l'en croire, Marilyn semblait épuisée et nerveuse, mais pas confuse, et son élocution était claire. « Elle avait l'air effrayée et ne voulait pas rester seule, se souvient Jeanne Carmen. Elle voulait que je vienne chez elle, mais j'étais fatiguée et je lui ai dit que je l'appellerais le lendemain. Mon téléphone a sonné à nouveau environ une demi-heure plus tard. C'était peut-être Marilyn, mais je n'ai pas répondu. »

José Bolaños, un scénariste mexicain que Marilyn avait rencontré à Mexico en février 1962, appela Marilyn d'un restaurant tout proche vers 22 heures. Bolaños a également refusé de révéler le contenu de leur dernière discussion, mais il a dit que Marilyn n'avait pas raccroché, qu'elle avait posé le combiné au beau milieu de leur conversation et ne l'avait jamais repris. Bolaños a ajouté cet étrange avertissement : « Marilyn m'a dit quelque chose qui, un jour, sera un choc pour le monde entier. »

Selon Peter Lawford, le dernier appel de Marilyn, lors duquel elle avait la voix pâteuse et faiblissante, se situait vers 19 h 30. Cette estimation est pourtant incompatible avec les déclarations de ceux dont on sait qu'ils lui ont parlé entre 19 h 30 et 22 heures : Joe DiMaggio Jr, Henry Rosenfeld, Jeanne Carmen, Sidney Guilaroff et José Bolaños. Pour que l'on puisse croire à ce qu'a dit Peter Lawford, il faudrait que sa conversation téléphonique avec Marilyn, qui s'enfonçait apparemment dans l'inconscience, se soit déroulée après 22 heures.

En 1986, l'invité de Lawford, « Bullets » Durgom, a confirmé que la dernière conversation entre Lawford et Marilyn, qui perdait conscience, s'était effectivement déroulée après 22 heures. « Il était 10 ou 11 heures du soir, a déclaré Durgom, Lawford essayait de rappeler Marilyn et n'arrivait pas à la joindre. » Selon Durgom, c'est alors que « l'avocat [Mickey Rudin] et quelqu'un d'autre aussi sont partis chez elle... et il était trop tard ». La bonne des Lawford, Irma Lee Reilly, qui était présente ce soir-là, a confirmé que « personne n'exprima d'inquiétude au sujet de Marilyn » avant qu'elle ne quitte la maison vers 22 heures.

Les déclarations de Joe et Dolores Naar, invités eux aussi chez Peter Lawford ce samedi 4 août au soir, confirment que, quand ils arrivèrent chez Lawford, vers 20 heures, nul ne s'inquiétait au sujet de Marilyn. Le dîner chinois ne fut pas servi avant 21 heures. Les Naar se souviennent que Lawford avait beaucoup bu et que la fête se termina tôt. Ils quittèrent la maison sur la plage peu après 22 heures. Ils ont toujours insisté sur le fait que, durant les deux heures et quelques qu'ils passèrent avec Peter Lawford, on ne s'inquiéta pas pour Marilyn Monroe. Ils n'ont souvenir d'aucun coup de téléphone se terminant par la phrase tragique : « Dis au revoir au Président... » Dolores Naar a raconté : « C'était une soirée très légère, très gaie. Pendant le dîner, il y a eu un appel de Marilyn auquel Peter a répondu, mais ça n'a pas duré longtemps, et quand il est revenu, il a dit très calmement : "Oh, c'est encore Marilyn" — comme s'il voulait dire qu'elle faisait ça tout le temps. Il n'a pas changé de comportement. Rien n'indiquait qu'il y eût un problème. Je n'ai eu conscience de rien de tel. »

Les Naar connaissaient bien Lawford et Marilyn, et ils insistent sur le fait que s'il s'était produit quelque chose d'inquiétant tandis qu'ils étaient chez Lawford, ils l'auraient su. Joe et Dolores Naar rentrèrent chez eux « bien avant 11 heures », et ils se préparaient à se coucher quand ils reçurent un appel urgent de Lawford. « Il paniquait à propos de Marilyn, a raconté Dolores Naar. Marilyn l'avait appelé et son discours était incohérent. Il avait peur qu'elle ait pris trop de comprimés et qu'elle soit mal en point... »

Il est clair qu'il s'agit là de l'appel inquiétant durant lequel Marilyn sombrait dans l'inconscience. Elle n'avait pas appelé « vers 19 h 30 », comme Lawford le dit à la presse puis à la police, mais après le départ des Naar, c'est-à-dire après 10 heures du soir, et « bien avant 11 heures ».

Les Naar se souviennent que Lawford les appela vers 22 h 30. « Nous vivions tout près de chez Marilyn, et il demanda à Joe d'aller d'urgence voir si tout allait bien », a raconté Dolores. Joe Naar s'était déjà mis en pyjama, mais il se rhabilla et il était prêt à se précipiter chez Marilyn quand Peter rappela : « Il a dit qu'il avait parlé au médecin de Marilyn, a continué Dolores, qui lui avait expliqué qu'il lui avait donné des sédatifs parce qu'elle lui avait semblé bouleversée en fin d'après-midi et qu'à cette heure, probablement, elle dormait. "Alors, pas la peine de te déranger", dit Peter à Joe. »

Ces deux coups de téléphone sont troublants. Que s'est-il passé ? Lawford a déclaré que lorsque la voix de Marilyn lui sembla s'éteindre, il hurla dans le combiné pour la réveiller, et que le téléphone resta silencieux. Pensant qu'elle avait raccroché, il tenta plusieurs fois de composer son numéro, qui sonna toujours occupé. En 1962, d'après la presse, Lawford a déclaré qu'il avait alors appelé la compagnie du téléphone pour vérifier que la ligne n'était pas en dérangement, et qu'on lui avait répondu que le téléphone était décroché sans qu'il y ait de conversation en cours. Les deux lignes étaient-elles occupées ? Les deux téléphones étaient-ils décrochés sans qu'aucune conversation soit en cours ? Cela pourrait être le cas si l'on en croit José Bolaños : « Marilyn n'a pas raccroché, mais elle a posé le combiné au milieu de la conversation et ne l'a jamais repris... »

Si Marilyn avait laissé décroché son téléphone privé à 22 heures, et si dans la demi-heure suivante elle passa le coup de fil inquiétant à Peter Lawford sur l'autre ligne de la maison, les deux téléphones étaient bien décrochés quand Lawford demanda à la compagnie d'intervenir. Après qu'il eut appelé les Naar en urgence vers 22 h 30 pour que Joe aille voir « ce qui n'allait pas », quelque chose ou quelqu'un convainquit Lawford de rappeler Joe pour l'empêcher de découvrir ce qui s'était réellement produit.

Ayant appris que Marilyn Monroe était morte le téléphone à la main, le correspondant du *Herald-Tribune*, Joe Hyams, tenta d'obtenir la liste des appels passés de chez elle ce soir-là : « Le lendemain de sa mort, raconte Hyams, dès le matin, j'ai contacté un employé de la compagnie du téléphone et lui ai demandé la liste des numéros appelés, que la compagnie conservait en vue d'établir la facture... » Le contact de Hyams à la compagnie du téléphone lui répondit : « C'est le bordel, ici. Apparemment, tu n'es pas le seul intéressé par les appels de Marilyn. La bande a disparu... On m'a dit qu'elle a été saisie par des hommes en costumes sombres et chaussures bien cirées... sur ordre de quelqu'un de très haut placé. »

Plus tard, un ancien officier de la sécurité chez General Telephone déclara à Hyams que les fiches de relevés des appels avaient été confisquées très tôt le dimanche. « Il n'y a eu que ce bref instant dans les limbes, aux premières heures du jour, où l'on pouvait théoriquement y accéder, avant qu'elles ne disparaissent du système comptable. Après cela, elles sont restées introuvables pendant des jours, même si J. Edgar Hoover les avait réclamées ! Avec toutes les formalités qu'on devait respecter, il aurait fallu deux semaines à un flic ordinaire pour accéder aux archives de Marilyn. »

Mais le capitaine James Hamilton n'était pas un flic ordinaire. Chef du bureau du renseignement de la police de Los Angeles, il détenait un pouvoir immense et une grande autorité. « Hamilton savait que le véritable pouvoir est invisible, que la visibilité, c'est la vulnérabilité. Et il était bien un pouvoir invisible à Los Angeles, se souvient l'ancien commissaire Tom Reddin. Hamilton savait où étaient enterrés tous les cadavres, et qui les avait enterrés. »

L'ancien maire Sam Yorty raconte : « Le bureau du renseignement de Hamilton était pour Parker l'antichambre du FBI. Parker voyait en lui l'homme qui succéderait un jour à J. Edgar Hoover, et Bobby et John Kennedy avaient laissé entendre à Parker qu'ils influeraient en sa faveur. »

La correspondance entre Robert Kennedy, William Parker et le capitaine Hamilton, conservée à la bibliothèque Kennedy, confirme les observations de Yorty. Leur amitié remontait au milieu des années cinquante, quand Bobby était sur la côte ouest, et que Hamilton et Parker le secondaient pour ses enquêtes sur les malversations au sein du Sénat. Dans son livre *The Enemy Within*, Robert Kennedy parle fréquemment du capitaine Hamilton comme d'un ami et d'une source d'informations.

C'est le capitaine James Hamilton, qui n'était pas un flic ordinaire, qui confisqua les archives téléphoniques de Marilyn Monroe. C'est le capitaine James Hamilton qui orchestra pour le chef de la police la dissimulation des informations relatives aux circonstances de la mort de Marilyn Monroe.

Un reporter du *Los Angeles Times* spécialisé dans le crime, Jack

Tobin, déjeuna avec son ami Hamilton peu après la mort de Marilyn. Il a révélé un an plus tard : « Hamilton m'a dit connaître la chronique téléphonique des tout derniers jours de Marilyn Monroe. Quand j'exprimai mon intérêt, il me dit : "Je ne te dirai rien de plus." Mais il était évident qu'il en savait bien davantage. »

Thad Brown a révélé à Florabel Muir, qui couvrait régulièrement les activités du Tout-Hollywood dans ses colonnes, qu'il avait vu les fiches téléphoniques de Marilyn sur le bureau de William Parker, mais que Parker avait mis sous clé les appels d'août. La journaliste fit paraître, le 8 août 1962, dans l'édition de l'après-midi du *New York Daily News*, un article qui disait :

ÉTRANGES PRESSIONS DANS L'AFFAIRE MARILYN

> « D'étranges "pressions" sont exercées sur la police de Los Angeles dans son enquête sur la mort de Marilyn Monroe », a révélé hier soir une personne proche de l'enquête.
>
> La police a refusé de rendre publique la liste des appels téléphoniques passés au domicile de Miss Monroe samedi dernier, quelques heures avant qu'elle n'ait pris une surdose de somnifères. La police a saisi les fiches se rapportant aux appels passés sur ses lignes. Normalement, en cas de suicide, ces fiches sont rendues publiques au bout de quelques jours.
>
> Ces prétendues pressions sont mystérieuses. Apparemment, elles viennent de personnes qui ont été en étroite relation avec Marilyn dans les dernières semaines de sa vie.

Thad Brown a révélé à Robert Slatzer qu'il avait été convoqué pour un « savon » par Parker pour avoir parlé des fiches de téléphone à Florabel Muir. Quand Slatzer a interrogé la journaliste à propos de ces archives téléphoniques, elle a déclaré que Parker les avait sur son bureau et les lui avait agitées sous le nez en affirmant qu'elles lui assureraient la direction du FBI « quand les Kennedy se seront débarrassés de Hoover ».

« Je lui ai demandé quels appels Marilyn avait passés durant cette dernière période, se souvient Slatzer, et Florabel m'a dit que Thad Brown lui avait assuré que bon nombre de ces appels étaient destinés à Bobby Kennedy. » Robert Slatzer appela Parker et l'interrogea au sujet des fiches téléphoniques. « Il a nié catégoriquement savoir quoi que ce soit à ce sujet et m'a raccroché au nez », dit Slatzer. Slatzer se rendit alors au quartier général de Parker et reposa sa question au chef de la police en plein couloir. Parker, furieux, battit en retraite dans son bureau et fit expulser Slatzer du bâtiment.

La presse montra Robert et Ethel Kennedy, avec quatre de leurs enfants, arrivant à San Francisco le vendredi 3 août dans l'après-midi. Le *San Francisco Chronicle*, qui publia une photo de la famille, dit que Bobby apparut « sans son sourire éclatant habituel et serra sans chaleur les mains de ceux qui l'accueillaient ». Après un discours prévu pour le lundi devant l'American Bar Association, l'attorney général et sa famille prévoyaient d'aller passer dix jours de vacances dans l'État de Washington. Un rapport spécial du FBI sur ses activités précise qu'« il passa le week-end au ranch de John Bates, à cent kilomètres au sud de San Francisco, à Gilroy. C'était un séjour strictement privé ». John Bates était un ami de la famille ; il avait fait la connaissance de John Kennedy quand tous deux servaient dans la marine, pendant la guerre. Leur ami commun, Paul Fay, avait été nommé sous-secrétaire d'État à la Marine par JFK. Hôte fréquent de Hickory Hill, John Bates s'était vu proposer par Bobby Kennedy la direction de la division anti-trusts du ministère de la Justice.

Bates n'a jamais cessé d'affirmer que Bobby avait passé tout le week-end à son ranch. « L'attorney général et sa famille ne nous ont pas quittés une minute du vendredi après-midi au lundi », a encore répété John Bates au biographe de Marilyn, Donald Spoto, en 1992, « et je ne vois pas comment, matériellement, il aurait pu se rendre en Californie du Sud et revenir ». Bates est certain que si Bobby Kennedy était parti assez longtemps pour gagner Los Angeles ce jour-là et en revenir, il n'aurait pu l'ignorer. Le prêtre de la paroisse de Gilroy a confirmé la présence de Bobby Kennedy et de sa famille en l'église Sainte-Marie, pour la messe de 9 h 30 le dimanche 5 août — au moment où on préparait le corps de Marilyn Monroe pour l'autopsie.

Mais, en enquêtant sur la mort de Marilyn Monroe, Thad Brown a découvert une chose stupéfiante : l'attorney général s'était bien rendu à Los Angeles le samedi 4 août. Le frère de Thad, le détective Finis Brown, raconte : « J'ai parlé à des contacts qui avaient vu Kennedy et Lawford au Beverly Hilton Hotel le jour où elle a pris cette surdose. Je suis allé porter l'information à Thad, et Thad m'a dit qu'il le savait. Il savait que Kennedy était à Los Angeles cette nuit-là, et il l'a dit à Parker. »

Los Angeles est à six cents kilomètres au sud de Gilroy. Dans la meilleure hypothèse, l'attorney général aurait fait dix minutes d'hélicoptère, soit jusqu'à l'aéroport de San José, soit jusqu'à la base de la Marine, puis cinquante minutes d'avion jusqu'à l'aéroport de Santa Monica, suivies de dix minutes jusqu'à l'héliport de la Twentieth Century Fox — où Bobby atterrissait fréquemment pour ses réunions de préproduction à la Fox de *The Enemy Within*. Avec les cinq minutes de voiture de la Fox au Beverly Hilton Hotel, il lui fallait un minimum d'une heure quinze minutes pour faire le trajet.

Apparemment, Thad Brown avait trop bien fait son travail. Peu après qu'il eut transmis à Parker l'information concernant Bobby, on lui retira l'affaire. Dès cet instant, a remarqué Finis, celle-ci reposa exclusivement entre les mains du capitaine James Hamilton. Sous son autorité, tout fut mené dans le secret le plus absolu. Même les employés les plus fiables du bureau furent privés de toute information relative à l'enquête.

En 1962, Tom Reddin, qui succéderait à Parker, n'était qu'adjoint. « Dès que Hamilton et son bureau du renseignement furent impliqués, raconte-t-il, personne ne sut plus rien de ce qui se passait. Hamilton ne parlait qu'à deux personnes : Dieu et le chef de la police. Je savais que Hamilton enquêtait sur l'affaire Monroe, mais jamais je n'ai été au courant de ce dont il s'agissait. En revanche, j'étais au courant de ce qui se disait d'un document interne qui n'a jamais été rendu public. »

Bien qu'on lui eût officiellement retiré l'enquête sur l'affaire Monroe, Thad Brown la continua pour son propre compte. « Thad devint peu à peu obsédé par l'affaire, se souvient son frère Finis. Il poursuivit son enquête après que Parker l'eut écarté. Il constitua son propre dossier Monroe — qui contenait jusqu'aux copies qu'il avait obtenues des appels sur ses lignes téléphoniques. » Si William Parker considérait le dossier Marilyn Monroe (avec les fiches de téléphone) comme une assurance de devenir un jour chef du FBI, Thad Brown considérait son dossier personnel sur Marilyn comme une simple assurance de ne pas perdre son travail au sein de la police. Il entreposa le dossier dans son garage de Northridge, où les copies des archives téléphoniques de Marilyn Monroe devaient moisir dans l'obscurité pendant treize ans.

7
Cursum perficio

« Marilyn Monroe vivra éternellement. »

Jacqueline Kennedy Onassis.

Le dimanche 5 août en fin d'après-midi, le corps de Marilyn Monroe fut mis à la disposition de ses proches. Mais il semblait qu'il n'y eût pas de famille proche, même de cœur. Sa mère, Gladys Baker Eley, ne quittait plus la maison de retraite de Rockhaven, à Norwalk, en Californie. Quand un représentant officiel du comté appela à propos des funérailles, on lui répondit : « Mrs. Eley n'a jamais entendu parler de Marilyn Monroe. » Finalement, on retrouva à Gainesville, en Floride, la demi-sœur de Marilyn, Berneice Miracle, et celle-ci autorisa la remise du corps à Joe DiMaggio.

DiMaggio et Inez Melson, la garde de Gladys, prirent les dispositions nécessaires avec Guy Hockett, le directeur des pompes funèbres de Westwood Village. Les funérailles furent prévues pour 13 heures le mercredi 8 août, au Westwood Memorial Park. Marilyn y avait enterré deux de ses mères de substitution : Grace McKee Goddard, qui s'était suicidée en 1953, et « tante » Ana Lower, la seule personne qui lui eût manifesté une certaine affection dans son enfance. Guy Hockett se souvenait que Marilyn Monroe venait fréquemment passer de longues heures assise sur un banc près de sa tombe.

Le corps de Marilyn Monroe arriva aux pompes funèbres de Westwood Village à midi le mardi 7 août. Dans l'après-midi, Allan « Whitey » Snyder, l'artiste du maquillage, dont Marilyn ne pouvait se passer, reçut un appel de Joe DiMaggio.

« Whitey... tu as promis, tu t'en souviens ? »

En 1952, Marilyn avait subi une opération au Cedars of Lebanon Hospital, à Los Angeles. Le jour où on devait la laisser sortir, Whitey était arrivé à l'hôpital et avait réussi à la rendre radieuse pour la presse qui l'attendait. Ce jour-là, Marilyn lui avait extorqué une promesse :

« Promets-moi quelque chose, Whitey...

— Tout ce que tu voudras, Marilyn...

— Promets-moi que, si quelque chose m'arrive... S'il te plaît, ne laisse personne d'autre toucher à mon visage que toi. Promets-moi que tu me maquilleras, pour que je sois au mieux.

— Bien sûr, avait-il plaisanté. Amène-moi le corps encore chaud et je le ferai ! »

Quelques semaines plus tard, Whitey avait reçu dans un paquet cadeau de chez Tiffany's une pince à billets où était gravé :

> Whitey chéri :
> Tant que je suis encore chaude...
> Marilyn.

Encouragé par une bouteille de Smirnoff, Whitey se rendit aux pompes funèbres, où il maquilla Marilyn pour sa dernière représentation. Sidney Guilaroff devait venir la coiffer. En voyant son corps, Guilaroff s'évanouit. On décida qu'elle porterait la perruque des *Désaxés.*

Le mardi après-midi, Mrs. Murray retrouva Inez Melson et Berneice Miracle chez Marilyn pour les aider à choisir ce qu'elle porterait. Elles se mirent d'accord sur la robe vert pâle de Pucci que Marilyn avait revêtue pour sa conférence de presse à Mexico, au début de l'année.

L'assistant de Guy Hockett, Alan Abbott, se souvient que Joe DiMaggio passa toute la nuit à veiller le cercueil de Marilyn dans la chapelle des Rameaux. Le mercredi matin, quand Whitey Snyder revint vérifier son travail de maquillage, Joe était toujours là. « Il avait les yeux rouges d'avoir pleuré, et il était paralysé, le regard fixé sur elle, se souvient Whitey. Les ondes de pensées ricochaient dans la chapelle silencieuse — beaucoup d'amour, de regrets, de colère, de frustration et de peine. C'était un peu effrayant. Je crois qu'il rejetait la responsabilité de sa mort sur Hollywood — Hollywood et les Kennedy. »

Joe DiMaggio était toujours resté amoureux de Norma Jeane. Sa plus grande rivale était Marilyn Monroe. Il avait le sentiment que leur relation avait été abîmée par sa carrière et les influences exercées par Hollywood, et il insista pour qu'il n'y eût à ses funérailles aucun des représentants de sa vie hollywoodienne : ni stars ni producteurs ni agents ni amis ni journalistes de Hollywood. Il n'autorisa la présence que de trente parents et amis, dont les Strasberg, Berneice Miracle, Mickey Rudin, le Dr Greenson et sa famille, Eunice Murray, Whitey Snyder, Ralph Roberts, Inez Melson et Pat Newcomb. Le seul journaliste admis fut l'ami de DiMaggio, Walter Winchell. Parmi ceux qui auraient voulu venir, mais devant qui on ferma le portail du cimetière, on peut citer Frank Sinatra, Dean Martin, Peter et Pat Lawford, la presse hollywoodienne et le Tout-Hollywood.

Peu avant de mourir, Marilyn Monroe avait dit : « ... Tout le monde vous tire toujours par la manche. On dirait qu'ils voudraient tous un morceau de vous, comme s'ils voulaient vous prendre des bouchées de vous... » Ironie du sort, parmi les rares personnes invitées se trouvaient ceux qui avaient été les plus voraces.

La police de Los Angeles avait mobilisé plus de cinquante policiers pour contrôler la foule et la circulation. Quarante gardes furent en plus embauchés par la Twentieth Century Fox pour entourer le cimetière et en éloigner les indésirables. On construisit des plates-formes le long du mur nord pour que la presse puisse y monter et voir l'intérieur du cimetière. Dans la foule de ceux qui restèrent derrière la clôture se trouvait Robert Slatzer, arrivé en avion de Columbus dans l'espoir d'assister aux funérailles.

À cause des embouteillages, la cérémonie commença en retard. Dans la chapelle, seul le ronronnement lointain des hélicoptères de la presse brisait le silence. « La poignée de personnes présentes, a raconté Eunice Murray, semblaient être repliées sur elles-mêmes, très loin, chacune perdue dans ses pensées. »

Tandis que Mrs. Hockett commençait à jouer à l'orgue *Over The Rainbow*, DiMaggio vint s'asseoir en pleurant non loin du premier rang, près de son fils, Joe Jr. Puis Lee Strasberg lut la courte oraison funèbre :

> Marilyn Monroe était une légende.
>
> Pendant sa vie, Marilyn Monroe a créé le mythe de ce qu'une pauvre fille issue d'un milieu défavorisé peut obtenir. Pour le monde entier, elle est devenue le symbole de l'éternel féminin.
>
> Mais je ne trouve pas de mots pour décrire le mythe et la légende. Je ne connaissais pas cette Marilyn Monroe-là.

Nous, rassemblés ici aujourd'hui, ne connaissions qu'une Marilyn — un être chaleureux, impulsif et timide, sensible et craignant qu'on le rejette, toujours affamé de vie et tendant vers son accomplissement.

En dépit des hauteurs et de l'éclat qu'elle avait atteints à l'écran, elle faisait des projets d'avenir ; elle attendait avec impatience de participer à toutes ces choses excitantes qu'elle avait prévues. À ses yeux et aux miens, sa carrière ne faisait que commencer. Le rêve de son talent, qu'elle avait nourri dès l'enfance, n'était pas un mirage... D'autres étaient aussi belles physiquement qu'elle, mais il y avait à l'évidence quelque chose de plus en elle, quelque chose que les gens voyaient et reconnaissaient dans sa façon de jouer et à quoi ils s'identifiaient. Elle irradiait un mélange de mélancolie, de luminosité, de désir, qui faisait d'elle un être à part, et à quoi pourtant tout le monde aurait aimé accéder ; tout le monde aurait voulu partager sa naïveté enfantine si discrète et pourtant si vibrante.

Maintenant tout est fini. J'espère que sa mort éveillera la sympathie et la compréhension pour une artiste et une femme sensibles qui ont offert joie et plaisir au monde.

Je ne peux dire adieu. Marilyn n'a jamais aimé les adieux, mais en m'inspirant de la manière particulière dont elle tournait les choses pour qu'elles soient face à la réalité, je dirai au revoir — car le pays où elle est partie, nous nous y rendrons tous un jour.

Avant qu'on ne ferme le cercueil, DiMaggio se leva et regarda longuement Norma Jeane, une dernière fois. Eunice Murray dit que Marilyn avait l'air d'une enfant paisiblement endormie parmi les fleurs — à jamais jeune et belle. DiMaggio se pencha alors, l'embrassa sur le front et murmura : « Je t'aime, je t'aime, je t'aime. »

Le petit cortège suivit en silence le cercueil dans le couloir du souvenir, où le corps de Marilyn fut mis dans sa tombe. Après la cérémonie, on se dispersa, chacun prenant un chemin différent pour quitter l'être unique qui avait rassemblé un groupe de gens aussi disparates. Bientôt, les admirateurs hystériques et la presse frustrée envahirent le cimetière, piétinant les tombes, écrasant les fleurs, grappillant des souvenirs.

Quand tous furent partis — les amis, les pseudo-amis, les collègues, les curieux, les admirateurs et ces messieurs du quatrième pouvoir —, Joe DiMaggio revint au crépuscule dire un dernier au revoir. Durant les vingt ans qui suivirent, DiMaggio fit placer chaque jour des roses rouges fraîches dans l'urne près de la crypte où repose aujourd'hui le corps de Norma Jeane, derrière le marbre veiné sur lequel est apposée une simple plaque de bronze :

Marilyn Monroe
1926-1962

8

Réponses et questions

« Oh, quelle est la réponse ?
quelle est la réponse ?
quelle est la réponse ?
quelle est la réponse ?
quelle est la question ? »

Gertrude Stein.

Plusieurs jours après les funérailles de Marilyn Monroe, le sergent Byron, du commissariat de West Los Angeles, tenta d'interroger Peter Lawford. Jamais Lawford n'avait fait de déclaration à la police. Pourtant, sa secrétaire dit à Byron que l'acteur n'était pas là et ne reviendrait pas en ville avant plusieurs semaines. Le lendemain des funérailles, Peter et Pat Lawford s'envolèrent pour Hyannis Port avec Pat Newcomb. Ils y demeurèrent chez Robert Kennedy, sur le domaine familial. Le vendredi 10 août, Peter Lawford fut interviewé chez l'attorney général par la correspondante du groupe Hearst à Washington, Marianne Means :

> « Je ne peux pas croire que sa mort puisse être autre chose qu'un accident », insista Lawford. Il s'enfonça dans un profond fauteuil et posa ses pieds chaussés de mocassins sur la table basse du salon de l'attorney général Robert Kennedy... « Je n'arrive pas à croire qu'elle n'est plus là », soupira-t-il...

Cela paraissait un peu étrange qu'un ami intime de la plus célèbre déesse du sexe d'Amérique livre ses impressions personnelles sur elle dans une pièce tellement liée à une autre sorte de gloire

— dans cette maison dont Bobby Kennedy avait fait son QG au soir des élections de 1960.

Jacqueline Kennedy était partie le mardi 7 août avec Caroline pour de longues vacances en Europe. Les 11 et 12 août, le président Kennedy, les Lawford, Pat Newcomb et le porte-parole de la Maison Blanche Pierre Salinger passèrent le week-end dans la maison de l'ancien champion poids-lourd Gene Tunney, sur John's Island, dans le Maine. Le dimanche, le groupe navigua toute la journée à bord du *Manitou,* un yacht de vingt mètres des gardes-côtes.

À Los Angeles, Joe Hyams apprit que les voisins de Lawford s'étaient plaints qu'un hélicoptère s'était posé sur la plage de Santa Monica, derrière la résidence des Lawford, aux premières heures du dimanche 5, soufflant du sable dans leurs piscines. Ward Wood, un autre voisin de Lawford, dit qu'il avait reconnu l'attorney général à son arrivée chez Lawford, dans une Mercedes, « en fin d'après-midi ou en début de soirée samedi ».

L'importance de ces informations conduisit Hyams à pousser de nouveau Billy Woodfield à jouer les journalistes. Sinatra venait de demander à Woodfield de prendre des photos de son luxueux jet privé depuis un hélicoptère loué au Conners Helicopter Service de Santa Monica. Woodfield savait très bien que des amis de Sinatra, comme Peter Lawford et bien d'autres célébrités de Hollywood, utilisaient fréquemment ce service.

Sous prétexte d'un article sur le service d'hélicoptères des stars, Woodfield se rendit dans les bureaux de la compagnie, à l'aéroport de Santa Monica, et demanda à voir les registres donnant la liste des célèbres clients de Conners. Aux pages des 4 et 5 août, il découvrit qu'en effet un hélicoptère avait été loué pour prendre un passager chez Lawford, sur la plage, tôt le dimanche matin. Récemment, Woodfield a raconté : « L'heure indiquée sur le registre était environ 2 heures du matin dimanche. Cela confirmait ce que les voisins nous avaient dit. »

Comme il tentait de reconstituer le scénario des dernières heures de Marilyn, Billy Woodfield appela alors le Dr Ralph Greenson. Le psychiatre déclara tout net qu'il se refusait à parler de ce qui s'était passé, et termina ainsi la conversation : « Écoutez, je ne peux m'expliquer sans révéler des choses que je ne veux pas révéler. On ne peut tracer une ligne droite et dire : “Je vous dirai ça, mais pas ça...” Je ne peux en parler, parce que je ne peux vous raconter toute l'histoire... Interrogez donc Bobby Kennedy... »

« Hyams savait qu'il détenait là une information fracassante, se souvient Woodfield. Il a appelé le bureau de l'attorney général et il a demandé si Robert Kennedy pouvait faire un commentaire sur notre information. On l'a rappelé : "L'attorney général apprécierait qu'on ne publie pas cette histoire." »

« J'ai donné mon article sur Bobby et Marilyn au *Herald-Tribune* le lundi ou le mardi suivant les funérailles, dit Hyams, mais ils l'ont mis dans un tiroir. Jamais il n'a paru. »

Le jeudi 9 août, Robert Slatzer rencontra chez Marilyn son exécutrice testamentaire Inez Melson. « Inez triait ce qui restait des papiers de Marilyn dans le classeur du pavillon d'amis, raconta Slatzer. Elle me dit que, lorsqu'elle était arrivée là le dimanche matin, elle avait découvert le meuble-classeur fracturé, et que beaucoup des affaires de Marilyn avaient disparu. »

Slatzer se rappela combien Marilyn était inquiète quant à la sécurité de ses papiers. En lui faisant visiter sa nouvelle maison au mois d'avril précédent, elle avait signalé que des documents ne cessaient de disparaître de ses dossiers, et qu'elle avait ordonné qu'on change les serrures et qu'on mette des barreaux aux fenêtres du pavillon d'amis. Une facture au nom de Monroe de la serrurerie A-1 Lock and Safe Co. de Santa Monica indique que les serrures avaient été changées le 15 mars 1962. Quand Slatzer demanda à Mrs. Melson si elle avait retrouvé le carnet à couverture rouge de Marilyn, Inez répondit qu'elle n'avait pas connaissance d'un tel cahier. Elle ne l'avait pas vu.

Avant de partir, Slatzer se rendit avec la gouvernante, Eunice Murray, dans la chambre où on avait découvert le corps de Marilyn. Bien que Mrs. Murray eût déclaré qu'elle avait appelé Norman Jefferies tôt le dimanche matin afin qu'il remplace la vitre brisée, Slatzer remarqua que la fenêtre était condamnée par des planches, mais n'avait pas été réparée. Il retrouva des éclats de verre dehors, dans la bordure de fleurs, plutôt qu'à l'intérieur, où ils auraient logiquement dû tomber.

Robert Slatzer a raconté que lorsqu'il quitta la maison de Marilyn ce jour-là, il repensa à la dernière fois où il l'avait vue. C'était à la mi-juillet juste avant qu'il ne parte pour l'Ohio. Elle l'avait appelé d'une cabine, et sa voix était curieusement pressante. « Viens me prendre à 6 heures, avait demandé Marilyn. Je te retrouverai à l'angle de San Vicente et Carmelina. » Slatzer se souvient d'avoir quitté son hôtel à Hollywood pour la retrouver au coin des deux rues, à Brentwood. Il s'apprêtait à l'attendre, et avait été surpris de la trouver à l'endroit convenu, silhouette solitaire que personne n'avait reconnue — sans maquillage, portant de grandes lunettes de soleil, ses cheveux blonds attachés en queue de cheval sous un foulard. « Salut ! » dit-elle quand il s'arrêta au bord du trottoir. Elle monta près de lui avec un grand sourire et posa son énorme sac par terre dans la Cadillac.

Bien qu'elle lui parût aussi pétulante que d'ordinaire, Slatzer sentait les difficultés émotionnelles qu'elle traversait. Ils prirent au nord Pacific Coast Highway, vers Point Dume, juste au-delà de la plage de Malibu. En chemin elle parla de ses peurs et de ses inquiétudes. Peu après le gala d'anniversaire du Président, en mai, on lui avait brutalement interdit toute communication avec lui, et la ligne de téléphone privée sur laquelle elle l'appelait avait été coupée. Peter Lawford avait dit sans ambages à Marilyn que plus jamais elle ne devait parler au Président.

« Cela lui causa un choc émotionnel dévastateur qui la fit s'effondrer sur le plateau de *Something's Got to Give*, à la Twentieth Century Fox, a raconté Slatzer. Dans sa rage et son désespoir, elle appela plusieurs fois la Maison Blanche pour exiger une explication. Bobby devint l'émissaire chargé de calmer les fureurs de la femme délaissée. Avant ce jour, je n'avais jamais saisi jusqu'où étaient allées ses relations avec Bobby. Lors de notre dernière rencontre, elle me confia que récemment Bobby avait aussi tenté de rompre avec elle. Comme John, il n'avait fourni aucune explication. » Les Kennedy avaient touché le point sensible de sa terreur du rejet, et son désespoir s'était mué en colère, comprit Slatzer.

« J'ai trouvé profondément inquiétant ce que Marilyn m'a révélé ce jour-là sur la plage », confie-t-il.

Sortant son carnet à couverture rouge de son grand sac, Marilyn avait montré à Slatzer son « Carnet de secrets ».

« Qu'est-ce que c'est ? avait demandé Slatzer.

— Mon journal. Je veux que tu le lises. »

Slatzer se souvient d'avoir feuilleté les pages et d'avoir été surpris d'y trouver des notes sur ses conversations avec les Kennedy. Elle y abordait des sujets comme le projet d'utiliser le syndicat du crime pour assassiner Fidel Castro, les essais nucléaires, les liens de Sinatra avec la pègre, les droits civiques, les efforts de Bobby pour faire arrêter Jimmy Hoffa ; une page indiquait que c'était Bobby qui avait convaincu le Président de retirer la couverture aérienne américaine lors du désastre de la baie des Cochons.

Quand Slatzer se rendit compte de l'importance de ce journal, il lui demanda pourquoi elle avait pris ces notes.

« Surtout parce que Bobby aime parler d'affaires politiques, lui répondit-elle, et je voulais pouvoir parler avec lui de choses qui l'intéressaient. Alors je prenais des notes après nos conversations, et ensuite j'en apprenais autant que je pouvais sur les sujets abordés pour pouvoir en parler intelligemment.

— Quelqu'un d'autre a-t-il vu ce carnet ? demanda Slatzer.

— Personne... Mais je suis tellement en colère que je serais capable de convoquer une conférence de presse et de le montrer au monde entier pour que tout le monde sache qui sont vraiment les Kennedy ! »

Slatzer se souvient d'avoir tenté de la convaincre d'oublier les Kennedy et de se concentrer sur sa carrière, de ranger ce journal et de ne plus le montrer à personne.

« Il est évident que Bobby ne veut plus continuer avec toi, et, pour ton bien, tu ferais mieux de l'oublier, lui conseilla-t-il.

— Ce n'est pas si facile », répondit-elle.

Plusieurs jours plus tard, Slatzer partit pour Columbus, où il reçut une série d'appels inquiétants de Marilyn — jusqu'au dernier, le vendredi 3 août, quand il semblait si important pour elle de savoir où se trouvait Robert Kennedy...

9
Les exceptions

« Qui a tué Marilyn Monroe ? — c'est une question... ce fut une tragédie. »

Sean O'Casey.

Plusieurs semaines après le verdict du coroner, Jack Clemmons retourna Fifth Helena Drive afin d'interroger officieusement les voisins de Marilyn. Il apprit d'Elizabeth Pollard, qui habitait juste en face dans l'impasse, que Bobby Kennedy était venu plusieurs fois dans les semaines qui avaient précédé la mort de l'actrice, et aussi en fin d'après-midi le samedi 4 août. Les voisins immédiatement à l'ouest, Mr. et Mrs. Landau, avaient vu une ambulance et une voiture de police garées à l'entrée de la propriété de Marilyn Monroe quand ils étaient rentrés d'un dîner le samedi soir.

Persuadé d'avoir été le premier policier appelé sur les lieux à 4 h 25 du matin le dimanche, Clemmons fut interloqué par la déclaration des Landau. La voiture de police pouvait-elle être la voiture de patrouille que le sergent Marvin Iannone avait sortie du garage de la rue Purdue avant 23 h 30 le samedi soir ? On savait que Iannone travaillait pour Hamilton aux renseignements, et chaque fois que le Président ou l'attorney général rendaient visite aux Lawford, c'était Iannone qui se trouvait chargé de la surveillance de la maison sur la plage.

En 1994, Clemmons a raconté une rencontre avec le sergent Marvin Iannone, à l'arrière du garage de la rue Purdue, dans les semaines suivant la mort de la star.

« Dis donc, Marvin, tu sais ce que je crois ? commença Clemmons. Je crois que Marilyn Monroe a été assassinée, et qu'on étouffe toute l'histoire parce que le ministre de la Justice est dans le coup ! Qu'est-ce que tu en penses ? »

Iannone le regarda quelques instants avant de tourner les talons et de s'éloigner sans un mot.

« Après ça, il m'a vraiment évité, dit Clemmons. Vingt ans plus tard, quand Marvin est devenu le chef de la police de Beverly Hills et que le bureau du procureur a ressorti l'enquête sur l'affaire Monroe, je l'ai appelé plusieurs fois, mais jamais il ne m'a répondu. Peut-être pensait-il que j'allais lui reposer la même question — et il avait raison ! »

Robert Slatzer, lui aussi, retourna Fifth Helena Drive et parla aux voisins de Marilyn. Elizabeth Pollard lui raconta qu'elle jouait aux cartes avec des amis le samedi 4 août, et que l'un d'eux s'était exclamé : « Oh, regardez, voilà Robert Kennedy ! » Elle se souvint qu'ils l'avaient tous regardé entrer chez Marilyn en compagnie de deux autres hommes ; c'était dans la soirée. Slatzer prit contact avec le premier policier qui se fût officiellement rendu sur les lieux : le sergent Jack Clemmons. Slatzer et Clemmons découvrirent qu'ils partageaient les mêmes soupçons.

« Dès le début, Clemmons était persuadé que Marilyn avait été assassinée, raconte Slatzer. Mais il n'avait rien pour le prouver, que certains détails sur les lieux de la mort et ses pressentiments. Je savais qu'il y avait des mobiles. Après avoir parlé à Clemmons et aux voisins, j'ai pris la décision de continuer mon enquête. »

À la suite de la déclaration des Landau concernant l'ambulance, Slatzer alla parler à Walter Schaefer, du Schaefer Ambulance Service, qui recevait presque tous les appels d'urgence dans la région de Brentwood. Mais Walter Schaefer l'assura qu'aucune de ses ambulances n'avait été appelée Fifth Helena Drive dans la nuit du 4 au 5 août.

Slatzer tenta également à plusieurs reprises de joindre Peter Lawford, qui jamais ne lui répondit. Il découvrit qu'Eunice Murray avait fait couper son téléphone, et des voisins lui apprirent qu'elle avait quitté son studio sur Ocean Park pour de longues vacances en Europe. Slatzer constata aussi que Pat Newcomb avait soudainement disparu. Elle avait quitté sa résidence de Beverly Hills sans laisser d'adresse. Slatzer contacta alors son employeur Arthur Jacobs, et l'agence de relations publiques l'informa que Pat Newcomb avait été remerciée et qu'elle voyageait à l'étranger. Quand il voulut parler au Dr Ralph

Greenson, Slatzer s'entendit dire par la secrétaire du médecin que Greenson avait lui aussi quitté Los Angeles pour une période indéterminée.

La mort de Marilyn Monroe avait eu un effet dévastateur sur Ralph Greenson. « La flamme s'est éteinte en lui à la mort de Marilyn Monroe, a déclaré un de ses collègues de l'Institut de psychanalyse. Jamais il ne s'en est vraiment remis. Il a continué, mais il s'est renfermé après ça... il est devenu un peu bizarre... »

« La mort de Marilyn a été extrêmement douloureuse pour lui, confirma son épouse Hildi Greenson. Non seulement parce que l'événement était public, ce qui était déjà terrible, mais surtout parce qu'il pensait que Marilyn allait beaucoup mieux — et puis il l'a perdue. Ce fut très douloureux. »

Le Dr Greenson souffrait à tel point qu'il se retrouva dans l'impossibilité de continuer à recevoir ses autres malades dans son cabinet. « C'était horrible, devait-il raconter, mais je me disais qu'il fallait que je continue. Alors j'ai continué, et j'étais bouleversé. Mes malades ont vu que j'étais bouleversé... Avec certains d'entre eux, les larmes me montaient aux yeux, et je n'arrivais pas à le cacher. »

L'actrice Janice Rule, patiente elle aussi du Dr Greenson à l'époque, se souvient de l'angoisse profonde qui étreignait le psychanalyste. « Il n'y aura jamais aucun moyen pour moi de donner des réponses à tout ça », lui aurait-il dit. Une semaine après les funérailles de Marilyn, Greenson prit un congé et se rendit chez son ami et collègue le Dr Max Schur, à New York. Schur, psychanalyste lui aussi, avait été un collègue de Sigmund Freud et aussi son médecin personnel. L'amitié entre Schur et Greenson datait de leurs études à Berne et à Vienne. Dans son profond désarroi, Greenson se tourna vers lui. Leur première séance dura douze heures — début d'une longue thérapie par laquelle Greenson espérait « peut-être commencer à surmonter ça ». Sept ans plus tard, Greenson était toujours « dévasté » par la mort de Marilyn Monroe. « Je ne sais pas si je m'en remettrai jamais vraiment ni totalement », dit-il à des collègues.

Durant les semaines qui suivirent les funérailles, la presse révéla que Marilyn Monroe avait légué le plus gros de ses avoirs à Lee Strasberg, mais qu'elle était morte sans le sou et même couverte de dettes. Les éditorialistes Walter Winchell et Dorothy Kilgallen rédigèrent bien de temps à autre des articles sur les étranges circonstances de la mort de la star, mais la tragédie ne tarda pas à disparaître des gros titres, et bientôt l'histoire de Marilyn Monroe ne fut plus qu'un épisode triste parmi d'autres dans la Babylone hollywoodienne. À la fin de l'année, la police referma le dossier Monroe. Quand on lui demanda des années plus tard ce qu'il était devenu, l'assistant du capitaine James Hamilton, le lieutenant Marion Phillips, avoua qu'il ne le savait pas : « En 1962, le chef de la police Parker a emporté le dossier à Washington. On ne l'a plus jamais revu. »

Les archives montrent que le seul voyage de Parker à Washington après la mort de Marilyn Monroe date des 10, 11 et 12 décembre 1962. La correspondance entre Parker et Robert Kennedy, à la Bibliothèque Kennedy, révèle que Parker rencontra l'attorney général le 12 décembre au Park University Motel de College Park, Maryland, dans la banlieue de Washington, à propos d'« une affaire d'intérêt commun ».

En juin 1963, le capitaine James Hamilton donna soudain sa démission de son poste de chef du renseignement à Los Angeles, et Parker désigna Daryl Gates pour le remplacer. « J'en ai été stupéfait, dit Gates. Jim Hamilton, le capitaine du renseignement, avait toujours été à ce poste l'homme de Parker, et jamais je n'avais imaginé qu'il partirait. » Mais Hamilton choisit un travail mieux payé comme chef de la sécurité de la Ligue nationale de football. « C'est Robert Kennedy qui avait suggéré le nom de Jim », dit Daryl Gates. Avant de partir, le capitaine Hamilton accorda au sergent Marvin Iannone une promotion au grade de lieutenant et le fit transférer au bureau du renseignement, dans le centre-ville.

À son retour aux États-Unis, en février 1963, après de longues vacances en Europe, Pat Newcomb s'installa à Washington. Elle entra alors au service de l'US Information Agency (USIA), dirigée par George Stevens Jr. George et Liz Stevens étaient des amis personnels de Bobby et Ethel Kennedy, tout comme le supérieur immédiat de Pat, Don Wilson. Pat Newcomb assura la liaison entre Hollywood et le Capitole, organisant la participation de Hollywood à des festivals du film dans le monde entier et les apparitions des personnalités du cinéma, comme Kirk Douglas, à l'étranger, lors des événements cinématographiques internationaux. Entre deux voyages à l'autre bout du monde, Pat fréquentait les Kennedy. Souvent invitée à Hickory Hill, fin octobre 1963 elle tomba de cheval lors d'une promenade en compagnie de Bobby Kennedy et se cassa le bras. La correspondance entre Bobby et Pat Newcomb, où elle se donne le nom de « Berthe Bronco » et où Bobby se nomme « Charlie Généreux », montre que l'événement fut pris avec bonne humeur et humour.

C'est au cours du mois suivant, le 22 novembre 1963, que Bobby Kennedy reçut à Hickory Hill un appel de J. Edgar Hoover annonçant : « Le Président est mort. » Et c'est Pat qui veilla sur les enfants de Bobby quand il s'envola pour Dallas afin d'en ramener le corps de son frère.

10

La chasse aux documents

« Le plus haut devoir de l'écrivain est de rester fidèle à lui-même et de laisser les éclats tomber où ils peuvent. C'est en servant sa vision de la vérité que l'artiste sert au mieux son pays. »

John F. Kennedy, octobre 1963.

Plus de cent dix livres ont été publiés sur Marilyn Monroe depuis sa mort. Dès 1964, Frank Capell publia un fascicule de soixante-dix pages, *The Strange Death of Marilyn Monroe.* Il était le premier à écrire que la star avait été assassinée et que les Kennedy y étaient pour quelque chose. Considéré par beaucoup comme un extrémiste de droite, Capell, ancien agent du FBI, était l'éditeur d'un bihebdomadaire anticommuniste, le *Herald of Freedom.* Relevant les contradictions dans les déclarations des témoins, Capell prétendait que le meurtre de Marilyn Monroe faisait partie d'un complot communiste impliquant John et Robert Kennedy. L'extrémisme de Capell finit par discréditer bien des révélations véridiques contenues dans son petit volume. Sa publication n'attira que peu d'attention dans le monde de l'édition et il n'eut guère d'acheteurs. Mais il eut un lecteur attentif en J. Edgar Hoover. Daté du 8 juillet 1964, un mémorandum personnel du directeur du FBI à l'intention du ministre de la Justice Robert Kennedy disait :

> Mr. Frank A. Capell publie un fascicule de soixante-dix pages sous le titre *The Strange Death of Marilyn Monroe,* qui devrait sortir vers le 10 juillet 1964.

Selon Mr. Capell, ce livre fera référence à votre prétendue amitié pour feu Marilyn Monroe. Mr. Capell déclare qu'il indiquera dans son ouvrage que Miss Monroe et vous aviez des relations intimes et que vous vous trouviez chez Miss Monroe à l'heure de sa mort.

Nous porterons promptement à votre attention toute information complémentaire concernant la publication du livre en question.

Si les critiques se moquèrent de Capell, Robert Kennedy le prit au sérieux. Lorsque le président Nixon rendit publique une longue liste de gens dont le téléphone avait été mis sur écoute sous les administrations précédentes, Frank Capell se trouvait parmi ceux que le ministre de la Justice Robert Kennedy avait fait surveiller.

Un autre auteur, Fred Lawrence Guiles, présent à Reno durant l'automne 1960, avait découvert que l'équipe des *Désaxés* tournait non loin de là et s'était mis à fréquenter les lieux. Il avait fini par faire la connaissance du producteur du film, Frank Taylor, et du masseur de Marilyn, Ralph Roberts, qui l'avaient présenté à Marilyn. Bien qu'il ne l'eût jamais revue après la fin du tournage des *Désaxés,* il resta fasciné par elle à jamais et devint un de ses biographes.

Profondément bouleversé par la nouvelle de sa mort, il écrivit en 1963 un scénario intitulé *Goodbye, Norma Jean* (Guiles concédera plus tard qu'il est écrit « Norma Jeane » sur le certificat de naissance de la star, et que c'est aussi l'orthographe qu'elle préférait), qui devait être une biographie filmée de la star. Frank Taylor montra le scénario de Guiles à Pat Newcomb, qui à l'époque secondait Bobby Kennedy dans la préparation pour l'US Information Agency du panégyrique cinématographique de JFK : *Years of Lightning — Day of Drums.*

Grâce aux encouragements et à l'aide de Pat Newcomb, *Goodbye, Norma Jean* fut développé en une série d'articles illustrés qui parurent dans le célèbre hebdomadaire féminin *The Ladies' Home Journal,* en 1967, sous le titre : « Le dernier été de Marilyn Monroe ». Pat Newcomb pensait qu'il n'y serait pas question des relations entre Robert Kennedy et Marilyn Monroe. Pourtant, Guiles parla discrètement de « l'homme de la côte est — un homme marié qui n'appartenait pas à l'industrie du cinéma... Un homme qui avait peu d'attaches sur la côte ouest... Un avocat et un commis de l'État menant une importante carrière politique... Un avocat qui souvent était invité à séjourner dans une maison sur la plage... ».

L'identité de « l'homme de la côte est » était évidente sous le voile, et il était même sur le point de se présenter comme candidat à la présidence des États-Unis. Pat Newcomb venait juste de recruter Barbra Streisand, Warren Beatty et toutes ses relations de Hollywood pour soutenir la campagne présidentielle de « l'homme de la côte est ». Elle fut tellement irritée par les révélations de Guiles que plus jamais elle ne lui adressa la parole.

La série d'articles de Guiles parut en 1969 sous forme de livre aux éditions McGraw-Hill sous le titre *Norma Jean : The Life of Marilyn Monroe.* Il devint un énorme best-seller, et pour la première fois le grand public entendit parler de la femme fascinante qui se cachait derrière le mythe, et de ses relations avec un « commis de l'État menant une importante carrière politique ».

Si Guiles avait accepté le verdict de « suicide probable » énoncé par le coroner, un autre écrivain ne l'accepta pas : Robert Slatzer, qui n'hésita pas à révéler le véritable nom de « l'homme de la côte est ». Bien que Slatzer fût de tempérament un auteur de fiction romantique, il se sentit devenir journaliste d'investigation par nécessité : personne n'en savait autant que lui. Imprégné d'un profond amour pour la littérature classique, Slatzer était arrivé à Hollywood dans les années quarante avec les espérances d'un jeune homme persuadé qu'il deviendrait un grand scénariste. Il gagna péniblement sa vie comme journaliste pour Scripps-Howard et finit par se faire une réputation comme scénariste et metteur en scène.

Au départ, les recherches de Slatzer sur la mort de Marilyn visaient à provoquer une enquête officielle ; il ne tarda cependant pas à découvrir que les portes des longs couloirs pavés de marbre des instances officielles lui restaient fermement closes. Il en vint à joindre ses forces à celles de Frank Capell et Jack Clemmons dans l'accumulation d'informations. Le petit dossier du début prit une telle ampleur que les documents encombraient toute sa maison de Hollywood Hills.

C'est dès 1963 que Robert Slatzer commença à réunir ses informations sous la forme d'un livre, mais l'odyssée de sa conception et de sa publication fut longue et tortueuse. Menaces de mort, passages à tabac, violations de domicile, incendie criminel jalonnèrent ce parcours labyrinthique. En 1972, les menaces de mort devinrent si précises que la police de Los Angeles contraignit Slatzer à se faire protéger par un garde du corps.

Quand le livre de Slatzer, *The Life and Curious Death of Marilyn*

Monroe, fut enfin publié en 1974, *Publishers Weekly* le qualifia de « bizarre et troublant... touchant et convaincant ». Il figura brièvement sur la liste des meilleures ventes ; il constituait le premier ouvrage majeur apportant des preuves que Marilyn Monroe avait été assassinée et que Robert Kennedy était impliqué dans ce meurtre. Slatzer avait inclus au dernier moment la transcription de son interview d'un certain Jack Quinn.

Quinn avait pris contact avec Slatzer en 1972 après avoir lu un article sur la sortie prochaine du livre de Slatzer. Il s'était présenté comme employé aux Archives de Los Angeles, où il avait récemment traité le gros dossier Marilyn Monroe pour le mettre sur microfilm. Il avait autorisé son interlocuteur à enregistrer leur conversation — conservée dans les archives de Slatzer.

Quinn : Vous aviez raison à propos de l'enquête imparfaite du coroner... Avez-vous vu les photos d'elle... les photos prises par le coroner dans sa chambre ?

Slatzer : Non.

Quinn : Elle avait des bleus, mais il n'en est pas question dans le rapport final... J'ai vu le rapport des services de renseignement. On était censés détruire beaucoup des documents originaux et tout condenser proprement sur microfilm.

Slatzer : Qu'en concluez-vous ?

Quinn : Des bleus ? Je ne sais pas ce qu'ils signifient... Bobby est allé la voir chez elle... C'est ce que dit le rapport de police. Bobby est allé la voir ce dernier samedi. C'était après qu'il eut reçu un appel d'elle chez Peter Lawford. Alors, la veille, quand on dit qu'elle était hystérique — je crois que c'était assez tard dans l'après-midi — elle disait qu'elle allait faire ci et ça...

Slatzer : Qu'avez-vous remarqué d'autre qui vous a rendu soupçonneux ?

Quinn : ... Une des choses bizarres dans le cas Marilyn Monroe est la façon dont le dossier original du rapport d'autopsie s'est perdu... et quand on l'a retrouvé, tous ces trucs sur les frères Kennedy avaient été enlevés... Tout ce qu'avait établi l'enquête sur les dix jours précédant sa mort, de son dernier samedi jusqu'au mercredi de la semaine précédente, n'était plus là.

Slatzer : Vous savez pourquoi ?

Quinn : À cause de la position de la famille Kennedy. En fait,

	il n'a pas menti. Il s'est contenté de ne pas dire la vérité.
Slatzer :	Qui ?
Quinn :	Bobby. Quand il a fait sa déclaration à la police...
Slatzer :	Il a voilé la vérité, en quelque sorte.
Quinn :	Oui. Et est-ce que vous êtes au courant pour l'hydrate de chloral ? Pour la découverte de Nembutal et d'hydrate de chloral ?
Slatzer :	Noguchi a fait l'autopsie.
Quinn :	Oui, c'est lui. Mais quand ils ont fait l'autopsie, des choses comme la couleur de ses ongles n'ont jamais été indiquées. J'essaie de vous parler de l'effet de l'hydrate de chloral et du Nembutal sur les ongles : ça les rend bleus. Enfin, bon, tout ça a été effacé. Ils ont fait un sacré travail de nettoyage sur ce foutu dossier... Est-ce que vous savez qu'il comptait sept cent vingt-trois pages et qu'on l'a réduit à cinquante-quatre ?
Slatzer :	Mais les microfilms sont complets, n'est-ce pas ?
Quinn :	Oh, vous pouvez assiéger la ville pendant cent ans, jamais on n'avouera qu'ils existent. On ne divulguera probablement que les cinquante-quatre pages.

Quinn et Slatzer se retrouvèrent plus tard dans un restaurant de Hollywood. Slatzer était venu avec le cinéaste Wilson Hong pour qu'il soit témoin de la conversation. La révélation la plus stupéfiante de Quinn fut son affirmation que Bobby Kennedy avait fait une déposition officielle à la police de Los Angeles :

« D'après ce que j'ai vu dans cette déposition, il disait que Jackie et JFK étaient sur le point de divorcer.

— Et y avait-il quelque chose sur une aventure qu'aurait eue Bobby avec Marilyn ? demanda Slatzer.

— Non, répondit Quinn. Tout ce que Bobby a dit, c'était que JFK aurait eu une aventure avec Marilyn et que c'était JFK qui l'aurait envoyé la voir et lui parler, parce qu'il recevait beaucoup d'appels de Marilyn et qu'il avait peur des ennuis que cela pourrait lui causer. Bobby a également dit que son frère avait des problèmes avec sa femme à cause des appels de Marilyn à la Maison Blanche. Tout ça se trouvait dans la déposition de Bobby Kennedy. Bobby disait aussi dans cette déposition que Peter Lawford et lui s'étaient rendus chez Marilyn en fin d'après-midi le 4 août. Il y a eu une violente dispute et Bobby a saisi Marilyn et l'a jetée par terre... Et puis on a injecté du pentobarbital sous l'aisselle de Marilyn, et ça l'a calmée.

— Le dossier dit-il qu'un des deux hommes a injecté le médicament à Marilyn ? demanda Slatzer.

— Non. L'un d'eux a appelé un médecin pour qu'il vienne faire la piqûre à Marilyn.

— Quel médecin ?

— Je ne me souviens pas de son nom. Tout ce que je peux vous dire, c'est que la déposition de Kennedy montre que Marilyn s'est mise dans tous ses états, qu'elle criait : "J'en ai marre de tout ça, j'en ai marre d'être un jouet !" Bobby a dit que Marilyn se plaignait que parfois on l'ait appelée chez Lawford quand il recevait des prostituées, et qu'elle en avait assez de tout ce bordel. »

Quinn dit alors à Slatzer que, selon la déposition, Marilyn se serait jetée sur Bobby et l'aurait griffé.

« Le dossier dit aussi, continua-t-il, que le médecin est venu à 17 heures. Il y a une déclaration de lui confirmant qu'il lui a fait une piqûre. Il n'a pas dit de quoi. Mais RFK a dit dans sa déclaration que le médecin avait fait à Marilyn une piqûre sous l'aisselle gauche. Il a même cité le nom de l'artère sur la bande. Et il a dit qu'on lui avait injecté du pentobarbital. »

Quinn termina l'entretien en disant que les dossiers relatifs à l'enquête comprenaient l'information que la mort de Marilyn faisait partie d'« un complot d'inspiration communiste ».

Lorsqu'il entendit ces mots, se souvient Slatzer, il en conçut quelque scepticisme. Ils décidèrent cependant de reprendre cet entretien le soir dans un restaurant de Burbank, en face des studios de la Warner. Quinn devait y être à 20 heures. Slatzer arriva dix minutes en avance avec Wilson Hong. Jamais Jack Quinn ne les rejoignit. Slatzer, après avoir attendu plusieurs jours en vain un appel, se rendit aux Archives et découvrit qu'aucun employé du nom de Jack Quinn n'y travaillait, ni personne qui corresponde à sa description. Plus jamais il n'entendit parler du mystérieux Jack Quinn.

« Franchement, je ne savais pas quoi penser de Quinn, se rappelle Slatzer. Il semblait sincère, mais quand il a parlé du "complot d'inspiration communiste", je n'ai plus su que penser. Quinn est arrivé au bout de dix ans d'une enquête très frustrante au cours de laquelle on m'avait si souvent menti que je ne me sentais plus capable de croire quiconque. J'ai essayé d'oublier Jack Quinn. »

On a cependant de bonnes raisons d'examiner de près les déclarations du mystérieux Jack Quinn. En 1972, il connaissait beaucoup d'éléments qui depuis ont été vérifiés.

En 1972, seuls la police et le FBI savaient que Marilyn avait bombardé la Maison Blanche et le ministère de la Justice de lettres et d'appels téléphoniques gênants. Les archives téléphoniques n'ont été rendues publiques que lorsque le journaliste d'investigation Anthony Summers les a publiées dans *Goddess (Les Vies secrètes de Marilyn Monroe),* en 1985. Quinn connaissait l'existence des bleus sur le corps de Marilyn dix ans avant que Grandison ne révèle que Marilyn portait des bleus dont le rapport d'autopsie n'avait pas parlé. Il avait signalé la présence de Bobby Kennedy et de Peter Lawford chez Marilyn le samedi 4 août dans l'après-midi, alors qu'il a fallu attendre des années pour que des témoins corroborent cette affirmation. Et enfin Quinn connaissait les effets de la cyanose qui avait fait virer les ongles de Marilyn Monroe au bleu — fait qui n'a été confirmé qu'en 1993 par une déclaration du photographe Leigh Wiener, qui avait vu le corps et en avait pris des photos à la morgue. Il est par conséquent tout à fait possible que le mystérieux « Jack Quinn » ait eu accès aux sept cent vingt-trois pages du dossier Marilyn Monroe mis sous clé par le bureau du renseignement de la police de Los Angeles, le même dossier important que l'officier de renseignement Mike Rothmiller allait voir en 1978.

Le livre de Slatzer amena le public et la presse à s'interroger à leur tour sur les nombreuses questions sans réponse qu'il posait. Le best-seller de Norman Mailer, *Marilyn,* paru en 1973, parlait aussi des relations entre Marilyn et Jack et Bobby Kennedy. Mailer en arrivait même à la conclusion que « tous les indices vont dans le sens d'un meurtre » et, avec Robert Slatzer, il demandait publiquement une enquête officielle.

Le contrôleur général de l'administration du comté de Los Angeles, Mike Antonovich, soutint Slatzer, qui exigeait une enquête du Grand Jury, et la police fut assiégée de questions auxquelles elle ne pouvait répondre. Beaucoup de ceux qui auraient pu témoigner directement sur le cas Monroe étaient morts : James Hamilton, ancien chef du bureau du renseignement, d'une tumeur au cerveau, en 1964 ; le chef de la police William Parker, d'une attaque, en 1966, lors d'un dîner en son honneur. Quant au détective Thad Brown, il était décédé en 1972.

Recherchant de quoi nourrir une presse vorace, la police de Los Angeles confia au successeur de Hamilton, le capitaine Daryl Gates, le soin de formuler un rapport « maison » afin d'aider le bureau à éviter une enquête officielle. Maintenant obligé lui aussi de rédiger un rapport d'enquête sur Marilyn Monroe, le capitaine Gates rejoignit les autres dans leur chasse aux documents.

Gates prétend qu'il ne put retrouver un seul élément dans le dossier officiel de la police concernant Marilyn Monroe — pas même le certificat de décès. On disait pourtant au bureau que Thad Brown avait gardé ses propres copies du dossier Monroe : accompagné du frère de Thad, Finis, Gates découvrit le dossier non autorisé de Marilyn que Thad Brown avait conservé dans son garage, où il moisissait depuis treize ans.

En triant le volumineux dossier, plus de sept cents pages de documents, de transcriptions d'entretiens, de dépositions, de photos et de rapports, Gates décida de n'utiliser que dix-neuf pages du dossier original — il reconnut lui-même que certaines informations furent écartées car elles « ne pouvaient entrer dans le domaine public ».

Parmi les documents découverts dans le garage de Thad Brown, il y avait les copies des appels téléphoniques de Marilyn, que Hamilton avait fait disparaître à la Compagnie générale du téléphone la nuit de sa mort — copies que Parker déclarait n'avoir pu obtenir. Il fallut sept ans de plus pour que la police de Los Angeles admette finalement les détenir.

En se livrant à cette compilation « maison » en 1975, Daryl Gates décida d'interroger Peter Lawford et d'ajouter sa déclaration aux éléments qu'il avait choisi d'inclure dans son rapport. Si le récit de Peter Lawford avait toujours conforté la version officielle, jamais l'acteur n'avait été officiellement interrogé par la police. Seule la presse avait rapporté sa version des événements. Plusieurs jours après la mort de Marilyn, le sergent Byron avait tenté de l'interroger, mais sa secrétaire lui avait répondu que Lawford avait « quitté la ville en avion » et ne serait pas disponible pour un interrogatoire avant plusieurs semaines. Six cent quatre-vingts semaines plus tard, la police vint l'interroger. On était le 16 octobre 1975.

Le temps et les circonstances avaient présenté leur facture : John et Robert Kennedy avaient été assassinés ; Peter et Pat Lawford avaient divorcé ; la carrière de Lawford avait décliné ; et il était devenu alcoolique et drogué. Comme il n'avait plus d'argent, il avait dû quitter sa résidence sur la plage pour un petit appartement à West Hollywood, du mauvais côté du Strip. Tout avait changé — sauf sa version des faits.

L'enquête « maison » de Daryl Gates continua jusqu'à ce que

s'apaise la demande publique d'une enquête menée par le Grand Jury. Le rapport final, divulgué le 22 octobre 1975, conclut qu'il n'y avait « pas suffisamment de preuves pour déclencher une enquête officielle. Certaines des preuves sont aussi peu consistantes que les soupes populaires pendant la Dépression ».

Le rapport de cent soixante-cinq pages comptait quarante-cinq pages photocopiées du livre de Robert Slatzer *The Life and Curious Death of Marilyn Monroe*, une photocopie de l'interview de Lawford, une copie du testament et des dernières volontés de Marilyn, une liste des créanciers qui avaient réclamé leur part de son héritage, un ensemble de lettres d'illuminés envoyées à la police, une copie du rapport d'autopsie et quelques pages d'articles de presse sur Marilyn Monroe. Le rapport « exhaustif », qui avait indubitablement nécessité de nombreux trajets jusqu'à la photocopieuse pendant l'année qu'il avait fallu pour le préparer, ne contenait aucun interrogatoire des témoins clés — hormis celui de Peter Lawford.

Parmi les témoins clés que Gates n'avait pas interrogés, figurait le Dr Ralph Greenson. Les photos de Greenson prises au fil des années révèlent un extraordinaire déclin physique et émotionnel. Depuis qu'il était rentré à Los Angeles après sa longue analyse avec le Dr Max Schur, il partageait un cabinet avec son ami et associé de longue date, le Dr Hyman Engelberg, au 465 North Roxbury Drive, à Beverly Hills. Ne reprenant que quelques patients, il s'était immergé dans l'enseignement et l'écriture.

Sur la fin de sa vie, Ralph Greenson souffrait de dépression et de troubles coronariens, et il fit un épisode d'aphasie. « C'était très difficile pour quelqu'un qui avait tant de mots pour chaque chose, se souvient sa patiente Janice Rule. Il devenait enragé quand il se rendait compte qu'il ne pouvait s'exprimer. » Malgré les soins de son vieil ami et associé le Dr Hyman Engelberg, Ralph Greenson mourut le 24 novembre 1979, à l'âge de soixante-huit ans.

La mort du Dr Ralph Greenson a réduit à jamais au silence la voix d'un des plus importants témoins des circonstances de la mort de Marilyn Monroe. Tout ce qu'il avait révélé à John Miner était enfoui dans les abîmes du secret professionnel. Le Dr Greenson a emporté ce qu'il savait dans la tombe, et sans doute John Miner en aurait-il fait autant si, bouleversé par les allégations de Donald Spoto qui, dans son livre *Marilyn Monroe — La biographie*, voulait que le Dr Greenson fût responsable de la mort de l'actrice, il n'avait obtenu la permission de la veuve du médecin de révéler certaines des choses qu'il avait entendues sur les bandes que Greenson lui avait fait écouter en 1962.

À en croire John Miner, le Dr Greenson lui avait dit que les bandes avaient été enregistrées par Marilyn Monroe chez elle durant les jours qui avaient précédé sa mort. Elles étaient une extension des séances d'association d'idées durant lesquelles elle laissait le flot de ses pensées couler sans les conventions d'une conversation. Comme elle avait du mal à dormir, Marilyn avait suggéré qu'elle pourrait enregistrer les bandes la nuit. Elle les remettait ensuite au psychiatre lors de la séance suivante.

Sur les bandes passées par le Dr Greenson durant leur entretien de 1962, Marilyn, déclare John Miner, parlait de ses relations tant avec Jack qu'avec Bobby Kennedy. « Elle était très explicite sur leurs relations sexuelles », révèle-t-il. Même si elle avait été très amoureuse de Jack et n'avait pu comprendre pourquoi il l'avait soudain rejetée ni pourquoi les deux frères la traitaient si mal, il était clair qu'elle était décidée à oublier les Kennedy et à continuer sa vie. D'après Miner, « les bandes montraient une femme intelligente avec un bon sens de l'humour. Elle avait des projets importants pour l'avenir, et la dernière chose qu'on aurait pu conclure à l'audition de ces bandes, c'était qu'elle envisageait de se tuer ».

« Le Dr Greenson ne croyait pas du tout qu'elle ait pu se suicider, continue-t-il, et je ne vois pas comment son suicide aurait pu être accidentel, avec le volume de barbituriques qui a causé sa mort. Je ne crois pas qu'elle aurait pu avaler une dose létale. S'il y avait eu une enquête, et je crois qu'il aurait dû y en avoir une, je pense qu'on aurait clairement prouvé qu'il ne s'agissait pas d'un suicide. »

En se fondant sur les bandes enregistrées, sur les révélations de Greenson et sur le rapport de toxicologie, Miner conclut qu'on devrait rouvrir le dossier. Il n'y a pas prescription pour un homicide.

En juin 1997, il a écrit une nouvelle lettre officielle au procureur du district de Los Angeles, Gil Garcetti, exigeant une enquête officielle sur la mort de Marilyn Monroe. Il a demandé qu'on exhume le corps pour l'examiner à nouveau, et il est prêt à témoigner de tout ce que contenaient les bandes enregistrées par Marilyn Monroe et de ce que le Dr Greenson lui raconta dans son bureau le 12 août 1962.

L'avocat général du district de Los Angeles, Gil Garcetti, n'a pas encore répondu à la requête de Miner.

11

La chasse aux ambulances

« Quand on a exclu l'impossible, ce qui reste, aussi improbable que ce soit, doit être la vérité. »

Sherlock Holmes,
dans *Les Aventures de Beryl Coronet*,
par A.C. Doyle.

En 1982, l'ancien assistant du coroner, Lionel Grandison, déclara à la presse qu'on l'avait forcé à signer le certificat de décès et qu'on avait volé le journal intime de Marilyn Monroe dans le coffre-fort du coroner.

Les révélations de Grandison, ainsi que les efforts redoublés de Robert Slatzer, culminèrent en une seconde demande de la part du Conseil des contrôleurs de Los Angeles pour que le Grand Jury ouvre une enquête. Mais le procureur du district, John Van de Kamp, convoqua en toute hâte une conférence de presse le 11 août 1982, et annonça que son bureau menait déjà une enquête. Bien qu'il n'y ait eu aucune trace de cette enquête avant l'annonce de Van de Kamp, la manœuvre réussit à écarter le Grand Jury de l'affaire. En transférant l'enquête officielle des mains du Grand Jury dans celles, informelles, du bureau du procureur, on pouvait la réduire à un brassage de papiers — à une nouvelle façon de présenter les documents que le public connaissait déjà. À nouveau, personne ne dut témoigner sous serment, et comme on pouvait s'y attendre, les seuls témoins clés survivants, Hyman Engelberg, Patricia Newcomb, Peter Lawford, Eunice Murray et Mickey Rudin, préférèrent ne pas s'exprimer.

Afin de réfuter le soupçon selon lequel la dose trop forte de barbituriques aurait été injectée dans le sang de Marilyn à l'aide d'une seringue, le rapport au procureur déclare :

> Le rapport entre les taux de pentobarbital relevés dans le sang et dans le foie suggère une absorption progressive par ingestion orale plutôt qu'une injection par piqûre... Cela nous amène à la conclusion raisonnable que Miss Monroe n'a pas subi de surdose par piqûre qui aurait entraîné la mort. Une piqûre aurait produit un très fort taux de barbituriques dans le sang. Cela aurait entraîné une mort rapide et on n'aurait pu enregistrer l'évident processus métabolique extensif qui donne au foie le temps d'absorber la substance toxique.

En contradiction avec ce rapport de 1982, le Dr Noguchi avait indiqué que la quantité tant de pentobarbital que d'hydrate de chloral retrouvés dans le sang de Marilyn Monroe était si importante qu'il devait écarter la possibilité d'un suicide « accidentel ». Les données comparables des archives de médecine légale indiquent qu'un tel taux dans le sang est toujours associé à une « surdose par injection » entraînant une mort rapide.

De plus, les preuves contredisent le rapport qui parle d'un « processus métabolique extensif qui donne au foie le temps d'absorber la substance toxique ». Si on trouva 13 mg par 100 g de pentobarbital dans le foie, on n'y trouva pas d'hydrate de chloral — ce qui indique clairement que la mort est intervenue avant que l'hydrate de chloral ait pu être absorbé dans le processus métabolique. Le pentobarbital trouvé dans le foie fut donc absorbé plus tôt, conséquence des doses quotidiennes ordinaires que prenait Marilyn Monroe et de l'injection que le Dr Engelberg admit lui avoir administrée la veille.

Le fait que le corps de Miss Monroe présentait des signes de cyanose — indice classique d'une mort rapide — constitue une autre preuve qu'elle avait reçu une piqûre mortelle. En cas de cyanose, le corps prend une couleur bleutée due à la privation rapide d'oxygène et au faible taux d'hémoglobine. Souvent, la cyanose de la peau s'accompagne du bleuissement des ongles.

Un des témoins de ces signes classiques de cyanose avait été le photographe de *Life,* Leigh Wiener, qui avait pris des photos du corps aux pompes funèbres. Le 7 septembre 1982, une interview de Wiener parut dans le *Los Angeles Times* où il parlait de ces photos : « J'avais déjà photographié la star cinq fois. La dernière, ce fut au sortir d'un casier réfrigéré... Cette fois, le corps de Marilyn Monroe était visiblement bleu. » Wiener dit aussi qu'elle avait les ongles très foncés.

En novembre 1982, les enquêteurs du procureur, Ronald Carroll et Alan Tomich, mettaient la touche finale à leur rapport quand parut dans *Globe* du 23 novembre un article polémique. Il s'agissait du récit à sensation d'un chauffeur d'ambulance, James Hall, qui disait avoir été appelé en urgence chez Marilyn Monroe le soir du 4 août 1962.

James Hall prétendait être un ancien ambulancier du Schaefer Ambulance Service de West Los Angeles, et il affirmait que son collègue Murray Leibowitz et lui rentraient d'une course au centre médical de l'université de Los Angeles quand ils avaient reçu un appel pour se rendre rapidement au 12305 Fifth Helena Drive. « Nous étions tout près, dit Hall, presque au coin de la rue. Deux minutes plus tard, nous étions à la résidence Monroe. »

À leur arrivée, une femme hystérique les avait introduits dans le petit pavillon d'amis, séparé de la maison principale, où ils avaient trouvé Marilyn gisant nue sur le lit, allongée sur le dos, comateuse — respiration et battements cardiaques presque imperceptibles, pouls faible et rapide.

Comme une réanimation nécessite un fort soutien dorsal, Hall dit que son assistant Murray Leibowitz et lui placèrent Marilyn par terre dans le petit salon et commencèrent leur travail. Hall intuba la star pour faciliter la respiration et commença la réanimation.

« La femme hystérique nous gênait, raconta Hall. Elle essayait de passer par-dessus nous pour atteindre Miss Monroe pendant qu'on s'occupait d'elle. Elle criait : “Elle est morte ! Elle est morte !” sans arrêt... Elle nous gênait, mais je crois que même une gifle ne l'aurait pas calmée, tant elle était folle. Je n'ai pas tardé à obtenir une respiration parfaite, et Miss Monroe a commencé à retrouver ses couleurs. J'ai pensé qu'elle était suffisamment stabilisée pour que nous l'emmenions à l'hôpital. J'ai dit à Murray : “Va chercher le brancard.” Mais à cet instant, un homme muni d'une sacoche de médecin est entré et a dit : “Je suis son médecin. Faites-lui du bouche à bouche.” »

Hall fut surpris par la décision du médecin, parce que les appareils faisaient leur travail. « Mais on ne discute jamais avec un médecin sur une urgence — jamais. On perdrait son boulot, dit Hall. Alors j'ai retiré le tube et je lui ai fait du bouche à bouche pendant que le médecin lui faisait un massage cardiaque. »

Alors que Hall connaissait bien le phénomène de l'« odeur de poire » chez les victimes d'ingestion orale d'hydrate de chloral, il ne la sentit pas. Il ne vit pas non plus de trace de vomi.

Les signes vitaux se détériorant, le médecin ouvrit son sac et en sortit une seringue pour piqûre intracardiaque. Il remplit la seringue d'adrénaline. Puis il tenta d'injecter le stimulant dans le cœur. « Il l'a fait selon un angle inadéquat, prétendit Hall, et l'aiguille a touché une côte. Au lieu de ressortir l'aiguille, il a appuyé. » C'est à cet instant, d'après Hall, que Marilyn Monroe mourut[1].

Plaçant le stéthoscope sur la poitrine de Marilyn, le docteur n'aurait plus perçu de battements du cœur et il aurait dit : « Vous pouvez partir. Je vais déclarer son décès. » Hall s'en souvenait bien.

Tandis que James Hall rédigeait son rapport, un homme en combinaison de treillis tentait de calmer la femme hystérique qui sanglotait sans cesser de répéter : « Elle est morte ! Elle est morte ! » Hall remarqua qu'un policier était arrivé. Après quelques mots avec l'homme en combinaison, l'officier de police partit téléphoner dans la maison principale. Quand il revint, il signa la fiche d'intervention de Hall.

Plus tard, Hall identifia la femme hystérique comme étant l'attachée de presse de Marilyn Monroe, Pat Newcomb ; l'homme en combinaison était Peter Lawford ; le médecin, Ralph Greenson ; et l'officier de police, le sergent Marvin Iannone.

Pour fascinantes qu'elles fussent, les révélations de Hall constituaient un récit improbable des événements ayant entouré la mort de Marilyn Monroe. Mais si on acceptait son histoire, elle expliquait que les voisins aient vu une ambulance et une voiture de police le samedi en fin de soirée[2].

---

1. On peut se demander pourquoi on n'a pas signalé cette entrée d'aiguille à l'autopsie. Il y a plusieurs explications possibles :

1. on ne l'a pas vue ;

2. on l'a vue mais on ne l'a pas signalée dans le rapport à cause des problèmes qu'elle entraînait ;

3. « l'examen minutieux du corps à la recherche de traces d'aiguille » s'est déroulé *après* qu'on eut ouvert le corps et que Noguchi eut été surpris de ne trouver aucune trace d'ingestion des barbituriques dans l'estomac ni dans l'intestin grêle. Comme l'a dit récemment Allan Abbott : « À ce stade, l'incision en Y de la poitrine aurait oblitéré toute trace de piqûre dans la région du cœur. »

2. Hall avait d'abord déclaré avoir reçu l'appel d'urgence concernant Marilyn Monroe entre 2 et 4 heures du matin le dimanche ; pourtant, des

Son récit sembla immédiatement suspect parce qu'il parut d'abord dans un journal à scandale et qu'il contredisait les déclarations de témoins clés. Enfin, quand la presse interrogea Walter Schaefer à propos de l'article, celui-ci nia avec véhémence l'histoire de James Hall, affirmant que jamais cet homme n'avait travaillé pour lui, et Murray Leibowitz nia avoir secondé James Hall la nuit de la mort de l'actrice.

À nouveau, la chasse à l'ambulance s'arrêta dans un furieux grincement de freins.

Pourtant, les révélations de James Hall avaient rappelé à la presse et au public que les voisins avaient bien vu une ambulance sur les lieux. Pour la première fois, Abe Landau et sa femme, qui résidaient toujours à côté de l'ancienne maison de Marilyn, confirmèrent publiquement qu'ils avaient vu l'ambulance et la voiture de police dans l'impasse devant la voie menant chez Marilyn Monroe tard le soir du samedi 4 août 1962. La chasse à l'ambulance recommença donc et prit d'incroyables virages en épingle à cheveux.

Poussé par les révélations de Hall et les déclarations des Landau, le procureur fut contraint de parler de l'histoire de l'ambulance dans le rapport de 1982. L'enquêteur du procureur, Alan Tomich, étudia la question de l'ambulance avec Walter Schaefer et, vingt ans après les faits, Schaefer finit par admettre publiquement qu'une de ses ambulances avait effectivement été appelée chez Miss Monroe.

Le problème de l'ambulance était très mal venu pour le procureur, qui ne pouvait l'ignorer. Si Hall avait dit la vérité, et si Marilyn Monroe était morte en présence d'un médecin dans un autre lieu et dans des circonstances différentes de celles qu'avait constatées le coroner, le procureur ne pourrait éviter de requé-

---

preuves solides indiquent que Marilyn Monroe est morte vers 22 h 45 le samedi soir. C'était tard le samedi soir que les voisins avaient vu l'ambulance devant chez Marilyn. La différence d'horaires s'explique peut-être par le fait que Hall a révélé qu'il assumait un service de 24 heures (pratique maintenant interdite dans l'État de Californie). Il avait pris son service à 16 heures le samedi après-midi. Entre les appels, Hall essayait de dormir sur un lit de camp fourni par Schaefer dans son bureau de West Los Angeles. En moyenne, sur un service de 24 heures, les ambulanciers étaient souvent appelés jusqu'à quinze fois. Hall dut admettre qu'il était facile de perdre la notion du temps comme de la succession des événements. Quand on lui demanda comment il avait fixé l'heure de l'appel chez Marilyn Monroe, Hall déclara qu'il avait dû recalculer l'heure rétrospectivement, en lisant les articles des journaux le lundi matin.

rir une véritable enquête officielle. La solution du problème se trouvait dans une talentueuse désinformation.

Refusant d'interroger James Hall, le bureau du procureur trouva la parade en interrogeant un certain Ken Hunter, qui déclara que c'était lui, et non James Hall, qui avait répondu à l'appel de détresse de Schaefer pour se rendre chez Miss Monroe. À la page 16 du rapport au procureur, on peut lire :

> Depuis les déclarations de James Hall, une autre personne s'est manifestée, Mr. Ken Hunter. Celui-ci prétend que c'était lui qui conduisait l'ambulance qui s'est rendue à la résidence Monroe au petit matin du dimanche 5 août 1962. Il déclare être arrivé sur les lieux avec son coéquipier, qu'il pense presque certainement avoir été un Mr. Murray Leibowitz, et être entré dans la maison une ou deux minutes après l'appel. Il a vu Miss Monroe dans la chambre, à plat ventre ou sur le côté. Il nous a signalé que Miss Monroe était à l'évidence morte, puisqu'elle montrait des lividités sur le cou et le devant du corps... Mr. Ken Hunter dit qu'après que son collègue et lui eurent fait les observations de routine sur le corps, ils quittèrent tous deux les lieux. Il dit que des officiers de police étaient présents quand son collègue et lui sont partis.

On accepta la version de Ken Hunter, tandis que celle de James Hall fut écartée sans enquête. Le rapport conclut : « Les déclarations de Mr. James Hall concernant ce qu'il a fait et ce qu'il a observé sur les lieux du décès ne sont pas crédibles. » L'histoire de Ken Hunter comportait pourtant des contradictions impossibles à ignorer. Hunter disait que « des officiers de police étaient présents quand son collègue et lui [étaient] partis ». Mais, selon la version officielle des événements, le sergent Jack Clemmons — arrivé à 4 h 40 du matin le dimanche — avait été le premier policier sur les lieux. Et Clemmons a confirmé en 1993 : « Il n'y avait aucune ambulance ni aucun infirmier dans la maison quand je suis arrivé, ni pendant le temps que j'ai passé là. » Ni le sergent Byron, ni James Bacon, ni Joe Hyams, ni Billy Woodfield ne se souviennent d'avoir vu une ambulance dans les premières heures de la matinée du dimanche après le départ de Clemmons.

Mais l'histoire de Ken Hunter pose un problème bien plus grave : il ne travaillait pas pour Schaefer en 1962. Carl Bellonzi, vice-président de Schaefer Ambulance Service, qui a travaillé plus de quarante ans pour l'entreprise, a déclaré en 1993 que Ken Hunter n'avait été employé par Schaefer qu'au milieu des années soixante-dix, et que jamais il n'avait exercé dans la région de West Los Angeles. Il n'a travaillé que pendant les années soixante-dix et quatre-vingt... au bureau du comté d'Orange.

Robert Slatzer retourna dans les bureaux de Walter Schaefer en 1985 et le questionna à nouveau sur les sorties de ses ambulances. Lors d'un entretien enregistré, Walter Schaefer changea pour la troisième fois sa version des faits : « Je crois que je peux le dire, commença Schaefer. Je suis arrivé le matin [le dimanche 5 août 1962] et j'ai trouvé sur le registre qu'on avait transporté Marilyn Monroe. J'ai compris qu'elle avait fait une surdose. Elle était sous barbituriques. Les gars l'avaient emmenée en urgence à l'hôpital de Santa Monica, où elle était décédée. » Schaefer donna à nouveau le nom de Ken Hunter comme ambulancier et de Murray Leibowitz comme assistant. Quand on lui demanda pourquoi le corps était revenu de l'hôpital dans la chambre, Schaefer répondit : « Tout peut arriver à Hollywood. »

Ken Hunter disparut après sa déclaration au procureur, mais le biographe Anthony Summers le retrouva en 1984. Interrogé par Summers, il devint vague et refusa toute rencontre après ce contact téléphonique. Murray Leibowitz avait changé de nom et quitté Los Angeles. Quand on le retrouva enfin en 1985, il déclara : « Je ne veux pas être impliqué dans cette histoire... Je n'étais pas de service cette nuit-là... J'en ai entendu parler quand je suis venu au travail le lendemain matin... Ça ne me concerne pas... Ne m'ennuyez plus avec vos appels. »

Dans ce réseau de mensonges que constituent les diverses histoires d'ambulance, une chose est claire : une ambulance vint chez Marilyn Monroe la nuit de sa mort. Cependant, nous avons quatre histoires d'ambulance tout à fait différentes :

1. la première version de Walter Schaefer qui dit qu'on n'a pas appelé d'ambulance ;
2. l'histoire de James Hall assistant à la mort de Marilyn dans le pavillon d'amis ;
3. l'histoire racontée par Ken Hunter, où il prétend avoir vu Marilyn morte dans sa chambre ;
4. la seconde version de Schaefer sur Marilyn mourant à l'hôpital de Santa Monica avant qu'on la ramène chez elle.

L'histoire n° 1 peut être éliminée, puisque même Schaefer ne s'y est pas tenu. Les histoires n° 3 et 4 peuvent être éliminées, non seulement parce qu'elles sont improbables, mais parce qu'elles sont impossibles : Ken Hunter n'était pas employé par

Schaefer en 1962. Reste l'histoire n° 2, le récit stupéfiant et improbable de James Hall : Marilyn Monroe mourant dans le pavillon d'amis.

On a retrouvé la trace des charges sociales relatives à James Hall déclarées par Walter Schaefer, ce qui veut dire que, contrairement aux déclarations de Schaefer, il employait bien Hall à l'époque. On a même une photo, parue dans le *Santa Monica Evening Outlook,* qui montre James Hall transportant pour Schaefer Ambulance Service une victime d'un crime en septembre 1962. Interrogés, le père de James Hall, son ex-épouse, sa sœur et son vieil ami Mike Carlson ont déclaré que Hall leur avait raconté cette histoire peu après la mort de la star.

James Hall se souvient : « *Globe* m'a envoyé en Floride par avion, où John Harrison m'a fait passer six tests différents au détecteur de mensonge — que j'ai tous réussis haut la main. » John Harrison, expert en détection de mensonge, co-inventeur du système, a déclaré : « J'étais très sceptique quand j'ai entendu l'histoire de Hall pour la première fois, mais je peux affirmer sans équivoque qu'il n'y avait aucune tromperie de sa part durant les tests. Il était absolument sincère. »

Henry Koder, hypnotiseur judiciaire professionnel possédant plus de vingt ans d'expérience en matière d'enquêtes criminelles, mit ensuite Hall sous hypnose. « Hall était un bon sujet, dit Koder. J'ai pu le ramener à la nuit de la mort de Marilyn Monroe et écouter la description minutieuse de ses actes. Il a pu se souvenir très précisément de cette nuit et donner des détails dont il ne s'était pas souvenu lors d'interrogatoires antérieurs. » Hall fut capable de se souvenir de l'aménagement intérieur du pavillon d'amis, de l'emplacement du lit, des tables de chevet et du téléphone, ainsi que de la cloison partielle qui divisait le pavillon en deux zones, une chambre et un petit salon. Rares étaient ceux qui avaient vu le pavillon d'amis du vivant de Marilyn, et, peu après la vente de la maison de l'actrice, il fut réaménagé par le nouveau propriétaire, le Dr Nuñez, qui retira la cloison que James Hall avait décrite plus tard.

On demanda aussi à Hall de présider à l'élaboration d'un portrait robot du médecin qui était arrivé et qui avait administré la piqûre d'adrénaline. Le dessin ressemblait au Dr Greenson. Plus tard, Hall identifia formellement le Dr Greenson, Pat Newcomb et Peter Lawford à partir de photos.

En 1992, James Hall subit une autre série de tests au détecteur de mensonge menés par Don Fraser, d'Arcadie, en Californie. Fraser, diplômé d'État pour ce type d'examen, avait fait des études de police scientifique à l'université de Californie du Sud. « Il ne fait aucun doute que James Hall dit la vérité, déclara Fraser. Sa version des lieux et des circonstances de la mort de Miss Monroe est absolument véridique. Il a répondu avec sincérité à toutes les questions lors de plusieurs tests successifs. »

Jack Clemmons crut aussi à l'histoire de James Hall. Elle lui fournissait la raison pour laquelle la maison principale semblait intacte, et le corps de Marilyn donnait l'impression d'avoir été placé sur le lit. « Ce n'était pas naturel, a-t-il déclaré récemment. J'ai su dès le début que les médecins et Mrs. Murray me mentaient. Maintenant je sais qu'ils ont déplacé le corps et inventé l'histoire de la chambre fermée. Le procureur n'a pas voulu m'écouter. Je n'ai cessé de dire que le lieu de la mort avait été arrangé, et on m'a toujours répondu que j'avais eu des hallucinations. »

En 1993, Murray Leibowitz fut retrouvé dans la banlieue de Los Angeles sous le nom de Murray Leib. Il finit par admettre, après trente ans de dénégations, qu'il était bien avec James Hall lors de l'appel d'urgence chez Marilyn Monroe. Il dit que le récit de Hall était exact et confirma que Marilyn Monroe était morte dans le pavillon d'amis.

Peu avant de mourir en 1988, Walter Schaefer prit sa retraite et reçut à nouveau la visite de Robert Slatzer. Quand celui-ci lui demanda pourquoi il avait menti à plusieurs reprises à propos de l'ambulance, Schaefer répondit simplement : « Quatre-vingts pour cent de mes affaires émanaient du comté et des services de l'État. » Pourtant, l'explication de Schaefer était loin de la vérité.

La chasse à l'ambulance, commencée en 1962, se termina brusquement de manière stupéfiante. On apprit pourquoi Walter Schaefer avait été un instrument aussi docile de cette habile entreprise de désinformation.

En 1995, Jack Clemmons rencontra Bob Neuman, qui avait été pilote pour le service d'ambulances aériennes de Schaefer. Neuman révéla qu'en 1947 Walter Schaefer avait fondé un service d'ambulances aériennes situé à l'aéroport de la vallée de San Fernando. Durant la période où Bob Neuman avait été employé par Schaefer, c'est-à-dire à la fin des années cinquante et au début des années soixante, Schaefer possédait deux avions à réaction Lear qui partaient pour des urgences médicales n'importe où en Amérique du Nord ou du Sud. Ils effectuaient aussi des vols clandestins pour le gouvernement américain. Le service d'ambulances aériennes de Schaefer pouvait sans encombre se poser sur n'importe quel aéroport du monde sous prétexte d'une urgence médicale.

Bien que Neuman ne fût pas informé de la véritable identité de nombre de ses passagers, il n'avait souvent aucun mal à les reconnaître, surtout quand il s'agissait du président des États-Unis, du ministre de la Justice ou de Marilyn Monroe. Il raconta qu'il avait conduit Marilyn et Jack Kennedy dans un ranch discret de l'Idaho en 1961, et qu'à plusieurs reprises il s'était rendu au même endroit avec le Président et des femmes qu'il n'avait pas reconnues. Au début de l'été 1962, Bob Neuman se souvint très précisément d'avoir conduit Bobby Kennedy et Marilyn Monroe au ranch de Bing Crosby à Cabo San Lucas. Il y avait eu aussi plusieurs vols vers Cal-Neva et Palm Springs au début des années soixante.

Les révélations de Bob Neuman peuvent expliquer les déclarations que l'épouse de l'attaché de presse Arthur Jacobs, Natalie, fit à Anthony Summers en 1985. « Arthur connaissait tout de l'aventure entre Marilyn et le Président. John Kennedy venait ici très souvent — Arthur me l'a dit — mais pas sur Air Force I, incognito... Dieu sait comment il y arrivait. »

Aujourd'hui, le Schaefer Air Ambulance Service sillonne toujours les cieux — prêt pour n'importe quelle urgence.

12
Les pièces de la vérité

> « Le fait que les autorités ne parviennent pas à mener une enquête rigoureuse et publique sur la mort de Marilyn Monroe est une violation du droit qu'ont les gens de connaître la vérité. »
>
> Anthony Summers, 1995.

Si l'« enquête » du procureur, en 1982, atteignit son but en réussissant à bloquer l'enquête du Grand Jury, elle provoqua en revanche l'entrée de l'éminent journaliste Anthony Summers au « pays des scorpions ». Le directeur du *Sunday Express* de Londres avait engagé Summers pour qu'il parte à Hollywood écrire un article sur l'enquête en cours du bureau du procureur. Arrivé en septembre 1982, Summers pensait que sa tâche ne lui prendrait pas plus de quelques semaines. Il lui fallut trois ans pour terminer *Les Vies secrètes de Marilyn Monroe.*

Ayant interrogé plus de six cent cinquante personnes pour ses recherches, Summers avait créé un fascinant prototype de reportage d'investigation. Il raconta toute l'histoire des relations intimes de la star avec le président John Kennedy et le ministre de la Justice Robert Kennedy. Dans le même temps, il présenta une vision pleine de compassion de la vie tragique de Marilyn Monroe.

En juin 1984, il alla interroger le Dr Robert Litman, de l'équipe du Centre de prévention du suicide. Dans son ouvrage, il raconte :

> Je suis allé parler au Dr Robert Litman, un des deux membres de l'équipe du Centre de prévention du suicide qui avaient interrogé

Greenson. Il s'est souvenu que Greenson était terriblement bouleversé, au point que Litman eut l'impression d'assumer son rôle de conseiller en situation de détresse plutôt que celui d'interrogateur. Il avait été élève de Greenson et le respectait beaucoup. « Je n'ai pas trouvé juste de parler de cela avant la mort du Dr Greenson », dit-il... Consultant ses notes prises en 1962, Litman révéla :

« À cette époque, Marilyn avait commencé des aventures avec des hommes très importants... Greenson s'inquiétait beaucoup qu'elle soit utilisée dans ces relations... Mais il semblait si gratifiant pour elle d'être associée à des hommes aussi puissants et aussi importants, qu'il ne put se prononcer contre... Il lui dit seulement de s'assurer qu'elle le faisait pour une raison qu'elle sentait valable et pas seulement parce qu'elle croyait devoir le faire. »

Le Dr Litman dit aujourd'hui que Greenson lui a parlé de « relations étroites avec des hommes extrêmement importants faisant partie du gouvernement », que ces relations étaient « sexuelles » ; et que les hommes en question se trouvaient « au plus haut niveau ». Le Dr Litman dit que si le Dr Greenson n'a pas réellement cité les Kennedy, il n'avait « pas vraiment de doutes » quant à qui se cachait derrière l'expression « des hommes extrêmement importants faisant partie du gouvernement ». Litman avait aussi le sentiment que le Dr Greenson n'avait pas été « tout à fait franc », même envers lui.

Les archives téléphoniques de Marilyn soulignèrent l'importance des déclarations du Dr Litman (voir annexe p. 525). Les fiches téléphoniques que Daryl Gates avait retrouvées dans le garage de Thad Brown furent sorties en fraude des archives du bureau du renseignement de la police de Los Angeles, et Summers les publia dans son livre. Elles confirmaient ce que Florabel Muir et Robert Slatzer avaient dit des nombreux appels téléphoniques à Bobby Kennedy au ministère de la Justice.

Et Summers tomba sur un véritable trésor dans le garage de l'exécutrice testamentaire de Marilyn, Inez Melson : un meuble-classeur, celui-là même qu'on avait fracturé dans le pavillon d'amis, la nuit de la mort de Marilyn. Inez en avait fait réparer la serrure et l'utilisait pour y garder ce qui restait des papiers personnels de Marilyn. Parmi ces papiers, il y avait une lettre non datée de l'une des sœurs de John et Bobby, Jean Kennedy Smith, à l'intention de Marilyn, où elle évoque Marilyn et Bobby comme « le nouveau sujet de conversation ».

Tandis qu'Anthony Summers préparait la publication des *Vies secrètes de Marilyn Monroe*, d'autres témoins clés moururent. La santé minée par la boisson et la drogue, Peter Lawford succomba à une défaillance du foie et des reins le soir de Noël

1984, à l'âge de soixante et un ans. À la fin d'une vie profondément tragique, il s'était retrouvé seul, méprisé par l'industrie du cinéma, repoussé par la famille Kennedy et ignoré par ses amis. Frank Sinatra était allé jusqu'à refuser de participer à un spectacle au Sands Hotel de Las Vegas quand il avait appris que Peter Lawford était dans le public. Malgré tous ses défauts, Lawford était pourtant resté loyal envers JFK et n'avait pas changé sa version des faits quand Anthony Summers était allé l'interroger quelques mois avant sa mort. Mais quand un reporter du *Los Angeles Times* l'avait interrogé sur son lit de mort à propos des relations de Marilyn Monroe avec les Kennedy, Lawford lui avait donné une information intéressante.

S'asseyant soudain dans son lit, il avait déclaré : « Même si ces choses étaient vraies, je n'en parlerais pas. Je suis comme ça. »

C'est au cours d'une interview de Natalie Trundy Jacobs, veuve de l'attaché de presse de Marilyn Monroe, Arthur Jacobs, qu'Anthony Summers fit sa plus importante découverte. Natalie Jacobs lui révéla qu'ils avaient appris la mort de Marilyn dès 22 h 45 le samedi soir — plus de cinq heures et demie avant que le sergent Jack Clemmons reçoive l'appel du Dr Engelberg, à 4 h 25 du matin le dimanche.

Natalie Jacobs se souvient que le soir du 4 août 1962, son futur mari Arthur Jacobs et elle assistaient à un concert de Henry Mancini, au Hollywood Bowl, quand un membre du personnel avait apporté dans la loge de Jacobs un message urgent de Pat Newcomb : Marilyn Monroe était morte.

« Nous avons reçu la nouvelle bien avant qu'elle ne soit connue, dit Natalie Jacobs à Summers. Nous sommes partis sur-le-champ, et Arthur m'a reconduite chez moi. Puis il est allé chez Marilyn, et je crois ne pas l'avoir revu avant deux jours. Il fallait qu'il s'occupe de la presse. »

Natalie Jacobs est absolument certaine que la nouvelle de la mort de Marilyn leur a été portée peu avant la fin du concert. Summers a vérifié dans le *Los Angeles Times :* le concert de Mancini a commencé à 20 h 30 pour se terminer avant 23 heures. Comme le Hollywood Bowl se trouvait dans une zone résidentielle, la réglementation locale imposait que les concerts soient terminés avant 23 heures.

Guy Hockett ayant déjà estimé que l'heure de la mort devait se situer entre 21 h 30 et 23 h 30 le samedi soir, la révélation de Natalie Jacobs réduisait la marge d'erreur. Puisque Marilyn Monroe avait tenu des propos cohérents et tout à fait normaux avec Joe DiMaggio Jr, Sidney Guilaroff, Henry Rosenfeld, Jeanne Carmen et José Bolaños entre 19 h 30 et 22 heures, et que le concert du Bowl s'était nécessairement terminé à 23 heures, la dose fatale de barbituriques lui avait forcément été administrée après 22 heures et elle avait succombé avant 23 heures.

Les révélations de Natalie Jacobs confirmaient aussi les déclarations des Naar, selon qui personne ne s'était inquiété pour Marilyn avant qu'ils ne soient rentrés chez eux vers 22 heures. C'est vers 22 h 30 que Peter Lawford les avait appelés, affolé, à propos de Marilyn, en disant qu'elle était incohérente, que sa voix faiblissait et qu'elle n'avait pas raccroché le téléphone. Ces déclarations des Naar réduisent encore la fourchette du temps : Marilyn Monroe a succombé entre 22 h 30 et 23 heures le samedi soir.

Étant donné les événements qui se déroulèrent nécessairement entre 22 h 30 et 23 heures — arrivée de l'ambulance, tentative de réanimation, constatation du décès par le Dr Greenson, message apporté à Arthur Jacobs au Bowl —, l'heure de la mort de Marilyn Monroe peut être établie plus précisément vers 22 h 45.

Le temps passé et la désinformation, avec ses nombreuses variantes circulant dans les décennies qui suivirent, ont étouffé l'importance cruciale de la révélation de Natalie Jacobs. Le fait qu'on ait déclenché l'alarme, à la mort de Marilyn Monroe, dès 22 h 45 confirme sans doute possible que tous les témoins clés ont conspiré pour dissimuler la vérité à la police, au bureau du coroner et à la presse.

La déclaration de Natalie Jacobs ne survint malheureusement qu'en 1984, après la clôture de l'« enquête » du procureur en 1982. Ronald Carroll, enquêteur pour le procureur, déclara en 1986 : « Si nous avions su à l'époque ce qu'avait à déclarer Natalie Jacobs, cela aurait éclairé notre enquête d'un jour tout à fait nouveau, et nous aurions peut-être abouti à des conclusions différentes. Si elle dit vrai, cela signifie que beaucoup des témoins ont menti, et cela devrait inévitablement entraîner une enquête approfondie. »

Natalie Jacobs affirmait que c'était Pat Newcomb qui avait envoyé le message à son patron, Arthur Jacobs, au Hollywood Bowl, mais Pat Newcomb a déclaré qu'elle avait appris la mort de Marilyn par un appel téléphonique de Mickey Rudin chez elle, à Beverly Hills, à 4 heures le dimanche matin. Elle a toujours maintenu que c'était l'appel de Rudin qui l'avait incitée à se précipiter chez Marilyn.

Dans l'ouvrage de Donald Spoto, *Marilyn Monroe — La biographie*, publié chez Harper-Collins en 1993, Pat Newcomb s'en tient à sa version des faits : elle n'apprit la nouvelle de la mort de Marilyn que lorsque Mickey Rudin l'appela chez elle à Beverly Hills le dimanche à 4 heures du matin. L'annuaire téléphonique de Beverly Hills pour 1962 montre pourtant que Pat Newcomb et Natalie Trundy, la future Mrs. Jacob, étaient voisines. Pat Newcomb habitait au 150 South Canon Drive et Natalie Trundy au 152 de la même rue. Quand on lui a demandé récemment si elle avait parlé de la mort de Marilyn avec sa voisine quand elle était rentrée du Bowl, Natalie a déclaré : « Pat Newcomb n'était pas chez elle samedi soir, et elle n'est pas rentrée à son appartement avant tard le dimanche. »

Où Pat Newcomb se rendit-elle après avoir quitté la maison de Marilyn vers 18 heures le samedi ? Des témoins affirment qu'elle arriva chez Peter Lawford, sur la plage, peu après 21 heures. « Bullets » Durgom, invité à dîner chez Lawford ce soir-là, a déclaré : « La seule chose dont je me souvienne clairement, c'est de Pat Newcomb arrivant vers 21 h 30. Elle s'est arrêtée sur le seuil et elle a dit : "Peter, Marilyn ne viendra pas. Elle ne se sent pas bien." » En 1985, Patricia Seaton Lawford, qui fut la dernière épouse de Peter Lawford et vécut avec lui pendant onze ans, confirma que Pat Newcomb était bien à la maison sur la plage ce samedi soir.

L'ambulancier James Hall a identifié Peter Lawford et Pat Newcomb comme les personnes présentes sur place quand il était arrivé, et cela établit la suite des événements.

Quand Lawford reçut l'appel inquiétant, et qu'apparemment Marilyn s'enfonça dans l'inconscience, il rappela, et les deux lignes étaient occupées — la compagnie du téléphone déclara que les deux appareils étaient décrochés sans qu'aucune conversation soit en cours. Le poste privé de la chambre était resté décroché après que Marilyn eut posé le combiné au milieu de sa conversation avec Bolaños — elle n'est « jamais revenue », dit-il. Le téléphone de la maison dans le pavillon d'amis était aussi décroché parce qu'elle serrait le combiné dans sa main quand elle avait sombré dans l'inconscience.

Lawford appela alors les Naar et demanda que Joe aille voir ce qui n'allait pas. Ce fut peut-être Pat Newcomb qui mit Peter en garde contre les dangers qu'il y avait à envoyer Joe Naar chez

Marilyn. Joe Naar allait partir quand Lawford, curieusement, le rappela pour le rassurer.

Pendant des années, Peter Lawford se lamenta publiquement de ne pas être accouru chez Marilyn alors qu'à l'évidence elle était en difficulté — pourtant, c'est précisément ce qu'il fit. Pat Newcomb et lui se précipitèrent chez Marilyn dans la Mercedes de Lawford pour voir ce qui n'allait pas. Un samedi soir, entre 22 et 23 heures, il faut environ huit minutes pour faire le trajet. Arrivés vers 22 h 35, ils étaient sur place quelques minutes avant l'ambulance.

En 1992, Mickey Rudin a finalement admis que lui aussi avait appris la mort de Marilyn en fin de soirée le samedi. Il s'est souvenu qu'il rentrait d'un dîner chez Mildred Allenberg bien avant minuit et que Ralph Greenson lui avait alors téléphoné : « J'ai reçu un appel de "Romi" [Greenson]. Il était là-bas. Marilyn était morte. »

Rudin a déclaré être parti en voiture chez Marilyn immédiatement après l'appel de Greenson. « Pat Newcomb était là. Elle était hystérique », s'est-il souvenu. Il a confirmé les déclarations de James Hall : le médecin présent sur les lieux était bien Ralph Greenson, et la femme hystérique Pat Newcomb. Comme l'a affirmé Natalie Jacobs, c'est Pat Newcomb qui appela alors Arthur Jacobs au Hollywood Bowl, pour l'informer de la mort de Marilyn.

Le dimanche matin, quand Pat Newcomb fut emmenée de la maison de Marilyn criant à la presse : « Continuez à filmer, vautours ! », elle était dans la Dodge de Mrs. Murray. Parce qu'elle avait été amenée là avec Peter Lawford et que sa voiture était toujours chez lui, sur la plage.

Reste une question : que se passa-t-il durant les trente minutes critiques qui s'écoulèrent entre le moment où Marilyn posa le téléphone de sa chambre pendant sa conversation avec José Bolaños, à 22 heures, et son appel à Peter Lawford, vers 22 h 30, quand elle s'enfonça dans l'inconscience sans lâcher le téléphone, dans le pavillon d'amis ?

Quel enchaînement d'événements l'entraîna dans le pavillon d'amis où on lui administra une surdose qui entraîna une mort rapide ?

13
Déjà vu

> « Je pense qu'une enquête devrait évaluer les nouvelles informations. »
>
> Thomas Noguchi, 1985.

Au cours de ses recherches pour *Les Vies secrètes de Marilyn Monroe,* Anthony Summers croisa le chemin de Ted Landreth, ancien cadre de CBS qui tentait depuis trois ans de trouver une chaîne de télévision américaine assez courageuse pour montrer la véritable tragédie vécue par Marilyn Monroe. Mais les dirigeants des grandes chaînes étaient très réservés à l'idée d'aborder le sujet.

En 1983, Summers et Landreth joignirent leurs forces pour coordonner leurs enquêtes. Summers, grâce à ses antécédents dans la presse britannique, convainquit la BBC de produire le documentaire *Say Goodbye to the President,* qui contenait des interviews de Jack Clemmons, Robert Slatzer, Eunice Murray et beaucoup d'autres personnes impliquées dans l'affaire. En cours de tournage, à la fin d'un enregistrement, Eunice Murray livra une révélation inattendue.

« L'interview a été très conventionnelle en ceci que Mrs. Murray n'a pas varié de la version qu'elle avait récitée durant toutes ces années, se souvient Ted Landreth. Mais, aussitôt la caméra arrêtée et les lumières éteintes, Mrs. Murray a fait une remarque stupéfiante. Par chance, la bande son tournait encore, et nous avons inclus son commentaire dans le film. »

Anthony Summers, qui menait l'interview, se souvient très bien de l'incident : « Mrs. Murray m'a dit soudain : "Pourquoi donc, à mon âge, dois-je ainsi continuer à dissimuler la vérité ?" Je lui ai demandé ce qu'elle voulait dire, et elle nous a tous stupéfiés en admettant que Robert Kennedy avait effectivement rendu visite à Marilyn le jour de sa mort, et que le médecin et une ambulance étaient arrivés alors qu'elle était encore en vie. »

Quand on lui demanda de bien préciser si Marilyn était encore en vie à l'arrivée du Dr Greenson, Mrs. Murray répondit : « Quand il est arrivé, elle n'était pas morte, parce que j'étais là — au salon. »

On l'interrogea alors sur la relation entre les Kennedy et Marilyn Monroe.

E. Murray :	Eh bien, pendant toute une période, cela ne m'a pas du tout surprise que les Kennedy soient très importants dans la vie de Marilyn... et, euh... alors j'étais juste une... Je n'étais pas informée, mais j'étais témoin de ce qui arrivait...
A. Summers :	Et vous croyez qu'il [Bobby] était là ce jour-là ?
E. Murray :	Chez Marilyn ?
A. Summers :	Oui.
E Murray :	Oh, bien sûr !
A. Summers :	Cet après-midi-là ?
E Murray :	Oui.
A. Summers :	Et vous pensez que c'est pour cette raison qu'elle était bouleversée ?
E Murray :	Oui, et c'est devenu tellement délicat que les gardes du corps de Robert Kennedy, vous savez, ont dû s'interposer pour le protéger...

Quand Anthony Summers demanda à Mrs. Murray pourquoi elle n'avait pas dit la vérité à la police en 1962, elle répondit : « J'ai dit ce que je pensais qu'il fallait dire. »

L'émission de la BBC *Say Goodbye to the President* fut acclamée par la critique en Angleterre et reçut même le prix du meilleur documentaire de télévision pour l'année 1985, mais les grandes chaînes américaines refusèrent de la programmer. Elle fut finalement imposée dans tout le pays par un syndicat de distribution et reçut un accueil enthousiaste.

En 1985, Stanhope Gould, producteur du magazine d'information « 20/20 » sur ABC, lut les épreuves d'imprimerie du livre de Summers et en conclut que l'histoire Monroe-Kennedy ferait un excellent sujet pour « 20/20 ». Comme ils espéraient ouvrir la saison d'automne avec un « scoop », Gould et le producteur exécutif Av Westin confièrent le projet à Sylvia Chase, Geraldo Rivera et une grosse équipe de journalistes d'investigation. Plusieurs mois — et plusieurs centaines de milliers de dollars — plus tard l'équipe de « 20/20 » avait terminé une émission d'une demi-heure que les responsables du magazine considérèrent comme un remarquable exemple de journalisme d'investigation.

Quand Sylvia Chase demanda à Eunice Murray si Marilyn Monroe avait une relation amoureuse avec Robert Kennedy, celle-ci répondit : « Je la qualifierais d'amoureuse, oui », et elle donna les détails d'une des visites de Bobby Kennedy chez Marilyn en juin 1962. Le sénateur George Smathers révéla à Sylvia Chase que le président Kennedy lui avait parlé des relations de Bobby avec Marilyn. Smathers avait appris du Président les problèmes qu'avait causés Marilyn dans un avion qui la conduisait auprès de Bobby et où elle s'était enivrée. Quant à l'ancien maire de Los Angeles, Sam Yorty, il confia à Sylvia Chase que le chef de la police Parker lui avait révélé « que Bobby Kennedy devait être quelque part au nord de Los Angeles pour un discours, mais qu'en fait on l'avait vu au Beverly Hilton Hotel la nuit même où elle mourut ».

C'était l'interview d'un célèbre privé de Hollywood, Fred Otash, qui constituait la partie la plus stupéfiante de l'émission. Jadis enquêteur pour la police de Los Angeles, Otash s'était construit une réputation internationale comme détective privé et expert en surveillance. Il avait été engagé par Jimmy Hoffa, racontait-il, pour placer des micros espions tant dans la maison de Lawford sur la plage que dans la maison de Marilyn à Brentwood. Il affirmait que les enregistrements prouvaient la présence de Bobby Kennedy chez Marilyn le jour de sa mort.

Une semaine avant que l'émission passe à l'antenne, le président d'ABC News, Roone Arledge, demanda aux producteurs Stanhope Gould et Av Westin de réduire de moitié les trente minutes prévues. Travaillant jour et nuit afin d'être prête pour le 3 octobre, l'équipe de « 20/20 » réduisit le sujet à treize minutes. Des rumeurs commencèrent à circuler selon lesquelles le sujet ne passerait pas du tout. Le 2 octobre 1985, l'éditorialiste Liz Smith écrivit : « J'espère seulement qu'ABC ne va pas se laisser convaincre de supprimer l'histoire de 1962... car telle n'est pas, à mon avis, la fonction d'une chaîne au grand pouvoir éditorial... »

Westin rétorqua : « Je ne songe pas à renoncer à la diffusion.

L'investigation journalistique est solide. Tout ce qui est dit repose sur deux sources au moins. Nous étayons par des documents ce que nous affirmons des relations entre Bobby et Marilyn, Jack et Marilyn. Plusieurs témoins l'attestent devant la caméra. »

Quelques heures avant la diffusion, Roone Arledge annula le reportage. L'histoire de Marilyn Monroe fut remplacée par un reportage sur les chiens policiers.

La presse s'insurgea contre cette annulation. Roone Arledge déclara alors que le reportage avait été retiré parce que c'était « un piètre travail de journalisme — de simples racontars ». Déjà offensée par la non-diffusion, l'équipe de « 20/20 » — Barbara Walters, Hugh Downs et Geraldo Rivera — ressentit beaucoup d'amertume à se voir la cible de critiques aussi insultantes de la part du président d'ABC News. Hugh Downs décida de contrer publiquement le jugement d'Arledge et déclara à la presse : « Je suis très ennuyé de la façon dont l'affaire a été conduite. Je crois honnêtement que ce reportage s'appuyait sur des documents plus solides que n'importe quelle émission sur n'importe quelle chaîne pendant l'affaire du Watergate. Je regrette que cette décision apporte un éclairage négatif sur des gens que je respecte... Le reportage sur Marilyn Monroe était intègre. »

Le producteur Stanhope Gould déplora ce sombre épisode du journalisme télévisé : « C'étaient justement ces documents et leur côté louche qui en faisaient un bon sujet — le fait que le Président et le ministre de la Justice des États-Unis se soient mis dans une position où les plus puissants criminels du pays pouvaient tout savoir de leurs ébats amoureux avec la plus célèbre actrice du pays. Cela les rendait vulnérables au chantage. C'était une sacrée histoire ! »

Sylvia Chase donna sa démission, Hugh Downs passa sur le câble et Geraldo Rivera fut renvoyé pour ses protestations au vitriol.

On avait souvent vu le président d'ABC News, Roone Arledge, au bras d'Ethel Kennedy, et des rumeurs de liaison couraient. L'assistant d'Arledge, David Burke, avait été conseiller en communication de Kennedy, et Jeff Ruhe, autre assistant d'Arledge, était marié à une des filles de Bobby et Ethel. Niant que son amitié pour Ethel eût le moindre lien avec la non-diffusion du reportage, Arledge déclara : « Je ne censurerais jamais rien sous prétexte que cela risquerait de choquer un ami. »

Pourtant, quand Kerry Kennedy McCarthy fut invitée au *Geraldo*-

show en 1995, elle déclara : « Très honnêtement, Geraldo, vous avez été victime de la famille... La famille s'est habituée à entendre la vérité sur Jack — mais pour ce qui est de Bobby... Vous voyez, Ethel est très proche de Roone Arledge... »

Bien qu'on n'ait pas connaissance de l'existence d'une copie du reportage original de trente minutes en dehors de celle qui reste enfermée dans les coffres d'ABC-TV, une copie du treize minutes a été subtilisée juste après l'annulation de la diffusion.

Parmi d'autres fragments préservés, nous disposons d'une version montée de l'interview du détective privé Fred Otash par Sylvia Chase :

S. Chase : Comment vous êtes-vous intéressé à l'affaire ?

F. Otash : Hoffa voulait fabriquer un portrait négatif de Bobby Kennedy — pas tant de Jack Kennedy, mais de Bobby Kennedy.

S. Chase : Et que s'est-il passé ?

F. Otash : On a mis des micros chez Lawford — dans les chambres, dans les téléphones. Quatre en tout.

S. Chase : Pourquoi chez Lawford ?

F. Otash : Eh bien parce qu'on nous avait informés que c'était l'espace de détente des Kennedy — c'est là que Bobby et Jack se distrayaient... Il y a eu plusieurs bandes de Marilyn et Jack en train de faire l'amour.

S. Chase : Mais vous tentiez donc d'obtenir des informations sur Bobby Kennedy.

F. Otash : Bien sûr...

S. Chase : Entend-on Bobby Kennedy sur ces bandes ?

F. Otash : Oui...

S. Chase : Cela confirme-t-il que Bobby Kennedy et Marilyn avaient aussi une liaison ?

F. Otash : Bien sûr... Oui... Bobby Kennedy et Marilyn ont souvent été enregistrés.

S. Chase : A-t-on enregistré des bandes chez Marilyn jusqu'à la mort de celle-ci ?

F. Otash : On en a enregistré le jour de sa mort — la nuit de sa mort.

S. Chase : Une conversation avec Kennedy ?

F. Otash : Une conversation avec *Bobby* Kennedy.

S. Chase : Et de quoi parlaient-ils ?

F. Otash :	Ils se disputaient violemment. Elle lui disait : « J'ai l'impression d'être jetée ! J'ai l'impression d'avoir été utilisée ! J'ai l'impression d'être un morceau de viande ! »
S. Chase :	Et cette conversation a eu lieu le jour de sa mort ?
F. Otash :	C'est exact.

Otash continua par la description d'une bagarre qui avait eu lieu dans la chambre de Marilyn et où Bobby hurlait : « Où est-il ? Où l'as-tu mis ? Il me le faut ! Ma famille te paiera pour l'avoir ! » La bagarre se termina par le bruit de coups portés et d'une porte qui claque. Plus tard, selon ce qu'Otash déclara à Sylvia Chase, Bobby Kennedy appela Marilyn. Il était dans la maison de Lawford sur la plage. « Il a tenté de la raisonner, dit Otash, et elle a crié, très en colère : "Ne m'ennuie plus ! Laisse-moi tranquille — sors de ma vie !" avant de raccrocher. »

Quand il entendit parler de ces révélations, un reporter du *Los Angeles Times* joignit au téléphone Otash qui lui révéla que, peu après 2 heures du matin, la nuit de la mort de Marilyn Monroe, Peter Lawford était arrivé en voiture chez lui, à Hollywood. Lawford était ivre, désemparé et très nerveux. « Il [Lawford] m'a dit qu'il venait de quitter Marilyn, raconta Otash, et qu'elle était morte, et que Bobby était passé la voir plus tôt dans la soirée. Il m'a dit qu'on avait fait sortir Bobby de la ville et qu'on lui avait fait regagner le nord de la Californie, et il m'a demandé d'aller chez Monroe pour en retirer tout ce qui pourrait être compromettant. »

D'après Otash, Lawford lui raconta que Bobby était allé chez Marilyn dans l'après-midi et qu'ils s'étaient battus — violemment. « Il [Bobby] est ensuite allé chez Lawford et il était dans tous ses états, dit Otash au *Times.* Lawford m'a expliqué qu'il était en pleine panique et qu'il aurait dit : "Elle tempête et elle fulmine. Je suis inquiet pour elle et pour ce qui va sortir de tout ça." Lawford m'a alors révélé que "Marilyn en avait assez et qu'elle ne voulait plus que Bobby l'utilise". Elle avait tenté de joindre Jack Kennedy à la Maison Blanche, mais on lui avait répondu qu'il était à Hyannis Port. Elle avait continué d'essayer, sans arriver à rien. »

Lawford aurait révélé à Otash que Marilyn l'avait appelé plus tard le samedi soir et qu'elle était toujours en colère que Jack refuse de lui parler. « Écoute, fais quelque chose pour moi, aurait-elle dit à Lawford, dis au Président que j'essaie de le joindre. Dis-lui au revoir pour moi. Je crois que j'ai joué mon rôle. »

Il s'agissait peut-être de l'appel téléphonique de 19 h 30 mentionné par les invités de Lawford, mais c'était bien loin du « Dis au revoir au Président » mélodramatique que Lawford avait décrit à la presse. C'était l'adieu furieux d'une femme mettant fin à une liaison.

Otash expliqua au *Times* pourquoi il avait gardé le silence pendant toutes ces années à propos de l'affaire Monroe : « Je n'ai pas vu l'intérêt de m'en mêler... Mais je crois qu'il est temps que la vérité soit connue... Personne ne me paie, je n'écris pas de livre, je ne veux rien prouver. Si je voulais tirer un profit de ce que je sais de cette histoire, j'aurais écrit mon propre livre. » À l'époque de l'interview, Otash avait soixante-trois ans. Il vivait une retraite dorée, avec des résidences à Los Angeles, Palm Beach et Cannes. Mr. « O » mourut à Los Angeles en novembre 1992, laissant une fortune évaluée à plus d'un million de dollars. À sa mort, les bandes de surveillance ne furent pas retrouvées.

Ayant entendu les révélations faites dans le documentaire de la BBC et dans le reportage supprimé de « 20/20 », le correspondant du *New York Post* Jack Schermerhorn organisa une rencontre avec Mrs. Murray. Au cours de l'interview, qui eut lieu en octobre 1985[1] à une table dans les jardins de l'hôtel Miramar à Santa Monica, Mrs. Murray étoffa ses déclarations précédentes. Elle confia à Schermerhorn que Bobby Kennedy avait rendu visite à Marilyn le 4 août 1962, et confirma qu'il était arrivé avec Peter Lawford en fin d'après-midi. Elle lui révéla que Bobby et Marilyn s'étaient disputés, et qu'on lui avait demandé de se retirer. Elle déclara que Bobby et Marilyn se disputaient au fond du jardin quand elle était sortie. « Je suis allée faire des courses, et quand je suis rentrée, il était parti. Marilyn était dans tous ses états ; alors j'ai appelé le Dr Greenson. »

Vingt-trois ans après les faits, lors de cette interview de Schermerhorn, Mrs. Murray finissait par expliquer pourquoi le Dr Greenson avait rendu cette visite inhabituelle à Marilyn chez

1. Mrs. Murray ne savait pas que Jack Schermerhorn l'enregistrait à l'aide d'un magnétophone dissimulé sous un chapeau sur la table. Même si la table métallique et le chapeau déforment le son, ses révélations sont conservées sur la bande. Une version montée de l'interview a paru dans le *New York Post* le 16 octobre 1985, mais le reste de la presse ne l'a pas repris ; les autres journaux n'ont pas compris son importance.

elle l'après-midi du 4 août 1962. Ce n'était pas parce que Marilyn lui avait demandé : « Est-ce que nous avons de l'oxygène, ici ? » C'était parce que Marilyn Monroe avait eu une violente dispute avec Bobby Kennedy et qu'elle était bouleversée. La déclaration de Mrs. Murray, conservée sur la bande enregistrée par Schermerhorn, confirme la dispute entre Bobby et Marilyn dont a parlé Fred Otash, de même que l'appel hystérique de Marilyn à Sidney Guilaroff en fin d'après-midi.

Les révélations des *Vies secrètes de Marilyn Monroe,* de *Say Goodbye to the President,* les déclarations de Fred Otash au *Los Angeles Times* et la fureur causée par l'annulation du reportage de « 20/20 » déclenchèrent une nouvelle clameur publique exigeant une enquête officielle sur la mort de Marilyn Monroe. À l'instigation de Robert Slatzer et du contrôleur général Mike Antonovich, le Conseil des contrôleurs de Los Angeles vota à nouveau à l'unanimité la saisine du Grand Jury pour une enquête.

Après avoir réexaminé les indices, le Grand Jury de Los Angeles et son président, Sam Cordova, conclurent à l'automne 1985 qu'il y avait des raisons de remettre en doute le verdict de « suicide probable » prononcé à l'origine par le coroner. Le vendredi 25 octobre, Cordova convoqua une conférence de presse pour annoncer qu'il y aurait effectivement une enquête officielle du Grand Jury et qu'on interrogerait les témoins sous serment.

« Il y a suffisamment de preuves pour qu'un procureur spécial travaille avec le Grand Jury sur cette enquête, dit Cordova. Le Grand Jury n'a jamais engagé d'enquête approfondie. Personne n'a témoigné sous serment. Cela aurait dû être fait depuis longtemps. On aurait dû le faire en 1962. »

Le soir même, l'ancien médecin légiste Thomas Noguchi fut interrogé sur ABC-TV, où lui aussi estima qu'une nouvelle enquête était nécessaire. Parlant des bleus qu'on n'avait jamais expliqués et des échantillons disparus, Noguchi déclara : « Cela indique qu'il y avait quelque chose à cacher. » Quand on lui demanda si par ce « quelque chose à cacher » il voulait dire « meurtre », Noguchi répondit : « C'est possible. »

Cependant, le lundi 28 octobre, le procureur Ira Reiner réunit sa propre conférence de presse à l'hôtel de ville et annonça que le président du Grand Jury, Sam Cordova, avait été renvoyé. C'était la première fois dans l'histoire de la Californie que le président d'un Grand Jury était renvoyé, mais le procureur Ira Reiner assura les journalistes que cela n'avait rien à voir avec l'annonce par Cordova d'une enquête concernant la mort de Marilyn Monroe. En fait, Reiner confia que le bureau du procureur allait entreprendre dès que possible sa propre enquête minutieuse et impartiale sur la mort de Marilyn Monroe. Fidèle à sa parole, il conclut l'enquête le lendemain même et annonça qu'après une étude approfondie des faits, il n'y avait pas « la plus petite étincelle de preuve, nouvelle ou ancienne, portée à notre attention qui pourrait amener raisonnablement à croire, ou même seulement à soupçonner, que Miss Monroe ait pu être assassinée ».

Quand on l'interrogea sur les preuves découvertes par Sam Cordova, Reiner répondit : « Quant à Cordova... il appartient au passé. »

Sam Cordova est resté silencieux pendant des années sur les circonstances de son renvoi, mais en 1995 il a révélé la raison de son silence. Il possédait à Sylmar, en Californie, un laboratoire qui ne vivait que de contrats avec le gouvernement. On lui avait déconseillé de parler sous peine de mettre son affaire en péril. Désormais à la retraite, Sam Cordova a confirmé que son renvoi était le résultat direct de sa détermination à faire procéder par le Grand Jury à une enquête sur la mort de Marilyn Monroe.

« Le Grand Jury avait découvert bon nombre d'informations qui ne laissaient aucun doute sur une dissimulation des faits, dit Cordova. Nous avions en main des copies des mémorandums du bureau du coroner demandant la destruction des preuves. »

Selon lui, il y avait eu des pressions politiques sur le Grand Jury afin qu'il saborde l'enquête, mais, en tant que juriste représentant les habitants de Los Angeles, il avait le sentiment qu'il était de son devoir et de son droit de continuer. « Trois jours avant ma conférence de presse, on a fracturé les serrures de mon bureau et quelqu'un a pris mon dossier Monroe, a-t-il révélé récemment. J'ai toujours le sentiment que l'enquête du Grand Jury était justifiée. »

L'année 1992 était celle du trentième anniversaire de la mort de Marilyn Monroe. On peut dire que des forêts entières furent coupées pour fournir assez de papier aux maisons d'édition afin d'assouvir leur orgie de livres sur Marilyn. Des couvertures rutilantes promettaient de révéler *La Vérité enfin !*, *Les Secrets cachés !*,

Les Mensonges choquants-La Vérité explosive ! On notera le *Marilyn et moi* de Susan Strasberg, le second livre de Robert Slatzer, *The Marilyn Files,* et le best-seller de Peter Brown et Patte Barham, *Marilyn — Histoire d'un assassinat,* qui révélait bien des éléments concernant les derniers mois de la star. Mais les révélations les plus importantes furent sans doute celles de *Chief — My Life in the LAPD* de Daryl Gates. Dans un chapitre sur Marilyn Monroe, le chef de la police Gates signalait complaisamment : « À la vérité, nous savions que Robert Kennedy était en ville le 4 août. La police de Los Angeles savait toujours quand il était là. Il était l'attorney général, et il nous intéressait, de même que d'autres personnages importants lorsqu'ils venaient à Los Angeles... Mais, si nous savions que Robert Kennedy était en ville ce jour-là, cela ne veut pas dire que nous ayons prêté attention à tous ses faits et gestes, à ce qu'il ait vu ou non Miss Monroe. Franchement, je n'ai jamais cru à la théorie selon laquelle elle se serait suicidée parce qu'il l'avait laissée tomber. »

La déclaration de Gates confirmait une fois pour toutes la venue de Bobby Kennedy chez Marilyn le 4 août 1962.

À la fin de cette année de célébration de la magie et du mystère de Marilyn Monroe, l'étrange mort de la star restait une énigme. On n'avait pas manqué de révélations mettant en évidence une dissimulation orchestrée des événements entourant la mort de la star, on n'avait pas manqué non plus de théories, d'allégations, de dénégations, de mensonges ni de désinformation — au point que le public commençait à désespérer de jamais connaître la vérité. En trois occasions distinctes, le contrôleur général du comté de Los Angeles, Mike Antonovich, avait réussi à obtenir un vote majoritaire du Conseil des contrôleurs pour demander une enquête du Grand Jury. Et chacun de ces votes avait été détourné par ceux qui ne voulaient pas que la vérité soit connue.

Dans les couloirs du pouvoir, les officiels comme le chef de la police William Parker, le capitaine James Hamilton, le coroner Theodore Curphey, le chef de la police Daryl Gates, John Van de Kamp et Ira Reiner avaient espéré que le public se lasserait avec le temps, que les demandes se tariraient par désespoir. Réalisant que le temps allait manquer, Robert Slatzer obtint de Mike Antonovich qu'il présente, pour la quatrième fois, le 8 septembre 1992, devant le Conseil des contrôleurs de Los Angeles, une motion demandant une enquête du Grand Jury concernant la mort de Marilyn Monroe.

Après une présentation éloquente des faits par Robert Slatzer, Jack Clemmons, des experts médicaux et des citoyens ordinaires, un représentant du bureau du procureur s'avança devant le Conseil pour s'opposer à la motion. Contrairement à ses déclarations de 1986, l'assistant du procureur Ronald Carroll, qui avait conduit l'enquête préliminaire de 1986, déclara avec véhémence que le bureau du procureur avait suivi de nombreuses pistes et n'avait rien trouvé : « Vous pourriez nous envoyer un extraterrestre affirmer qu'elle a été assassinée, dit Carroll, mais nous avons un corps qui ne montre aucune trace de meurtre. »

Quand Ronald Carroll eut terminé sa déclaration au Conseil et eut regagné son siège, on passa au vote. Un silence glacial régnait dans la salle. La motion ne fut pas acceptée.

Il semblait que le temps passé et les mensonges officiels l'emportaient. Les circonstances de la mort de Marilyn Monroe resteraient à jamais une énigme. « Suicide probable » resterait le verdict officiel légué à l'histoire...

... Mais, à l'automne 1991, la grande maison d'édition Harper-Collins annonça la sortie prochaine de *Marilyn Monroe — La biographie*, par l'éminent biographe Donald Spoto. Affirmant que Spoto avait eu accès à des documents jusque-là secrets, le livre était présenté comme : « Le récit définitif de sa vie et de sa mort ! La Vérité ! Enfin ! »

14

Révélations explosives

> « Il y a une nouvelle race de journalistes — ceux qui se disent "biographes" — qui, appâtés par des dollars vite gagnés, inventent tout simplement des choses. »
>
> Donald Spoto, 1993.

À cause des « révélations explosives » qu'il contenait, on n'envoya pas d'exemplaires de *Marilyn Monroe — La biographie* aux critiques avant la sortie. Une publicité parue dans le journal à scandales *Star* annonçait : « Pour la première fois, la vérité sur sa mort vous sera révélée — plus bizarre et horrible que tout ce que les scénaristes de Hollywood ont jamais pu inventer ! »

Quand *Marilyn Monroe — La biographie* arriva dans les librairies en mars 1993, on s'aperçut que Spoto niait toute aventure entre Bobby Kennedy et Marilyn Monroe, et absolvait les Kennedy de tout lien avec la tragédie. Dans les remerciements pour l'aide apportée à la rédaction de son livre, Spoto déclarait : « Patricia Newcomb m'a accordé une confiance sans faille et m'a exposé en détail bien des points contestés des deux dernières années de Marilyn... son éminente contribution à ce livre est partout évidente. »

Tout en reprochant aux précédents biographes de Marilyn d'être « des journalistes calomniateurs qui écrivaient des livres honteux sans aucun égard pour la réputation de personnes honorables et avec une profonde indifférence pour la vérité », Spoto accusa le Dr Ralph Greenson et Mrs. Eunice Murray d'avoir tué Marilyn Monroe en lui administrant une piqûre fatale de barbituriques parce qu'ils auraient été renvoyés !

S'il reconnaissait qu'il y avait eu dissimulation des circonstances de la mort de la star, Spoto créait une énigme. Le livre ne révélait pas pourquoi le FBI, la police de Los Angeles, le procureur du district et le coroner avaient déployé tant d'efforts, pendant plus de trente ans, pour protéger la réputation d'un psychiatre et d'une gouvernante.

Quand Spoto commença la promotion du livre, il devint de plus en plus évident que son but était de décharger Bobby Kennedy de tout soupçon. Il écrivit que des « déclarations calomnieuses » sur les relations entre Marilyn Monroe et Robert Kennedy avaient « mené à l'affirmation sans aucun fondement d'un lien entre Robert Kennedy et la mort de Marilyn ». Spoto déclara ces conclusions hilarantes et affirma qu'il était « important d'établir définitivement la vérité en la matière ».

La méthode de Spoto était l'omission systématique des déclarations des témoins et des faits établis. Nulle part il ne mentionnait les déclarations de Mrs. Murray à la BBC, à « 20/20 » et au *Post* ; les archives téléphoniques de Marilyn ; la lettre de Jean Kennedy Smith à Marilyn ; les registres de la compagnie d'hélicoptères ; les notes du Dr Litman concernant Marilyn et les Kennedy ; les déclarations du sénateur George Smather ; la déclaration du chef de la police Daryl Gates confirmant la présence de Bobby à Los Angeles le 4 août 1962 ; les révélations du maire Yorty ; et la déclaration de Fred Otash au *Los Angeles Times.*

Plutôt que de réfuter les preuves établies par les journalistes d'investigation, Spoto avait choisi d'écarter les porteurs de mauvaises nouvelles. Accusant Anthony Summers d'avoir manipulé les déclarations et les interviews et d'avoir déformé les paroles des témoins, il écrivait : « Dans *Les Vies secrètes...*, Summers ignora ceux qu'il prétend avoir interrogés et/ou, fréquemment, ne leur rendit pas justice. »

En Angleterre, Summers traîna Spoto devant la cour du Banc de la reine, où un examen des interviews enregistrées par Summers prouva son intégrité dans ses recherches ; par un jugement du 28 mars 1994, Spoto accepta de payer à Summers une forte somme en dommages et intérêts et de publier une rétractation de ses accusations dans toute édition ultérieure de *Marilyn Monroe — La biographie.*

Spoto critiquait méchamment Norman Mailer, Fred Guiles, Peter Brown et des foules d'autres auteurs, mais il consacra à

Robert Slatzer une douzaine de pages de dénigrement, l'accusant d'avoir monté une « sordide affaire » à partir d'absurdes suppositions de meurtre et d'« élucubrations à propos d'une liaison entre Monroe et Robert F. Kennedy ».

La biographie de Spoto était la conclusion consternante de décennies de tromperies. Nombre de témoins étaient morts, et aucun n'avait jamais été appelé à témoigner sous serment. Il semblait que l'histoire complète de ce qui était arrivé à Marilyn Monroe ne serait jamais connue. Lors de sa dernière interview, parue dans *Life* la veille de sa mort, Marilyn priait : « S'il vous plaît, ne me faites pas de blague. » Mais la blague avait été faite à ceux qui voulaient connaître la vérité et avaient si souvent été déçus.

Pourtant, à l'automne 1993, une révélation bouleversante entraîna un nouveau brassage des pièces du puzzle, et les derniers morceaux de vérité vinrent s'insérer dans le tableau d'ensemble. On déverrouilla le coffre-fort des secrets fermé depuis le 4 août 1962.

Dans tous les récits du jour fatal, le gendre d'Eunice Murray, l'homme à tout faire Norman Jefferies, disparaissait de la scène peu avant midi le samedi. Dans le livre d'Eunice Murray, *Marilyn : The Last Months*, on le voyait brièvement travailler à l'installation de la cuisine de Marilyn le samedi matin. Il ne réapparaissait pas avant le lendemain. Pourtant, Eunice Murray avait dit au sergent Clemmons et à la presse que la première personne qu'elle avait appelée après la découverte du corps de Marilyn avait été Norman Jefferies, pour lui demander de venir réparer la fenêtre brisée. Sur les photos de presse, on le voit chez Marilyn Monroe le dimanche matin, sortant de la maison par la porte de la cuisine avec Pat Newcomb et des policiers. On le voit ensuite ouvrant la portière de la Dodge pour Mrs. Murray, puis, côté passager, pour Pat Newcomb.

Inexplicablement, rien n'indiquait que Norman Jefferies eût été interrogé ni par la police ni par la presse. Quand Anthony Summers tenta de le retrouver dans le cadre de ses recherches pour *Les Vies secrètes*, il nota que Mrs. Murray semblait très désireuse d'éviter leur rencontre : « Murray sembla très réticente à l'idée de m'aider à joindre Jefferies. » En 1983, Ted Landreth retrouva Jefferies à Laguna Beach, en Californie, mais celui-ci se montra nerveux et repoussa toute tentative d'interview, jusqu'à refuser de prendre Landreth au téléphone.

Dix ans plus tard, on retrouva Norman Jefferies à Russellville, en Arkansas. Très malade et cloué sur un fauteuil roulant, Jefferies parla pour la première fois de son rôle dans les événements qui s'étaient déroulés ce samedi — jour qu'il qualifia de « pire qu'il ait connu de toute sa vie ».

Après avoir remarqué : « Je crois qu'ils auront du mal à m'électrocuter dans mon fauteuil roulant », Jefferies révéla à la surprise générale qu'il n'avait jamais quitté les abords de la résidence de Marilyn Monroe ce jour terrible. Il était resté tout le temps avec Eunice Murray ; arrivé le samedi vers 8 heures du matin, il avait été témoin de tout ce qui s'était déroulé jusqu'à son départ le dimanche vers 7 h 30 du matin.

Il était présent durant tous les événements de ce samedi fatal. « J'étais là, dans le salon, avec Eunice, quand Marilyn est morte, et après ça tout s'est déchaîné », déclara-t-il. Il était là quand Bobby Kennedy et Peter Lawford étaient venus le samedi après-midi. Il était là quand l'ambulance était arrivée le samedi soir. Il était là quand le Dr Greenson avait déclaré Marilyn morte dans le pavillon d'amis. Il était là aux premières heures du dimanche quand le corps de Marilyn avait été transporté dans sa chambre. Norman Jefferies avait été un témoin clé.

Après des années de déclarations contradictoires, Norman Jefferies établit clairement la raison pour laquelle Mrs. Murray avait appelé le Dr Greenson le samedi soir ; ce n'était pas à cause de « la lumière sous la porte de sa chambre » ni du « fil du téléphone passant sous la porte de la chambre », ou de quoi que ce soit lié aux facultés particulières des natifs des Poissons. C'était à cause de la vision, sur le lit du pavillon d'amis, de Marilyn Monroe dans un état comateux, sa main serrant encore le combiné téléphonique.

Tandis qu'on trouvait enfin des réponses à des questions lancinantes, de nouvelles questions se posaient. Il était clair que tous les témoins clés s'étaient ligués pour taire la présence de Bobby Kennedy chez Marilyn ce jour-là ; ils avaient conspiré pour cacher l'heure, le lieu et les circonstances de sa mort. Mais pourquoi les personnages officiels impliqués avaient-ils conspiré eux aussi pour protéger les témoins clés, et pourquoi ces témoins clés avaient-ils conspiré pour protéger les personnages officiels ?

Si, comme le chef de la police Reddin et le maire Yorty l'avaient déclaré, c'était une affaire de « sécurité nationale », quel était le sombre et impérieux secret qui se trouvait au cœur de l'affaire ? Qu'est-ce qui liait ce groupe de gens aussi divers dans cette conspiration complexe ? Et pourquoi Marilyn Monroe avait-elle été assassinée ?

En 1982, le *Rapport du procureur du district sur la mort de Marilyn Monroe* concluait :

> Si Marilyn Monroe ne s'est pas suicidée et n'a pas ingéré accidentellement une dose trop forte de médicaments, elle a été assassinée. Son meurtre aurait nécessité une conspiration massive impliquant toutes les personnes présentes sur les lieux de la mort les 4 et 5 août 1962 : le ou les meurtriers, le médecin légiste et le coroner, le chirurgien ayant pratiqué l'autopsie et presque tous les officiers de police mis sur l'affaire ainsi que leurs supérieurs de la police de Los Angeles. On peut imaginer plusieurs variations sur ce thème, mais chacune aurait nécessité l'implication d'un nombre important de personnes. Notre enquête et l'examen des documents n'ont mis au jour aucune preuve crédible en faveur de la théorie du meurtre.

Pourtant, Norman Jefferies confirmait qu'il y avait eu, effectivement, « une conspiration massive impliquant toutes les personnes présentes sur le lieu de la mort les 4 et 5 août 1962 », et que, dans la chapelle des Rameaux, les complices du meurtre et de sa dissimulation assistaient aux funérailles de Marilyn Monroe.

Le fait que le mystère de la mort de Marilyn Monroe n'ait jamais été résolu est lié au mystère de sa vie. C'était une personne secrète, et elle menait une vie privée très discrète, à l'opposé de son image publique. Norman Jefferies révélait que certains des témoins clés menaient aussi des vies doubles et secrètes, et qu'eux aussi rédigeaient des petits carnets secrets. Pour comprendre ce qui s'est produit ce samedi fatal, on est gêné par l'impossibilité de saisir pleinement la complexité des relations entre la victime et le groupe disparate de témoins clés qui se retrouvèrent sur les lieux le jour de sa mort.

On ne peut résoudre les mystères de la vie et de la mort, ni comprendre la façon dont la chance ou le destin traite les gens, ni élucider un des plus grands crimes du XXe siècle sans connaître toute l'histoire. Et si le mystère du meurtre de Marilyn Monroe peut être éclairci, jamais on n'expliquera totalement le mystère de sa remarquable vie.

DEUXIÈME PARTIE

1926-1946
L'ENFANT DES GÉMEAUX

15

Témoin silencieux

> « On ne peut dire ce qu'est la vie, comment la chance ou le destin traitent les gens, qu'en racontant l'histoire. »
>
> Hannah Arendt.

Le tout premier souvenir de Marilyn Monroe était l'instant où sa grand-mère, Della, qui était folle, avait tenté de l'étouffer. « Je me souviens m'être réveillée de ma sieste en luttant pour ne pas mourir. On me pressait quelque chose sur le visage. Peut-être un oreiller. Je me débattais de toutes mes forces », raconta Marilyn bien des années plus tard. Della Monroe Grainger avait un passé marqué par la maladie mentale. Son premier mari, Otis Elmer Monroe, était mort dans un hôpital psychiatrique en 1909. Elle avait épousé Charles Grainger, qui travaillait pour une compagnie pétrolière, en 1923. Ils vécurent alors dans un bungalow, Rhode Island Avenue, à Hawthorne, dans la banlieue de Los Angeles. Grainger ne fut pas long à s'apercevoir que Della était cyclothymique : il faisait souvent les frais de ses brusques accès de colère. Il mit un terme à cette relation orageuse en se faisant muter à l'autre bout du monde, loin de la lunatique Della, dans une exploitation pétrolière perdue au fin fond de Bornéo.

Très affligée par cette rupture, Della trouva un réconfort dans la religion. Elle entra dans la secte évangélique de la sœur Aimee Semple McPherson. À la fin de ses sermons spectaculaires, la sœur Aimee semblait s'élever dans les airs, entourée d'une magnifique aura lumineuse — grâce aux prodigieux effets spéciaux installés par une firme de Hollywood spécialisée dans les éclairages. Mais aucune illumination, de quelque sorte que ce fût, ne pouvait sortir Della de l'obscurité dans laquelle elle sombrait. Elle souffrait d'une psychose maniacodépressive.

En décembre 1925, la fille de Della, Gladys, fit le voyage de Hollywood à Hawthorne pour rendre visite à sa mère, chose qu'elle faisait rarement. Elle annonça à Della qu'elle était enceinte d'un homme qui refusait de l'épouser et qu'elle souhaitait s'installer chez elle jusqu'à la naissance de l'enfant. Mais, à ce moment-là, Della était sur le point de prendre le bateau pour Bornéo, dans l'espoir de renouer avec Charles Grainger. Elle suggéra à sa fille de s'installer chez des voisins, Wayne et Ida Bolender, qui habitaient juste en face.

Les Bolender étaient de fervents protestants fondamentalistes qui prenaient des enfants en pension moyennant rémunération. Il fut convenu que Gladys resterait chez eux jusqu'à la naissance du bébé et même quelques semaines après. Quelques-uns de ses collègues se cotisèrent pour l'aider à payer son accouchement. Née le 1er juin 1926, Norma Jeane fut baptisée par Aimee Semple McPherson et, en juillet, Gladys retourna travailler aux Consolidated Laboratories et réintégra son appartement de Hollywood. Dans les années vingt, il n'était pas très facile, pour une jeune femme travaillant à Hollywood, d'avoir un enfant illégitime ; aussi laissa-t-elle Norma Jeane en pension chez les Bolender contre une rétribution de cinq dollars par semaine.

« Je viendrai tous les samedis et, si c'est possible, je resterai dormir chaque fois que je le pourrai », leur avait dit Gladys. D'après Wayne Bolender, « Gladys venait presque tous les samedis vers midi. Il lui arrivait de passer la nuit ici, mais généralement elle avait un rendez-vous le samedi soir ou bien elle était invitée à une soirée, auquel cas elle repartait pour Hollywood au bout de quelques heures ».

La tentative de Della pour se réconcilier avec Charles Grainger s'avéra aussi désastreuse financièrement que sentimentalement. À son retour de Bornéo en octobre 1926, la mère de Gladys se mit à boire. Elle s'était réinstallée chez elle, en face de la maison des Bolender, et fut bien vite charmée par sa petite-fille. Elle proposa de s'occuper de Norma Jeane. Mais Gladys jugea préférable de laisser le bébé chez les Bolender, et il fut clairement signifié à Della que la garde de l'enfant leur avait été officiellement confiée. Della ne supportait pas l'emprise que ses voisins avaient sur sa petite-fille et ses fréquentes visites pour voir le bébé se terminaient par des réflexions désagréables.

Ida avait remarqué que Della était souvent ivre et avait un comportement bizarre, et elle n'était pas tranquille quand Della prenait Norma Jeane chez elle, ce qui était de plus en plus fréquent. Ce fut au cours de l'été 1927 que l'« incident » se produisit. Della avait pris sa petite-fille pour l'après-midi et, ce jour-là, elle tenta de l'étouffer. Il n'y eut qu'un seul témoin, un tout petit témoin silencieux, et ce trauma ressurgit bien plus tard des plus profonds replis de sa mémoire.

Comprenant que la petite Norma Jeane avait été effrayée par quelque chose qui s'était passé pendant qu'elle était chez Della, les Bolender jugèrent bon d'espacer les visites. En août 1927, Della sombra brusquement dans l'enfer de la démence. Longtemps après Wayne Bolender se souvenait encore l'avoir vue se précipiter un jour chez lui dans une rage folle. Elle hurlait des paroles incohérentes et demandait à voir sa petite-fille. Il s'empressa de rentrer et de fermer sa porte à double tour. Alertée par le bruit, Ida, qui était dans la cuisine, le rejoignit dans le salon et observa Della par la fenêtre. Elle tapait à la porte en vociférant comme une furie. Terrifiée, Ida dit : « Appelle la police, Wayne. Vite ! » Avant l'arrivée de la police, Della essaya d'enfoncer la porte. En donnant un coup de poing dans un carreau, elle se blessa et le sang se mit à gicler partout. Les policiers réussirent à la maîtriser et la firent monter dans leur voiture. Wayne garda très précisément en mémoire cette dernière image de Della emportée de force, qui rejetait la tête en arrière pour crier sa douleur vers le ciel et implorer l'aide de Dieu.

Ce fut la mort qui lui vint en aide. Della mourut dix-neuf jours après l'incident survenu chez les Bolender. Son cœur lâcha pendant une crise à l'hôpital psychiatrique de Norwalk. C'était dans ce même hôpital qu'Otis Monroe, le grand-père de Norma Jeane, était mort en 1909. Le certificat de décès de Della mentionnait comme cause de sa mort une « myocardite » aggravée par une psychose maniacodépressive.

Della fut enterrée le 25 août 1927 dans une tombe anonyme, aux côtés d'Otis Monroe, au cimetière de Rose Dale à Los Angeles.

16

Course folle

« Course folle, plus de contrôle,
Course folle, tout oser,
Être gai, impatient,
Insouciant tout le temps,
Jamais d'idées noires... »

Joe Grey et Leo Wood
Runnin' Wild (Course folle), 1922.

Il arrivait aux Bolender d'avoir la garde de cinq enfants. L'un d'eux avait deux mois de moins que Norma Jeane, c'était un petit garçon prénommé Lester. Plus tard, les Bolender l'adoptèrent.

À quatorze mois, Norma Jeane essayait d'imiter Lester qui commençait à appeler Ida « Maman ». Mais comme Gladys ne voulait pas que sa fille en fît autant, Ida grondait Norma Jeane : « Je ne suis pas Maman. Je suis tante Ida, tu entends ? *Tante Ida !* » Déconcertée et offensée qu'on lui interdisît d'appeler Ida « Maman » comme Lester, Norma Jeane essaya de comprendre, et l'une de ses premières phrases complètes fut : « Là-bas il y a une maman ! » lorsqu'elle vit une femme tenant un enfant par la main.

Quand Gladys venait voir sa fille le samedi, elle l'emmenait souvent faire un tour au bord de la mer. Elles prenaient le tram qui longeait le front de mer de Venice à Santa Monica, marchaient parfois sur le ponton et Gladys offrait à Norma Jeane un tour de manège ; mais, pendant des années, la petite fille ne sut pas qui était exactement cette jolie dame aux cheveux roux.

Donc, Norma Jeane n'appela jamais Ida « Maman ». En revanche, pensant que Wayne Bolender était son père, elle l'appelait Papa. « Le matin, je m'asseyais sur le bord de la baignoire raconta-t-elle plus tard, et tout en le regardant se raser, je lui posais des questions — où était l'est et le sud ou combien de gens il y avait sur terre. Il était le seul à répondre à mes questions. »

Un jour, Ida dit à Norma Jeane : « Tu es assez grande maintenant pour savoir que je n'ai aucun lien de parenté avec toi. Pas plus que Wayne.

— Mais, protesta Norma Jeane, c'est mon papa !

— Non, je ne suis pas ta mère et Wayne n'est pas ton père. Tu es simplement en pension chez nous. Ta maman viendra te voir demain. Elle, tu peux l'appeler Maman si tu veux. »

Le lendemain, samedi, la dame qu'elle avait le droit d'appeler « Maman » arriva. C'était la femme aux cheveux roux. « C'était la belle dame qui ne souriait jamais, racontera Marilyn. Je l'avais vue souvent auparavant mais je ne savais pas exactement qui c'était. Quand je lui ai dit : "Bonjour, Maman", elle m'a regardée avec stupeur. Elle ne m'avait jamais embrassée ni prise dans ses bras, elle ne m'avait jamais tellement parlé. »

Un samedi, Gladys alla chercher Norma Jeane et l'emmena pour la première fois dans son appartement à Hollywood.

« J'étais terrorisée quand j'allais chez elle. Je passais le plus clair de mon temps dans le placard de sa chambre, cachée parmi les habits », racontera Marilyn.

> Elle ne me parlait presque jamais, sauf pour me dire : « Ne fais pas tant de bruit, Norma. » Elle me disait cela même quand j'étais au lit, le soir, avec un livre. Même le bruit d'une page de livre qu'on tourne l'agaçait.
>
> Il y avait un objet dans l'appartement de ma mère qui me fascinait. C'était une photographie accrochée au mur. Il n'y avait rien d'autre sur les murs que cette photo dans son cadre. Chaque fois que je rendais visite à ma mère, je restais plantée devant, en retenant mon souffle tellement j'avais peur qu'elle m'ordonne d'arrêter de la regarder. Un jour elle m'a surprise ainsi mais ne m'a pas grondée, au contraire. Elle m'a fait monter sur une chaise pour que je la voie mieux.
>
> Elle m'a dit : « C'est ton père. » J'étais tellement bouleversée que j'ai failli tomber de la chaise. C'était si bon d'avoir un père, de pouvoir regarder sa photo et de savoir que j'étais de lui. Et quelle merveilleuse photo, en plus ! Il était coiffé d'un grand chapeau mou qu'il portait incliné sur le côté. Il avait des yeux rieurs et pleins

de vie et une petite moustache à la Clark Gable. Cette photo me réconfortait... J'ai demandé à ma mère comment il s'appelait. Elle ne m'a pas répondu. Elle est allée s'enfermer dans la chambre.

La personne aux yeux rieurs de la photo, qui ressemblait à Clark Gable, était un homme que Gladys avait rencontré à Venice Beach.

Désignée comme le « terrain de jeu du Pacifique », Venice était à l'origine une zone marécageuse de Los Angeles, en bordure de l'océan, que des promoteurs avaient transformée en une réplique de la Venise italienne. Une Venise en carton-pâte, avec ses canaux, ses gondoles, ses ponts en arc et ses relents d'égouts. En 1917, la jolie dame aux cheveux roux était une adolescente de quatorze ans qui vivait là avec sa mère, Della.

Lorsque la mousse grasse à forte odeur de soufre qui écumait à la surface des canaux de Venice s'avéra être de l'or noir, les spéculateurs accoururent. Parmi eux Charles Grainger. Della et lui se rencontrèrent à un bal de la Saint-Sylvestre qui avait lieu sur le front de mer de cette ville désormais en plein essor, et il vint fréquemment lui rendre visite dans son appartement, au 27 Westminster Street. Bien qu'ils ne fussent pas encore fiancés, Della emménagea bientôt dans le bungalow de Grainger à Venice. La jeune Gladys, qui n'aimait pas du tout ce Mr. Grainger et ses manières mielleuses, était gênante. Mais le problème se résolut de lui-même lorsque Gladys rencontra Jasper Baker, qui tenait une galerie d'attractions sur Ocean Park Pier. Séduit par la beauté et les charmes de la jeune Gladys, Jasper lui fit bientôt découvrir un autre genre d'attractions, gratuites celles-là. Quand on s'aperçut que Gladys était enceinte de Jasper, on s'empressa de les marier.

Le 17 mai 1917, jurant que sa fille avait dix-huit ans alors qu'elle n'en avait que quatorze, Della fut témoin au mariage de Gladys avec un Jasper réticent qui avait douze ans de plus que sa jeune épouse. Jasper ne voulait pas de l'enfant et il la pressa de se faire avorter. Mais elle insista pour garder le bébé et, sept mois après le mariage, le 10 novembre 1917, naquit Robert Baker, dit Jackie. En juillet 1919, ce fut au tour d'une fille, Berneice.

Gladys était à peine sortie de la puberté lorsqu'elle s'était mariée, et sa propre enfance très instable l'avait bien mal préparée à la vie conjugale et à la maternité. Les problèmes ne se firent pas attendre. Jasper avait un penchant pour la boisson et se laissait aller à des accès de violence. Des amis voyaient fréquemment Gladys obligée de porter des lunettes de soleil pour cacher un œil au beurre noir. Bien plus tard, dans un des rares moments où il parla de sa femme, Jasper raconta à sa fille Berneice : « Elle ne faisait ni la cuisine ni le ménage. Elle ne faisait rien. Tout ce qu'elle aimait, c'était sortir, traîner dehors... C'était une belle femme mais très jeune — trop jeune pour pouvoir s'occuper d'un enfant. »

En 1921, lors d'une visite aux parents de Jasper à Flat Lick dans le Kentucky, Gladys partit en promenade avec le jeune frère de son mari. À leur retour, Jasper était fou de rage et complètement ivre. Il prit une lanière de cuir et fouetta Gladys jusqu'au sang. Des gens la virent partir en courant dans la rue comme une hystérique en suppliant les passants de la protéger de son mari.

Peu après leur retour en Californie, elle le quitta. Le 20 juin 1921, elle demanda le divorce en accusant Jasper Baker de « cruauté extrême, de mauvais traitements, d'insultes à son endroit, d'abus de langage ordurier en sa présence, de coups et blessures ». Elle prit ses enfants et s'installa dans le bungalow de sa mère à Venice.

Un week-end, Jasper vint chercher les enfants, Jackie et Berneice qui était encore un bébé, soi-disant pour les emmener en promenade, et il ne revint pas. Il les installa chez ses parents à Flat Lick. Bien décidée à les récupérer, Gladys se rendit dans le Kentucky en stop et s'aperçut que Berneice était cachée et que Jackie avait été emmené dans un hôpital de Louisville parce qu'il souffrait d'une mystérieuse blessure. Berneice se rappelle que Jackie était souvent victime de séries noires, d'« accidents malheureux » et qu'il était « éternellement poursuivi par la malchance ». À l'âge de trois ans et demi, il se blessa gravement à la hanche. « Papa m'a dit que Jackie était tombé d'une voiture », affirma Berneice. Mais la vérité, c'était que Jasper était agressif envers ce fils qu'il n'avait jamais voulu.

« Papa et ma grand-mère me cachaient et ils disaient à ma mère qu'elle ferait mieux de ne pas aller à l'hôpital embêter Jackie, mais elle allait quand même lui rendre visite, raconte Berneice. Seulement, Papa avait prévenu les médecins qu'il ne fallait pas la laisser emmener Jackie. Alors elle a pris un emploi de femme de ménage à Louisville en attendant que Jackie guérisse. »

Comprenant qu'elle ne parviendrait pas à récupérer la garde de ses enfants, Gladys retourna à Venice Beach en mai 1923 et réintégra l'appartement de Westminster Street. C'est alors qu'elle rencontra Stan Gifford, employé comme représentant par les Consolidated Film Laboratories de Hollywood. Bien des choses avaient changé depuis qu'elle avait quitté Venice. Sa mère, Della, avait épousé Charles Grainger et s'était installée à Hawthorne. Venice était maintenant envahie par les derricks, les montagnes russes et les dancings ouverts toute la nuit. Les canaux du « terrain de jeu du Pacifique » menaient à des bars clandestins, des boîtes de jazz, des bordels et des tripots — fréquentés par tous ceux qui ne juraient que par le jazz. Au milieu de cette jeunesse exaltée, il y avait Gladys Baker. Elle espérait bien oublier ses tristes souvenirs en compagnie de Stan Gifford. Mais dans sa demande de divorce, déposée en 1923, Lillian, la femme de Gifford, déclara :

> Il fréquentait des femmes de mauvaise vie ; se vantait de ses conquêtes ; me montrait les marques de ses injections de drogue ; faisait bombance avec ses collègues du laboratoire ; allait voir des amis à Venice et restait absent pendant de longues périodes.

Gifford fit obtenir à Gladys un poste dans les ateliers de montage des négatifs des Consolidated Laboratories. Il connaissait la femme qui contrôlait le travail dans cet atelier, Grace McKee, une jeune divorcée. D'après Olin Stanley, un de ses collègues, Grace McKee et Gladys se lièrent d'amitié. « Elles aimaient bien faire la bombe, comme on disait, elles sortaient tout le temps avec les types du labo ou des studios et allaient souvent dans des bars à Venice avec Gifford. »

Olin Stanley se souvenait aussi que Gladys était très amoureuse de Stan Gifford et qu'elle espérait l'épouser. Mais, profondément déçue que Gifford refusât de s'engager, Gladys commença à rechercher la compagnie d'autres hommes. Pendant l'été 1924, elle rencontra Edward Mortensen, un ouvrier itinérant d'origine norvégienne. Il lui offrait la sécurité et la stabilité que Gifford lui avait refusées. Ils se marièrent le 11 octobre 1924. Très vite Gladys se rendit compte de son erreur. Comme elle le confia à Grace McKee, la vie avec Mortensen était mortellement ennuyeuse et en février 1925, quatre mois après son mariage, elle le quitta et renoua avec Gifford.

En 1925, plusieurs mois après avoir quitté Mortensen, Gladys tomba enceinte de Gifford. D'après les souvenirs de Grace

McKee, Gladys tenait absolument à devenir la femme de Gifford et elle espérait que cet enfant le convaincrait de l'épouser. Mais à la veille de Noël, ils eurent une violente dispute et Stan Gifford refusa.

Ainsi ce bébé du signe des Gémeaux, destiné à devenir la star de cinéma la plus célèbre du XXe siècle, naquit le 1er juin 1926 à 9 h 30, dans la salle commune de l'hôpital général de Los Angeles. Martin Edward Mortensen, adresse inconnue, fut déclaré comme étant le père. Sur l'acte de naissance de Norma Jeane, il était indiqué qu'il s'agissait du troisième enfant de Gladys Baker ; cependant, celle-ci déclara que les deux premiers n'étaient « plus en vie ». Peut-être, pour son cœur brisé, Jackie et Berneice étaient-ils effectivement morts.

Des années plus tard, quand Gladys hissa la petite Norma Jeane sur une chaise pour qu'elle puisse regarder une photo de son père, elle ne voulut pas répondre à sa fille qui voulait connaître le nom de l'homme aux yeux pétillants qui lui rappelait Clark Gable. Elle préféra gagner sa chambre et s'y enfermer à clé. L'homme s'appelait Stan Gifford.

« Ma mère a dû être profondément blessée. Je crois qu'elle ne s'en est jamais remise, commentait Marilyn Monroe en juillet 1962. Quand un homme quitte une femme lorsqu'elle lui annonce qu'elle attend un enfant de lui et qu'il refuse de l'épouser, elle doit ressentir une douleur très profonde. Il faut qu'elle aime cet homme de tout son cœur pour garder l'enfant dans ces circonstances — je veux dire, surtout s'ils ne sont même pas mariés. »

> ... Toujours en route pour je ne sais où
> Toujours en action, je me fiche de tout,
> L'amour ne vaut pas la peine, je n'aime personne
> Tout seul, dans ma course folle...
>
> Joe Grey et Leo Wood, *Runnin' Wild* 1922

17
La descente aux Enfers

> « Je lui ai fait suivre les traitements de l'Église de la Science chrétienne pendant environ un an. J'avais envie de la voir heureuse et gaie. »
>
> Gladys Baker.

Chaque semaine, les Bolender emmenaient les enfants au catéchisme et Norma Jeane apprit à chanter *Jesus Loves Me, This I Know* qui devint son cantique favori. D'après Ida Bolender, elle le chantait tout le temps. « Presque tous les gens que je connaissais me parlaient de Dieu, racontera Marilyn. Et ils n'arrêtaient pas de me dire qu'il ne fallait pas l'offenser... lui seul m'aimait et veillait sur moi, mais c'était quelqu'un que je ne pouvais ni voir, ni entendre, ni toucher. Dès que j'avais un peu de temps, je dessinais Dieu. Sur mes dessins, Il tenait à la fois de tante Grace [McKee] et de Clark Gable. »

En 1933, le grand-père maternel de Gladys, Tilford Marion Hogan, se suicida ; mais la nouvelle la plus accablante pour elle fut celle de la mort de son fils Jackie, à l'âge de quinze ans. Quoi qu'elle eût essayé de balayer de sa mémoire Jackie et Berneice, Gladys reçut un choc terrible en l'apprenant. Aux dires de Berneice, Jackie avait été gravement blessé, sa blessure avait dégénéré en tuberculose osseuse et il avait été hospitalisé. Jasper le fit sortir de l'hôpital contre l'avis du médecin. Lorsque son état s'aggrava et qu'il parut évident qu'il allait mourir, Jasper tenta de lui poser lui-même une sonde. Jackie mourut peu après dans des souffrances atroces, le 16 août 1933.

S'accusant de la mort de Jackie, Gladys sombra dans la

dépression. Elle se réfugia dans l'Église de la Science chrétienne et passa des heures, chaque soir, à lire sa « science » et la Bible. D'après Inez Melson, qui devint par la suite sa tutrice, « c'est bien cette culpabilité latente qui a entraîné les troubles mentaux de Gladys ».

Marilyn s'est souvenue plus tard d'un événement qui s'était produit peu après la mort de Jackie. « Un jour ma mère est venue me voir. J'étais en train de faire la vaisselle. Elle me regardait sans dire un mot. Quand je me suis retournée, j'ai été surprise de voir ses yeux pleins de larmes. Elle m'a dit : "Je vais faire construire une maison et nous y vivrons toutes les deux. Elle sera peinte en blanc et il y aura un petit jardin derrière." » Décidée à offrir à Norma Jeane un vrai foyer et rêvant de récupérer la garde de Berneice, Gladys se mit à travailler jour et nuit pour acheter une maison : elle faisait une journée complète aux studios de la Columbia et travaillait le soir à la RKO.

Grace McKee lui déconseillait de se mettre des dettes sur le dos en pleine crise économique — l'économie allait à vau-l'eau et l'embauche diminuait de jour en jour. En 1933, l'opinion publique américaine avait complètement perdu confiance dans le système bancaire et, le vendredi 3 mars, les banques avaient été prises d'assaut par les gens venus retirer leur argent. Le président Roosevelt avait proclamé la fermeture des banques et du coup les studios de Hollywood s'étaient trouvés dans l'impossibilité de payer leurs employés. Le 9 mars, Roosevelt avait fait adopter la loi d'urgence sur l'aide aux banques qui avait permis leur réouverture. Ce qui n'avait pas empêché les producteurs de Hollywood d'annoncer à leurs employés qu'en raison de la crise leurs salaires seraient réduits de 25 à 50 %. Cette nouvelle avait frappé l'industrie du cinéma comme le tremblement de terre qui avait secoué Los Angeles le 12 mars 1933 : Hollywood tremblait. Le 13 mars 1933, pour la première fois dans l'histoire de Hollywood, le syndicat des personnels de théâtre et de cinéma (IATSE) s'était mis en grève et les studios avaient fermé.

Pendant ces conflits et les grèves qui se prolongèrent, Grace McKee avait choisi de respecter les grévistes, mais parmi les briseurs de grève, il y avait une jeune femme désespérée qui grappillait et économisait jusqu'au plus petit cent pour s'offrir sa maison. D'après son collègue Olin Stanley, membre de l'IATSE, on vit dans le journal une photo de Gladys en train d'enjamber le grillage des studios de la RKO pour contourner un piquet de grève et se rendre à son poste de travail.

En février 1934, Grace commença à s'inquiéter pour la santé

mentale de Gladys. Elle était angoissée, ne dormait plus, ne mangeait plus et semblait épuisée et dépressive. Grace la convainquit d'aller consulter un neurologue, lequel la fit entrer dans une maison de repos à Santa Monica. Elle y passa plusieurs semaines avant de retourner travailler. Grace tenta bien de persuader son amie que devenir propriétaire était nettement audessus de ses moyens, la détermination de Gladys à commencer une nouvelle vie avec Norma Jeane était devenue une obsession.

« Je lui ai dit de ne pas l'acheter, je l'ai même suppliée », affirmera Grace. Mais Gladys acheta une maison de 6 000 dollars, moyennant une première échéance de 750 dollars prévue pour le 20 octobre 1934. Norma Jeane pouvait faire ses valises. Elle avait maintenant huit ans et elle allait emménager avec sa mère dans une nouvelle maison, à Hollywood.

La jolie maison à deux étages avec son fronton géorgien était située au 6812 Arbol Drive, à deux pas de Hollywood Bow. Conformément à la promesse de Gladys, elle était peinte en blanc et il y avait, à l'arrière, un petit jardin.

« Ma mère acheta des meubles, une table avec un plateau blanc et des pieds marron, des chaises, des lits et des rideaux, se souvenait Marilyn. Un jour, on nous livra un piano à queue. Pour moi. On allait me donner des cours de piano. Il était un peu abîmé, mais il avait appartenu à la vedette de cinéma Fredric March. » « Tu joueras du piano ici, près des fenêtres, disait Gladys à sa fille, et ici, devant la cheminée, il y aura une causeuse. Et nous t'écouterons. Dès que j'aurai fini de payer le reste, j'achèterai d'autres fauteuils, et le soir on restera assis là à t'écouter jouer du piano ! »

Confrontée aux dures réalités économiques, Gladys fut obligée de louer le deuxième étage à un couple d'Anglais, les Kinnell, qui travaillaient dans le cinéma. Murray Kinnell avait joué avec George Arliss dans un film produit par Darryl Zanuck, *Les Rothschild.* Le fait d'habiter avec sa mère dans le milieu hollywoodien obligea Norma Jeane à renoncer aux valeurs que lui avaient inculquées les Bolender. Elle se souvenait, bien plus tard, avoir été choquée de voir sa mère, Grace McKee et les Kinnell fumer et boire de l'alcool.

« Tout à coup ma vie était désinvolte et désordonnée, ce qui me changeait complètement de ma première famille, racontait Marilyn. Ils aimaient chanter et danser, ils buvaient et jouaient aux cartes et recevaient beaucoup d'amis. Vu l'éducation religieuse que j'avais reçue, j'étais un peu choquée — je pensais qu'ils iraient tous en enfer. Je passais des heures à prier pour eux. »

Sa vie avait vraiment changé du tout au tout : elle se rendait compte que tout le monde n'était pas aussi dévot que les Bolender. « Nous, nous allons à l'église, pas au cinéma », disait Ida, et voilà que Norma Jeane se retrouvait du jour au lendemain à « Movieland », le pays du cinéma. Le soir à table, dans les discussions avec les Kinnell, il était souvent question de cinéma. Et les jours où il n'y avait pas d'école, Norma Jeane avait un peu d'argent pour aller dans une des somptueuses salles de projection qui jalonnaient Hollywood Boulevard. « J'y restais toute la journée et parfois tard le soir — je m'asseyais au premier rang, se rappelait Marilyn. Toute seule devant cet écran tellement grand, j'adorais ça. Je n'en manquais pas une miette. » Elle aimait les comédies musicales et regardait deux ou trois fois de suite le même film. Elle mémorisait toutes les chansons qu'elle se chantait sur le chemin du retour. Souvent il faisait déjà nuit quand elle rentrait et elle arrivait même en retard pour le dîner.

Le rêve prit fin brutalement. Si Gladys semblait se sentir mieux depuis qu'elle avait installé Norma Jeane dans la nouvelle maison, il lui arrivait d'avoir des crises d'angoisse et de dépression. Les tentatives de Grace McKee pour l'aider n'avaient rien donné. Parfois, elle refusait de manger et n'arrivait pas à dormir ; la nuit, elle faisait les cent pas dans la maison en sanglotant et en récitant des prières. Dans la journée, elle passait de longues heures au travail pour trouver, en rentrant, dans sa boîte à lettres, un monceau de factures à régler pour payer la maison de ses rêves. Gladys dut bientôt se rendre à l'évidence : elle avait beau faire d'immenses efforts, cette maison était au-dessus de ses moyens. Elle ne pouvait plus payer ses traites. Elle était au bord du désespoir lorsqu'un nouvel incident, en décembre 1934, la fit basculer dans la folie.

La seule source sûre concernant cet incident est Marilyn Monroe elle-même. Dans une interview qu'elle accorda à Ben Hecht en 1953, elle affirma très clairement qu'elle avait alors huit ans :

> J'avais presque neuf ans et je vivais dans une famille qui louait une pièce à un certain Mr. Kimmell. C'était un homme au visage sévère et tout le monde le respectait et l'appelait *Monsieur* Kimmell.
>
> Au moment où je passais devant sa chambre, la porte s'ouvrit et il me dit, très calmement : « Entre, Norma, s'il te plaît. »
>
> J'ai cru qu'il voulait m'envoyer faire une course et je lui ai demandé : « Où voulez-vous que j'aille, monsieur Kimmell ?

— Nulle part », m'a-t-il répondu en refermant la porte derrière moi. Il m'a souri, a tourné la clef dans la serrure et m'a dit :

« Maintenant tu ne peux plus sortir. C'est comme si on jouait à un petit jeu. »

J'étais là, debout, je le regardais fixement. J'avais peur mais je n'osais rien dire... Quand il m'a prise dans ses bras, j'ai donné des coups de pied et je me suis débattue de toutes mes forces mais je n'ai pas poussé un seul cri. Il était plus fort que moi et il ne voulait pas me lâcher. Il n'arrêtait pas de chuchoter : « Sois gentille. »

Quand il a rouvert la porte pour me laisser sortir, je me suis précipitée vers ma « tante » pour lui raconter ce que Mr. Kimmell m'avait fait. J'ai balbutié :

« J'ai quelque chose à te dire à propos de Mr. Kimmell. Il... il... »

Ma « tante » m'a interrompue.

« Je ne te permets pas de dire du mal de Mr. Kimmell, a-t-elle crié d'un ton furieux. Mr. Kimmell est quelqu'un de bien. C'est une star et je suis fière qu'il habite chez moi. »

Mr. Kimmell a ouvert la porte de sa chambre et est resté debout sur le seuil, un sourire aux lèvres.

« Tu devrais avoir honte, m'a crié ma "tante", de dire du mal des gens.

— Mais là, c'est pas pareil, ai-je répondu. Il faut que je te dise... Mr. Kimmell... il m'a... il m'a... »

J'ai recommencé à bégayer et je n'ai pas pu finir. Mr. Kimmell s'est avancé vers moi et m'a donné une pièce en me disant :

« Va t'acheter une glace. »

Je lui ai jeté la pièce à la figure et je suis partie en courant.

J'ai passé toute la nuit à pleurer dans mon lit, je voulais mourir. Je me disais : « Si personne n'est jamais de mon côté, si je ne peux jamais parler à personne, je vais me mettre à hurler. » Mais je n'ai pas hurlé.

Neuf ans après avoir raconté à Ben Hecht sa mésaventure avec Mr. Kimmell, Marilyn Monroe raconta exactement la même histoire à George Barris qui la photographiait pour *Cosmopolitan,* quelques semaines avant sa mort. À nouveau, elle déclara qu'elle avait huit ans et parla de Mr. Kimmel comme étant « la star de la maison ». Mais au lieu de dire qu'elle courut vers sa « tante », Marilyn déclara : « J'ai couru vers ma mère adoptive et je lui ai dit ce qu'il m'avait fait. Elle m'a regardée, l'air choqué... puis elle m'a frappée sur la bouche en hurlant : "Je ne te crois pas ! Je t'interdis de dire des choses pareilles d'un homme aussi gentil !"

J'étais tellement blessée que j'ai commencé à bégayer. Elle ne me croyait pas ! J'ai passé toute la nuit à pleurer dans mon lit. Je voulais mourir... C'est la première fois que je me souviens avoir bégayé... Plus tard, quand j'étais à l'orphelinat, je me suis mise à bégayer du jour au lendemain...

D'après ces deux souvenirs, Norma Jeane n'avait que huit ans lorsqu'elle a subi cette agression ; c'était donc avant juin 1935 et avant d'entrer à l'orphelinat. La seule maison où elle avait vécu avant l'âge de dix ans, avant l'orphelinat et avant de commencer à bégayer était celle de sa mère. Il est évident aussi que la « tante » ou la « mère adoptive » était Gladys ; et Mr. Kimmell, l'agresseur, n'était autre que Murray Kinnell, l'acteur anglais qui habitait au deuxième étage de la maison d'Arbor Drive.

« Kimmell » est une version à peine déformée de « Kinnell », mais, en appelant sa mère « ma tante » ou « ma mère adoptive », Marilyn cherchait à protéger Gladys. La perte de ce locataire, la star, aurait automatiquement entraîné la perte de la maison et la fin de son beau rêve. Toutefois, Norma Jeane ne pouvait pas comprendre que sa mère ne l'eût pas défendue, et cet incident explique en partie le fait qu'elle ne se soit jamais sentie proche d'elle — « Si personne n'est jamais de mon côté, si je ne peux jamais parler à personne, je vais me mettre à hurler. » Par la suite, Norma Jeane essaya de comprendre et d'améliorer la relation qu'elle avait avec sa mère, mais les choses ne devaient plus jamais être comme avant. Gladys n'avait pas su protéger Norma Jeane, pas plus qu'elle n'avait su protéger Jackie, et elle n'avait plus d'espoir d'être respectée et aimée de sa fille. En agissant de la sorte, elle avait tout perdu.

D'après les documents officiels, c'est pendant la période de Noël 1934, peu après l'incident mettant en cause Mr. Kinnell, que Gladys fut internée dans un asile.

En 1942 Grace McKee expliqua à Berneice la dépression de Gladys : « Quand Gladys a acheté sa maison, elle a pris comme locataires un couple d'Anglais. Ils sont restés jusqu'à ce qu'elle s'aperçoive qu'ils n'étaient pas gentils avec Norma Jeane et nous nous sommes débarrassées d'eux. Les jours heureux furent de courte durée. En quelques mois, Gladys sombra dans la dépression. Il lui arrivait trop de choses à la fois. Trop de travail... les ennuis avec le couple d'Anglais. Un jour, elle était allongée sur le canapé et elle... — dans le salon il y avait un escalier qui conduisait aux étages — elle a commencé à s'agiter et à hurler en regardant le haut de l'escalier : "Quelqu'un va descendre ces escaliers et me tuer !" »

Quant à Marilyn, elle a raconté cet épisode à Ben Hecht de la manière suivante. Un matin de bonne heure, elle prenait son petit déjeuner dans la cuisine :

> Soudain il y a eu un bruit épouvantable dans l'escalier, à côté de la cuisine. Je n'avais jamais rien entendu d'aussi effrayant. Des coups et des bruits sourds qui semblaient ne jamais devoir s'arrêter. J'ai dit : « Il y a quelque chose qui tombe dans l'escalier. » L'Anglaise m'a empêchée d'aller voir. Son mari est sorti et il est revenu dans la cuisine au bout d'un certain temps en disant :
>
> « J'ai fait appeler la police et une ambulance. »
>
> J'ai demandé si c'était pour ma mère. Il m'a répondu :
>
> « Oui, mais tu ne peux pas la voir. »
>
> Je suis restée dans la cuisine et j'ai entendu des gens arriver et essayer d'emmener ma mère. Personne ne voulait que je la voie. Tout le monde me disait : « Sois mignonne, petite, reste dans la cuisine. Elle va bien. Ce n'est rien de grave. » Mais je suis sortie quand même et j'ai jeté un coup d'œil dans l'entrée. Ma mère était là, debout. Elle hurlait et elle riait en même temps. Ils l'ont emmenée à l'hôpital psychiatrique de Norwalk... Celui où l'on avait emmené le père de ma mère et ma grand-mère quand ils avaient commencé à hurler et à rire.

Gladys fut placée au Norwalk State Hospital en décembre 1934 — à peine trois mois après avoir acheté la « maison de ses rêves » — et fut officiellement déclarée incapable le 15 janvier 1935. Grace McKee reçut l'entière jouissance des biens de Gladys et devint tutrice de Norma Jeane. La maison fut vendue, avec ses meubles, pour solder les dettes de Gladys. Le piano fut cédé à la tante de Grace, Ana Lower.

« Tous les meubles ont disparu, racontera Marilyn. La table blanche, les chaises, les lits et les rideaux blancs, et le piano. Le couple d'Anglais a disparu aussi. Tante Grace avait perdu son travail au studio et elle tirait le diable par la queue. Elle n'avait pas d'argent, mais elle continuait à s'occuper de moi... Quand elle était fauchée et qu'il ne lui restait qu'un demi-dollar pour une semaine, nous vivions de pain sec et de lait. On pouvait acheter un grand sac de pain sec chez Helms pour 25 cents. Tante Grace et moi faisions la queue pendant des heures pour remplir notre sac. Quand je levais la tête pour la regarder, elle me souriait et me disait : “Ne t'inquiète pas, Norma Jeane, quand tu seras grande tu seras très belle. J'en ai le pressentiment...” C'était la première personne qui me tapotait la tête ou me caressait la joue. Je sens encore la joie que j'éprouvais quand sa main me caressait gentiment. »

Quand elle avait perdu son emploi à la Columbia, Grace McKee était allée s'installer chez sa mère, Emma Atchinson, qui avait un appartement donnant sur Lodi Place, non loin de Hollywood Boulevard. Norma Jeane y habita avec elle : « J'entendais ses amis discuter dans sa chambre, le soir. Moi, j'étais au lit et je faisais semblant de dormir. Ils lui déconseillaient de m'adopter parce qu'en grandissant, j'allais certainement devenir une charge de plus en plus lourde. Ils disaient que c'était à cause de mon "hérédité". Ils parlaient de ma mère, du père et du frère de ma mère, de ma grand-mère qui étaient tous des "malades mentaux" et ils disaient que je serais certainement pareille. Je tremblais dans mon lit en les écoutant. Je ne savais pas ce qu'était un malade mental mais je me doutais que ce n'était pas bien... »

Grace avait du mal à s'occuper de Norma Jeane à cette époque, non seulement à cause de sa situation financière mais aussi parce qu'elle était tombée amoureuse de « Doc » Goddard, un Texan venu à Hollywood, comme tant d'autres, dans l'espoir de devenir acteur de cinéma. Goddard et Grace se marièrent à Las Vegas le 17 août 1935. Norma Jeane espérait pouvoir vivre avec eux, mais dans la pratique, c'était impossible. « Doc et tante Grace étaient très pauvres, expliqua plus tard Marilyn, alors ils ne pouvaient pas me prendre et je crois qu'en plus elle avait le sentiment de devoir s'occuper avant tout de son mari. »

L'après-midi du 13 septembre 1935, lorsque Norma Jeane vit « tante Grace » emballer quelques affaires à elle dans une malle, elle comprit qu'on allait encore l'envoyer ailleurs. Grace ne lui dit pas où, mais Norma Jeane avait vu sa tante pleurer toute la matinée et elle avait un mauvais pressentiment. Elles montèrent en voiture et roulèrent sans rien dire le long de Vine Street, tournèrent dans Santa Monica Boulevard, s'engagèrent ensuite dans El Centro Avenue en direction du sud. Grace arrêta la voiture au 815 North El Centro, devant une grande bâtisse en brique rouge de style colonial. Un mât avec un drapeau se dressait au milieu de la grande pelouse qui entourait l'allée conduisant à l'entrée principale.

« C'est ici que tu vas vivre, maintenant, dit Grace. J'espère que tu y seras heureuse. Je viendrai te voir le plus souvent possible. On s'occupera bien de toi, mieux que je ne le ferais chez moi. Mais j'espère que nous aurons bientôt une maison et que tu pourras revenir vivre avec moi.

— Oui, tante Gr... Grace », dit docilement Norma Jeane tandis qu'elles prenaient la malle qui contenait ses affaires et se dirigeaient vers l'entrée. Elles sonnèrent et, pendant qu'elles attendaient, Norma Jeane lut ce qui était écrit sur une plaque de bronze, à côté de la porte : « Orphelinat de Los Angeles. »

« Orphelinat ! hurla-t-elle. Mais... mais je ne suis pas orpheline ! J'ai une mère ! Je ne veux pas y aller ! »

Tout son corps se raidit lorsque la directrice ouvrit la porte. « Je ne suis pas orpheline ! Ma mère n'est pas m... morte ! Il y doit y avoir une erreur ! » criait-elle d'une voix hystérique tandis qu'on la forçait à entrer. C'était presque l'heure du dîner et les pensionnaires étaient attablés dans la salle à manger. « Ils étaient au moins une centaine qui mangeaient », se souviendra Marilyn. En entendant les hurlements qu'elle poussa quand on la fit entrer de force dans la salle à manger, ils tournèrent tous la tête vers elle sans un mot, et Norma Jeane se tut brusquement, paralysée par le sentiment qu'elle était désormais des leurs.

Norma Jeane Baker fut inscrite comme le 3 463e enfant admis à l'orphelinat de Los Angeles. Baker fut le nom de famille qu'elle porta pendant toute sa scolarité. Dix ans plus tard, le n° 3 463 allait devenir Marilyn Monroe.

18
La souris

> « Vous savez, je n'ai pas été élevée comme la plupart des petits Américains, parce que la plupart des petits Américains sont élevés dans la perspective d'être heureux plus tard. »
>
> Marilyn Monroe.

Norma Jeane partageait un dortoir avec vingt-six autres filles. Souvent, la nuit, elle s'asseyait à la fenêtre et regardait les lumières de la ville. Non loin de l'orphelinat, elle voyait la gigantesque enseigne au néon installée sur le toit d'un studio de cinéma. « La nuit, quand les autres dormaient, je me mettais à la fenêtre et je pleurais parce que je voyais au loin, par-dessus les toits, l'enseigne d'un studio. C'était celui où ma mère avait travaillé comme monteuse. »

Ce studio devait son nom à Joseph Kennedy (qu'on appelait couramment Joe) qui avait investi dans l'industrie du cinéma l'année où Norma Jeane était née. En 1926, Joe Kennedy était multimillionnaire : il gagnait grassement sa vie en faisant de la contrebande d'alcool et des opérations boursières très lucratives. En 1928, il avait fait fusionner la Radio Corporation of America (RCA) avec une compagnie de spectacles de variétés, la Keith-Albee-Orpheum (KAO), pour constituer un studio de cinéma. Ce studio prit le nom de Radio-Keith-Orpheum et une reproduction monumentale de l'emblème du studio fut érigée sur le toit d'un des plateaux de tournage de Hollywood, au coin de Melrose et de Gower Avenue — à quelques pâtés de maisons de l'orphelinat. La nuit, l'énorme globe en plâtre surmonté de son éclair fourchu était éclairé et l'on voyait clignoter dans le ciel les trois lettres géantes : RKO.

En 1929, Joe Kennedy avait déjà amassé plus de 5 millions de dollars avec son entreprise hollywoodienne et acquis, dans le temple du cinéma, la réputation d'un habile homme d'affaires qui réussissait dans tous les domaines. Il était connu également pour ses aventures avec de nombreuses starlettes cueillies parmi les beautés des jardins de Hollywood. On fit bientôt des gorges chaudes de ses liaisons avec Marion Davies, Betty Compton et Gloria Swanson.

Le jeune John Kennedy n'était pas élevé non plus comme « la plupart des petits Américains ». En regardant en arrière, John a pu dire de son enfance qu'elle n'avait été qu'un « long séjour dans une institution ». Entourés de domestiques et de gouvernantes, les enfants Kennedy voyaient rarement leur mère et leur père. Joe était souvent occupé à ses différentes affaires — tout le temps par monts et par vaux, à Londres, à Paris ou à Hollywood. Une fois, en 1928, Joe était à Londres et Rose lui écrivit : « Je prie pour que nous nous revoyions bientôt. Priez vous aussi, et allez à l'église, c'est très important pour moi. » Mais, à Londres, Joe n'avait guère le temps de prier : il était en compagnie de Gloria Swanson. Le plus important pour lui, c'était l'argent et les femmes. Chez Gloria Swanson, il avait trouvé les deux. C'était une des grandes stars de Hollywood, elle était belle, raffinée, riche et noble. Son mari était le fringant marquis de la Falaise de la Coudraye.

Au cours de l'été 1927, Joe acheta sa résidence d'été de Hyannis Port, sur la côte est de Cape Code. Cette propriété devait s'agrandir et devenir un jour le domaine des Kennedy. Des voisins se rappellent l'événement extraordinaire de l'été 1929, l'arrivée de Gloria Swanson à Hyannis Port : « Miss Swanson et ses amis accostèrent dans le port, près de la digue, non loin de la maison des Kennedy, à bord d'un avion amphibie. Les habitants de Hyannis Port qui se trouvaient sur la plage restèrent bouche bée devant Miss Swanson — une femme menue, très distinguée, impeccablement coiffée et noble depuis son mariage avec le marquis de la Falaise de la Coudraye — qui descendait de son avion. »

C'était une situation étrange. Gloria trouva incroyable que Rose pût faire semblant de ne pas être au courant de sa liaison avec Joe. « Était-ce une idiote, me demandai-je, ou une sainte ? Ou simplement une meilleure actrice que moi ? »

Les enfants Kennedy appelèrent la grande star de Hollywood

« tante Gloria ». Tante Gloria laissa même un autographe sur le mur de la maison de jeu des enfants, et John lui écrivit pour la remercier des cadeaux qu'elle avait apportés. Comme en témoignèrent les enfants des voisins des Kennedy, Joe emmena tante Gloria faire un tour sur le voilier familial qui portait le nom de Mrs. Kennedy, le *Rose Elizabeth.* Joe et Gloria furent interrompus dans leurs ébats nautiques par le petit John qui était monté secrètement à bord. Lorsque, depuis le pont inférieur, il jeta un coup d'œil dans la cabine, il vit, ô stupeur, son père à cheval sur tante Gloria. Horrifié et terriblement gêné, le jeune garçon céda à la panique et sauta par-dessus bord. Joe plongea pour le repêcher.

Sans aucun doute, ce qui se passa cet après-midi d'été de 1929 — John avait douze ans — fut très traumatisant pour ce jeune garçon catholique. Mais Gloria n'était qu'une des nombreuses jeunes et jolies femmes que Joe invita à visiter son domaine. Une voisine, Nancy Coleman, a rapporté qu'à peine Rose Kennedy, qui se rendait souvent à l'étranger, prenait-elle sa Rolls Royce pour aller à l'aéroport, que Joe arrivait avec une de ses maîtresses. John et ses frères furent bientôt persuadés que le fait de changer souvent de femme était un droit inaliénable de la gent masculine.

« C'est à cette époque que s'est développé mon engouement pour les toilettes, expliqua plus tard Rose Kennedy. Pas seulement à cause de cet épisode précis mais en raison du contexte général, dans lequel cette histoire était particulièrement voyante... Il était clair que je ne pouvais rivaliser par ma beauté naturelle, mais en revanche je pouvais tirer le meilleur parti possible de ce que j'avais en gardant ma silhouette mince, mon joli teint, mon allure soignée, et en portant des toilettes seyantes et originales. »

Pour ce faire, au cours des années suivantes, elle se rendit au moins dix-sept fois en Europe et courut les grandes maisons de couture parisiennes, en quête des modèles les plus récents et des bijoux les plus originaux. Rose confia à une de ses voisines qu'elle faisait « payer » à son mari son infidélité. « Je l'obligeais à me donner tout ce que je voulais — toilettes, bijoux, tout ! »

John souffrait particulièrement des longues absences de sa mère. Il confia à un de ses amis qu'il pleurait chaque fois que Rose faisait ses valises pour un de ses interminables voyages outre-Atlantique et qu'il protestait : « Mon Dieu, en voilà une mère attentionnée qui s'en va et qui laisse ses enfants tout seuls. » Plus tard, il expliqua d'un ton furieux à l'un de ses camarades de classe : « Ma mère était ou bien à Paris chez un grand couturier ou bien sur un prie-Dieu dans une église. Elle n'était jamais là quand on avait besoin d'elle... Elle ne m'a jamais pris dans ses bras pour me câliner. Jamais ! Jamais ! »

De tous les enfants, c'était John qui en voulait le plus à Rose de s'éloigner de son mari et de sa famille. Il confia un jour à son amie Mary Gimbel : « Ma mère est une nullité ! » Il grandit avec un sentiment d'hostilité envers le mariage et la famille, considérant les femmes comme des objets sexuels. Son expérience de la vie de famille se résumait à cela : « un long séjour dans une institution — des enfants enfermés dans une cellule. »

L'enfance de John Kennedy était certes assez différente de celle de Norma Jeane, mais ils éprouvaient le même sentiment d'isolement et le même manque affectif.

« C'est à l'orphelinat que j'ai commencé à bégayer, se souvenait Marilyn. Ma mère, plus l'idée d'être orpheline — c'est peut-être à cause de cela. En tout cas, je bégayais. Plus tard, quand j'étais au collège de Van Nuys, j'ai été nommée déléguée du cours d'anglais et chaque fois que je devais lire mon rapport, je disais : “Compte rendu de la dernière ré-ré-réunion.” C'était horrible. Ç'a duré des années, je crois, jusqu'à l'âge de quinze ans. »

« Ma mère, plus l'idée d'être orpheline », telles étaient selon elle les causes de son bégaiement. Mais la chronologie des événements indique qu'elle a commencé à bégayer après l'agression sexuelle perpétrée par Mr. Kinnell. Ce problème de bégaiement ne disparut jamais complètement. En 1960 Marilyn Monroe déclarait : « Cela m'arrive encore aujourd'hui quand je suis angoissée ou énervée. Une fois, j'avais un petit rôle dans un film, une scène dans laquelle je devais monter des escaliers. J'avais oublié ce que je devais faire et l'assistant réalisateur s'est mis à crier après moi. J'étais tellement troublée que lorsque je suis retournée sur scène, je me suis mise à bégayer. Alors le réalisateur lui-même est venu me trouver et m'a dit : “Vous ne bégayez pas.” Et je lui ai répondu : “C'est v-v-v-vous qui le d-d-d-dites !” C'était pénible et ça l'est encore aujourd'hui quand je parle vite ou que je dois faire un discours... C'est terrible. »

Les enfants de l'orphelinat allaient en groupe à l'école primaire de Vine Street, à quelques centaines de mètres de l'orphelinat, et revenaient de même. Norma Jeane eut du mal à se faire des amis à l'école parce que les orphelins étaient un peu considérés comme des parias. « Ils viennent de la maison pour les voyous sans abri », murmurait-on sur leur passage. Et ils n'étaient jamais invités chez les autres enfants qui, eux, avaient la chance d'avoir un foyer. Norma Jeane était tellement malheureuse à l'orphelinat qu'elle fit des plans pour se sauver. Elle tenta une fugue avec une autre fille de son dortoir, mais elles n'allèrent pas bien loin : elles se firent prendre alors qu'elles traversaient la pelouse devant le bâtiment.

À chaque anniversaire d'un orphelin, le personnel observait un rituel assez cruel. On apportait dans la salle à manger, sur un chariot, un énorme gâteau d'anniversaire très élaboré et les enfants devaient chanter en chœur « Happy Birthday ». Ensuite l'enfant dont on fêtait l'anniversaire soufflait les bougies. Mais la joie des enfants était aussi feinte que le gâteau était factice : il était en bois recouvert de plâtre. Une part du gâteau en bois avait été découpée et remplacée par une part de vrai gâteau que l'on servait cérémonieusement à l'orphelin à l'honneur. À la grande déception des nouveaux, qui devaient ravaler leur salive, le gâteau en bois était aussitôt remporté et rangé dans un placard jusqu'au prochain anniversaire.

Chaque fois que Grace venait la voir à l'orphelinat, Norma Jeane se plaignait beaucoup, espérant que « tante Grace » viendrait à son secours. Dans les mois qui suivirent, sa tutrice devint pour elle « Grace le sauveur ». Souvent, elle venait la chercher pour le week-end et elle l'emmenait dans la petite maison qu'elle habitait avec Doc à Hollywood.

Au cours de ces sorties, Grace permettait à Norma Jeane d'essayer son rouge à lèvres et lui mettait des bigoudis. Quelquefois, elle l'emmenait dans un institut de beauté de Hollywood Boulevard pour la faire coiffer. Les rapports de tutelle indiquent que Grace achetait à Norma Jeane des robes et des chaussures avec les maigres rentrées d'argent que lui procurait la vente des biens de Gladys.

Dans le même temps, Grace révéla à Norma Jeane la vérité sur la maladie mentale de sa mère et lui dit qu'elle était enfermée à l'hôpital psychiatrique de Norwalk. Gladys fut autorisée à quitter l'hôpital pour déjeuner avec Norma Jeane et Grace, mais chaque fois, elle restait prostrée, ne parlant pas et faisant pratiquement comme si sa fille n'était pas là.

« Grace adorait Norma Jeane », affirma Leila Fields, une amie qui travaillait avec elle aux studios. Sans elle, il n'y aurait jamais eu de Marilyn Monroe. Grace s'extasiait sur elle comme si elle eût été sa propre fille. Elle disait que Norma Jeane deviendrait une star. C'était sa conviction. « Ne t'inquiète pas, Norma Jeane, tu seras une belle fille quand tu seras grande, une femme importante, une star de cinéma ! » Cet attendrissement était étroitement lié à ses propres fantasmes. Elle était venue à Hollywood pour devenir une actrice de cinéma, comme Mary Pickford, et s'était retrouvée monteuse intermittente d'images de stars. Ne pouvant avoir d'enfant, elle se contentait d'être une mère de substitution et transférait toutes ses frustrations sur Norma Jeane. Sur les photos prises par Grace à cette époque, Norma Jeane apparaît avec les mêmes boucles et le même maquillage que Mary Pickford — le rêve évanoui d'une autre génération. Dans les années trente, Mary Pickford, l'innocente petite fille aux cheveux bouclés et au sourire espiègle, s'empâta et tomba dans l'oubli. Elle fut supplantée par des vamps et autres « sex-symbols » qui ne cachaient plus leurs atouts. La sensualité flamboyante de Jean Harlow dans *Hell's Angels, L'Ennemi public* et *La Belle de Saïgon* subjugua le public, et la belle aux cheveux blond platine fut immédiatement catapultée au rang des grandes stars. Grace fit bientôt d'elle son idole. Elle se teignit en blonde et commença à voir dans Norma Jeane une future Harlow. « Il n'y a aucune raison pour que tu ne deviennes pas comme elle », lui répétait-elle.

« Bien souvent, Grace touchait le bout de mon nez en disant : "Ma chérie, à part cette petite bosse, tu es parfaite. Mais un jour, avec un plus joli nez et des cheveux comme il faut, tu seras aussi parfaite que Jean Harlow." Et c'est ainsi que Jean Harlow est devenue mon idole à moi aussi. »

Souvent, le samedi, Grace emmenait Norma Jeane déjeuner puis voir un film au Grauman's Chinese. Norma Jeane se souvenait avoir « essayé de mettre le pied dans les empreintes des stars. Mais mes souliers d'écolière étaient bien plus larges que leurs fines chaussures à hauts talons ». En 1935, elle vit *La Malle de Singapour* avec Clark Gable et Jean Harlow. Clark Gable lui rappelait l'homme à la petite moustache et au sourire désinvolte, la photo de Stan Gifford que sa mère avait accrochée au mur. Lorsque l'on avait emmené Gladys, Grace avait mis cette photo dans une malle et Norma Jeane ne la revit que des années plus tard. Mais, dans ses rêves, Gable devint « l'homme que je prenais pour mon père ».

C'est à l'orphelinat que commencèrent à se manifester les troubles du sommeil qui devaient l'affecter toute sa vie. Marilyn Monroe souffrait de « terreurs nocturnes ». L'insomnie est le fait d'un état de nervosité intense qui empêche le sujet de s'endormir, alors que celui qui souffre de terreurs nocturnes est brusquement tiré d'un sommeil profond par le syndrome dit « du combat ou de la fuite » — la montée d'adrénaline qui accompagne la panique ou la peur. Dans les cas extrêmes, le sujet se réveille en criant et en tremblant, il est saisi de sueurs froides et complètement terrorisé.

La nuit, dans le dortoir de l'orphelinat, Norma Jeane se réveillait brusquement en hurlant et en tremblant. Dans la journée, quand elle jouait, qu'elle faisait du sport ou qu'elle était occupée à diverses activités, elle oubliait momentanément ses angoisses et son sentiment d'isolement, mais dès qu'elle dormait dans l'obscurité du dortoir, tout ce qui l'inquiétait et qu'elle refoulait revenait à la surface, son cœur se mettait à battre, son pouls s'accélérait, son esprit et son corps étaient réveillés par une violente poussée d'adrénaline : la peur qui s'emparait d'elle à l'idée que sa mère était folle, que cette folie était héréditaire et que plus personne ne viendrait la voir. Que les orphelins disparaissaient parfois de leur lit la nuit venue, emportés avant l'aube par les « gens de la nuit ».

Norma Jeane émergea de sa détresse lorsque Grace vint enfin la voir un week-end pour lui laisser entendre qu'elle allait essayer de la sortir de là. Seulement, il fallait encore patienter. Mariée depuis peu à Doc Goddard qui avait trois enfants d'un premier mariage, Grace avait d'abord ses propres problèmes à régler. Mais, comme la directrice de l'orphelinat elle-même insistait en disant que Norma Jeane serait mieux dans une famille, on décida de la placer provisoirement dans un foyer d'accueil, en attendant de trouver une solution durable.

> Tout à coup, je n'étais plus à l'orphelinat. On m'avait placée dans une famille qui touchait 5 dollars par semaine pour me garder. J'ai été placée dans neuf familles différentes avant de ne plus être officiellement une orpheline. Il y en a eu une où je ne suis restée que trois ou quatre semaines. Je m'en souviens parce que la femme allait livrer de la cire pour meubles que fabriquait son mari. Tous les matins, il fallait charger les bouteilles sur le siège arrière de sa voiture et elle m'emmenait avec elle. Nous roulions sur des routes cahoteuses dans cette voiture qui sentait l'encaustique et j'avais affreusement mal au cœur. J'entends encore la voiture qui démar-

rait avec un horrible bruit et elle qui m'appelait : « Norma Jeane ! Monte ! On y va ! »

À partir de ce moment-là je n'allais plus à l'orphelinat que de temps en temps. Les familles qui m'accueillaient avaient toutes un point commun : elles avaient besoin de ces 5 dollars. Et puis j'étais utile dans la maison. J'étais forte, bien portante et capable d'abattre presque autant de travail qu'un adulte. Et j'avais appris à ne pas ennuyer qui que ce soit en parlant ou en pleurant. J'avais appris aussi que le meilleur moyen de ne pas s'attirer d'ennuis était de ne jamais me plaindre et de ne jamais rien demander. La plupart des gens chez qui j'ai vécu avaient des enfants et je savais que leurs enfants passaient toujours en premier. Ils avaient droit aux habits les plus pimpants et aux plus beaux jouets. Moi, je portais toujours la même tenue : une jupe d'un bleu passé et un corsage blanc. J'en avais deux de chaque, mais comme ils étaient exactement identiques, tout le monde pensait que je portais tout le temps les mêmes vêtements.

Deux fois par mois, l'orphelinat envoyait une assistante sociale voir comment allaient les pensionnaires confiés à des familles. Elle ne me posait jamais de questions. Elle attrapait un de mes pieds pour examiner les semelles de mes chaussures. Si elles n'étaient pas usées, elle écrivait dans son rapport que je me portais à merveille. Ça m'était égal d'être « la dernière roue du carrosse » dans ces familles, sauf le samedi soir quand tout le monde prenait un bain. L'eau coûtait cher et changer l'eau du bain était considéré comme un gaspillage inouï. Toute la famille se baignait dans la même eau. Et j'étais toujours la dernière. Je me souviens d'une famille particulièrement pauvre où je me faisais gronder si je tirais la chasse d'eau, la nuit. « Ça use trois litres et demi d'eau à chaque fois, me disait mon nouvel "oncle", et trois litres et demi d'eau, ça coûte cher. »

J'étais toujours très silencieuse, en tout cas en présence des adultes. Ils m'appelaient « la souris ». Je ne parlais presque pas, sauf aux autres enfants, et j'avais beaucoup d'imagination. Les autres gamins aimaient bien jouer avec moi parce que j'avais plein d'idées. Je leur disais : « Maintenant, on va jouer à l'assassin... ou au divorce. » Ça les étonnait. « Où est-ce que tu vas chercher tout ça ? » J'avais beau faire très attention, quelquefois je m'attirais des ennuis. Certaines fois je l'avais bien cherché. Il m'arrivait de frapper un autre enfant, de tirer les cheveux de l'une ou de donner un coup à l'autre... et souvent, on m'accusait de voler des choses — un collier, un peigne, une bague ou une pièce de monnaie. Mais en fait je ne volais jamais rien. Quand j'avais des ennuis, je n'avais qu'un moyen d'y faire face : ne rien dire. Tante Grace, quand elle venait me voir, me demandait comment ça se passait. Je lui répondais toujours que tout allait bien parce que je n'aimais pas voir ses yeux se remplir de tristesse. Dans un sens, j'étais tellement habituée aux ennuis que je n'y faisais plus attention. Quand je repense à cette période, je me souviens en fait de moments très drôles et très exaltants. Je jouais au soleil, je faisais la course. Je rêvais aussi tout éveillée, pas seulement de la photo de mon père mais aussi d'un tas d'autres choses. Je rêvais surtout de beauté. Je rêvais que je devenais tellement belle que les gens se retournaient sur moi. Je rêvais de couleurs : rouge, doré, vert et blanc. Je rêvais que je me pavanais dans de superbes toilettes et que tout le monde m'admirait et chuchotait des louanges derrière moi.

19

Norma Jeane, the human bean

« Au même titre que les exigences de la vie, l'amour est notre grand éducateur. »

Sigmund Freud.

Bien souvent, quand Norma Jeane avait des « ennuis », on la renvoyait à l'orphelinat jusqu'à ce que Grace trouvât une autre famille d'accueil pour la prendre. La plupart de ces familles étaient de celles qui avaient été séduites par le beau rêve californien des Années folles et qui, en pleine crise économique, s'étaient retrouvées dans de minables baraques. Hormis le besoin qu'elles avaient de leurs 5 dollars hebdomadaires, toutes ces familles d'accueil avaient un autre point commun : un lien de parenté avec Grace Goddard. Les 5 dollars que les tantes ou les cousins de Grace recevaient chaque semaine pour s'occuper de Norma Jeane facilitaient bien les choses dans ces années de crise : en 1936, le litre d'essence valait 2 cents, la viande hachée 16 cents le kilo, une séance de cinéma 15 cents, trois douzaines d'oranges 10 cents. En tant que tutrice légale, Grace touchait 325 dollars par an — ce qui équivaut à peu près, en termes de pouvoir d'achat, à 3 500 dollars dans les années 1990 —, de quoi acheter diverses denrées. C'était mieux que de faire la queue chez Helms pour avoir du pain rassis.

Grace confia Norma Jeane à différentes familles mais ne la prit jamais pour très longtemps dans la maison où elle vivait avec Doc. C'était sans doute son esprit pratique qui voulait cela. Grace Goddard était toujours prête à rendre service mais pas au point de changer quoi que ce fût à sa vie privée. Sa collègue,

Leila Fields, disait d'elle : « Grace était drôle, ouverte, généreuse, mais jamais elle n'aurait fait une chose qui la dérangeait. » Pourtant, peu après son onzième anniversaire, Norma Jeane emménagea dans la petite maison des Goddard, sur Barbara Court à Hollywood et, le 12 juin 1937, elle quitta définitivement l'orphelinat.

Après avoir fait la navette entre l'orphelinat et les familles d'accueil pendant vingt et un mois, elle crut enfin avoir trouvé, chez les Goddard, un foyer permanent. Leur bungalow n'était pas loin de Hollywood Boulevard où Grace l'emmenait dans des instituts de beauté, manger des glaces chez C.C. Brown ou au cinéma.

« Grace n'avait pas d'enfant, elle reportait donc toute son affection sur Norma Jeane, a fait remarquer Bébé Goddard, la fille de Doc. Elle se considérait plus comme sa mère que Gladys. En plus elle était très perspicace. Très tôt elle a eu la conviction que Norma Jeane allait devenir une vedette de cinéma et elle a fait tout ce qui était en son pouvoir pour que cela se réalise. »

Aux dires de son collègue et ami Olin Stanley, Grace amenait Norma Jeane au labo pour la « montrer ». Elle avait une jolie robe, des chaussures vernies, des cheveux tout bouclés. Grace s'affairait autour d'elle en s'exclamant : « N'est-ce pas qu'elle est belle, Olin ? Tourne-toi, Norma Jeane, et montre au gentil monsieur le gros nœud que ta robe a derrière. Maintenant avance jusque là-bas et reviens... Très bien ! Reviens, maintenant. Dis à Olin ce que tu seras quand tu seras grande. Dis : "Une star de cinéma", ma chérie. Dis-lui que tu seras une star ! »

Norma Jeane aimait qu'on s'intéresse à elle : « Grace a toujours été merveilleuse avec moi. Qui sait ce que je serais devenue sans elle ? »

Mais cette période bénie dans le bungalow des Goddard prit fin brutalement. En novembre 1937, à peine cinq mois après son arrivée, Norma Jeane fut à nouveau déracinée et envoyée chez Ida Martin et « tante Olive » à Lankershim.

En 1960, Marilyn Monroe expliqua ce nouveau déménagement en disant : « Doc et tante Grace étaient très pauvres et ne pouvaient pas me garder. » Mais la vérité était que Doc buvait trop. Vers 1937, Doc et Grace étaient tous les deux à un stade d'alcoolisme avancé et, d'après James Dougherty, le premier mari de Norma Jeane, un soir Doc, ivre mort, fit une scène épouvantable qui convainquit Grace de la nécessité d'envoyer Norma Jeane vivre ailleurs.

« Au début, je me réveillais chez les Goddard en me croyant

encore à l'orphelinat. Puis, avant d'avoir le temps de m'y habituer, je me suis retrouvée chez une autre “tante” et un autre “oncle”. Je me réveillais chez eux en me croyant toujours chez les Goddard... C'était très déroutant. »

La maison d'Olive et Ida Martin à Lankershim se trouvait sur Oxnard Street, non loin de Laurel Canyon Boulevard. Olive Monroe était une « vraie tante » : elle avait été mariée au plus jeune frère de Gladys, Marion Monroe. Peu avant la naissance de leur troisième enfant, Marion Monroe était sorti pour acheter le journal et n'était jamais revenu. Sa famille, dans le plus grand dénuement, avait été prise en charge par la mère d'Olive, Ida Martin, dans sa maison de Lankershim.

Même si cela lui faisait plaisir de connaître quelqu'un de sa famille, Norma Jeane trouva bien difficile la vie dans ce nouveau foyer. « Si ma mémoire est bonne, confia plus tard Bébé Goddard, Ida Martin n'était pas très gentille. Et Olive en faisait voir de toutes les couleurs à Norma Jeane : elle n'était pas très bien disposée à l'égard de la famille de son mari qui venait de disparaître. »

Norma Jeane dormait dans le même lit qu'Ida Mae qui avait dix ans. Toutes deux partageaient aussi une imagination débordante. Voici comment Ida Mae évoquait plus tard cette période de son enfance : « Norma Jeane et moi étions des gosses. Et nous faisions ce que font tous les gosses. Je me souviens d'une fois où on avait décidé de faire du vin. Il y avait un grand baquet dans l'arrière-cour. On a cueilli plein de raisin qu'on a entassé dans le baquet et écrasé avec nos pieds sales. Quand ma mère nous a appelées, on a caché le baquet sous la véranda. Et on n'y a plus pensé. Pendant des semaines, la maison et la cour ont pué le raisin pourri sans que personne sache pourquoi, à part Norma Jeane et moi. Mais nous n'osions pas le dire à ma mère. Une fois aussi, on avait décidé de faire une fugue. L'idée, c'était de partir à San Francisco à la recherche de mon père — qui était l'oncle de Norma Jeane — parce que quelqu'un nous avait dit l'avoir vu là-bas. Mais en fait nous n'y sommes pas allées, bien sûr. Je n'oublierai jamais Norma Jeane. Elle est restée chez nous jusqu'à l'inondation de San Fernando Valley. »

Cette inondation toucha Lankershim en mars 1938 et Norma Jeane fut une nouvelle fois déracinée — cette fois par la volonté de Dieu. Mais cet événement marqua, pour elle, le début d'une période plus heureuse.

« L'un des moments les plus heureux de mon enfance fut le jour où je suis allée vivre chez une femme que j'appelais “tante

Ana". C'était la tante de Grace McKee [Goddard]. Elle était beaucoup plus âgée qu'elle. Elle avait soixante ans ou quelque chose comme ça, mais elle parlait tout le temps de ses vingt ans. Nous étions très proches, parce que d'une certaine façon, elle me comprenait. Elle savait ce que c'était qu'être jeune... Et je l'aimais beaucoup. Le soir je faisais la vaisselle en chantant et en sifflotant, et chaque fois elle disait : "Je n'ai jamais entendu un enfant chanter autant !" Et je continuais... Je l'adorais. »

« Tante Ana » était Edith Ana Atchinson Lower, la sœur du père de Grace. Elle avait cinquante-huit ans lorsque Norma Jeane emménagea dans son duplex au 11348 Nebraska Avenue. Comme Grace et Gladys, c'était une scientiste chrétienne. Cette religion fondée par Mary Baker Eddy reposait sur un système de thérapeutique métaphysique. Et la dévotion d'Ana était telle qu'elle était devenue « praticienne », c'est-à-dire qu'elle pratiquait ces soins thérapeutiques.

Norma Jeane était d'une nature aimante, si bien qu'elle adhéra tout de suite au concept selon lequel Dieu est amour. Tous les dimanches, elle accompagnait tante Ana à l'église de la Science chrétienne, dont la croyance transcendantale était que Dieu le Créateur est Amour — qu'il est l'unique Réalité. Mary Baker Eddy croyait que le monde matériel était irréel et donc que le mal et la corruption n'avaient pas d'existence véritable. La faculté que Norma Jeane eut tout au long de sa vie de prendre ses distances par rapport à tous les fléaux qui l'entouraient et de rester éternellement une enfant candide vient peut-être du fait qu'elle s'était réfugiée très tôt dans la foi professée par Mary Baker Eddy qui partait du principe que « le mal est la terrible irréalité de l'existence ».

Le duplex d'Ana était situé à Sawtelle, dans l'ouest de Los Angeles. En même temps qu'elle emménagea chez Ana, Norma Jeane entra à l'Emerson Junior High School, à trois kilomètres à pied de Sawtelle. « Les autres filles allaient au collège en bus mais moi je ne pouvais pas me le payer. Par tous les temps, j'y allais à pied, il y avait plus de trois kilomètres de chez ma tante à l'école. Je détestais marcher, je détestais l'école. Je n'avais pas d'amies. Les autres élèves ne me parlaient presque jamais et ne voulaient pas que je joue avec elles... La première année à Emerson, je n'avais que mes deux robes bleu ciel de l'orphelinat. « C'est sûr que je n'étais pas très élégante. À l'école, les autres chuchotaient entre elles et pouffaient de rire en me regardant... Je ne disais jamais rien. Elles me traitaient d'idiote et se moquaient de mon uniforme d'orpheline. On peut dire que je n'étais pas très populaire. Il n'y en avait pas une seule pour faire un bout de chemin avec moi ou m'inviter chez elle. C'était, entre autres, parce que je venais d'un quartier pauvre où vivaient des Mexicains et des Japonais. Mais c'était aussi parce que je ne pouvais sourire à personne. »

Aux dires de Gladys Phillips, une de ses camarades de classe, « dans les années trente, la société de Los Angeles était très compartimentée, très consciente des différentes classes et, malheureusement, l'école était aussi à l'image de cette société. Dès la rentrée, les élèves étaient officieusement classés en fonction de l'endroit où ils habitaient et Sawtelle était tout simplement le quartier d'où il ne fallait pas venir ». « Norma Jeane était une enfant charmante mais pas très ouverte, pas très vivante..., raconta Mabel Campbell, son professeur de sciences sociales. Il semblait qu'on ne s'occupait pas bien d'elle. La façon dont elle était habillée mettait une distance entre elle et les autres filles. En 1938, elle n'était pas encore formée. »

À douze ans, quand elle entra au collège d'Emerson, Norma Jeane était grande pour son âge — 1,64 mètre, presque sa taille adulte. Mais elle était maigre. Les garçons d'Emerson l'appelaient, par plaisanterie, « Norma Jeane the human bean * ». Mais « the human bean » allait bientôt quitter l'enfance et entamer sa métamorphose ; sa robe d'orpheline aux couleurs passées était en train de devenir une chrysalide. La nature allait prendre sa revanche.

« Mon corps se développait et prenait des formes, mais j'étais la seule à le savoir », a-t-elle raconté.

> Je portais toujours ma robe bleue et mon corsage usé. Je commençais à avoir l'air d'une asperge, j'étais moche. J'essayais de me réconforter avec mes rêves éveillés. Je rêvais d'attirer l'attention sur moi, d'être regardée. Ce besoin d'attention n'était pas sans rapport, je crois, avec ce qui m'arrivait le dimanche à l'église. À peine étais-je sur le banc avec l'orgue qui jouait et tout le monde qui chantait des cantiques que l'envie me prenait de me déshabiller. Je mourais d'envie de me lever et de me montrer nue à Dieu et à tout le monde.
>
> Je n'avais pas du tout honte de cette envie de me mettre nue, je ne la ressentais pas comme un péché. Je me sentais moins seule quand je rêvais que des gens me regardaient. Je crois que je voulais

* Jeu de mots sur *human being* (être humain) et *bean* (haricot vert). (*NdT.*)

qu'ils me voient nue parce que j'avais honte des vêtements que je portais — toujours cette même robe bleu passé, ma robe de pauvre. Nue, j'étais comme les autres filles...

Un matin, s'apercevant que son dernier corsage était déchiré, Norma Jeane emprunta un sweater à une amie. « Nous avions le même âge mais elle était plus petite que moi, se souvenait Marilyn. Je suis arrivée à l'école juste au début du cours d'arithmétique. Quand je suis allée m'asseoir à ma place, tout le monde m'a regardée comme si j'avais subitement grandi de deux têtes, ce qui était vrai, dans un sens. Ils avaient les yeux rivés sur mon sweater et ce qu'il y avait en dessous. À la fin du cours, une douzaine de garçons firent un attroupement autour de moi. Ils lançaient des blagues et regardaient mon sweater comme si c'était une mine d'or... Après la classe, quatre garçons m'ont raccompagnée chez moi en poussant leur bicyclette à la main. J'étais ravie mais je n'en ai rien montré. » Norma Jeane avait posé une nouvelle équation dans le cours d'arithmétique.

Je ne pensais pas à mon corps comme ayant quoi que ce soit à voir avec le sexe. Je le considérais plutôt comme un ami qui était mystérieusement apparu dans ma vie, une sorte d'ami magique. Quelques semaines plus tard, un matin devant la glace, je me suis mis du rouge à lèvres. J'ai passé du crayon sur mes sourcils blonds pour qu'ils soient plus foncés. Je n'avais pas de quoi m'acheter des vêtements, je n'avais que ma vieille robe de l'orphelinat et le sweater. Mais le rouge à lèvres et le mascara m'habillaient. Je trouvais qu'ils m'embellissaient autant que si j'avais mis une robe du soir... Quand je suis arrivée en classe avec du rouge à lèvres, les sourcils maquillés et toujours moulée dans mon sweater magique, tout le monde s'est mis à chuchoter sur mon passage.

À la rentrée, en septembre 1939, Norma Jeane « the human bean » était devenue la « Mmmmmm girl ». Un des élèves les plus âgés, Chuckie Morgan, avait remarqué l'étonnante métamorphose de Norma Jeane. « Voilà la "*Mmmmmmmm* girl" », disait-il chaque fois qu'il la croisait dans un couloir. Norma Jeane devait ce surnom à son habitude de faire « Mmm » de façon très suggestive. Elle avait sans doute emprunté cela à son idole, Jean Harlow, qui se servait souvent de ce son sensuel pour séduire Clark Gable dans *La Belle de Saigon, Hold Your Man* et *La Malle de Singapour.* Ce qui marchait pour Gable marcha apparemment aussi pour Chuckie Morgan. Chuckie était en dernière année et il était très populaire au collège. Dans sa vieille guimbarde dont il avait gonflé le moteur, il emmenait souvent Norma Jeane aux bals du collège ou au drive-in. Ils allaient parfois à l'Aragon Ballroom sur Ocean Park Pier et dansaient accompagnés par les big bands d'Artie Shaw, de Glen Miller ou de Benny Goodman. Norma Jeane adorait danser le lindy, le big apple, la rumba. Chuckie et elle étaient imbattables au jitterbug, une danse acrobatique sur un rythme de swing.

> Nous avions dansé jusqu'à l'épuisement, raconta-t-elle. Nous sommes sortis prendre l'air et boire un Coca-Cola. C'est alors que Chuckie m'a fait comprendre qu'il voulait plus qu'une simple partenaire pour danser. Tout à coup j'ai senti ses mains partout sur moi. Et moi je me suis dit bon, mais je ne lui permettrai rien de plus. D'ailleurs, j'étais assez naïve en ce qui concernait le sexe et ce n'était pas plus mal. Pauvre Chuckie, je l'ai planté là avec ses pieds endoloris...

Vers la fin des années trente, la Grande Crise se résorbait et le New Deal fonctionnait à plein rendement. Si les nuages s'amoncelaient au-dessus de l'Europe, Hollywood n'avait qu'une préoccupation : faire des films et gagner de l'argent. 1939 fut l'année de *Autant en emporte le vent, Ninotchka, Les Hauts de Hurlevent* et *Le Magicien d'Oz.* Tandis que Hollywood pondait ses fantaisies dépourvues de toute implication politique, la Gestapo d'Hitler raflait les juifs « indésirables », Mussolini gazait des Éthiopiens, Staline lançait une série de purges féroces et les Japonais faisaient une boucherie en Mandchourie. Le fascisme, le communisme et le militarisme triomphaient de l'humanisme, mais, comme disait Dorothy Parker, le seul mot en « isme » qui intéressait Hollywood était le mot *plagiarism.*

Beaucoup de ceux qui, dans l'industrie cinématographique, voulaient prendre position contre l'oppression adhérèrent à la Ligue antinazie fondée par les communistes d'Hollywood, John Howard Lawson et Donald Odgen Stewart. La menace grandissante du fascisme incita les libéraux et les communistes de Hollywood à s'allier, et la Ligue antinazie attira un large éventail de sympathisants, notamment Eddie Cantor, l'actrice Florence Eldridge, Ring Lardner Jr, Fredric March, et Ernst Lubitsch.

Des premières organisations cryptocommunistes, le Conseil des arts, des sciences et des professions libérales fut peut-être la plus influente. Ce conseil réunissait des artistes, des écrivains, des avocats et des médecins. L'un de ses membres les plus actifs, dans les années quarante, était le Dr Hyman Engelberg qui serait bien plus tard le médecin de Marilyn Monroe, peu avant la mort de celle-ci. Engelberg avait adhéré au parti communiste au début des années trente, alors qu'il était étudiant en médecine à l'université de Cornell. Après avoir épousé Esther Goldstein en 1933, il était entré comme interne au Cedars of Lebanon Hospital de Hollywood où il avait rencontré un autre interne, Romeo Greenschpoon (qui prit par la suite le nom de Ralph Greenson). D'après Dorothy Healey, qui était secrétaire générale du parti communiste de Los Angeles, Hy Engelberg et sa femme Esther étaient devenus des communistes actifs à l'âge d'or du parti, dans les années trente. Et, de fait, les archives du PC de Los Angeles confirment que les Engelberg assistaient très souvent aux réunions de cellule et donnaient de l'argent au parti. Les brochures du Centre communiste d'éducation du peuple mentionnent Hyman Engelberg comme formateur. Enfin, dans son témoignage devant la Commission d'enquête sur les activités anti-américaines, le Dr Oner Barker confirma que Hyman Engelberg était un membre actif du Conseil des arts, des sciences et des professions libérales[1].

« Je me souviens, a raconté un ancien membre de ce conseil, que chaque fois qu'il y avait une réunion chez l'un d'entre nous, il fallait toujours avoir un verre à la main, de sorte que si quelqu'un entrait à l'improviste, nous ayons l'air d'être à une simple soirée. Je me souviens d'un écrivain disant à la cantonade : “Que pensez-vous de ma grande bibliothèque marxiste ?”, mais il n'y avait pas un livre en vue. Alors il appuya sur un bouton, le bar pivota et il y avait là, en effet, une superbe bibliothèque marxiste. Mais je crois qu'il se servait plus du bar que de la bibliothèque. »

À Hollywood, le côté clandestin du parti communiste avait quelque chose d'excitant pour ceux que la célébrité et le succès finissaient par ennuyer. « Notre plus grande erreur a été de cantonner le parti à la clandestinité, le culte du secret, racontera Dorothy Healey. Ce qui nous plaisait c'était l'interdit, le complot international, les noms d'emprunt, les réunions secrètes, les doubles identités. »

Le groupe communiste de Hollywood, dont les membres étaient très unis, avait affirmé, à l'instar de tous les autres communistes, que la rumeur selon laquelle Hitler et Staline

---

1. À propos du témoignage du Dr Baker et des documents concernant les activités de Hyman Engelberg au parti communiste, voir annexe pp. 527 et 528.

avaient conclu un pacte n'était que de la propagande antifasciste. Mais lorsque le ministre allemand des Affaires étrangères, Joachim von Ribbentrop, se rendit à Moscou pour signer le fameux pacte de non-agression le 21 août 1939, ce pacte s'avéra un fait accompli, ce qui suscita de violentes protestations au sein des cercles libéraux et communistes de Hollywood. Dès l'annonce de sa signature, il y eut scission entre les rouges purs et durs et les libéraux progressistes. Les débats houleux qui s'ensuivirent firent éclater la Ligue antinazie qui prit immédiatement le nom de « Ligue de Hollywood pour l'action démocratique ». Les loyalistes adoptèrent la nouvelle ligne du parti, la neutralité, alors qu'il devenait évident que la guerre en Europe était inévitable. Quelques jours après la signature du pacte par Hitler et Staline, les troupes allemandes se massèrent à la frontière polonaise, et elles envahirent la Pologne le 1er septembre.

Le samedi 3 septembre au matin, David Niven dormait à bord d'un yacht que Douglas Fairbanks Jr avait ancré au large de l'île de Catalina, sur la côte de la Californie du Sud. Il y avait également à bord Vivien Leigh, Laurence Olivier et plusieurs autres Anglais en exil. Ils apprirent au réveil par les flashes d'information de la radio que la Grande-Bretagne avait lancé un ultimatum à l'Allemagne et que Hitler l'avait rejeté. Les deux pays étaient en guerre. Fairbanks leva son verre pour célébrer la victoire et Laurence Olivier porta lui aussi un toast, puis un deuxième, puis un troisième, jusqu'à ce qu'il fût, selon l'expression employée par Douglas Fairbanks, « pompette au point de ululer comme une chouette ». Olivier commença à s'emporter et à divaguer : « C'est la fin ! Vous êtes tous foutus ! Foutus ! Vous n'êtes que des reliques ! Foutus ! »

À quarante kilomètres de l'autre côté de la mer, Norma Jeane Baker était loin de se sentir foutue ou vieille comme une relique lorsqu'elle marchait sur les plages d'Ocean Park. Il faisait beau ce jour-là et la guerre semblait loin.

> Cet été-là, j'ai eu un vrai petit ami. Il avait vingt et un ans et il était très raffiné. Mais il croyait que j'avais dix-huit ans alors que j'en avais treize. J'avais réussi à le tromper en me taisant et en marchant de façon un peu sophistiquée... Je m'étais entraînée à marcher langoureusement. Mon petit ami est venu me chercher à la maison un samedi et m'a proposé de m'emmener me baigner. J'ai

emprunté un maillot de bain, qui était trop petit, et j'ai enfilé un vieux pantalon et un sweater. Dessous, j'avais mis mon minuscule maillot de bain.

Il faisait beau, le ciel était bleu et la plage noire de monde. Je suis restée un moment immobile à regarder l'océan. L'océan me faisait toujours un curieux effet, comme s'il m'hypnotisait. C'était comme dans un rêve : de l'or, des couleurs lavande, le bleu et le blanc de l'écume.

« Allez, on y va ! m'a crié mon petit ami.

— Où ça ? ai-je demandé.

— À l'eau, tiens », m'a-t-il répondu en riant, pensant que je blaguais.

J'ai donc enlevé mon pantalon et mon sweater et je me suis retrouvée dans mon minuscule maillot de bain. J'ai commencé à avancer sur la plage en me disant : « Je suis presque nue. » J'étais pratiquement arrivée au bord de l'eau quand des jeunes gens se sont mis à me siffler. J'ai fermé les yeux et je suis restée un moment immobile. Puis, au lieu d'aller me baigner, j'ai longé la plage. Il s'est passé alors ce qui s'était passé pendant le cours d'arithmétique, mais à plus grande échelle. C'était beaucoup plus bruyant, aussi. Les hommes sifflaient et certains se levaient pour venir voir de plus près. Même les femmes s'arrêtaient pour me regarder passer.

Je ne faisais pas tellement attention aux sifflements et aux acclamations. En fait je ne les entendais pas. J'avais un sentiment étrange, l'impression d'être deux personnes à la fois. L'une d'elles était Norma Jeane, l'orpheline fille de personne. L'autre était quelqu'un dont j'ignorais le nom. Mais je savais où était sa place. Elle appartenait à l'océan, au ciel, au monde entier...

20

Jim le Veinard

« J'ai été marié quatre ans à Marilyn Monroe et si nous étions restés ensemble, c'est sûr qu'aujourd'hui je serais Mr. Monroe. »

Jim Dougherty.

En 1940, l'Amérique hésitait entre la guerre et la paix. À la suite du pacte germano-soviétique, la droite et la gauche s'étaient retrouvées dans un curieux mariage fondé sur la neutralité. « Laissez l'Amérique en dehors de la guerre » était le cri de ralliement de Charles Lindbergh, de l'ambassadeur en Angleterre Joseph Kennedy et des isolationnistes. « Les Yankees n'iront pas » était le slogan de John Howard Lawson, Frederick Vanderbilt Field et des voix du Komintern. Empêcher l'Amérique d'entrer en guerre était devenu le principal objectif du parti communiste. Frederick Vanderbilt Field, que l'on surnommait « le communiste né avec une cuiller en argent dans la bouche », fit campagne un peu partout pour la neutralité et créa le Mouvement américain pour la paix, un mouvement communiste comptant plus de trois cents comités, de la côte est à Hollywood.

« L'aide totale à la Grande-Bretagne veut dire la guerre totale pour le peuple américain, affirmait Field. Des hommes haut placés nous entraînent dans une guerre qui se joue à cinq mille kilomètres d'ici. Les Américains ne veulent pas que leurs enfants meurent — mutilés, estropiés — pour enrichir Wall Street. Amérique, reste en dehors de la guerre ! »

Tandis que la bataille d'Angleterre faisait rage, Hollywood

continuait à penser que ce qui se passait à Hollywood était l'affaire de Hollywood. « Hollywood a produit 350 films l'an dernier, déclarait Walter Wanger, dont moins de dix étaient des films autres que les classiques westerns ou histoires à l'eau de rose. » Le grand événement des années quarante dans le domaine de la comédie musicale fut *Fantasia* de Walt Disney et la comédie la plus hilarante de cette même année, *En route pour Singapour* qui réunissait Bob Hope et Bing Crosby.

Mais l'Amérique se préparait à la guerre et, parmi ceux qui travaillaient à la construction des bombardiers aux usines Lockheed de Burbank, il y avait un homme qui allait devenir le mari de Norma Jeane : James Dougherty.

Jim Dougherty vivait avec ses parents sur Archwood Street, à Van Nuys, et Doc et Grace Goddard habitaient la maison d'à côté. Doc avait trouvé un poste de vendeur chez Adel Precision Products, et les Goddard avaient quitté le bungalow de Cahuenga Pass pour une petite maison de San Fernando Valley qui appartenait à Ana Lower. Au printemps 1941, Ana Lower, souffrant d'une maladie de cœur, ne pouvait plus s'occuper de Norma Jeane. Celle-ci était donc retournée vivre chez les Goddard, à Van Nuys, où elle partageait la chambre de la fille de Doc, surnommée Bébé.

« J'avais treize ans la première fois que j'ai vu Norma Jeane, que j'appelais "Normie", raconta Bébé, mais nous n'avons vraiment vécu ensemble que quand elle a emménagé dans notre maison de Van Nuys. Nous étions de la même année, 1926, et nous sommes devenues très amies. Jimmy Dougherty habitait à côté de chez nous et il avait cinq ans de plus que Norma Jeane, mais "Normie" avait un faible pour les hommes plus âgés qu'elle et elle trouvait Jimmy beau comme un dieu. »

Dougherty ne fut pas long à savoir qu'il y avait une autre fille chez les Goddard. « J'avais appris qu'elle s'appelait Norma Jeane, mais elle ne m'intéressait pas assez pour que je cherche à connaître son nom de famille. »

Chez Lockheed, Jim travaillait dans l'équipe de nuit. Un après-midi où il essayait de dormir, Norma Jeane, dans la cour, n'arrêtait pas de glousser et de pousser des petits cris. Agacé, il alla à la fenêtre de sa chambre et la vit en train de jouer avec l'épagneul de Grace. « Le chien avait le dessus, a raconté Dougherty. Il avait fait tomber Norma Jeane par terre et lui léchait la figure. Elle criait, elle riait. Je crois que c'était la deuxième fois que ça se produisait et j'étais un peu en colère. Mais quand je lui ai demandé de faire moins de boucan, Norma Jeane m'a regardé d'un air tellement angélique que je n'ai rien trouvé d'autre à dire que : "Oh, laisse tomber, ça ne fait rien." Après ça on a souvent bavardé ensemble, mais elle était bien plus jeune qu'elle n'en avait l'air. C'était une gamine — une gamine de l'assistance, elle sortait tout juste de l'orphelinat. »

En septembre 1941, les Goddard déménagèrent encore une fois. Ils s'installèrent dans une maison plus spacieuse, de style ranch californien, située sur Odessa Avenue mais un peu en retrait de la route, derrière une rangée de poivriers. Cette nouvelle demeure était encore plus loin du collège, mais Grace résolut le problème de transport en demandant à Ethel, la mère de Jim, si son fils pouvait aller chercher les « gamines » au lycée. Jim accepta parce que « entre voisins, il fallait bien s'entraider ». Norma Jeane était ravie de cet arrangement. Jim était un jeune homme très vivant et très ouvert ; il avait une bonne tête d'Irlandais, un beau visage insouciant qui allait bien avec ses manières simples. Ses amis l'appelaient « Jim le Veinard ».

« Si je me souviens bien, ils flirtaient plus ou moins tous les deux quand Jimmy nous raccompagnait à la maison, raconta Bébé. À peine rentrées de l'école, on traînait autour de la maison. Il y avait parfois pas mal de monde... Jimmy et quelques autres gars qui grattaient leur guitare restaient avec nous et nous apprenaient à jouer aux dés ou des trucs comme ça. Enfin, un jour, il lui a donné un rendez-vous. » Dougherty qui, de temps en temps, portait la moustache ressemblait un peu à la photo du père de Norma Jeane. « Norma Jeane était fascinée par ma moustache », constata Dougherty. Il n'avait que vingt ans, mais sa moustache le faisait paraître plus âgé et plus mûr. Norma Jeane parlait souvent de lui en l'appelant « Daddy », comme plus tard elle appellerait DiMaggio « Pa » et Arthur Miller « Pappy ». « Quel merveilleux Daddy ! » s'exclama-t-elle à l'adresse de Bébé un jour où elle revenait d'un rendez-vous avec Jim le Veinard.

« C'était vraiment agréable d'être avec elle, mais elle était tellement jeune, se souvient Dougherty. En tout cas, le message était de plus en plus clair chaque jour : elle m'aimait bien. Ça se voyait sur son visage quand elle descendait de la voiture, dans son sourire, le sourire le plus chaleureux que j'aie jamais vu chez une fille. »

À l'automne, se souvient encore Jim Dougherty, Bébé était souvent malade et manquait l'école. Ces jours-là, il était seul avec Norma Jeane qui s'asseyait de plus en plus près de lui — parfois ils faisaient un détour par les hauteurs de Hollywood. Le week-end, après la séance de cinéma du début d'après-midi, ils se garaient sur Mulholland Drive, la route qui conduisait sur les monts Santa Monica, et « se pelotaient » comme le disait innocemment Jimmy : « On se bécotait et on s'enlaçait. » À l'époque, les jeunes gens n'étaient pas aussi libres qu'aujourd'hui et, d'après Dougherty, Norma Jeane savait toujours s'arrêter. « Elle contrôlait tout cela très gentiment. »

Le 7 décembre 1941, les Japonais lancèrent leur attaque surprise sur Pearl Harbor. On craignit alors que le prochain bombardement ne fût pour Los Angeles où étaient concentrés les deux tiers de la production américaine d'avions, à savoir les usines Douglas, North American et Lockheed. Certains avaient tellement peur d'une attaque des Japonais qu'ils quittèrent leur maison pour aller s'installer à l'intérieur des terres. Quant aux gens du cinéma, ils prirent tout à coup des vacances prolongées à Palm Springs, et, à Los Angeles, l'immobilier fut en chute libre.

C'est le mercredi 10 décembre que Los Angeles connut son premier black-out. À Hollywood, les gens étaient en train de dîner lorsque les sirènes se mirent à hurler. À la radio, une voix annonça : « Ici intercepteur n° 1. Avions non identifiés en vue. Ordre de black-out total. » Les lumières s'éteignirent à Chasens, dans le Brown Derby et à Ciros. Quand la ville fut plongée dans l'obscurité, les clients sortirent des restaurants et des nightclubs, pressés de rentrer chez eux et de s'enfuir vers le désert. On aurait dit la fin du monde — sauf sur Hollywood Boulevard où on ne trouva pas l'interrupteur pour éteindre les lumières des sapins de Noël. Comme le black-out l'empêchait de se rendre chez Lockheed pour prendre son poste à minuit comme d'habitude, Jim Dougherty attendit le lever du jour. Norma Jeane le supplia de ne pas partir, mais Dougherty prit sa voiture pour aller à l'usine Lockheed à Burbank où la construction de bombardiers connaissait un essor sans précédent.

Sans écouter tous ceux qui étaient terrorisés par la guerre, l'usine où travaillait Doc Goddard, Adel Precision Products, décida de maintenir son bal de Noël. Grace savait qu'il y avait quelque chose entre Norma Jeane et Jimmy ; elle suggéra à la mère de Jimmy de le pousser à inviter Norma Jeane au bal et à trouver un autre cavalier pour Bébé. Jimmy se souvient encore combien Norma Jeane était belle ce soir-là : elle portait une magnifique robe de soirée rouge qu'elle avait empruntée pour l'occasion. Pendant certains slows, *Everything Happens to Me* et *Dream*, elle se serrait contre lui les yeux fermés, plongée dans sa rêverie romantique. « Même Grace et Doc remarquèrent que je n'étais pas seulement pour elle le "voisin sympa et serviable", comme on dit. Je passais des moments merveilleux avec cette petite fille, qui n'était d'ailleurs plus si petite que ça. »

En janvier 1942, Doc Goddard se vit proposer le poste de chef du nouveau département des ventes de la côte est d'Adel Precision Products. Il accepta cette promotion avec joie, mais cela voulait dire qu'il fallait partir s'installer en Virginie. Grace et Bébé iraient avec lui mais il fut décidé que Norma Jeane resterait, puisqu'elle était encore sous tutelle du tribunal.

Lorsqu'elle eut vent du projet des Goddard, Norma Jeane fut anéantie. Elle commençait tout juste à se sentir mieux, grâce à un vrai foyer, une vraie famille et une idylle naissante, et tout cela allait une fois de plus lui échapper. Elle se préparait à subir le départ des Goddard et à affronter un avenir incertain, lorsque, de but en blanc, Ethel Dougherty fit une proposition à son fils.

« Un jour, en 1942, raconte-t-il, ma mère me prit à part et me dit : "Doc et Grace s'en vont en Virginie. Ils emmènent Bébé mais ils ne peuvent pas emmener Norma Jeane. Mrs. Lower n'est pas en bonne santé, elle ne peut pas la prendre non plus, ce qui veut dire qu'elle va retourner à l'orphelinat jusqu'à ses dix-huit ans.

« — Continue, je t'écoute, fis-je.

« — Grace voudrait savoir si tu veux épouser Norma Jeane. Elle aura seize ans en juin." »

Après quelques tergiversations, Jimmy dit « oui ». Lorsque Grace annonça ce projet à Norma Jeane, celle-ci avoua : « Jim est un garçon formidable. Je veux bien l'épouser, mais j'ignore tout des relations sexuelles. Est-ce qu'on peut se marier sans avoir de relations sexuelles ?

— Ne t'inquiète pas, répondit Grace, Jim t'apprendra. »

Le mariage fut prévu pour la mi-juin, lorsque Norma Jeane aurait seize ans. En mars, Norma revint habiter provisoirement chez tante Ana à Sawtelle et quitta le collège de Van Nuys pour entrer à la University High School. En avril, après de pénibles adieux, les Goddard partirent pour la Virginie avec Bébé. Norma Jeane et Bébé étaient devenues de grandes amies. « Nous avions le cœur brisé toutes les deux, avoua Bébé Goddard. Après notre emménagement à Huntington, en Virginie, je me suis beaucoup ennuyée de "Normie" mais nous nous écrivions et j'ai gardé quelques-unes de ses lettres. »

Après le départ de Doc et Grace, se souvient Jim, Norma Jeane eut longtemps le sentiment d'avoir été abandonnée. Un jour, elle se mit à pleurer en se plaignant que Grace « l'avait laissée tomber et qu'elle pensait toujours à elle avant de penser aux autres ». Mais c'était du passé. Désormais, elle avait Jim Dougherty pour s'occuper d'elle.

Ethel Dougherty et Ana Lower organisèrent le mariage qui eut lieu le vendredi 19 juin 1942. Norma Jeane envoya une invitation aux Bolender qui furent donc parmi les vingt-cinq invités. Les Goddard envoyèrent leurs vœux de bonheur par télégramme. Gladys était apparemment dans l'impossibilité de venir. Elle avait été transférée de l'hôpital psychiatrique de Norwalk à l'Agnew State Hospital, près de San Francisco.

Le mariage fut célébré à Brentwood, dans la grande demeure des Howell, amis des Goddard. Norma Jeane descendit le grand escalier en spirale dans la belle robe de mariée que lui avait offerte tante Ana. Le garçon d'honneur était Marion, le frère de Jim ; Norma Jeane avait pour demoiselle d'honneur une camarade de classe. Ce fut le neveu de Jim, Wesley, qui porta les alliances et tante Ana qui conduisit Norma Jeane à l'autel. Voici le souvenir qu'en garde Jim : « Après la cérémonie, elle m'adressa un sourire qui aurait fait fondre une pierre. Il semblait dire : "J'ai confiance en toi, je crois ce que tu me dis, je t'aime." Et ses yeux étaient tellement expressifs... Je ne voudrais pas paraître trop sentimental, mais elle m'avait donné son cœur — il était à moi et à personne d'autre. »

Norma Jeane, la « fille de personne », était désormais la femme de « Jim le Veinard ». Mais lui ne connaissait pas l'autre Norma Jeane, celle qui avait l'impression d'être deux personnes à la fois — « l'autre dont j'ignorais le nom. Celle qui appartenait à l'océan, au ciel, au monde entier... ».

Mr. et Mrs. Dougherty emménagèrent dans un studio tout neuf à Vista Del Monte, dans la vallée de San Fernando. « Norma Jeane adorait cet appartement, se souvient Dougherty. C'était la première fois de sa vie qu'elle avait un lieu vraiment à elle. Il y avait un lit escamotable qui l'amusait beaucoup. Elle a entamé sa vie de femme mariée sans rien connaître de la sexualité. Mais Norma Jeane adora faire l'amour. C'était aussi naturel pour elle que de prendre le petit déjeuner le matin. Nous n'avons jamais eu aucun problème sur ce plan. »

Dougherty reprit son travail de nuit chez Lockheed dès le surlendemain du mariage et trouva un mot dans son casse-croûte : « Cher Daddy, quand tu liras ce mot, je serai endormie et je rêverai de toi. Je t'aime et je t'embrasse. Ton bébé. » Les Goddard étant partis et la maman de son « bébé » étant placée en institution, Dougherty se rendit compte de l'énorme responsabilité qui pesait sur lui. « J'étais très amoureux d'elle. Elle était vive et elle avait un visage et un corps magnifiques. Quand nous nous sommes mariés, je n'avais jamais rencontré une fille de seize ans aussi adulte... Il y avait chez elle quelque chose de mature et d'authentique, sans doute un héritage. J'avais remarqué que sa mère était comme ça — même si elle était psychologiquement dérangée. Et à d'autres moments, c'était une petite fille. On sentait bien qu'elle n'avait pas eu d'enfance. Il y avait deux Norma Jeane : celle dont les poupées et les peluches étaient bien rangées sur la commode, de façon à ce "qu'elles voient ce qui se passe", et celle dont les changements d'humeur étaient imprévisibles et un peu inquiétants. Et là on voyait bien qu'elle avait été non désirée et mal aimée, et pendant trop longtemps. »

Après six mois passés dans leur studio, ils louèrent une petite maison sur Bessemer Street, à Van Nuys. C'est là qu'en rentrant, un jour où il pleuvait, Dougherty découvrit Norma Jeane en train de ramener à la maison une vache qu'elle avait trouvée dans un champ voisin. Les meuglements sinistres de cette bête toute seule sous la pluie lui avaient fait pitié, et elle essayait de la faire entrer dans le living-room.

Selon Dougherty, elle fit d'énormes efforts pour être une maîtresse de maison à la hauteur. Elle tenait bien son intérieur, lui préparait chaque jour un panier-repas dans lequel elle glissait un petit mot et essayait d'apprendre à devenir une bonne cuisinière. Dougherty atteste que toutes les anecdotes racontant qu'elle faisait souvent des petits pois et des carottes parce qu'elle aimait le mariage des couleurs sont vraies. Il a reconnu aussi qu'à cette époque Norma Jeane faisait confiance à tout le monde. Quand son mari n'était pas là, elle achetait des encyclopédies à des hommes de trente ans qui se faisaient passer pour des étudiants. Elle avait une énorme soif de savoir et pensait pouvoir acheter la connaissance à crédit. À une certaine époque, ils avaient trois encyclopédies différentes et faillirent en acquérir une quatrième.

Les Dougherty étaient d'accord pour employer un moyen de contraception. Jim reconnaît que c'est lui qui insista sur ce point et convainquit sa femme d'accepter. Il y avait d'abord le climat d'insécurité de la guerre et puis Dougherty trouvait Norma Jeane trop jeune pour être mère. Il la décrit comme une fille « qui adorait faire l'amour » et ils le faisaient dans la plus grande joie. « Nous étions physiquement en pleine forme l'un et l'autre et la vue de nos deux corps nus nous excitait beaucoup. Se déshabiller pour se coucher était tellement érotique qu'à peine la lumière éteinte nous étions déjà enlacés. Quand je prenais ma douche et qu'elle ouvrait la porte, nous recommencions instantanément. »

Il confia un jour à un ami que, par moments, l'appétit sexuel de sa femme était insatiable. « Le souvenir le plus vivace que j'ai de Norma Jeane est celui de sa main se posant sur moi tandis que nous roulions en voiture sur une route de campagne. Je savais que cela signifiait qu'elle voulait qu'on s'arrête pour faire l'amour. Parfois je lui disais : "Écoute, ma chérie, on a un lit confortable à la maison", mais elle se penchait sur ma poitrine, levait les yeux vers moi et soupirait : "C'est plus romantique, ici." Alors je me garais tout de suite et nous faisions l'amour... Quelquefois cette pulsion la prenait quand nous traversions San Fernando Valley, un quartier densément peuplé. Et Norma Jeane me disait d'un ton pressant. "Arrête-toi là, arrête-toi là !" Et c'était reparti. »

Mais la demande affective de Norma Jeane était encore plus forte que sa demande physique. « Elle était très sensible et jamais sûre d'elle, et je voyais bien que je ne savais pas la prendre, elle était tellement susceptible, admet Dougherty. Si je ne l'embrassais pas chaque fois que je sortais de la maison, elle croyait que j'étais fâché. Quand on se disputait — et c'était fréquent — je lui disais souvent : "Mais ferme-la donc !" et j'allais dormir sur le canapé... Je croyais savoir ce qu'elle voulait mais j'étais toujours à côté de la plaque. »

De nombreux amis et d'anciens camarades de classe de Dougherty avaient déjà été appelés, mais lui ne fut pas mobilisé tout de suite, parce qu'il occupait un poste stratégique aux usines Lockheed. Cependant, sans rien dire à Norma Jeane, comme il l'avoua lui-même plus tard, il voulut s'enrôler dans la Marine. Lorsqu'elle l'apprit, Norma Jeane s'effondra.

« Oh, chéri, pleura-t-elle. Je t'en prie, ne fais pas ça ! Ton travail chez Lockheed est trop important ! Je t'en prie ! »

Troublé par cette crise d'hystérie, Dougherty demanda à l'officier chargé de l'enrôlement de lui rendre son dossier d'inscription. Et il retourna travailler chez Lockheed. Il explique cependant qu'il se sentait « coupable de ne pas être plus engagé dans les combats et confronté aux mêmes risques que ses anciens camarades d'école ». Mais ce qu'il fit peu après pour échapper aux exigences de Norma Jeane n'avait pas grand-chose à voir avec la guerre.

« Je suis allé voir la compagnie locale de sapeurs-pompiers et je leur ai demandé s'ils avaient des postes libres. Ils en avaient, donc j'ai posé ma candidature. »

Combattre le feu plutôt que les puissances de l'Axe aurait tous les avantages. « Jim le Veinard » passerait plusieurs jours par semaine à la maison avec la femme qu'il aimait mais qu'il n'était pas « prêt à prendre en charge », et il pourrait partir plusieurs jours et plusieurs nuits de suite en mission, à combattre l'enfer des flammes. Seulement, lorsque Norma Jeane apprit qu'il s'était enrôlé dans les sapeurs-pompiers, elle devint folle de rage.

« Elle était furieuse. Elle pensait que le problème avait été définitivement réglé quand j'avais failli m'engager dans la Marine.

« "Ils ne voudront jamais te réformer !" gémit-elle. »

Alors, Dougherty demanda à la brigade des pompiers d'annuler sa candidature.

Dougherty se souvient des imprévisibles changements d'humeur de Norma Jeane. Parfois elle était silencieuse et plutôt réservée, d'autres fois, au contraire, extravertie et agressive. « Avec nos amis, le plus souvent elle ne disait rien, elle écoutait, elle était bien plus introvertie que moi. » Mais quand ils invitaient des amis qui apportaient des disques, Jim voyait un tout autre côté de sa femme. Après le dîner on roulait le tapis et Dougherty assistait avec stupéfaction à la métamorphose instantanée de son épouse. Dès que l'aiguille se posait sur le disque, elle se transformait en une bombe sexuelle qui dansait avec infiniment de grâce. Jim était de plus en plus jaloux lorsqu'il la voyait se jeter dans les bras de tous les hommes pour danser avec eux, poussant des petits gloussements, visiblement ravie d'attirer tous les regards.

Dougherty avait entendu ses copains lui vanter les avantages de la Marine marchande, en lui disant qu'il y avait souvent des permissions entre les voyages. Au milieu de l'été 1943, un peu plus d'un an après leur mariage, il annonça à Norma Jeane qu'il était bien décidé : il s'engageait dans la Marine marchande. Ils eurent une terrible scène ce soir-là. « C'était épouvantable. La pire scène de ménage depuis notre mariage. Norma Jeane se jetait frénétiquement sur moi, me suppliant de lui faire un enfant de façon à avoir "un petit morceau de moi, au cas où il se passerait quelque chose". Maintenant qu'elle était avec moi et avait donné un sens à sa vie, elle semblait redouter que tout cela ne cesse brusquement, que la vie lui joue une fois de plus un mauvais tour. Je lui ai expliqué que s'il arrivait quoi que ce soit et que l'enfant finisse comme elle — avec une mère qui ne pourrait pas le supporter à cause des pressions —, il se retrouverait à l'orphelinat. Mais elle ne voulait rien entendre. Elle a pleuré toute la nuit. J'ai peut-être été trop dur — trop indifférent à ses besoins... »

Le jour où Dougherty partit pour se présenter au camp d'entraînement des nouvelles recrues de la Marine marchande à San Pedro, en Californie, Norma Jeane était dans un état proche de l'hystérie. Elle était tellement affligée qu'il n'aurait jamais pu la quitter s'il ne l'avait confiée à sa mère, Ethel. Après quelques jours passés à la base située sur l'île de Catalina, Jim fut autorisé à téléphoner chez lui. Norma Jeane était folle de joie d'entendre sa voix. « On aurait dit que j'étais parti depuis un an », raconte-t-il. Quand il l'appela enfin pour lui dire qu'il allait commander une compagnie de nouvelles recrues, qu'il aurait des horaires réguliers et qu'elle pourrait venir vivre avec lui à Avalon, il se souvient du cri de joie qu'elle poussa : on aurait pu l'entendre de Van Nuys à Catalina même sans téléphone.

En septembre 1943, ils trouvèrent à Avalon un appartement avec vue sur le port. En cette période de guerre, la population de l'île était essentiellement masculine. La Marine marchande, l'OSS et les marines avaient littéralement réquisitionné Catalina comme base d'entraînement et les quelques individus du genre féminin qui y vivaient étaient soit de vieilles dames qui restaient cantonnées dans leur maison, soit les femmes des officiers et des instructeurs affectés en permanence à l'entraînement des troupes. 90 % de la population en cette période de guerre se composait de mâles virils isolés sur une île où les rares femmes étaient généralement vieilles, ordinaires et mariées.

« Ces hordes de marines en manque de sexe qui pullulaient

sur l'île autour de nous me sont apparus comme une menace », affirme Dougherty. Il se souvient d'un samedi soir où Stan Kenton et son orchestre vinrent jouer pour les militaires dans la salle de bal du casino d'Avalon.

« Norma Jeane était très excitée à cette idée. Elle a passé un temps infini à se coiffer et a enfilé une robe d'été blanche très moulante. Ce rituel de préparatifs avait commencé très tôt après notre mariage. Elle pouvait passer des heures à décider de ce qu'elle allait mettre et autant d'heures dans son bain. Elle me rendait fou quand elle se préparait. Je ne sais même pas si elle connaissait la valeur d'une minute ou même d'une heure. Pour elle, le temps était élastique. Bref, quand nous sommes enfin arrivés au bal, j'ai fait trois tours de piste avec Norma Jeane sur un air de swing et j'ai senti une tape sur mon épaule. Un marine me l'a prise et je ne l'ai pas revue pendant plus d'une heure. Elle s'amusait comme une folle, évidemment. C'était la reine du bal.

« Je ne pourrais pas l'affirmer, mais je crois que pendant les trois ou quatre heures que nous avons passées à ce bal, Norma Jeane a dansé avec tous les types qui se trouvaient là, parce qu'ils venaient tous la chercher alors qu'elle était en train de danser. C'était la première fois que je testais son sex-appeal sur un groupe important et je dois dire que j'étais abasourdi. Je veux même bien admettre que j'étais un peu jaloux... J'avais peur. »

Mais pour Norma Jeane c'était un rêve qui se réalisait et « Jim le Veinard » ne pourrait jamais comprendre complètement les rêves de sa jeune femme — des rêves qu'elle-même comprenait à peine, d'ailleurs...

Dix-huit mois après leur mariage, Jim Dougherty s'embarqua. Il aurait pu rester comme professeur d'éducation physique à Catalina mais il avoue avoir demandé à s'engager. Il aimerait croire que Norma Jeane ne sut jamais que c'était lui et non la Marine marchande qui en avait décidé ainsi. En décembre, il monta à bord du *Julia S. DuMont* à destination du Pacifique Sud. Il avait signé pour un an. Un an en mer.

En hiver, lorsque le brouillard vient envelopper Catalina, on a l'impression que le temps et l'état des choses ne vont plus de pair — quels que soient d'ailleurs le temps et l'état des choses. Mais c'était la période de Noël, une période toujours difficile pour Norma Jeane, et plus encore cette année-là où elle était seule dans l'appartement donnant sur la baie d'Avalon. La sinistre plainte de la corne de brume devait faire écho à son sentiment d'avoir été abandonnée, rejetée par l'homme à qui elle avait donné son cœur. Dans une lettre postée à Avalon six semaines avant que Dougherty ne la reçût à Townsville en Australie, Norma Jeane lui disait qu'elle ne pouvait pas supporter l'idée qu'il était si loin et qu'elle ne voyait « que du brouillard depuis le balcon à Avalon ».

Une fois de plus, Norma Jeane l'orpheline n'avait plus personne, ni perspective devant elle. Mais quand le temps était clair, quand le soleil scintillait sur l'océan et que les vagues dansaient, dorées et bleu lavande, elle voyait briller les plages du continent tout proche. Quand la brume se levait, elle voyait que ces plages dorées attendaient l'autre personne — l'autre personne dont elle ignorait toujours le nom.

21
Avez-vous vu... ?

« Il y a quelque chose d'envoûtant dans un secret. »

J. Edgar Hoover.

À cause de ses problèmes de dos et de sa santé précaire, John Kennedy aurait dû être réformé, mais son père usa de son influence pour qu'il fût nommé officier dans les réservistes de la Marine. Il fut tout d'abord affecté à l'ONI (Office of Naval Intelligence) à Washington.

Lorsque son frère arriva au capitole en octobre 1941, Kathleen Kennedy, surnommée Kick, était journaliste au *Times-Herald* de Washington, et elle présenta son frère John à Inga Arvad, chroniqueuse au *Times-Herald.* Sa chronique, « Avez-vous vu... ? », était une rubrique de potins basée sur des interviews de différentes personnalités de Washington.

Lorsque Inga Arvad vit l'officier de l'ONI John Kennedy, ce fut, elle s'en souvient, la fascination. « Il avait un charme fou. Quand il entrait dans une pièce vous saviez qu'il était là, ni arrogant, ni dominateur, mais rayonnant d'un magnétisme animal... Son best-seller *Why England Slept* venait d'être publié et ma directrice, Cissy Patterson, me dit : "Tu devrais faire une interview du jeune John Kennedy pour ta chronique." Je suivis son conseil. »

La chronique « Avez-vous vu John Kennedy ? » parut dans le *Times-Herald* de Washington du 27 novembre 1941.

Si l'ex-ambassadeur Joseph Kennedy est brillant et bourré de charme, on peut dire que son fils cadet a hérité plus que sa part...

Les vingt-quatre ans de présence de John sur cette planète ont prouvé que ce jeune homme ne manque pas d'avenir. Non seulement il parle avec éloquence, mais je n'ai jamais rencontré quelqu'un qui sache aussi bien écouter...

J. Edgar Hoover, lui aussi, savait très bien écouter. Le chef du FBI soupçonnait Inga Arvad d'avoir été envoyée à Washington comme espionne nazie. « Nous avons fait installer des micros dans son appartement et mis son téléphone sur écoute », révéla William Sullivan, le bras droit de Hoover.

John White, le petit ami de Kick Kennedy à l'époque, disait d'Inga Arvad : « Elle était très intelligente — certainement assez intelligente pour être une espionne — mais aussi très affectueuse... Elle était adorable, vraiment adorable. C'était une femme dans toute sa splendeur. Elle était superbe, appétissante, oui, appétissante, c'est le mot. Comme un glaçage sur un gâteau... Ce qui a attiré John ? Oh... le sexe ! »

Au début, le FBI ne savait pas du tout qui était ce mystérieux amant de type nordique que l'on voyait fréquemment passer la nuit dans l'appartement d'Inga, 1600 Sixteenth Street. L'agent de surveillance le décrivait comme « un officier de marine vêtu d'un pardessus gris à manches raglan et d'un pantalon de tweed gris. Il ne porte pas de chapeau et ses cheveux blonds frisés sont toujours ébouriffés... connu seulement sous le nom de "Jack" ». Les micros cachés dans l'appartement avaient révélé qu'il appelait sa maîtresse « Inga Binga » et qu'elle l'appelait « Jacko Tobacco ».

Quand on découvrit que l'amant de celle que l'on soupçonnait d'être une espionne nazie n'était autre que l'officier John Kennedy de l'ONI, le chef du FBI tira la sonnette d'alarme. Au service de renseignements de la Marine, John avait pour tâche de décoder les dépêches secrètes et de préparer chaque jour, pour l'Amirauté, un rapport sur les opérations en cours. J. Edgar Hoover envoya un ordre de surveillance accrue, qui comprenait l'interception du courrier d'Inga Arvad, une surveillance visuelle vingt-quatre heures sur vingt-quatre, une mise sur écoute du téléphone ainsi que de l'appartement, une perquisition déguisée en cambriolage et une demande de renseignements concernant son passé.

D'après le volumineux dossier du FBI « Arvad/JFK », Inga s'était mêlée à la haute société nazie alors qu'elle était actrice et mannequin en Allemagne : elle s'était liée d'amitié avec Rudolph Hess et avait fait la connaissance de Heinrich Himmler,

Hermann Göring et Joseph Goebbels. Au mariage de Göring, elle avait rencontré le garçon d'honneur, Adolf Hitler. Celui-ci, qui la qualifiait de « beauté nordique parfaite », l'avait invitée à partager sa loge aux Jeux olympiques de 1936.

Le vice-amiral Wilkinson, directeur du service de renseignements de la Marine, fut bientôt informé que l'officier John Kennedy avait une liaison avec une femme soupçonnée d'espionnage. « Cette nouvelle le mit dans tous ses états, on pourrait dire qu'il est devenu fou furieux, révéla le capitaine Hunter, chef de section de John à l'ONI. Il voulait virer Kennedy le plus vite possible... Il était terrorisé à l'époque, complètement affolé par cette affaire. »

Le vice-amiral Wilkinson voulait que l'on rendît l'officier Kennedy à la vie civile ; mais on décida finalement de le muter à un poste moins sensible : John fut affecté à un travail de bureau à la base navale de Charleston, où il ne pouvait voyager que dans un rayon de cent kilomètres. John confia plus tard à Robert Donavan, l'auteur de *PT-109* : « Ils m'ont obligé à me poser le cul en Caroline du Sud parce que je sortais avec une Scandinave et qu'ils la prenaient pour une espionne ! » Mais cette mutation à Charleston ne mit pas fin à leur liaison. La surveillance qui continuait révéla que « Inga Binga » allait voir « Jacko Tobacco » en Caroline du Sud. Sous le pseudonyme de Barbara White, elle se rendit à Charleston le 6 février 1942 et descendit au Fort Sumter Hotel. Le FBI et la Sécurité navale qui les suivaient à la trace signalèrent que Kennedy était arrivé à l'hôtel à 17 h 30 dans sa Buick décapotable et avait rejoint Inga dans sa chambre, d'où il n'était ressorti que le lendemain matin.

Apprenant que la mutation de John n'avait pas mis fin à cette liaison, J. Edgar Hoover appela Joe Kennedy pour l'avertir que son fils était dans une très mauvaise posture. Comme l'a rapporté le bras droit de Hoover, John Kennedy fut envoyé dans le Pacifique Sud « pour raisons de sécurité » ; mais il en revint en héros et en profita pour se lancer dans la politique — chose que Hoover n'avait pas prévue.

En juillet 1942, Kathleen Kennedy reprit la chronique d'Inga Arvad dans le *Times-Herald* et, grâce aux machinations de Joe Kennedy, Inga partit en Californie du Sud où elle devint le nègre de Sheilah Graham, qui tenait une chronique de potins sur Hollywood au *Los Angeles Times*. Les secrets de Hollywood étaient plus insignifiants.

Si Pearl Harbor avait été un désastre pour certains, l'industrie du cinéma, elle, en avait fait ses choux gras. Le rationnement de l'essence ne permettait pas aux Américains moyens d'aller plus loin que le cinéma de quartier et, à l'époque, la télévision n'existant pas encore, tous les films étaient précédés d'un documentaire sur les actualités qui expliquait la guerre au public du « front intérieur », images à l'appui. En 1940, une séance de cinéma ne coûtait pas cher et les Américains avaient pris l'habitude d'y aller souvent, si bien que l'industrie du cinéma faisait d'énormes recettes et de copieux bénéfices. Ces films influaient sur le moral, et le gouvernement Roosevelt considérait la production cinématographique de Hollywood comme aussi importante pour l'effort de guerre que la production de certaines industries spécialisées. « E comme Effort » proclamaient les drapeaux qui flottaient sur le toit des studios.

Les studios Hal Roach à Culver City, lieu de tournage des comédies de Laurel et Hardy, furent envahis par la Première Unité de production cinématographique de l'armée et devinrent le centre de production des films d'information du public. Parmi les officiers, il y avait le lieutenant Ronald Reagan qui entraînait ses troupes « pour de rire » et faisait semblant de menacer la MGM et de prendre d'assaut le Thalberg Building. Reagan avait surnommé les studios Fort Roach, et nombre d'acteurs et de techniciens pleins de talent y tenaient garnison. À l'automne 1944, le lieutenant Reagan envoya une équipe de Fort Roach photographier les femmes qui contribuaient à l'effort de guerre dans des usines d'armement. L'une de leurs missions les amena à la Radioplane Company située sur l'aéroport de Glendale Metropolitan. Dans cette équipe, il y avait le photographe caporal-chef David Conover. L'œil averti de Conover fut attiré par une jeune fille bien faite : sa salopette bleue mettait en valeur tous ses charmes. Il fut tellement frappé par sa beauté que, sans l'ombre d'une hésitation, il s'approcha d'elle et se présenta. Lorsqu'il lui demanda si elle avait déjà fait du *modeling*, Norma Jeane répondit : « Oui, mais seulement avec de la pâte à modeler*. »

Quand Norma Jeane avait fermé l'appartement d'Avalon, elle s'était installée chez sa belle-mère Ethel, qui l'avait aidée à trouver un emploi à la Radioplane. Elle y faisait des journées de dix

* *Modeling* signifie « travailler comme modèle » mais aussi « faire du modelage ». (*NdT.*)

heures : son travail consistait à plier puis à contrôler les parachutes utilisés pour récupérer les avions télécommandés.

« À l'usine, je portais une salopette, se rappelait Marilyn. Je ne sais pas pourquoi ils y tenaient tant. Une fille qui travaille en salopette, c'est comme une fille qui travaille en collants, surtout si elle sait la porter... »

Conover remarqua qu'elle savait très bien la porter, et à la Radioplane débuta une nouvelle histoire d'amour — entre Norma Jeane et l'appareil photo.

« Elle avait une attitude formidable face à l'objectif », raconta Conover.

« Est-ce que je suis vraiment photogénique ? » demanda-t-elle.

Non seulement elle était photogénique, mais elle était « sensas ! » se souvenait Conover. Le jour où il retourna à la Radioplane avec les photos, Conover nota dans son journal qu'elle avait un problème de bégaiement, exactement comme lui, mais que même quand elle avait le visage couvert de crasse et de sueur, il y avait dans ses yeux quelque chose qui l'intriguait. « Il me paraissait incongru qu'une pareille créature travaille à l'usine. »

« Vous savez, vous n'êtes p-p-pas à v-v-votre place, ici, bégaya Conover quand il revint avec les photos.

— Ah bon, mais où est m-m-ma place ? demanda-t-elle d'un air perplexe.

— Sur une couverture de magazine ! » répliqua Conover sans hésiter.

Sur quoi Norma Jeane écrivit à Grace Goddard :

> Première chose, des photographes de l'armée m'ont prise en photo... et certains m'ont demandé un rendez-vous, etc. (j'ai refusé, bien sûr !)... Après leur séance de photos, un caporal de l'armée, un certain David Conover, m'a dit qu'il aimerait me faire poser pour des photos en couleurs. Il a un studio dans le « Strip », sur Sunset Boulevard. Il m'a dit qu'il s'arrangerait avec le contremaître, donc j'ai dit d'accord. Il m'a expliqué comment m'habiller et me maquiller, etc. et les deux semaines suivantes, j'ai posé pour lui plusieurs fois. Il m'a dit que les clichés rendaient très bien. Il m'a dit aussi que je devais à tout prix me lancer dans la profession de modèle, que j'étais très photogénique et qu'il voulait faire d'autres séances de photo. Il m'a dit aussi qu'il avait plein de planches contact à me montrer.
>
> Il est adorable, il est marié et ses intentions sont strictement professionnelles, ce qui me convient tout à fait...
>
> Affectueusement
>
> Norma Jeane.

« Strictement professionnel » : ce n'est pas tout à fait ainsi que le caporal Conover évoque la chose dans ses mémoires. D'après lui, qui aimait bien retoucher les images défraîchies, ils eurent une brève liaison.

Berneice Baker, la demi-sœur de Norma Jeane, se souvient l'avoir entendue parler de ce photographe de l'armée lorsqu'elle était venue la voir à l'automne 1944. Norma Jeane avait pris tout l'argent qu'elle avait mis de côté pour acheter une maison avec Dougherty et l'avait dépensé pour aller sur la côte est voir Grace et Berneice. Grace avait quitté la Virginie où Doc travaillait et pris un travail temporaire à Chicago, dans un laboratoire de développement de films.

« Elle avait un problème d'alcoolisme et il fallait qu'elle s'éloigne de Doc », estime Bébé Goddard. « L'une des raisons qui ont poussé Norma Jeane à casser sa tirelire pour aller voir Grace à Chicago, raconte-t-elle, c'était qu'après le départ de Jim, elle était complètement perdue, elle ne s'en remettait pas. "Normie" et la mère de Jim ne s'entendaient pas si bien que ça et elle se sentait très seule. » Norma Jeane savait que Grace détenait les réponses aux questions qu'elle n'avait jamais pu poser quand elle était petite. La plupart de ces questions avaient trait à la fameuse photo accrochée au mur, chez sa mère — la photo que Grace avait soigneusement emballée. D'après Bébé, c'est lors de cette visite à Chicago que Grace donna à Norma Jeane la photo de son père, Stan Gifford.

Après son séjour chez Grace, Norma Jeane se rendit à Detroit pour voir Berneice. Elle n'avait jamais vu sa demi-sœur. « C'est Grace qui a organisé cette visite, raconte Berneice. Lorsqu'elle m'a écrit qu'il était possible que Norma Jeane vienne me voir, j'ai répondu : "Bien sûr que j'aimerais voir Norma Jeane !" Ensuite Norma Jeane m'a écrit pour me dire qu'elle arriverait par le train tel jour, à telle heure. »

Berneice avait épousé un certain Paris Miracle et quitté le Kentucky pour Detroit pendant la guerre. Miracle avait trouvé un emploi aux usines d'assemblage Ford qui fabriquaient des véhicules militaires. « Paris et moi avancions sur le quai pendant que le train s'arrêtait en couinant... Les passagers ont commencé à descendre, tous des gens insignifiants, et tout à coup est apparue une fille splendide — si jolie, si fraîche ! On ne pouvait pas se tromper. »

Les Miracle avaient pris leur voiture pour emmener Norma Jeane dans leur petit appartement. Berneice se souvient que pendant tout le trajet, elles étaient assises toutes les deux au bord de la banquette pour se faire face et elles ne cessaient de se dévisager. « De temps en temps, nous nous jetions dans les bras l'une de l'autre et nous nous regardions au fond des yeux en nous disant combien nous étions heureuses. Nous n'avions rien de profond ni d'original à nous dire. L'excitation de nous rencontrer enfin nous rendait un peu fofolles... »

Berneice mit cette brève visite à profit pour poser des tas de questions au sujet de Gladys, la mère qu'elle avait à peine connue, et Norma Jeane voulait en savoir plus sur Jackie, son demi-frère, qui était mort et qu'elle n'avait jamais vu. « Tu sais, j'ai l'impression que Maman ne croit pas que Jackie est mort, dit Norma Jeane. Grace m'a dit qu'elle refusait encore d'y croire. » Berneice, de son côté, fit remarquer que dans les lettres que Gladys lui avait écrites, elle ne parlait jamais de Jackie.

Après sa visite à Grace, Norma Jeane lui écrivit une lettre mentionnant que David Conover voulait encore la prendre en photo. Mais, comme son mari revenait pour les vacances de Noël, elle précisait : « Je préfère ne pas travailler quand Jimmy sera là. Donc il [Conover] m'a dit qu'il attendrait... J'aime tellement Jimmy, franchement, je ne crois pas qu'il y en ait un autre comme lui ! C'est vraiment un amour. »

Norma Jeane alla chercher Jimmy à la gare de Glendale ; il arrivait par le train de San Francisco. Pendant quelque temps, tout redevint comme avant. Ils allèrent passer la première nuit dans « l'hôtel le plus luxueux de Ventura Boulevard, le La Fonda, se souvient Dougherty. Norma Jeane s'était acheté un déshabillé noir pour l'occasion et nous n'avons pratiquement pas quitté la chambre ».

Pendant ces vacances, ils allèrent dans leurs endroits familiers : le Chinese Theather, Pop's Willow Lake, le Coconut Grove, ou rendirent visite à de vieux amis, mais la permission de Noël de Jimmy allait bientôt s'achever et plus la perspective de son départ approchait, plus Norma Jeane était distante et mélancolique.

« Elle était de plus en plus morose et en proie à une sorte d'effroi. Elle ne voulait pas parler de mon départ, ni même y penser. Je savais qu'elle considérait qu'en repartant je l'abandonnais une fois de plus.

« Durant ces derniers jours, elle m'annonça brusquement qu'elle allait téléphoner à son "père", qu'elle n'avait jamais contacté. Il nous était arrivé quelquefois de parler de sa situation d'enfant illégitime. Elle l'avait apparemment acceptée sans amertume. » Mais, une fois revenue de Chicago avec la photo de Stan Gifford, Norma Jeane réussit à se procurer son adresse et son numéro de téléphone. Dougherty se souvient parfaitement du coup de fil.

« Norma Jeane à l'appareil, dit-elle d'une voix tremblante. Je suis la fille de Gladys. »

Stan Gifford lui répondit qu'il n'avait rien à lui dire. Il lui demanda de ne plus jamais l'appeler et raccrocha.

D'après Jim, le fait que Gifford eût refusé de lui parler lui porta un coup terrible. Il essaya de la consoler en lui expliquant qu'un appel aussi soudain avait dû mettre Gifford mal à l'aise — surtout s'il était marié et avait une autre famille. Mais aucun de ses arguments ne put alléger son chagrin et elle pleura pendant plusieurs jours.

Dougherty évoque ces moments avec amertume : « Quand je suis allé prendre mon bateau, ç'a été encore une épreuve pour elle. C'était triste, très triste — triste pour moi parce que je n'avais pas envie de la quitter et triste pour elle parce que chaque fois que je partais c'était comme un coup qui lui faisait extrêmement mal. » Quand Norma Jeane accompagna Jim aux docks de San Pedro et lui fit au revoir de la main, il ne comprit pas que, debout sur le seuil de l'avenir, elle disait adieu au passé.

J'aurais pu t'aimer,
J'aurais même pu te l'avouer,
Mais tu es parti,
Très loin.
Lorsque tu es revenu, il était trop tard
J'avais oublié le mot Amour,
Te souviens-tu ?

Norma Jeane.

22

Par ici la sortie

> « Lorsque Miss Dougherty est venue nous voir, la première chose que nous avons essayé de faire a été de changer son affreuse démarche. Ce déhanchement ne convenait pas du tout à un mannequin. »
>
> Emmeline Snively.

Le caporal David Conover fut réveillé par un cri « tellement aigu et perçant » qu'il se dressa d'un bond sur le canapé où il dormait. Il regarda autour de lui, dans la chambre de motel miteuse, et vit Norma Jeane assise sur le lit toute tremblante et en nage.

« C'est rien, c'est un cau-cauchemar, balbutia-t-elle.

— Qu'est-ce qui s'est passé ? demanda-t-il.

— Ils veulent me mettre une camisole de force et m'emporter. Je crie : "Je ne suis pas folle ! Je ne suis pas folle !" Quand on arrive devant un bâtiment en briques q-q-qui ressemble à l'orphelinat où j'étais, on passe plusieurs portes noires en fer et chacune des portes se referme violemment derrière moi. Je crie : "Je n'ai rien à faire ici ! Qu'est-ce que vous allez me faire ?" Alors ils m'enf-enf-enferment dans une pièce sinistre avec des fenêtres à barreaux et ils sortent, ils ferment la porte en fer à clef et me laissent en camisole de force. "Je n'ai rien à faire ici !" Je hurle et hurle jusqu'à ce que je n'aie plus de voix... »

Cette terreur nocturne la prit la dernière nuit d'un safari-photo organisé par Conover. Au printemps 1945, il avait emmené Norma Jeane dans le désert mojave pour faire des photos d'elle : il voulait l'aider à se constituer un portfolio qu'elle pourrait montrer à des agences de mannequins. Elle s'était fait porter pâle à la Radioplane. Sur le chemin du retour à Los Angeles, par souci d'économie, ils partageaient une chambre de motel à Barstow.

À son retour, Conover apprit que des ordres l'attendaient à Fort Roach : il partait le lendemain aux Philippines avec une unité de photographes de combat. Quand il appela Norma Jeane pour le lui annoncer il ajouta : « Contacte Potter Hueth de ma part. Va porter les photos à la Blue Book Modeling Agency et demande à parler à Miss Emmeline Snively. »

Mais Norma Jeane hésitait. Elle se sentait très seule. En juin 1945, elle allait avoir dix-neuf ans et vivait des moments difficiles. Grace à Chicago, Jim au bout du monde, elle se sentait prise au piège par l'incertitude et la solitude. « J'avais été une sorte d'"épouse-enfant", maintenant j'étais une sorte de "veuve-enfant". » À la Radioplane, elle était passée de la salle des parachutes à celle de la « drogue » (la salle des enduits), à cause de l'agressivité des autres filles qui ne supportaient pas qu'elle attirât l'attention de tous les hommes et leurs sifflements admiratifs. Elle ne s'entendait pas très bien avec la mère de Jim qui voyait d'un mauvais œil son désir de devenir modèle. Ana Lower était souvent malade, sa mère était à l'hôpital psychiatrique et son père ne voulait pas lui parler.

« C'était le dimanche que je me sentais le plus seule », raconta-t-elle par la suite.

> Mais j'ai fini par découvrir un endroit où passer mes dimanches. C'était la gare, Union Station. Le terminus des trains venant des quatre coins du pays. C'était un beau bâtiment et il y avait toujours un monde fou, des gens portant des valises et des enfants... Je regardais tous ces voyageurs se dire bonjour quand ils entraient dans la salle d'attente. Ou se dire adieu.
>
> C'était surtout des gens modestes, même si on voyait de temps en temps quelques personnes bien habillées. Mais c'était en général des gens pauvres qui voyageaient en train.
>
> J'apprenais beaucoup en les observant. J'apprenais que les jolies femmes adorent les hommes ordinaires et que les beaux hommes adorent les femmes ordinaires. Et que les gens mal habillés qui portent des balluchons à moitié déchirés et traînent derrière eux trois ou quatre enfants barbouillés ont des visages qui peuvent s'illuminer comme des arbres de Noël quand ils se retrouvent. Et j'avais sous les yeux des hommes et des femmes simples, des gros et des vieux, qui s'embrassaient aussi tendrement que des amants

dans un film... Union Station, j'y passais presque tous mes dimanches.

En regardant les visages souriants des familles et des amis réunis qui suivaient les panneaux « Sortie », elle se demandait où était la sortie pour elle. Comment sortir de cette solitude et de cet isolement où elle ne pouvait vivre les joies de la famille que par procuration ? C'est dans ce chaudron de solitude que furent mélangés les ingrédients de la potion magique qui devait faire apparaître une déesse. Son rêve d'enfant, celui que Grace avait instillé en elle, son espoir d'être une star de cinéma comme Jean Harlow devint une ambition brûlante.

« On n'a pas besoin de savoir grand-chose pour rêver, disait-elle. Quand je regardais Hollywood la nuit, je me disais : "Il doit y avoir des milliers de filles seules comme moi qui rêvent de devenir actrices. Mais je ne vais pas me soucier d'elles. Je rêve plus fort qu'elles !" Je ne connaissais rien au métier d'acteur. Je n'avais jamais lu un seul livre là-dessus, je n'avais jamais essayé de jouer, ni abordé ce sujet avec qui que ce soit. J'avais honte d'avouer ce rêve aux rares personnes que je connaissais. Mais je portais ce secret en moi — devenir actrice, star de cinéma ! C'était comme d'être en prison et de regarder une porte sur laquelle il est écrit "Sortie". »

Sans rien dire à Ethel, elle prit rendez-vous pour le 2 août 1945 à 11 heures avec Miss Emmeline Snively, propriétaire de l'agence de mannequins Blue Book.

La nuit précédente, elle ne trouva pas le sommeil, tellement elle était énervée. Elle se leva avant l'aube, prit un long bain, se frictionna avec de l'eau de Cologne. Il lui fallut plus d'une heure pour se maquiller. Avait-elle trop agrandi ses lèvres ? Le trait d'eye-liner était-il droit ? Allait-elle mettre son tailleur ou sa robe ? Elle mit la robe. Elle brossa ses chaussures blanches en daim, la seule paire correcte qu'elle eût. Quoi qu'elle mît, il fallait que cela aille avec les chaussures. Le tailleur allait mieux. Donc elle ôta sa robe blanche et mit le tailleur : trop serré. Elle reprit la robe.

Elle s'était mise en arrêt-maladie à la Radioplane et Ethel se doutait qu'elle avait quelque chose derrière la tête. Elles n'échangèrent pas un mot quand Norma Jeane chaussa ses lunettes noires et sortit — lorsqu'elle monta dans le vieux coupé de Dougherty et partit, on aurait dit une apparition.

Le bureau de Miss Snively se trouvait à l'Ambassador Hotel.

Il était 11 heures passées quand Norma Jeane arriva devant la porte vitrée de la Blue Book Modeling Agency. Prenant une profonde inspiration, elle devint « l'autre personne » en traversant langoureusement le hall d'accueil dont les murs étaient ornés de grandes photos de superbes mannequins. Elle fut presque aussitôt introduite dans le sanctuaire : le bureau de Miss Snively. Elle essaya de toutes ses forces de se calmer pour ne pas bégayer. Miss Snively, petite femme dynamique qui approchait la cinquantaine, était dans le métier depuis plusieurs dizaines d'années. Elle était parfaitement capable, au premier coup d'œil, de distinguer un vrai mannequin d'une fille qui rêvait de faire du cinéma.

« Veuillez marcher jusqu'à la porte et revenir, mon petit. » Miss Snively nota : démarche instable et chaloupée, cheveux trop épais et trop frisés, lèvre supérieure trop courte et petite bosse sur le nez — en revanche le sourire était bon, les jambes bien galbées, les seins superbes. Mais une chose retint surtout l'attention de Miss Snively : la grande douceur qui émanait d'elle. « Dans sa robe blanche, raconta-t-elle, elle ressemblait à un chérubin dans un chœur d'enfants. »

« Voulez-vous vraiment être modèle, mon petit ?

— Oui, j'aimerais bien essayer.

— Essayer, c'est bien, ça. Si vous avez la volonté, vous y arriverez. Il y a beaucoup de jolies filles comme vous dans cette ville, mais vous, vous avez une chose, mon petit, une chose qu'elles n'ont pas : du charme. Oui, c'est ça, vous avez du charme !

— Merci, madame.

— Mais il faut du savoir-faire, mon petit. Nous proposons un cours de trois mois pour 100 dollars.

— Dans ce cas, c'est fichu pour moi, dit Norma Jeane d'un air abattu. J-j-je n'ai pas 100 dollars.

— Vous n'êtes pas obligée de payer aujourd'hui. Vous me rembourserez avec ce que vous gagnerez comme modèle. Voulez-vous commencer maintenant ?

— Oh oui ! » répondit-elle sans hésiter.

Dès le lendemain, Norma Jeane quitta son travail à l'usine. Apprenant son projet, Ethel Dougherty protesta en disant que Jimmy n'apprécierait pas qu'elle se lançât dans une carrière de mannequin. Sur quoi Norma Jeane plia bagages et retourna chez Ana Lower.

Lorsqu'elle évoquait les tout débuts de Norma Jeane, Miss Snively disait : « Je n'avais jamais connu une fille aussi travailleuse. Elle ne manquait jamais un cours. Elle avait confiance en elle et faisait une chose que je n'ai jamais vue chez aucun autre mannequin : elle étudiait chaque cliché que les photographes prenaient d'elle. C'est-à-dire qu'elle emportait chez elle les épreuves et les examinait pendant des heures. Puis elle revenait et demandait au photographe : "Qu'est-ce qui m'est arrivé, là ?" ou : "Pourquoi n'est-elle pas mieux sortie, celle-là ?" Le photographe le lui disait. Et elle ne faisait jamais deux fois la même erreur. Les photographes l'aimaient bien parce qu'elle était coopérative. Elle savait tenir compte de leurs indications. »

Son premier travail fut un emploi d'hôtesse lors d'un salon commercial au Los Angeles Home Show, dans le Pan Pacific Auditorium. Les 10 dollars par jour qu'elle toucha lui permirent de rembourser Miss Snively et, à la fin de l'été, elle était devenue un modèle de rêve pour un photographe. Elle gagna bientôt assez d'argent pour payer un loyer à tante Ana et pour faire réparer la voiture de Jim qu'elle avait emboutie un jour où elle rêvassait.

Cet après-midi du 14 août 1945, elle aurait pu croire, tout d'abord, que les klaxons de voitures qui retentissaient dans tout Los Angeles s'adressaient à elle. Mais si cette cacophonie persistait, c'était pour annoncer une grande nouvelle : la guerre était finie. Un concert de klaxons célébrait la paix sur Hollywood Boulevard, à Times Square et dans toutes les grandes avenues des États-Unis.

Mais l'euphorie cessa bientôt, avec la chute du rideau de fer et le début de la guerre froide. Après la défaite des puissances de l'Axe, le dessein unique qui avait rapproché l'Est et l'Ouest n'existait plus, tandis que l'Union soviétique ambitionnait d'étendre sa domination sur le monde. Obéissant à la maxime de Lénine « Conquérir le cinéma, c'est conquérir le cœur et l'esprit du peuple », le Komintern concentra son attention sur Hollywood et multiplia ses efforts pour infiltrer l'industrie du film. L'ampleur de ses activités clandestines n'a trouvé une confirmation que tout récemment, avec l'ouverture des archives du parti à Moscou. La lutte sur de nombreux fronts, à Hollywood, était orchestrée dans les quartiers généraux du Komintern, suivant les directives du Kremlin.

L'argent était toujours un problème et le Komintern sollicitait souvent l'aide financière de Frederick Vanderbilt Field, le « communiste à la cuiller en argent », pour les différentes antennes du parti. Ce fut lui qui finança la création de l'Institut russe, du Conseil des arts, des sciences et des professions libérales et des Centres d'éducation populaire, où enseignaient John Howard Lawson et le Dr Hyman Engelberg, ainsi que le leader travailliste de Hollywood, Herb Sorrell.

À côté du Dr Hyman Engelberg, il y avait un autre personnage obscur au Conseil des arts, des sciences et des professions libérales : John Murray, le mari d'Eunice Murray.

Norman Jefferies, le gendre d'Eunice Murray, a attesté que John était un communiste convaincu, qui avait plusieurs identités et une double vie.

Celle-ci serait restée dans l'ombre si les biographes de Marilyn Monroe ne s'étaient pas intéressés au mari d'Eunice Murray. Dans l'appendice de son livre *The Strange Death of Marilyn Monroe,* Frank Capell parle de lui comme d'un « agitateur gauchiste » qui rentrait souvent chez lui « épuisé par ses activités de syndicaliste ». Dans *Marilyn Monroe — La biographie,* Donald Spoto précise que John Murray avait fait des études de théologie à Yale et qu'il était devenu menuisier dans un studio de Hollywood. « Eunice, dit-il, voyait en lui le nouveau Jésus-Christ. »

Pourtant aucun document n'atteste que John Murray ait été étudiant en théologie et, d'après Norman Jefferies, il puisait plutôt sa foi dans les écrits de Marx et Engels que dans les Saintes Écritures, et vénérait surtout Joseph Staline. John Murray était peut-être menuisier dans les studios de cinéma, mais ses outils étaient la faucille et le marteau et il travaillait assidûment avec Herb Sorrell à appliquer la maxime de Lénine relative à la conquête du cinéma. L'objectif déclaré de John Howard Lawson était d'introduire la pensée marxiste dans les films hollywoodiens, tandis que John Murray avait pour tâche de convertir les syndicats de Hollywood au communisme.

En 1940, John Murray et Herb Sorrell mirent leurs efforts en commun pour se rendre maîtres des syndicats du cinéma en formant la United Studio Technician Guild d'obédience communiste, pour supplanter le syndicat des personnels du théâtre et du cinéma (l'IATSE). En 1941, ils mirent sur pied une grève qui menaça gravement les studios Walt Disney. À la fin de la guerre, ils formèrent avec les employés des studios une coalition gauchiste anti-IATSE appelée la Conference of Studio Unions ; enfin, la reddition du Japon marqua à Hollywood le début d'une nouvelle vague de conflits intersyndicaux orchestrés par Murray et Sorrell[1].

1. L'IATSE intenta un procès civil contre Murray et Sorrell (dossier n° 446193 au Los Angeles Hall of Records).

Choisissant Warner Bros. comme champ de bataille pour ce conflit juridique, Murray et Sorrell placèrent sept cent cinquante piquets de grève autour du terrain de la Warner, à Burbank. Quand les employés affiliés à l'IATSE voulurent franchir les grilles des studios, les piquets de grève retournèrent leurs voitures, sous l'œil furibond de Jack Warner qui observait la scène depuis le toit d'un studio. La police de Burbank et les vigiles des studios les dispersèrent à coups de matraque et de lance à incendie. Le lendemain soir, plus de quatre-vingts personnes furent blessées dans une bataille rangée entre syndicats rivaux, avant que des renforts de police des villes avoisinantes ne soient appelés pour rétablir un semblant d'ordre. L'affaire fut portée devant le Bureau national des relations intersyndicales, lequel statua, en octobre 1945, en faveur de la Conference of Studio Unions. Cette victoire conforta Murray et Sorrell dans leur intention d'étendre leur hégémonie à tous les studios de Hollywood, si bien que la guerre des syndicats contamina tout le milieu du cinéma.

Norman Jefferies se souvient qu'à l'époque de ces grèves il sortait avec la fille des Murray, Patricia, étudiante à l'université de Santa Monica. Les Murray habitaient une villa cossue au 802 Franklin Street à Santa Monica et, d'après Jefferies, ils y organisaient souvent des réunions avec des membres des syndicats communistes de Hollywood. Quinze ans plus tard, Marilyn Monroe serait amenée en voiture par Mrs. Murray à son rendez-vous avec son psychanalyste, le Dr Ralph Greenson, dans cette même villa de Franklin Street.

Jefferies décrit John Murray comme un homme brillant, cultivé, féru d'art et d'histoire et parlant cinq langues. « John Murray était un homme étrange — comme son frère Churchill. Il n'était presque jamais chez lui, ni même à Los Angeles, sauf quand il travaillait pour le parti. C'était toute sa vie. On ne pouvait pas dire que les Murray formaient un couple uni puisque John n'était pratiquement jamais là. Il était soit à Mexico, soit sur la côte est.

« Pendant les grèves, les Murray avaient souvent des réunions de cellule ou ce qu'ils appelaient des "réunions du club", se rappelle Jefferies. Herb Sorrell était en général là, mais les vrais stratèges étaient John Murray, son frère Churchill et les gens qu'il ramenait de Mexico. Sorrell était l'organisateur, il travaillait sur le terrain. John et Churchill étaient le cerveau. Eunice participait, mais elle m'a toujours semblé avoir un rôle mineur. »

Les grèves prolongées qui sévirent à Hollywood après la guerre, en 1945 et 1946, mirent à mal les studios et les syndicats eux-mêmes. Après plus d'un an de grèves surprises et de procès, le fonds de solidarité des syndicats des studios était complètement épuisé et la plupart de ceux qui avaient soutenu John Murray et Herb Sorrell perdirent tout lorsque le Bureau national des relations intersyndicales renversa la vapeur et statua finalement en faveur de l'IATSE. Les Murray ne pouvant plus payer leurs traites, ils durent vendre la maison qu'ils avaient fait construire sur Franklin Street. Elle fut rachetée par un homme que Norman Jefferies avait vu parfois lors des réunions chez les Murray, un homme qui leur transmettait les directives du parti : le Dr Ralph Greenson.

23
Los Angeles Limited

« L'enfer doit être comme Los Angeles. »

Bertolt Brecht.

Sigmund Freud avait douze ans lorsque son père lui raconta comment un « goy » avait donné un coup sur sa toque de fourrure toute neuve pour la faire tomber dans le caniveau en criant : « Descends du trottoir, sale juif !... — Et qu'avez-vous fait ? demanda le jeune Sigmund. — Je suis descendu dans le caniveau et j'ai ramassé ma toque », répondit Jacob Freud.

Depuis des siècles, depuis la destruction du Temple de Salomon et la Diaspora, les Juifs ont subi des persécutions qui ont fini par s'incruster dans leur culture. Mais lorsque Hitler prit les pleins pouvoirs en incendiant le Reichstag en 1933, la haine et l'intolérance se montrèrent sous leur forme la plus démoniaque.

Le Dr Henry Lowenfeld, un psychanalyste freudien qui travaillait dans un hôpital psychiatrique de Berlin, remarqua un curieux changement chez ses patients. « À mesure que grandissait la menace de la prise de pouvoir par les nazis, a-t-il raconté, on constatait ses effets même sur les malades mentaux. Ils commençaient à jouer eux-mêmes les nazis. Bien entendu, certains d'entre eux l'étaient. Mais les autres se faisaient passer pour tels. Certains essayaient même de me faire peur quand j'allais leur parler. »

Lorsque la démence devint un système de gouvernement, les plus fortunés fuirent cet asile d'aliénés qu'était devenue l'Europe. La prise de pouvoir par Hitler amena en Amérique certains de ses scientifiques, musiciens, professeurs et artistes les plus éminents.

Les immigrants juifs espéraient bien s'intégrer et s'il est vrai que l'antisémitisme était assez répandu en Amérique dans les années trente, il ne visait pas au génocide. La famille d'un Juif qui travaillait dur et se conduisait comme un bon Américain pouvait espérer vivre en paix. Nombre d'entre eux changèrent de nom, coupèrent leurs nattes et se firent refaire le nez ; ils se mirent à écouter Lum et Abner et troquèrent leurs kippas contre des feutres ou des chapeaux de cow-boys. Certains essayèrent même de s'inscrire dans les clubs de loisirs chics de Los Angeles.

La plupart des psychanalystes freudiens réfugiés en Amérique étaient juifs et beaucoup étaient marxistes. Ceux qui avaient renié leur foi dans le judaïsme trouvèrent chez Freud et Marx un tremplin pour fuir le dogmatisme empirique et un moyen d'expliquer l'agressivité humaine.

Dans les années trente, la psychiatrie était considérée par beaucoup d'Américains comme ésotérique. D'abord ceux qui pratiquaient l'analyse freudienne étaient des étrangers, et, compte tenu de la place que leurs théories accordaient à la sexualité, ils ne pouvaient être considérés que comme suspects dans une culture qui plongeait ses racines dans le puritanisme. Certains analystes immigrés s'installèrent à New York, d'autres à Boston, Chicago et Topeka, mais l'ultime destination de nombreux exilés freudiens fut Hollywood, cette oasis ensoleillée et prometteuse, avec ses piscines, ses palmiers et ses innombrables *meshugas* qui semblaient avoir trouvé un refuge au pays du cinéma.

Ernst Simmel, un élève de Freud, fut l'un des premiers analystes ayant fui l'Allemagne à arriver à Hollywood. Simmel et un autre freudien très estimé, Otto Fenichel, étaient deux des cofondateurs de l'Institut psychanalytique de Berlin. Mais ils étaient membres du parti communiste, et quand Hitler arriva au pouvoir, les péchés qu'ils avaient commis envers le Reich se trouvèrent aggravés par le fait qu'ils étaient juifs et avaient embrassé la cause freudo-marxiste. Apprenant que les nazis allaient venir le chercher, Simmel sauta par une fenêtre donnant sur l'arrière de l'Institut psychanalytique de Berlin, courut à toutes jambes et ne s'arrêta qu'arrivé à Hollywood.

Le parcours d'Otto Fenichel fut plus complexe. Il rêvait de voir le freudo-marxisme prendre le pas sur le fascisme nietzchéen et il s'envola tout d'abord pour Oslo, puis pour Prague où il prit la tête de mouvements clandestins antinazis et publia secrètement ses *Rundbriefe* — des circulaires ronéotypées qu'il envoyait à une élite intellectuelle pensant comme lui que le freudo-marxisme pouvait résoudre les problèmes de l'humanité.

Quand les armées d'Hitler envahirent l'Europe et que Fenichel fut forcé de fuir, Ernst Simmel organisa son immigration à Los Angeles. C'était en 1938. Certes, les amis freudiens de Simmel et Fenichel avaient des opinions marxisantes et étaient membres du parti communiste, mais la situation qui prévalait en Amérique ne se prêtait pas à une conceptualisation politique de la psychanalyse.

La médicalisation de l'analyse qui se fit de façon assez pragmatique aux États-Unis sapa l'héritage culturel et politique des exilés freudiens. Certains des premiers analystes de Los Angeles, tels May Romm et Francis Deri, firent fortune sur Bedford Drive, avec des clients de l'industrie du film prêts à payer des sommes folles pour s'écouter parler.

La majorité des psychanalystes émigrés d'Europe ne tenaient pas à afficher leurs opinions politiques. Ils voulaient s'établir et gagner de l'argent. Aux États-Unis, l'intellectualisme brûlant qui avait animé le mouvement freudien en Europe se métamorphosa en un système de libre-service proposant des séances de cinquante minutes. Fenichel et Simmel s'efforcèrent d'entretenir la flamme du marxisme, jusqu'au jour où ils s'aperçurent qu'il n'était guère judicieux d'épouser publiquement des causes prosoviétiques.

Se doutant qu'il était placé sous la surveillance du FBI, Fenichel décida de garder pour lui ses réflexions politiques. L'épais dossier du FBI le concernant confirme qu'il s'en tint à sa décision. Parmi les écrits qu'il a publiés, rares sont ceux qui laissent transparaître son dévouement à la cause communiste, mais il continua à faire circuler en Amérique ses *Rundbriefe* dans le but de maintenir en vie la psychanalyse politico-marxiste. Bien qu'il recommandât aux destinataires de brûler ces circulaires après les avoir lues, on en a retrouvé quelques copies froissées et pâlies qui figurent aujourd'hui dans les archives sur l'histoire de la psychanalyse.

Peu après être arrivé à Los Angeles, Fenichel rejoignit le groupe fondé par Simmel, un groupe d'Européens en exil partageant les mêmes sympathies marxistes. Parmi les membres de ce groupe d'étude, il y avait Max Horkeimer, T.W. Adorno et de temps en temps Leo Lowenthal — tous membres éminents de l'École de Francfort. L'École de Francfort regroupait des sociologues intéressés par la psychanalyse en tant que « théorie critique » néomarxiste.

Les réunions de ce groupe d'étude avaient lieu chez ses différents membres. Elles étaient ouvertes aux analystes comme aux non-analystes. L'exposé fait par un des participants était généralement suivi d'un débat passionné qui se prolongeait souvent jusqu'à 1 ou 2 heures du matin et se terminait par des discussions animées sur le trottoir. Les sujets abordés étaient très divers : l'éducation, le cinéma, le jazz, la radio, la littérature. Parmi les membres du groupe qui n'étaient pas des analystes, il y avait Thomas Mann, Christopher Isherwood, Bertolt Brecht, Peter Lorre, Bruno Frank[1], Fritz Lang, Hans Eisler, Otto Katz, Leon Feuchtwanger et Leo Rosten. Rosten, qui fut par la suite un célèbre humoriste et écrivit *Captain Newman, M.D.*, était venu à Hollywood à la fin des années trente dans l'espoir de devenir scénariste.

Un jeune médecin récemment arrivé à Los Angeles assistait aux réunions d'étude du groupe de Simmel et participait souvent aux discussions passionnées : le Dr Ralph Greenson. Il devint l'ami intime et le disciple de Fenichel et, dans une courte biographie de celui-ci que Greenson écrivit pour l'*Encyclopédie de la psychanalyse,* il confirme :

> J'ai rencontré Otto Fenichel au début de 1938, peu après sa venue à Los Angeles, et je l'ai fréquenté jusqu'à sa mort prématurée en 1946. Dans ce court laps de temps, moins de huit ans, il a été mon thérapeute, mon professeur, mon mentor et pour peu de temps mon ami. Il est de loin celui qui m'a le plus influencé dans ma vie de psychanalyste, et j'estime avoir eu beaucoup de chance de le rencontrer. Il est vrai que les différents aspects affectifs de notre relation limitent mon objectivité, mais ils m'ont permis également de découvrir certains côtés peu connus de l'homme et de son travail...

Greenson fut analysé par Fenichel et suivit avec lui quatre années d'analyse didactique. D'après Hildi Greenson, « Otto Fenichel fut celui qui inspira le plus Romi, il fut son mentor, son collègue et son ami ».

Ralph Greenson n'était pas du tout issu du même milieu que son maître. Il était né le 20 septembre 1911 à Brooklyn, et avait

1. Le romancier allemand Bruno Frank avait émigré en 1936. Sa femme allait devenir le professeur d'art dramatique de Marilyn Monroe en 1948.

une jumelle, Juliette. Ses parents, Joel et Kathrine Greenschpoon (née Goldberg), décidèrent de l'appeler Romeo. En fait, ce fut Papa Greenschpoon qui choisit d'appeler les jumeaux Romeo et Juliette. « Mon père aimait beaucoup Shakespeare et c'était un romantique, expliqua plus tard Greenson. Épuisée par son accouchement, ma mère était trop faible pour protester. » Ses parents étaient des Juifs émigrés de Russie. Ils avaient fui les pogroms tsaristes en 1903 et, à l'époque de la naissance de leurs jumeaux, ils vivaient à Brooklyn, dans un appartement du quartier Brownsville, Miller Avenue.

La plupart des Juifs russes arrivés en Amérique avec la vague d'immigration massive entre 1880 et 1920 s'étaient installés dans ce quartier de Brownsville et dans le Lower East Side à Manhattan. Les communautés juives de New York se composaient d'immigrés de diverses nationalités, mais tous étaient unis par leur culture, par la langue yiddish et par le besoin de se protéger d'un terrible sectarisme. Nombre des Juifs russes qui avaient échappé aux massacres des pogroms tsaristes avaient trouvé un refuge spirituel dans la religion orthodoxe ; d'autres dans la foi marxiste-sioniste qu'ils pratiquaient assidûment. Le jour du shabbat, à Brownsville, les habitants allaient soit au Sholem Aleichem Temple sur Pitkin Avenue, soit au Labor Lyceum (Maison de la culture des travailleurs) situé Sackman Street. Les Greenschpoon fréquentaient le Labor Lyceum où l'on révérait Lénine.

D'après ce que l'on racontait dans la famille, Papa Greenschpoon avait vu son père se faire assassiner par un Cosaque dans leur maison, dans la banlieue de Minsk. Très brillant, le jeune Joel Greenschpoon était étudiant en pharmacie et sa famille économisa assez d'argent pour l'envoyer en Amérique où il ouvrit une pharmacie à Brownsville, 373 Bradford Street. Joel rencontra sa femme Kathrine Goldberg lorsqu'elle répondit à l'annonce qu'il avait passée pour trouver une préparatrice en pharmacie. Kate était une jeune femme intelligente et entreprenante, qui avait fait elle aussi des études de pharmacie en Russie. Joel et Kate se marièrent en 1910. Kate s'aperçut très vite que son mari avait un don pour diagnostiquer les maux des clients et l'encouragea à faire des études de médecine pendant qu'elle tiendrait la pharmacie. En 1914, trois ans après la naissance de Romeo et Juliette, Papa Greenschpoon obtint son diplôme de médecine.

La plus jeune sœur de Romi, Elizabeth, naquit en 1913 et son jeune frère Washington Irving en 1916. C'était Kate le personnage central de la famille. Dotée d'une volonté et d'une énergie féroces, elle éleva cette famille originale et pétillante de vie dans l'environnement chaleureux de la culture yiddish, en mettant une pointe de Tolstoï et de Rachmaninov dans le mortier marxiste. Elle-même excellente pianiste, elle encouragea ses enfants à s'intéresser à la musique. Elizabeth se montra la plus douée pour le piano ; elle devint concertiste. Romi, lui, s'avéra assez bon violoniste.

Ce n'était pas de tout repos de grandir dans un pareil quartier en s'appelant Romeo. Brownsville était le fief de Louis Lepke Buchalter de la Murder Inc. Al Lewis, qui a habité lui aussi ce quartier, se souvient qu'il y avait « plein de gangsters juifs — Meyer Lansky, Abe Rellis, Pittsburgh Phil Straus, Banjo Bernstein, et les gars de la Murder Inc. Ils traînaient dans la rue. Nous ne savions pas — ou ne voulions pas savoir — qu'il s'agissait de tueurs à gages qui se rendaient complices d'actes infâmes et étaient capables de tuer un type avec un pic à glace pour 200 dollars ».

« Où il crèche, ce Romeo ? » Ce cri moqueur résonnait souvent dans Miller Avenue et incitait le jeune Greenschpoon à rester cloîtré chez lui et à faire sagement ses gammes au violon. Comme il devait le dire plus tard avec une ironie désabusée, ce traumatisme fut à l'origine de son intérêt précoce pour la psychanalyse. Il changea de nom quand il était à l'université, à l'insu de ses parents. Il décida de s'appeler Ralph, d'après le nom du héros de *Ralph of the Roundhouse.* Mais ses amis et ses frères et sœurs continuèrent à l'appeler Romi. Ses carnets scolaires attestent qu'il était très bon élève. L'école où il allait, de même que ses frères et sœurs, a été rebaptisée « The Danny Kay School » dans les années soixante, d'après le nom d'un élève célèbre. Beaucoup d'artistes américains ont passé leur enfance à Brownsville : George Gershwin, Steve Lawrence, Shelley Winters, Joey Adams, Phil Silvers, Henny Youngman, Jerry Lewis, Joe Papp et l'impresario Sol Hurok comptent parmi ceux dont les ambitions ont été mises à l'épreuve dans ces rues.

Quand la famille de Sol Hurok avait quitté la Russie pour s'installer à Brownsville en 1905, il s'était retrouvé à la tête du Labor Lyceum avec le frère de Kate Greenschpoon, Alex Goldberg. Hurok commença dans ce centre comme formateur d'artistes de comédies musicales. Avec Alex Goldberg et Kate Greenschpoon, il faisait venir des orateurs et des musiciens. Un jour, ils allèrent frapper à la porte de la loge d'Efrem Zimbalist à Carnegie Hall et le persuadèrent de venir au Labor Lyceum.

Parmi les orateurs invités par Kate, il y eut un jeune homme que l'on entendait beaucoup dans les mouvements ouvriers — Frederick Vanderbilt Field.

Sol Hurok écrivit dans ses mémoires :

> À cette époque, Brownsville était un microcosme de cultures animées par un désir ardent de participer à des activités intellectuelles et artistiques. Le mouvement ouvrier devenait de plus en plus actif au Lyceum et le public venait toujours nombreux écouter les orateurs et les musiciens. Mes partenaires, les Goldberg, et moi passions beaucoup de temps à trouver des artistes et à organiser des événements. La musique prospérait à Brownsville.

Le marxisme aussi. La contestation sociale fermentait chez les immigrants qui arrivaient par vagues d'Europe de l'Est. Socialistes, radicaux et communistes rivalisaient pour faire prendre conscience aux masses qu'elles vivaient dans des conditions sociales et économiques déplorables. En 1919, le « Jardin de Brooklyn » prit un autre surnom : le « Quartier rouge », et de nombreux chefs et militants de différents partis grandirent dans ses rues. Il n'y avait pas de républicains à Brownsville et tous les samedis soir qui précédaient une élection, un événement extraordinaire se produisait à l'intersection de Pitkin Avenue et de Saratoga Avenue. Cela s'appelait les « soirées politiques ». « Aux quatre coins de ce carrefour, racontera Al Lewis, les orateurs montaient sur des caisses de savon et criaient les slogans de leur parti avec un drapeau américain à côté d'eux. Dans un coin, il y avait le parti libéral, dans un autre le parti travailliste américain et, en face, d'un côté le parti socialiste et de l'autre le parti communiste. Tout simplement ! »

Joel et Kate Greenschpoon étaient dans le coin des communistes, ceux qui criaient le plus fort et se faisaient l'écho des souffrances et des frustrations endurées par les Juifs russes sous le joug de la « classe dirigeante ». C'est dans ce contexte de matérialisme dialectique — si soigneusement enseigné tous les samedis au Labor Lyceum — que le jeune Romeo Greenschpoon perdit sa foi instinctive en Dieu et adopta le dogme athée du marxisme qu'il colporta jusqu'à sa mort.

Plus tard, Ralph Greenson raconta avoir grandi dans une belle villa de Williamsburg, un quartier plus riche. Il décrivait cette maison comme « une demeure coloniale qui trônait majestueusement derrière une grille et reflétait la prospérité grandissante de la famille ». Mais, d'après les recensements, les dossiers scolaires et les annuaires de Brooklyn, on a pu établir clairement que les Greenschpoon vivaient dans un immeuble qui existe encore, 393 Miller Avenue, à Brownsville, et qu'ils y restèrent de la naissance de Romeo et Juliette jusqu'à leur départ pour Los Angeles en 1933.

Ralph Greenson raconta aussi qu'une fois sorti du collège en 1927, il avait fait ses études de médecine à l'université de Columbia, mais cela n'était pas tout à fait vrai non plus. Il n'a jamais été inscrit à l'université de Columbia. Il fréquentait le Seth Low Junior College de Brooklyn. Dans les années vingt et trente, l'université de Columbia n'acceptait qu'un certain quota d'étudiants juifs et il était très difficile pour un Juif d'y entrer, à moins d'appartenir à une famille très influente. Le conseil d'université de Columbia trouva une solution au problème des nombreux étudiants juifs qui voulaient s'inscrire en créant le Seth Low Junior College à Brooklyn. Résultat : le corps étudiant de Seth Low était à 95 % juif. Ce collège devint un foyer du marxisme sioniste, problème fort embarrassant pour le conseil d'université de Columbia qui ferma Seth Low en 1937.

Diplômé de Seth Low en juin 1929 avec d'excellents résultats, Romi eut autant de difficulté à s'inscrire à la faculté de médecine de son choix aux États-Unis, toujours en raison des quotas. Son père réussit à le faire entrer à la faculté de médecine de Berne en Suisse. Romi trouva une chambre dans une pension de famille, celle des Troesch. C'est là qu'il rencontra Hildegard (Hildi) Troesch qui allait devenir sa femme et sa compagne de toute une vie. Le frère aîné de Hildi avait été membre des Jeunesses communistes de Berne et il devint plus tard un des leaders du parti communiste suisse.

À la fin de ses études de médecine en 1932, Romi se rendit à Vienne pour étudier la psychanalyse avec Wilhelm Stekel, personnage fantasque et débordant d'imagination. Stekel, qui était un des plus anciens disciples de Freud et l'un des membres fondateurs de la Société psychanalytique de Vienne, était lui aussi un marxiste freudien et avait beaucoup de choses en commun avec Romeo Greenschpoon. Cet analyste viennois grandiloquent a été décrit par le biographe de Freud, Peter Gay, comme « intuitif et infatigable... Quoique très drôle, il s'est brouillé avec beaucoup de gens à cause de sa vantardise ». Ces traits de caractère devaient se retrouver un jour chez le Dr Ralph Greenson.

Romi épousa Hildi Troesch en 1935 et à l'époque où, ayant terminé ses études, il retourna aux États-Unis, Papa Greenschpoon avait emmené sa famille à Los Angeles, et y avait ouvert un cabinet de médecin généraliste sur Fairfax Avenue. Juliette, la jumelle de Romeo, avait épousé le Dr Max Belous, éminent pédiatre qui avait un cabinet à Beverly Hills, et sa jeune sœur, Elizabeth, était désormais pianiste et fréquentait un jeune avocat de Los Angeles promis à une belle carrière, Milton Mickey Rudin, surnommé Mickey.

En 1936, Romi et Hildi emménagèrent dans un petit appartement au 633 Berendo Street, non loin du Cedars of Lebanon Hospital de Hollywood, où il fit son internat avec son camarade Hyman Engelberg. Mickey Rudin se souvient que c'est à cette époque, alors que Romi et Hyman Engelberg étaient internes, qu'il devint ami avec Engelberg et sa femme Esther.

C'est pendant qu'il faisait son internat, en 1937, que Romeo Greenschpoon et son frère Washington Irving Greenschpoon changèrent leurs noms en Ralph et Walter Greenson. Le Dr Ralph Greenson ouvrit son cabinet et installa son divan au 1930 Wilhire Boulevard. Comme il était entré dans les bonnes grâces d'Ernst Simmel et de Francis Deri dans le groupe d'études psychanalytiques de Californie du Sud, Simmel le présenta à Otto Fenichel qui était arrivé d'Europe en 1938. Et ce fut le début d'une grande amitié.

La guerre vint interrompre la carrière de Ralph Greenson à ses tout débuts. « Je commençais juste à gagner un peu d'argent, se rappelait-il. J'avais un cabinet à Beverly Hills et j'allais pouvoir rembourser Fenichel et payer les meubles du cabinet, lorsque je fus mobilisé. »

Il fut conscrit en 1942 et affecté dans un service de psychiatrie, à l'hôpital de l'Armée de l'air de Fort Logan, dans le Colorado. C'est là qu'il se découvrit un don pour l'enseignement. Il commença à organiser des séminaires pour apprendre aux psychiatres et aux médecins à soigner les troubles mentaux provoqués par la guerre. Le fameux livre de Leo Rosten, *Captain Newman, M.D.* dont fut tiré, en 1964, un film avec Gregory Peck, s'inspirait beaucoup des expériences de guerre du capitaine Greenson. Voici comment Rosten décrivait le capitaine Newman (Greenson) : « Il avait une façon très particulière de parler, un ton à la fois désabusé, fatigué, impatient et désenchanté — mais il n'était pas du tout timide... Ses séminaires affichaient complet dès le début et je n'en avais jamais entendu de pareils, tellement ils étaient vivants, non conventionnels et lumineux. Il adorait enseigner. Il adorait se donner en spectacle. »

Quand il parlait de son expérience de Fort Logan, Greenson

racontait : « À ce moment-là, le colonel Murray est arrivé de son poste à l'Air Force de Washington et m'a dit : "Greenson, j'ai quelque chose à vous dire. Savez-vous pourquoi je suis venu ?" J'ai dit : "Non." Il m'a répondu : "J'ai l'intention de monter un hôpital où j'enseignerai la psychiatrie. J'ai pris la décision de l'installer à Fort Logan et de vous prendre comme assistant." Et il est venu. Quelques mois plus tard il était là. Le colonel John Murray était chef du service psychiatrique et j'étais son assistant. »

S'agissait-il du John Murray marié à Eunice ? De ce leader du mouvement ouvrier que Norman Jefferies décrivait comme un homme étrange, « brillant, cultivé, féru d'art et d'histoire et parlant cinq langues » ? Ce même John Murray qui « n'était presque jamais chez lui, ni même à Los Angeles, sauf quand il travaillait pour le parti » ?

Dans les nombreux livres et biographies de Marilyn Monroe, il est rarement question de la relation entre le Dr Greenson et John et Eunice Murray. L'improbable « amitié » entre le Dr Greenson et Eunice n'a jamais été tirée au clair. Dans son livre, *Marilyn, the Last Months*, Eunice Murray mentionne à peine son mari et les circonstances de son association avec Greenson. Rose Shade, coauteur du livre, parle d'elle en ces termes : « Elle était attirée par la psychologie, elle ressentait le besoin de travailler sur les problèmes des gens. Eunice a beaucoup lu et étudié, et quand l'occasion s'est présentée de s'occuper de malades mentaux à domicile, elle connaissait et comprenait suffisamment le sujet pour travailler en liaison avec un psychiatre. Elle a traité toutes sortes de patients. »

Pourtant, c'est là une des nombreuses contradictions inhérentes à l'étrange vie d'Eunice Murray, il n'existe aucun document attestant qu'elle avait des qualifications dans le domaine psychiatrique, ni aucune preuve qu'elle ait jamais participé de quelque façon que ce fût au traitement de malades mentaux. Pour épaissir encore le mystère, ni Hildi Greenson, ni les enfants des Greenson, ni les enfants des Murray n'ont accepté de parler de la relation entre le Dr Greenson et John et Eunice Murray.

Le dossier militaire du colonel John Murray indique qu'il était né en 1897, la même année que le mari d'Eunice. Le colonel John Murray avait étudié la psychiatrie à Vienne en 1932, l'année où Greenschpoon était lui aussi étudiant à Vienne. Apparemment, ils connaissaient tous les deux Otto Fenichel qui donnait souvent des conférences à Vienne et qui tint aussi des séminaires à Fort Logan.

Tout cela pourrait n'être que pures coïncidences, mais le colonel John Murray fonda l'Institut psychanalytique de Boston et une photo de lui prise à l'Institut en 1942 rappelle fortement la photo du mari d'Eunice Murray prise en 1957. Enfin, les écritures des deux John Murray se ressemblent de manière frappante.

D'après Norman Jefferies, John M. Murray était souvent sur la côte est ou au Mexique pour le parti. Un des deux John Murray menait une double vie en voyageant souvent dans le fameux triangle du Komintern entre Hollywood, New York et Mexico.

24
La nymphe errante

> « Au moment où, tremblant et soupirant, vous jurez que vous êtes à lui,
> Et où lui déclare que sa passion est infinie, immortelle —
> Jeune femme, dites-vous bien ceci : l'un de vous deux ment. »
>
> Dorothy Parker.

Un autre exilé était venu s'abriter de la tempête européenne : André de Dienes, un jeune homme à l'âme de gitan originaire de Transylvanie, qui avait suivi les chemins d'exode de la société européenne avant de s'installer à New York comme photographe de mode au magazine *Vogue.* Romantique de nature, il avait fait de la sensualité son culte et des formes féminines une source d'émerveillement pour son œil épicurien. Ces penchants l'avaient poussé à partir pour Hollywood où il appela l'agence de mannequins Blue Book pour demander une fille joliment faite.

Oui, Miss Snively avait parmi ses modèles une jeune fille peu expérimentée mais qui pouvait faire l'affaire. Une heure plus tard, Norma Jeane Dougherty frappait à la porte de De Dienes. Elle portait un pull rose moulant, ses cheveux châtains étaient noués avec un ruban assorti à son pull et elle avait à la main un carton à chapeau contenant son minuscule maillot de bain.

« Je m'appelle Norma Jeane Baker, dit-elle. Vous êtes bien monsieur d-d-de Dienes ? »

Il ne s'attendait pas du tout à voir une créature comme celle qui se tenait devant lui. « En un clin d'œil, je fus à la fois intrigué, ému et attiré par elle — ses seins fermes et bien ronds, sa taille fine soulignée par le galbe parfait de ses hanches, ses longues jambes agiles. »

Il passa la chercher le lendemain matin très tôt chez tante Ana. C'est par cette belle matinée de novembre 1945, sur une plage de Malibu, que Norma Jeane, sans maquillage, se mit à danser dans la fraîcheur dorée du petit matin — tournant, sautant, s'accroupissant sur le sable, se relevant d'un bond, resplendissante de joie de vivre dans ce ballet en duo avec l'appareil photo dont la chorégraphie était signée André de Dienes.

Il développa les photos le soir même dans son laboratoire. « En regardant les images apparaître dans le bac, j'eus la certitude qu'un grand avenir s'ouvrait devant elle et l'envie furieuse d'aller prendre d'autres photos d'elle en extérieur. »

« Dans les petites robes de coton blanc qu'elle portait le plus souvent, elle avait encore l'air d'une jolie gamine craintive et esseulée qui voulait que quelqu'un, quelque part, pense qu'elle valait quelque chose », commenta Miss Snively. De Dienes lui donna le sentiment d'être quelqu'un de spécial, il lui acheta des vêtements et des bijoux pour les séances de pose. Son caractère énergique et libérateur sortit Norma Jeane de sa solitude. Elle pouvait lui ouvrir le fond de son cœur et partager avec lui ses rêveries effrénées.

Ils partirent un matin de décembre dans une Buick noire décapotable à destination du désert mojave et de la Vallée de la Mort. Ils passèrent la première nuit à Furnace Creek, dans la Vallée de la Mort et, au grand dam du photographe, Norma Jeane exigea qu'ils fassent chambre à part. Quand il frappa à sa porte au milieu de la nuit, elle lui sourit et le pria calmement d'être assez gentil pour retourner dans son lit.

Il faisait déjà jour quand il se réveilla. Son heure préférée pour faire des photos était passée : le soleil se levait dans le ciel sans nuage. Il trouva Norma Jeane déjà levée et habillée, fraîche et pimpante. « Elle était fraîche comme la rosée et toute souriante. Elle portait un polo et un pantalon, se souvint de Dienes. J'ai eu le sentiment qu'il fallait que je la photographie le plus possible ce jour-là. »

Cours ! *Clic !* Saute ! *Clic !* Et il lui parle de choses folles et de rêves, de montagnes d'or, *clic !* de richesse, *clic !* de célébrité, *clic !* Tourne-toi ! *Clic !* Cambre-toi ! *Clic !* Ses seins ronds et fermes, *clic !* et ses cheveux en désordre, *clic !* dans la lumière dorée du soleil. Saute ! *Clic !* Le galbe parfait de ses hanches. *Clic !*

Clic ! Et les aigles se découpent sur le ciel bleu cobalt, tandis qu'elle rit et envoie des baisers au soleil devant les horizons sans fin et l'infinie liberté de la jeunesse, *clic !* et de la nature, *clic !* et de la beauté, *clic ! Clic ! Clic !*

Il faisait nuit quand ils arrivèrent à Portland. Norma Jeane avait appris, en téléphonant à Grace, que sa mère avait quitté l'hôpital d'Agnew et vivait seule dans une chambre d'hôtel à Portland, dans l'Oregon. Elle avait convaincu de Dienes de faire ce grand détour vers le nord et il était furieux d'avoir accepté. Pourtant, il l'accompagna à l'hôtel situé en plein centre de la ville et ils trouvèrent Gladys dans une chambre sinistre au dernier étage. Il se souvient du caractère insolite de leur rencontre et qu'elles n'avaient rien à se dire. Norma Jeane déballa les cadeaux qu'elle avait apportés et prit un air enjoué. Elle essaya d'engager une conversation avec sa mère, mais Gladys ne répondait pas. « Mrs. Baker s'est caché le visage dans les mains et a semblé nous oublier complètement, raconta de Dienes. C'était affligeant. Apparemment, ils l'avaient laissée sortir trop tôt de l'hôpital. »

Ils reprirent la route du sud. Il pleuvait et la nuit commençait à tomber. De Dienes voyait bien que Norma Jeane était triste. C'était à nouveau l'époque des vacances de Noël. Cela faisait onze ans qu'on avait emmené sa mère pour l'interner et sept ans que Norma Jeane ne l'avait pas vue. D'après de Dienes, elle parut se laisser envelopper par un voile de tristesse et il ne put rien dire ni rien faire pour l'arracher à ses idées noires.

Bientôt la pluie glacée se transforma en neige et il leur fut impossible de poursuivre leur route. Non loin du Mont Hood, ils aperçurent des lumières, celles d'un vieil hôtel en briques, Government Lodge. À en croire de Dienes, il ne restait plus qu'une seule chambre avec un grand lit.

Lorsque de Dienes et Norma Jeane revinrent à Los Angeles, il y avait un message de Jim Dougherty. Son bateau avait accosté sur la côte est. Il prenait le train pour rentrer à Los Angeles et télégraphiait l'heure de son arrivée. Dès qu'il apprit le retour du mari, André de Dienes dit à Norma Jeane qu'un de ses amis de New York était mort subitement et il quitta la ville du jour au lendemain, avec, dans son book, les photos d'un autre superbe modèle.

Dougherty arriva à la gare pour découvrir que sa femme n'était pas là pour l'accueillir. « Elle est arrivée avec une heure de retard. Et quand elle s'est enfin pointée — avec *ma* voiture —, elle m'a dit qu'elle était en train de poser et que cela avait duré plus longtemps que prévu. Jusqu'alors, elle m'avait toujours réservé un accueil chaleureux, me donnant le sentiment qu'elle m'aimait et que je lui avais terriblement manqué. Mais là, elle était plutôt froide. Nous nous sommes enlacés et embrassés, mais ce n'était pas comme avant. »

Dougherty était là pour deux semaines mais, d'après lui, ils ne passèrent que deux ou trois soirées ensemble pendant sa permission. « Elle était très occupée à poser comme modèle pour gagner de l'argent. C'était la première fois que je prenais conscience de son ambition. Je n'étais plus au centre de ses préoccupations comme lors de ma première permission : maintenant ma présence était accessoire. Il y avait très peu de temps pour moi dans ses journées bien remplies et j'avais l'impression qu'elle me méprisait. Norma Jeane ne parlait plus non plus de notre avenir. Elle ne parlait plus que de sa carrière. »

En épluchant ses relevés de banque, il s'aperçut que ses économies avaient fondu — presque tout était passé dans des vêtements pour les séances de pose avec les photographes. « Elle me montrait ses nouvelles robes et ses nouvelles chaussures comme si je m'intéressais à ce genre de chose. Elle avait toute une collection de magazines dans lesquels elle était en photo. On commençait à la voir en page de couverture et elle en était très fière. Elle aurait voulu que je le sois aussi, mais moi, ça me donnait la nausée. J'avais le cœur serré. »

Apparemment, Grace et Norma Jeane avaient discuté de la visite à Portland qui l'avait tellement déprimée et il fut convenu que les Goddard prendraient Gladys à Van Nuys, le temps que Norma Jeane trouvât un endroit où accueillir sa mère. Dougherty a un souvenir très précis du jour où ils allèrent chercher Gladys au terminus du Greyhound Bus, au centre de Los Angeles. C'était la première fois que Dougherty la voyait et il fut assez choqué. « Elle était habillée tout en blanc, on aurait dit une infirmière. Elle était très polie avec moi mais n'avait pas l'air de savoir qui j'étais. Elle avait la tête ailleurs. Je ne l'ai jamais vue se fâcher, je ne l'ai jamais vue rire. »

Évoquant l'épreuve de force qui l'opposa à sa femme en janvier, peu avant qu'il repartît en mer, Jim Dougherty raconte : « Je me voyais devenir peu à peu le perdant, et je me disais : "Bon sang, ce n'est pas une vie !" Je l'avais laissée tenter sa chance comme modèle pendant plus d'un an et elle négligeait de plus en plus notre vie conjugale. Donc je lui ai dit qu'elle devait choisir entre sa carrière de modèle et sa vie de femme au foyer avec moi, comme avant à Catalina. Elle s'est mise en colère et m'a reproché de n'être jamais là. Comment pouvais-je espérer qu'elle reste à la maison alors que j'étais en mer la moitié de l'année ? "À Catalina, c'était merveilleux, me dit-elle, mais quand reviendras-tu pour de bon ?" Je savais que j'étais en train de perdre le combat que je menais pour que nous restions ensemble. Elle savait ce qu'elle voulait, et moi, je ne pouvais que lui faire des promesses. Quand je suis reparti, elle a dû se dire que j'avais failli à la plus importante de ces promesses. »

Jim était donc reparti et, ne sachant quand il reviendrait, Norma Jeane se consacra entièrement à sa carrière. Avec les photos de De Dienes, Emmeline Snively avait un superbe portfolio à faire circuler et Norma Jeane était très demandée. En février et mars, elle posa pour le photographe Joe Jasgur et l'artiste Earl Moran. Moran la photographia dans toutes sortes de poses et, d'après ces clichés, fit ensuite des pastels qu'il vendit à Brown et Bigelow, le plus important fabricant américain de calendriers d'art et de cartes postales. Elle devint le modèle favori de Moran. Il la payait 10 dollars de l'heure et pendant les quatre années qui suivirent elle posa très fréquemment pour lui. À propos de son talent, Moran déclara par la suite : « Elle savait exactement comment s'y prendre. Ses mouvements, ses mains, son corps étaient parfaits. C'était la plus sexy de toutes. La meilleure. »

En février 1946, Norma Jeane gagnait assez d'argent pour louer le petit appartement au-dessous de chez Ana Lower, sur Nebraska Avenue, et pour prendre sa mère chez elle. Le déménagement se fit précipitamment, sans doute parce que les Goddard avaient des problèmes. D'après Bébé, quand Grace et Doc étaient revenus à Van Nuys, ils avaient définitivement sombré dans l'alcool, et leur vie était bien chaotique.

Le fait de vivre avec Gladys présentait des difficultés sur le plan pratique comme sur le plan affectif, mais Norma Jeane désirait vraiment mieux la connaître et se rapprocher d'elle. Généralement, le dimanche matin, tante Ana, Gladys et sa fille assistaient au service de l'Église de la science chrétienne à Westwood Village. Emmeline Snively se souvient avec précision du jour où la mère de Norma Jeane vint à l'agence à l'improviste. Gladys apparut soudain à la porte du bureau de Miss Snively, tout de blanc vêtue : robe blanche, chaussures blanches, bas blancs, chapeau blanc. Les deux femmes passèrent une heure à discuter de la carrière de Norma Jeane. En se levant pour partir, Gladys prit la main d'Emmeline et lui dit : « J'étais venue simplement pour vous remercier personnellement de tout ce que vous avez fait pour Norma Jeane. Vous lui avez donné une nouvelle vie ! »

Emmeline Snively était d'avis que Norma Jeane aurait beaucoup plus de succès encore si elle était blonde et elle lui conseillait souvent d'éclaircir ses cheveux, mais Norma Jeane protestait en disant que ça n'aurait pas l'air naturel. Miss Snively insista : « Si vous voulez vous montrer, mon petit, il faut vous faire décolorer. On demande surtout des blondes. On peut photographier une blonde en clair, moyen ou foncé, selon l'éclairage. Avec les cheveux que vous avez là, vous paraîtrez toujours plus foncée sur les clichés. » Mais Norma Jeane ne voulait rien entendre.

Au printemps 1946 cependant, le photographe Raphael Wolff appela Emmeline Snively : il voulait prendre Norma Jeane pour une publicité de shampooing. Il la paierait 10 dollars de l'heure. Mais, pour cela, il fallait qu'elle se fasse teindre en blonde. Il ajoutait qu'il lui paierait la décoloration. Elle accepta et on l'envoya chez Frank et Joseph, *le* salon de Hollywood, d'où elle ressortit avec une coiffure sophistiquée et des cheveux blond doré.

D'abord, elle trouva cela trop artificiel. « Ce n'était plus vraiment moi », dit-elle plus tard, comme si elle avait eu du mal à s'habituer à l'image étrange que lui renvoyait le miroir. Mais elle y reconnut bientôt celle, très familière, de la fille qui distrayait toute la classe d'arithmétique à Emerson et provoquait des torticolis sur les plages californiennes. Elle remarqua que maintenant qu'elle était blonde, les têtes se tournaient encore plus vite et que les sifflements étaient encore plus stridents.

Être blonde, c'était tout de même prendre un sérieux engagement. Les blondes sont différentes. Les blondes bien faites tombent dans des schémas morphologiques mythiques. Elles ont une autre façon de s'habiller et de se mouvoir. En étudiant dans la glace le reflet de la blonde, Norma Jeane dut reconnaître quelque chose qui lui correspondait — quelque chose de blond à l'intérieur d'elle-même.

Et, à force de dévisager cette étrangère, Norma Jeane passa à travers le miroir et devint blonde pour toujours.

25

MM

« Le patient affirmait avoir en permanence sur les lèvres une agréable sensation de bourdonnement. Comme s'il produisait le son "Mm"... Ce son "Mm..." était l'expression du plaisir dans les activités autoérotiques. »

Dr Ralph Greenson, 1953.

On a dit de Hollywood qu'elle était un état d'esprit, une ville en celluloïd dont le centre est l'usine à rêves mais qui n'a pas de frontières — ses façades en carton-pâte et ses rues en plâtre sinuent interminablement à travers Oz, Shangri-La, la Casbah et Jurassic Park jusqu'aux salles de cinéma et aux téléviseurs du monde entier.

Ceux qui visitent le vrai Hollywood aujourd'hui sont souvent choqués par la disproportion entre le rêve et la réalité. Hollywood Boulevard, jadis lieu magique s'il en fut, est à présent l'avenue des rêves brisés où mendiants, arnaqueurs, psychopathes et paumés se rassemblent pour lancer ensemble le cri silencieux des exclus. Le *Jour du fléau** est passé, laissant en ruine les quelques vestiges des jours de gloire de Hollywood.

Mais il fut un temps où Hollywood était moins décadente — le carton-pâte était tout frais, le clinquant était du vrai clinquant et le rêve tout neuf était nourri par la simulation honnête

* *The Day of the Locusts*, film de John Schlesinger d'après le roman de Nathanael West, surtout connu pour l'excellente description qu'il donne du Hollywood des années trente. (*NdT.*)

de l'illusion la plus authentique. Il y avait de vraies histoires et de vraies stars. Les vedettes légendaires telles que Valentino, Gable, Harlow, Pickford, Fairbanks et Garbo avaient une aura que n'ont pas les stars d'aujourd'hui. Dans la galaxie d'alors, les stars, les étoiles du cinéma, avaient des personnalités qui dépassaient largement leur propre vie et les plaçaient sur une orbite plus éloignée où elles brillaient davantage.

Pour Norma Jeane, « elles étaient les phares d'une Terre promise, la terre d'Ingrid Bergman, Claudette Colbert, Joan Crawford, Bette Davis, Gene Tierney, Jennifer Jones ».

> Tous les acteurs et toutes les actrices étaient des génies assis devant les portes du Paradis — les films. Être acteur avait quelque chose de beau et d'idéal. Ce n'était pas un art. « C'était plutôt comme les couleurs chatoyantes que je voyais dans mes rêves — comme un jeu qui me permettait de sortir d'un monde sombre et triste pour entrer dans des mondes si lumineux que rien qu'en les imaginant, j'avais le cœur qui battait. De temps en temps, je prenais des cours d'art dramatique, quand j'avais assez d'argent, parce que ça coûtait très cher. Je payais 10 dollars de l'heure.
>
> J'ai fait connaissance avec beaucoup de gens, des gens différents de ceux que j'avais connus jusqu'alors, des gens bien et des gens moins bien. Parfois, quand j'attendais le bus, une voiture s'arrêtait et l'homme qui était au volant baissait sa vitre et me disait : « Qu'est-ce que vous faites là ? Vous seriez mieux dans un film. » Ensuite il me proposait d'aller chez lui. Je disais toujours : « Non, merci. Je préfère prendre le bus. » Mais il n'empêche que je ne pensais qu'à ça : faire du cinéma.

Au début de 1946, Norma Jeane dit à Emmeline Snively qu'elle voulait devenir actrice et Miss Snively la recommanda à son amie Helen Ainsworth qui dirigeait une agence renommée de la côte ouest, la National Concert Artists Corporation. Helen Ainsworth, dite « Bunny », était une véritable walkyrie — elle pesait plus de cent kilos — et elle avait coutume de dire en plaisantant qu'elle était la plus « grosse » agence de Hollywood. Impressionnée par Norma Jeane, elle lui fit signer un contrat avec la National Concert Artists Corporation le 11 mars 1946, et confia à Harry Lipton le soin de la représenter auprès des studios de cinéma.

Mais il y en avait des milliers comme Norma Jeane, des milliers qui avaient le même rêve, suivaient le même panneau « Sortie ». Elles mettaient tous leurs espoirs dans leur bagage et en auto-stop, en bus, en train, elles se rendaient à « Movieland », chacune rêvant de toutes ses forces qu'elle serait celle qui y arriverait : des centaines et des centaines de sourires et de dents blanchies et de cheveux teints, de nez refaits et d'épilations électriques — plus une bosse, plus une verrue ; des milliers de brunes, de rousses, de blondes aux jambes fines, aux seins ronds et fermes et aux hanches bien galbées — ou aux soutiens-gorge savamment rembourrés ; des milliers et des milliers de photos, de portraits ou de curriculum vitae — « expérience à Broadway », sait chanter, faire des claquettes, danser le hoola, jouer du piano, se désarticuler, « Miss Wyoming », a travaillé avec Meisner, Abbey Players, Pocono Playhouse, a couché avec Zanuck (clin d'œil et démarche hors pair), a de grands yeux expressifs, « super-intelligente, a appris le métier à Londres — quelle distinction ! », « respire la confiance en soi, le charme et l'élégance ! », « et écoute, Harry, écoute bien, c'est la chérie de J. Paul Getty »... Des milliers et des milliers de minettes, de pépées, de filles faciles et de belles nanas, d'intrigantes et d'utopistes comptant sur leur jeu de jambes et leurs mimiques, de nunuches et d'allumeuses, et puis... et puis il y avait Norma Jeane.

Elle allait se présenter dans des bureaux de casting, avec son portfolio et son curriculum vitae (après être passée chez Schwab's pour prendre un petit remontant). Elle passait des heures à attendre, assise sur des bancs trop durs — à lire de gros livres pour se cultiver —, pour s'entendre dire finalement : « Nous ne pouvons pas vous recevoir aujourd'hui. » Elle avait appris chez Schwab's qu'aucun des grands studios ne lui ferait signer de contrat si elle était mariée. Son agent, Harry Lipton, lui confirma que les studios auraient l'impression de perdre du temps et de l'argent en formant une starlette qui risquait de tomber enceinte. Lipton raconta plus tard avoir discuté avec Norma Jeane de son mariage, quatre ans plus tôt, avec Dougherty, et, comprenant qu'ils avaient pratiquement rompu, il la persuada d'aller dans le Nevada pour obtenir rapidement le divorce.

Elle déposa sa demande de divorce à Las Vegas le 14 mai 1946. Bien qu'elle fût tenue de rester dans le Nevada jusqu'à ce que le divorce fût prononcé, elle faisait souvent la navette entre Hollywood et Las Vegas, espérant ne pas se faire prendre.

Dougherty se souvient que son bateau était à quai dans le port de Shanghai lorsque la lettre arriva des États-Unis. Norma Jeane ne lui avait pas écrit depuis longtemps et il ne s'attendait vraiment pas à recevoir de courrier. Mais on l'appela et un marin brandit la lettre en lui disant : « Dis donc, ta femme demande le divorce, mon vieux ! » La lettre venait d'un avocat de Las Vegas. « C'était une lettre de rupture, se souvient Dougherty, et aussitôt, toutes sortes d'idées folles m'ont traversé l'esprit. J'ai pensé sauter par-dessus bord, je voulais me supprimer par n'importe quel moyen. Mais ça n'a duré que quelques minutes. » Le désespoir a bientôt cédé la place à la colère : Dougherty fulminait à l'idée qu'un contrat avec un studio comptait plus pour sa femme qu'un contrat de mariage. Plutôt que de se supprimer, il alla derechef trouver le capitaine et lui dit : « Je veux que l'on supprime immédiatement la pension de ma femme ! »

En juillet, Norma Jeane apparut en couverture de quatre magazines pour hommes — *Click, Pic, Laff* et *Sir.* Prenant son book qui regorgeait désormais de photos, elle alla se présenter à la Twentieth Century Fox — et demander une entrevue avec le directeur du casting, Ben Lyon.

Pendant les années de guerre florissantes pour le cinéma, avant l'avènement de la télévision, la Fox était le plus grand des major studios et celui qui réussissait le mieux. Tous ces empires du cinéma étaient nés du rêve d'un individu et non des efforts conjugués de conseils d'administration ou d'agents de Wall Street ; et c'était Darryl F. Zanuck, un homme très particulier, doué d'une énergie et d'une volonté imparables, qui avait fait de la William Fox Corporation souffreteuse un vaste empire englobant le Fox Theater et les studios Westwood avec ses seize plateaux, ses cent hectares de lacs et de forêts, ses villages western, ses rues de New York, ses châteaux forts, ses gares, ses jungles, ses bazars orientaux — tout cela sur un seul terrain, le long de Beverly Hills.

Avec une écurie de vedettes comprenant Clark Gable, Tyrone Power, Gene Tierney, Dana Andrews, June Haver et Clifton Webb, la Fox avait produit soixante-quinze films en 1945 et Zanuck dirigeait la maison comme un général prussien. Ex-joueur de polo, Zanuck avait été interdit de polo à Brentwood pour avoir brandi son maillet et menacé un cheval dans un accès de colère. Il avait donc fait de son maillet une badine dont il menaçait paraît-il, les béni-oui-oui, ceux qui disaient « oui » avant qu'il eût fini de parler.

Au cours de l'été 1946, un journaliste de dix-neuf ans originaire de l'Ohio attendait dans le hall de la Fox, noir de monde. Il espérait pouvoir faire une interview de Gene Tierney. Tout à coup, une jolie blonde serrant sous son bras un book volumineux ouvrit les grandes portes du studio. Elle se prit les pieds dans un paillasson, trébucha et toutes ses photos tombèrent et s'éparpillèrent par terre. Le jeune journaliste se précipita pour l'aider à les ramasser. Elle lui sourit avec ses grands yeux bleus, lui dit « merci » et se dirigea vers la réception.

Le jeune Robert Slatzer essaya de reprendre sa lecture, mais le parfum de la belle blonde s'attardait devant son nez et il avait du mal à se concentrer. Il leva à nouveau les yeux vers cette jolie fille timide à laquelle la réceptionniste disait d'aller s'asseoir. Slatzer se souvient avoir pensé qu'il avait de la chance : il ne restait qu'une place libre, à côté de lui.

« Qu'est-ce que vous lisez ? lui demanda-t-elle en s'asseyant.

— *Feuilles d'herbe*, répondit Slatzer.

— Ça parle de quoi ? demanda-t-elle les yeux écarquillés.

— C'est un recueil de poèmes de Walt Whitman, dit-il en lui tendant le livre. Êtes-vous actrice ?

— Non, je suis modèle, répondit-elle avec enthousiasme, tout en commençant à feuilleter le livre. Mais j'espère bien devenir actrice un jour. Je m'appelle Norma Jeane. »

Lorsqu'il se présenta à son tour, elle se mit à lui poser des tas de questions sur les stars de cinéma qu'il avait interviewées : « Comment sont-elles ? Sont-elles comme on les voit à l'écran ? Dans quels journaux paraissent vos interviews ? » Et tandis qu'ils bavardaient, Slatzer se rendait compte qu'il émanait de cette jolie blonde timide quelque chose de spécial — quelque chose qui le touchait profondément. « Nous avons tout de suite éprouvé de l'affection l'un pour l'autre. Il y avait chez elle quelque chose de magique, elle ne rayonnait pas comme les autres. Je crois que j'ai eu immédiatement un coup de cœur pour elle, et elle l'a senti. »

Rendez-vous fut pris pour le soir même. Il passerait la prendre à son appartement, Nebraska Avenue, et ils iraient dîner à Malibu dans un restaurant avec vue sur l'océan, un endroit qu'elle aimait bien. Slatzer ne lui avait pas dit qu'il était fauché et qu'il n'avait pas de voiture. Il était hébergé par un acteur, un certain Noble « Kid » Chissell, qu'il avait rencontré dans l'Ohio sur le lieu de tournage de *Home in Indiana.* Par chance, Chissell n'avait pas besoin de sa voiture ce soir-là. Il la prêta à Slatzer avec 10 dollars.

Bob Slatzer n'eut pas d'interview avec Gene Tierney ce jour-là, mais il passa une délicieuse soirée avec la belle blonde. Gene Tierney, qui était sur le tournage de *Dragonwyck* (*Château du Dragon*) avec Walter Huston, était trop occupée pour rencontrer le jeune journaliste de l'Ohio ; mais un autre jeune homme de la côte est n'eut aucun mal, lui, à l'approcher sur les lieux du tournage, un jeune homme plein de charme récemment arrivé à Hollywood, tout auréolé de ses succès politiques — le jeune John Kennedy.

En juin 1946, John Kennedy avait gagné l'élection primaire de Boston. Il avait été brillamment élu dans la onzième circonscription du Massachusetts.

Grisé par sa victoire écrasante, il avait fait ses valises et était parti en vacances à Hollywood où il allait pouvoir soigner son bronzage et son image avant de se lancer dans la campagne du mois de novembre. À l'instar de son père, il avait l'intention de frayer avec les stars et de « se tailler une réputation », comme il le dit à son ami Chuck Spalding qui travaillait pour l'agent de Gene Tierney, Charles Feldman.

Gene Tierney évoqua ainsi leur rencontre sur le tournage de *Château du Dragon* : « Je me suis retournée et j'ai vu les yeux les plus parfaitement bleus que j'avais jamais vus chez un homme. Il m'a souri. J'ai réagi exactement comme les dames dans les romans à l'eau de rose. Mon cœur a chaviré. » Bien que mariée à l'époque à Oleg Cassini, Gene Tierney s'amouracha de John Kennedy et crut qu'il était aussi amoureux d'elle.

« Je ne saurais dire de quelle nature était son charme, expliqua-t-elle, mais il prenait la vie comme elle venait. Il ne cherchait pas à se cacher. Il se moquait de faire bonne ou mauvaise impression. On se sentait en sécurité avec lui. Je ne me souviens pas l'avoir vu se fâcher. Il avait une façon d'être gentil avec les gens qui allait bien au-delà de la politique et une façon d'être attentionné qui dépassait le côté purement matériel. Les fleurs et les cadeaux n'étaient pas son genre. Il vous offrait son temps, et son intérêt. »

Mais Gene Tierney n'était pas la seule à qui John offrait son temps et son intérêt. Elle n'était qu'une des nombreuses femmes mariées ou divorcées, stars ou starlettes auxquelles il fit la cour durant son escapade à Hollywood.

« Hollywood : du nouveau côté cœur ! claironnait Sheilah Graham dans sa rubrique de potins, le 15 août 1946. Peggy Cummins et John Kennedy en ont étonné plus d'un en se promenant bras dessus bras dessous lors du séjour à Hollywood du futur représentant de Boston au Congrès ! »

Selon Red Fay, son camarade dans la Marine, John eut aussi

une aventure avec Sonia Henie qu'il avait rencontrée à Hollywood, chez son ami l'acteur Robert Stack. Fay se rappelle cette réflexion de John : « Avoir couché avec la star du patinage artistique est une de mes plus grandes victoires. » C'est l'été où John Kennedy louchait sur les stars et starlettes dans les soirées de Hollywood que Robert Stack se souvient avoir remarqué un joli modèle prénommé Norma Jeane.

« Quand j'ai rencontré Norma Jeane Dougherty, elle n'avait pas encore changé de nom. C'était l'acteur hongrois Eric Feldary, un fort bel homme, qui l'avait amenée à une de nos soirées "piscine" », raconte Stack. Feldary, qui était aussi un ami de Sonia Henie, avait eu un petit rôle dans *Pour qui sonne le glas ?* et *Par la porte d'or*. Stack remarqua que Norma Jeane avait un maillot de bain blanc « qui ne cachait pas grand-chose de sa beauté, mais c'était le cas de bien d'autres jolies filles. Je me souviens qu'elle avait l'air timide et qu'elle se tenait toujours à l'écart de tout ce qui se passait. Moi, j'essayais de jouer mon rôle de maître de maison, et chaque fois que je lui demandais si elle voulait quelque chose, elle répondait : "Non, ça va très bien." »

Pendant l'été 1946, Norma Jeane apparut en maillot de bain sur la couverture de *Laff*, un magazine pour hommes que Howard Hughes trouvait plus que distrayant.

Le 7 juillet, Hughes avait échappé de près à la mort : son nouvel avion s'était écrasé sur une villa de Beverly Hills. Plâtré de la tête aux pieds, il était resté dans un semi-coma pendant plusieurs jours. Il revint à la vie le jour où il vit la photo de Norma Jeane sur la couverture de *Laff*. Il téléphona à son bureau à la RKO et demanda à ses associés de trouver qui était cette « cover-girl » et de lui faire tourner un bout d'essai. Apprenant les intentions de Hughes, mais ayant assez de jugeote pour savoir qu'un bout d'essai pour Hughes voulait souvent dire pour une starlette une représentation privée entre ses draps, Bunny Ainsworth envoya à Hedda Hopper, chroniqueuse des échos de Hollywood, le 29 juillet, l'article suivant :

> Howard Hughes est en voie de guérison. Séduit par la photo d'une cover-girl en couverture d'un magazine, il s'est empressé de donner des instructions pour qu'on lui fasse signer un contrat pour le cinéma. Il s'agit de Norma Jeane Dougherty, un modèle.

Miss Ainsworth appela Ben Lyon, le directeur de casting de la Fox, et lui dit que Norma Jeane n'avait pas encore signé le contrat avec Hughes, qu'elle voulait bien donner une chance à la Fox mais qu'ils devaient faire vite. « Envoyez-la-moi tout de suite », répondit Ben Lyon.

Norma Jeane était chez tante Ana quand elle reçut l'appel. Nebraska Avenue n'était qu'à quelques minutes à pied de Pico Boulevard où se trouvaient les studios de la Fox, ce qui lui laissa un peu de temps pour rectifier son maquillage, enfiler une robe de circonstance et se coiffer. Elle était prête pour ce grand moment. Quand elle arriva, Miss Ainsworth était déjà là et cette fois il n'y eut pas de longue attente sur les bancs trop durs, couronnée par un « Désolée, on ne reçoit plus aujourd'hui ». La réceptionniste les fit entrer et elles longèrent d'un pas rapide le couloir du bâtiment administratif qui menait au bureau de Ben Lyon. Celui-ci ne lui demanda pas de lire une scène. Il ne se souvient pas lui avoir demandé non plus quelle expérience elle avait, ni sa formation, ni son âge, ni même si elle était mariée. Il fut ébahi par ce qu'il voyait et ressentait. Il ne lui en fallut pas davantage pour être convaincu. Il se souvient avoir dit à Bunny Ainsworth quelque chose de stupide, du genre : « Je crois qu'elle a de l'avenir sur son visage. »

« Pouvez-vous lui faire tourner un bout d'essai demain, Ben ? lui demanda Miss Ainsworth.

— Mr. Zanuck doit donner son accord pour tous les bouts d'essai. Ça va demander un peu de temps.

— Si vous ne vous dépêchez pas, nous filons tout droit à la RKO en sortant d'ici.

— Donnez-moi deux jours, juste deux jours. Je vais arranger ça. »

Deux jours plus tard, Lyon faisait tourner un bout d'essai sans l'autorisation préalable de Zanuck. Ne voulant pas courir le risque que celui-ci refusât, il paria sur le fait que lorsque son patron verrait l'essai, il lui ferait tout de suite signer un contrat.

Ils arrivèrent sur le plateau à 5 h 30 un matin du mois d'août, avec une équipe réduite au minimum pour filmer l'essai muet. Lyon demanda à Norma Jeane de commencer à marcher de long en large sur la scène dès qu'il crierait : « Action ! » Ensuite elle devait s'asseoir, allumer une cigarette... L'écraser... Se lever... Aller vers le fond de la scène... Revenir... Regarder par la fenêtre... Se retourner... Revenir sur le devant de la scène et sortir.

Norma Jeane attendait, debout dans le noir, agitant nerveusement ses mains comme pour chasser les mauvais esprits. Les électriciens appuyèrent sur les boutons qui transformaient le faux noir en lumière du jour et le cameraman Leon Shamroy signala qu'il était prêt. Quand Lyon dit : « Action », Norma Jeane entama son dialogue silencieux avec l'œil de la caméra. « J'ai connu peu d'actrices qui avaient un tel talent pour communiquer avec l'objectif, déclara un jour le photographe Philippe Halsman. Elle essayait de séduire la caméra comme s'il s'agissait d'un être humain. » Mais, pour Norma Jeane, cet œil infaillible représentait des millions et des millions d'yeux — tous les cyclopes du monde, le monde auquel appartenait l'autre personne, celle dont elle ignorait le nom. Cet œil avait le pouvoir de deviner qui se cachait derrière la voluptueuse enfant abandonnée qui avait erré telle une somnambule dans un monde qui n'était pas le sien, l'enfant au regard en Technicolor, l'enfant qui rêvait en ouvrant tout grands des yeux pleins de nostalgie et d'incertitude. Plus tard, en évoquant le matin où ils avaient tourné ce bout d'essai, Leon Shamroy avoua : « Après coup, j'en ai eu des frissons. Cette fille avait quelque chose — quelque chose que je n'avais pas vu depuis le cinéma muet. Elle n'avait pas besoin d'une bande-son pour raconter son histoire. »

Il y avait tout un protocole à observer, à la Fox, lorsque Darryl Zanuck entrait dans une salle de projection. La secrétaire appelait le projectionniste dès que le patron était en route : il devait signaler, par une sonnerie dans la salle, le moment où Zanuck passait dans le sas. Puis, dès qu'il entrait, tout le monde se levait et attendait qu'il eût pris place pour se rasseoir. Ce jour-là, l'essai de Norma Jeane serait projeté juste après les rushes de la journée mais Zanuck l'ignorait. Lorsqu'il s'installa, Ben Lyon, qui redoutait sa réaction, était dans ses petits souliers.

Dès la fin des rushes, ce fut la surprise : l'essai muet en couleurs de Norma Jeane apparut sur l'écran. Un silence de mort régnait dans la salle. À la fin de la séquence Zanuck demanda d'un ton sec à Ben Lyon : « Qui est cette fille ?

— Elle s'appelle Norma Jeane Dougherty, monsieur Zanuck. C'est un modèle.

— Je ne la connais pas. Ai-je donné mon autorisation pour cet essai ?

— Non, monsieur, répondit Lyon qui s'attendait à une tirade accablante de Zanuck.

— C'est bigrement bon. Faites-lui un contrat ! »

Quelques jours plus tard, Norma Jeane se précipita chez les Goddard en brandissant son contrat et en hurlant : « Ça y est ! Je l'ai ! J'ai signé avec le meilleur studio de Hollywood ! Ils ont aimé mon bout d'essai. Je suis engagée ! Regarde ! » Grace et Norma Jeane tombèrent dans les bras l'une de l'autre en pleurant de joie.

« Je te l'avais dit, ma chérie ! s'exclama Grace en essuyant ses larmes. Je t'avais dit que tu serais une star de cinéma ! Je te l'avais dit !

— Les gens sont tous très gentils et je vais tourner dans un film ! Tout va être différent pour nous, maintenant ! »

Elle raconta à Grace son bout d'essai dans les moindres détails et lui parla des gens du studio et de tous ceux qu'elle avait rencontrés. Elle mentionna le fait que le directeur de casting lui avait suggéré de « penser à un nom plus glamour que Norma Dougherty ».

« Tu n'as pas d'idée ? demanda Grace.

— Le type du studio m'a proposé “Marilyn”.

— C'est un joli prénom, répondit Grace. Et il va très bien avec le nom de jeune fille de ta mère. C'était une Monroe.

— C'est un nom merveilleux ! s'exclama Norma Jeane. Monroe... Marilyn... Marilyn... Monroe... Marilyn Monroe... Marilyn Monroe ! »

Elle se le répéta encore et encore...

... Jusqu'à ce qu'il lui fût familier — comme un ami. Et elle décida que ce serait le nom de l'autre personne.

TROISIÈME PARTIE

1946-1954
LES COULEURS CHATOYANTES

26

« L'oiseau rare » assorti de clauses spéciales

> « J'avais un nouveau nom, Marilyn Monroe. Il me fallait renaître. Et cette fois-ci mieux qu'avant. »
>
> Marilyn Monroe.

Dix ans après son arrivée à l'orphelinat de Los Angeles, l'orpheline n° 3463 devenait Marilyn Monroe. Née pour la seconde fois le 24 août 1946, dans le service juridique de la Twentieth Century Fox, « aux termes d'un contrat de sept ans, renouvelable et assorti des clauses spéciales décrites ci-dessus advenant audit contrat, en vertu de l'accord sus-dit », c'est une starlette rémunérée 75 dollars par semaine qui entrait dans le monde des rêves en Technicolor.

Pour la jeune fille éblouie, c'était comme atteindre la Terre promise, et les collines vallonnées de la Twentieth Century Fox devinrent son pays d'adoption. Bien que sa présence ne fût pas requise quotidiennement au studio, elle suivait avec régularité les cours de chant, d'art dramatique, de danse et d'expression corporelle. À la coiffure, elle apprit les astuces des vraies blondes et s'initia aux potins de studio sur les dernières permanentes à la mode. Ses visites aux salles de montage et d'enregistrement lui permirent de pénétrer les rouages de la machine à films qu'était la Fox. Allan « Whitey » Snyder, qui rencontra pour la première fois Marilyn à la Fox en 1946, se souvenait qu'elle « avait la volonté farouche d'absorber tout ce qu'elle pouvait ».

Personne ne semblait indifférent à cette nouvelle starlette, jolie et pleine d'allure. Personne, sauf le patron du studio, Darryl F. Zanuck.

À l'automne 1946, Zanuck assurait la production de *Gentlemen's Agreement* (*Le Mur invisible*) d'Elia Kazan avec Gregory Peck en vedette, un film en forme de manifeste contre l'antisémitisme, qui devait se voir primé. À la même époque, il supervisait la post-production de *The Razor's Edge* (*Le Fil du rasoir*) et de *The Late George Apley*. Il surveillait toute la production du studio, soit un total de cinquante-trois films pour l'année 1946. La Fox avait plus de quarante acteurs sous contrat et Marilyn n'était qu'une starlette parmi des douzaines d'autres. À moins qu'elles ne passent à l'écran, ou sur la méridienne dans son studio personnel aux allures de château, Zanuck voyait rarement les aspirantes-vedettes. Quant à lui, c'était le petit personnel des studios qui l'apercevait rarement : il était un oiseau de nuit. Marilyn était une belle de jour.

L'attaché publicitaire du studio, Roy Craft, fut chargé d'interviewer Marilyn et de rédiger une brève biographie pour les fichiers du studio. Il n'oublia jamais la profonde émotion que lui causa le récit de cette enfance digne de Dickens, avec l'orphelinat et sa suite de foyers d'accueil. Grace Goddard avait conseillé à Marilyn d'éviter de révéler la maladie mentale de sa mère. Aussi Marilyn raconta-t-elle à Roy Craft ce qu'elle avait elle-même cru les premiers temps à l'orphelinat, à savoir que sa mère était morte.

Au moment de l'interview, toutefois, Gladys logeait avec Marilyn chez tante Ana. Peu de temps après la signature du contrat de Marilyn avec la Fox, Berneice et sa fille Mona Rae arrivèrent pour un séjour de quelques mois. C'était la première fois que Berneice revoyait sa mère depuis leurs adieux dans le Kentucky en 1923.

Selon Berneice, il y avait toujours des frictions entre Marilyn et Gladys, qui ne cessait d'ergoter et de critiquer sa fille.

« Je persiste à croire, confia Marilyn à sa demi-sœur, que notre mère se conduira mieux quand elle aura passé plus de temps dehors. J'ai toujours l'impression que nous sommes des étrangères l'une pour l'autre. J'en suis encore à tenter d'apprendre à la connaître. Lorsque je suis allée la voir à Portland, tout le long du trajet, en conduisant, je me disais que ce serait un joyeux événement — j'avais passé tant d'années à attendre et à espérer... mais quelle déception. Elle s'est montrée tellement froide. » Berneice avait remarqué que Marilyn faisait de gros efforts pour tenter d'aplanir sa relation avec sa mère, et qu'elle déployait des trésors d'ingéniosité pour court-circuiter la tendance chicaneuse de Gladys. Mais Marilyn n'en finit pas moins par lui confier : « Jamais Maman et moi ne pourrions vivre ensemble. »

Très peu de temps après le départ de Berneice et de Mona Rae, Gladys quitta l'appartement de Nebraska Avenue et s'en retourna dans l'Oregon avec un voyageur de commerce, John Stewart Eley, qu'elle épousa par la suite. À l'automne 1946, Marilyn déménagea à son tour de chez tante Ana pour louer une chambre à Temple Hill Way, sur les collines de Hollywood. Ce fut la première de la longue série de chambres et d'appartements minuscules qu'elle allait occuper pendant les années difficiles de ses débuts.

Durant ses premières semaines de starlette à la Fox, Marilyn fréquenta occasionnellement le jeune journaliste Bob Slatzer. Originaire de l'Ohio, ce garçon était une véritable mine de renseignements sur le cinéma. Il emmena Marilyn dans les hauts lieux d'Hollywood et lui prêta des livres afin d'étancher sa soif insatiable de connaissances. Slatzer a raconté qu'un dimanche, ils étaient allés visiter la propriété de John Barrymore sur Tower Grove, mise aux enchères après la mort du vieil homme. La maison tombait en ruine, mais ses cinquante-cinq pièces renfermaient encore une multitude de vestiges des collections éclectiques de Barrymore : mâts-totems, têtes réduites, une armure, des tableaux, des oiseaux rares empaillés. Slatzer se souvenait que la vue des oiseaux empaillés avait déprimé Marilyn et qu'elle avait tout de suite perçu l'atmosphère de tragédie qui planait derrière les murs de la propriété Barrymore. Lorsqu'ils étaient passés dans la pièce où Barrymore avait agonisé, emporté par une hémorragie due aux ravages de l'alcoolisme, Marilyn avait fait cette remarque : « Cet endroit est un cauchemar, on y voit tout ce qui a cloché dans la vie d'un homme. » Slatzer avait remarqué que Marilyn avait une aversion spontanée pour les biens matériels ; au moment où leur voiture franchit les grilles rouillées de la propriété Barrymore, elle déclara : « De toute ma vie, je ne veux jamais rien posséder de prétentieux, surtout pas une grande maison. » Puis elle lâcha cette phrase, tout à fait comme si Norma Jeane exhortait Marilyn : « Rappelle-toi que tu n'es ici que de passage. Et tu n'as pas intérêt à l'oublier, ma fille ! »

Slatzer quitta Los Angeles en septembre pour reprendre ses études dans l'Ohio, mais il était bien décidé à revenir poursuivre sa carrière à Hollywood, et à en apprendre plus sur cette fascinante créature qui était entrée dans sa vie au détour d'un couloir de la Twentieth Century Fox.

En novembre, Marilyn décrocha son premier petit rôle, celui d'une opératrice de téléphone, dans *The Shocking Miss Pilgrim.* Comme elle ne fait qu'une courte apparition, le film est rarement mentionné dans sa filmographie ; néanmoins, c'est bel et bien sa première expérience professionnelle au cinéma.

Se remémorant ses premiers jours à la Fox, Marilyn racontait la soirée à laquelle elle s'était rendue, au domicile de l'agent Charles Feldman, dont la célèbre Artist's Corporation était l'une des agences les plus cotées de Beverly Hills.

> Un soir, un figurant m'invita à dîner.
>
> « Je te préviens, je n'ai pas d'argent, lui dis-je. Et toi ?
>
> — Moi non plus, me répondit-il, mais j'ai une invitation pour une soirée. J'aimerais t'y emmener. Toutes les stars seront là. »
>
> Nous sommes arrivés sur les lieux, à Beverly Hills, à 21 heures. C'était la maison d'un agent célèbre. J'étais aussi terrifiée à l'idée d'entrer que si j'allais braquer une banque. Mes bas étaient remaillés, je portais une robe à 10 dollars. Et mes chaussures ! Je priais pour que personne ne regarde mes chaussures. Redressant de mon mieux les épaules, j'ai plaqué sur mon visage l'expression la plus distinguée que je connaisse, mais je n'ai réussi qu'à entrer d'une démarche raide dans un hall immense où je suis restée pétrifiée comme une statue blonde à la vue des smokings et des robes du soir.
>
> Mon cavalier m'a soufflé : « Le buffet est dans l'autre pièce. Viens ! » Et il s'est éloigné sans m'attendre. Je suis restée dans l'entrée, buvant des yeux un salon empli de meubles merveilleux et de gens merveilleux. Jennifer Jones était assise sur un divan. Olivia de Havilland se tenait debout près d'une petite table. Gene Tierney riait près d'elle. Et il y en avait tant d'autres que mes yeux ne parvenaient pas à les distinguer tous. C'était un ballet flou de robes du soir et de visages célèbres, se croisant, riant, bavardant. Les diamants étincelaient. Il y avait aussi des hommes, mais je n'en voyais qu'un. Clark Gable. Debout, seul dans un coin, un verre de whisky à la main, souriant rêveusement dans le vide. Il avait un air si familier à mes yeux que j'en ai eu le vertige.
>
> Une voix m'a interpellée.
>
> « Ma chère demoiselle, venez donc vous asseoir près de moi. »
>
> C'était une voix charmante, un peu altérée par l'alcool, mais très distinguée. Je me suis retournée et j'ai découvert un homme assis tout seul sur les marches de l'escalier. Il avait un verre à la main. Son visage, comme sa voix, était sardonique.

« C'est à moi que vous parlez ?

— Oui, a-t-il confirmé. Pardonnez-moi si je ne me lève pas. Mon nom est George Sanders.

— Enchantée, ai-je répondu.

— Vous devez bien avoir un nom, vous aussi, a-t-il fait avec une moue.

— Marilyn Monroe.

— Vous me pardonnerez si je vous dis que c'est la première fois que je l'entends, me dit Mr. Sanders. Asseyez-vous, je vous en prie... Ici, près de moi. Me ferez-vous l'honneur de m'accorder votre main ? déclara-t-il alors sur un ton solennel. Mon nom, au cas où vous l'auriez oublié, est Sanders. »

Je me suis contentée de lui sourire, sans répondre.

« Vous êtes naturellement peu enthousiaste à l'idée d'épouser non seulement un inconnu, mais pis encore un acteur, reprit Mr. Sanders. Je peux comprendre votre hésitation, particulièrement pour le second motif. Un acteur n'est pas tout à fait humain... mais dites-moi un peu, qui l'est ? »

Le beau visage facétieux de Mr. Sanders m'a fixée soudain avec intensité.

« Blonde, a-t-il dit, pulpeuse, et emplie d'une belle vigueur campagnarde. Tout à fait ce qu'il me faut ! »

J'ai cru qu'il allait m'enlacer, mais il n'en a rien fait. Reposant son verre, Mr. Sanders s'est assoupi.

En dépit de la langueur de George Sanders, Charles Feldman avait la réputation d'organiser les meilleures soirées de tout Hollywood. Feldman était new-yorkais d'origine et il connaissait Joe Kennedy. C'est grâce à ses liens avec la famille Kennedy que Chuck Spalding, ami de John, travailla pour Feldman à l'Artist's Corporation en 1946. Lorsque John descendait à Hollywood en « expédition de chasse », il était fréquemment l'hôte des Feldman et sortait le soir avec deux « clientes » de Charles, Gene Tierney et Peggy Cummins. Si l'on en croit l'ex-épouse de Feldman, Jean Howard, John fit un séjour chez eux en 1946, et l'épouse de Chuck Spalding, Betty, a confirmé que c'est Charles Feldman qui présenta John Kennedy à Marilyn Monroe.

Quand Noël 1946 arriva, Marilyn n'avait fait en tout et pour tout que deux remplacements de figurantes. Elle ne tarda pas à comprendre que le problème pour elle à la Fox était qu'il y avait trop de blondes. Betty Grable était la reine du lot, June Haver et Vivian Blaine marchaient déjà sur ses traces. En tant que blonde en surnombre, il ne lui restait plus que les rôles de parade sur les chars, les apparitions aux premières avec des cavaliers choisis par le studio, les ouvertures en grande pompe de supermarchés et les séances de photos... Mais elle ne voyait toujours pas son nom sur les listes de casting. Découragée, elle s'en ouvrit à Ben Lyon : « Que dois-je faire pour devenir une star, Ben ? Je vous en prie, dites-moi comment devenir une star ! » Lyon discerna dans le son de sa voix une farouche détermination. « Elle avait l'ambition de régner sur ses consœurs, observa-t-il. La Fox était devenue son foyer, la famille qu'elle n'avait jamais eue. » Il lui conseilla la patience et l'application. Mais parmi les figurantes déjà plus âgées, Marilyn voyait bien que bon nombre n'avaient fait que cela : se montrer patientes et appliquées.

Dans le moulin à potins édifiants qu'était le studio, Marilyn dut entendre la multitude d'histoires qui couraient sur Joe Schenck, le tsar septuagénaire de la Fox. Joe Schenck était l'un des pères fondateurs d'Hollywood et il avait été accusé de faux témoignage à la suite d'enquêtes du gouvernement sur des pots-de-vin que lui et d'autres patrons de studio avaient versés à Willy Bioff, Johnny Rosselli et à des racketteurs à la solde des syndicats et liés à la Mafia. Ce qui l'avait amené à purger une peine de six mois à la prison de Danbury en 1942. Mais en 1947, en tant que dirigeant de la Twentieth Century Fox, il exerçait toujours un pouvoir considérable dans la capitale du cinéma.

Schenck était un homme habile en affaires et connaisseur en jolies femmes. Jusqu'à un âge avancé, il apprécia grandement la compagnie féminine et collectionna sans relâche de beaux et jeunes spécimens qui remontaient au moins son moral — à défaut d'en faire davantage. Dans les commérages de studio, ces jeunes beautés qui se pressaient aux cocktails, dîners, séances de cinéma et parties de cartes organisées dans la maison de style méditerranéen de Schenck, à Holmby Hills, étaient connues sous le nom de *Schenck's girls.*

Au début de l'année 1947, alors qu'il quittait les locaux de la Fox à bord de sa limousine, Schenck croisa, traversant à pied une rue des studios, « l'oiseau rare » le plus exotique qui fût. Le fait qu'elle se soit trouvée là au moment propice, démarche chaloupée et grand sourire candide à l'adresse de Schenck, était peut-être plus qu'une simple coïncidence. Ordonnant au chauffeur d'arrêter la voiture, il fit signe à Marilyn et lui demanda son nom. Apprenant qu'elle était actrice sous contrat, et n'ignorant pas que les acteurs sous contrat ne mangeaient généralement pas à leur faim, il lui tendit sa carte personnelle et envoûta la belle de ces mots : « Appelez-moi donc et venez dîner... »

Si, comme l'affirma Ben Lyon, la Fox était devenue le foyer de substitution de Marilyn, Joe Schenck devint son père de substitution. En quelques semaines, Marilyn devint une *Schenck's girl* et une habituée des dîners à Holmby Hills.

Marion Wagner, qui avait connu Marilyn à l'époque où elle était modèle au Blue Book, et qui était elle aussi une *Schenck's girl*, gardait un souvenir très vivace de ces soirées chez Schenck et de ces jeunes filles que la limousine déposait à la porte de l'élégante propriété du 141, Carolwood Drive. Après les cocktails et le dîner, on assistait à des séances de cinéma dans la salle de projection privée de Schenck, ou bien l'on jouait aux cartes. « Il adorait parier sur nous quand nous jouions au gin rummy contre ses amis masculins, et il était toujours enchanté de nous voir gagner, se souvenait Marion Wagner. C'était vraiment une figure paternelle, un père confesseur, un vieillard délicieux et plein de sagesse. Quand les soirées s'achevaient, j'étais tout simplement reconduite chez moi en limousine et, autant que je sache, il en était de même pour Marilyn. »

Parmi les acharnés des cartes et amis de Schenck, figuraient Johnny Rosselli, le patron des studios Columbia, Bugsy Siegel, et Harry Cohn. Rosselli, Siegel et Cohn étaient associés avec Schenck dans bon nombre d'affaires de jeux à Los Angeles, et ils misaient avec lui aux courses d'Aqua Caliente, en Basse-Californie. Siegel dut renoncer au jeu après avoir reçu une balle fatale dans l'œil à son domicile, le 22 juin 1947.

Marilyn Monroe fut bientôt le sujet de commérages numéro un dans le moulin à potins du studio. « La première gloire que je me sois attirée, se lamentait-elle, fut d'être taxée de *Schenck's girl* par une vague de commérages. Mr. Schenck m'avait un soir invitée à dîner dans sa maison de Holmby Hills, puis il avait pris l'habitude de m'inviter deux ou trois fois par semaine. Au début, j'y étais allée parce que Mr. Schenck était l'un des patrons du studio. Ensuite, j'y suis retournée parce que je l'aimais bien. Et puis la cuisine était savoureuse, et il y avait toujours des gens importants — les amis personnels de Mr. Schenck. Au début, cela ne me gênait pas de m'entendre appeler la *girl* de Joe Schenck. Mais par la suite, j'en fus contrariée. Mr. Schenck n'a jamais eu avec moi le moindre geste équivoque. Je l'intéressais parce que j'ornais joliment sa table et parce que j'étais ce qu'il appelait "une personnalité excentrique". J'aimais m'asseoir près de la cheminée en sa compagnie et l'écouter disserter sur l'amour et le sexe. Sur ces sujets, il était une mine de sagesse, un peu comme un grand explorateur. J'aimais bien regarder son visage, aussi. Autant que celui d'un homme, c'était celui d'une ville. Toute l'histoire d'Hollywood y était imprimée. »

En février 1947, le studio renouvela le contrat de Marilyn pour six mois, en portant son salaire à 100 dollars par semaine. Quelque temps plus tard, son nom apparut sur les listes de casting pour *Scudda Hoo ! Scudda Hay !* avec June Haver et Lon McCallister en vedettes. Dans ce qui est considéré généralement comme ses débuts à l'écran, Marilyn joue un tout petit rôle — Betty — avec un dialogue se limitant à ces deux mots : « Bonjour, Rad ! »

« Maintenant, Miss Monroe, vous avancez à hauteur de Miss June Haver, vous lui souriez, vous la saluez en faisant un petit signe de la main droite et vous continuez votre chemin. Compris ? » Voilà les directives que reçut Marilyn de la bouche de l'assistant-réalisateur.

« La sonnerie retentit. Le silence tomba sur le plateau. L'assistant-réalisateur claironna : "Action !" Je m'avançai, fis mon sourire, agitai la main droite et dis ma réplique. J'étais dans un film ! J'étais l'un des innombrables plans qui font un film : une figurante. »

Dans cette courte scène, June Haver et la toute jeune Natalie Wood sont en train de converser devant l'église de la petite ville de Paducah. Les paroissiens sortent de l'église derrière elles. Parmi eux, une jolie blonde se tourne vers June Haver, et la salue de la main en disant : « Bonjour, Rad ! » Et June Haver répond alors : « Bonjour, Betty ! » Sur la bobine suivante, on voit en arrière-plan d'une scène située près d'un lac la blonde Betty ramant dans un canoë avec une autre figurante.

« Nous étions une douzaine de figurantes sur le plateau, avec un geste à faire, une ligne ou deux à dire, a raconté Marylin. Certaines étaient des anciennes de la figuration. Après dix ans de cinéma, elles en étaient toujours à dire une ligne et à faire dix pas sur le plateau en direction de nulle part. Quelques-unes étaient jeunes et avaient des avantages certains, mais je savais qu'elles étaient différentes de moi. Elles n'avaient pas mes illusions. Mes illusions ne consistaient pas à me croire bonne actrice. Je savais que j'étais une comédienne de troisième ordre. Avec les projecteurs et la caméra braqués sur moi, je prenais soudainement conscience de ma médiocrité. Ah, comme j'étais gauche, vide, inculte ! Une orpheline maussade dotée d'un cerveau guère plus gros qu'un œuf de pigeon. Mon manque de talent m'était quasiment palpable, comme des guenilles que j'aurais portées à l'intérieur de moi-même. Mais Seigneur, comme j'étais désireuse d'apprendre ! De changer ! De m'améliorer ! Je n'aspirais à rien d'autre. Ni à la compagnie d'un homme, ni à l'amour, non, juste qu'on me donne la possibilité de jouer ! »

Avant d'atteindre « l'arrêt d'autobus » (*Bus Stop*), le chemin allait être long et cahoteux pour la blonde Betty de Paducah.

27
Smog

> « La corruption a quelque chose d'un regard aigri qui transfère sa couleur jaunâtre à l'objet qu'il considère, et voit en toute chose souillure et impureté. »
>
> Thomas Paine.

Peu après, Shelley Winters débarqua en stop de Brooklyn et, arrivée à Hollywood, se mit à fréquenter le drugstore Schwab's sur Sunset Strip : elle avait entendu dire que c'était là que Lana Turner avait été découverte. Même si Lana Turner avait en fait été découverte ailleurs, c'est au Schwab's que Shelley Winters rencontra le chroniqueur de cinéma Sidney Skolsky et son chauffeur... Marilyn Monroe.

Winters se souvient de sa première rencontre avec Marilyn en 1946 : « Elle conduisait Skolsky à ses différents rendez-vous à bord de sa vieille Ford, car il n'avait lui-même jamais appris à conduire. » Skolsky était l'un des membres les plus pittoresques du milieu journalistique d'Hollywood. De petite taille, il était d'un tempérament irascible et, dans un mouvement de colère, il avait frappé un jour violemment la chroniqueuse Louella Parsons sur le bras au cours d'une soirée à Chasen's.

Même s'il ne craignait guère Louella Parsons, Skolsky était affligé de nombreuses phobies. Il avait peur des automobiles, des chats, des chiens, des enfants, et des microbes. C'était d'ailleurs probablement autant son hypocondrie que son amour du show-business qui l'avait conduit à installer son bureau dans un drugstore abritant une pharmacie. Son bureau avec balcon au

Schwab's offrait une vue particulièrement théâtrale sur la fosse aux lions d'Hollywood, en contrebas. Il l'appelait le « Schwabadero », par allusion au Trocadéro. Le Schwabadero faisait office de base pour les chauffeurs volontaires empressés à conduire Skolsky partout où il le souhaitait. On prétendait qu'il ne conduisait pas parce que ses pieds n'atteignaient pas les pédales, mais la vérité est qu'il avait une sainte terreur des automobiles. Au cours des années, on vit défiler parmi ses chauffeurs pratiquement toutes les figures du star-system, de Marlene Dietrich à Humphrey Bogart et Marilyn. Shelley Winters se souvient qu'un jour, Skolsky les entraîna dehors, elle et Marilyn, sur le parking derrière la pharmacie, et désigna du doigt un long bâtiment bas où sa fille, Stefi, était étudiante en art dramatique. « "Voici l'Actor's Lab, nous dit-il. C'est la toute nouvelle adresse hollywoodienne du Group Theatre, et quelques-uns parmi les meilleurs acteurs du monde enseignent ici !" Dans notre hâte à gagner la porte de l'Actor's Lab, nous avons manqué le renverser ! »

Le Group Theatre avait été créé à New York par Hannah Weinstein, directrice de l'un des fronts du Komintern, le Conseil des arts, des sciences et des professions libérales. Sous la direction de Harold Clurman, de Cheryl Crawford et de Lee Strasberg, le Group Theatre avait présenté des productions remarquablement novatrices dans les années trente : *Success Story* (1932) de John Howard Lawson, *Men in White* (1933) de Sidney Kingsley, *Awake and Sing* (1935) de Clifford Odets. En 1932, le Group avait présenté *Night over Taos*, de Maxwell Anderson, l'histoire d'une révolte contre des propriétaires terriens, avec dans les rôles principaux Morris Carnovsky, J. Edward Bromberg, Phoebe Brand, Clifford Odets et une jeune et séduisante actrice du nom de Paula Miller, qui devait plus tard épouser le metteur en scène Lee Strasberg.

Dans les années trente, il n'était nullement question, pour le Group Theatre, de feindre d'enfouir le message marxiste sous la surface des textes : au contraire, ce message était proféré avec force, par des artistes doués et engagés, en direction des places occupées par les classes populaires. Morris Carnovsky et son épouse Phoebe Brand devinrent professeurs à l'Actor's Lab où Shelley Winters et Marilyn étudièrent en 1947. Il existait une profonde dichotomie entre l'état d'esprit du Group Theatre — qui plongeait ses racines dans le « système » Stanislavsky — et la façon de jouer préconisée sur la côte ouest. Les exercices sur la mémoire des sens, les improvisations animales et les recherches de motivation ne ressemblaient à rien de ce que Marilyn avait précédemment connu. Anthony Quinn, Lee J. Cobb, Joe Papp, Lloyd Bridges, John Garfield, Larry Parks et Walter Bernstein figuraient au nombre des talentueux élèves. Walter Bernstein allait plus tard devenir le scénariste auquel la Fox aurait recours pour réécrire *Something's Got to Give.*

Phoebe Brand, qui fut l'un des professeurs de Marilyn, garda d'elle le souvenir d'une jeune fille consciencieuse qui n'ouvrait jamais la bouche pendant les cours. « Je ne savais jamais qu'en penser, confia-t-elle. Elle ne me disait pas quels étaient les problèmes qu'elle rencontrait dans le jeu théâtral... J'essayais de la pénétrer, mais sans y parvenir. Elle était extrêmement réservée. Ce que je n'ai pas su déceler dans son jeu, c'était son aspect spirituel, le sens de l'humour. Il était présent tout le temps — ce délicieux style “comédie” — mais j'étais aveugle. Honnêtement, je n'aurais jamais prédit qu'elle deviendrait un phénomène. » Joe Papp se souvenait quant à lui d'une jeune fille qui arrivait au cours avec un petit chien, lequel restait assis sur ses genoux pendant toute la séance, et si timide que l'on n'entendait presque pas le son de sa voix.

En se remémorant son époque à l'Actor's Lab, Marilyn disait : « Je ne pouvais penser qu'à une seule chose, New York... Cette ville si lointaine où acteurs et metteurs en scène faisaient des choses tellement différentes, au lieu d'arpenter un plateau toute la journée en se chamaillant sur un gros plan ou l'angle de la caméra. Je n'avais jamais vu de pièce de théâtre, quant à en lire une correctement, je pense que je ne savais même pas le faire. Mais Phoebe Brand et sa troupe rendaient les choses extraordinairement vivantes. Cela me paraissait totalement exaltant, et je voulais faire partie de ce monde-là. »

La liste des sponsors de l'Actor's Lab était un vrai *Who's who* du communisme hollywoodien : John Howard Lawson, Alvah Bessie, Ring Lardner Jr, Albert Maltz, Dalton Trumbo, Waldo Salt, Donald Ogden Stewart, J. Edward Bromberg, Abe Polonsky. Mais la majorité des élèves, dont bon nombre étaient là grâce au G.I. Bill*, étaient, comme Marilyn, de jeunes candides ambitieux animés d'une féroce détermination à apprendre le métier.

Alors qu'on lui demandait un jour quel était son sentiment à l'égard des communistes, Marilyn répondit : « Ils sont pour le

* Loi votée en 1944 permettant aux anciens combattants démobilisés de parfaire leurs études aux frais du gouvernement fédéral. (*NdT.*)

peuple, je crois ? » Mais Marilyn n'était pas passionnée par la politique. Ses opinions venaient du cœur, et non de l'intellect. Elle ne se mêlait pas aux débats artistiques et politiques qui faisaient rage au restaurant de l'Actor's Lab, au Schwabadero, ou au Greenblatt's Deli, le traiteur de l'autre côté de la rue. Ses rêves dorés n'avaient rien à voir avec l'idéologie, la révolution, ou un nouvel ordre social, mais tout, en revanche, avec la révolution tranquille qui s'accomplissait à l'intérieur d'elle-même.

Au mois de mai, Marilyn Monroe se vit confier un rôle par la Fox dans un film de série B, *Dangerous Years*, produit par Sol Wurtzel, et si Marilyn n'y avait joué le rôle d'Ève, serveuse dans un café, repaire favori de jeunes délinquants, ce film ne serait qu'une production oubliée parmi tant d'autres de l'année 1947. Même si elle n'apparaissait que quelques minutes à l'écran, ce fut néanmoins le premier rôle à part entière auquel Marilyn put imprimer un caractère. Pourtant, en dépit des compliments d'Arthur Pierson, le metteur en scène, et de l'impression favorable causée sur Ben Lyon, le studio s'abstint de renouveler le contrat de Marilyn lorsqu'il arriva à échéance en août 1947.

« Je fus convoquée au bureau du casting où l'on m'informa que le studio ne voulait plus de moi et que ma présence n'était plus requise. J'ai regagné ma chambre à Hollywood, je me suis allongée sur mon lit et j'ai pleuré. J'ai pleuré pendant une semaine. Je ne mangeais plus, je ne parlais plus, je ne me coiffais plus. Je n'arrêtais pas de pleurer comme si je venais d'assister à l'enterrement de Marilyn Monroe. »

Quelques jours plus tard, elle fut invitée à dîner chez Schenck et accepta l'invitation. « J'ai passé toute la soirée tête baissée, se souvenait Marilyn, trop honteuse pour oser regarder quiconque dans les yeux. »

C'est ce que l'on ressent quand on a été humilié. On n'en veut pas à ceux qui nous ont humilié. On a honte, point.

Lorsque nous nous sommes retrouvés au salon, Mr. Schenck m'a demandé :

« Alors ? Comment vont les choses au studio ? »

Je lui ai souri avec gratitude, heureuse qu'il n'ait pas été impliqué dans mon licenciement.

« J'ai perdu mon emploi la semaine dernière », lui appris-je.

Mr. Schenck ne chercha pas à me consoler. Il ne me prit pas la main, ne me fit aucune promesse.

« Accrochez-vous, me dit-il.

— C'est ce que je vais faire.

— Essayez Columbia. Il se peut qu'ils aient quelque chose. »

Deux jours plus tard, je me présentai à la Columbia. Le responsable du casting se montra d'une extrême politesse. Oui, ils avaient une place pour moi. Ils étaient prêts à m'embaucher et à me donner une chance à l'audition sur tous les rôles qui se présenteraient. Max Arnow, le directeur du casting, me sourit et me serra la main en ajoutant :

« Vous devriez faire votre chemin ici. Je veillerai à vous faire décrocher un bon rôle. »

Je me sentais revivre en regagnant ma chambre. Même si c'était sur la pointe des pieds, les rêves commençaient à revenir. Le directeur du casting recevait des centaines de filles par semaine, de vraies actrices et d'innombrables beautés, qu'il congédiait ! Je devais vraiment avoir quelque chose de spécial pour qu'il m'ait embauchée au premier regard, sans discuter...

... Certes, j'avais quelque chose de spécial aux yeux du directeur du casting, mais je ne l'ai découvert que bien plus tard : Mr. Schenck avait appelé le grand patron de la Columbia et lui avait demandé comme une faveur personnelle de me donner du travail.

Mais la vérité, c'est que Harry Cohn, réticent à engager Marilyn, n'avait cédé que sous la pression exercée par Johnny Rosselli, partenaire de golf occasionnel de Joe Kennedy. Des incidents curieux sont intervenus entre le départ précipité de Marilyn de la Fox et son nouvel engagement par Columbia. À lire le récit de Marilyn, on croirait que ces deux événements s'enchaînèrent — l'affaire de quelques jours et d'un coup de téléphone — mais, en réalité, une période de plusieurs mois s'écoula entre le départ inexplicable de Marilyn de la Fox en 1947 et la signature de son nouveau contrat avec Columbia en mars 1948. Sept mois durant, Marilyn demeura invisible.

Bizarrement aussi, il n'existe aucune photo recensée de Marilyn entre juin 1947 et mars 1948, date où sa carrière prit un nouveau départ. Logiquement, elle aurait dû poser comme modèle, apparaître dans des réclames et faire la couverture de magazines féminins. Certains biographes ont affirmé qu'elle se produisit en octobre 1947 au Bliss-Hayden Playhouse dans une pièce intitulée *Glamour Preferred,* mais nulle affiche, nul programme et nulle coupure de presse n'existe pour attester sa présence. Seuls les souvenirs vagues de la directrice du théâtre, Lila Bliss, quelque vingt ans plus tard, en témoignent.

Au salon de coiffure pour hommes de Harry Drucker à Beverly Hills — où nababs du cinéma et mafiosi se retrouvaient pour parler affaires, chevaux et femmes —, la rumeur folle qui se propagea avec les volutes de fumée des cigares fut que la Fox avait lâché Marilyn parce qu'elle était enceinte. Une rumeur corroborée plus tard par Marilyn elle-même qui révéla à plusieurs de ses amis, des années après, qu'elle avait accouché d'une petite fille alors qu'elle avait à peine vingt ans, et qu'on lui avait retiré le bébé.

Quand Marilyn vivait avec Milton et Amy Green en 1955, elle dit à Amy qu'elle avait donné naissance à un bébé, au sortir de l'adolescence, et qu'elle se sentait très coupable d'avoir laissé partir le bébé en vue d'une adoption. En 1961, elle parla à sa bonne de New York, Lena Pepitone, de ce bébé qu'elle aurait eu avant de devenir star de cinéma. « J'ai eu le bébé — mon bébé ! dit Marilyn à Lena. C'était merveilleux, mais le médecin et l'infirmière sont venus avec Grace. Ils avaient tous un air bizarre, et ils ont dit qu'ils allaient me prendre le bébé... Je les ai suppliés : "Ne me prenez pas mon bébé !" »

Pendant la durée de son éclipse, Marilyn séjourna dans le ranch de l'acteur John Carroll, dans la San Fernando Valley. C'était un partenaire de golf et de turf de Rosselli, et c'est pour le compte de ce dernier, dit-on, qu'il veilla sur Marilyn. Une fillette née en novembre 1947 fut placée chez les Maniscalco, une famille d'origine sicilienne qui vivait à Brooklyn. Devenue grande, elle prit le nom de Nancy Maniscalco Greene et affirma qu'elle était la fille de Marilyn Monroe. Dans *Hard Copy*, en 1991, elle déclara qu'une « belle dame » avait l'habitude de lui rendre visite à Long Island à la fin des années cinquante. Elle la connaissait comme « Mrs. Greene ». Plus tard, Nancy apprit de sa grand-mère que la « belle dame » était Marilyn Monroe, et que Marilyn Monroe était sa vraie mère. Après quoi Nancy apprit qu'elle avait été placée chez les Maniscalco par le patron de la Mafia new-yorkaise, Vito Genove.

Bien que la bonne foi de Nancy dans *Hard Copy* soit évidente, son histoire n'était étayée par aucun document et fut considérée comme une nouvelle aberration de la presse grand public. Mais Nancy Greene est désormais au centre des arguments légaux et des batailles juridiques qui ont éclaté autour des papiers Cusack, que la famille Kennedy et « 20/20 » avaient écartés comme étant des faux.

Les papiers Cusack comprennent environ trois cents documents, la plupart manuscrits, concernant des affaires légales entre John Kennedy et Marilyn Monroe. Prétendument découverts parmi les papiers de l'avocat des Kennedy Laurence Cusack, ils se réfèrent à un règlement financier sous forme d'un compte en faveur de la mère de Marilyn, Gladys, et de sa demi-sœur, Berneice, en dédommagement de « promesses fallacieuses et non tenues » de JFK à Marilyn Monroe.

Parmi ces papiers, un document qui aurait été écrit par John Kennedy en 1960 exprime son avis à propos de « Nancy Greene » et de ce que « MM veut rendre ceci public ». D'après le très sérieux expert en graphologie des Kennedy, Charles Hamilton, ce document est authentique. S'il en est ainsi, John Kennedy était le père de l'enfant.

28

La belle et la bête

> « Nous gagnons de l'argent en faisant de bons films. Et qu'est-ce qu'un bon film ? C'est un film qui rapporte de l'argent. »
>
> Harry Cohn.

Columbia Pictures figurait au bas du firmament des grandes compagnies d'Hollywood. Naguère employeur de la mère de Marilyn et de tante Grace, le studio était situé à Gower Gulch, l'angle de Gower et de Sunset Boulevard, qui avait été à une époque le lieu d'audition pour les figurants cow-boys. L'immeuble, mal conçu, était un labyrinthe tortueux de salles de tournage, de bureaux, de bungalows et de salles de montage, reliés à première vue par des couloirs ne menant nulle part : un Frankenstein bâti par un monstre dénommé Harry Cohn. Ogre imposant et chauve, Cohn s'était frayé un chemin jusqu'à la plus modeste des grandes compagnies en laminant tout sur son passage. Hedda Hopper fit un jour ce commentaire à son sujet : « Il fallait même faire la queue pour le détester. » Les agents l'avaient surnommé « Croc-Blanc ».

Si la Columbia se situait à l'échelon le plus bas parmi les géants d'Hollywood, Harry Cohn, lui, occupait l'échelon le plus élevé chez les débauchés du même lieu. Il était connu pour inviter de séduisantes starlettes à bord de son yacht, où les carrières se faisaient et se défaisaient à son gré. À l'arrivée de Marilyn chez Columbia, Rita Hayworth était la star principale de Cohn, qui s'apprêtait à lancer Kim Novak.

Max Arnow, le directeur du casting de Cohn, envoya Marilyn

à Natasha Lytess, le professeur d'art dramatique du studio. Dans ses mémoires, inédits, Natasha Lytess se souvient que Marilyn se présenta avec vingt-cinq minutes de retard au bungalow qui abritait son bureau, vêtue d'une robe en lainage qui lui moulait exagérément les hanches et cachait insuffisamment ses cuisses. « Attifée comme une traînée », selon la formule de Lytess qui commenta ainsi cette première rencontre, « elle n'était absolument pas sûre d'elle. Incapable même de trouver refuge dans sa propre insignifiance ».

Marilyn, elle, lorsqu'on l'interrogeait sur sa première rencontre avec Natasha Lytess, se souvenait en ces termes de la femme qui lui avait ouvert la porte du bungalow : « physionomie slave, mine sévère, grands yeux pleins de défi, chevelure grise et fournie, et un visage creusé par la maladie ». Le mal qui rongeait Natasha Lytess n'avait pas d'autre cause que la vie elle-même. Cette femme, qui avait traversé deux guerres mondiales, avait en effet vécu en réfugiée une grande partie de sa difficile existence. Souffrant de neurasthénie, elle mangeait comme un oiseau et son hystérie intérieure se traduisait par une sorte d'intensité brûlante, parfois écrasante pour les autres.

Natasha Lytess (née Liesl Massary) recevait ses élèves dans un bungalow aux murs tapissés de rayonnages situé à proximité du Three Stooges Stage. Les rayonnages étaient garnis de livres, pour la plupart en langue allemande, et dédicacés par leurs auteurs. Une photo de sa mère, Fritzi Massary, diva de l'opérette viennoise, ornait l'un des murs près d'une grande photo dédicacée de Max Reinhardt, qui avait été son professeur en Autriche et en Allemagne, et avec qui elle avait entretenu une brève liaison.

Née en 1903 à Vienne, Natasha était la veuve d'un poète et romancier autrichien de gauche, Bruno Frank (*Sturm in Wasserglass*). Bruno et Liesl Frank avaient fait partie des exilés qui avaient fui le nazisme et l'Allemagne, où ils avaient été des amis intimes de Thomas Mann et de son épouse Katia. Les Frank s'étaient installés en 1925 dans la maison voisine des Mann à Herzogpark, à Munich. En 1933, les deux couples avaient fui ensemble en Suisse avant d'entreprendre le voyage vers le sud de la Californie en 1938, où ils avaient de nouveau été voisins à Santa Monica.

En 1943, une fille, Barbara, était née chez les Frank, peu de temps avant le début de la grave maladie qui avait emporté Bruno en 1945. À sa mort, Liesl et l'enfant s'étaient retrouvées sans ressources, et l'agent Paul Kohner avait aidé la jeune veuve à trouver du travail comme actrice. En raison de son lourd passé germanique, Liesl avait décidé de prendre une identité russe. Sous le nom de Natasha Lytess, elle avait été la vedette d'un certain nombre de productions cinématographiques, parmi lesquelles *Comrade X* (*Camarade X* — MGM, 1940), *Once Upon a Honeymoon* (*Lune de miel mouvementée* — RKO, 1942), *House on Telegraph Hill* (*La Maison sur la colline* — Fox, 1951), *Anything Can Happen* (Paramount, 1952). C'est grâce à son ami Max Arnow que Kohner avait placé Natasha Lytess comme professeur d'art dramatique à la Columbia, où son savoir et sa culture, dans ce royaume de Gower Gulch sous le règne de Cohn, paraissaient des plus incongrus au voisinage du Three Stooges Stage.

Pour Marilyn, le bungalow de Natasha fut un sanctuaire au pays des Philistins. Voilà une femme qui représentait tout ce que Marilyn souhaitait être : une actrice accomplie autant qu'une personnalité brillante et cultivée. Elle avait connu les plus grands du théâtre et de la littérature, parmi lesquels nombre des auteurs distingués dont les livres et les photos ornaient les murs de son bungalow. Marilyn perçut immédiatement en Natasha Lytess l'initiée capable de transformer en robe de bal « les guenilles qu'elle portait à l'intérieur ».

« Elle ressemblait à une cascade déversant des impressions et des images, disait Marilyn. Assise devant elle, je regardais ses mains expressives et ses yeux étincelants, j'écoutais sa voix pleine d'assurance. Elle me racontait les épreuves qu'elle avait traversées et rendait palpable l'étendue de son savoir. Mais elle savait également me donner le sentiment que j'étais moi aussi quelqu'un de valeur. »

Natasha Lytess avait quarante-quatre ans lorsqu'elles se rencontrèrent, et Marilyn à peine vingt et un. Les besoins de Marilyn étaient flagrants, mais elle était trop jeune pour mesurer quels étaient ceux de Natasha, que comblait leur relation. Les ambitions de jeunesse de Natasha d'accomplir une grande carrière d'actrice avaient été anéanties par les calamités qui s'étaient abattues sur le monde. Et si celles-ci l'avaient privée d'une carrière, la nature l'avait privée du don de la beauté et de la grâce par ailleurs si généreusement accordés à la néophyte « attifée comme une traînée » qui vint un jour frapper à sa porte.

Elles commencèrent par les bases : la diction et le souffle. « Marilyn était inhibée et coincée, et incapable d'articuler une seule parole avec spontanéité, confiait Natasha. Elle avait l'habitude totalement artificielle de remuer à peine les lèvres en parlant. Le clavier de la voix humaine représente la gamme des émotions et à chaque émotion correspond sa note. C'est cela que j'ai tenté d'inculquer à Marilyn. »

L'intelligence supérieure de Natasha, rendue fébrile par l'amertume de ses propres déconvenues, trouvait un exutoire dans le contrôle et l'ascendant qu'elle exerçait sur ses élèves. Ayant décelé les qualités uniques de la jeune actrice et sa soif d'apprendre, Natasha Lytess trouva en Marilyn le sujet parfait. Dans une opération de transfert de leurs besoins réciproques, elles devinrent unies par une intense relation professionnelle qui devait, en l'espace de sept années, se consumer totalement sous le soleil incandescent d'Hollywood. Inévitablement, l'émancipation de l'adepte allait conduire au rejet de la sibylle qui avait deviné la déesse — et l'avait mise à l'abri du besoin.

Dans le courant du mois de mars, Marilyn reçut un coup de téléphone de Grace l'informant du décès de tante Ana. Même si l'affection cardiaque dont souffrait Ana n'était pas nouvelle, l'annonce de sa mort fut néanmoins un choc terrible pour Marilyn. Ainsi qu'elle devait le confier : « Elle a changé ma vie entière. Elle a été la première personne au monde que j'aie vraiment aimée, et elle m'a aimée. C'était un être humain merveilleux. J'ai un jour écrit un poème sur elle. Il s'intitulait "Je l'aime". Elle ne m'a jamais fait de peine, pas une seule fois. Elle en était incapable. Elle n'était que bonté et amour. Elle s'est montrée généreuse avec moi. »

La mort d'Ana Lower fut la source d'un profond chagrin que Marilyn n'épancha guère. Il s'agissait d'une peine privée qui s'exprima par de fréquentes visites sur sa tombe au cimetière de Westwood. La famille Atchinson avait acquis le premier emplacement mis en vente au Westwood Memorial Park, et les cendres d'Ana Atchinson Lower y furent déposées à proximité de la chapelle des Rameaux, là même où une foule endeuillée devait, maintes années plus tard, se rassembler autour du cercueil de Marilyn.

Selon Bébé Goddard, Marilyn assista aux obsèques le 18 mars 1948 en compagnie de Doc et de Grace. Jim Dougherty et sa seconde femme Patricia se rendirent à l'exposition du corps dans la chapelle mais n'assistèrent pas à l'office. Dans son testament, tante Ana laissait à Marilyn le piano à queue noir, dernier vestige tangible du rêve de Gladys. Ne disposant pas de la place nécessaire pour l'installer dans son petit appartement d'une pièce à Hollywood, Marilyn le plaça au garde-meubles en attendant de pouvoir s'offrir une résidence plus spacieuse.

De nombreuses années plus tard, Arthur Miller se remémora un jour où Marilyn et lui contemplaient le ciel de New York, de leur appartement de la 57e Rue, et où, de but en blanc, Marilyn s'était mise à parler de tante Ana et du choc terrible qu'avait été son décès : « Le lendemain de sa mort, je suis entrée dans sa chambre et je me suis couchée sur son lit... sans bouger, comme ça, je suis restée allongée plusieurs heures sur son lit. Puis je suis allée au cimetière et j'ai vu des ouvriers qui creusaient une tombe. Ils avaient installé une échelle à l'intérieur du trou et je leur ai demandé si je pouvais descendre. Ils m'ont dit : aucun problème ; alors je suis descendue par l'échelle, je me suis couchée au fond du trou et j'ai regardé le ciel au-dessus de moi. La terre est froide sous votre dos, mais la vue est imprenable. »

Après la mort de tante Ana, c'est vers Natasha Lytess que Marilyn se tourna souvent dans ses moments de doute. « Elle s'ouvrait à moi et se reposait sur moi comme une enfant qui a besoin d'être conseillée et réconfortée, racontait Natasha Lytess. Un jour, elle m'a dit qu'elle était amoureuse, et que "Freddy" était l'homme de ses rêves. »

« Freddy », Fred Karger, était compositeur-arrangeur à la Columbia ; Marilyn l'avait rencontré pour la première fois pendant cette période creuse de sa carrière, entre son licenciement par la Fox et son contrat avec Columbia. De dix ans son aîné, il ne ressemblait à aucun des hommes qu'elle avait rencontrés jusque-là. Et pour la première fois de sa vie, elle se découvrit éperdument éprise.

Karger était un bel homme aux cheveux bruns et souples, au physique assez proche de celui de John Kennedy. Son doux sourire sardonique trahissait l'intelligence et le raffinement, audelà d'une attitude réservée qui intriguait. Son père, Max Karger, élevé dans l'atmosphère « nouveau riche » du vieil Hollywood, avait été l'un des fondateurs de la compagnie Metro, qui devait plus tard devenir la Metro-Goldwyn-Mayer. Sa mère, Anne Karger, d'origine catholique irlandaise, était une femme chaleureuse et sociable.

Un jour où Marilyn annula un rendez-vous avec lui parce qu'elle ne se sentait pas très bien, Karger décida d'aller lui rendre visite et découvrit qu'elle vivait dans une pièce obscure et déprimante à l'écart de Hollywood Boulevard. Comprenant que son malaise résultait du manque de nourriture et de son sentiment d'échec, il l'invita à venir dîner chez lui. Depuis son divorce, il vivait chez sa mère, dans son appartement de Harper Avenue, non loin de Schwab's et de Sunset Strip. En arrivant chez lui, il présenta ainsi Marilyn à sa mère : « Voici une petite fille très solitaire et sans le sou. »

« Nana » Karger, dont la chaleur maternelle rappelait tante Ana, et le physique également, fut spontanément attirée par Marilyn, « Maril » ainsi qu'elle l'appela. Leur amitié ne se démentit jamais et dura jusqu'à la mort de Marilyn.

Grâce à Freddy Karger, Marilyn fut admise en résidence au Studio Club le 3 juin 1948. Situé au 1215 North Lodi Street, cet hôtel de séjour pour femmes se trouvait à quelques pâtés de maisons à peine des studios de la Columbia. Marilyn y demeura officiellement, chambre 334, jusqu'au 13 mars 1949. Ce bâtiment de trois étages de style mauresque était doté de chambres lumineuses et confortablement meublées, d'un restaurant, d'un vaste patio avec fontaine nichée dans un écrin de plantes tropicales, et des parloirs étaient à la disposition des résidentes afin d'y recevoir leurs invités. Fondé par Mary Pickford en 1915, et dirigé par la YWCA*, le Studio Club était conçu comme un foyer à part entière pour les jeunes femmes éloignées de leur domicile venues faire carrière à Hollywood.

Pour Marilyn, le Studio Club fut un asile sûr où elle trouvait souvent refuge, mais, tel un chat, elle avait toujours un ou deux autres foyers en réserve. Au cours de la brève période où elle fut résidente du Studio Club, elle logea également dans la maison des hôtes de Joe Schenck, chez les Karger, chez Natasha Lytess et fut souvent accueillie par Bob Slatzer, revenu de l'Ohio pour poursuivre sa carrière de scénariste à Hollywood, dans son appartement de Hollywood Hills.

Les scénarios de séries B préparés pour la production chez Columbia parvenaient régulièrement, par l'intermédiaire de Max Arnow, à Natasha Lytess. Celle-ci était chargée d'auditionner des acteurs ponctuels pour la distribution des rôles mineurs. À la lecture du scénario de *Ladies of the Chorus (Les Reines du music-hall)*, elle vit immédiatement l'occasion pour Marilyn de jouer l'une des filles de la troupe. Et lorsqu'à son tour Marilyn prit connaissance du script, elle eut le coup de foudre pour l'un

* YWCA : Young Women's Christian Association, association protestante pour la protection physique, morale et religieuse des jeunes femmes. *(NdT.)*

des personnages principaux, Peggy Martin, celle dont tombe amoureux le premier rôle masculin, Rand Brooks.

Plusieurs circonstances contribuèrent finalement à ce que Marilyn fût choisie. Natasha Lytess apprit que le rôle n'était pas encore distribué et pria le producteur d'attendre pour faire son choix que Marilyn ait été auditionnée. Pendant qu'elle travaillait avec Marilyn sur son incarnation du personnage, Freddy Karger, qui travaillait souvent pour Columbia, fut chargé de lui faire répéter les deux chansons qu'elle devait interpréter, *Anyone Can See I Love You* et *Everybody Needs A Da-Da-Daddy.* Mais le facteur déterminant dans le choix de Marilyn Monroe fut... Marilyn Monroe elle-même. Elle emporta le rôle à l'issue de sa spectaculaire audition. Filmé en juillet 1948, *Les Reines du music-hall* souffrait d'un script truffé de clichés et de dialogues banals. Cependant, Marilyn resplendissait sur l'écran et son talent évident se détachait de la médiocrité ambiante.

« Marilyn Monroe est délicieuse et sa naïveté parfaite », affirma le chroniqueur du *Hollywood Reporter.* Tilor Krekes, dans le *Motion Herald,* écrivit pour sa part : « Parmi les instants de bonheur figure la performance vocale de Miss Monroe. Elle est jolie et sa voix et son style agréables sont prometteurs. »

En dépit de cette performance remarquée à l'écran, Marilyn faillit toutefois torpiller sa carrière en refusant de jouer en coulisses pour « Croc-Blanc »...

Mise en garde par Natasha, Marilyn faisait de son mieux pour éviter Harry Cohn, mais peu de temps avant que l'option de renouvellement de son contrat n'arrive à échéance, l'inévitable se produisit. Marilyn reçut un appel du directeur du casting, Max Arnow, la priant de passer à son bureau à 4 heures de l'après-midi. Supposant que Mr. Arnow ne l'aurait pas appelée personnellement sans raison importante, Marilyn passa sa journée dans son bain et devant son miroir. Son tour, pensait-elle, était venu de décrocher un bon rôle dans un grand film. Elle ne cessait de se répéter : « Je ne dois pas me montrer trop exubérante, ni me mettre à parler à tort et à travers, ou sourire exagérément de bonheur. Je dois rester assise sans parler, et ne pas perdre une seule seconde ma dignité. »

Lorsqu'elle se présenta au bureau de Max Arnow à 16 heures précises, elle eut la surprise d'apprendre que le directeur du casting n'était pas là. « Mais sa secrétaire me pria en souriant de m'installer dans son bureau pour l'attendre », raconta Marilyn.

Je pris donc place dans l'un des fauteuils et j'attendis en m'entraînant à être digne. Une porte au fond du bureau s'ouvrit et un homme entra.

« Bonjour, Miss Monroe », dit Harry Cohn.

Il s'approcha de moi et posa sa main sur mon bras.

« Venez, suivez-moi dans mon bureau, nous allons bavarder.

— Je regrette, mais je ne peux pas m'en aller, répondis-je. J'attends Mr. Arnow. Il m'a téléphoné pour un rôle.

— Que Mr. Arnow aille au diable ! déclara-t-il. Il saura où vous trouver. »

Comme j'hésitais, il ajouta :

« Qu'est-ce que vous attendez ? Vous êtes stupide ou quoi ? Ne savez-vous pas que c'est moi le patron ici ? »

Je le suivis donc par la porte du fond qui ouvrait sur un bureau trois fois plus vaste que celui de Mr. Arnow.

« Pivotez », ordonna Mr. Cohn.

Je pivotai comme un mannequin.

« Vous êtes bien faite, déclara-t-il avec un petit sourire. Joliment ficelée.

— Merci, répondis-je.

— Allez-y, asseyez-vous, me pria Mr. Cohn. Je veux vous montrer quelque chose. »

Il fouilla sur son immense bureau pendant que je regardais autour de moi. Je n'avais jamais vu un bureau pareil auparavant : le bureau d'un président régnant sur tout un studio de cinéma. C'était là que toutes les grandes stars, les producteurs, les directeurs tenaient des conférences, et que toutes les grandes décisions étaient prises par cet homme impressionnant aux commandes de ce navire de guerre qu'était son bureau.

« Suspendez tous les appels téléphoniques », ordonna Mr. Cohn dans un boîtier posé sur son bureau.

Il m'adressa un grand sourire.

« Voilà ce que je souhaitais vous montrer. »

Il s'approcha de mon fauteuil pour m'apporter une grande photo. Elle représentait un yacht.

« Comment le trouvez-vous ? me demanda-t-il.

— Il est magnifique, répondis-je.

— Je vous invite, dit-il et il posa sa main sur ma nuque.

— Je vous remercie, dis-je. Je n'ai jamais assisté à une réception à bord d'un yacht.

— Qui parle de réception ? rétorqua Mr. Cohn en me foudroyant du regard. Je vous invite *vous*, et personne d'autre ! Voulez-vous venir ou pas ?

— Je serai ravie de me joindre à votre femme et à vous-même sur votre yacht, monsieur Cohn, répondis-je.

— Que vient faire ma femme là-dedans ? Nous serons seuls à

bord, vous et moi, accompagnés de marins d'élite. Nous appareillerons dans une heure, pour une croisière nocturne ! »

Il se tut et me considéra de nouveau, les sourcils froncés, pendant que je me tenais debout devant lui comme une statue.

« Qu'est-ce que c'est que cette attitude ? Rester là à me regarder fixement comme si je vous avais insultée ? » s'emporta-t-il.

Il m'enlaça. Je ne bronchai pas.

« Je vous suis très reconnaissante de votre invitation, monsieur Cohn, articulai-je, mais tout mon temps étant pris cette semaine, je me vois dans l'obligation de refuser. »

Ses bras retombèrent. Je pris le chemin de la porte en me répétant intérieurement que je devais me garder de montrer que je pensais qu'il était une espèce de monstre. Je me retournai sur le seuil. Mr. Cohn me suivait des yeux, le regard noir. Je n'avais jamais vu un homme aussi furieux. J'adoptai le ton le plus dégagé et le plus amical que je pus trouver...

« J'espère que vous pourrez renouveler votre invitation à un moment où il me sera possible de l'accepter, lui dis-je.

— C'est votre dernière chance ! » répliqua-t-il avec férocité.

Je passai la porte et quittai le bureau où l'on fabrique les stars de cinéma. « Peut-être m'observe-t-il, me disais-je. Je ne dois pas lui laisser voir que je suis bouleversée. »

Je l'entendis lâcher un juron et hurler dans mon dos :

« Qu'est-ce qui vous fait croire que vous êtes si spéciale ? »

Je regagnai ma chambre au volant de ma voiture. C'était vrai, j'avais quelque chose de spécial, et je savais ce que c'était. J'étais le genre de fille que les gens s'attendent à retrouver morte dans une chambre d'hôtel, un flacon de somnifères vide à la main. Mais les choses n'étaient pas totalement noires. Elles ne le sont jamais totalement. Lorsque vous êtes jeune et en bonne santé, vous pouvez projeter le lundi de vous suicider, et rire de nouveau aux éclats le mercredi.

Le lundi, Marilyn reçut l'avis de la Columbia lui notifiant que la compagnie ne reconduirait pas son contrat.

29

Les chemins de la croix

« L'amour est éternel
— tant qu'il dure. »

Dorothy Parker.

Être lâchée une deuxième fois par une grande compagnie était une terrible disgrâce. Des profondeurs les plus obscures d'Hollywood, il était bien difficile de voir briller les couleurs chatoyantes — les ors, les blancs, les verts, les violets étincelants qui dansaient à la surface, là où le yacht du roi Cohn voguait dans le bleu avec son équipage de marins d'élite.

« De nouveau, je restai couchée des jours et des jours, sans manger, échevelée. Je me revoyais sans cesse, assise dans le bureau de Mr. Arnow, m'efforçant de maîtriser mon exaltation à l'idée de la chance extraordinaire qui me souriait enfin, et je me sentais comme une imbécile. La chance ne me sourirait jamais dans la vie. L'étoile noire sous laquelle j'étais née deviendrait de plus en plus noire.

« Je pleurais et je me parlais à moi-même. J'allais sortir et me trouver un travail de serveuse ou de secrétaire. Des millions de filles étaient heureuses dans ce genre d'emploi. Ou bien, je repartirais travailler à l'usine. Le travail ne me faisait pas peur. N'importe quel travail. Du plus loin que je me souvienne, j'avais toujours récuré des sols et lavé de la vaisselle. »

Marilyn ne savait que faire de sa vie. Elle était toujours amoureuse de Freddy Karger. Elle se serait volontiers satisfaite de devenir « Mrs. Karger », mais Freddy, tout juste sorti d'un divorce, n'était pas prêt à se remarier. Dans son désarroi, Marilyn chercha conseil auprès de Nana Karger. Saisissant la profondeur de sa détresse, Nana, qui était catholique, lui suggéra de se rendre à l'église et de demander conseil à Dieu, « n'importe quelle église. C'est toujours réconfortant. Cela te fera du bien... Prie simplement Dieu et remets-t'en à Lui ». Marilyn passa trois heures, assise en silence, devant l'autel surmonté de son immense croix, à l'église Saint Victor de West Hollywood, où Nana avait coutume de se rendre pour prier.

« Je me suis assise toute seule et j'ai beaucoup songé au passé, j'ai compris la petite fille au cœur de glace, Norma Jeane... J'ai passé en revue en frissonnant toutes les années dont j'avais le souvenir. Je comprenais maintenant à quel point ces années avaient été froides et vides. Je m'étais toujours considérée comme en manque d'amour. Désormais, je prenais conscience d'un aspect plus terrible encore de mon existence. Le manque d'amour dans mon propre cœur. J'avais aimé un petit peu tante Grace, et Ana, et je m'étais un peu aimée moi-même. Mais comme tout cela me paraissait bien peu tout à coup ! »

Marilyn en arriva à la conclusion que, si elle pouvait simplement rendre une seule personne heureuse par son amour, alors sa vie pourrait trouver sa plénitude et sa justification. Elle mesura la profondeur de son amour pour Freddy Karger. « Alors que je gisais au fond de l'océan, à me dire que je ne reverrais jamais la lumière du jour, cette pensée m'a frappée, elle m'a soulevée et m'a fait me dresser sur mes pieds et poser sur le monde un regard de nouveau-né... Un nouveau moi avait surgi à l'intérieur de moi — non pas une actrice, non pas quelqu'un à la poursuite d'un monde aux couleurs chatoyantes... Entendre Freddy me dire "Je t'aime" était mille fois meilleur qu'entendre des milliers de critiques me qualifier de grande star — toute la gloire, toutes les couleurs chatoyantes, tout le génie dont j'avais rêvé se trouvaient subitement en *moi* ! »

Marilyn confia à Natasha Lytess : « La seule sécurité en laquelle je place tout mon espoir, c'est le mariage, et Freddy est l'homme que je souhaite épouser. » Freddy avait dit qu'il l'aimait. Il était flatté de l'amour que Marilyn lui portait, de sa beauté, et il se plaisait à répondre à toutes les questions qu'elle lui posait sur la vie, sur l'art, sur la musique. Il l'emmenait au concert à l'Hollywood Bowl, à des excursions sur la plage, et ils allaient danser ensemble au Palladium. Mais l'amour de Freddy n'avait rien à voir avec le don du cœur total de Marilyn. Son cœur à lui était protégé par les barreaux du cynisme. Son sourire sardonique exprimait son scepticisme et sa méfiance à l'égard du monde, et il doutait de la profondeur et de la sincérité des émotions de Marilyn. La barrière qu'il avait érigée pour se protéger était une chose impossible à concevoir pour elle. Il lui arrivait de la taquiner à propos de son manque de culture et de sa méconnaissance de l'histoire, il riait de ses impropriétés de langage et disait : « Ton esprit est sous-développé. Comparé à ton corps, il en est au stade embryonnaire. »

Natasha Lytess avait emménagé avec sa fille Barbara dans un appartement sur Harper, non loin de chez Karger. Bien souvent, Marilyn allait chez elle, se planter devant la fenêtre à attendre anxieusement que Karger passe sur le chemin du travail ou du retour à la maison. Et lorsque Natasha Lytess rentrait, elle trouvait fréquemment Marilyn les yeux noyés de larmes. N'ignorant pas que Karger et Marilyn poursuivaient leur liaison sous son toit, elle lui conseilla de ne plus le revoir. « Elle aimait quelqu'un qui la traitait sans le moindre égard, comme une commodité, raconta Natasha Lytess longtemps après. Seul son physique l'intéressait — et non ses qualités d'être humain, ou d'actrice... Elle qui se montrait toujours si gentille avec sa famille et avec sa fille... Marilyn aurait adoré devenir sa femme, même si c'était un type impossible. Elle se disait que l'amour le changerait. Moi, j'espérais qu'elle se détournerait de cette relation sans avenir. »

Si Natasha Lytess ne cachait pas son aversion pour Freddy Karger, lui-même était plein de méfiance envers elle. Il jugeait son influence sur Marilyn trop importante et avait l'impression qu'elle cherchait à régenter sa vie.

Un soir, alors que Karger et Marilyn étaient couchés dans le même lit, ils se mirent à parler d'avenir...

« Je pensais que nous pourrions nous marier, dit Karger. Mais j'ai peur que ce ne soit impossible. »

Marilyn ne dit rien.

« Pour moi, ça ne poserait pas de problème, poursuivit-il, mais je pense à ma fille. Si nous étions mariés et que quelque chose m'arrivait — si je mourais subitement par exemple — ce ne serait pas bien pour elle.

— Pourquoi ? demanda Marilyn.

— Ce ne serait pas convenable qu'elle soit élevée par une femme comme toi, expliqua Karger. Ce serait injuste pour elle. »

Après le départ de Karger, Marilyn pleura toute la nuit en

repensant à ces mots. « Il ne m'aimait pas, raconta-t-elle. Un homme ne peut aimer une femme qu'il méprise à moitié. Il ne peut l'aimer si, dans sa tête, il a honte d'elle. »

Pour Noël 1948, Marilyn acheta à Karger une montre luxueuse. Ce cadeau se voulait un témoignage de son amour éternel. Gravée à la date du 25/12/48, cette montre avait coûté la bagatelle de 500 dollars — une somme qui excédait de beaucoup les petits moyens de Marilyn. Elle l'avait acquise à crédit, payable en mensualités de 25 dollars. Dès qu'elle avait eu le paquet cadeau entre les mains, elle s'était précipitée chez Karger pour le lui offrir.

Marilyn se souvenait de sa stupéfaction devant la beauté et la générosité d'un tel présent. Jamais personne ne lui avait offert une montre aussi chère. Mais il s'interrogea sur la raison pour laquelle elle avait seulement fait graver la date, sans ajouter une formule du genre « Pour Freddy, avec l'amour de Marilyn » ou autre. Et Marilyn lui répondit : « Parce que tu me quitteras un jour, et tu auras une autre fille à aimer. Si mon nom était gravé sur cette montre, tu ne pourrais plus t'en servir. Ainsi, tu pourras toujours la porter, comme si c'était un bijou que tu t'étais acheté toi-même. »

Elle espérait qu'il la contredirait, lui assurerait que ses craintes étaient sans fondement, mais il ne le fit pas. « J'ai encore pleuré toute la nuit, confiait Marilyn. Aimer sans espoir de retour est la chose la plus triste qui soit. Il me fallait le quitter. Dès que cette pensée s'est formulée dans mon esprit, j'ai compris que je le savais depuis longtemps. C'était là la raison de ma tristesse — et de mon désespoir. Voilà pourquoi j'avais cherché à me faire toujours plus belle pour lui, pourquoi je m'étais accrochée à lui comme une folle. Parce que je savais que c'était fini. »

Il lui fallut deux ans pour achever de payer les 500 dollars de la montre. Entre-temps, Freddy avait convolé avec Jane Wyman en l'église catholique où trônait l'immense croix au-dessus de l'autel.

C'est avec la nouvelle lune de 1949 que l'étoile noire s'éclipsa enfin pour laisser la gloire, les couleurs chatoyantes et le génie dont avait rêvé Marilyn se profiler sous le clair de lune...

« Voici la jeune femme qui vient pour le rôle de la secrétaire », annonça Lester Cowan, le producteur du film des Marx Brothers pour lequel Marilyn se présentait.

Groucho la dévisagea d'un air songeur.

« Savez-vous marcher ? » lui demanda-t-il.

Elle fit oui de la tête.

« Je ne parle pas de marcher comme arrive à le faire ma tante Zippa, expliqua Groucho. Ce rôle exige une jeune femme capable de marcher à côté de moi d'une façon qui réveille ma libido vieillissante et me fasse sortir la fumée des oreilles. »

Harpo fit retenir la trompe dont était équipé le pommeau de sa canne et lui décocha une œillade en louchant.

Marilyn fit la démonstration de sa démarche.

La trompe de Harpo retentit trois fois et, introduisant ses doigts dans sa bouche, il émit un coup de sifflet strident.

« Votre chiropracteur est-il au courant ? s'enquit Groucho.

— Marchez encore », demanda Mr. Cowan.

Marilyn exécuta plusieurs allées et venues devant les trois hommes qui la contemplaient en souriant.

« La femme de votre chiropracteur est-elle au courant ? interrogea encore Groucho.

— Qu'en dites-vous ? demanda Mr. Cowan à Groucho.

— C'est Mae West, Theda Bara et Bo Peep ficelées en un seul joli paquet, répondit Groucho. Vous avez le rôle, Miss Peep. Vous serez exécutée demain matin à l'aube pour avoir ravi la vedette. Soyez là de bonne heure, à moins que vous ne souhaitiez passer la nuit avec moi à répéter. Et n'oubliez pas les lignes de votre texte... Les vôtres restent gravées dans mon esprit.

— Et n'allez vous promener nulle part sans escorte policière ! » ajouta Harpo (pouèt-pouèt !).

La scène fut tournée le lendemain dans un studio de la Goldwyn. Groucho fit marcher sa figurante, aussi bien que marcha son film, *Love Happy (La Pêche au trésor).*

30
Rêves dorés

> « J'ai figuré sur des calendriers, mais jamais en couverture du *Time.* »
>
> Marilyn Monroe.

L'appel du photographe Tom Kelley arriva au moment propice. Il proposait à Marilyn de poser nue pour une photo de calendrier.

« Qu'est-ce que ça rapporte ? voulut-elle savoir.

— Cinquante dollars », répondit Kelley.

Bien que nulle pudeur ne l'en empêchât, Marilyn n'avait jamais posée *desnuda.* Mais la menace de la pauvreté était récemment revenue en force. Après sa brève apparition dans *La Pêche au trésor,* qui n'était pas encore sorti, Marilyn avait fait le tour des agences de casting dans sa voiture d'occasion, sans trouver le moindre emploi ni recueillir la moindre promesse. Si bien que, rapidement, elle n'avait plus été en mesure de payer ni son loyer ni le crédit de sa voiture.

Au cours de leur odyssée périlleuse en marge du grand Hollywood, Marilyn et Bob Slatzer avaient fini par mettre leur pauvreté en commun et s'étaient installés dans un appartement qu'ils partageaient à l'ombre du panneau *Hollywood* sur Primrose Path. À l'occasion, Bob avait travaillé à la cueillette du coton dans les champs d'Indio pour assurer le quotidien. Mais, après la récolte du coton, les travaux saisonniers étaient rares à Hollywood, et Marilyn avait reçu un avis de saisie sur sa voiture. Un soir, alors qu'ils rentraient à leur appartement, ils avaient découvert que leur serrure avait été changée pour non-paiement de loyer.

Slatzer avait attendu que la propriétaire s'absente de l'immeuble pour se glisser par la fenêtre pendant que Marilyn amenait la voiture au bout de l'allée. Rapidement, ils avaient chargé leurs modestes biens dans le véhicule. Bob ayant ouvert la porte de l'appartement de l'intérieur, tous deux étaient entrés par le hall et étaient ressortis de l'immeuble tels de respectables locataires — juste à temps pour voir la voiture de Marilyn quitter l'allée et s'éloigner en ronflant dans la rue, chargée de toutes leurs affaires. On venait de la lui reprendre. Il lui en coûterait 50 dollars pour la récupérer.

« Combien avez-vous dit ? demanda Marilyn à Tom Kelley.

— Cinquante dollars, c'est tout ce que je peux faire », répondit Kelley.

Le 25 mai 1949, Marilyn se présenta donc au studio de Tom Kelley à Hollywood, au 736 North Seward, pratiquement en face des Consolidated Film Laboratories où Gladys, Grace et Stan Gifford avaient travaillé autrefois. Marilyn avait assurément besoin de ces 50 dollars, mais l'idée de poser nue ne lui déplaisait pas non plus : c'était le prolongement de son rêve d'enfant d'apparaître aux yeux de tous dans les atours dont l'avait dotée la nature. Les photos que Tom Kelley prit ce jour-là se révélèrent absolument uniques. Émergeant d'un plissé de velours rouge, comme de l'intérieur d'une boîte à bijoux de chez Tiffany, Marilyn apparaît moins comme une Vénus érotique que comme une pierre précieuse chatoyante : le chef-d'œuvre dans la collection d'un maître-joailler.

La société des calendriers Baumgarth acheta pour 500 dollars à Tom Kelley les droits de reproduction internationaux. Et Baumgarth récolta une petite fortune avec le calendrier « Rêves dorés ». Quant à Marilyn, elle empocha ses 50 dollars et récupéra ce bien inestimable sans lequel une starlette et ses rêves dorés ne sauraient vivre à Hollywood : sa voiture.

C'est dans son tour des agences de casting, alors qu'elle venait d'être introduite dans un bureau de l'agence William Morris, que Marilyn fut repérée par Johnny Hyde. Cet enfant de la balle, naguère jongleur et acrobate dans la tournée du Loew's Vaudeville, était devenu l'un des meilleurs agents d'Hollywood. De petite taille, il s'était fait fabriquer un fauteuil spécial qui lui donnait de la stature, et c'est de là, derrière son vaste bureau directorial, qu'il posa les yeux sur cette blonde sensuelle au regard perdu.

« Vous deviendrez une grande star, lui dit Hyde. Je le sais. Il y a quelques années, j'ai découvert une fille comme vous. Je l'ai amenée à la Metro : Lana Turner. Vous êtes mieux. Vous irez plus loin. Vous avez plus d'atouts !

— Dans ce cas, pourquoi ne puis-je décrocher un travail ? demanda Marilyn. Juste de quoi gagner mon pain ?

— Il n'est pas facile pour une star de faire des travaux alimentaires, répondit Johnny. Une star est faite pour être une star. Rien d'inférieur ne peut vous aller. »

Marilyn se souvenait alors avoir ri pour la première fois depuis des mois, mais Johnny Hyde n'avait pas ri avec elle — il avait simplement continué à la regarder, encore et encore.

Johnny Hyde commença par escorter Marilyn dans toute la ville, pour la faire valoir. Ils assistèrent à des soirées mondaines, dînèrent chez Chasen et chez Romanoff, dansèrent chez Ciro, au Mocombo et au Troc. Il donnait parfois des dîners chez lui, dans sa grande maison de North Palm Drive près de chez Charles Feldman : Marilyn appelait sa salle à manger « mon Romanoff privé » car il y avait des alcôves et des tables de bistrot comme dans le célèbre restaurant de Mike Romanoff. Johnny lui acheta des toilettes et l'installa dans un petit studio au Beverly Carlton Hotel sur Olympic Boulevard. Il l'emmena aussi à Beverly Hills chez Michael Gurdin, le chirurgien esthétique des stars, qui arrondit son menton et ôta la bosse de son nez — cette bosse dont Grace lui avait toujours dit qu'elle était sa seule imperfection.

Alors que Johnny était en voyage d'affaires en Europe, Marilyn fit une tournée de promotion dans de nombreuses villes pour la sortie de *La Pêche au trésor*. À son arrivée à New York, André de Dienes la localisa au Sherry-Netherland Hotel et ils se donnèrent rendez-vous à Long Island où il la photographia en train de gambader sur la plage. « Elle était radieuse, se souvenait de Dienes. Elle avait la présence et l'aisance d'une star confirmée. » Mais le courant ne passait plus entre de Dienes et Marilyn, et nulle flamme ne se ranima sur les cendres de leur fougueuse idylle.

Marilyn abandonna brusquement la tournée de promotion

de *La Pêche au trésor* sur un appel de Johnny lui annonçant qu'elle avait décroché un rôle dans *A Ticket to Tomahawk (Le Petit Train du Far-West)* pour la Fox. Espérant que ce petit train serait la locomotive de sa carrière et lui vaudrait peut-être un nouveau contrat, Marilyn joua donc, dans ce western musical, le rôle d'une chanteuse. Mais *Le Petit Train du Far-West* ne l'emmena nulle part même si, encore une fois, il apportait la preuve que les talents de Marilyn étaient de loin supérieurs à la médiocrité de l'ensemble.

Si Darryl F. Zanuck continuait d'ignorer la belle blonde, qu'il appelait « tête de paille », le détecteur de talents de la MGM, Lucille Ryman, avertit Marilyn d'un casting à la Metro.

« Il y a un rôle qui serait parfait pour vous dans le film de John Huston *Asphalt Jungle [Quand la ville dort]*, lui dit Lucille. Ce n'est pas un grand rôle, mais vous en tirerez assurément un beau succès. Dites à votre agent de se mettre en rapport avec Mr. Huston. »

Johnny Hyde m'accompagna au bureau de John Huston, et Mr. Huston me confia une copie du script. À l'inverse de Mr. Zanuck, il pensait que les actrices avaient le droit de connaître le contenu du film dans lequel elles allaient jouer. J'ai emporté le scénario chez moi et mon amie Natasha Lytess a accepté de me faire répéter... J'ai étudié le rôle pendant plusieurs jours avant de retourner au bureau de Mr. Huston pour le lui lire.

J'étais au bord du malaise. Je m'étais répété des milliers de fois que j'étais une actrice ; j'avais pratiqué la comédie pendant des années ; et voilà que se présentait enfin ma première chance d'avoir un vrai rôle et d'être dirigée par un grand metteur en scène. Or tout ce que savais faire, c'était rester plantée, les genoux tremblants et l'estomac retourné... J'étais désespérée. Mr. Huston a croisé mon regard et m'a fait un grand sourire.

« Nous vous attendons, Miss Monroe », a-t-il dit.

C'est alors que j'ai lâché :

« Cela vous ennuierait-il que je lise le rôle couchée par terre ?

— Non, pas du tout », a répliqué galamment Mr. Huston.

Je me suis étendue sur le sol... J'avais répété le rôle allongée sur un divan, comme le conseillaient les metteurs en scène. Comme il n'y avait aucun divan dans le bureau, je me disais qu'être couchée par terre ferait à peu près le même effet. Je suis venue à bout de ma lecture et, à la fin, j'ai dit :

« Oh, je préfère recommencer.

— Si vous y tenez, a dit Mr. Huston, mais ce n'est pas nécessaire. »

J'ai recommencé.

Lorsque je me suis relevée, Mr. Huston m'a dit :

« Vous aviez déjà le rôle après la première lecture. Allez vous arranger avec le service des costumes. »

Pendant le tournage, Johnny Hyde était aussi excité que moi. Il n'arrêtait pas de me répéter :

« Ça y est, ma grande. Tu es là où tu dois être. Tout le monde est fou de toi. »

Tous les dirigeants du studio se déplacèrent pour assister à l'avant-première. C'était un très beau film. J'en fus enthousiasmée. Les spectateurs lançaient des sifflets d'admiration quand j'apparaissais et ils riaient de bon cœur dès que j'ouvrais la bouche. Ils m'aimaient beaucoup.

C'est une sensation agréable que de réjouir un public. J'étais assise dans la salle à côté de Johnny Hyde. Il me tenait la main. Nous ne nous sommes rien dit sur le chemin du retour. Assis dans ma chambre, il a continué à me sourire, épanoui. C'était comme si c'était lui qui avait été bon à l'écran. Il était heureux pour moi, de tout son cœur. Je ressentais son altruisme et sa profonde bonté. Aucun homme ne m'avait jamais regardée avec une telle gentillesse. Il ne se contentait pas de me connaître, moi, Marilyn, il connaissait aussi Norma Jeane. Il savait toutes les peines et tout le désespoir qui étaient en moi. Lorsqu'il m'a enlacée et m'a dit qu'il m'aimait, j'ai su que c'était vrai. Personne ne m'avait jamais aimée ainsi. J'aurais tant voulu pouvoir lui rendre son amour. La gratitude m'étreignait le cœur. Mais cet amour qu'il espérait trouver en moi n'y était pas. Se forcer à aimer est aussi impossible que chercher à voler. Mais j'avais pour Johnny Hyde toutes les tendresses et j'étais toujours heureuse d'être avec lui. C'était comme appartenir à une grande famille et à un grand cercle de relations.

Johnny trouva à Marilyn quantité de petits rôles dans des films : elle fut fan de courses de patins à roulettes dans *The Fireball*, mannequin esquivant l'assaut de charme d'un ex-champion de boxe dans *Right Cross*, réceptionniste lorgnée par son patron dans *Home Town Story*. Mais il fallut attendre qu'il lui décroche le rôle de Claudia Caswell, de « l'École d'art dramatique de Copacabana », dans *All about Eve (Eve)*, pour que se déroule devant elle le tapis rouge du retour à la Twentieth Century Fox.

Écrit et réalisé par Joseph L. Mankiewicz, *Eve* fut produit par Darryl F. Zanuck. Bien que n'ayant jamais bien compris le charme particulier de cette starlette, Zanuck mesura sans peine, lors de l'avant-première, que lorsque la « tête de paille » apparaissait à l'écran, personne ne regardait plus ni Bette Davis ni George Sanders, pas plus que Celeste Holm ou Anne Baxter. Il fit donc tourner un nouveau bout d'essai à Marilyn qui se vit offrir un nouveau contrat de sept ans.

Une autre étoile montante au firmament de cette année 1950 était le capitaine William Parker de la police de Los Angeles. Connu des initiés sous le nom de « Whisky Bill », Bill Parker était un homme ambitieux qui n'avait en tête que l'obtention de la plaque de commissaire. À l'époque, il était très ami avec William Worton, commissaire intérimaire et autre fameux leveur de coude. Lorsque Worton se retira et recommanda « Whisky Bill » pour sa succession, les mines se renfrognèrent et la colère couva dans les locaux de la municipalité. Les tenants du pouvoir local avaient dans l'idée que le titre de commissaire irait au capitaine Thad Brown, inspecteur principal.

On s'attendait à ce que Brown, le poulain de Chandler, évince Parker. Car, en tant que patron du *L.A. Times*, c'était Chandler qui faisait la pluie et le beau temps. Cependant, dans le courant de l'été 1950, une intrigue d'un genre particulièrement machiavélique fit pencher la balance du côté de « Whisky Bill ».

Le commissaire Worton, mentor de Parker, désigna le lieutenant James Hamilton, lui aussi ami de Parker, enquêteur pour la commission de nomination. Or, au lieu d'enquêter *pour* la commission, Hamilton ne tarda pas à enquêter *sur* la commission. C'étaient ses cinq membres, tous amis politiques de Chandler, dont le vote ultime attribuerait sa fonction au nouveau chef de la police. Au cours de son enquête, le lieutenant Hamilton repéra Norman Chandler sur les marches de la mairie de Los Angeles en compagnie de l'un des membres de la commission, la charmante Mrs. Curtis Albro, avec laquelle il s'éloigna en voiture. Mrs. Albro était l'épouse d'un homme d'affaires très en vue de Los Angeles et appartenait à la bonne société de la côte californienne. Flairant une excellente occasion d'avancement pour lui-même, Hamilton fila Norman Chandler et Mrs. Albro jusqu'à une luxueuse demeure sur la plage de Malibu dont il ne lâcha la surveillance que le lendemain matin, lorsque la fort désirable Mrs. Albro en sortit accompagnée de Chandler.

S'adjoignant l'assistance de deux inspecteurs, Archie Case et James Ahearn, Hamilton mit Albro et Chandler sous surveillance. Il fit installer des caméras et des micros dans la maison de Malibu, et rapidement le courant s'inversa dans la lutte de pouvoir pour la fonction de commissaire. Les détectives assurèrent bientôt à Hamilton qu'ils disposaient de suffisamment de preuves pour garantir la nomination de « Whisky Bill ». Chandler, entre-temps, avait déjà fait paraître un article dans le *L.A. Times* affirmant que Thad Brown serait le prochain chef de la police. Si l'on en croyait l'article du *Times,* trois des cinq membres de la commission, dont Mrs. Albro, se déclaraient prêts à voter pour lui.

Brown serait donc élu avec une majorité de voix. Mais, peu de temps après que Parker et Hamilton eurent révélé à Chandler les résultats compromettants de la surveillance de Case et Ahearn, Mrs. Albro mourut subitement. Tandis que son mystérieux décès était pleuré par la bonne société, la moins bonne société sut persuader les amis de Chandler à la commission de la police de voter à l'unanimité en faveur de « Whisky Bill » Parker.

Renvoyant l'ascenseur à Hamilton, Parker assura sa promotion de capitaine et chef du tout nouveau bureau du renseignement. Les deux détectives Archie Case et James Ahearn bénéficièrent eux aussi d'une promotion et devinrent les lieutenants de Hamilton. Ils devaient par la suite servir fidèlement sous les ordres de Daryl Gates, qui succéda à Hamilton lorsque Bob Kennedy fit nommer ce dernier au bureau exécutif de la Ligue nationale de football en 1963.

Parker exerça la fonction de commissaire pendant seize ans, de 1950 à sa mort prématurée en 1966. Il fut enterré avec titre et honneurs.

31
La peur des rouges

> « Oui, nous étions rouges, et pour avoir peur, ça oui, nous avions peur. »
>
> Sylvia Thompson.

Après trois mariages, trois divorces et une multitude de liaisons, Johnny Hyde était éperdument amoureux. Il aurait souhaité que Marilyn l'épouse. Mais Marilyn se montra franche avec lui en lui disant qu'elle ne pouvait pas accepter, que ce serait malhonnête de sa part. Elle savait qu'elle ne pouvait être fidèle qu'à un seul homme : celui qu'elle pourrait aimer de toute son âme.

« L'être au monde que je souhaitais le plus aider — Johnny Hyde — demeurait celui pour lequel je ne pouvais pratiquement rien faire, confia Marilyn. Il avait besoin d'une chose que je ne pouvais lui donner : l'amour. Or l'amour ne peut pas s'inventer, quand bien même on l'appelle de tous ses vœux. »

Mais le cœur de Johnny était doublement fragile. En 1948, il avait dû être hospitalisé à la suite d'une crise cardiaque et il suivait un traitement anti-infarctus. Il avertit Marilyn que les médecins ne lui donnaient pas longtemps à vivre.

« Je suis riche, dit-il à Marilyn. Si tu m'épouses, tu hériteras de toute ma fortune à ma mort. »

« J'avais tant rêvé d'être riche, racontait Marilyn, mais les millions de dollars que m'offrait Johnny n'avaient pas de sens pour moi. "Je ne te quitterai pas, lui ai-je dit. Je ne te trahirai jamais. Mais je ne peux pas t'épouser, Johnny. Car tu vas guérir. Et on ne sait jamais, je pourrais ensuite tomber amoureuse." Avec un sourire, il m'a répondu : "Je ne guérirai pas, et je veux que ce soit toi qui hérites de ma fortune quand je quitterai ce monde." Mais c'était une chose que je ne pouvais accepter. »

« Il avait raison, déclara Marilyn. Son état de santé ne s'est pas amélioré. Un mois plus tard, il est rentré à l'hôpital. Là, il n'a cessé de me supplier de l'épouser. Non plus dans son intérêt, mais dans le mien. Il voulait partir rassuré, en me sachant à jamais à l'abri de la faim et de la misère. »

Johnny Hyde mourut le 18 décembre 1950. Son ex-femme et ses enfants exigèrent que Marilyn soit tenue à l'écart de la cérémonie funèbre qui se déroula à Forest Lawn. Mais une femme blonde dissimulée sous une mantille sombre, accompagnée de Natasha Lytess, vint s'asseoir d'une démarche chancelante tout au fond de l'église où elle sanglota sans pouvoir s'arrêter durant tout le service. Par la suite, elle raconta : « Lorsque je suis passée près de son cercueil, un tel désespoir m'a envahie que j'ai perdu la tête. Je me suis jetée sur son cercueil en sanglotant. J'aurais voulu être morte avec lui.

"Mon grand ami n'était plus. J'étais privée de l'autorité avec laquelle il se battait pour moi, privée de l'amour avec lequel il me guidait. J'ai pleuré des nuits entières. Jamais je n'ai regretté les millions de dollars que j'avais refusés. Ce que je n'ai jamais cessé de regretter en revanche, c'est sa présence, à lui, Johnny Hyde : le meilleur homme du monde. »

De façon quasiment surnaturelle, les cadeaux de Noël que Johnny Hyde avait achetés pour ses amis peu de temps avant sa crise cardiaque fatale arrivèrent à leurs destinataires juste après ses obsèques. Marilyn reçut une étole en vison. Le 24 décembre, quand Natasha Lytess se présenta à l'appartement de Harper Boulevard, elle découvrit sur la porte un billet qui disait : « Je laisse ma voiture et mon étole en vison à Natasha. » Natasha Lytess se précipita à l'intérieur et tomba sur un deuxième billet défendant expressément à la fille de Natasha Lytess, Barbara, d'entrer dans la chambre. Natasha Lytess, elle, n'hésita pas. « C'était l'enfer sur terre. Marilyn était sur le lit, les joues gonflées, inconsciente. »

Natasha Lytess se mit à hurler : « Marilyn ! Qu'as-tu fait ? » Elle ouvrit de force la bouche de la malheureuse tout empâtée de résidus médicamenteux, et en retira « une pâte rosâtre qu'elle n'avait pas réussi à avaler ». Marilyn subit un lavage d'estomac et resta en observation à l'hôpital.

Peu de temps avant sa mort, Johnny avait décroché un rôle pour Marilyn dans *As Young As You Feel (Trop vieux, mon vieux)*, une comédie de Paddy Chayefsky, tournée par la Fox en janvier 1951. Marilyn était alors âgée de vingt-quatre ans, c'était son douzième film, et le premier pour la Fox depuis le renouvellement de son contrat qui spécifiait que son nom devait apparaître au-dessus du titre du film. Lorsque la production démarra, au mois de janvier 1951, Marilyn pleurait encore la mort de Johnny. « Elle n'arrête pas de pleurer, se plaignait le réalisateur Harmon Jones. Chaque fois qu'on l'appelle devant la caméra, elle est en pleurs et ses yeux sont tout gonflés. » Lorsqu'on avait besoin d'elle, l'assistant-réalisateur partait à sa recherche et la trouvait généralement retranchée dans un coin obscur du studio d'enregistrement, cherchant désespérément à reprendre le dessus. Et c'est là, dans ce coin de studio, qu'Arthur Miller la rencontra.

Ce fut Elia Kazan qui lui présenta Marilyn, et Miller raconte que, lorsqu'il lui serra la main, « le mouvement de son corps me traversa comme une onde, une sensation qui ne collait pas avec sa tristesse, au milieu de tout cet éclat ». Mary, l'épouse de Miller, était restée à Brooklyn. Après le succès à Broadway de ses deux pièces, *Death of a Salesman (Mort d'un commis-voyageur)* et *All my Sons (Ils étaient tous mes fils)*, Charles Feldman préparait un projet d'adaptation cinématographique de *The Hook (Le Piège)*, un scénario de Miller ayant pour thème la vie rude des pêcheurs sur le port de Brooklyn. Captivé par « la fille la plus triste qu'il eût jamais vue », selon ses propres paroles, Miller, qui entendait rester une semaine chez Feldman, y séjourna finalement un mois.

Miller revit Marilyn à une soirée chez Feldman. Le lendemain, elle les accompagna, Kazan et lui, à une conférence préparatoire dans le bureau de Harry Cohn à la Columbia. Déguisée en secrétaire, avec lunettes et bloc sténo, elle prit des notes avec le sérieux le plus compassé pendant que Kazan et Miller s'entretenaient avec « Croc-Blanc ».

Cohn fixait Marilyn, mais ne parvenait pas à se rappeler où il avait vu la pulpeuse secrétaire, et la réunion de production se poursuivit. Miller se souvenait avoir surpris Marilyn les yeux posés sur lui. Elle lui souriait discrètement, ravie du tour qu'elle était en train de jouer à Cohn. « Je la désirais désespérément, avoua Miller, et décidai qu'il me fallait partir le soir même, si possible, sinon cet endroit serait ma perte. »

L'adaptation du *Piège* ne vit jamais le jour. Cohn la refusa lorsqu'il apprit que Miller était marxiste. Avec l'entrée des États-Unis dans la guerre de Corée et le durcissement de la guerre froide, la division s'accusait entre les partisans de doctrines philosophiques et politiques diamétralement opposées. En cette ère nucléaire où le monde occidental se voyait peu à peu entouré de pays passés sous domination soviétique, la dichotomie devenait de plus en plus périlleuse.

Dans les années cinquante, la Commission d'enquête sur les activités anti-américaines (HUAC) avait les yeux essentiellement tournés vers Hollywood où l'on prétendait qu'un communiste se dissimulait derrière le moindre rocher en carton-pâte. Brusquement, il ne fut plus à la mode d'être membre de l'intelligentsia marxiste. Les interrogatoires de la Commission firent office de grande purge et de révélateur, en désolidarisant des marxistes convaincus les sympathisants dilettantes prompts à quitter le navire du communisme hollywoodien à la première alerte. Certains eurent recours au mensonge et à la négation en bloc, d'autres se suicidèrent. Certains passèrent rapidement aux aveus et donnèrent des noms — tels Edward Dmytryk, Clifford Odets et Elia Kazan, l'ami de Miller. Certains firent de la prison ; d'autres encore se turent et passèrent à la clandestinité.

John et Eunice Murray perdirent leur maison de Franklin Street à la suite des conflits sociaux dans les studios d'Hollywood, et emménagèrent dans une modeste demeure de Santa Monica Canyon, au 431 West Rustic Canyon Road. Norman Jefferies avait épousé la fille des Murray, Patricia, et vivait avec elle dans un petit appartement au premier étage de la nouvelle maison des Murray où, d'après lui, se tenaient des réunions de la cellule communiste. Jefferies se souvenait que nombre des participants à ces réunions étaient anonymes ou bien se dissimulaient sous des noms de code, mais il reconnut parmi eux le Dr Ralph Greenson, Herb Sorrell et Churchill Murray, qui arrivait de Mexico avec des individus dont Jefferies soupçonnait qu'il s'agissait d'agents du Komintern.

Contrairement au Dr Greenson qui s'était toujours montré discret sur son appartenance marxiste, le Dr Hyman Engelberg et sa femme Esther ne faisaient aucun mystère de leur engagement pour la cause communiste. Le Dr Engelberg continua à enseigner au People's Education Center, et conserva une activité prépondérante au sein du Conseil des arts, des sciences et des professions libérales. En 1947, il fut l'un des principaux intervenants à la Thought Control Conference du Conseil, à

Los Angeles. Mais, avec l'ouverture des investigations de la Commission d'enquête sur les activités anti-américaines, Engelberg ainsi que nombre de ceux qui étaient demeurés fidèles au parti passèrent à la clandestinité. La peur des rouges avait fini par donner peur d'être un rouge.

Miller avait beau être un communiste convaincu, et trouver l'inspiration de la majeure partie de son œuvre dans le marxisme, des doutes l'assaillirent rapidement en ce qui concernait le stalinisme. Il déclara qu'au début des années cinquante, cette question commençait à se poser pour lui, pour qui ou pour quoi il écrivait et quel besoin il avait de la bénédiction de quelqu'un ou de quelque chose. C'est à cette période de sa vie, au moment où les préceptes staliniens l'abandonnaient, qu'il rencontra Marilyn.

Dans ses mémoires, *Timebends (Au fil du temps, une vie)*, Miller affirme qu'après qu'il eut rencontré Marilyn en 1951, ils entamèrent une correspondance et qu'elle suggéra qu'ils se rencontrent quand elle viendrait pour affaires sur la côte est.

Même si l'impression commune fut que Marilyn Monroe et Arthur Miller n'entamèrent une liaison qu'à partir de l'installation de Marilyn à New York, des rendez-vous secrets les avaient réunis auparavant, quand Marilyn prenait l'avion pour l'Est sur un coup de tête, pour aller le retrouver dans leur cachette de Sandfield, Massachussets, à proximité de la vieille ferme de Richard Widmark.

Les deux pièces que Miller écrivit après sa première rencontre avec Marilyn, *The Crucible (Les Sorcières de Salem)* et *View From the Bridge (Vu du pont)*, reflètent l'intense crise personnelle que vécut le dramaturge entre 1950 et 1955, en parallèle à la désagrégation de son mariage. L'esprit de Marilyn est clairement identifiable dans l'une et l'autre pièces ; il anime le personnage d'Abigail dans *Les Sorcières de Salem* et celui de Catharine dans *Vu du pont.* Bien que les critiques privilégient les implications politiques des *Sorcières de Salem,* le thème central de l'œuvre est la culpabilité d'un homme marié, John Proctor, lequel a trompé sa femme avec une jeune domestique, Abigail. Le triangle amoureux et le problème de la culpabilité se retrouvent dans *Vu du pont,* avec les personnages d'Eddie Carbone, de son épouse et de leur jeune pupille Catharine.

Dans l'introduction à l'édition de 1957 de l'œuvre théâtrale complète d'Arthur Miller, dédiée « À Marilyn », Miller a écrit qu'autant *Les Sorcières de Salem* que *Vu du pont* traitent du « caractère terrifiant d'une passion qui, en dépit de ses contradictions, en dépit de l'intérêt égocentrique de l'individu qu'elle habite, en dépit de tous les signaux d'alarme, en dépit même de la destruction des convictions morales de l'individu, se développe inexorablement jusqu'à étendre son pouvoir sur lui et le détruire ».

Marilyn, de son côté, avait confié à Louella Parsons que Miller l'attirait : « parce qu'il est brillant. Son esprit est supérieur à celui de n'importe quel homme de ma connaissance. De plus, il comprend mon désir de m'améliorer, et il l'approuve ».

À écouter les conversations entre Kazan et Miller, il apparut à Marilyn que, bien souvent, elle ne comprenait rien à ce qu'ils racontaient. « Il n'y avait pas à se voiler la face, disait-elle. J'étais effroyablement stupide. Je ne connaissais rien à la peinture, à la musique, à la littérature, à l'histoire, à la géographie. Je ne connaissais même rien aux sports et à la politique. » Si bien qu'à l'automne 1951, elle s'inscrivit à un cours d'histoire de l'art à l'université de Californie à Los Angeles, entama la lecture des classiques et se procura l'œuvre de Freud et de ses disciples. « Je me promis à moi-même de lire tous les livres et de découvrir tout ce que le monde peut avoir de merveilleux, déclara-t-elle. De sorte qu'en société, je sois non seulement capable de suivre la conversation, mais que j'aie aussi les moyens d'y participer modestement. »

Sur la suggestion d'Elia Kazan, et à la grande contrariété de Natasha Lytess, Marilyn commença à suivre des cours d'art dramatique distincts avec Michael Tchekhov, le neveu du grand dramaturge russe. Tchekhov avait été formé par Stanislavsky à Moscou. Marilyn lui confia : « Je veux être une artiste, pas une poupée érotique. Je ne veux pas être vendue au public comme un aphrodisiaque en Technicolor. Cela pouvait aller dans les premières années. Mais à présent, c'est différent. » Tchekhov, qui appréciait à sa juste valeur le talent de Marilyn, lui fit cette réponse : « Mais, Marilyn, que tu le veuilles ou non, quoi que tu fasses et quoi que tu penses, tu es une jeune femme qui émet des vibrations sexuelles. Hélas pour toi, la seule chose qui intéresse les patrons de studio, ce sont ces vibrations sexuelles. »

Vibrations sexuelles qui intéressèrent aussi Kazan, lequel reconnut plus tard avoir eu une liaison avec Marilyn après le retour à New York de son ami Arthur Miller.

Lorsque Marilyn avait signé avec la Fox, elle avait insisté pour que soit incluse au contrat une clause concernant Natasha Lytess, afin que celle-ci soit également salariée par le studio en qualité de professeur d'art dramatique attitré. Natasha prépara Marilyn à son bref rôle dans *Let's Make It Legal (Chéri, divorçons)*, qui fut tourné au mois d'avril. L'échec que connut le film n'éclaboussa pas Marilyn. Lascive et pleine de vie à l'écran, elle avait le don de déclencher les rires. Et même si son charme était toujours inopérant sur Zanuck, le public l'avait désormais repérée.

La rentrée de revenus réguliers incita Marilyn à une générosité excessive. Elle paya à Lytess des soins dentaires particulièrement onéreux et finança en partie sa maison sur Crescent Drive, à Beverly Hills, allant même jusqu'à vendre l'étole en vison offerte par Johnny Hyde pour permettre à Natasha de verser l'acompte. À l'automne 1951, lorsque le studio renouvela son contrat avec une augmentation de son salaire à 500 dollars par semaine, Marilyn engagea une conseillère financière, Inez Melson, afin de gérer ses finances et veiller à l'entretien de sa mère. Gladys fut ainsi transférée de l'institution d'État de Norwalk à la maison de santé de Rockhaven à Verdugo, Californie, où régnait une atmosphère plus douillette de maison de campagne. Une part des revenus de Marilyn fut mensuellement consacrée à l'entretien de Gladys et Inez fut désignée comme leur curatrice. Marilyn embaucha même un détective privé afin de retrouver la trace de son père, Stan Gifford, dont elle n'avait plus entendu parler depuis qu'il lui avait raccroché au nez en 1944. Ayant pris sa retraite de chez Consolidated Films, il avait acheté une ferme-laiterie à Hemet, une communauté en plein désert au sud de Riverside, où il vivait avec sa troisième femme et plusieurs de leurs enfants.

Marilyn espérait que son père serait heureux d'avoir de ses nouvelles. Mais, en prenant la route de Hemet avec Marilyn, Natasha, elle, avait le pressentiment que Stan Gifford risquait de n'être guère ravi de l'arrivée inopinée de sa fille illégitime, quand bien même elle avait pour nom Marilyn Monroe. Natasha Lytess tenta de la mettre en garde :

« Tu risques de te faire du mal.

— Après tant d'années, je suis sûre qu'il a changé. Il ne peut plus être le même homme qui a abandonné ma mère et refusé de me parler, répondit Marilyn. Je dois le voir, tu es d'accord avec moi, n'est-ce pas ? Lui raconter ce que je suis devenue et tout... »

Comprenant que Marilyn était décidée à rencontrer son père coûte que coûte, Natasha n'insista pas.

Lors d'un arrêt dans une station-service à proximité de Riverside, elle la persuada néanmoins de téléphoner au préalable, en lui rappelant que Gifford avait une femme, des enfants, une vie de famille.

« Tu ne peux pas arriver chez lui sans prévenir. »

Pendant que Marilyn composait d'une main tremblante le numéro, qu'elle avait noté sur un petit bout de papier, Natasha Lytess murmura une prière silencieuse.

Ce fut Mrs. Gifford qui répondit au téléphone. Elle voulut savoir qui demandait son mari.

« C'est Marilyn... la petite fille qu'il a connue il y a bien longtemps, la fille de Gladys Baker. Je suis sûre qu'il se rappelle de moi. »

Mrs. Gifford pria Marilyn d'attendre. Pendant ce temps, Natasha l'observa qui tremblait en silence, la tête renversée en arrière et les yeux fermés, submergée par la peine et l'angoisse, compagnes de toute une vie marquée au sceau d'une blessure affective.

Lorsque Mrs. Gifford reprit le téléphone, ce fut pour annoncer :

« Il ne veut pas vous voir. Il vous conseille de vous adresser à son avocat à Los Angeles si vous avez des réclamations à faire. Avez-vous de quoi noter ? »

Marilyn raccrocha sans rien dire, regagna la voiture d'un pas lourd et s'effondra au volant, en larmes. Natasha Lytess était impuissante ; rien de ce qu'elle aurait pu dire ou faire n'aurait su la réconforter.

Susan Reimer, la belle-fille de Gifford, avait neuf ans à l'époque. Aujourd'hui infirmière à Hemet, elle se souvient très précisément du coup de fil de Marilyn en 1951. L'incident avait provoqué un scandale et lorsque la fillette avait demandé à sa mère qui avait téléphoné, elle s'était entendu répondre :

« Cela ne te regarde pas. C'était Marilyn Monroe. »

La demi-sœur de Susan, Lorraine, affirma :

« J'ai entendu toute ma vie dire que Stan était le père de Marilyn. C'était un sujet de conversation permanent dans la famille. Un fait indiscutable. »

Marilyn passa le long trajet de retour jusqu'à Los Angeles murée dans un silence affligé.

32

La gloire

> « Ce n'est pas le studio qui a fait de moi une star. Si j'en suis devenue une, ce sont les gens qui l'ont voulu. »
>
> Marilyn Monroe.

À la surprise de Darryl F. Zanuck, les figurations et les petits rôles de Marilyn lui valurent une avalanche de lettres d'admirateurs — près de trois mille par semaine. Mais c'est le jour où elle fit son entrée à la Convention commerciale de la Twentieth Century Fox que Marilyn franchit véritablement le seuil du paradis des stars.

Les services commerciaux et publicitaires avaient organisé un cocktail au Café de Paris où leurs agents devaient rencontrer les dirigeants de la Fox et l'écurie de stars du studio : Tyrone Power, Betty Grable, Gregory Peck, June Haver, Susan Hayward. Mais celle que guettaient tous les agents publicitaires de la maison, c'était Marilyn Monroe.

Elle fit son entrée avec un retard calculé, et tous les yeux se rivèrent sur elle lorsqu'elle fit halte sur le pas de la porte, divine dans une robe de cocktail noire sans manches. Le silence s'établit dans la pièce, et dans cette parenthèse ouverte dans le temps, le président de la Twentieth Century Fox, Spyros Skouras, sentit les vibrations et entendit distinctement le tintement des caisses enregistreuses. Il insista pour que Marilyn prenne place à côté de lui à la table d'honneur. Le lendemain, Zanuck donnait des ordres pour que Marilyn reçoive le traitement réservé aux stars. Philippe Halsman la photographia pour le magazine *Life,* et bientôt on put la voir dans *Look, Colliers* et *Quick,* présentée comme la nouvelle bombe sexuelle de Hollywood.

Un peu plus tôt dans l'année, Marilyn avait été louée par la Fox à la RKO pour jouer un second rôle dans une adaptation de la pièce de Clifford Odets *Clash By Night (Le démon s'éveille la nuit).* Les vedettes du film étaient Barbara Stanwyck et Robert Ryan et le réalisateur en était le formidable Fritz Lang. Natasha Lytess se souvenait que Lang terrifiait tellement Marilyn qu'elle vomissait avant chaque prise de vues et avait le visage et le cou couverts de rougeurs. Il ne voulait pas de Natasha sur le plateau, mais Marilyn avait insisté. « Elle a tenu tête à Fritz Lang pour que je sois à ses côtés, racontait Natasha Lytess. Je ne la quittais pas d'une semelle, enfermée du matin au soir dans sa minuscule loge. Elle était tellement nerveuse qu'elle en oubliait des répliques, et Lang lui tombait dessus à bras raccourcis. » Seules sa détermination à réussir et une volonté de fer poussaient une Marilyn tremblante d'effroi à quitter sa loge pour affronter les lumières des projecteurs et la caméra.

À la sortie du film, en 1952, Marilyn reçut des critiques favorables. Dans le *New York World Telegram,* Alton Cook proclamait : « Marilyn Monroe est une actrice convaincante, une jeune star douée qui mérite amplement la fantastique acclamation qu'elle reçoit dans la presse. Son rôle n'est pas le plus important, mais elle en fait le rôle dominant. »

Zanuck, après avoir vu le premier montage du *Démon s'éveille la nuit,* décida de faire passer à Marilyn un bout d'essai pour le premier rôle dans *Don't Bother to Knock (Troublez-moi ce soir).* « Je ne la pensais pas prête pour un rôle aussi exigeant, déclara Natasha Lytess, mais elle fit un bout d'essai si merveilleux que même Zanuck fut obligé de rédiger un commentaire flatteur. »

La carrière de Marilyn aurait pu être compromise par la médiocrité de ce mélodrame dans lequel elle joue le rôle d'une baby-sitter psychotique qui menace de tuer l'enfant qui lui est confié dans un hôtel new-yorkais. Mais, dès son apparition à la porte tournante de l'hôtel, quelque chose de captivant chez elle parvient à transcender la mièvrerie du scénario. Sa composition d'une femme psychotique brisée affectivement par la tragédie de la perte passe à travers un prisme de nuances complexes.

Mais au moment même où la Fox s'apprêtait à sortir le grand film destiné à hisser Marilyn au sommet, la direction apprit que l'envoûtante photo de nu rendue populaire par les calendriers à très large diffusion de la Baumgarten Company était une photo de leur nouvelle star. Convoquée dans le bureau du chef de la publicité, Harry Brand, Marilyn fut sommée de confesser la vérité. Et lorsqu'elle l'admit sans ambages, Brand vociféra : « Comment avez-vous pu faire une chose pareille ! Vous ne vous rendez donc pas compte de l'injure que vous faites au public ? Votre carrière pourrait être ruinée si cela venait à se savoir, en avez-vous conscience ?

— Mais, se mit à sangloter Marilyn, j-j'avais besoin d'argent et je ne p-pensais pas qu'on me reconnaîtrait.

— Il n'y a plus qu'une chose à faire, s'exclama Brand. Nier ! Vous n'avez jamais posé pour aucun calendrier, vu ? Tenez-vous-en à cette version, et nous réussirons peut-être à nous en tirer ! »

Lorsque Brand referma la porte à toute volée dans son dos, la panique gagna Marilyn. Elle n'avait pas envie de mentir, pas plus qu'elle n'avait envie de ruiner sa carrière. Sanglotante, elle appela Sidney Skolsky au téléphone pour lui demander conseil :

« Je ne sais plus où j'en suis, Sidney. J'ai peur. Mais je ne me sens pas vraiment coupable. Je n'ai rien fait de mal, tu es de mon avis ? J'avais besoin de cet argent pour récupérer ma voiture. Si c'était mal, je ne l'aurais pas fait. Ils veulent que j'aie honte de l'avoir fait, mais non, je n'ai pas honte. Pourquoi devrais-je avoir honte ?

— Si tu racontes simplement à tout le monde ce que tu viens de me raconter, lui conseilla Sidney, ton problème est résolu. »

Marilyn révéla donc la simple vérité à une journaliste de United Press, Aline Mosby, et la nouvelle éclata le 13 mars 1952, reprise par pratiquement tous les journaux du pays. À la stupéfaction de Brand, pas un seul défenseur de la morale, ni officielle, ni religieuse, ne dénonça le calendrier Marilyn Monroe. Sa photo fut perçue à l'unanimité comme l'image charmante d'une Vénus dévêtue, et ceux qui purent la trouver impudique ne la jugèrent pas choquante. Le service publicité de la Fox fut inondé d'un flot de demandes de spectateurs réclamant un exemplaire du fameux calendrier. Des foules se pressèrent devant les cinémas pour aller voir la performance de la Vénus dévêtue dans *Le démon s'éveille la nuit* de la RKO. Et bien vite, le nom de Marilyn s'étala en grosses lettres au-dessus de celui de Barbara Stanwyck sur les néons des théâtres.

« La réussite m'est tombée dessus d'un seul coup, disait Marilyn. Mais elle a surpris mes employeurs plus que moi... Je savais ce que j'avais su dès l'âge de treize ans lors de ma première promenade en maillot de bain sur la plage. Je savais que j'appar-

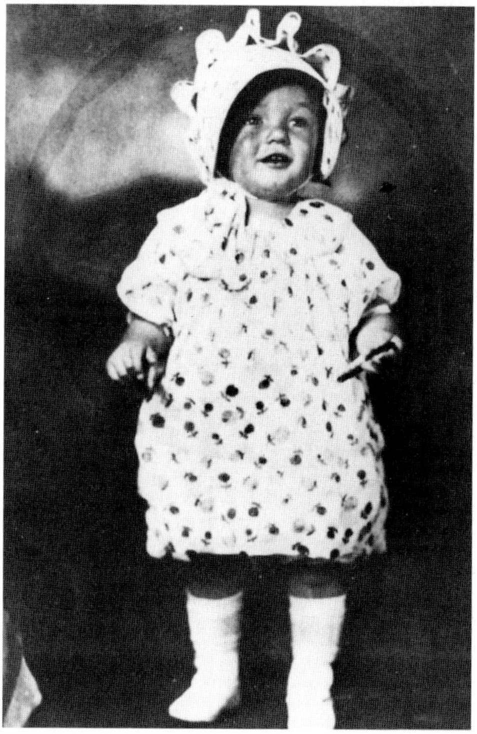

Norma Jeane, bébé, vêtue d'une robe et d'un chapeau assorti, confectionnés par Ida Bolender. *Collection Robert Slatzer*

À l'orphelinat, Norma Jeane, photographiée au côté d'une camarade inconnue. *Collection Robert Slatzer*

Sur la plage d'Ocean Park : à gauche, Gladys Baker est assise derrière Norma Jeane. À côté de Gladys, son frère Marion avec son épouse, Olive, ainsi que leur bébé, Ida May. Marion devait disparaître quelques années plus tard. *Collection Frederick Guiles*

L'acteur Murray Kinnell.
Il logeait chez Gladys à l'époque
où Norma Jeane fut agressée.
Avec l'aimable autorisation
de l'American Academy
of Arts and Sciences

Le père de Norma Jeane, Stan Gifford, debout à droite lors d'une réception
aux Consolidated Film Laboratories. *Collection Frederick Guiles*

Jim Dougherty et Norma Jeane sur l'île de Catalina. *Collection George Zeno, avec l'aimable autorisation de James Dougherty*

Dès 1946, Norma Jeane Dougherty était devenue l'un des mannequins les plus populaires de l'agence Blue Book. *Collection George Zeno*

Natasha Lytess avec Marilyn à la Fox au début des années 1950. À la requête de Marilyn, Natasha avait été engagée par les studios en qualité de répétitrice. *Collection Robert Slatzer*

Le metteur en scène Billy Wilder joue les spectateurs pendant les répétitions de la célèbre scène de la grille du métro *dans Sept ans de réflexion. Retna Ltd*

Marilyn et Robert Slatzer en 1952. *Collection Robert Slatzer*

Joe DiMaggio, au cours d'une de ses rares visites aux studios,
sur le plateau de *Chérie, je me sens rajeunir*, aux côtés de Marilyn et de Cary Grant,
l'autre tête d'affiche. *Collection Robert Slatzer*

Marilyn devant chez elle en compagnie de son avocat Jerry Geisler qui annonce officiellement la fin de son mariage avec DiMaggio. *Archives MPTV*

Marilyn danse avec Johnny Hyde, homme influent à Hollywood, qui lui avait offert un million de dollars pour qu'elle accepte de l'épouser. *Foto File*

Le couple Miller aux côtés de Simone Signoret et d'Yves Montand lors d'une fête donnée par les studios pour accueillir Montand à Hollywood à l'occasion du film *Le Milliardaire.* *Collection George Zeno*

Lors du gala d'anniversaire du président au Madison Square Garden,
Marilyn chante « Happy Birthday » en l'honneur de John Kennedy,
que l'on distingue derrière le Sceau présidentiel. Bobby Kennedy est assis
deux rangs derrière lui, légèrement sur la droite. *Foto File*

Le Dr Ralph Greenson, qui commença à soigner Marilyn en janvier 1960. *Avec l'aimable autorisation de l'Institut de psychanalyse de Los Angeles*

Après un séjour à l'hôpital Westside de Los Angeles, Marilyn regagne Reno pour reprendre le tournage des *Désaxés*. Miller porte les stigmates du stress de la production et de leurs problèmes conjugaux. *Archives MPTV*

Marilyn et Clark Gable scrutent les étoiles dans la scène finale des *Désaxés*. Ce devait être le dernier jour du dernier film qu'ils tourneraient jusqu'au bout. *Collection George Zeno*

José Bolaños est le chevalier servant de Marilyn à la cérémonie des Golden Globe Awards en mars 1962. Marilyn porte le diamant et les boucles d'oreilles d'émeraude que lui a offerts Frank Sinatra. *Collection George Zeno*

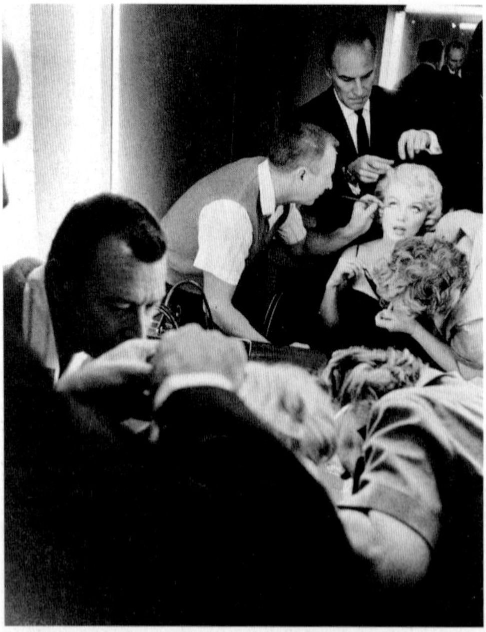

Le maquilleur Whitey Snyder et le coiffeur
Sidney Guilaroff préparent
Marilyn pour l'une des scènes
du *Milliardaire*.
Collection Robert Slatzer

De gauche à droite : JFK, le chef
de la police de Los Angeles, William Parker,
et le capitaine James Hamilton,
membre du bureau de renseignement.
Collection Robert Slatzer

John Kennedy et Peter Lawford
devant la maison que possédait ce dernier
sur la plage de Santa Monica.
Collection Robert Slatzer

Robert Kennedy avec trois de ses enfants
à son arrivée à San Francisco en compagnie
d'Ethel, le vendredi 3 août 1962.
Collection Robert Slatzer

Marilyn lors de sa dernière apparition en public au Dodger Stadium
le 1er juin 1962. *Collection Robert Slatzer*

Un officier de police
de Los Angeles,
debout dans la cour d'honneur
de la résidence de Marilyn
Monroe. Sur sa gauche,
la porte menant au pavillon
d'amis. Les journalistes
se tiennent debout
près de la porte d'entrée.
Collection Robert Slatzer

Un cliché de la chambre
de Marilyn pris depuis la fenêtre
utilisée par le Dr Greenson
pour accéder à l'intérieur.
Derrière le policier, on distingue
Mrs. Murray à l'entrée
de la pièce des téléphones.
Photo parue dans Globe :
clichés de Don Tompkins

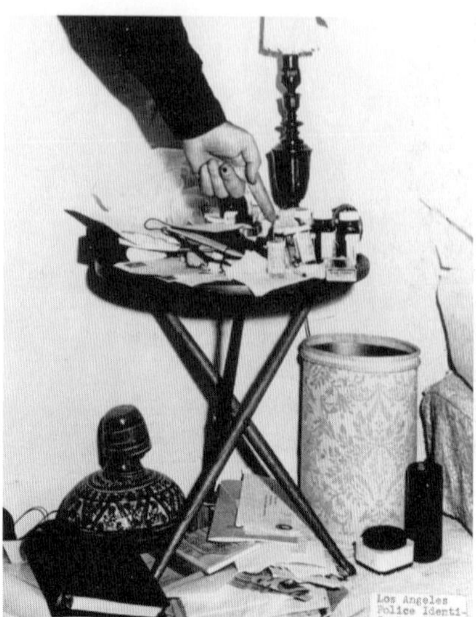

La table de chevet de Marilyn
où furent retrouvés les flacons
de barbituriques. Par terre, à droite,
un objet qui pourrait être un verre à eau.
Le sergent Jack Clemmons a déclaré
que ce verre ne se trouvait pas
dans la chambre lors de l'examen
des lieux. *Foto File-Walter Fisher*

Pat Newcomb quitte la maison, suivie de Norman Jefferies, le gendre d'Eunice Murray, qui faisait office de gardien. *Foto File-Walter Fisher*

Un policier retient Pat Newcomb près du portail en bois tandis que le véhicule du coroner s'apprête à partir. *Foto File-Walter Fisher*

Hockett s'apprête à franchir le portail tandis que le policier écarte du passage Pat Newcomb. Derrière, on aperçoit le pavillon d'amis. *Foto File-Walter Fisher*

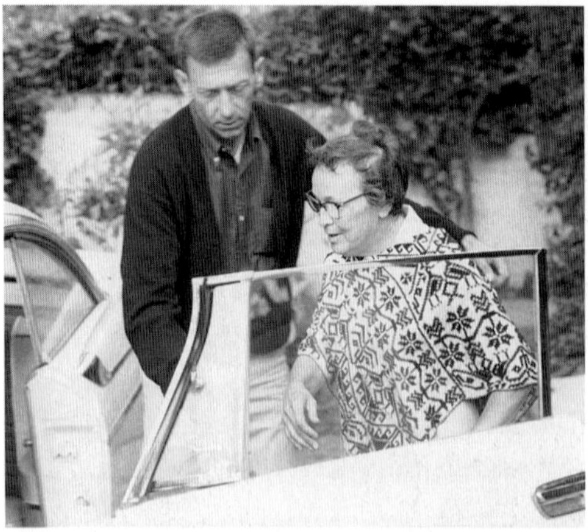

Norman Jefferies aide sa belle-mère, Eunice Murray, à s'installer dans sa Dodge.
Foto File-Walter Fisher

Aidée de Norman Jefferies, Pat Newcomb prend place côté passager dans la voiture de Mrs. Murray. Bien que Newcomb eût affirmé s'être rendue en voiture au domicile de Marilyn ce matin-là, son véhicule n'était pas sur les lieux.
Foto File-Walter Fisher

Le mardi 7 août, Berneice Miracle, la demi-sœur de Marilyn, quitte la maison accompagnée de Guy Hockett, directeur des pompes funèbres.
Ce dernier tend à son frère Don la robe et la perruque utilisées pour la toilette funèbre de Marilyn.
Black Star-Eugène Anthony

Les personnes invitées aux funérailles de Marilyn se massent près de sa tombe.
Joe DiMaggio avait refusé de convier la foule des amis hollywoodiens, désireux d'y assister.
Black Star-Eugène Anthony

La famille Greenson est venue rendre un dernier hommage. De gauche à droite : Danny, le Dr Ralph Greenson et sa femme Joan.
Black Star-Robert Smith

Joe DiMaggio, très affligé, accompagné de son fils Joe Jr.
Black Star-Eugène Anthony

Pat Newcomb, lors d'une croisière à bord du *Manitou*, en compagnie du Président, au large des côtes du Maine le 12 août 1962, quatre jours après les obsèques de Marilyn. De gauche à droite dans la timonerie : Pat Newcomb (qui porte la veste du Président), Paul « Red » Fay, JFK, Peter Lawford, Patricia Lawford (debout). *Collection Robert Slatzer*

Le jeudi 9 août, Eunice Murray accomplit un ultime pèlerinage à la maison. Avant de partir, elle contemple le pavillon d'amis. C'est par terre, juste derrière cette fenêtre, que Marilyn a trouvé la mort. *Collection Robert Slatzer*

Jack Clemmons (1922-1998), le policier appelé par Hyman Engelberg sur les lieux du drame, le dimanche 5 août 1962 à l'aube. Clemmons a toujours eu la conviction que Marilyn Monroe avait été assassinée. *Collection Robert Slatzer, avec l'aimable autorisation d'Eileen Clemmons*

tenais au public, et au monde entier, non pas parce que j'avais du talent ou que j'étais belle, mais parce que je n'avais jamais appartenu à rien ni à personne. Le public était la seule famille, le seul prince charmant, le seul foyer dont j'aie jamais rêvé. »

Mais elle n'allait pas tarder à trouver son prince charmant.

« Miss Monroe, je vous présente Joe DiMaggio », annonça David March, un ami commun qui avait organisé une rencontre impromptue lors d'un dîner à la Villa Nova, sur Sunset Boulevard.

DiMaggio adressa un chaleureux sourire à Marilyn.

« Enchanté », fit-il.

Marilyn s'attendait à lier connaissance avec un « sportif tapageur ». Au lieu de quoi, c'est à un homme raffiné et discret, en costume gris, cravate grise et soupçon de gris dans les cheveux, qu'elle renvoya son sourire.

« Après nous être souri, nous nous sommes assis côte à côte à table, racontait Marilyn, et c'est à peine si nous avons échangé trois mots au cours du repas. Il était indéniable qu'il m'attirait, mais j'aurais été bien en peine de dire pourquoi. Il y avait quelque chose d'excitant en lui, qui se reflétait dans son regard, vif et intense. »

Au moment de quitter le restaurant, DiMaggio se tourna vers Marilyn pour lui expliquer qu'étant de passage à Hollywood, il était sans voiture.

« Cela vous ennuierait-il de me déposer à mon hôtel ? » lui demanda-t-il.

Pendant qu'elle conduisait DiMaggio au Hollywood Knickerbocker, la nervosité s'empara de Marilyn à l'idée qu'une fois la porte de son hôtel franchie, Joe DiMaggio risquait fort de sortir pour toujours de sa vie, laissant sans réponse l'énigme de son attirance pour lui. Comme elle ralentissait en vue de l'hôtel, Joe parla juste à temps :

> « Je n'ai pas envie de rentrer tout de suite. Voudriez-vous rouler encore un peu ? »
>
> Nous avons roulé pendant trois heures, raconta Marilyn. N'ayant jamais vu de match de base-ball de ma vie, je n'avais pas la moindre idée de l'activité exacte de Mr. DiMaggio. Mais au bout d'une heure, j'en savais déjà un peu plus sur lui. Il jouait au base-ball au Yankee Ball Club de New York et il était toujours mal à l'aise lorsqu'il sortait avec une jeune femme à Hollywood. La première fois ne lui posait pas de problème ; c'était la seconde qui l'ennuyait.

Quant à la troisième fois, il était rare qu'il y en ait une. Un ami à lui, George Solotaire, était chargé de s'interposer au bon moment pour faire « décrocher » la jeune personne.

« Mr. Solotaire se trouve-t-il actuellement à Hollywood avec vous ? » lui ai-je demandé.

Face à sa réponse affirmative, j'ai ajouté :

« J'essaierai de ne pas lui donner trop de fil à retordre lorsqu'il se mettra en devoir de me faire "décrocher"... »

Et Joe m'a alors répondu :

« Je pense que cette fois, je n'aurai pas besoin des services de Mr. Solotaire. »

Mon cœur a fait un bond dans ma poitrine avant de se gonfler de bonheur. Quelque chose était en train de commencer entre Joe DiMaggio et moi.

Au cours du tournage de *Monkey Business (Chérie, je me sens rajeunir)*, où elle partageait la vedette avec Cary Grant, Marilyn fut prise de douleurs abdominales et d'une forte fièvre. Une crise d'appendicite ayant été diagnostiquée, elle fut admise au Cedars of Lebanon Hospital le 28 avril 1952, pour y subir une intervention chirurgicale. Dans le bloc opératoire, le chirurgien eut la stupeur de découvrir, fixé au ruban adhésif sur le bas-ventre de sa patiente, le message suivant :

Cher Dr Rabwin,

Coupez le moins possible, je vous prie. Je sais que ma demande peut sembler frivole, mais là n'est pas la question. Le fait d'être une femme est important et cela compte beaucoup pour moi. Alors, pour l'amour du ciel, cher docteur : ne m'enlevez pas les ovaires !

Merci de tout cœur.

Marilyn Monroe.

Assaillie par la presse à sa sortie de l'hôpital, quelques jours plus tard, Marilyn eut recours au talent de Whitey Snyder pour afficher une mine éblouissante. C'est à ce moment-là qu'elle obtint de Whitey la promesse qu'il se chargerait de la maquiller pour son enterrement, si elle venait à disparaître.

Marilyn passa sa convalescence dans son appartement à l'angle de Doheny Drive et de Cynthia Street où DiMaggio lui rendit souvent visite au cours du mois de mai. La presse s'empara bientôt de l'idylle naissante entre deux des célébrités les plus acclamées d'Amérique. C'était une association bénie des dieux de l'empire cinématographique, et Zanuck n'hésita pas à renouveler l'option de Marilyn, montant son salaire à 750 dollars par semaine — un des salaires les plus bas versés à une star de renom. Déjà désignée pour jouer dans *Niagara* avec Joseph Cotten, Marilyn apprit le jour de son anniversaire qu'elle héritait du rôle en or de Lorelie Lee dans la comédie musicale intitulée *Gentlemen Prefer Blondes (Les hommes préfèrent les blondes)*. C'est en raison de son succès grandissant au box-office que le rôle, prévu à l'origine pour Betty Grable, lui avait été attribué.

En route pour le lieu de tournage de *Niagara* à Buffalo, Marilyn passa par Manhattan rendre visite à Joe DiMaggio, faisant croître ainsi les rumeurs sur leur idylle. Mais, à cette époque, Joe n'était pas le seul béguin de Marilyn. Elle entretenait aussi une liaison avec Nico Minardos, un jeune acteur grec qu'elle avait rencontré à la Fox, et elle voyait fréquemment Bob Slatzer. Avant son départ pour Buffalo, Marilyn avait téléphoné à Slatzer pour lui suggérer de la retrouver là-bas. À son arrivée, Bob découvrit que Marilyn avait réservé pour lui la meilleure chambre de l'hôtel : celle immédiatement voisine de la sienne.

Slatzer se souvient qu'après avoir arrosé leurs retrouvailles de quelques coupes de champagne, Marilyn s'était exclamée en riant : « Est-ce que ce ne serait pas un endroit merveilleux pour se marier ? Nous n'aurions pas besoin de partir en voyage de noces aux chutes du Niagara, puisque nous y sommes déjà ! » N'ignorant rien de l'idylle de Marilyn avec DiMaggio, Slatzer se demanda si ce n'était pas le champagne qui parlait... Après quelques coupes supplémentaires, il fut décidé de profiter de la lune de miel, et de remettre le mariage à plus tard.

À la fin du tournage de *Niagara*, Slatzer et DiMaggio revinrent l'un et l'autre à Hollywood avec Marilyn. « Je la voyais autant que DiMaggio, a raconté Slatzer. Lorsqu'il n'était pas en ville, je la voyais pratiquement tous les soirs. Il m'arrivait d'être chez elle lorsque DiMaggio téléphonait, et parfois, c'était moi qui téléphonais tard le soir et DiMaggio se trouvait là. Marilyn me rappelait alors parfois vers 3 heures du matin en me disant : "Je peux parler maintenant, Bob." »

Dorothy Kilgallen eut connaissance de la liaison de Marilyn avec Slatzer et écrivit dans sa rubrique du 16 août 1952 : « Un candidat inconnu dans la course au cœur de Marilyn : Bob Slatzer, ancien critique littéraire de Columbus, Ohio. Il l'a toujours courtisée par téléphone et par courrier, et l'a aidée à se cultiver en lui offrant les plus grands classiques de la littérature mondiale. »

Trois semaines plus tard, Dorothy Kilgallen invitait Slatzer à rédiger une chronique sur Marilyn en qualité d'invité de sa rubrique « Voice of Broadway ». Le texte parut le 12 septembre. Slatzer y racontait comment il avait permis à Marilyn de satisfaire sa soif de connaissances, en lui faisant lire les grands classiques. *Confidential* enchaîna avec un article annoncé en couverture sur l'idylle de Slatzer avec Marilyn. « DiMaggio était jaloux, raconta Slatzer, et Marilyn m'avait confié qu'elle ne voyait absolument pas comment elle pourrait être heureuse avec lui à cause de sa jalousie maladive. Une jalousie qui n'était pas seulement dirigée contre moi : il était jaloux de quiconque intéressait Marilyn de près ou de loin. Si quelqu'un lui demandait un autographe ou la prenait en photo, il se mettait en rage et lui faisait des scènes affreuses. Quand je repense à l'automne 1952, je n'aurais jamais imaginé à cette époque qu'elle l'épouserait. »

Slatzer prétend que c'est lui que Marilyn avait d'abord décidé d'épouser.

Après une longue nuit passée à bavarder et à boire du champagne, Slatzer et Marilyn avaient pris la route de Rosarita Beach, juste au sud de la frontière mexicaine. Ayant fait halte au Foreign Club à Tijuana pour y boire quelques verres, ils décidèrent subitement de se marier. Ils dénichèrent un avocat qui leur demanda de repasser dans une heure. Entre-temps, sur l'Avenida, ils rencontrèrent Kid Chissell, qui leur avait prêté sa voiture à l'occasion de leur premier rendez-vous, en 1946.

« C'était un pur hasard, a raconté Chissell. Je me trouvais à Tijuana avec un vieux copain de la Marine, et j'ai vu Bob et Marilyn sortir d'un magasin. J'ai décoché une bourrade à Bob qui a fait volte-face, furibond. Quand ils ont vu que c'était moi, nous avons bien ri, et ils m'ont demandé si je voulais être témoin à leur mariage. »

D'après Chissell, comme Marilyn souhaitait se rendre dans une église avant la cérémonie, ils s'en furent tous dans une église catholique proche. Marilyn couvrit alors sa tête de son pull-over et alluma un cierge près de l'autel. Après quoi ils regagnèrent le bureau de l'avocat, remplirent les formulaires, et Bob et Marilyn furent mariés.

Au retour de la frontière, les vapeurs de champagne se dissipant, Marilyn fut prise de remords. Slatzer avait allumé la radio pour écouter de la musique, et lorsque la voix de Joe DiMaggio s'éleva, annonçant le championnat national de base-ball, elle se mit à pleurer. À leur retour à Hollywood, elle décida qu'elle avait fait une erreur. Ils retournèrent le lendemain à Tijuana et soudoyèrent l'avocat pour qu'il déchire le certificat de mariage qui n'avait pas encore été officiellement homologué. Bob et Marilyn s'étaient mariés le samedi 4 octobre 1952. Le lundi suivant, leur mariage n'était plus. Mais l'actrice Terry Moore, qui a bien connu Marilyn pendant son époque à la Fox, a affirmé : « Je me rappelle très bien combien sortir avec Bob l'exaltait. Elle aspirait tellement à se cultiver. L'instruction de Bob lui inspirait du respect. Elle m'a effectivement dit qu'ils s'étaient mariés, juste après. » Et, interrogé par Anthony Summers en 1984, Kid Chissell a confirmé qu'il avait effectivement été le témoin de ce mariage.

À la fin de l'année 1952, Marilyn, qui recevait plus de cinq mille lettres de fans par semaine, était la star la plus populaire d'Hollywood. Elle partagea le haut de l'affiche avec Jane Russell pour *Les hommes préfèrent les blondes*, une des meilleures comédies musicales des années cinquante, et son salaire fut augmenté.

Mais elle n'était pas heureuse. « Je gagnais plus d'argent par semaine que je n'arrivais naguère à en gagner en six mois. J'avais l'argent, les parures, la gloire, un avenir devant moi, et toute la publicité dont je pouvais rêver. J'avais même quelques amis. Et il y avait toujours une idylle dans l'air. Toutes ces merveilles dignes d'un conte de fées auraient dû me rendre heureuse, or je déprimais et le désespoir finit par m'accabler. Ma vie m'apparaissait soudain aussi vaine et insupportable qu'elle l'était du temps de mes premiers désespoirs. »

Elle afficha une mine souriante pour assister à la réception de Noël donnée chaque année par le studio. Mais, une fois les festivités terminées, il ne lui restait plus qu'à regagner son appartement vide de Doheny. DiMaggio avait dit qu'il passerait les fêtes de Noël en famille, à San Francisco, et elle avait l'espoir qu'il l'appelle. En entrant dans son appartement, Marilyn eut la surprise de découvrir un arbre de Noël et un grand écriteau en carton qui disait : « Joyeux Noël, Marilyn. » Joe l'attendait, assis dans un fauteuil. « C'était la première fois de ma vie que quelqu'un m'offrait un arbre de Noël, confia plus tard Marilyn à Sidney Skolsky. J'étais si heureuse que j'en ai pleuré. »

Pour *How to Marry a Millionnaire (Comment épouser un millionnaire)*, Marilyn partageait l'affiche avec Betty Grable et Lauren Bacall. Nunnally Johnson, qui avait taillé son scénario sur mesure pour Marilyn, a déclaré : « C'était la première fois qu'elle avait l'occasion de jouer un rôle qui lui ressemblait, et ce fut la première fois que le public aima Marilyn pour elle-même dans un film. Elle analysa ce fait avec beaucoup de perspicacité, disant que c'était le seul de ses films où elle avait de la pudeur — non pas de la pudeur physique, mais de la pudeur par rapport à son propre pouvoir de séduction. »

Le réalisateur Jean Negulesco a fait cette remarque : « Elle fut certes difficile parfois, et souvent en retard, mais au bout du compte je l'ai adorée, parce que c'était une pure enfant dotée de ce “quelque chose” que Dieu lui avait donné, une qualité que nous sommes encore incapables de définir ou de comprendre. C'est cela qui a fait d'elle une star. Nous ne savions pas si elle avait été bonne ou mauvaise au tournage, et puis, au montage, une seule personne sur l'écran se révélait une *grande* actrice : Marilyn. »

Peu de temps après son vingt-septième anniversaire, Marilyn et Jane Russell, sa partenaire des *Hommes préfèrent les blondes*, marquèrent leurs empreintes dans le ciment devant le théâtre chinois de Grauman. L'événement eut lieu non loin de l'endroit où la petite Norma Jeane, âgée de huit ans, avait tenté d'inscrire ses propres pas dans les empreintes des stars. DiMaggio brilla par son absence. Il détestait le tohu-bohu hollywoodien et avait horreur de voir Marilyn faire étalage de ses « vibrations sexuelles ». Il refusa donc d'assister à la cérémonie chez Grauman, comme à la remise des Photoplay Awards à l'occasion de laquelle Marilyn fut désignée « Star à l'ascension la plus rapide », et il demeura invisible lors de la première resplendissante de *Comment épouser un millionnaire.* Jaloux de tout ce qui pouvait rivaliser avec lui et retenir l'attention de Marilyn, DiMaggio écumait souvent de colère sous ses dehors calmes et solides de héros légendaire du base-ball américain. À propos de son tempérament, Natasha Lytess observa : « Tout au long de ces mois des années 1952 et 1953, Marilyn me téléphonait nuit et jour, parfois en pleurs, pour se plaindre de la façon dont il la traitait. »

Pendant le tournage de *River of No Return (La Rivière sans retour),* Marilyn entra en conflit avec son réalisateur, Otto Preminger. Filmé dans les paysages sauvages des Rocheuses canadiennes, le film exigeait le tournage de scènes dans une embarcation prise dans les rapides d'une rivière bouillonnante. Preminger avait insisté pour que Marilyn elle-même tourne ces scènes périlleuses, ce qui entraîna une série d'incidents au cours desquels elle se blessa à la jambe. Exagérant probablement la gravité de sa blessure, la presse dressa de Preminger le portrait d'un sadique, et DiMaggio se précipita à la rescousse de Marilyn. Il arriva sur les lieux du tournage accompagné d'un médecin, et en sa présence Preminger se radoucit d'une façon qui ne lui ressemblait guère. Le couple Joe DiMaggio-Marilyn s'éclipsa alors pendant une semaine, et des rumeurs se mirent à circuler sur un mariage secret.

Au retour de Marilyn à Hoollywood, Joe emménagea pour ainsi dire dans ce que la presse avait coutume d'appeler leur « nid d'amour » de Doheny. Marilyn apprit à cuisiner les spaghettis à la façon de la mère de Joe, et elle tenta de l'inciter à lire les classiques. Joe, quant à lui, préférait la télévision. Il y eut des visites à la famille DiMaggio, dans leur maison de Beach Street à San Francisco, où vivait Marie, la sœur de Joe. Il y eut des jours brumeux où Marilyn s'attifait d'un jean et d'un blouson de cuir et partait pêcher avec lui sur la côte.

Pendant ces années de gloire soudaine, Marilyn garda le contact avec tante Grace. C'était une période difficile pour les Goddard. Grace et Doc étaient tous deux devenus alcooliques, ce qui rendait les visites pénibles. Grace, dont le comportement était souvent incohérent, ne prit pas la pleine mesure du succès de Marilyn. En octobre 1953, une surdose de barbituriques l'emporta. Elle fut inhumée au cimetière de Westwood Village, non loin de tante Ana.

Vers la fin de l'année 1953, il était prévu que Marilyn commence le tournage de *Pink Tights*, avec Frank Sinatra, mais ni Joe ni Marilyn n'aimèrent le scénario. Marilyn trouvait son rôle stupide et mal fichu, et Joe le trouvait osé. Zanuck exigea de Marilyn qu'elle honore son obligation contractuelle, mais Joe et elle disparurent. Le 4 janvier 1954, la Fox la suspendit pour défaut de présentation sur son lieu de travail.

Lorsque la presse découvrit que Joe et Marilyn se trouvaient à San Francisco, le domicile de la famille DiMaggio devint le théâtre d'une véritable hystérie médiatique qui mit Joe au comble de la fureur. Marilyn se souvenait de ces moments :

« Je me demande si je suis capable de supporter toute cette publicité folle que l'on fait autour de toi, m'a dit Joe.

— Mais cela fait partie de ma carrière, lui ai-je répondu. Voudrais-tu me cacher dans une cave ?

— Nous verrons comment les choses évoluent, a-t-il répondu. Mais puisque tu as tous ces problèmes avec le studio et que tu ne travailles pas, pourquoi n'en profiterions-nous pas pour nous marier maintenant ? »

Je n'avais jamais envisagé, ni même rêvé, de devenir l'épouse d'un homme important. Pas plus que Joe n'avait imaginé épouser une femme dont la vie était à quatre-vingts pour cent publique. La vérité, c'était que nous étions très semblables, lui et moi. La publicité dont j'étais l'objet tout comme l'importance de Joe étaient des éléments périphériques qui n'avaient rien à voir avec ce que nous étions vraiment.

Le mariage fut célébré dans l'intimité le 14 janvier 1954 par le juge Charles Peery à San Francisco. Un mariage qui ne devait guère durer plus de neuf mois.

33

Incognito

> « Cela n'a rien d'amusant d'être marié avec une ampoule électrique. »
>
> Joe DiMaggio.

Dès avant le mariage, DiMaggio était convenu avec son ami Frank « Lefty » O'Doul de l'accompagner au Japon pour un match de base-ball de démonstration. Il fut décidé que ce voyage professionnel serait inclus dans la lune de miel du couple DiMaggio. À leur arrivée à Tokyo, les fans de Marilyn envahirent par milliers l'aéroport et prirent l'avion d'assaut. Joe et son épouse durent s'enfuir par la trappe de la soute à bagages. Deux cents policiers furent appelés en renfort pour rétablir l'ordre lorsque le couple rejoignit son hôtel. Lors de la conférence de presse organisée en l'honneur de DiMaggio, le « Yankee Clipper » se vit ignoré au profit de Marilyn à qui furent adressées toutes les questions.

Selon Lefty O'Doul, l'ami de DiMaggio, la prise de conscience de l'extraordinaire popularité de sa femme exaspéra Joe. Et, lorsque Marilyn fut invitée par le commandement de l'armée du front d'Extrême-Orient à aller divertir les troupes en Corée, c'est un DiMaggio contrarié qui s'exclama : « Vas-y, si cela te chante. C'est ta lune de miel — pas la mienne ! » Ce fut donc Lefty O'Doul qui accompagna Marilyn en Corée pour une expédition de quatre jours à bord d'un hélicoptère qui l'emmena se produire devant des milliers d'hommes de troupe.

« Nous nous sommes rendus sur le front en hélicoptère, a-t-elle raconté. Je n'ai rien vu de la Corée, ni des champs de bataille, ni des villes bombardées. J'ai quitté un terrain d'atterrissage pour me poser sur un autre. Là, on m'a fait monter à bord d'un camion pour m'emmener sur le lieu de cantonnement de la 45e Division. Il faisait froid et la neige commençait à tomber. J'ai attendu en coulisses vêtue d'une combinaison. Sur scène le show était déjà commencé. J'entendais la musique et le vacarme des voix. Ce vacarme, c'était mon nom scandé par les soldats. Un officier est arrivé en coulisses, très excité. "Vous allez devoir monter sur scène avant l'heure prévue, Miss Monroe. Je crois que nous ne pourrons les contenir plus longtemps." »

Treize mille soldats de la 45e Division, debout dans un froid glacial, hurlèrent de joie lorsque Marilyn sortit de sa loge improvisée pour s'avancer sur scène et chanter *Diamonds Are a Girl's Best Friends, Do It Again* et *Bye Bye Baby.* C'était la première fois qu'elle se produisait devant un si vaste public, loin de Hollywood et loin de l'attitude réprobatrice de Joe. Touchée par l'amour et l'admiration de ces milliers de soldats souriants, elle se montra éblouissante et pleine de spontanéité.

Mais Joe, lui, ne souriait pas. Rendu furieux par le battage médiatique autour de l'expédition de Marilyn en Corée, il menaça de divorcer sur-le-champ. Tout au long de leur voyage, Marilyn s'efforça ensuite de dissimuler le pouce cassé de sa main droite. Cachée le plus souvent dans le manteau de vison que Joe lui avait offert en cadeau de mariage, la blessure attira néanmoins l'attention d'un journaliste. « Je me suis cognée, expliqua Marilyn. J'ai un témoin. Joe était là. Il l'a entendu craquer. »

Lorsque les jeunes époux regagnèrent Hollywood, Sidney Skolsky vint rendre visite à Marilyn et il raconta ensuite qu'elle « l'abasourdit par une déclaration fracassante ».

« Sidney, devine qui je vais épouser ? lui demanda-t-elle.

— Épouser ? s'exclama Skolsky. Mais qu'est-ce que tu me racontes ?

— Je vais épouser Arthur Miller, répondit Marilyn.

— Mais tu viens juste de te marier ! Je ne comprends pas, dit Skolsky.

— Attends et tu comprendras », répondit simplement Marilyn, sans autre commentaire.

Lorsque les DiMaggio s'en revinrent de leur voyage de noces, la vague d'adulation internationale qui les portait était telle que la Fox s'empressa de pardonner son escapade à son « bébé » d'un million de dollars. Marilyn fut distribuée dans *There's No Business Like Show Business (La Joyeuse Parade)* et un dirigeant de la Fox s'exclama, enthousiaste : « Nous n'avons pas perdu une star — nous avons gagné un milieu de terrain. » Le studio espérait que DiMaggio honorerait de sa présence tous les événements promotionnels de la carrière de Marilyn, mais Joe fut prompt à les décevoir.

Bien que DiMaggio préférât vivre à San Francisco, le couple loua une maison à Beverly Hills, au 508 North Palm Drive, juste en face de la demeure de Charles Feldman, l'agent de Marilyn, qui était l'hôte de John Kennedy lors des fréquentes descentes de ce dernier à Hollywood. La secrétaire de Feldman, Grace Dobish, se souvenait d'avoir vu Marilyn et John Kennedy ensemble chez les Feldman en 1951. Alain Bernheim, qui travaillait avec Feldman, se remémorait la présence de Marilyn à une soirée donnée par Feldman en l'honneur de Kennedy au début des années cinquante.

Pendant l'été 1954, Jacqueline et John Kennedy furent invités à dîner chez les Feldman, avec entre autres invités Peter et Pat Lawford et les voisins des Feldman : les DiMaggio. Marilyn raconta à Slatzer son malaise tout au long de la soirée car John n'arrêtait pas de la fixer et Jackie l'avait remarqué. « C'est peut-être me flatter que de dire cela, lui confia-t-elle en gloussant, mais il ne pouvait s'empêcher de me regarder. » Également témoin de la scène, DiMaggio s'emporta, agrippa sa femme par le bras et décréta : « Allons-nous-en ! J'en ai assez de ce manège ! » Mais Marilyn n'avait pas envie de s'en aller et, d'après Feldman, « ils échangèrent quelques paroles acerbes ! ».

Un excellent ami de Marilyn, Arthur James, agent immobilier réputé de Malibu, a dit avoir été au courant de la liaison entre Marilyn et John Kennedy dans les années cinquante. « Il était pratiquement inconnu ici, de sorte que Marilyn et lui pouvaient prendre pas mal de libertés. Ils buvaient parfois un verre au Malibu Cottage, qui est l'endroit le plus dévergondé que vous puissiez imaginer. » James affirmait avoir vu John et Marilyn se promener ensemble près de la jetée de Malibu vers le milieu des années cinquante, et savait qu'ils avaient séjourné au Holiday House, une retraite romantique sur la côte de Malibu.

Lorsque John Kennedy fut hospitalisé pour se faire opérer du dos quelques mois après le dîner chez les Feldman, ceux qui lui rendirent visite dans sa chambre furent amusés de découvrir un poster de Marilyn Monroe accroché au mur près de son lit. Vêtue d'un short bleu, Marilyn se tenait debout sur la plage, bien campée sur ses jambes largement écartées. Et John Kennedy avait accroché son poster la tête en bas.

La Joyeuse Parade et *The Seven Year Itch* (*Sept ans de réflexion*) de Billy Wilder furent tournés dans la foulée. La Fox, dans son impatience à continuer à faire sonner les tiroirs-caisse grâce à sa bombe blonde, n'accorda pas un instant de répit à Marilyn entre les deux films. En août 1954, sans avoir pris un seul jour de congé, Marilyn dut passer du rôle de Vicki dans *La Joyeuse Parade* à celui de « la fille » qui vivait au-dessus de chez Tom Ewell dans *Sept ans de réflexion.* Le 9 septembre, elle s'envola seule pour New York pour le tournage des scènes en décor naturel, et la rumeur courut que son mariage avec DiMaggio battait de l'aile. « Tout va bien entre nous, déclara Marilyn à la presse. Un mariage heureux passe avant tout le reste. » Mais son mariage était tout sauf heureux.

Cinq jours plus tard, Wilder se préparait à filmer la scène dans laquelle le souffle d'une bouche de métro soulève la jupe de Marilyn. Joe arriva à New York le même jour et s'en fut boire un verre avec Walter Winchell et George Solotaire au Toots Shor's, à l'angle de la même rue. On avait prévu de filmer la scène après minuit pour éviter les foules de badauds, mais, lorsque DiMaggio arriva, à 2 heures du matin, des milliers de personnes se pressaient pour lorgner Marilyn. Et chaque fois que la jupe de Marilyn se soulevait, la foule sifflait et poussait des vivats, mettant la fureur de Joe à son comble. Prenant finalement Winchell à témoin, il s'exclama avec colère : « Qu'est-ce que c'est que tout ce cirque ? Je ne marche pas là-dedans. Allons-nous-en, nom de Dieu ! »

Plus tard dans la matinée, les voisins de Marilyn au Saint Regis entendirent une violente dispute éclater entre Joe et Marilyn. Il y eut des cris et des bruits d'empoignade. Le lendemain, sur le tournage, il fallut masquer les ecchymoses de Marilyn sous une épaisse couche de maquillage pour qu'elle puisse se présenter devant les caméras. Selon les propres paroles de Whitey Snyder, « ces deux-là s'adoraient, mais ils ne pouvaient tout simplement pas être mari et femme... Joe avait parfois la main un peu leste ».

Après le retour à Hollywood de toute l'équipe de *Sept ans de réflexion,* Marilyn appela Billy Wilder pour lui dire qu'elle ne viendrait pas travailler « parce que J-Joe et moi allons d-divorcer ». Harry Brand et les attachés publicitaires de la Twentieth Century Fox se chargèrent d'orchestrer soigneusement l'annonce de la nouvelle. Flanquée de son avocat Jerry Geisler, Marilyn quitta son domicile devant lequel s'était rassemblée une horde de journalistes. Elle avait un hématome très visible au front. Elle tenta de s'adresser à la presse avant que sa voiture ne l'emporte, mais, secouée de sanglots, elle put seulement articuler : « Je suis désolée... je suis désolée... »

Le lendemain de sa séparation d'avec DiMaggio, Marilyn se remit au travail pour de bon. Elle arriva au volant de sa voiture par Pico Boulevard et passa le portail du studio à 7 heures du matin, prête pour la première prise prévue à 9 h 40. Elle articula son texte sans hésiter, la voix claire, la concentration parfaite. Saisissant promptement les suggestions de Wilder, elle s'y conforma scrupuleusement et chaque scène put être fixée sur la pellicule dès la deuxième ou la troisième prise.

Natasha Lytess n'avait jamais aimé DiMaggio et avait toujours été convaincue que les difficultés de Marilyn sur le plateau étaient liées à ses problèmes conjugaux. « Désormais, elle accomplit tout beaucoup mieux, se réjouit Natasha. Elle se concentre mieux. Elle se souvient mieux de son texte. Il est beaucoup plus facile de travailler avec elle. D'un seul mot, à présent, j'arrive à lui faire comprendre ce que Mr. Wilder attend d'elle. »

Le tournage de *Sept ans de réflexion* fut achevé le 5 novembre 1954. La production dépassait les prévisions initiales de trois semaines et le budget initial de 150 000 dollars. Mais Billy Wilder savait qu'il livrait à la Fox une superbe comédie, et Charles Feldman et Zanuck étaient bien conscients de tenir là un film qui ferait exploser le box-office. La performance de Marilyn introduisait de délicieuses nuances d'humour, lesquelles soulignaient à merveille l'alliage unique en elle d'innocence et de sexualité. La Fox assura à Marilyn qu'elle recevrait un bonus de 100 000 dollars pour *Sept ans de réflexion*, et que sa prochaine production phare pour la Fox, *How To Be Very, Very Popular*, serait dotée d'un « scénario de première classe », écrit spécialement pour elle par Nunnally Johnson.

Pour fêter le bouclage, Feldman organisa une réception en l'honneur de Marilyn au Romanoff. Un événement hautement symbolique pour elle : le Tout-Hollywood l'avait enfin acceptée. Et se succédèrent, pour signer un immense portrait souvenir « Marilyn » : Humphrey Bogart et Lauren Bacall, Claudette Colbert, William Holden, Jimmy Stewart, Gary Cooper, Doris Day, Clark Gable. Zanuck était présent ainsi que Jack Warner et Sam Goldwyn. Marilyn fit son apparition avec une heure de retard. Vêtue avec goût d'une légère robe de tulle noir, elle ressemblait en tout point à la star fascinante qu'elle était devenue. Elle dansa avec Clark Gable.

« J'ai toujours eu beaucoup d'admiration pour vous, monsieur Gable, et toujours rêvé de tourner un film avec vous.

— Appelez-moi Clark.

— Volontiers, Clark, si vous le voulez. »

Après un souper tardif, avec chateaubriand, champagne, et encore champagne, on dansa encore. Marilyn les éblouit tous. Elle était arrivée. Mais elle s'apprêtait à repartir.

Marilyn n'était pas satisfaite des scénarios que lui donnait la Fox. Elle était lasse de jouer les blondes stupides et aspirait à endosser des rôles plus stimulants. Lorsqu'elle reçut le scénario de « première classe » de *How To Be Very, Very Popular,* elle découvrit qu'il y était question d'une blonde *très, très* stupide, danseuse burlesque cette fois. Marilyn ne pouvait envisager de jouer ce personnage. Zanuck insista. Marilyn refusa. La Fox menaça de la suspendre et de retenir le bonus de 100 000 dollars promis.

Marilyn avait parlé de ses difficultés à son ami Milton Greene, le photographe du magazine *Look.* Milton Greene lui suggéra de quitter la Fox et de monter sa propre compagnie de production à New York. Il suggéra même une association et rassembla des investisseurs potentiels pour soutenir leur entreprise de cinéma indépendante. Pendant que les avocats rédigeaient les documents, Marilyn hésitait, n'ayant pas encore vraiment pris la décision d'abandonner la Fox. Ses avocats new-yorkais, Frank Delaney et Irving Stein, doutaient un peu plus chaque jour de voir signés les documents relatifs à la création de la Marilyn Monroe Production. Greene fit le déplacement jusqu'à Los Angeles le 16 novembre pour réitérer l'exposé des avantages que Marilyn retirerait à créer sa propre société : pouvoir de choisir ses propres scénarios, son propre metteur en scène, et ses partenaires sur le plateau.

« Mais, Milton, lui fit observer Marilyn, et si ces avocats de New York se trompaient ? S'il nous était impossible de rompre mon contrat ?

— Nous ne le rompons pas, Marilyn ! rétorqua Greene. Ce

sont *eux* qui l'ont rompu. Ils n'ont pas le droit de te maintenir en contrat d'esclavage ! »

Pendant qu'avocats et agents s'affrontaient, Marilyn disparut. « MARILYN INTROUVABLE ! », « OÙ EST PASSÉE MARILYN ? » titrèrent les revues professionnelles. Elle s'était en fait retranchée dans l'appartement de Nana Karger sur Harper en attendant de prendre une décision. Ce fut la critique de *La Joyeuse Parade* qui la décida. Modéré selon les critères d'aujourd'hui, le film effectua sa sortie nationale au moment des fêtes de Noël et la critique fut unanime pour vilipender son mauvais goût. Hedda Hopper et Ed Sullivan ne se montrèrent pas en reste pour reprocher à Marilyn sa participation à un « film tapageur et de bas étage ». Sullivan écrivit : « Le numéro de la "vague de chaleur" est franchement obscène — de loin l'une des infractions les plus flagrantes au bon goût auxquelles il m'ait été donné d'assister... »

Les sentiments de Sullivan se trouvèrent largement partagés à travers tout le pays et Marilyn, qui recherchait l'amour et l'admiration de tous ceux qui fréquentaient les cinémas de boulevard dans toute l'Amérique, en fut terriblement mortifiée. C'est ainsi que la chronique de Sullivan devint un ticket d'embarquement à bord d'un vol pour Manhattan. Elle appela Milton Greene pour l'avertir qu'elle arrivait. Les Marilyn Monroe Productions étaient lancées.

Camouflée sous une perruque brune, des lunettes noires, et une robe ordinaire, Marilyn prit un billet aller simple à bord d'un vol de nuit pour New York sous le nom de « Zelda Zonk ». La mystérieuse inconnue brune à lunettes noires qui embarqua cette nuit-là disait définitivement adieu à la blonde stupide. Seuls des liens de celluloïd l'unissaient à la côte ouest, ni parents ni amis ne l'accompagnèrent. Grace et Ana avaient rejoint la tombe. Gladys était à l'hôpital psychiatrique. Stan Gifford l'avait désavouée. Doc s'était remarié, et Marilyn avait perdu tout contact avec Bébé. Elle n'avait dit ni à DiMaggio, ni à Skolsky, ni à Shelley, ni à Slatzer qu'elle partait. Seules Natasha et Nana Karger étaient au courant.

Lorsque l'avion décolla de l'aéroport de Los Angeles et s'éleva au-dessus de l'océan à l'heure du soleil couchant, Marilyn regarda par le hublot les derniers rayons qui dansaient sur la mer étincelante autour de l'île de Catalina, là où naguère les rêves dorés avaient peuplé l'imagination de Norma Jeane. Elle avait toujours eu le don de métamorphoser les rêves en réalité.

Au-delà de la volonté et de la détermination, il y avait en elle une intuition et une perspicacité dans le jeu qui annonçaient déjà des couleurs chatoyantes. Mais qu'y avait-il tout au fond d'elle-même, là où les couleurs se fondent dans les ténèbres intérieures que seul peut sonder le regard forgé par l'expérience la plus amère ?

Marilyn dormait généralement bien la nuit en avion. Dans ces limbes intermédiaires se dissolvait tout sens du temps et de l'espace et n'existaient que le bourdonnement des moteurs et le luxe de n'être nulle part. À l'approche de New York, un ruban de lumière écarlate se déploya en travers de l'horizon. L'avenir s'annonçait brillant et plein de promesses, et il offrait dès à présent à Marilyn quelque chose qu'elle avait toujours trouvé exaltant : un nouveau commencement.

QUATRIÈME PARTIE

1955-1959
LE DANGER DE TOUS LES RÊVES

34
Zelda Zonk

> « Elle voulait préserver son intimité, mais elle avait tué l'intimité, comme Macbeth avait tué le sommeil. Son temps ne lui appartenait pas. Et elle ne s'appartenait pas elle-même. »
>
> Maurice Zolotow.

Norma Jeane avait dix-neuf ans lorsqu'elle avait pris une chambre à Hollywood pour y vivre seule. « Je voulais savoir qui j'étais », devait-elle dire par la suite. Mais elle n'y parvint jamais. Elle devint Marilyn Monroe. Cours d'art dramatique, séances de pose, présentations de mode, interviews... livrée à ce tourbillon, l'apprentie star repoussa bien des choses à plus tard. Comme devait le dire Marilyn de Norma Jeane, « cette enfant triste, grandie trop vite, est restée présente dans mon cœur. Malgré tous mes succès, je vois toujours son regard craintif qui cherche le mien. Elle ne cesse de me dire : "Je n'ai pas vécu, je n'ai pas été aimée." »

À l'âge de vingt-huit ans, fuyant Hollywood, elle arrivait à New York. Celle qui descendit de l'avion ce jour-là était encore la gamine qui posait sur Marilyn Monroe un regard effrayé et timide. Elle avait besoin de savoir qui elle était.

Milton et Amy Greene l'attendaient à l'aéroport de La Guardia. Ils l'emmenèrent dans leur célèbre maison de campagne du XVIIIe siècle à Weston, Connecticut. La rumeur de son départ pour la côte est courait déjà dans la presse mais les journalistes, mystifiés, la cherchaient en vain. « Où est passée Marilyn ? » s'interrogeait Walter Winchell dans sa chronique. Marilyn était déjà à Weston, goûtant aux délices d'un bain de mousse dans la salle de bains mauve de la petite maison d'hôtes. Noël approchait, et les amis qui se pressaient chez les Greene avaient pour nom Joshua et Nedda Logan, Gene Kelly, Leonard et Felicia Bernstein, Truman Capote, Richard et Dorothy Rodgers, Mike Todd... Tous savaient que la présence de Marilyn devait rester secrète. Et elle se montrait rarement.

« Quand va-t-on voir Marilyn ? demanda quelqu'un.

— Oh, elle a peur des nouvelles têtes, répondit Amy. Elle est timide et elle n'ose pas sortir. Voilà une heure qu'elle est dans la salle de bains. »

L'une des invitées présentes ce jour-là, Joyce Saffir, se souvient : « Marilyn parut enfin. Elle n'était pas du tout maquillée, nette et fraîche comme un petit enfant. Mais elle était belle, simplement belle, vêtue d'un pantalon et d'un sweater. Elle avait tendance à rester dans son coin sans parler à quiconque. Je la revois, assise sur une marche de l'escalier et balançant sa jambe, silencieuse tandis que les autres bavardaient, riaient, échangeaient des plaisanteries. J'ai pensé, franchement, qu'elle n'allait pas bien. Qu'elle se sentait complètement hors du coup. »

De fait, ces célébrations chrétiennes rappelaient à Norma Jeane de pénibles souvenirs. Il y avait exactement vingt ans que Gladys avait perdu la raison. Marilyn confia à Kitty, la cuisinière des Greene, que sa mère était internée. « Elle me parlait sans cesse de sa mère gravement malade, et cela me faisait de la peine », dit Kitty. Marilyn faisait de fréquentes allusions aux années passées dans ses familles d'adoption.

C'était peut-être le fait de se trouver dans une famille qui ramenait Marilyn aux souvenirs de ces années difficiles où elle vivait chez des étrangers. Kitty se rappelle qu'elle venait souvent la retrouver dans la cuisine pour l'aider à écosser des petits pois ou à éplucher des pommes de terre. Elle emmenait les enfants des Greene en promenade et s'occupait d'eux quand Milton et Amy sortaient. Un jour où elle se lamentait sur l'échec de son mariage avec DiMaggio, Kitty lui dit :

« Mais enfin, songez plutôt à la chance qui est la vôtre, Marilyn. Vous allez devenir une star !

— Oui, Kitty, répondit Marilyn. Mais il n'y a pas que cela dans l'existence. On a besoin d'autres choses, même quand on est en train de devenir une star. »

Marilyn quittait souvent sa petite chambre d'amis pour s'aventurer dans la riche bibliothèque des Greene, où elle se plongeait dans des ouvrages consacrés à Napoléon et Joséphine. « Elle était fascinée par les femmes qui avaient réussi, se souvient Amy Greene. Nous avions de nombreux livres sur Emma, la maîtresse de lord Hamilton. Elle se passionnait pour l'histoire de cette servante devenue lady Hamilton. » Amy Greene se rappelle aussi que Marilyn rédigeait son journal, et qu'elle l'avait toujours sur elle pour noter des bribes de conversations et des commentaires sur ses lectures. L'après-midi, elle faisait de longues promenades solitaires dans les bois autour de la propriété.

Peu après son arrivée sur la côte est, Marilyn fut invitée par Edward R. Murrow dans son émission « Person To Person ». Filmée dans la maison de campagne des Greene, elle sembla paralysée par la timidité, ne répondant que par monosyllabes aux questions de l'animateur et sans cesse interrompue par une Amy Greene plus expansive que jamais et enchantée d'expliquer à l'Amérique ce que voulait dire Marilyn Monroe.

« Elle a connu avec nous quelque chose d'entièrement nouveau pour elle, devait expliquer plus tard Amy Greene. Une vie régulière dans un foyer organisé. Elle avait une petite chambre bien à elle. Mais nous n'avons pas tardé à être entraînés, avec elle, dans le tourbillon de la vie new-yorkaise. Nous étions invités partout et nous faisions mille choses à la fois. Elle voulait se cultiver, acquérir une éducation, mais elle voulait aussi être une star ! C'était contradictoire, mais au début elle était très heureuse — se débrouillant bien, tenant tête à Zanuck, ne se laissant pas marcher sur les pieds. »

Le 7 janvier 1955, un vendredi, une conférence de presse eut lieu au domicile de l'avocat Frank Delaney pour annoncer la constitution d'une société autour de Marilyn Monroe. « Je suis aux anges ! Me voici devenue une entreprise ! » déclara Marilyn. Elle devenait présidente des Marilyn Monroe Productions.

« Nous interviendrons dans tous les domaines du spectacle et du divertissement, déclara-t-elle. Je suis lasse de jouer toujours les mêmes rôles sexy. Je veux faire des choses plus intéressantes. Les gens ont des ambitions, voyez-vous... »

La nouvelle provoqua une onde de choc sur Pico Boulevard, dans les bureaux de la Fox, où l'on s'empressa de relire les contrats. La compagnie estimait que Marilyn Monroe lui devait encore quatre ans. Zanuck était furieux. Marilyn, ravie. Ce soir-là, pour fêter l'événement, elle invita les Greene et un groupe d'amis au Copacabana, où se produisait Frank Sinatra.

« Nous n'aurons jamais une table au Copa, prévint Amy Greene. Elles sont réservées des semaines à l'avance.

— Ne vous en faites pas, dit Marilyn. Si vous voulez assister au tour de chant de Frank, suivez-moi. »

Le tour de chant était déjà commencé à leur arrivée, mais le maître d'hôtel reconnut Marilyn. On apporta des tables et des chaises supplémentaires, qu'on installa sur la piste de danse face à la scène. Sinatra s'interrompit pour adresser un sourire et un clin d'œil à Marilyn au moment où celle-ci, rayonnante sous l'étole d'hermine blanche qu'elle avait empruntée pour l'occasion, prenait place parmi ses invités. Les gens étaient muets d'émerveillement.

« Elle était parfaitement consciente de son pouvoir », se rappelait Amy Greene, des années plus tard.

Avec l'aide de Joe DiMaggio, qui l'avait suivie sur la côte est, Marilyn officialisa son nouveau statut de New-Yorkaise en s'installant à l'Hôtel Gladstone sur la 52e Rue. Coupant court aux rumeurs, elle déclara qu'ils étaient séparés mais toujours « amis ». Elle aimait New York « à la folie », dit-elle. « Désormais, ce sera ma ville ! »

Elle s'y plaisait énormément. Démaquillée et coiffée d'une perruque brune, elle devenait Zelda Zonk pour arpenter les rues de Manhattan. Ses amis, ou même de simples connaissances, se sont souvent étonnés de la trouver aussi belle, et aussi différente, lorsqu'elle se montrait ainsi sans maquillage. Il y avait en elle de multiples personnalités, qu'elle semblait capable d'incarner au gré de sa fantaisie.

Eli Wallach fut stupéfait de voir Zelda Zonk se métamorphoser en Marilyn Monroe un jour qu'il se promenait avec elle dans Manhattan. « Personne ne devinait qui elle était car elle était simplement elle-même — puis soudain sa démarche, son attitude et jusqu'à son apparence changent du tout au tout, et les gens se précipitent pour lui réclamer des autographes. "Je voulais simplement être Marilyn Monroe pour un petit moment", me dit-elle. »

Elle prenait beaucoup de plaisir à ces promenades dans les rues de New York, qui lui permettaient de goûter à la vie d'une personne ordinaire et d'en explorer toutes les possibilités. Après des années passées sous la férule du système hollywoodien, qui avait fait de Marilyn Monroe un pur produit de son usine à rêves, elle avait envie de refermer la porte sur son passé et de vivre *comme tout le monde*. Norman Rosten, le poète de Brooklyn, a raconté sa première rencontre avec cette personne ordinaire. Elle lui avait été amenée par un ami commun, Sam Shaw.

Les voici sur mon palier. Le photographe Sam Shaw marmonne un nom : ça ressemble à Marion. Elle murmure : « Enchantée », s'avance dans le living-room, trouve un fauteuil et s'y assoit sans plus attendre, un peu raide, mais le regard malicieux. Elle se pelotonne dans le fauteuil avec un sourire timide... Hedda, ma femme, vient saluer les visiteurs et repart sans se presser pour faire du café. Suit une conversation à bâtons rompus à propos du temps et du Jardin botanique de Brooklyn. Elle écoute plus qu'elle ne parle : ses phrases sont courtes, presque essoufflées... Ma femme nous rejoint avec le café et un cake. Tandis que je discute avec Sam, Hedda s'assoit à côté de la jeune femme et je capte quelques bribes de leur conversation.

« Non, je ne suis pas de New York, dit-elle. Je ne suis ici que depuis un mois. Je vais étudier l'art dramatique.

— C'est formidable, dit Hedda, impressionnée. Vous avez certainement joué au théâtre. Dans quelles pièces ?

— Non, je n'ai jamais joué sur scène. Mais j'ai fait quelques films.

— Ah bon ? Quel est votre nom d'actrice ?

— Marilyn Monroe. »

Ce soir-là, raconte Rosten, ils l'emmenèrent à une soirée qui se donnait dans le voisinage, et très peu de gens la reconnurent. « Elle était absolument, mystérieusement impossible à reconnaître, comme si elle s'était enfin trouvée elle-même, dans sa réalité. »

Norman Rosten et sa femme étaient de ceux qui, parmi les quelques amis qu'elle se fit sur la côte est, ne s'intéressaient pas à Marilyn Monroe en tant qu'actrice. Ils l'appréciaient pour elle-même. « Nous nous fichions complètement de ce personnage public, dira Rosten. Avec nous, elle était elle-même, et absolument délicieuse — un être humain tellement hors du commun... »

Elle travailla quelque temps avec Constance Collier, à qui Truman Capote l'avait présentée. Constance Collier était un éminent professeur d'art dramatique qui ne travaillait qu'avec des stars comme Audrey Hepburn et Vivien Leigh. Elle parlait de Marilyn Monroe comme de « [son] problème particulier », et à Truman Capote qui l'interrogeait sur les progrès de Marilyn elle dit un jour : « Ah oui, elle a quelque chose. C'est une merveilleuse enfant. Je ne pense pas qu'elle soit une comédienne comme on l'entend traditionnellement. Ce qu'elle possède

— cette présence, cette luminosité, cette intelligence à fleur de peau —, tout cela, au théâtre, ne passerait pas la rampe. C'est si fragile et si subtil qu'il faut, pour le saisir, l'objectif d'une caméra. C'est comme le vol d'un oiseau-mouche : seule une caméra peut en capter la poésie. » Et d'ajouter, dans un élan prémonitoire : « Je ne sais pas pourquoi, mais je ne pense pas qu'elle fera de vieux os. C'est idiot de dire cela, mais je sens que d'une manière ou d'une autre elle mourra jeune. J'espère, j'espère vraiment de tout mon cœur qu'elle vivra assez longtemps pour laisser s'exprimer cet étrange et merveilleux talent qui l'habite comme un esprit en cage. »

En mars, Marilyn fit la connaissance de Cheryl Crawford, producteur à Broadway, au cours d'un dîner. Ils parlèrent de l'Actors Studio et Crawford proposa à Marilyn de lui faire rencontrer Lee Strasberg, le directeur artistique.

La rencontre eut pour décor l'appartement aux murs tapissés de livres que Strasberg occupait au coin de Broadway et de la 86e Rue. Après un bref entretien, il accepta de lui donner des cours particuliers. Strasberg était fasciné par Marilyn et, dans son enthousiasme, n'hésitait pas à manier l'hyperbole : « Elle brûlait d'une flamme mystique, disait-il en racontant cette rencontre. Comme pour Jésus à son dernier repas avec ses disciples, il y avait autour de Marilyn une grande lumière blanche ! »

Il se peut que les graves difficultés financières dans lesquelles se débattait Lee Strasberg à cette époque lui aient, inconsciemment, dicté certaines de ses métaphores : « C'était presque comme si elle avait attendu que quelqu'un presse un bouton. Le bouton pressé, la porte s'ouvrait et on découvrait un trésor d'or et de pierres précieuses ! »

Lee pressa le bouton et l'arrivée de Marilyn à l'Actors Studio, tel le « Sésame ouvre-toi » du conte, fut pour lui le signe annonciateur d'une réussite et d'une prospérité qu'il n'avait pas imaginées dans ses rêves les plus fous.

Marilyn accepta de jouer les « ouvreuses » à la première mondiale de *À l'est d'Eden,* dont James Dean était la vedette, lors d'une soirée donnée au bénéfice de l'Actors Studio. Dès l'annonce de sa participation, toutes les places furent vendues en un clin d'œil, et revendues au triple de leur prix. Parmi tous ceux qui se pressaient à l'Astor Roof, un homme attendait fébrilement de voir l'« ouvreuse » d'un soir : Arthur Miller, qui assistait à cette soirée en compagnie de sa sœur, la comédienne Joan Copeland. Marilyn occupait depuis quelque temps une place importante dans ses pensées : « Je ne savais plus ce que je voulais — certainement pas la fin de mon mariage, mais l'idée de rejeter Marilyn hors de mon existence m'était insupportable. »

35
Éléphants roses

> « 1955 fut pour Marilyn une année de progrès et de découvertes. C'est cette année-là aussi qu'elle commença à avaler trop de cachets et à boire trop de champagne. »
>
> Truman Capote.

Le 30 mars 1955, l'arène du Celebrity Circus de Mike Todd était dressée dans Madison Square Garden, et on avait peint en rose l'éléphant sur lequel devait monter Marilyn, vêtue d'un éblouissant costume de plumes et de paillettes. Mais le costume n'étant pas à sa taille, il fallut le recoudre à la dernière minute. Elle l'enfila en toute hâte, grimpa sur un escabeau pour se jucher sur le dos de l'animal juste avant de faire son entrée. Milton Berle, qui tenait le rôle de Monsieur Loyal, annonça : « Messieurs et mesdames, jeunes gens et demoiselles, venez voir la seule fille au monde à côté de laquelle Jane Russell a l'air d'un garçon ! »

Cramponnée au harnais de corde, Marilyn s'assit sur le dos de l'éléphant et ressentit aussitôt une douleur aiguë au postérieur. La musique de l'orchestre éclata et les projecteurs illuminèrent la magnifique blonde sur l'éléphant rose, qui se mit à tourner autour de l'arène pleine à craquer sous les cris, les sifflets et dans un tonnerre d'applaudissements. Marilyn souriait à la foule en délire en agitant la main. Mais, à chaque pas de l'éléphant, elle ressentait la même douleur. Une aiguille oubliée dans le costume s'était profondément enfoncée dans sa chair. La parade de l'éléphant dura une vingtaine de minutes, pendant lesquelles Marilyn, à la torture, ne cessa de sourire et de saluer la foule. Personne ne se douta de ce qui se passait, jusqu'au moment où, son numéro achevé, elle s'effondra en coulisse dans son costume taché de sang.

Walter Winchell était pour elle une autre cause de tourment. Il avait découvert que Marilyn voyait régulièrement Arthur Miller, et il glissa une allusion à peine voilée dans sa rubrique de potins : « La plus célèbre actrice blonde de l'Amérique est maintenant la petite amie d'un homme connu pour ses sympathies à gauche... »

Marilyn s'était installée dans la suite 2728 du Waldorf Towers, où Arthur Miller lui rendit de fréquentes visites.

Seul Winchell semblait au courant de leur liaison. On apprit par la suite que J. Edgar Hoover avait l'habitude de lui fournir des informations, et qu'en cette année 1955 le patron du FBI faisait espionner Arthur Miller et Marilyn Monroe par ses services. Winchell avait toutefois un autre ami, qui ne quittait guère Marilyn des yeux : Joe DiMaggio. Il planquait dans les entrées d'immeubles des rues venteuses de Manhattan. Jimmy Haspiel, qui, avec une demi-douzaine de fans surnommés « The Monroe Six », guettait les apparitions de Marilyn, surprit plus d'une fois DiMaggio en train d'épier « Mazzie » — leur nom de code pour Marilyn. « Ce type étrange qui ne paraissait vraiment pas à sa place debout à l'angle d'une rue, ou rôdant sous des porches mal éclairés, n'était autre que l'ancien mari de Marilyn Monroe, Joe DiMaggio en personne, se souvient Haspiel. Oui, à plusieurs reprises, j'ai vu Joe qui observait les allées et venues de Marilyn à son insu. » Marilyn raconta à ses amis qu'un soir, DiMaggio « était entré au Waldorf et avait failli enfoncer la porte. On avait dû appeler la police pour qu'il se calme. Il était très, très jaloux ».

Durant cette période, Marilyn ne fréquentait pas qu'Arthur Miller. On la vit souvent en compagnie d'Henry Rosenfeld, qu'elle avait rencontré à New York durant le tournage de *La Pêche au trésor* et qui s'était personnellement occupé de l'installation de Marilyn au Waldorf Towers, où elle recevait également de fréquentes visites d'un autre de ses admirateurs, « Carlo », alias Marlon Brando. Freddy Karger lui rendait aussi visite. Après avoir divorcé de sa seconde femme Jane Wyman, il vint séjourner à New York et donna rendez-vous à Marilyn au Waldorf. Elle lui posa un lapin. Fut-ce pour le plaisir d'imaginer Freddy consultant la luxueuse montre-bracelet sur laquelle elle avait fait graver la date du 25 décembre 1948, et se demandant où diable était passée Marilyn ? Un autre de ses chevaliers-servants avait pour nom John F. Kennedy dont le père possédait fort à propos un appartement au Waldorf. L'interview de Jane Shalam publiée par Anthony Summers dans son livre confirme aussi la rumeur selon laquelle Marilyn venait retrouver John Kennedy à l'hôtel Carlyle. Jane Shalam, qui habitait alors un appartement dont les fenêtres donnaient directement sur l'entrée du Carlyle, déclare : « J'ai vu Marilyn entrer et repartir à cette époque, assez souvent pour attirer mon attention. La plupart du temps, les gens ne savaient pas à qui ils avaient affaire — sans maquillage et coiffée d'une perruque brune, elle était méconnaissable. »

Après avoir pris la décision de quitter Hollywood, Marilyn ne pouvait pas commencer un autre film avant que sa situation juridique vis-à-vis de la Fox ne soit réglée. Elle avait un train de vie onéreux. Greene avait aussi acheté pour Marilyn une nouvelle Thunderbird noire grand sport, et entièrement renouvelé sa garde-robe. Parmi ses dépenses, chaque semaine : 1 000 dollars pour la suite au Waldorf, 100 pour la pension de Gladys, 125 pour le psychanalyste, 500 pour les « soins de beauté », 50 pour les parfums, 200 dollars pour la secrétaire particulière, 300 pour l'attachée de presse...

Les dépenses annuelles de Marilyn dépassaient les 100 000 dollars. Elle se montrait en public, prenait des cours à l'Actors Studio, assistait à de nombreux spectacles de Broadway, sortait avec quantité d'hommes, avalait toutes sortes de comprimés et buvait trop de champagne. La présidente et le vice-président des Marilyn Monroe Productions donnaient l'un comme l'autre dans les abus pharmaceutiques. Le bienfaiteur de Marilyn et vice-président des Marilyn Monroe Productions, Milton Greene, qui l'avait appâtée avec l'idée de produire ses propres films, était aussi connu comme un grand pourvoyeur de cachets.

« C'était un cycle infernal, révéla plus tard Amy Greene. Le frère de Milton était médecin, et nous avions des tonnes de cachets — tout ce qu'on voulait, excitants, calmants, tout était à notre disposition. »

Marilyn avait pris très tôt dans sa carrière l'habitude des barbituriques, à l'époque où l'on se procurait déjà facilement des ordonnances au Schwabadero, et où le journaliste Sidney Skolsky distribuait des échantillons gratuits. Sur la scène newyorkaise des années cinquante, avaler des cachets était un signe distinctif d'appartenance au milieu intellectuel et artistique. On y faisait appel pour tenir le coup pendant la journée, pour repousser la fatigue avant les représentations ou les interviews, contre la gueule de bois ou les coups de blues — et pour trouver le repos, ensuite, quand le cœur battait trop vite pendant la nuit.

Marilyn déclara un jour qu'elle était un gratte-ciel sans fondations, et confia à Susan Strasberg qu'elle passait quotidiennement par une crise d'identité. Susan lui répondit qu'à elle aussi, parfois, il arrivait de ne plus savoir qui elle était, et à certains moments d'entendre quelqu'un pousser des cris dans sa tête. « Vous n'avez qu'une seule voix ? s'étonna Marilyn. Chez moi, c'est toute une assemblée ! »

Un jour, l'un des membres de cette assemblée se rappela que Norman Rosten avait proposé une visite de l'exposition Rodin du Metropolitan Museum. Rosten pressentait que Marilyn apprécierait particulièrement les œuvres de cet artiste qui, comme elle, avait une perception abstraite du temps. (Rodin était toujours en retard.) Plusieurs mois après qu'il eut émis cette proposition, le téléphone sonna chez Norman.

« C'est moi, dit la voix essoufflée. Je suis prête, mon cher, si vous êtes... !

— Prête à quoi ? Pour aller où ? Et avec qui ?

— Rodin. Vous avez promis, vous vous souvenez ? Je suis libre cet après-midi. »

Cet après-midi-là, donc, ils se retrouvèrent au musée. Norman se rappelle qu'elle avait revêtu l'un de ses déguisements — des verres fumés, un chapeau impossible, pas de maquillage, et un manteau ample effaçant la silhouette. Elle fut frappée d'admiration, se souvient Rosten, par ces personnages de marbre qui semblaient presque respirer. Une œuvre la fascina particulièrement, *La Main de Dieu* : sculptée dans un marbre d'un blanc éblouissant, une main gigantesque dans laquelle un couple d'amants s'abandonne à une étreinte lyrique et passionnée. Ôtant ses lunettes noires, elle la fixa longuement, comme hypnotisée. Rosten se rendit compte que le couple enlacé dans « la main de Dieu » se chargeait pour elle d'une signification particulière — comme si elle avait reçu là un message codé, qu'il espéra la voir déchiffrer un jour.

36

La folie de la Méthode

« N'importe qui, avant d'aller voir un psychiatre, devrait se faire examiner la tête. »

Sam Goldwyn.

Lee Strasberg n'eut jamais l'occasion de mettre en scène un spectacle remarquable, et ne se montra jamais un acteur extraordinaire, mais il devint dans ces années-là l'un des grands visionnaires du théâtre américain. Il possédait un don unique pour détecter le talent et enseigner la technique du jeu. Il avait pour ancêtres d'érudits lecteurs du Talmud, et il apportait au théâtre un zèle patriarcal qui transcendait le savoir. Il brûlait d'une flamme mystique faisant fi de la théorie. Le rayon laser de son regard révélait un esprit pénétrant, doté d'une aptitude exceptionnelle à se porter au cœur du sujet — l'art de détecter le tempérament, les pépites cachées du talent ou un don, la vérité sous le prétexte, les origines de l'aberration ou de l'auto-illusion, la nature d'une blessure psychique. Strasberg devint le Dalaï Lama du boulevard du rêve, et au nombre des artistes qui, avides de profiter de ses lumières, multiplièrent les pèlerinages à son deux-pièces sans ascenseur, on peut citer Julie Harris, Paul Newman, James Dean, Ben Gazzara, Shelley Winters, Dustin Hoffman, Maureen Stapleton, Al Pacino, Rod Steiger, Patricia Neal, Eli Wallach... et Marilyn Monroe. Elia Kazan remarqua un jour : « Les acteurs se faisaient humbles face à sa rhétorique et à l'intensité de son émotion. Plus ils étaient naïfs et travaillés par le doute, plus grand était le pouvoir de Lee sur eux. Il trouva une parfaite victime à sa dévotion en la personne de Marilyn Monroe. »

L'acteur Kevin McCarthy se souvient qu'au début il remarqua à peine Marilyn Monroe, bien qu'ils fussent assis côte à côte tandis qu'on massacrait sous leurs yeux une scène des *Trois sœurs* de Tchekhov. « Cette petite créature aux cheveux ébouriffés était assise à ma droite, et je ne l'avais pas reconnue. Puis je lui jetai un coup d'œil et vis la métamorphose s'accomplir. Je regardai une deuxième fois et me rendis compte qu'une Marilyn Monroe haletante, palpitante, venait de surgir du néant... Je me souviens d'avoir pensé : "Mon Dieu, c'est elle..." C'était comme si elle venait de venir au monde ! »

Lee Strasberg, qui n'avait jamais vu un film de Marilyn Monroe, fut impressionné par sa magie — la « flamme mystique », les foules qu'elle attirait, et les solides bénéfices réalisés par l'Actors Studio. Chacune de ses apparitions dans les manifestations destinées à collecter des fonds pour le Studio se soldait par une pluie de dollars, et les journalistes accusèrent Strasberg d'être un opportuniste. Marilyn donna sa Thunderbird au fils des Strasberg, John, qui a remarqué : « Le drame, c'était que les gens, et mon père lui-même d'une certaine façon, profitaient d'elle. Ils la poursuivaient pour son mode vie particulier, pour ce qui la distinguait des autres, alors qu'elle ne demandait, elle, que de l'amour. »

Marilyn prenait des cours le mardi et le vendredi. Le studio se trouvait dans l'immeuble du cinéma Paramount, sur Broadway. Il y avait des exercices de « mémoire sensorielle » dans lesquels Marilyn devait fermer les yeux et retrouver des émotions de son enfance. Elle devait se rappeler des lieux, des objets précis, des séquences d'événements auxquelles ils se rattachaient, et surtout le contenu émotionnel de ces expériences. Un autre exercice consistait à interpréter une chanson sans un geste, pour que seule la voix projette l'émotion et l'ambiance. Quand la blonde réfugiée de Hollywood s'avança pour son premier exercice, les disciples en jean de Stanislavsky prirent des airs blasés ou indifférents. Marilyn Monroe, en tant que produit de Hollywood, ne pouvait être qu'une artiste de pacotille. Les sans-culottes de la Shubert Alley, eux, étaient des comédiens de *théâtre.*

Elle avait appris une chanson.

Les étudiants optaient généralement pour des chansons simples et connues comme *Happy Days Are Here Again...* ou *Give My Regards to Broadway...* Marilyn avait choisi *I'll Get By.* Debout, les bras tombant le long du corps, la tête légèrement renversée en arrière pour offrir son visage au public, elle attaqua le premier couplet.

> This old world was as sad a place for me

Elle semblait décidée à sourire, mais des larmes s'étaient mises à rouler sur ses joues, et le refrain bien connu, soudain, prenait une autre signification...

> Say, I'll get by as long as I have you*.

Sans un geste pour essuyer ses larmes, elle restait concentrée sur sa chanson et sur la souffrance qu'elle exprimait — elle était la victime. Les plus cyniques observateurs présents dans le studio furent ce jour-là submergés par l'émotion. Susan Strasberg se souvient qu'à la fin de l'exercice personne n'avait les yeux secs. Tous voulurent se précipiter sur scène pour l'embrasser. Et Lee Strasberg, dit-on, donna un coup de coude à Paula et lança : « Je t'avais bien dit qu'elle était géniale — maintenant je le crois aussi ! »

Strasberg soutenait que certains étudiants ne pouvaient tirer aucun profit de la Méthode parce qu'ils n'avaient pas, en explorant leur passé grâce à la psychanalyse, libéré leur potentiel d'émotions. Il incita Marilyn à se lancer dans une psychothérapie, et elle commença à se rendre régulièrement chez le Dr Margaret Herz Hohenberg, qui lui avait été recommandée par Milton Greene. Margaret Hohenberg avait étudié la médecine à Vienne et pratiqué à Prague avant d'immigrer en Amérique en 1939. Milton Greene était son patient depuis plusieurs années et, au printemps de cette année 1955, Marilyn commença à faire plusieurs fois par semaine le trajet jusqu'au n° 155 de la 93e Rue où se trouvait le cabinet du Dr Hohenberg.

Peu après l'arrivée providentielle de Marilyn sur la côte est, les Strasberg quittèrent leur deux-pièces de la 86e Rue ouest pour un spacieux appartement au 135 Central Park West, où Marilyn fut fréquemment invitée. Strasberg était un lecteur boulimique, et les livres tapissaient les murs du sol au plafond dans

* « Ce vieux monde était pour moi aussi triste que possible
Vois-tu, je peux toujours m'en sortir du moment que je t'ai. » (*NdT.*)

plusieurs pièces de l'appartement. Marilyn disait que le décor était signé Brentano*.

Les Strasberg avaient également loué pour l'été une maison sur Fire Island, près de New York, où Marilyn les accompagnait souvent pour le week-end. Le champagne coulait à flots le samedi soir, et Marilyn mettait des disques sur l'électrophone pour danser. « Elle était comme une enfant, dit Susan Strasberg. Elle emplissait la pièce de son rire éclatant, de ses mouvements sensuels et de sa bonne humeur. Mon père l'adorait. On le voyait sourire de plaisir. Il souriait toujours de cette façon avec les enfants et les animaux. Marilyn le mettait en joie. »

Susan, qui n'avait que seize ans cette année-là, se rappelle qu'on parlait souvent, en baissant la voix, d'un certain « Arturo », un homme marié avec lequel Marilyn filait le parfait amour. Marilyn et Paula Strasberg, le soir, avaient de longues conversations à propos de cet « Arturo ».

« Arturo » n'aimait pas Lee Strasberg. En 1967, Arthur Miller interrompit Fred Guiles qui venait de prononcer son nom : « Ne me parlez pas de Lee Strasberg, je ne peux pas souffrir cet homme ! s'exclama-t-il. Ma sœur, Joan Copeland, qui est actrice, croit que Strasberg est un grand homme... Je pense, moi, qu'il y a chez lui quelque chose de faux. Lee est devenu le gourou de tous ces gens, et sans lui ils ne sont plus capables de rien. Je n'ai jamais dit à Marilyn ce que j'en pensais, parce qu'elle avait besoin de lui. Je me suis résigné à cette dépendance, du moment qu'elle en tirait un bénéfice, je me suis tu. Nous évitions simplement d'aborder ce sujet. »

À la mi-mai, ils furent des milliers à regarder l'image de Marilyn Monroe, haute de quinze mètres, dressée dans Times Square pour annoncer la sortie de *Sept ans de réflexion* au Loew's Broadway. Et le 1er juin, la vraie Marilyn Monroe, avec son mètre soixante-trois, apparut à la première au bras de Joe DiMaggio.

« Nous sommes simplement amis. Nous n'avons pas l'intention de nous remarier. C'est tout ce que je peux dire », déclara-t-elle aux journalistes. Ce 1er juin, elle fêtait son vingt-neuvième anniversaire, et après la première Joe invita un groupe d'amis au Toots Shor. Joe et Marilyn eurent une violente dispute, et Marilyn rentra très tôt chez elle. « Marilyn avait peur de Joe, dit Arthur Jacob au publicitaire new-yorkais Lois Weber. Elle en

* La célèbre librairie. (*NdT.*)

avait peur physiquement. Il était, à l'évidence, terriblement rigide sur ses principes. Il y avait certainement une grande ambivalence dans ce qu'il ressentait pour elle... Elle laissait parfois entendre qu'il lui avait fait beaucoup de mal, peut-être qu'il l'avait frappée, même, rendu furieux par la jalousie. »

Sept ans de réflexion fut un succès retentissant, à la fois pour Marilyn et pour la Fox. *Variety* le désigna comme le film qui avait fait le plus d'entrées au cours de l'été. Bosley Crowther, du *New York Times,* célébra en termes dithyrambiques la présence de « Miss Monroe » à l'écran. Et le critique du *New York Daily Mirror* écrivit : « Marilyn est une excellente comédienne. Avec sa façon de parler en faisant la moue, elle incarne tout le *glamour* de cette décennie, et devient l'une des toutes premières attractions de Hollywood. »

Mais Hollywood ne disposait plus de cette « attraction », et le succès phénoménal de *Sept ans de réflexion* donnait des démangeaisons aux avocats de la Fox. Marilyn Monroe était en train de rapporter une fortune à leur compagnie, et ils se découvraient des raisons de pactiser avec la fugitive. Billy Wilder avait reçu un demi-million de dollars pour réaliser ce film, plus une participation aux bénéfices. Le producteur Charles Feldman, qui émargeait aussi, bizarrement, comme agent de Marilyn, avait reçu 318 000 dollars. Marilyn avait, elle, touché 1 500 dollars par semaine de tournage et s'était vu promettre une prime de 100 000 dollars que la Fox ne lui avait pas versée. Au cours de l'été, Milton Greene et Irving Stein commencèrent à négocier avec la Fox, et les patrons du studio furent obligés d'admettre à quel point ce contrat était inéquitable. Et, vers la mi-novembre, le bruit courut à la Fox que le studio avait donné son accord pour un contrat sans exclusivité avec les Marilyn Monroe Productions.

La « blonde stupide » avait gagné.

Le nouveau contrat stipulait que Marilyn tournerait quatre films pour la Fox au cours des sept prochaines années. Elle devait recevoir un cachet minimum de 100 000 dollars par film. Le choix des metteurs en scène se ferait avec son accord. L'un des responsables de la Fox déclara : « Il n'y avait qu'un seul sujet de conversation aujourd'hui à la salle à manger des producteurs, le fabuleux contrat de Marilyn. Je suis depuis longtemps dans le cinéma, et quand je vous dis qu'un contrat est fabuleux, je sais de quoi je parle ! »

Les grandes vacances de 1955 se terminèrent bien pour Marilyn. Sa vie commençait à ressembler à quelque chose. Elle en savait un peu plus sur elle-même, et avait gagné sa guerre contre la Fox. Zanuck, d'ailleurs, avait démissionné et Buddy Adler le remplaçait. Et en privé, Marilyn et « Arturo » parlaient mariage. Si on en croit Norman Rosten, Marilyn avait transformé Arthur Miller, que ses amis considéraient jusque-là comme un solitaire un peu trop porté sur l'introspection. « Miller était amoureux, complètement, sérieusement amoureux. C'était merveilleux à voir. »

Pour fêter le Nouvel An, les Greene réunirent dans leur maison du Connecticut un petit groupe d'amis de Marilyn. Il neigeait, et à minuit on leva les coupes de champagne pour porter un toast à l'avenir, qui s'annonçait sous des couleurs brillantes. Truman Capote écrivit ensuite à un ami : « Vu Marilyn M. et Arthur Miller l'autre soir, irradiant tous deux une sexualité épanouie. Ils projettent de se marier, mais je ne peux m'empêcher de penser que ce petit événement a pour titre "Mort d'un auteur dramatique*". »

* Allusion à la pièce d'Arthur Miller, *Mort d'un commis-voyageur.* (*NdT.*)

37
Black Bart et Grushenka

Reporter : On dit que vous voulez jouer *Les Frères Karamazov.*
MM : Non, je ne veux pas jouer les frères. Je veux jouer Grushenka.

Billy Wilder.

Forte de sa victoire sur les Philistins d'Hollywood, la présidente Monroe rendit public l'ambitieux programme de la compagnie Marilyn Monroe Productions. Elle s'apprêtait à retourner à la Fox pour tenir le rôle principal dans *Bus Stop* adapté du grand succès de Broadway, sous la direction de Joshua Logan. Et, le 9 février 1956, plus de cent cinquante reporters et photographes assistèrent à l'Hôtel Plaza à une conférence de presse conjointe de Marilyn Monroe et Sir Laurence Olivier, qui leur annoncèrent la mise en production de leur film *The Prince and the Showgirl (Le Prince et la Danseuse).*

Présage, peut-être, de ce que devait être la suite, Olivier, qui avait insisté pour figurer en tête d'affiche, se vit pratiquement ignoré par les journalistes. Et au moment où ceux-ci se tournaient enfin vers Sir Laurence, une bretelle de la robe de Marilyn céda. Si Sir Laurence s'était figuré qu'il serait la vedette du *Prince et la Danseuse,* l'explosion immédiate de quelques dizaines d'ampoules de flash acheva certainement de lui enlever ses illusions. Il contempla d'un œil étonné la frénésie qui s'était emparée de la terrasse du Plaza, et remonta dans sa Rolls. En repartant avec Terence Rattigan, le scénariste du film, il laissa tomber ce commentaire : « Je me demande si je n'ai pas commis une erreur en m'embarquant là-dedans. »

Ou bien l'âge t'a rendu ignorant, ou bien tu es un imbécile de naissance.

Contes d'hiver, acte II, scène 1.

Peu avant son départ pour Hollywood où le tournage de *Bus Stop* allait commencer, on apprit que Marilyn devait donner une scène d'*Anna Christie* à l'Actors Studio avec Maureen Stapleton. Elle y jouerait le personnage d'Anna, que Garbo avait rendu célèbre — « Sers-moi un whisky — et un ginger ale avec — et ne soit pas radin, mon chou ! »

Maureen Stapleton se souvient que Marilyn l'appela la veille du jour fatidique, après des semaines de répétitions : « Maureen, je crois que nous ne pourrons pas répéter demain. Il paraît que quelqu'un doit donner une scène très intéressante au Studio, et je ne voudrais pas manquer ça.

— Marilyn ! dit Maureen, affolée. C'est d'une scène d'*Anna Christie* qu'il s'agit. C'est *notre* scène !

— C'est demain que... que nous jouons ? s'exclama Marilyn. Mon Dieu, je croyais que c'était vendredi *prochain* ! »

Le vendredi était le seul jour où l'on acceptait des spectateurs au Studio.

« Elle était morte de peur, se rappelle Susan Strasberg. Je me demandais si elle arriverait seulement à monter sur scène. Elle savait que parmi les gens présents ce jour-là ceux qui rêvaient de la voir se ramasser étaient aussi nombreux que ceux qui voulaient qu'elle réussisse. »

« Au moment d'entrer en scène, je ne voyais plus rien, raconta plus tard Marilyn. Je ne me rappelais plus une seule réplique. Je n'avais qu'une envie, me coucher par terre et mourir. Je ne savais plus ce qui m'arrivait, et tout d'un coup je me suis dit : "Enfin, bon Dieu, qu'est-ce que je fiche ici ?" Je n'avais plus qu'à y aller, et à le faire. »

La scène était censée se dérouler dans un bar, et en voyant Marilyn entrer, plus d'un se dit qu'elle était trop malade de peur, malade tout court, et qu'elle n'y arriverait pas. Comme elle levait son verre de ses mains tremblantes, les spectateurs comprirent qu'elle était à bout de forces et désespérée. Pour se rendre compte aussitôt après qu'ils avaient le personnage devant eux — cette peur, cette lassitude et ce désespoir si vrais étaient ceux d'Anna.

La scène devenait particulièrement poignante pour Marilyn quand Anna parlait du père qui l'avait maltraitée et trahie :

C'est mon vieux père que je voudrais rencontrer, ça oui ! Je l'ai jamais revu depuis l'époque où j'étais toute petite — je sais même pas à quoi il ressemble... Et je me disais que peut-être, vu qu'il a jamais rien fait pour moi depuis que j'existe, peut-être qu'il voudrait bien me refiler une piaule et de quoi manger jusqu'à ce que je me sente mieux. Mais j'en attends pas trop de lui. Il est du genre à vous donner un coup de pied quand vous êtes par terre, lui comme tous les autres...

Un silence suivit la dernière réplique. Puis les applaudissements éclatèrent dans le Studio, ce qui n'arrivait pas souvent. La comédienne Kim Stanley, qui faisait partie des sceptiques venus assister ce jour-là à la scène, se souvient : « On nous avait dit de ne jamais applaudir à l'Actors Studio — on y était comme dans une église — et c'était la première fois que j'entendais cela. » Kim Stanley avait une bonne raison d'en vouloir à Marilyn : elle avait créé dans *Bus Stop*, à Broadway, le rôle de Chérie que celle-ci s'apprêtait à reprendre dans le film de Joshua Logan. Elle ne s'en surprit pas moins à applaudir avec les autres.

Tous ceux qui étaient présents ce jour-là rapportent que Marilyn les stupéfia. L'actrice Anna Sten trouva son interprétation « très profonde et très touchante, donnant et prenant à la fois — ce qui est une qualité très rare ».

Marilyn et Maureen Stapleton se rendirent ensuite au bar pour s'offrir un solide remontant — « et ne sois pas radin, mon chou ». Là, Maureen, interloquée, s'aperçut que Marilyn s'était trouvée très mauvaise. Mais les Strasberg, qui ne touchaient plus terre, lui dirent qu'elle avait été excellente. Au cours d'une conversation avec Joshua Logan, alors que celui-ci s'apprêtait à diriger Marilyn dans *Bus Stop*, Lee dit un jour : « J'ai travaillé avec des centaines et des centaines d'acteurs et d'actrices, et je n'en vois que deux qui se situent nettement au-dessus du lot — le premier, c'est Marlon Brando, et l'autre, Marilyn Monroe... »

Peu après cette séance mémorable à l'Actors Studio, Marilyn repartit pour Hollywood. Une année s'était écoulée depuis que Zelda Zonk avait tiré sa révérence. Dans sa loge restée inoccupée, les reliques de la star enfuie dormaient sous une couche de poussière. Le sol était jonché de livres, de scripts, de vieux papiers et de tableaux de service, des cartons de lettres d'admirateurs jamais ouvertes s'entassaient sur les étagères. Elle avait reçu, pendant son absence, plus de six mille lettres par semaine. Sur la coiffeuse trônait encore une photographie de DiMaggio souriant dans son cadre. Dès l'annonce de son arrivée prochaine, la loge fut repeinte et nettoyée pour accueillir la nouvelle Marilyn Monroe.

Mais ce fut la même Marilyn Monroe qui débarqua à l'aéroport et fit longuement attendre les milliers d'admirateurs et les centaines de photographes qui s'y étaient rassemblés pour assister à sa descente d'avion. Quand elle apparut enfin, très new-yorkaise avec ses mains gantées et sa petite robe de cocktail noire, ce fut du délire. Un véritable triomphe. « Tout Hollywood s'était mobilisé pour lui faire un accueil comme peu de femmes en ont reçu jusqu'ici », écrivit le *Time.* Les journalistes la bombardèrent de questions à propos de sa nouvelle société de production et de ses projets. « Quand vous êtes partie l'an passé, vous étiez habillée de façon toute différente, Marilyn, dit l'un d'eux. Vous voici en robe noire et boutonnée jusqu'au cou. Serait-ce une nouvelle Marilyn ?

— Non, répondit-elle. Je suis toujours la même. Ce n'est qu'une nouvelle robe. »

Elle mit deux heures pour traverser la foule massée à l'aéroport et rejoindre la maison que les Greene avaient louée pour elle à Holmby Hill, 595 North Beverly Glen Boulevard.

S'étant procuré ses nouvelles coordonnées au studio, Natasha Lytess tenta de l'appeler, mais Marilyn refusa de la prendre au téléphone. Depuis son départ d'Hollywood, Natasha lui avait écrit à maintes reprises sans obtenir de réponse. Bien qu'on eût dit clairement à Natasha qu'en l'absence de Marilyn sa situation ne serait plus la même, elle avait conservé son poste à la Fox. Mais au retour de celle-ci elle reçut, à son grand étonnement, une lettre de licenciement. Elle tenta désespérément d'entrer en contact avec Marilyn. Après avoir multiplié les lettres et les appels téléphoniques, elle se rendit en voiture à la maison de Beverly Glen et on lui en refusa l'entrée. Elle était affreusement déçue. Le 3 mars, l'avocat Irving Stein l'appela au téléphone, et rédigea ensuite le compte rendu suivant :

> Après m'être présenté comme le représentant légal de Marilyn Monroe, je lui ai enjoint avec fermeté de ne plus appeler Miss Monroe, ni venir chez elle ni chercher à la voir. J'ai ajouté qu'elle s'éviterait des ennuis en respectant ces instructions. Natasha, que je n'ai jamais rencontrée à ce jour, m'a appelé « Chéri » et m'a demandé de l'écouter. Je cite ci-dessous ses propos exacts :

« Je n'ai pas d'autre protection au monde que Marilyn Monroe. J'ai créé cette fille — je me suis battue pour elle. Pendant les tournages, j'étais là pour la défendre. J'ai perdu la tête quand j'ai compris qu'elle ne voulait pas me prendre au téléphone. Je suis sa propriété privée, et elle le sait. Elle a confiance en moi, ma présence la rassure. Je n'ai aucune protection financière, contrairement à elle. On m'a dit ce vendredi à la Fox : "Vous n'êtes plus la protégée de quiconque, et on n'a plus besoin de vous..." Mais mon métier, c'est ma vie. Je ne vais pas très bien. Je voudrais vraiment la voir, ne serait-ce qu'une demi-heure et en votre présence. » Je lui ai répondu qu'il n'en était pas question. Marilyn n'était pas intervenue en sa faveur et ne le ferait pas, et nous refusions de lui parler ou de la voir. Je lui ai dit également que si elle ne cessait pas d'appeler Marilyn, je serais dans l'obligation d'employer des moyens plus contraignants en faisant appel à la justice.

Mais la sibylle qui avait pressenti la déesse ne pouvait croire que Marilyn refusât de l'aider. Natasha se rendit une deuxième fois à la villa, le 5 mars. L'agent de Marilyn, Lew Wasserman, vint ouvrir et l'empêcha d'entrer. « Votre emploi au studio ne concerne en rien Miss Monroe », lui déclara-t-il. Et il la menaça de recourir à d'autres moyens si elle revenait ou tentait à nouveau de contacter Marilyn. En repartant, Natasha se retourna, et aperçut Marilyn qui fixait sur elle un regard impassible à une fenêtre du premier étage. « C'est la dernière fois que je l'ai vue, dit-elle. Dans la position qui était la sienne, il lui suffisait de lever le petit doigt pour que je conserve mon poste. Si elle avait eu l'ombre d'une reconnaissance pour ce que j'avais apporté dans sa vie, elle l'aurait fait. »

Le fait que Marilyn ait pu ignorer une « si humble demande » a souvent été cité comme un exemple de la brutalité avec laquelle elle se servait des gens, puis les rejetait. Marilyn fut pourtant d'une fidélité farouche envers ceux qui se montrèrent loyaux à son égard. Mais elle ne pouvait admettre la tromperie, et quand la confiance était rompue elle était prompte à couper les ponts. Elle avait appris, de la bouche de Maurice Zolotow, un ami d'Arthur Miller, que Natasha était en train d'écrire un livre sur elle.

Avant de se lancer lui-même dans sa biographie, Zolotow avait eu trois entretiens avec Marilyn au Waldorf Towers. Et, pour l'aider dans son travail de recherche, il avait embauché Jane Wilkie, une journaliste de *Photoplay*. Après le départ de Marilyn pour Hollywood, Jane Wilkie avait entrepris de rédiger avec Natasha Lytess un témoignage sur Marilyn, prévu à l'origine pour être publié dans *Photoplay* mais qui s'était transformé ensuite en projet de livre. Le manuscrit inédit, qui ne fut jamais achevé, figure dans le legs Zolotow à l'université du Texas. Quand Marilyn avait appris de Zolotow ce que faisait Natasha, elle avait coupé tout contact avec cette dernière.

Après son renvoi de la Fox, Natasha tenta de survivre en donnant des leçons d'art dramatique à domicile. Mais elle ne parvint pas à assumer le crédit de la maison que Marilyn l'avait aidée à acheter sur Rexford Drive. La maison fut mise en vente après saisie, et Robert Slatzer se souvient de Marilyn lui montrant une lettre envoyée par Lytess de Rome en avril 1962. « Elle réclamait de l'argent, et Marilyn me dit : "Natasha m'écrit chaque fois qu'elle est fauchée." »

La nouvelle Marilyn espérait que Lee Strasberg l'accompagnerait à Hollywood pour lui servir de coach sur le tournage de *Bus Stop*, mais Strasberg ne pouvait pas abandonner ses élèves, et il proposa d'envoyer Paula à sa place. Passant outre aux plaintes de Milton et aux cris d'orfraie des gens de la Fox, Marilyn exigea pour Paula Strasberg un salaire de 1 500 dollars par semaine — l'équivalent de ce qu'elle avait gagné elle-même pour jouer le rôle principal dans *Sept ans de réflexion.*

Bus Stop raconte l'histoire émouvante de Chérie, une chanteuse de cabaret de seconde zone originaire de la petite ville d'Ozarks. Après une succession d'échecs sentimentaux, Chérie fait la connaissance, à Phoenix, d'un cow-boy de rodéo (Don Murray) qui se rend à la ville dans l'espoir d'y dénicher une épouse ravissante et soumise qu'il pourra ramener dans son ranch. Il jette son dévolu sur Chérie. Elle résiste, mais finit par se prendre au charme de ce grand dadais qui l'aime avec dévotion.

Le tournage de *Bus Stop* approchant, Marilyn travaillait de longues heures avec Paula, épluchant le script scène après scène. Elle s'imprégnait du personnage de Chérie, analysant les répliques pour en pénétrer le sens, faisant appel à ses propres émotions, cherchant ses motivations et réfléchissant aux moyens de rendre tout cela par la voix et par le langage du corps. Elle travailla l'accent traînant de Chérie, ses tournures de phrases et son vocabulaire, et ne cessa pratiquement plus de parler comme Chérie pendant toute la durée du tournage. Strasberg recommandait à ses élèves de résumer la motivation essentielle de leur personnage en une phrase clé. La phrase choisie par Marilyn était : « Cette fille qui demande qu'on la respecte l'obtiendra-t-elle un jour ? »

Marilyn sentit que le trait physique dominant du personnage était sa lassitude. Travaillant dans des bars jusqu'à 4 heures du matin, Chérie ne voyait guère la lumière du jour. Marilyn conçut donc avec Milton un maquillage crayeux qui fit sursauter les patrons de la Fox quand on leur présenta les essais. Puisqu'ils la payaient si cher désormais, ne pourrait-elle pas avoir meilleure mine ?

« Je trouvais que les choix de Marilyn en matière de costumes et de maquillage étaient courageux, dit Joshua Logan. Elle avait une position de star bien établie, et était prête à la risquer avec un maquillage que la plupart des gens trouvaient affreux. Mais cela ne lui faisait pas peur. Elle estimait avoir bien analysé le personnage, et elle se confondait complètement, courageusement avec lui. »

Logan se souvient que Marilyn concocta également les tenues de Chérie. La robe longue dessinée par William Travilla pour chanter sa ballade à Phoenix lui plaisait bien, mais, à la grande fureur de Travilla, elle se mit aussitôt à tirer sur l'étoffe et à la déchirer en plusieurs endroits. Puis elle y ajouta des larmes grossièrement cousues avec du fil non assorti. Se rappelant l'époque où elle ne possédait qu'une paire de bas, elle fit trouer et repriser ceux qu'elle porterait pour chanter *That Old Black Magic.*

« Pas de vêtements faits sur mesure, dit-elle à Logan. Allons en chercher dans le stock de costumes. » Ils fouillèrent ensemble et dénichèrent les tenues clinquantes d'une chanteuse de cabaret de seconde zone.

Logan, qui était un bon ami de Lee Strasberg, et par ailleurs le seul réalisateur de cinéma américain à avoir travaillé avec Stanislavsky à Moscou, avait accepté Paula Strasberg comme répétitrice pour Marilyn en sous-entendant qu'elle ne devait pas mettre les pieds sur le plateau. Mais les instructions du réalisateur furent vite oubliées et dès la première semaine de tournage à la Fox on aperçut la silhouette de Paula derrière la caméra. Elle s'habillait de noir pour qu'on la voie le moins possible mais cela lui donnait des airs de sorcière qui ne faisaient qu'attirer l'attention sur elle. C'est sur le plateau de *Bus Stop* que Marilyn donna à Paula Strasberg le surnom qui devait lui rester : Black Bart, « la Baronne noire ».

Les couloirs de la Fox bruissaient de rumeurs sur Black Bart et Grushenka, et dans les soirées d'Hollywood, la Monroe était devenue le sujet de conversation numéro un. On disait que la star de la Fox avait changé, que son nouveau pouvoir lui était monté à la tête et que son attitude vis-à-vis des « petites gens » n'était plus la même. Elle se montrait désormais sous son vrai jour. Finies les familiarités avec les machinistes, les électriciens et les techniciens de plateau qui attendaient pendant des heures qu'elle soit prête à tourner. Elle n'avait, disait-on, que mépris pour « l'équipe ». La nouvelle Monroe était « froide et dure ».

La nouvelle Monroe, en réalité, luttait contre cette redoutable tendance des acteurs à *jouer* plutôt qu'à *être*. Cela lui demandait une formidable concentration. Tout en soutenant Marilyn, Paula lui avait demandé de nourrir son interprétation de concepts qui lui semblaient parfois étrangers à sa propre expérience. Animée par une détermination farouche, elle avançait sur cette corde raide sans jamais tomber, au prix d'une tension émotionnelle qui l'épuisait littéralement.

Tout reposait, bien sûr, sur sa capacité de concentration. Elle s'immergeait dans le personnage, et s'identifiait si bien à lui qu'au moment où le réalisateur disait « Moteur ! » elle oubliait tout le reste. Elle ne se serait pour rien au monde laissé distraire par des conversations de plateau. Pour ceux qui avaient connu l'ancienne Marilyn, la nouvelle semblait « froide et distante ». Mais Marilyn n'était plus là, il n'y avait que Chérie. Et, pour Chérie, ils n'existaient pas.

Pour Billy Wilder, Marilyn était l'une des rares actrices à posséder ce qu'il appelait « un impact charnel » : dès que son image apparaissait à l'écran, c'était elle qu'on regardait, quel que fût son partenaire — Tom Ewell, Jane Russell, Cary Grant, des chiens, des enfants ou les Marx Brothers. Tout s'ordonnait autour de Marilyn. Mais cet impact n'était pas que « charnel », elle y était « corps et âme ». Son être tout entier s'y projetait avec une formidable spontanéité.

Ce transfert et cette identification, toutefois, n'étaient pas qu'une affaire de volonté et de concentration. Ils naissaient d'une perception intuitive de ce qu'il y avait en elle de plus profond et de plus secret. Sa concentration était extraordinaire, mais procédait plus de l'intuition et de l'émotion que du raisonnement. Paula s'étonnait souvent de voir Marilyn oublier ses répliques au cours d'une prise, alors qu'elle les récitait par cœur depuis des jours et des jours. Ses partenaires retournaient furieux dans leur loge, en disant qu'elle n'avait rien préparé. Mais ce n'étaient pas les répliques qui lui échappaient dans ces instants : c'était le personnage. Elle perdait contact avec Chérie, et s'arrêtait. L'immersion devait être totale d'un bout à l'autre de la prise, et chaque prise la rapprochait un peu plus de Chérie. Dans *Bus Stop,* Marilyn Monroe *est* Chérie.

« De toutes les actrices que j'ai rencontrées, dira Joshua Logan, Marilyn est celle qui confine le plus au génie. C'est une artiste qui va au-delà de son art... Elle s'est tout de suite vue jouant Chérie sur un registre délicat oscillant entre la comédie et le drame. Il n'y a rien de plus difficile pour un acteur. Très peu de stars en sont capables. Chaplin y parvenait. Garbo aussi, à certains moments, dans *Camille* et dans *Ninotchka.* Et je pense, voyez-vous, que Marilyn a en elle quelque chose de ces deux acteurs. Elle est l'actrice de cinéma la plus accomplie et la plus authentique que nous ayons eue depuis Garbo. Monroe, c'est du cinéma à l'état pur. »

Il lui avait fallu dix années chaotiques pour passer du « Hi, Rad ! » (« Salut, Rad ! ») de la blonde Betty campée devant l'église de Paducah au fameux monologue de Chérie dans le bus qui l'emmène vers Phoenix :

> Je sors avec des garçons depuis l'âge de douze ans — on ne perd pas de temps, nous autres, les gens d'Ozarks — et il y en a toujours un pour me faire perdre la tête... Évidemment, je voudrais bien me marier et avoir des enfants, une famille et tout ça... Peut-être que je ne sais pas ce qu'est l'amour. Je veux un type que j'admire et qui m'en impose. Mais je ne veux pas qu'il me brutalise. Je veux un type qui soit gentil avec moi. Mais je ne veux pas qu'il me traite comme un bébé, non plus. Je veux que celui que j'épouserai sache me respecter... l'amour et tout, ça ne suffit pas. Tu comprends ce que je veux dire ?

38
Tempus fugit

« Il faut se hâter lentement. »
Marilyn Monroe.

À un certain moment, si on en croit Arthur Miller, Marilyn se découvrit un intérêt pour le temps — ou peut-être une simple curiosité. Elle se mit à porter une montre en sautoir autour du cou, et deux autres au poignet. L'une donnait l'heure de la côte ouest, les deux autres celle de New York. Mais, comme il en va de ces encyclopédies qu'on achète dans l'espoir que leur volumineuse présence vous apportera la connaissance, le fait de porter ces montres n'améliora pas sa capacité à gérer le temps. Le 12 mars, elle manqua de vingt minutes l'avion qui emmenait l'équipe de *Bus Stop* à Phoenix, dans l'Arizona, en prévision du rodéo annuel du 15 mars. Elle se débrouilla tout de même pour arriver à temps, et Logan put tourner ses scènes d'extérieur dans la foule des 25 000 spectateurs rassemblés pour assister à la parade qui ouvrait l'événement.

Les acteurs, en règle générale, trouvent plus difficile de tourner en décors naturels qu'en studio, mais Logan constata que Marilyn travaillait mieux *al fresco.* Telle une fleur, elle était plus à son aise au soleil et au grand air que sous les lumières artificielles et dans la chaleur étouffante des plateaux hollywoodiens. La lumière naturelle stimulait son énergie et facilitait sa concentration. Elle arrivait le plus souvent à l'heure sur le plateau et les choses se passaient bien. Logan pouvait annoncer : « On garde celle-là », dès la première ou la seconde prise.

Pendant le tournage de *Bus Stop,* les journalistes furent tenus à l'écart. Il y eut très peu d'interviews, très peu de photos. Seul Milton Greene semblait libre d'approcher Marilyn avec son appareil. Le jour où elle fit une chute accidentelle du haut des gradins pendant un rodéo, il se trouvait non loin de là armé de son Rollie et se hâta de la photographier, grimaçante de douleur, plutôt que de se précipiter pour l'aider à se relever. Comme Logan lui demandait pourquoi il ne s'était pas porté à son secours, Milton lui répondit : « Ma foi, j'étais photographe, avant de me faire producteur ! »

Billy Woodfield, qui faisait des photos pour le magazine *This Week*, se rappelle que Greene ne le laissait pas s'approcher de Marilyn. « C'était au point que, pendant la scène du rodéo, nous étions tous planqués sous la tribune. J'ai pris quelques clichés de Marilyn vomissant sous les gradins, je les ai fait tirer puis je les ai étalés devant Milton Greene et je lui ai dit : "Voilà de quoi il faudra nous contenter, à moins que vous nous permettiez d'en faire d'autres !" Il a fini par céder et j'ai pu travailler normalement. »

L'agence d'Arthur Jacobs s'occupait de la publicité des Marilyn Monroe Productions, tandis que Rupert Allan était chargé de la publicité personnelle de la présidente. Jacobs envoya à Phoenix plusieurs de ses collaborateurs, dont Pat Newcomb. Tout juste âgée de vingt-cinq ans à l'époque, celle qu'on appellerait le « docteur-miracle » n'était encore qu'une débutante dans ce métier où elle devait plus tard faire merveille. Né et élevé à l'ombre du capitole, le grand-père de Margaret Patricia Newcomb avait été un juge éminent à Washington. Son père, Carmen Adams Newcomb, y représentait les grands groupes de l'industrie du charbon, parmi lesquels Great Lakes Coal et Coke Corporation, dont le propriétaire était un certain George Skakel Jr, père d'Ethel Kennedy.

Après une enfance à Chevy-Chase, dans le Maryland, la jeune Pat s'était installée à Los Angeles avec ses parents en 1946, la famille Skakel ayant chargé Carmen de veiller sur l'ensemble des biens immobiliers qu'elle possédait en Californie. Pat avait été l'élève de l'Immaculate Heart School de Hollywood et était entrée par la suite au très sélect Mills College pour filles d'Oakland, en Californie, où elle avait obtenu son diplôme en psychologie.

À Mills College, elle avait assisté à des cours de Pierre Salinger, qui allait devenir quelques années plus tard le porte-parole de John Kennedy. En ce début des années cinquante, Salinger pratiquait le journalisme d'investigation pour le *San Francisco*

Chronicle. Il préparait alors une série d'articles sur la corruption dans le syndicat des chauffeurs routiers, et après que Pat Newcomb eut obtenu son diplôme en 1952 il l'embaucha comme chargée de recherches.

Les recherches durèrent trois mois, d'abord au quartier général du syndicat de Dave Beck à Seattle, puis à Detroit où Jimmy Hoffa gérait les affaires du syndicat des chauffeurs routiers. Salinger révéla des faits de corruption et des brutalités, et découvrit que Beck puisait dans les fonds du syndicat pour se remplir les poches, tandis que Hoffa recrutait des repris de justice et des racketteurs professionnels pour assurer son autorité.

Salinger ayant appris que le sénateur démocrate de l'Arkansas, John L. McClellan, s'apprêtait à réunir une commission d'enquête sur les activités délictueuses dans le secteur syndical et du travail, ce fut par l'entremise de Pat Newcomb et de son père qu'il obtint un rendez-vous avec le secrétaire de cette commission : l'époux d'Ethel Skakel, Robert F. Kennedy, frère cadet du sénateur John F. Kennedy, qui était lui-même membre de la commission.

« Je n'oublierai jamais ma première rencontre avec Bob, raconte Pierre Salinger. Elle eut pour cadre le restaurant du Sénat, au cours d'un déjeuner de deux heures. J'étais venu en journaliste pour l'interroger, mais je passai le plus clair de ces deux heures à répondre à ses questions sur Beck et Hoffa... Bob et moi, nous fûmes tout de suite sur la même longueur d'onde. »

En 1956, Bobby Kennedy proposa à Pierre Salinger d'enquêter pour le compte de la commission McClellan, et en novembre ils installaient un bureau à Los Angeles afin de poursuivre leurs investigations sur le fonctionnement du syndicat des routiers de la côte ouest. Dans *The Enemy Within*, Robert Kennedy écrivit : « Nous arrivâmes à Los Angeles le 14 novembre 1956, et je pris contact avec un haut responsable de la police d'État, le capitaine James Hamilton, qui était chargé du renseignement. Nous interrogeâmes des responsables syndicaux, des employeurs et des employés, et un certain nombre d'informateurs anonymes. »

Daryl Gates, l'ancien chef de la police de Los Angeles, se souvient : « Comme le chef William Parker le lui avait proposé, Bob Kennedy s'installa avec ses collaborateurs dans les locaux de la Division du renseignement de la police de Los Angeles. Leurs bureaux voisinaient avec celui du capitaine James Hamilton. Bob Kennedy et Hamilton se lièrent d'amitié, et Bob fit souvent appel à Hamilton pour des conseils et des informations pendant tout le temps que durèrent les travaux de la commission. » Deux des plus proches collaborateurs de Hamilton, les détectives Archie Case et James Ahearn, furent détachés auprès de Bob Kennedy pour l'aider dans ses investigations.

Pat Newcomb ayant choisi d'exercer ses talents dans le domaine du show-business, ce fut par l'entremise d'un ami intime qu'elle intégra l'agence de relations publiques d'Arthur Jacobs. Sa première mission sur le tournage de *Bus Stop,* toutefois, fut de courte durée. Elle entra en conflit avec Marilyn Monroe, et Arthur Jacobs la rappela à Los Angeles. Par la suite, interrogée par Anthony Summers sur la nature exacte de ce conflit, elle déclara : « Tout de suite, ou presque, nous avons eu cette terrible prise de bec. J'ai mis des années à comprendre pourquoi. C'était semble-t-il à cause d'un garçon. Marilyn a cru que je m'intéressais à lui alors qu'il n'en était rien. Comme je ne savais que faire, Arthur Jacobs m'a conseillé de repartir. »

En réalité, Marilyn avait entendu des rumeurs sur le fait que le « docteur-miracle » était lesbienne et avait une aventure avec une femme également liée à Arthur Jacobs. C'est à Phoenix, d'après Rupert Allan, que quelqu'un avait attiré l'attention de Marilyn sur les mœurs de Pat Newcomb. Elle téléphona aussitôt à Jacobs pour lui demander de rappeler cette fille. La moralité ambiante, en ces années cinquante, était différente de celle d'aujourd'hui, et, dit Allan, « Marilyn ne voulait pas d'une situation qui risquait de la mêler indirectement à un scandale ». Pat Newcomb n'en devint pas moins, plusieurs années après *Bus Stop,* l'attachée de presse de Marilyn. Elle fut l'une des toutes dernières personnes à l'avoir vue le jour de sa mort — et ce jour-là aussi, il y eut entre elles une « terrible prise de bec ».

Quand l'équipe de *Bus Stop* revint à Hollywood, Marilyn quitta la maison de Beverly Glen pour s'installer au Château Marmont, sur le Strip, où elle occupa la suite qui avait été celle de Jean Harlow. Corrine Patten, la directrice de cette résidence de luxe, se souvient d'Arthur Miller comme d'un visiteur assidu : « Ses week-ends au Marmont devaient *absolument* rester secrets. Sa résidence officielle se trouvait à Reno, où il attendait son jugement de divorce. Mais il filait en douce chaque fin de semaine pour venir ici retrouver Marilyn Monroe. »

Au mois de mars 1956, Arthur Miller était venu à Reno pour y passer les six semaines réglementaires qui lui permettraient d'obtenir son divorce. Il logeait dans un petit motel de Pyramid Lake, à quatre-vingts kilomètres de la ville. Pendant cette période, il devint un habitué du Stix, un bar tenu par une charmante divorcée et que fréquentaient également deux cow-boys amis de la dame. Les deux hommes gagnaient leur vie en chassant les chevaux sauvages dans les montagnes alentour pour les vendre à des producteurs de nourriture pour animaux. Ils étaient l'un et l'autre des célibataires endurcis, gros buveurs et grands tombeurs de femmes — du moins à les entendre. Miller fut fasciné par ces deux vestiges d'une frontière de l'ouest en voie de disparition, qui allaient devenir les personnages centraux de son scénario *The Misfits (Les Désaxés).*

Même si la procédure de divorce assignait résidence à Arthur Miller dans le Nevada, il a plus tard reconnu s'être envolé pour Hollywood les week-ends et les avoir passés avec Marilyn au Château Marmont

Amy Greene se souvient que Joshua Logan, au studio, voyait arriver le lundi avec appréhension car il savait que ces jours-là Marilyn, après un week-end avec Arthur, avait des difficultés à rétablir le contact avec Chérie. « Elle était chaque fois dans un état lamentable. Elle ne pouvait pas nous amener Arthur, il ne pouvait pas sortir de l'hôtel jusqu'au moment où, dans la nuit du dimanche au lundi, il filait en tapinois jusqu'à l'aéroport pour prendre l'avion qui le ramenait dans le Nevada. Marilyn se sentait perdue, coupable, abandonnée — et tout cela la précipitait dans un nouveau cycle maladie-médicaments. »

Marilyn ne s'entendit pas très bien avec Don Murray, qui jouait le rôle de Bo et signait là son premier rôle au cinéma. Mais le problème était d'ordre professionnel, et non personnel. Comédien de théâtre accompli, Murray était un jeune homme intelligent, instruit et cultivé que Logan avait remarqué dans un show à Broadway *(The Skin of Our Teeth).* Dans *Bus Stop,* Murray eut beaucoup de mal à adopter le comportement brutal de Bo vis-à-vis de Chérie. Son approche trop gentille du personnage ne permettait pas de rendre la tension sexuelle animale qui existe entre Bo et Chérie — et qui soutient utilement une intrigue par ailleurs fort mince.

Logan se rangeait souvent du côté de Murray pour défendre cette conception moins agressive du rôle, et Marilyn devait lutter toute seule pour que Murray se montre plus rude pendant que Chérie s'efforçait de civiliser Bo. Don Murray, qui ne fut jamais meilleur que dans *Bus Stop,* resta apparemment insensible à la performance de Marilyn.

« Elle était comme une enfant égocentrique et impulsive, dira-t-il ensuite. Un jour où elle trouvait que j'avais gâché l'une de ses scènes, elle continua à jouer comme à la répétition, s'emparant de son costume pour me frapper au visage. Les sequins me firent une écorchure au coin de l'œil, et elle s'enfuit. Mais elle ne l'avait pas fait exprès. »

La scène dont parle Murray est celle de la première rencontre entre Chérie et Bo au Blue Dragon Café. Chérie refuse les avances de Bo et part en courant à travers le cabaret. Bo la retient par sa robe et la traîne ornée de sequins lui reste dans la main. Chérie lui reprend la traîne, furieuse, en disant : « Rendez-moi ma queue ! », et s'en sert pour frapper Bo au visage.

La réaction violente — et courageuse — de Chérie est tout à fait inattendue et cela se voit à la tête que fait Bo à ce moment. La scène était essentielle pour montrer la complexité de leur relation, mais Murray ne voulait pas la jouer de cette façon. Pour lui, Bo devait être espiègle plutôt que « vulgaire et agressif ». Il voulait jouer avec la traîne de la robe et la détacher sans le faire exprès plutôt que l'arracher — et Logan était d'accord avec lui. Murray était tellement indigné que Marilyn l'ait frappé aussi fort qu'il alla trouver Logan pour lui dire qu'il refusait de travailler plus longtemps avec elle si elle ne lui présentait pas ses excuses. Logan en parla avec Marilyn, qui accepta de s'excuser. Mais le moment venu, quand les deux acteurs se retrouvèrent face à face à la fin de la journée, Marilyn fondit en larmes et s'écria : « Bon sang de bon sang, je ne m'excuserai pas ! Non, non et NON ! »

Chérie était ainsi, et c'est ainsi qu'on la vit finalement à l'écran — mais Marilyn en paya le prix...

Après cet incident avec Murray, Arthur Miller fut réveillé en pleine nuit par le directeur de son motel : on le demandait au téléphone. Miller enfila sa robe de chambre et se rendit à la cabine, non loin de la réception. C'était Marilyn. « Je ne peux pas, je ne peux pas travailler comme ça. Oh, Papa, je ne peux pas ! » dit-elle, au bord de la crise de nerfs. Miller ne l'avait jamais sentie aussi désespérée et sans défense. Il s'efforça de la calmer et de la rassurer.

« Oh, Papa, je ne peux pas me battre seule contre tous. Je ne le veux pas ! sanglotait-elle. J'ai horreur de ça ! Je veux vivre tranquillement à la campagne, être là quand tu as besoin de moi, être une bonne épouse. Je n'en peux plus de me battre toute seule ! »

Elle n'avait jamais à ce point avoué sa dépendance, et Miller se souvient de l'émotion qu'il éprouva ce soir-là en l'entendant exprimer ainsi sa confiance en lui et en leur avenir. Quand il réalisa qu'ils allaient commencer une nouvelle vie ensemble dès que le film serait terminé, Miller sentit la tête lui tourner. Ses genoux se dérobèrent et le récepteur s'échappa de ses mains tandis qu'il se sentait glisser sur le sol de la cabine.

39

Mazel Tov !

« Quand on aime, le monde entier est juif. »

Paula Strasberg.

Bien que Marilyn ait un jour observé qu'on l'avait vue sur des calendriers « mais jamais en couverture de *Time* », elle finit par « faire » cette couverture en mai 1956. À l'intérieur, dans un très long article consacré à la star, Ezra Goodman avait glissé une allusion à son idylle avec Arthur Miller.

Le tournage de *Bus Stop* achevé, elle repartit pour son appartement de Sutton Place South à New York où elle dut faire face aux journalistes qui la harcelaient pour entendre de sa bouche confirmation de la rumeur. Elle se refusa à tout commentaire. Le divorce de Miller fut prononcé de 11 juin et il repartit le lendemain pour la côte est, où il trouva une meute de journalistes campant devant l'hôtel de Marilyn, ainsi qu'un représentant de la Commission d'enquête sur les activités anti-américaines. L'homme lui tendit un papier. Il était convoqué à Washington, pour témoigner devant la Commission, le 21 juin.

Miller n'en fut pas surpris. Nombre de ses amis avaient déjà témoigné devant la Commission : Elia Kazan, Lee J. Cobb, Clifford Odets, Lillian Hellman, Dashiell Hammett, Hannah Weinstein. Mais le moment était mal choisi. Arthur et Marilyn projetaient de partir ensemble à Londres pour le tournage du *Prince et la Danseuse*, et il avait besoin d'un passeport.

Le 20 juin, veille de son audition par la Commission, Spyros Skouras, l'immigré grec devenu président de la Twentieth Century Fox, fit une visite-surprise à Arthur et Marilyn et tenta de convaincre Miller de coopérer comme l'avaient déjà fait Kazan, Odets et Lee J. Cobb. Il craignait, si la rumeur d'un prochain mariage entre la star et le « rouge » Arthur Miller devait se confirmer, que les organisations patriotiques ne lancent un boycott contre les films de Marilyn.

Miller se présenta donc le 21 juin 1956 à l'audience publique, accompagné de Joseph Rauh, son avocat, qui avait également défendu Lillian Hellman. Les choses se gâtèrent très vite, dès que Miller refusa, à plusieurs reprises, de nommer les gens qu'il avait rencontrés à des réunions organisées par le parti communiste. « Je ne veux pas créer d'ennuis à ceux que je pourrais nommer, déclara-t-il. Ces gens sont des écrivains, des poètes, et la vie d'un écrivain, quoi qu'on en pense parfois, est souvent dure. Je ne veux pas la rendre encore plus dure, pour qui que ce soit. Je vous prie de ne plus me poser cette question. »

Ces paroles produisirent une forte impression sur tous ceux qui étaient présents ce jour-là et sur les membres de la Commission eux-mêmes. Pourtant, si on en croit un témoin, Miller ne faisait que répéter ce que Marilyn lui avait dit. En 1961, celle-ci devait confier à Danny Greenson, le fils de son psychiatre, Ralph Greenson, que Miller avait eu très peur. Il connaissait de nombreux écrivains qui avaient eu leur carrière brisée par la Commission d'enquête sur les activités anti-américaines. Et il avait été tenté de donner des noms. C'était Marilyn qui lui avait dit que la vie des écrivains était déjà assez dure sans qu'on y ajoute cette épreuve. Et, toujours d'après ce que rapportait Danny Greenson, elle avait ajouté : « Tu ne vas pas te laisser faire par ces salopards. Tu vas leur tenir tête ! » Danny Greenson, en 1961, accueillit ces confidences avec beaucoup d'intérêt car il était alors étudiant à l'Université de Californie, à Berkeley, politiquement très à gauche, et avait participé à des manifestations contre la Commission. « Elle n'avait pas une réelle culture politique, mais elle se rangeait toujours, d'instinct, du côté du plus faible. Chez Marilyn, il y avait l'apparence, et puis il y avait tout le reste. » Marilyn n'avait que méfiance pour les attitudes doctrinaires et les théories politiques, et ses sentiments, nourris de sa propre expérience, allaient vers les humbles, les opprimés, les pauvres et les mal-aimés. Bien qu'opposée au stalinisme et à toutes les formes de dictature, elle respectait le droit de chacun à avoir ses propres convictions.

Lors des audiences de la Commission, Marilyn apporta son soutien à l'homme qu'elle aimait, et se montra ainsi dans l'un de ses meilleurs rôles. Jouant avec intelligence sur le registre de l'orpheline candide et amoureuse, elle suscita de la sympathie pour son futur époux. À des journalistes qui lui demandaient ce qu'elle pensait du témoignage de Miller, elle répondit en souriant, de sa voix la plus douce : « Je ne connais pas grand-chose à la politique. Il faudra que je discute de tout cela avec lui, mais pour le moment il est très fatigué. » Mais Lena Pepitone, la femme de chambre de Marilyn à New York, révéla par la suite que Marilyn, lorsqu'elle se mettait en colère contre Arthur, parlait de lui comme de « ce maudit communiste ! ».

Interrogé par les membres de la Commission sur ses idées de gauche, Arthur Miller glissa dans ses réponses sa demande en mariage de manière assez inattendue. Comme on lui demandait pourquoi il voulait un passeport pour se rendre en Angleterre, il expliqua : « L'objectif est double. Je travaille sur un film dont le tournage doit avoir lieu en Angleterre, et j'irai là-bas avec la femme qui sera alors mon épouse. » Assailli par les journalistes à sa sortie de la salle, il déclara qu'il épouserait « très bientôt Marilyn ». Peu après, Norman Rosten fut appelé au téléphone par une Marilyn au comble de la fureur. « Tu as entendu ? demanda-t-elle, le souffle court. Il annonce à l'univers entier qu'il va épouser Marilyn Monroe, moi ! Tu ne trouves pas ça incroyable ? Sais-tu qu'il ne me l'a jamais dit ? Il ne m'a jamais *vraiment* demandé, à *moi*, de me marier avec *lui* ! On en a parlé, mais de façon très vague. »

Après un vote, la Commission donna dix jours à Miller pour lui fournir la liste des communistes qu'il avait côtoyés au sein de diverses organisations de gauche. Le 25 juin 1956, il fut cité pour rétention de preuves et outrage à magistrats. La peine encourue était une amende de 1 000 dollars et un an de prison ferme. Avant lui, presque tous les témoins, comme Dashiell Hammett, Ring Lardner Jr et Howard Fast avaient été condamnés et emprisonnés. Joseph Rauh, l'avocat de Miller, interjeta appel, et non seulement Miller échappa à la prison mais on lui accorda très vite un passeport contrairement à ce qui s'était passé pour Paul Robeson et d'autres témoins. La clémence dont bénéficia Arthur Miller était sans précédent.

Nombreux sont ceux pour qui cette bienveillance de l'Office des passeports s'explique par la crainte de la campagne de presse qui n'aurait pas manqué de se déchaîner contre une administration coupable de torpiller l'histoire d'amour entre Miller et la petite orpheline chérie de l'Amérique. Dans un premier temps, pourtant, l'Office des passeports avait bel et bien décidé de rejeter la demande d'Arthur Miller. Mais quelqu'un, au Département d'État, donna un ordre contraire. La rumeur courut à Washington que le sénateur John Kennedy, et Averell Harriman, l'ami de la famille Kennedy, étaient intervenus.

En présentant Marilyn à ses parents dans leur appartement de Flatbush Street, Miller dit : « Voici la fille que je veux épouser. » Marilyn se jeta dans les bras de ses nouveaux beaux-parents, Isadore et Augusta Miller, et tout le monde versa des larmes de bonheur. « Marilyn m'a ouvert grand son cœur et elle est désormais pour moi comme ma propre fille », déclara Mrs. Miller. Marilyn se prit d'une affection particulière pour Isadore, le père d'Arthur. Elle savait que cet homme réservé avait perdu tout ce qu'il possédait lors de la Grande Dépression et ne s'en était jamais relevé, ni moralement ni financièrement. Elle allait rester proche d'Isadore Miller et le soutenir jusqu'à la fin de sa vie.

Marilyn demanda à Augusta, la mère d'Arthur, de lui apprendre à cuisiner les plats juifs qu'Arthur aimait le plus. Sachant peut-être qu'Augusta avait souffert du premier mariage de son fils avec une chrétienne, elle annonça son intention de se convertir au judaïsme et entreprit des études avec le rabbin Robert Goldberg, qui devait célébrer leur mariage. Cette conversion prit Arthur de court. Il avait depuis longtemps abandonné la religion au profit du marxisme. À Susan Strasberg qui lui demandait pourquoi elle voulait se faire juive, Marilyn répondit : « Je crois un peu en tout, et je pense que si j'ai des enfants, mieux vaudra qu'ils soient juifs. D'ailleurs, je m'identifie parfaitement aux juifs. Quoi qu'ils fassent, tout le monde leur tombe dessus. »

Susan Strasberg se rappelle que Marilyn se mit à émailler ses propos d'expressions typiquement juives : « Salut, *bubuleh* ! *Oy vay ! Wotta shlep !* C'est *bashert*[1] ! » Et elle passait des heures dans sa cuisine pour préparer du potage au poulet avec des boulettes de matzoh. (On racontait qu'elle avait demandé à Arthur ce qu'on faisait avec le reste du pauvre *matzoh**.)

Les projecteurs de l'actualité étaient braqués sur eux, et jamais, depuis l'abdication du roi Édouard VIII pour les beaux

1. « Salut, petite mère ! Oh là là ! Que c'est dur ! C'était écrit ! » Marilyn tenait de Paula Strasberg la dernière de ces expressions.

* Jeu de mots sur *matzoh balls*, le terme *balls* désignant également les testicules en langage familier. *(NdT.)*

yeux de Wallis Simpson, la presse n'avait accordé autant d'importance à un événement de cette nature. Alors que les journalistes montaient la garde devant l'appartement de Marilyn au Stutton Place South, la porte s'ouvrit et la confirmation qu'ils espéraient leur fut apportée de la façon la plus inattendue. Un technicien chargé de réparer le système de climatisation avait entendu Marilyn parler au téléphone. « Elle a dit qu'elle allait se marier avec Miller ! » lança-t-il à la foule. Pour échapper au siège des journalistes, les futurs époux partirent dans le Connecticut, où Arthur avait une maison de campagne. La meute suivit et Miller, furieux, promit que Marilyn et lui-même donneraient une conférence de presse le 29 juin si on les laissait en paix jusque-là.

Le vendredi 29 juin, on vit d'interminables files de voitures converger, pare-chocs contre pare-chocs, vers le carrefour d'Old Tophet et Goldmine Road où se trouvait la maison de Miller. Plus de quatre cents photographes et reporters envahirent la propriété, regardant aux fenêtres, frappant aux portes, attendant que Marilyn Monroe et Arthur Miller se montrent. Il n'y avait rien à manger, pas de café, pas de sanitaires. Et les rumeurs circulaient : « Ils sont déjà mariés... Non, ils sont à l'intérieur de la maison... Ils sont partis se marier à Londres... Non, ils sont à New York... Le mariage est annulé... Non, c'est pour demain... »

Soudain, une Oldsmobile verte arriva en trombe dans l'allée conduisant à la maison et s'arrêta. Arthur Miller et Marilyn en sortirent précipitamment et se ruèrent vers la porte. L'homme qui était au volant, Morton, le cousin d'Arthur, s'écria, en proie à une terrible agitation : « Il y a eu un accident !

— Grave ! enchaîna-t-il. Une voiture nous suivait, et il y a eu un virage. On a entendu un grand bruit derrière nous ! C'était un photographe, et une femme. Leur voiture s'est écrasée contre un arbre. La femme a été projetée à travers le pare-brise. Elle était en sang ! On a fait ce qu'on a pu. Marilyn est bouleversée. Arthur est en train d'appeler l'hôpital ! »

Myra Sherbatoff, correspondante de *Paris-Match,* mourut pendant son transport à l'hôpital. Marilyn fut horrifiée et Lee et Paula eurent beaucoup de mal à lui faire admettre que ce n'était pas de sa faute. Mais Paula, ensuite, dit à Lee et à Susan : « C'est un mauvais présage. C'était *bashert* ! »

Marilyn avait taché son sweater en voulant porter secours à la journaliste qui agonisait. Pendant qu'elle se changeait et tentait de se remettre de ses émotions, les reporters se rendirent en masse sur les lieux du drame, prirent leurs sinistres clichés puis revinrent à la maison de Miller pour attendre, fumer, échanger des potins. La chaleur était accablante. Un photographe tomba d'un arbre.

Marilyn et Arthur sortirent de la maison avec les parents Miller et Milton Greene. Greene, prenant les choses en main, annonça : vingt minutes pour les actualités filmées, vingt minutes pour les photos, vingt minutes d'interview. Arthur semblait sonné. Marilyn faisait ce qu'elle pouvait pour paraître sereine.

« Mettez-vous plus près l'un de l'autre... *Clic*... Monsieur Miller, souriez, s'il vous plaît !... *Clic*... Passez votre bras autour de ses épaules, vous voulez bien ?... *Clic*... Par ici, monsieur Miller, regardez par ici !... *Clic*... S'il vous plaît, monsieur Miller, un grand sourire, maintenant... *Clic*... C'est parfait ! Encore une fois ! *Clic, clic*... Par ici... *Clic, clic, clic*... »

Une cérémonie civile eut lieu dans la soirée, devant un juge du comté. Les époux échangèrent leurs alliances. Arthur avait fait graver trois mots sur celle qu'il offrit à Marilyn : « Aujourd'hui pour Toujours. »

Le mariage religieux devait être célébré le 1er juillet par le rabbin Goldberg à Katonah, dans l'État de New York, où Kay Brown, l'agent littéraire d'Arthur, possédait une maison. Vingt-cinq parents et amis s'y rassemblèrent, loin des journalistes, pour célébrer le mariage juif traditionnel. Mais, tandis que les invités papotaient joyeusement au rez-de-chaussée, Marilyn, réfugiée dans la chambre d'amis du premier étage, se posait des questions.

D'après le récit qu'en fit Amy Greene, elle trouvait qu'elle avait commis une erreur et ne voulait plus se prêter à cette cérémonie. « Elle était dans un état épouvantable », raconta Amy, qui s'efforçait, avec Milton, de la raisonner.

« Tu n'es pas obligée de te marier, tu sais, lui dit Milton Greene.

— Non, je ne veux pas me marier, répondit Marilyn, les yeux pleins de larmes.

— On peut très bien te mettre dans une voiture, et on se débrouillera ensuite avec les invités », dit encore Milton.

Il appela aussitôt l'avocat Irving Stein pour lui demander « de se tenir prêt au cas où il y aurait un problème de dernière minute pour le mariage de Marilyn ».

Cet ultime revirement a été mis en scène par Miller en 1964 dans la scène du mariage d'*Après la chute*, dans laquelle la fiancée, « Maggie », exprime l'arrière-pensée de se dérober à la cérémonie. Elle sait qu'elle ne peut pas être fidèle à un seul homme à moins d'avoir une absolue confiance en lui. Elle confesse avoir couché avec beaucoup d'hommes. Son analyste lui a expliqué qu'elle a un besoin compulsif de donner à « ceux qui sont dans le besoin ».

« Tu es une victoire, Maggie ! s'exclame le garçon. Tu es comme une oriflamme, une sorte de preuve qu'on peut se battre, et vaincre. » Et il la convainc que ce n'est pas le passé qui compte, mais ce qu'il a fait d'elle.

« En place ! En place ! » cria quelqu'un au rez-de-chaussée, et les invités se rassemblèrent. Milton Greene, qui s'était tant bien que mal préparé à annoncer que tout était annulé, frappa à la porte de la chambre où Miller et Marilyn poursuivaient leur conciliabule.

« Cinq minutes ! » répondit Marilyn. Et, vingt minutes plus tard, la mariée, radieuse, apparut en haut des marches. Le spectacle continua, et personne ne se douta du drame qui venait de se jouer. Arthur avait pour témoin son frère Kermit, et Marilyn Hedda Rosten. À la fin de la cérémonie, comme le veut la tradition, le marié brisa sous son talon le gobelet en cristal des fiançailles. Le verre symbolisait la confiance, qui ne peut se réparer après qu'on l'a brisée. Et Marilyn, plus tard, écrivit au verso d'une photographie des mariés : « L'espoir, l'espoir, l'espoir ! »

Norman Rosten nous a laissé ses impressions de ce mariage :

> Ce fut une journée ensoleillée et sereine comme le bonheur. Tout parlait de la vie : la longue table dressée à l'arrière de la maison, les invités assis et buvant, les mariés allant de l'un à l'autre, tout le monde échangeant des baisers et des vœux de félicité. La mariée était belle et tendue. En extase, vraiment. Elle irradiait la lumière comme un marbre de Rodin : elle était la jeune femme de *La Main de Dieu.* C'était l'aboutissement d'un rêve, et il portait, comme tous les rêves, sa part de danger.
>
> *Mazel Tov !*

40

Bashert !

« Double, double, peine et trouble !
Feu, brûle, et chaudron, bouillonne ! »

Macbeth, acte IV, scène 1.

Joshua Logan, qui était un ami de longue date de Sir Laurence Olivier, tenta de préparer celui-ci à ce qui l'attendait. Il lui écrivit peu avant le départ de Miller et Marilyn pour Londres, où le tournage du *Prince et la Danseuse* devait commencer : « Surtout, assurez-vous que Paula ne sera *pas* présente sur le plateau. Il est certain qu'elle accompagnera Marilyn pendant ce tournage, et je crois qu'il vous serait très pénible d'avoir à supporter une autre autorité que la vôtre. » Puis, ayant vanté la beauté et le talent incomparables de Marilyn, il ajoutait : « Je vous en prie, n'attendez pas de Marilyn qu'elle se comporte comme la plupart des actrices avec lesquelles vous avez travaillé. Ne lui indiquez jamais, par exemple, comment elle doit dire son texte. Laissez-la trouver toute seule, même si cela doit prendre du temps. »

Logan se souvient de la réponse polie qu'il reçut de sir Laurence. Celui-ci promettait d'être patient. « Je ne me laisserai pas emporter si tout ne marche pas comme je le voudrai, lui écrivit-il. Je me repasserai chaque matin comme on repasse une chemise et je ferai en sorte de rester parfaitement lisse jusqu'à la fin de la journée. »

Tonnerre : Entrée des Sorcières.

Et pourtant, il y eut trois fois un pli et deux fois des ennuis
Dans l'amidon épais comme un gruau d'enfer qui gargouille et bouillonne
Tourne en rond dans le chaudron
Jetons dans le mélange empoisonné
Pattes de lézard et chapeau de Black Bart,
Crayon de l'écrivain et queue du chat
Langue du Rouge et Greene le flagorneur
Yeux du serpent et paroles mauvaises
Culot de star et bretelle qui lâche
Pois et carottes et boulettes de matzoh

Tous : Double, double, peine et trouble !
Feu, brûle, et chaudron, bouillonne !

Exit les Sorcières.
Entrée de l'avion à hélice.

Marilyn Monroe et Arthur Miller arrivèrent à l'aéroport de Londres le 14 juillet 1956. Sir Laurence Olivier et son épouse Vivien Leigh les y attendaient, mais aussi plus de trois cents journalistes et photographes, une escouade de soixante-quinze policiers et plusieurs milliers d'admirateurs en délire. « Le plus formidable accueil et la plus gigantesque conférence de presse de toute l'histoire de l'Angleterre », observa Olivier avec un petit rire incrédule.

Sir Laurence et lady Olivier furent emportés par une foule hystérique de journalistes et d'admirateurs qui obligea les célébrités et les policiers à se réfugier derrière un comptoir de l'aérogare. Un photographe s'écroula aux pieds de Marilyn, fut piétiné par la meute et dut être évacué d'urgence vers l'hôpital.

« Vos conférences de presse se déroulent toujours de cette façon ? demanda Vivien.

— Ma foi, répondit Marilyn, aujourd'hui, c'est un peu plus calme que d'habitude. »

L'orpheline au matricule 3 463 était désormais la femme la plus célèbre du monde.

Pour échapper à cette hystérie, les Miller s'installèrent dans une grande maison de style géorgien, Parkside House à Englefield Green, louée pour la durée du tournage à l'orée de Windsor Park. Le couple était censé y passer sa lune de miel, mais les journées furent occupées par un nombre incalculable de répétitions, d'essayages et de conférences de presse au cours desquelles Miller avait les plus grandes peines à se montrer souriant. Un journaliste britannique lui trouva un air carrément « réfrigérant... Cet amoureux transi fait penser au gardien de la morgue en faction près d'un cadavre royal ».

C'était Marilyn elle-même qui avait eu l'idée de partager avec sir Laurence Olivier l'affiche du *Prince et la Danseuse*. La pièce de Terence Rattigan avait été créée en 1953 sous le titre *The Sleeping Prince*. Olivier avait alors Vivien Leigh pour partenaire, et celle-ci avait reçu pour son interprétation des critiques plus que mitigées : elle était visiblement à contre-emploi dans le rôle de la petite *chorus girl* américaine. Un rôle qui, par contre, semblait taillé sur mesure pour la plus jeune et plus voluptueuse Marilyn. Et cette différence n'échappa pas à l'œil averti et un rien dédaigneux de l'aimable lady Olivier...

La pièce de Terence Rattigan était une comédie légère et élégante, soutenue par un charme spécifiquement théâtral. L'atmosphère d'époque y était très prégnante, l'intrigue beaucoup moins.

Nous sommes en 1911. Le très distingué et très imperturbable prince régnant de Carpathie (Olivier) séjourne à Londres pour assister au couronnement du roi George V. Sa morgue et sa froideur fondent devant le charme d'une petite *chorus girl* américaine, Elsie Marina (Marilyn Monroe). Le voici amoureux. Le devoir le rappelle en Carpathie, mais il promet de revenir pour épouser la jeune beauté. Rideau.

Des intrigues aussi peu consistantes ont besoin, pour passer la rampe, de tout l'art et de tous les artifices de la scène, de situations imprévues et de dialogues étincelants servis par des comédiens au talent et au tempérament exceptionnels. Joshua Logan pensait que le rapprochement de sir Laurence Olivier et de cette Monroe surgie de l'univers de Charles Dickens ne pourrait que produire des étincelles. Il y eut, effectivement, des étincelles... et plus d'un pli sur la chemise bien repassée du comte de Notley.

Après sa première rencontre avec Marilyn, à New York au mois de février précédent, Olivier avait noté : « Cette journée ne s'était pas achevée que j'étais déjà certain d'une chose : j'allais tomber éperdument amoureux de Marilyn, et alors, que se passerait-il ? Cela ne faisait aucun doute, c'était inévitable, du moins le pensais-je ; elle était adorable, pleine d'esprit, incroyablement drôle, et physiquement plus attirante que tout ce que j'avais pu imaginer. Je rentrai chez moi ce soir-là comme l'agneau qui vient d'échapper à la gueule du loup... Mais la suite, que serait la suite ? Pour la première fois, je pensai : "Pauvre Vivien !" »

Mais ce devait être plutôt : « Pauvre Larry ! »

Quand il revit Marilyn, elle était en pleine « lune de miel », et Vivien avait « pété les plombs ». « Larry et Viv », comme on les appelait en Angleterre, connaissaient des heures difficiles. En dépit des apparences, leur mariage n'était plus qu'un champ de ruines.

En 1953, Vivien Leigh devait être la vedette féminine d'*Elephant Walk* (*La Piste des éléphants*), produit par la Paramount, avec Peter Finch comme partenaire. Au début du tournage à Ceylan, Peter et elle avaient eu une aventure. Elle avait fait une dépression nerveuse et avait été remplacée par Elizabeth Taylor. De retour à Londres, elle avait été admise à la clinique psychiatrique Netherne, où les médecins, ayant posé un diagnostic de maniacodépression, l'avaient soumise à un traitement d'électrochocs. En partie remise, elle était retournée à Notley Abbey pour y poursuivre sa convalescence auprès d'Olivier. Mais, après ces traitements violents, elle était devenue pour son mari une sorte d'étrangère qu'il avait du mal à comprendre, ainsi qu'il l'expliqua à ses amis. Il s'étonnait lui-même du regard froid et distant qu'il posait désormais sur elle. Il ne reconnaissait plus en Vivien la femme qu'il avait aimée et épousée, et leur mariage n'avait plus de mariage que le nom.

Pensant que le fait de travailler à nouveau avec lui aiderait Vivien à se retrouver elle-même et leur permettrait peut-être de sauver leur couple en perdition, Olivier avait demandé à leur ami commun, Terence Rattigan, de leur écrire cette mince comédie. Le spectacle, dont la première avait eu lieu au Phoenix Theatre le 5 novembre 1953, jour du quarantième anniversaire de Vivien, se voulait aussi un hommage à la jeune reine Élizabeth II, dont on venait de célébrer le couronnement.

Les critiques s'étaient montrés plutôt élogieux pour la pièce, mais moins pour ses interprètes. On trouvait que Vivien « avait des intonations trop stridentes et était un peu trop âgée pour le rôle, et Olivier un peu terne pour un don juan ». Très peu de gens étaient au courant de leurs disputes incessantes et des souffrances qu'ils enduraient dans leur vie privée, mais on devait en trouver l'écho, plus tard, dans le personnage d'Archie Rice de la pièce de John Osborne, *The Entertainer* (*Le Cabotin*), brillamment interprété par Olivier. Si elle criait trop en scène, Vivien ne laissait rien paraître de son état dépressif : entre les représentations, elle menait une vie désordonnée, sortant des nuits entières avec des amis, dépensant une fortune en achats irraisonnés pendant la journée et réapparaissant juste avant le lever de rideau. En scène, lorsqu'elle était en phase d'excitation, lady Olivier ne cessait d'insulter sir Laurence, *sotto voce* pour ne pas être entendue du public : « Tu es une merde, tu n'es qu'une merde ! »

À l'été 1956, les rapports entre ces deux êtres qui avaient formé un couple légendaire s'étaient tellement détériorés qu'ils n'avaient plus en commun que leurs pauvres tentatives pour sauver les apparences et maintenir un semblant de collaboration professionnelle.

Lumières : Entrée de Marilyn flanquée de Black Bart et de sa suite — Milton et Amy Greene, Arthur Miller, Hedda Rosten et Whitey Snyder, son maquilleur.

Une entrée tardive. Olivier avait convoqué l'équipe du *Prince et la Danseuse* sur un plateau des studios de Pinewood pour plusieurs journées de répétitions avant le début du tournage. Toujours dans l'ombre de Black Bart, Marilyn avait ce matin-là trois quarts d'heure de retard. Olivier fut terriblement contrarié de voir Paula Strasberg à ses côtés. « La présence de Paula m'inquiéta sérieusement, dit-il. Je ne croyais pas beaucoup à l'utilité des répétiteurs... Paula ne savait rien. Ni comme comédienne, ni comme metteur en scène, ni comme professeur, ni comme conseillère — sinon aux yeux de Marilyn. Elle n'avait qu'un seul talent — celui de lèche-bottes de Marilyn. »

Olivier avait maintes fois critiqué la Méthode de Lee Strasberg, qu'il trouvait « délibérément antitechnique ». La Méthode, estimait-il, imposait « une passion dévorante pour la réalité, et si on ne se sentait pas exactement en accord avec les images susceptibles de vous persuader que vous étiez CECI et CELA, il valait mieux renoncer purement et simplement à jouer la scène ». Jouer la comédie, pour Olivier, c'était faire semblant ; *Le Prince et la Danseuse* était, après tout, un conte de fées. Et Olivier savait très bien faire semblant.

La première journée de répétitions fut un désastre et les choses, à partir de là, ne firent qu'empirer.

Marilyn avait une façon bien à elle d'idolâtrer certains hommes. Elle les mettait sur un piédestal jusqu'au jour où, inévitablement, ils en tombaient. Sir Laurence eut tôt fait de réduire ses illusions à néant. Marilyn était la drôle de fille venue d'ailleurs. Elle n'avait jamais tourné en dehors du système hollywoodien, et Olivier, à Londres, était entouré d'une équipe de professionnels aguerris et fidèles : dame Sybil Thorndike, Esmond Knight, Richard Wattis, et l'opérateur Jack Cardiff. Tous étaient des amis et des collaborateurs de longue date. Le premier jour des répétitions, pour la présenter à l'équipe au grand complet, il prit Marilyn par la main et leur demanda à tous, avec une incroyable outrecuidance, de se montrer patients avec la nouvelle venue. Elle arrivait d'Hollywood, dit-il, et il lui faudrait peut-être un peu de temps pour apprendre « leur » méthode, mais c'était un tel plaisir que d'avoir parmi eux « une si adorable petite personne ». Rien n'échappa à Marilyn de ses allusions et de ses manières condescendantes : elle disposait d'un baromètre ultrasensible pour mesurer les variations d'atmosphère. Il afficha, ce jour-là, un avis de tempête.

Les répétitions débutèrent le 30 juillet dans une ambiance glaciale. Olivier remarqua tout de suite les regards critiques de Paula et le manque d'enthousiasme flagrant de Marilyn. « Marilyn n'avait pas l'habitude de répéter et, de toute évidence, n'y prenait aucun plaisir, observa-t-il. Elle nous le faisait savoir en portant des lunettes noires, et par une attitude exagérément réservée dont je m'escrimais vainement et misérablement à la faire sortir. »

Dans le journal qu'il tint pendant toute la durée du tournage, Colin Clark, le troisième assistant-réalisateur, nota que Marilyn Monroe arriva dès le premier jour avec deux heures de retard[1]. L'équipe était convoquée à 6 h 30. La star arriva à 8 h 30 et, après la séance de maquillage et d'habillage, se présenta sur le plateau à 11 h 30. En Grande-Bretagne, c'est à cette heure que, normalement, les équipes cessent le travail pour déjeuner. Colin Clark nota ce jour-là :

> Lundi 6 août :
>
> À 11 h 30 MM est enfin apparue, en costume et, je dois le dire, absolument ravissante. C'est, à n'en pas douter, une splendide créature... Dès qu'elle est là, tout le monde est hypnotisé, y compris moi. Tout tourne autour d'elle, que cela lui plaise ou pas, et pourtant elle semble fragile et vulnérable. Si c'est délibéré, c'est incroyablement habile, mais je crois que c'est un don absolument naturel. Chacun, dans son entourage, veut exercer son emprise sur elle, et s'y efforce en lui donnant tout ce qu'il croit qu'elle désire... Paula la tient fermement par un bras et Milton Greene par l'autre.

---

1. Colin Clark, fils de l'historien d'art Kenneth Clark, a publié son passionnant journal sous le titre *The Prince, the Showgirl, and Me.*

Ils ne cherchent pas vraiment à cacher leur antagonisme. Et ils ne sont pas les seuls. Arthur Miller, lui aussi, veut la diriger... Et nous pensons, tous, à ce qu'ils veulent en réalité. « Ah, quelle jolie petite poule aux œufs d'or tu fais. Veux-tu que je t'aide, petite poule aux œufs d'or ? »

Au tout début du tournage, Olivier, qui réalisait le film, lui dit : « On ne vous demande qu'une chose, Marilyn : être sexy. » Ces mots produisirent sur elle un effet dévastateur. C'était, de la part d'Olivier, une façon de la rabaisser en lui signifiant qu'il n'avait pas l'intention de reconnaître sa sensibilité d'actrice et ne s'intéressait pas à sa méthode pour appréhender le rôle. La fureur, chez Marilyn, s'ajouta à la déception. Un mur infranchissable se dressait désormais entre la star et le metteur en scène. Elle faisait tout ce qu'elle pouvait pour l'éviter. Il devait lui communiquer ses directives par l'entremise de Paula et, quand il s'adressait directement à elle sur le plateau, elle le fixait d'un air absent, se retournait pour engager une conversation avec quelqu'un d'autre ou s'en allait pour discuter d'une scène avec Paula, ou appeler Lee Strasberg au téléphone.

« Elle était de plus en plus désagréable et de plus en plus insolente avec moi, dira par la suite Olivier. Chaque fois que je tentais patiemment de lui faire comprendre quelque chose, elle m'écoutait avec un agacement non dissimulé et, quand j'avais fini, se tournait vivement vers Paula et demandait : "Qu'est-ce que ça veut dire ?" J'avais à peine entamé ce tournage que, déjà, je me sentais humilié au-delà de tout ce que j'aurais pu imaginer. »

Un jour où elle devait tourner une scène avec dame Sybil Thorndike, figure légendaire de la scène britannique, Marilyn se présenta sur le plateau avec une heure de retard. Atterré par ce qu'il considérait comme un abominable manque d'égards, Olivier était livide. Fonçant sur elle, il la prit par la main pour la conduire vers dame Sybil comme une gamine mal élevée et, les dents serrées, exigea de la présidente des Marilyn Monroe Productions qu'elle fasse amende honorable. Marilyn, qui ne comprenait pas ce qu'on lui reprochait, bredouilla de vagues excuses. Dame Sybil l'interrompit, au grand déplaisir d'Olivier : « Ma chère, il ne faut pas vous en faire. Une grande actrice comme vous a bien d'autres choses en tête que le souci de l'heure, n'est-ce pas ? »

Marilyn s'étant rendu compte qu'elle avait au moins une amie dans la place, dame Sybil et elle devinrent très proches pendant le tournage. Un soir, alors qu'ils visionnaient les rushes de la journée en salle de projection, dame Sybil se tourna vers Olivier et dit : « Vous avez été très bon dans cette scène, Larry, mais comme vous jouez avec Marilyn personne ne fera attention à vous. Il y a quelque chose d'absolument adorable dans sa façon de parler et de bouger. Et ne soyez pas trop sévère pour ses retards, mon garçon. Nous avons terriblement besoin d'elle. De nous tous, elle est la seule à savoir jouer devant une caméra. »

> Mercredi 15 août :
>
> Une date à marquer d'une croix rouge. Ce que j'ai vu ce matin de MM dépassait de beaucoup ce que je m'attendais à en voir, et elle est remontée de plusieurs crans dans mon estime. Elle est arrivée à 7 h 30, autrement dit très tôt pour elle, et pour un peu c'est nous qui aurions été en retard. Elle semblait d'excellente humeur.
>
> Au moment du déjeuner j'ai croisé dans le couloir le directeur artistique, qui m'a dit qu'on ne trouvait plus le script de MM et m'a demandé d'aller le chercher dans sa loge. Pensant que MM était à ce moment sur le plateau, je suis entré en trombe dans la loge... et j'ai vu MM complètement nue, une serviette nouée autour de la tête. Je suis resté pétrifié sur place devant cette vision somptueuse de courbes et de rondeurs blanches et roses. Je devais être rouge comme une betterave. Incapable de tourner les talons pour ressortir, j'étais planté sur le seuil, les yeux écarquillés, à bredouiller je ne sais quoi. MM m'a gratifié d'un sourire innocent. « Oh, Colin ! s'est-elle exclamée. Vous, un ancien d'Eton ! » Comment peut-elle garder un tel sang-froid ? Et comment se fait-il qu'elle connaisse mon nom, et l'endroit où j'ai fait mes études, et ce que cela signifie ?
>
> J'ai repris mes esprits et j'ai tout de même réussi à repartir, en songeant que MM, finalement, était beaucoup plus maligne que nous ne le pensions... Quel plaisir ce serait de travailler avec elle sur un film, si elle pouvait se dire qu'elle n'a autour d'elle que des amis !
>
> Le rêve de Colin...

Pendant ses nuits d'insomnies à Parkside House, Marilyn commençait à se dire qu'Olivier faisait tout pour saper sa prestation et que Milton Greene avait commis une erreur en acceptant qu'il soit à la fois la covedette et le metteur en scène du film.

Arthur Miller, à qui elle faisait part de ses soupçons, était bien embarrassé pour la calmer et la rassurer.

Se peut-il que Marilyn ait vu juste dans le comportement d'Olivier ? Sir Laurence était-il vraiment le « vulgaire voleur de scènes » qu'elle décrivait à Arthur ? Se peut-il que cette star légendaire de la scène et de l'écran ait tenté d'éclipser la jeune *ingénue* fraîche émoulue des studios hollywoodiens ? Aïe ! Il faut se rappeler qu'alors, au moment où Marilyn entre en scène, Olivier traverse une double crise : dans sa vie privée et dans sa vie professionnelle. Il a franchi le cap de la cinquantaine et n'a plus rien d'un jouvenceau. Les premiers rôles masculins se font rares, il supporte très mal de vieillir. Pour jouer le prince, il arbore une telle couche de maquillage qu'on a peine à le reconnaître derrière son monocle. Le prince régnant de Carpathie est aussi un vaniteux qui se bat pour justifier la hauteur de son salaire.

Marilyn et Olivier avaient l'un et l'autre ce que les opérateurs appellent « un bon profil ». Et c'était pour tous les deux le profil droit. Olivier, le metteur en scène, faisait toujours en sorte d'offrir le profil droit d'Olivier, l'acteur, à la caméra, si bien que Marilyn était systématiquement filmée du « mauvais » côté dans les scènes où ils jouaient face à face.

Malgré les lettres que lui avait adressées Joshua Logan, Olivier avait décidé de passer outre à ses conseils : « Je me refusais à traiter Marilyn différemment des autres acteurs — j'étais moi-même trop fier de mon métier. Je la traitais toujours comme une artiste adulte et talentueuse, ce qu'elle était d'une certaine façon. »

Si un doute avait subsisté concernant le talent artistique de Marilyn, les critiques recueillies par *Bus Stop* sorti le 31 août auraient suffi à le dissiper : « Carrez-vous bien dans votre fauteuil, et préparez-vous à une surprise de taille. Marilyn Monroe se révèle dans *Bus Stop* une véritable comédienne », s'extasiait dans le *New York Times* Bosley Crowther, qui n'avait jamais été jusque-là un admirateur de Marilyn. « Renoncez une fois pour toutes à l'idée qu'elle n'a pour elle que son *glamour* », lisait-on dans *The Saturday Review of Literature*. Et dans *The London Times* : « Miss Monroe est une comédienne de talent, d'une justesse de ton qui ne se dément pas un seul instant. Elle nous offre un portrait complet, sensible et parfois, même, d'une grande intelligence. Il y a en elle quelque chose d'une enfant perdue, vulnérable et pathétique, qui nous émeut étrangement. »

« Superbe », décrétait *Variety*.

« C'est une garce et une emmerdeuse ! » grommela, paraît-il, Olivier.

Arthur Miller ne tarda pas à s'apercevoir que le petit marxiste de Brooklyn et le comte de Notley avaient une chose en commun : des épouses à problèmes. Après une journée harassante à Pinewood face à une actrice impossible, Olivier retrouvait chez lui, à Notley Abbey, une autre actrice impossible. Vivien passait par des phases de dépression et d'excitation. Quand elle était dans une phase d'excitation, Larry trouvait souvent sa maison pleine d'amis et de pique-assiettes qui festoyaient toute la nuit alors qu'il avait, lui, terriblement besoin de calme et de sommeil. Il lui arrivait de s'enfermer dans sa chambre et d'être réveillé par Vivien qui venait tambouriner à sa porte au beau milieu de la nuit. Une nuit où il avait oublié de fermer à clé, elle le tira de son sommeil en lui fouettant le visage avec une serviette à 3 heures du matin. Très peu de gens se doutaient de l'enfer qu'elle lui faisait vivre. Mais, certains soirs, Olivier s'offrait un verre bien tassé dans sa loge de Pinewood avant de rentrer chez lui, et Arthur Miller le rejoignait pour prendre, lui aussi, un remontant.

Un soir, ils allèrent au théâtre ensemble. Miller voulait voir *Look Back In Anger* (*Les Corps sauvages*) de John Osborne, qui se donnait au Royal Court Theatre, et Larry l'y accompagna à contrecœur : Osborne était un adversaire idéologique, il appartenait à cette nouvelle vague de dramaturges qui semblait décidée à en finir avec les traditionalistes britanniques auxquels Sir Laurence devait tant et dont il était lui-même l'un des plus éminents représentants. Mais leur monde était en train de disparaître. Ses institutions étaient aussi désuètes que la pièce de Rattigan et les fantômes emperruqués du royaume de Carpathie — aussi désuètes, peut-être, que ce grand acteur vieillissant, Laurence Olivier, dont la carrière était dans une impasse.

Après le spectacle, Miller et Olivier se rendirent dans les coulisses pour féliciter les vedettes, Mary Ure et Alan Bates, et on leur présenta l'auteur, le rebelle et redouté John Osborne. Et comme ils prenaient congé, Miller eut la stupéfaction d'entendre Olivier demander à Osborne, d'une voix hésitante : « Pensez-vous que vous pourriez écrire quelque chose pour moi ? » Il le pouvait. Il le ferait. Il le fit. De cette escapade avec Arthur naquirent *Le Cabotin* et son héros, Archie Rice, enfant illégitime de l'austère prince régnant de Carpathie.

Olivier se rendait compte que le tournage du *Prince et la Danseuse* avait pris un fort mauvais départ. Il proposa à Terence Rattigan de donner une soirée et d'y inviter les principaux acteurs du film, pour leur permettre de mieux se connaître loin des tensions de Pinewood et, peut-être, d'oublier leurs antagonismes dans une atmosphère bon enfant.

Dimanche 19 août :

La soirée d'hier chez Terence Rattigan s'est déroulée dans une ambiance aussi artificielle que sa pièce. Riche maison comme les aiment les gens du show-business, mobilier des années vingt, le tout très nouveau-riche : tapis de haute laine, chandeliers en cristal, bouquets de fleurs. Je suis arrivé tôt, et seul... Terry Rattigan, en smoking et tout sourire (sauf pour moi, le troisième assistant).

Milton était venu avec Amy — tous deux charmants et de petite taille... Milton, très menu et jeune d'allure, a des yeux brun foncé qui sourient en permanence. Il doit être terriblement malin, pour avoir pris sous sa coupe la plus célèbre star de cinéma au monde. SLO débordant de bonhomie — toujours un mauvais signe, chez lui. C'est quand il est irascible qu'il est sincère.

Enfin, Arthur Miller et MM Miller tout fringants, lui aussi en smoking, mais blanc — forte mâchoire, regard intense, le parfait macho intellectuel. Je le crois très imbu de sa personne. MM semblait un rien négligée. Elle s'était coiffée elle-même et son maquillage n'était pas de Whitey. Elle avait même l'air un peu effrayée, non par nous, mais par AM. Il est vraiment antipathique. Il se pavane au bras de MM avec des airs de propriétaire. Il donne l'impression de penser que son intelligence lui confère une supériorité sur elle et il la traite comme un objet. Pauvre MM. Elle avait bien besoin d'un autre mâle au cœur sec dans sa vie. C'est à elle qu'on pardonnerait un peu de vanité mais, curieusement, elle en semble tout à fait dépourvue.

La soirée, en fait, s'est terminée sans avoir commencé... Sir Laurence très entouré par des gens tout gonflés de leur importance... Viv persiflant en sourdine... Hedda Rosten buvant trop... Arthur se jetant sur les amuse-gueule... Milton jouant les affreux Américains — personne de vraiment chaleureux. Tout cela un peu guindé. Je crois que les choses se seraient mieux passées si nous avions tous été homos. (Un peu de gaieté, tout le monde !)

Dans son autobiographie *Hollywood in a Suitcase,* Sammy Davis Jr évoque une aventure amoureuse de Marilyn pendant le tournage du *Prince et la Danseuse.* Davis, qui vivait alors à Londres, écrit : « Pendant qu'elle tournait *Le Prince et la Danseuse* avec Laurence Olivier, elle traversa l'une des périodes les plus difficiles de son existence. Elle avait une liaison avec l'un de mes proches amis... Ils se retrouvaient secrètement chez moi... Nous devions prendre toutes sortes de précautions pour que la chose ne s'ébruite pas. Je faisais semblant de donner une soirée, et Marilyn n'arrivait jamais en même temps que mon copain. Et une fois qu'ils étaient là, bien sûr, ils filaient vers la piscine à côté de laquelle se trouvait un bungalow indépendant. »

Sammy Davis Jr servit plus d'une fois de « couverture » à John Kennedy. Se pourrait-il que l'homme que Marilyn retrouvait près de la piscine ait été JFK ? Si on en croit le journal de Colin Clark, Marilyn se rendit incognito à Londres le samedi 25 août. Elle ne parut pas au studio le lundi suivant, et le journal nous apprend que, juste avant ce week-end, Marilyn et Arthur eurent une dispute à propos de la façon dont celui-ci s'était conduit à la soirée chez Rattigan.

John se trouvait en Europe à ce moment-là. Tout de suite après la Convention démocrate de juillet 1956, où il avait été battu de trente voix par Estes Kefauver pour la vice-présidence du parti, le futur président des États-Unis s'était envolé pour la Côte d'Azur en compagnie de son frère Ted — laissant derrière lui Jacqueline enceinte. À Cannes, John et Ted avaient retrouvé George Smathers et loué un yacht de quinze mètres avec son skipper, son cuisinier et son contingent de jolies filles — selon les dires du skipper, interviewé par le correspondant local du *Washington Star.*

Le 23 août, encore sous le coup des fatigues de la Convention, Jacqueline fut admise aux urgences de l'hôpital de Newport, dans le Rhode Island, où elle accoucha par césarienne d'un bébé mort-né — une fille, qui ne reçut pas de nom. La famille Kennedy tenta de prévenir John, mais ne put le joindre. Le yacht, pourtant, était équipé d'un radiotéléphone. La demande de passeport de John mentionnait son intention de se rendre en France, en Italie, en Suède et en Angleterre.

On finit par le retrouver et il rentra aux États-Unis par avion le mardi 28 août. Jackie lui reprocha amèrement son absence prolongée à un moment aussi critique. « Il fut certainement question de divorce entre John et Jackie, reconnaîtra Peter Lawford. Mais cela n'alla pas plus loin. » Le *Time* révéla par la suite qu'une rencontre avait eu lieu entre Jackie et Joe Kennedy, au cours de laquelle Joe avait promis à la jeune femme, par écrit, un million de dollars si elle renonçait à demander le divorce.

Ce mardi 28 août, jour du retour de John aux États-Unis, se produisit un incident qui devait marquer un tournant dans le mariage des Miller. À ce moment où Marilyn avait plus que jamais besoin du soutien de son mari, elle trouva dans le calepin resté ouvert sur le bureau de celui-ci un passage la concernant, et ce qu'elle lut était si épouvantable que le peu de confiance qu'elle avait encore en lui vola en éclats.

Le calepin lui révéla qu'Arthur regrettait de l'avoir épousée. En larmes, elle en parla à Paula Strasberg : « Olivier commençait à penser que j'étais une garce et une emmerdeuse, et Arthur a dit qu'il n'avait rien à répondre à ça. » Le reste était de la même eau : Miller écrivait que Marilyn était un être imprévisible, une femme-enfant enfermée dans sa tristesse et qui inspirait la pitié, mais qu'il craignait la menace que faisait peser sur sa propre créativité son inextinguible soif d'affection. « Il fut un temps où Art me voyait comme une sorte d'ange, dit-elle à Paula, en pleurant. Mais il pense maintenant qu'il se trompait — que si sa première femme l'a laissé tomber, ce que je lui ai fait, moi, est encore pire. »

Lundi 27 août :

Pas de MM aujourd'hui. Les appels répétés à Parkside n'ont servi à rien, et les rumeurs les plus pessimistes circulent sur les rapports entre AM et MM. Je m'en étais déjà douté, à la soirée de samedi... AM a fini par appeler pour dire que MM n'allait pas très bien. Un accès de fièvre. Hum. Il semble que MM et AM se soient disputés hier soir, et que AM ne soit pas parvenu à calmer MM. Elle errait à travers la maison, dans un état lamentable. Le téléphone a beaucoup fonctionné, et souvent par-dessus l'Atlantique.

Finalement, Milton s'est rendu là-bas avec d'autres cachets... Et l'un des médecins lui a parlé, depuis New York, jusqu'à ce qu'elle se calme et aille se coucher. (On imagine ce que cela a dû coûter.)

Alarmé par l'état de Marilyn, et conscient des difficultés de Paula à gérer cette situation, Lee Strasberg prit un avion pour Londres. Milton Greene, pendant ce temps, obtenait du Dr Hohenberg qu'elle vienne également pour s'occuper de la jeune femme. Le Dr Hohenberg parvint à calmer Marilyn et à la remettre au travail, et la présenta à la psychanalyste Anna Freud, qui exerçait à Londres. Marilyn se prêta à plusieurs séances chez Anna Freud après que le Dr Hohenberg fut repartie à New York.

La star se retrouva seule, entourée de gens en qui elle n'avait plus confiance.

Désemparée face à son mari, rabaissée par son metteur en scène, elle ne pouvait guère compter sur le soutien de Milton Greene, qui avait pour souci premier de calmer le jeu entre Olivier et elle afin de mener le tournage à bonne fin. Hedda Rosten buvait beaucoup trop pour aider quiconque. Miller ne pouvait pas souffrir les Strasberg. Il les trouvait « creux et vénéneux ». Il était furieux de la « dépendance quasi religieuse » dont Marilyn faisait preuve à leur égard, car elle sapait sa propre influence et son désir de la diriger. Les rapports entre Arthur

Miller et Milton Greene étaient tout aussi tendus. « Greene s'imaginait qu'il allait devenir un grand producteur et qu'elle travaillerait pour lui, dit-il. Mais elle se rendait compte qu'il avait d'autres visées. » Miller accusa Milton et Amy Greene d'acheter sur le compte des Marilyn Monroe Productions des antiquités de grand prix qu'ils faisaient expédier dans leur maison du Connecticut.

Mercredi 19 septembre :

AM est arrivé à midi avec MM. Dans cette distribution, on lui a attribué une fois pour toutes le rôle du méchant. SLO est d'une humeur massacrante : il comptait sur AM pour aider MM à tourner la page, et à l'évidence il n'en a rien été. Elle est arrivée au studio en retard, et l'air revendicatif.

On voit bien, à vrai dire, qu'elle ne supporte plus AM et qu'elle est également déçue par Milton, qu'elle ne regarde même plus... Milton tient AM pour responsable de ce changement d'attitude de MM, à la fois vis-à-vis de lui et vis-à-vis de son travail. Milton est dans une position très délicate. Il veut garder la haute main sur MM et sur sa carrière, mais il doit aussi veiller à ce que le film soit achevé dans les délais et sans dépassement de budget afin que MMP [Marilyn Monroe Productions] et lui-même gagnent de l'argent. Ce qui veut dire qu'il lui faut coopérer avec SLO et nous tous, au risque de déplaire à MM. Si bien qu'AM n'a aucun mal à monter la tête à Marilyn contre lui.

AM traite Paula avec le plus profond mépris. Je l'ai entendu parler d'elle comme d'un charlatan, dans la loge de SLO, et je suis certain qu'il en fait autant en présence de Marilyn. Ce qui est désastreux pour MM, car elle est entièrement dépendante de Paula. Elle n'a personne, à part cette poivrote d'Hedda. Et AM ne se gêne pas pour dire des vacheries sur Milton à Paula, laquelle s'empresse de les répéter à l'intéressé.

Ce soir MM a dit à Milton qu'elle n'était pas contente de sa nouvelle voiture. À la place, elle veut une Jaguar MK VII salon... Mais Milton pense qu'il y a du AM là-dessous : « Il essaie de se faire offrir une voiture plus rapide. Il espère nous (MMP) la faire acheter, et ensuite il la ramènera aux États-Unis pour son usage personnel. » Milton était blême de rage, mais je trouve assez cocasse, moi, que cet intellectuel de gauche rêve de rouler en Jaguar avec Marilyn Monroe. (Lénine n'avait-il pas une Rolls-Royce ?)

Vendredi 12 octobre :

Dure semaine. À la fin de la journée, j'apporte du whisky et des cigarettes dans la loge de SLO. SLO et Milton sont effondrés. Tout comme AM.

« J'en ai marre, dit SLO. Je crois que je vais partir en Chine pour un mois.

— Je viens avec vous, dit Milton.

— Moi aussi, dit AM, d'un ton sinistre.

— Allons, mon vieux ! lance SLO. Un jeune marié comme vous !

— Elle me vampirise », dit AM, au moment où je sors.

C'était une occasion rêvée : faire un film délicieux avec une distribution éblouissante. Elle avait abouti à un cauchemar. Ils n'en sortiraient pas tant que la dernière image n'aurait pas été enregistrée par l'objectif de la caméra Technicolor — qui, elle, ne trahirait pas Marilyn.

Tonnerre et éclairs. Entrée des Sorcières.

Sorcière 1 : Quand nous reverrons-nous ?
Quand tonne la foudre et tombe la pluie ?

Sorcière 2 : Quand s'éteindront du film les flammes et les bruits
Et le soleil impitoyable et trompeur des projecteurs.

Sorcière 3 : Cours, cours, peine et t'acharne,
Brûle le feu, gargouille le chaudron !

Tous sortent.

41

Ne tuez rien, s'il vous plaît !

« Je craignais que l'Angleterre ne nous ait tous deux rendus modestes. »

Arthur Miller.

Miller avait gardé jusqu'à leur mariage un studio dans cet Hôtel Chelsea qui était à New York, sur la 23e Rue, un véritable havre où les écrivains et les intellectuels jouissaient de toutes les commodités du XXe siècle : le siège du parti communiste était sur le trottoir d'en face, ainsi qu'une bibliothèque marxiste et une librairie. Et il y avait aussi, pour les déçus du communisme, une synagogue dans l'immeuble voisin et une église catholique à deux pas de là. Emportant ses livres et sa machine à écrire, Arthur quitta le Chelsea et installa son bureau dans le quartier nettement plus chic de l'East Side. Les Miller y avaient loué un appartement au 444 de la 57e Rue, non loin de Sutton Place South où habitait précédemment Marilyn. L'appartement était spacieux, situé au treizième étage, avec vue sur l'East River. Marilyn l'avait fait réaménager dans un style moderne et très cinéma — décor blanc « Harlow » et miroirs à profusion. Souvenir toujours présent de l'impossible rêve de sa mère, le piano à queue avait été hissé depuis la rue et trônait dans le living-room, où il devait rester jusqu'à la mort de la star.

Marilyn ayant annoncé à Milton Greene qu'elle « préférait rester quelque temps sans travailler parce qu'elle voulait avoir un bébé », le couple se partageait désormais entre l'appartement de New York et une villa louée à Armagansett, sur la presqu'île de Long Island. Après être passés en un temps record de la passion naissante aux fiançailles puis aux tourments du couple marié, les Miller allaient comprendre peu à peu ce qu'ils avaient perdu à jamais dans le chaudron des sorcières du *Prince et la Danseuse.*

À Armagansett, ils menaient une vie plus régulière. Ils faisaient de longues promenades au bord de la mer, et Marilyn essayait les recettes de cuisine que lui passait la mère d'Arthur. Un jour, elle se lança dans la confection de pâtes maison, qu'elle suspendit sur des dossiers de chaises pour les sécher avec son séchoir à cheveux. Les Rosten venaient souvent les voir. « Après leur retour aux États-Unis vers la fin de l'année, se souvient Norman, on vit clairement que Marilyn avait changé. Elle ne vivait plus son mariage de la même façon. Il y avait entre eux quelque chose de nouveau, un mystère, qui n'échappa pas à leurs plus proches amis : le voyage de noces était terminé, le véritable voyage avait commencé. On sentait poindre les orages et les peines de cœur. »

Au printemps 1957, le désir d'enfant de Marilyn se fit plus fort. Nombre de ses amis se souviennent qu'elle souhaitait ardemment être mère, même s'il lui fallait pour cela cesser de tourner pendant un certain temps. Elle appelait de ses vœux cette maternité qui la comblerait. Un enfant l'aiderait à trouver sa place dans le monde, lui apporterait la stabilité qui lui manquait, et une promesse d'avenir. La maternité lui apparaissait, d'une certaine façon, comme le prolongement de sa vénération enfantine et mystique de la vie, et procédait de la même énergie vitale, si intense chez elle, qu'elle projetait sur tout ce qui vivait. Comme l'observa Norman Rosten, « la vue d'une touffe d'herbe accrochée sur une pente et luttant victorieusement contre la pluie, le vent, et le froid la faisait trembler de joie. Consciente de sa propre lutte pour la vie, elle savait apprécier les triomphes de la nature ».

La nouvelle de Miller « Please Don't Kill Anything » (« Ne tuez rien, s'il vous plaît !) lui a été inspirée par cette sensibilité de Marilyn à la lutte pour la vie de toutes les créatures. Un couple marche le long du rivage et s'arrête pour observer des pêcheurs qui viennent relever leur filet. La femme est prise de pitié pour les poissons. Tandis que les pêcheurs halent le filet vers le rivage elle s'écrie : « Oh, chéri, ils vont être pris ! Chacun se demande ce qui lui arrive ! » Elle convainc son mari de l'aider à rejeter à la mer les poissons de plus petite taille dont les pêcheurs n'ont pas voulu et qui se tordent sur le sable dans les affres de l'agonie.

Jimmy Haspiel raconte comment elle s'inquiétait pour les pigeons d'un petit jardin public situé à l'extrémité de la 57e Rue, où elle allait souvent, incognito, s'asseoir sur un banc. « Marilyn s'y rendit un soir et trouva deux gamins en train de chasser les pigeons qu'ils attrapaient au filet avant de les enfermer dans une cage. Elle leur demanda pourquoi ils faisaient cela, et ils lui répondirent qu'ils les vendaient un demi-dollar la pièce à un volailler qui les présentait à sa clientèle comme des pigeonneaux. "Vous êtes d'accord pour les libérer si je vous donne l'argent ?" leur demanda-t-elle. Les gamins acceptèrent, on ouvrit la cage et les pigeons s'envolèrent. Marilyn passa un accord avec les deux garçons : elle venait les retrouver les jours où ils chassaient le pigeon et, à la fin de la soirée, les payait pour libérer les oiseaux qu'elle regardait, extatique, s'élancer au-dessus de l'East River. »

Peter Leonardi, son chauffeur new-yorkais, raconte que sa compassion s'étendait à tout ce qui vit et respire. Il se souvient qu'elle se rendait souvent dans le Bowery sous la perruque noire de Zelda Zonk pour donner de l'argent à de tristes créatures auxquelles le bon Dieu n'avait offert ni ailes ni nageoires pour échapper à leur misère.

Quelqu'un, pourtant, n'eut droit à aucune bienveillance de sa part : Milton Greene. Au mois d'avril, les Miller visionnèrent une première version sonorisée du *Prince et la Danseuse*. Marilyn, qui avait déjà vu un prémontage à New York en décembre, et l'avait aimé, fut amèrement déçue par les changements qu'on y avait faits. Elle reprocha à Milton Greene d'avoir permis ce nouveau montage, qu'elle trouvait inepte.

Désireux de prendre le contrôle des Marilyn Monroe Productions, Miller poussa Marilyn à se débarrasser de Milton. Le 11 avril, Robert H. Montgomery Jr, l'avocat d'Arthur Miller, publia un communiqué accusant Milton Greene de mauvaise gestion. Quelques jours plus tard, les Marilyn Monroe Productions annoncèrent qu'Irving Stein, l'avocat de Milton Greene, était remplacé par Robert Montgomery et que George Kupchik, beau-frère d'Arthur Miller, devenait directeur financier de la compagnie.

Milton Greene se garda de manifester la moindre rancœur, comme en témoigne sa déclaration citée par le *Los Angeles Times :* « Marilyn, semble-t-il, ne souhaite pas suivre le programme que nous avions établi pour elle. J'ai demandé à des avocats de me représenter. Mais je m'en voudrais de faire quoi que ce soit qui puisse gêner sa carrière. Je lui ai consacré un an et demi de ma vie, à l'exclusion de toute autre activité. J'ai pratiquement renoncé à la photographie. »

Au terme d'une interminable bataille juridique, MMP racheta les actions de Milton Greene pour la somme de 100 000 dollars, et celui-ci abandonna sa carrière de producteur de films. Arthur lui succéda en tant que vice-président des MMP.

En dépit des circonstances, *Le Prince et la Danseuse* se révéla un film très divertissant, nullement marqué par les affres de sa gestation. Les critiques furent mitigées, mais l'interprétation éclatante de Marilyn fut unanimement saluée. Olivier lui-même fut forcé de le reconnaître : « Elle a donné une interprétation de tout premier ordre, digne d'une star. Je me suis peut-être montré grincheux, avec Marilyn et avec moi-même, parce que je sentais que ma carrière était dans une impasse... Elle a été merveilleuse — la meilleure. » Et, de fait, le film souffrait de la contre-performance d'Olivier. Son personnage était aussi raide et compassé à la dixième bobine qu'à la première, et le public qui attendait de voir l'austère prince régnant de Carpathie se métamorphoser en amoureux romantique et passionné restait sur sa faim.

En dépit de leurs divergences, Milton Greene avait, semble-t-il, une juste appréciation du talent de Marilyn. Il savait d'instinct ce qui lui convenait en tant qu'actrice, et elle fit, pendant le temps que dura leur association, deux de ses meilleurs films. Ils ne devaient plus jamais se revoir. Milton tenta un retour à la photographie mais son penchant pour l'alcool et les drogues ne cessa de s'aggraver. Marilyn devait avouer plus tard à Amy Greene : « Arthur a éloigné de moi la seule personne en qui j'aie jamais eu confiance : Milton. »

Peu avant de mourir du cancer en 1989, Milton Greene eut l'occasion d'évoquer ses souvenirs de Marilyn : « Elle était hypersensible, et très consciencieuse dans son travail, quoi qu'en pensent beaucoup de gens. Elle s'est magnifiquement tirée d'un rôle difficile dans *Le Prince*, et elle a été formidable dans *Bus Stop*. Je n'ai fait, pour ma part, que croire en elle. C'était quelqu'un de merveilleux que peu de gens, me semble-t-il, ont su comprendre. »

Margaret Hohenberg, la psychanalyste de Marilyn, lui ayant été recommandée par Milton Greene, Arthur lui conseilla d'en changer. Le psychanalyste d'Arthur, Rudolph Loewenstein, recommanda Marianne Kris, de même qu'Anna Freud, qui l'appela de Londres à cet effet[1].

Marianne Rie Kris était née à Vienne et avait eu pour amie d'enfance Anna Freud, fille de Sigmund. Elle avait fait ses études et débuté comme praticienne dans la capitale autrichienne avant de s'installer à Berlin et d'intégrer l'Institut psychanalytique où exerçaient des « freudiens marxistes » comme Franz Alexander, Otto Fenichel, Ernst Simmel et Rudolph Loewenstein. À Berlin toujours, elle avait épousé Ernst Kris, un éminent psychanalyste et historien de l'art auquel on doit la publication de nombreux textes d'Otto Fenichel.

Simmel et Fenichel, fuyant la montée du nazisme, avaient gagné Hollywood. Ernst et Marianne Kris s'étaient réfugiés à Londres en 1938 avec Sigmund Freud et Anna. Cette dernière y était restée après la mort de son père, tandis que les Kris, comme de nombreux exilés, rejoignaient l'Amérique et s'installaient à New York pour y exercer leur profession.

Dispersé par la terreur nazie, le groupe de freudiens marxistes n'en maintenait pas moins des liens étroits, échangeant des lettres et se reformant à l'occasion de divers séminaires de psychanalyse. La plupart de ses membres étaient abonnés à la revue *Rundbriefe* éditée par Otto Fenichel, qui les tenait informés des activités des uns et des autres et des débats sur la théorie. Ernst Kris mourut quelques semaines avant que Marilyn ne commence ses séances avec Marianne, dont le cabinet se trouvait opportunément au rez-de-chaussée de l'immeuble du 135 Central Park West, le Langham, où habitaient les Strasberg.

Marilyn aima tout de suite Marianne Kris, et elle était contente d'avoir pour analyste une personne aussi proche de la famille Freud. Elle désirait, plus que jamais, se comprendre elle-même et comprendre pourquoi elle était si désarmée face aux hommes. Elle voulait être « une bonne épouse », et elle voulait que son mariage avec Miller soit une réussite. Marilyn et le Dr Kris voyaient dans la maternité une planche de salut.

Pour Marilyn, avoir un enfant serait, disait Arthur Miller, comme « une couronne sertie de mille diamants », et au mois de juin 1957, quand leur médecin leur annonça qu'elle était

1. Arthur Miller était depuis de nombreuses années un patient de Rudolph L. Loewenstein, dont le nom figurait sur la liste des psychanalystes marxistes « agréés » par le parti communiste. Ami de Ralph Greenson, Loewenstein était aussi un disciple d'Otto Fenichel. Il devait, à la mort de celui-ci, rédiger son éloge funèbre.

enceinte, Marilyn en conçut une telle joie qu'elle n'entendit pas le médecin s'efforcer de lui faire comprendre, avec ménagement, qu'il redoutait une grossesse extra-utérine. Il s'en ouvrit également à Arthur.

Dans la matinée du jeudi 1er août, Arthur, qui travaillait à l'intérieur de la maison d'Armagansett, l'entendit crier. Il la trouva dans le jardin, pliée en deux par la souffrance. Il la fit entrer, s'étendre sur un divan, et prévint le médecin. Celui-ci lui dit d'appeler immédiatement une ambulance et de la conduire au Doctors Hospital de Manhattan. Arthur lui tint la main et s'efforça de la rassurer tandis qu'elle se tordait de douleur pendant les trois heures que dura le trajet jusqu'à l'hôpital, où on lui administra des calmants avant de l'emmener en salle d'opération.

La perte de l'enfant fut un coup terrible. « L'espoir ! l'espoir ! l'espoir ! » était une fois de plus renvoyé à plus tard.

42

J'ai tous les jours le cafard

> « La plupart des mariages ne sont, après tout, que des conspirations pour conjurer les ténèbres et proclamer la lumière. »
>
> Arthur Miller.

S'adressant à Fred Guiles en 1983, sur la véranda de sa maison de campagne de Roxbury, Miller dit : « Cette maison se trouve dans les Litchfield Hills. Je possède près de 400 hectares. Je viens de commencer une plantation d'arbres. Dans les premiers temps de mon mariage avec Marilyn, j'avais une autre vieille maison à environ un kilomètre d'ici. Je l'ai vendue en 1956 et j'ai acheté celle-ci. Je la guignais depuis pas mal de temps, mais j'ai dû attendre que la mère du fermier meure et qu'il se décide à s'en aller. »

Cette réforme agraire post-mortem avait permis à Miller d'acheter la ferme à l'été 1957 avec l'argent de Marilyn. Elle datait du XVIIIe siècle et c'était, d'après la description de Marilyn, « une espèce de vieille *saltbox** avec une cuisine ».

Malgré l'état de décrépitude dû au grand âge dans lequel ils la trouvèrent, et contre l'avis de leurs amis, les Miller refusèrent de raser la maison. Le désir de remettre leur mariage à flot avait pris la forme d'un espoir tangible : restaurer la « ferme d'Arthur ».

Décidée à devenir l'épouse dont son mari avait besoin, Marilyn

---

* *Saltbox* : maison traditionnelle américaine, avec un étage et un toit dissymétrique. *(NdT.)*

l'aida à rénover la vieille bâtisse, mais ne considéra jamais cette tâche comme terminée. On conserva les poutres et les plafonds et on déplaça les cloisons pour agrandir les pièces. On ajouta une aile, baptisée « nursery » par Marilyn qui espérait toujours avoir un enfant. De grandes vérandas dominaient la prairie en pente et l'étang artificiel. Bien que né à Brooklyn, Miller éprouvait une forte attirance pour la terre. Elle permettait, pensait-il, à des gens comme lui de retrouver leurs marques, de se ressourcer psychologiquement. « C'est ici, disait-il, que nous espérons vivre jusqu'au jour de notre mort. »

Pour Marilyn, Roxbury était un endroit où elle pouvait s'adonner à son amour pour tout ce qui vivait. Elle acheta toutes sortes d'animaux et installa des mangeoires pour les oiseaux migrateurs dans un érable. Elle adopta Cindy, un chien bâtard à demi mort de faim qui les avait accueillis à leur arrivée, et Hugo, le basset d'Arthur, qui ne se gênait pas pour décorer de ses pattes boueuses la moquette blanche du living-room. L'amour des bêtes, chez Marilyn, ne connaissait pas de limites et frôlait parfois le déraisonnable. Inez Melson, qui la représentait à Los Angeles, fut une fois réveillée à 4 heures du matin par un appel urgent de Marilyn lui disant qu'un orage venait d'éclater dans le Connecticut et que « les animaux et les oiseaux étaient effrayés ».

Dans une interview qu'elle donna à cette époque, elle déclarait : « Je me sens plus femme, plus fière de moi depuis que je suis mariée. Et aussi moins nerveuse. J'ai pour la première fois de ma vie l'impression d'être protégée. Comme quelqu'un qui aurait trouvé un abri pour échapper au froid. » Et encore : « Il faut que je sois là pour préparer son petit déjeuner à mon mari et pour le plaisir de lui porter un café vers 10 heures du matin. Écrire est une activité si solitaire. »

Reconnaissant, toutefois, que ce mari avait besoin de mettre quelque distance entre son rôle d'amant un rien paternaliste auprès de « l'éternelle enfant » qu'elle était et les exigences de son métier d'écrivain, elle lui avait fait construire sur une butte, non loin de la ferme, une maisonnette en rondins où il pouvait s'isoler pour écrire.

Pendant la convalescence de Marilyn après la perte de son bébé, Arthur commença à travailler sur un scénario adapté de sa nouvelle, *Les Désaxés*. L'histoire lui avait été inspirée par les deux cow-boys et la jeune divorcée dont il avait fait la connaissance à Reno. Il fit de cette « Roselyn » le personnage central de la version cinématographique et écrivit le rôle pour Marilyn.

Il comptait sur ce film pour sortir Marilyn de sa tristesse, et elle se déclara d'abord enchantée qu'il ait décidé d'écrire quelque chose spécialement pour elle. Mais il y avait aussi derrière ce projet un enjeu financier, et un enjeu de carrière, qui n'avaient rien à voir avec leur vie privée. Marilyn était de plus en plus sceptique quant aux motivations réelles de son mari, et le trouvait souvent froid et distant avec elle.

Norman Rosten se souvient d'un dîner à la ferme :

> Après le repas, on se mit à danser et à faire la fête. À un moment, Marilyn quitta la pièce sans rien dire à personne. Je la suivis un peu plus tard et la trouvai sur la véranda, en train de pleurer en silence.
>
> « Qu'y a-t-il, mon petit ? » lui demandai-je, en m'asseyant à côté d'elle.
>
> Elle s'essuya vivement les yeux. « Je ne peux pas te le dire. Je ne me sens pas bien du tout, c'est peut-être à cause du temps, répondit-elle, délibérément évasive.
>
> — Tu ne veux pas venir danser ?
>
> — Peut-être, dans un petit moment.
>
> — Je ne vais pas te laisser ici, à pleurer toute seule. »
>
> Elle renifla, arrangea ses cheveux. « On dira que j'étais sortie pour me refaire une beauté, d'accord ? Sinon, Arthur serait furieux.
>
> — D'accord », dis-je. Et nous rentrâmes.

Les Miller se partageaient entre la ferme d'Arthur et leur appartement de la 57e Rue, qui se trouvait seulement à deux heures de Jaguar. Mais, au fil des mois, Marilyn passait de plus en plus de temps en ville et de moins en moins à la campagne. Pour sa femme de chambre new-yorkaise, Lena Pepitone, elle menait une vie « incroyablement monotone... ses rendez-vous chez le médecin et ses cours d'art dramatique étaient pratiquement ses seules occupations ». May Reis, qui avait été la secrétaire d'Elia Kazan, puis celle d'Arthur avant leur mariage, gérait le courrier, les rendez-vous et les appels téléphoniques depuis un petit bureau installé dans l'appartement de la 57e Rue. Le couple n'était pas friand de mondanités, et quand Marilyn se trouvait en ville elle passait des heures au téléphone et, à en croire Lena Pepitone, y prenait grand plaisir. « De toutes ces conversations téléphoniques, elle préférait par-dessus tout celles qu'elle avait avec deux hommes qui occupaient, parmi ses amis, une place toute particulière — Joe DiMaggio et Frank Sinatra. »

Bien qu'on accuse généralement Milton Greene d'avoir poussé Marilyn à la consommation de barbituriques, anxiolytiques et autres antidépresseurs, c'est pendant sa vie commune avec Arthur Miller, et plusieurs mois après l'éviction de Milton Greene par celui-ci, que son accoutumance à ces produits s'accrut jusqu'à mettre ses jours en danger. Elle avait pris l'habitude de percer les gélules de barbituriques avec une épingle pour qu'elles agissent plus vite, et, pour la première fois depuis la mort de Johnny Hyde, elle fut victime d'une surdose. Miller était présent ce jour-là dans l'appartement.

Dans le récit qu'il fit à Fred Guiles de ces surdoses de Marilyn, Miller raconta qu'après avoir compris ce qui se passait il ne perdait pas de temps à tenter de la ranimer lui-même mais se hâtait d'appeler un médecin. Le médecin accourait, on lui faisait subir un lavage d'estomac et elle était sauvée. « Quand elle reprenait connaissance, elle se montrait très tendre et affectueuse avec moi parce que je l'avais sauvée... On en retrouvait parfois la cause [de la surdose] dans ce que quelqu'un avait dit, ou fait, mais cela pouvait aussi se produire sans qu'on sache pourquoi. »

Ce « pourquoi », comme devait le confier plus tard Marilyn au Dr Greenson, était la froideur d'Arthur Miller et son indifférence.

À propos du fossé qui allait s'élargissant entre Arthur et Marilyn, Lena Pepitone dit que tout se passait comme s'il y avait eu deux appartements au lieu d'un : d'un côté « chez elle », de l'autre « chez lui ». Quand ils dînaient ensemble, il y avait d'interminables silences. « Marilyn jetait à son mari des regards suppliants et admiratifs, elle semblait mourir d'envie qu'il s'intéresse à elle, mais il continuait à manger sans la regarder. »

Marilyn faisait souvent jouer des disques de Frank Sinatra dans sa chambre. *All of Me* était l'un de ses préférés, et quand elle était malheureuse elle écoutait le disque en fixant une photographie grandeur nature de Joe DiMaggio qu'elle avait fixée derrière la porte de sa penderie. « Elle avait l'air de regarder la photo de Joe, mais il y avait dans ses yeux l'expression lointaine que je lui ai vue maintes fois lorsqu'elle était malheureuse, se souvient Lena. Je me rappelle la chanson qu'elle passait et repassait sur le petit électrophone posé à côté de son lit. Elle s'appelait *Every Day I Have the Blues...* »

> Nobody loves me, nobody seems to care
> Speaking of bad luck and trouble

Baby you know I've had my share
You see me worried baby
Because it's you I hate to lose
Every day... every day I have the blues
Every day... every day I have the blues*.

---

* « Personne ne m'aime, personne ne semble tenir à moi
Pour ce qui est de la malchance et des ennuis
Baby tu sais que j'en ai eu ma part
Si tu me vois inquiète baby
C'est parce que j'ai peur de te perdre
Tous les jours... j'ai tous les jours le cafard
Tous les jours... j'ai tous les jours le cafard. » (*NdT.*)

43

Personne n'est parfait !

> « Faire un film avec elle, c'était comme aller chez le dentiste. On souffrait l'enfer du début à la fin, mais ensuite, c'était merveilleux. »
>
> Billy Wilder.

Marilyn recevait quotidiennement des scénarios, mais elle n'était pas pressée de refaire un film. Arthur Miller et May Reis étudiaient les propositions, lisaient attentivement les textes et lui transmettaient ceux qui leur semblaient offrir des possibilités intéressantes. D'après Lena Pepitone, Marilyn lisait deux pages et jetait le script dans un coin de l'appartement en gémissant : « Encore une blonde écervelée. Je déteste ! »

Arthur prit connaissance d'un synopsis intitulé *Some Like It Hot (Certains l'aiment chaud)* qui lui avait été soumis par Billy Wilder : une comédie burlesque au temps des Années folles mettant en scène deux musiciens, témoins à leur corps défendant d'une rixe entre deux clans de la Mafia de Chicago, restée célèbre sous le nom de « massacre de la Saint-Valentin ». Pour échapper aux tueurs qui les poursuivent, les deux musiciens se travestissent en femmes et sautent dans un train en partance pour la Floride en même temps que les membres d'un orchestre de jazz féminin, les « Sweet Sue's Society Syncopaters ». Wilder voulait Marilyn pour jouer Sugar Kane, la chanteuse de l'orchestre qui va se lier d'amitié avec les deux « nouvelles ».

Marilyn lut le script et piqua une colère. « J'ai déjà joué des blondes stupides, mais jamais *à ce point-là !* On voudrait que je devienne l'amie de deux hommes habillés en femmes sans me douter de quoi que ce soit ? dit-elle à Arthur. Je ne ferai pas ça ! Jamais ! »

Mais Arthur, du point de vue professionnel, ne faisait rien lui-même depuis un certain temps. La pension alimentaire qu'il payait à sa première femme et les amendes qui lui avaient été infligées pour outrage à magistrats après son refus d'obtempérer aux demandes de la Commission d'enquête sur les activités anti-américaines avaient englouti l'essentiel de ses droits d'auteur. Il vivait sur le salaire que Marilyn avait touché pour *Le Prince et la Danseuse*, mais l'argent diminuait rapidement. Ils avaient besoin de se refaire. On offrait à Marilyn 100 000 dollars pour tenir le rôle principal de *Certains l'aiment chaud*, plus, ce qui était alors sans précédent, dix pour cent sur les recettes.

Lena Pepitone observa qu'Arthur tentait de discuter calmement avec Marilyn pour la convaincre qu'il y avait là une occasion à ne pas laisser passer, en disant que ce film « pouvait leur rapporter une fortune ». Marilyn, à ces mots, entra dans une rage folle. « L'argent ! C'est tout ce qui compte pour lui. Pas pour moi ! Je ne veux plus de ces rôles. Celui-ci est le plus bête qu'on m'ait jamais proposé ! Pourquoi n'essaie-t-il pas, *lui*, d'écrire quelque chose qu'il déteste ? *Il* verrait ce que c'est ! »

Miller obtint finalement qu'elle en discute avec Wilder, qui prit un avion pour New York avec Jack Lemmon et Tony Curtis et s'efforça de lui démontrer que le rôle qu'il lui proposait marquerait un tournant dans sa carrière. Puis Marilyn lut dans son intégralité le scénario écrit par Wilder et I.A.L. Diamond. Elle en apprécia l'humour et entrevit la possibilité de camper un personnage intéressant. Mais ce fut Lee Strasberg qui, en définitive, la convainquit de prendre cet ukulélé et de sauter dans le wagon-lit avec les « Sweet Sue's Society Syncopaters ».

« J'ai un problème, Lee, lui dit-elle. Je ne sens pas la situation. Je suis censée être très copine avec ces deux nouvelles qui sont, en réalité, des travestis. Comment jouer ça sans avoir l'air de la dernière des idiotes ? »

Strasberg réfléchit longuement à la question avant de répondre : « Eh bien, je ne vois pas où est le problème. Tu sais bien, Marilyn, combien il t'est difficile d'avoir de bonnes relations avec les femmes. Elles sont toujours jalouses de toi. Dès que tu arrives quelque part les hommes se précipitent vers toi, mais les femmes te tiennent à distance. Si bien que tu n'as jamais eu une véritable copine.

— C'est presque vrai, répondit Marilyn.

— Tu ne manques pas d'hommes qui recherchent ton amitié, poursuivit Strasberg. Mais des amies filles, tu n'en as pas. Et voici que tu rencontres ces deux-là, et qu'elles se montrent tout de suite gentilles et amicales avec toi. Elles t'aiment. Voici que pour la première fois de toute ton existence, tu as deux amies filles ! »

Strasberg se souvient d'avoir vu, à cet instant, briller les yeux de Marilyn. Sugar avait *besoin* de croire à cette amitié. Et ça, c'était une chose que Marilyn pouvait très bien comprendre.

Le 8 juillet 1958, Marilyn, flanquée de May Reis et Paula Strasberg, arriva à Los Angeles où elle s'installa à l'Hôtel Bel Air. L'après-midi même, elle parut à une conférence de presse avec Billy Wilder et ses partenaires Jack Lemmon et Tony Curtis. C'était sa première apparition publique à Hollywood depuis *Bus Stop,* et les journalistes se bousculaient pour réclamer des interviews. Marilyn, éblouissante dans une robe de soie blanche et diaphane, annonça qu'elle était de retour à Hollywood pour tenir le principal rôle féminin de *Certains l'aiment chaud.*

Le producteur Harold Mirisch offrit un dîner de gala pour fêter le retour de la star. Quatre-vingts invités triés sur le volet — la fameuse « Liste A » d'Hollywood — étaient conviés à 19 heures pour un apéritif suivi d'un repas à 21 heures. Ils commençaient à repartir quand Marilyn arriva, à 23 h 20.

Peu de temps avant le début du tournage, la cour d'appel de Washington cassa le jugement condamnant Arthur Miller, qui vint aussitôt rejoindre Marilyn dans sa suite de l'Hôtel Bel Air. En l'accueillant, elle lui annonça qu'elle était enceinte. La perspective de mener, cette fois, sa grossesse à son terme et d'être enfin mère la comblait d'une telle joie qu'elle envisageait de renoncer au film de Billy Wilder. Miller estima qu'elle n'avait aucune raison de refuser ce tournage qui devait s'achever à la fin du mois de septembre. Marilyn appela Norman Rosten pour lui demander son avis :

« Dois-je tourner ce film, ou rester chez moi et tout faire pour avoir ce bébé ? C'est la chose que je désire le plus au monde, un bébé. Mais peut-être que le bon Dieu essaie de m'envoyer un message, avec tous mes problèmes de grossesse. Je serai certainement une mère gâteuse, j'aimerai cet enfant à en mourir. Je le veux, et en même temps j'ai peur. Arthur dit qu'il le veut aussi, mais il est moins enthousiaste qu'avant. Il pense que je devrais faire ce film. »

La réponse de Rosten lui parvint sous la forme d'un poème :

> Nés des Gémeaux, les étoiles jumelles,
> Les deux démons de son ciel froid,

Le corps en feu, l'âme pleine d'effroi.
Autour d'elle les sombres Furies
Affreusement moquées, pleurant et implorant l'amour.
Nous l'avons regardée et nous avons donné un peu d'argent pour acheter son angoisse.

L'angoisse annoncée arriva très vite avec le début de *Certains l'aiment chaud*, le 4 août 1958. Le tournage était prévu en un temps relativement court pour un film produit à Hollywood : quarante-cinq jours. L'essentiel des prises de vues aurait lieu dans les studios de Samuel Goldwyn sur North Formosa Avenue. Bien que Billy Wilder ait eu pas mal de problèmes avec Marilyn sur *Sept ans de réflexion*, il ne s'attendait pas à l'épreuve que lui réservaient ces trois mois de travail.

Wilder mettait une redoutable énergie dans son travail de metteur en scène. De nombreux auteurs refusaient de travailler avec lui tant il était capable de se montrer brutal, violent et insultant dans son désir obsessionnel de peaufiner un scénario jusqu'à la perfection. Tout, pour lui, était affaire de préparation : le script devait être sans faille, comme la distribution. Quand il arrivait sur le plateau, il avait déjà en tête le découpage du film. Il tournait rarement les scènes de groupe ou les gros plans jusqu'au bout car il savait exactement à quel endroit il les ferait couper au montage, et à quel moment il voulait deux personnages ou un gros plan dans son cadre. Il ne laissait guère de choix à ses monteurs. Plein d'entrain, voire de drôlerie, quand les choses se passaient comme il l'entendait, il était capable d'un certain sadisme si on le contrariait. Doté d'un humour ravageur, il adorait se payer la tête des acteurs et des techniciens. Pendant ce tournage, l'échange permanent de rosseries et de bons mots entre Wilder, Jack Lemmon et Tony Curtis était aussi drôle que ce qui se passait à l'écran. Il en résulta aussi, dès les premiers jours, une ambiance de camaraderie et de franche rigolade. Marilyn devait tourner d'abord la scène qui serait son entrée dans le film et qui la montrait prenant le train avec l'orchestre des « Sweet Sue's Syncopaters ». « Elle avait un talent comique extraordinaire, à l'égal d'une Judy Holliday, ce qui n'est pas un mince compliment. Elle possédait un sixième sens qui lui permettait de savoir ce qui allait marcher, ce qui passerait bien à l'écran. Elle m'appela après avoir visionné les premiers rushes parce qu'elle trouvait que sa première scène ne fonctionnait pas bien... Nous réécrivîmes la scène. »

Dans la version définitive, Sugar arrive en retard à la gare, au moment où le train va démarrer. Elle court sur le quai, en trébuchant sur ses hauts talons. Un jet de vapeur la frappe aux fesses, et elle est projetée en avant dans un nuage de vapeur sur les deux « musiciennes ». C'était une entrée drolatique et très réussie. « Elle avait absolument raison », déclara Billy Wilder.

Les problèmes commencèrent quelques jours plus tard dans le wagon-lit qui fonce vers la Floride tandis que les filles répètent *Runnin' Wild* avec Josephine (Tony Curtis) au saxo et Daphne (Jack Lemmon) à la basse. Au moment où Sugar achève sa chanson, un flacon de whisky caché sous sa ceinture tombe à ses pieds, face à la chef d'orchestre qui a strictement interdit la consommation d'alcool. Wilder voulait que Marilyn ait l'air terrorisé d'être ainsi prise en faute. Après plusieurs prises, il lui dit : « Marilyn, ma chérie, tu n'es pas assez surprise et affolée. »

On recommença et Marilyn prit l'air un peu plus surpris. « Coupez ! » lança Wilder, sans attendre la fin de la scène. « Essayons encore, ma chérie. Je veux que tu aies l'air très surpris, cette fois. Tu es inquiète, et Daphne [Jack Lemmon] vole à ton secours et se fait engueuler à ta place. C'est ça, le gag. Allons-y, encore une fois ! »

Ce que Marilyn craignait tant était en train de se produire : Wilder forçait le trait. Il caricaturait Sugar. Mais Marilyn était déterminée : elle ne serait pas la petite poule à la Betty Boop qui joue les faire-valoir dans une histoire de travestis. Blonde, d'accord, idiote, d'accord. Mais pas une caricature : un portrait. Sugar existerait en trois dimensions, elle aurait un cœur, une âme, et quand elle serait drôle ce ne serait jamais sans raison, sans motivation.

La caméra se remit à tourner, le flacon tomba une nouvelle fois à ses pieds, et elle réagit avec un air chagrin et un petit rire embarrassé.

« Coupez ! Tu n'y es toujours pas, ma chérie. La bouteille tombe. Sue voit que c'est de l'alcool. Et tu prends peur. Tu as peur de ce qui risque de t'arriver. C'est une réaction très simple, ma chérie. »

Et Wilder de jouer la scène comme il voulait qu'elle la joue. Marilyn se mit à trembler et, sortant du wagon, se dirigea vers Paula Strasberg qui attendait dans l'ombre. C'était l'un de ces moments où chacun, sur le plateau, s'active à ne rien faire pour ne rien voir de ce qui est en train de se passer. Marilyn et Paula s'éloignèrent dans un coin du studio pour discuter à voix basse pendant vingt bonnes minutes tandis que Wilder, la script et Sam Nelson, l'assistant-réalisateur, échangeaient des regards inquiets.

Ainsi commencèrent entre la star et son metteur en scène les scènes de bataille en coulisse de *Certains l'aiment chaud.* Ce devait être une *lutte à mort.* Le public en entendit parler par les troupes du metteur en scène et par ceux qui avaient choisi le camp de Wilder, mais jamais par Marilyn. Elle était trop discrète. La véritable histoire du combat de Marilyn pour son personnage resta inconnue de tous.

La technique de Marilyn était radicalement différente de celle de Curtis et Lemmon. Ils pouvaient attendre en plaisantant sur le plateau puis, d'une seconde à l'autre, se présenter devant la caméra et en une ou deux prises donner à Billy Wilder exactement ce qu'il souhaitait. Marilyn, elle, avait besoin de concentration. Elle était consciente de ses limites mais décidée à les dépasser. Elle comptait sur Paula Strasberg pour l'aider à construire son personnage. À Hedda Hopper, qui l'interrogeait sur la présence de Paula à ses côtés, elle répondit : « Paula me donne confiance et cela m'aide énormément. Je ne suis pas quelqu'un qui apprend vite, mais je mets beaucoup de sérieux dans mon travail et je n'ai pas assez d'expérience en tant que comédienne pour bavarder avec des amis ou des techniciens sur le plateau avant de jouer une scène. Dès que j'ai terminé, j'aime aller directement dans ma loge pour me concentrer sur la scène suivante sans me laisser distraire. Je n'ai que mon interprétation en tête et je m'efforce d'être aussi bonne que possible. »

Wilder ayant compris que Marilyn adoucissait le personnage de Sugar Kane, il la poussait sans cesse à forcer le ton. Hurlant « Coupez ! » chaque fois qu'elle ne jouait pas comme il l'entendait, il insistait pour qu'elle gesticule, exagère ses réactions, fasse un sort à chacune de ses répliques. Il lui demandait de faire des choses qui, pour elle, ne correspondaient pas au personnage, et du même coup brisait sa concentration.

« Je n'avais jamais vu une direction d'acteur aussi brillante que celle de Billy avec Marilyn, dira Jack Lemmon. Mais rien ne marchait tant qu'elle ne se sentait pas à l'aise avec ce qu'on lui demandait. Elle se contentait de répéter à n'en plus finir : "Désolée, il faut que je le refasse." Et si Billy lui disait : "Écoute ce que je te dis, Marilyn. Si tu pouvais seulement...", elle répondait : "Une seconde, Billy, ne me parle pas, sinon j'oublie la façon dont je veux le jouer." J'en ai souvent été exaspéré. Il n'y avait personne pour lui rappeler qu'elle avait signé un contrat et qu'elle était censée l'honorer. »

Mais le seul contrat auquel Marilyn attachait quelque importance était celui qu'elle avait passé avec Sugar Kane. Son instinct lui disait que la conception plus linéaire que Billy Wilder avait de son personnage était mauvaise, pas seulement pour elle mais aussi pour le film. Elle se battait donc pour défendre son personnage avec les seules armes dont elle disposait — l'entêtement et la dérobade. Puisque Wilder semblait décidé à crier « Coupez ! » chaque fois qu'elle tentait de donner de la consistance à son personnage, elle l'aurait à l'usure. S'il l'empêchait de se concentrer, il faudrait qu'il en paie le prix. Chaque fois que Wilder essayait de grossir le trait, elle ratait sa scène. Les ratages successifs et les trous de mémoire se succédaient jusqu'à ce que Wilder renonce. À la vingt-neuvième prise, il commençait à se dire que Marilyn n'était pas si mauvaise.

Wilder se plaignait publiquement. « Marilyn était constamment en retard, et elle exigeait sans cesse une nouvelle prise — les Strasberg, après tout, lui avaient appris à refaire indéfiniment les choses tant qu'elle n'était pas satisfaite. Eh bien, elle les refaisait indéfiniment, et nous avec elle. Notre joli budget grimpait comme une fusée, le calendrier de tournage avait volé en éclats, entraînant d'inextricables difficultés de casting, et j'étais au bord de la dépression nerveuse. À dire vrai, elle était impossible — pas simplement difficile à gérer, im-po-ssi-ble. »

La présence de Paula Strasberg ajoutait à ce calvaire. Black Bart se tenait dans l'ombre à côté de la caméra, communiquant par gestes avec Marilyn et celle-ci, après chaque prise, se tournait vers elle plutôt que vers son metteur en scène pour savoir si elle avait été bonne. La tension était telle que Wilder souffrait du dos et de la nuque et devait souvent diriger allongé sur une planche à côté de la caméra. Jack Lemmon et Tony Curtis comptaient parmi les victimes : la bataille s'éternisant, leurs chaussures à talons hauts leur donnaient des ampoules. Ils accumulaient de la rancœur. Lorsqu'ils tournaient une scène avec Marilyn ils arrivaient épuisés à la douzième prise, alors qu'elle commençait tout juste, elle, à s'échauffer. À bout de nerfs, Tony Curtis lâcha un jour une pique qui fut reprise dans toute la presse : « Embrasser Marilyn, c'est comme embrasser Hitler. »

« Eh bien, c'est justement là qu'est le problème, rétorqua Marilyn. Si je dois jouer des scènes d'amour avec quelqu'un qui n'éprouve pas cette sorte d'attirance pour moi, je ne peux m'en remettre qu'à mes fantasmes. Lui n'est jamais là. »

Tony Curtis devait déclarer, bien des années plus tard, que sa comparaison avec Hitler avait été détournée de son contexte. Ils en étaient à la quarante-septième prise, ce jour-là, quand Billy Wilder, renonçant à imposer ses vues, avait enfin laissé

Marilyn jouer la scène comme elle l'entendait. Le soir, comme ils visionnaient les rushes, Tony Curtis avait dit : « Voyez-vous, à partir de la quarantième prise, embrasser Marilyn c'est comme embrasser Hitler. »

La plupart des gens qui travaillaient sur le plateau de *Certains l'aiment chaud* ne comprenaient pas pourquoi Marilyn se trompait tout le temps en disant son texte. Elle a une scène où elle entre dans la chambre des « filles » pour chercher quelque chose à boire. Elle ouvre et referme les tiroirs du bureau en disant : « Où est le bourbon ? » Wilder voulait qu'elle joue une Sugar très énervée. Mais Marilyn ne le sentait pas ainsi. Wilder ne cessait de crier « Coupez ! » et d'insister pour qu'elle en rajoute dans la frénésie. Elle lui donna vingt-sept prises énervées, mais ne parvint pas une seule fois à dire correctement la phrase — « Où est le whisky ? », « Où est le bureau ? », « Où est le bonbon ? », « Où est le bromo ? ». Wilder fit placarder « Où est le bourbon ? » derrière la porte et à l'intérieur de chaque tiroir. Marilyn continua à se tromper. Finalement, alors que tout le monde était épuisé et que Wilder sentait monter son mal de dos, elle joua la scène comme elle en avait envie et dit correctement la phrase. « Excellent, annonça Wilder. On garde ! » La scène ne dure guère plus de quinze secondes à l'écran. Il avait fallu une demi-journée pour la mettre en boîte.

Wilder, bien sûr, savait où elle voulait en venir, mais estimait qu'elle avait tort. Elle savait, elle, qu'elle avait raison, et considérait qu'on devait à une star de son envergure le privilège de jouer une scène comme elle la sentait. Il y avait une « méthode » dans sa folie. Malheureusement, la mythologie du cinéma, telle qu'elle se forge dans les cocktails hollywoodiens, préféra retenir les innombrables anecdotes sur l'incapacité de « la Monroe » à mémoriser une ligne de dialogue — un mythe qui devait resurgir, plus vivace que jamais, dans la débâcle finale de *Something's Got to Give.*

Marilyn était souvent en retard au studio. Parfois très en retard. Si elle tournait à 9 heures du matin, il fallait qu'elle se lève à 5 heures pour être sur place à 6 h 30 et passer deux heures et demie entre les mains des maquilleurs, des coiffeurs et des habilleuses. Mais le sommeil la fuyait, et elle ne voulait pas prendre de somnifères pendant sa grossesse. Il lui arrivait de ne pas fermer l'œil avant 2 ou 3 heures du matin, et elle savait que si elle se levait à 5 heures elle ne pourrait rien faire de bon devant la caméra. Alors elle restait au lit, clouée par la fatigue, et arrivait tard au studio. Très tard. I.A.L. Diamond, coauteur du scénario avec Billy Wilder, pensait que ces retards étaient, pour la star, une manière d'exercer le pouvoir qu'elle avait conquis en plaquant la Fox : « Maintenant qu'elle était au sommet, elle se vengeait de tout ce qu'elle avait dû endurer pour y parvenir. Certains matins, à 9 heures passées, Marilyn n'est pas encore au studio. 10 heures. On voit arriver Arthur Miller. Mais toujours pas de Marilyn. Elle est au maquillage. Puis à la coiffure. 10 h 45. La voici ! Elle s'engouffre dans sa loge. Tout le monde a passé la matinée à attendre. Pas un salut. Pas un mot d'excuse. Elle tient un livre à la main : *Les Droits de l'homme*, de Thomas Paine, qu'Arthur lui a offert pour qu'elle le lise pendant qu'elle nous faisait attendre. Billy [Wilder] laisse passer encore un peu de temps, puis envoie l'assistant frapper à sa porte. Elle crie : "Allez vous faire foutre !" »

Très peu de gens, parmi ceux qui travaillaient avec Marilyn, savaient l'épreuve que constituait pour elle le passage de Norma Jeane à Marilyn Monroe puis à Sugar Kane. C'était une métamorphose profonde, qui ne pouvait pas s'opérer sur commande et en un clin d'œil. L'image de Marilyn Monroe était le produit d'une préparation méticuleuse — maquillage, coiffure, vêtements, mais il lui fallait aussi se préparer psychologiquement et parvenir à une concentration de fer pour affronter son metteur en scène.

Le tournage de *Certains l'aiment chaud* s'acheva le 6 novembre 1958, avec vingt-neuf jours de dépassement. Marilyn ne fut pas invitée à la soirée d'adieu donnée par Billy Wilder pour les acteurs et toute l'équipe du film. Elle avait gagné la bataille. Le portrait de Sugar Kane était gravé dans le marbre, et Wilder n'y pouvait rien changer. L'amertume et l'animosité de ces semaines de travail harassant s'oublieraient avec le temps, et ne resterait que ce qu'on voyait à l'écran. Si le film tenait debout, c'était bien grâce à l'interprétation sensible et impeccable de Marilyn. On devait en avoir la preuve *a contrario* dans la farce bouffonne et incohérente que Wilder tourna tout de suite après sous le titre *One, Two, Three (Un, deux, trois)*.

Elle en avait payé le prix. Elle fut admise, à bout de forces, au Cedars-Sinai Hospital. Une semaine plus tard, une ambulance la conduisit à l'aéroport (« Pour ne pas secouer le bébé ») où elle prit un avion pour rentrer à New York avec Miller.

Certains l'aiment chaud fut projeté pour la première fois en public au Village Theatre de Westwood le 17 décembre 1958*.

---

* Ces *sneak previews* consistant à projeter les nouveaux films devant des spectateurs anonymes afin de tester leurs réactions sont une pratique courante des distributeurs américains. (*NdT*.)

Les spectateurs se mirent à rire dès les premières minutes et ne cessèrent plus jusqu'au moment où Joe E. Brown, découvrant que la fille qu'il veut épouser (Jack Lemmon) est un homme, hausse les épaules et lâche son célèbre : « Personne n'est parfait ! » Le public a continué à rire depuis, et *Certains l'aiment chaud* a réalisé à ce jour plus de 47 millions de dollars de recettes et rapporté 4,5 millions aux héritiers de Marilyn Monroe, la part la plus importante allant à Ana Strasberg, que Marilyn n'a pas connue de son vivant.

> Nous l'avons regardée et nous avons donné un peu d'argent pour acheter son angoisse.

Ce 17 décembre, tandis que le public riait à *Certains l'aiment chaud*, Marilyn fit une fausse couche. Il s'ensuivit une longue période de deuil et d'abattement. Ses séances avec le Dr Kris ne lui apportaient guère de réconfort et, à l'approche de Noël, elle tomba dans une dépression qu'elle s'efforça de combattre à coups d'antidépresseurs. Elle imputait la perte de son bébé au tournage de *Certains l'aiment chaud*, à Arthur et à Billy Wilder. Elle se disait qu'elle n'aurait jamais fait ce film si Arthur ne l'y avait poussée. Lena Pepitone, sa bonne, trouvait son état très inquiétant.

Elle n'était pas encore remise de sa fausse couche quand une interview de Billy Wilder par Joe Hyams parut dans un grand nombre de journaux à travers le pays. Reprochant à Marilyn son manque de professionnalisme, Wilder y déclarait : « Je suis le seul metteur en scène à avoir fait deux films avec Marilyn Monroe. La Guilde des réalisateurs de cinéma pourrait me décerner une décoration, je la mérite. » Wilder s'étant plaint de ce que le comportement de Marilyn pendant le tournage l'avait rendu malade, Hyams lui demandait si sa santé s'était rétablie depuis, et Wilder répondait : « Je mange de meilleur appétit, je ne souffre plus du dos, j'ai retrouvé le sommeil et je peux regarder mon épouse sans qu'il me prenne des envies de la frapper pour la simple raison qu'elle est une femme. » Enfin, interrogé sur ses projets et sur l'éventualité d'un troisième film avec Marilyn Monroe, il déclarait : « J'en ai parlé à mon médecin et à mon psychiatre, et ils pensent tous deux que je suis trop vieux et trop riche pour m'y risquer une nouvelle fois. »

Marilyn piqua une colère. Comment Wilder pouvait-il ainsi se moquer d'elle, publiquement, dans la presse ? Lena Pepitone se rappelle l'avoir entendue hurler : « Je l'ai rendu malade, *lui* ? »

en déchirant le journal en mille morceaux. Bondissant hors de son lit, elle se rua dans le bureau d'Arthur en criant : « C'est de ta faute ! Tout ça est de ta faute ! Tu ne vas pas laisser faire ça, espèce de salaud ! Tu vas faire quelque chose ! Tu *dois* faire quelque chose ! *Dis quelque chose !* Tout le monde va me prendre pour une idiote ! Il faut que tu dises quelque chose ! Les gens t'écoutent, *toi.* On te respecte, *toi !* »

Arthur lui conseilla d'oublier tout ça...

« Oublier ? *Oublier !* hurla-t-elle. Je n'oublierai jamais ! Comment pourrais-je oublier mon bébé ?... Mon *bébé !* »

Puis elle se tut, secouée de sanglots convulsifs, tandis qu'Arthur la ramenait à sa chambre. Il ne supportait pas les cris et les disputes, et espérait qu'elle prendrait un calmant, s'endormirait et ne parlerait plus de l'incident. Mais elle se releva encore plusieurs fois ce jour-là, en proie à de véritables crises de nerfs, pleurant, hurlant et s'arrachant les cheveux. Arthur partit se réfugier à la campagne. À quelques jours de là, Norman et Hedda Rosten reçurent un appel affolé de May Reis. Il était 3 heures du matin. Marilyn avait fait une surdose.

Lena Pepitone l'avait trouvée évanouie sur le sol de sa chambre, le visage plein de vomissure. Incapable de la ramener à elle, Lena avait joint le médecin dont le nom figurait sur la liste des personnes à appeler en cas d'urgence que May conservait dans son bureau. Le médecin avait pratiqué un lavage d'estomac. May Reis avait appelé Miller dans le Connecticut, puis les Rosten.

On avait, une fois de plus, frôlé la catastrophe. Norman Rosten se souvient qu'elle reprit connaissance au lever du jour et se mit à pleurer doucement. « Comment te sens-tu, ma chérie ? demanda Rosten.

— Vivante... Pas de chance, répondit-elle d'une voix à peine audible. Méchants, *méchants* tous tant qu'ils sont, ces salauds... Oh, mon Dieu... »

44
Prête à sauter

« Never give all the heart
For everything that's lovely is
But a brief, dreamy, kind delight
O never give the heart outright*... »
Yeats.

Lors d'une soirée poétique chez les Rosten, on fit passer un recueil de Yeats. Chacun devait l'ouvrir au hasard et lire un poème. Quand vint le tour de Marilyn, elle ouvrit à la page de « Never Give All the Heart » (« Ne donne jamais tout ton cœur »). « Elle lut le titre, marqua une pause, et commença le poème, se souvient Rosten. Elle lisait lentement, le découvrant au fur et à mesure, se laissant prendre et surprendre par le texte, s'y donnant avec une simplicité et une vérité totales. Quand elle se tut, il y eut un silence. Elle resta immobile, le regard perdu. »

Bien qu'il n'ait pas achevé une pièce depuis cinq ans, Arthur Miller se vit attribuer le 27 janvier 1959 la plus prestigieuse des distinctions littéraires, la médaille d'or de l'Institut national des arts et lettres. Marilyn Monroe, quant à elle, estimait que son scénario *Les Désaxés* était, à certains égards, « de la boue ».

« L'élève/disciple était désormais un critique, dit Norman

* « Ne donne jamais tout ton cœur
Car tout ce qui est adorable
N'offre qu'un plaisir vague et fugitif
Ah, ne donne jamais ton cœur tout entier ! » (*NdT.*)

Rosten. La zone d'ombre qui était apparue entre eux en Angleterre ne cessait de croître et de s'approfondir. Les soirées qu'ils passaient avec des amis n'étaient souvent, pour eux, que l'occasion de jouer la comédie de l'harmonie conjugale. »

Arthur affectait de mépriser le travail de scénariste. Il s'était sacrifié pour Marilyn, disait-il, en écrivant *Les Désaxés*. Mais Marilyn n'était pas du tout certaine de vouloir le jouer.

Miller toucha des Marilyn Monroe Productions 250 000 dollars pour ce « cadeau », qu'il lui offrit dans un emballage prestigieux : il amena John Huston comme metteur en scène, écrivit le rôle de Gay spécialement pour Clark Gable, et les amis de Marilyn, Montgomery Clift, Kevin McCarthy et Eli Wallach furent inclus dans la distribution.

« Marilyn en voulait terriblement à son mari, se souvient Lena Pepitone. Elle disait : "Tout ce qu'il veut c'est écrire, et gagner de l'argent. Le reste, il s'en fiche !" » Marilyn, d'après Lena, n'eut jamais la moindre idée de ce qu'il en coûtait pour maintenir leur train de vie à New York et dans le Connecticut : les domestiques, le loyer, le secrétariat, les avocats, les vêtements, les soins de beauté, les médecins... Arthur poursuivait une analyse avec le Dr Rudolph Loewenstein, et Marilyn se prêtait à des séances presque quotidiennes avec Marianne Kris. « Marilyn pensait qu'il y avait plus d'argent qu'il n'en fallait. Elle avait décidé une fois pour toutes que du moment qu'elle était aussi célèbre elle ne pouvait pas être pauvre. "J'ai eu des soucis d'argent pendant trop longtemps, disait-elle. J'en ai marre. Je ne veux plus m'en faire pour ça. Plus jamais." » Chaque fois qu'Arthur ou Mr. Montgomery ou May Reis tentaient d'aborder la question, elle se sauvait en se bouchant les oreilles. « Je ne veux rien ! Je ne veux pas d'argent ! Ce ne sont pas des choses que je veux ! Des choses, j'en ai ! Je veux jouer. Je veux des amis. Je veux être heureuse ! Je veux qu'on me respecte ! Je ne veux pas qu'on se moque de moi. On dirait que personne ne peut comprendre ça ! »

John Kennedy, lui, comprenait. Gene Tierney avait dit un jour : « Je ne suis pas certaine de pouvoir expliquer ce qui fait le charme de John. Avec lui, on se sent en sécurité. Il n'est pas avare de son temps, il s'intéresse à vous. » Peter Lawford et quelques autres ont prétendu que John n'avait vu en Marilyn qu'un trophée supplémentaire destiné à enrichir une collection déjà bien fournie, mais il y eut entre eux pendant dix ans — et peut-être plus — une relation bien particulière. Les liaisons amoureuses de Kennedy duraient rarement aussi longtemps.

Mais, contrairement à ce qui se passa pour Gene Tierney ou Mary Meyer, celle qu'il entretint avec Marilyn résista à la séparation physique, au mariage, et aux multiples obstacles dressés par les circonstances de leurs vies respectives.

Lena Pepitone, qui était chaque jour de 9 heures du matin à 6 heures du soir au service de Marilyn, dit que celle-ci « parlait beaucoup plus souvent de John que de Bobby Kennedy, et l'appelait "ce grand coquin". Il passait son temps à lui raconter des blagues salaces, à la pincer, à la peloter, disait-elle. Il adorait, me raconta-t-elle, poser une main sur sa cuisse. Un soir, sous la table du restaurant où ils dînaient ensemble, il remonta un peu plus haut. Puis, s'apercevant qu'elle ne portait pas de culotte, il devint écarlate et retira sa main. "Il ne s'attendait pas à ça !" me dit Marilyn en riant. »

D'après Lena, Marilyn pensait que John avait épousé Jacqueline « parce que leurs parents les y avaient poussés... je les plains de s'être laissé piéger dans ce mariage qui ne leur convient ni à l'un ni à l'autre. Je vois bien qu'il n'est pas amoureux — pas d'elle, en tout cas ».

John Kennedy avait dit à Marilyn qu'il était amoureux d'*elle*, et elle confia à Bob, venu la voir à New York, qu'ils se marieraient un jour. John lui avait laissé croire qu'il voulait demander l'annulation de son mariage avec Jacqueline.

« Marilyn, dit Susan Strasberg, semblait lasse de son rôle de maîtresse de maison à mi-temps dans le Connecticut. » Et elle se faisait rare, en cette année 1959, à la ferme de Roxbury où Arthur Miller travaillait au scénario des *Désaxés*. En mars, elle assista à la première new-yorkaise de *Certains l'aiment chaud*. On chercherait en vain, sur les photos d'une Marilyn radieuse au bras d'Arthur que publièrent les journaux après cette soirée, la moindre trace de discorde entre les deux époux. Les mauvais souvenirs du tournage semblaient oubliés, eux aussi. Elle se rendit même à Chicago pour aider au lancement du film, chose qu'elle n'avait plus faite depuis *La Pêche au trésor*.

John Kennedy venait lui aussi en ville à la même époque. Il y rencontrait Sam Giancana et le maire Richard Daley pour solliciter leur aide dans le cadre de sa prochaine campagne électorale. Si l'on en croit le frère de Sam Giancana, Chuck, ces rencontres avaient lieu à l'Ambassador East, et tant Sam Giancana que le maire Daley y étaient conviés. Des agents du FBI chargés de la surveillance des lieux confirment qu'un accord fut conclu aux termes duquel la Mafia devait soutenir la campagne de JFK. Un des assistants du maire Daley fut surpris de constater que Marilyn Monroe était aussi une des invitées, à l'Ambassador.

De retour à New York, Marilyn mit fin à ses cours avec Lee Strasberg et, pendant qu'Arthur travaillait à la gloire cinématographique de son épouse, elle se laissa guider par son intérêt pour la littérature, déjeunant avec Carson McCullers dans sa maison de Nyack, discutant de poésie avec Isak Dinesen, rendant visite au Carlyle à l'auteur de *Profiles in Courage* (lauréat du prix Pulitzer), et parlant de ses lectures avec Carl Sandburg, qui venait de temps en temps la voir dans l'appartement de la 57e Rue. Sandburg trouvait Marilyn « franche et chaleureuse », et lui demanda un autographe. « Marilyn aimait discuter et elle était d'une compagnie très agréable, dira-t-il. Nous nous amusions à jouer la comédie et nous faisions des imitations assez drôles, assez réussies. Je lui posai une foule de questions. Elle me dit combien elle avait lutté pour s'en sortir, mais elle ne me parla jamais de ses maris. »

Le contrat de Marilyn avec la Fox exigeait qu'elle tourne un film avant d'attaquer, avec sa propre compagnie, la production des *Désaxés.* Jerry Wald, producteur de la Fox, avait proposé *Let's Make Love* (*Le Milliardaire*), une comédie musicale en Technicolor écrite par Norman Krasna que George Cukor devait mettre en scène avec Gregory Peck comme covedette masculine.

Marilyn accepta de faire le film pour se libérer de ses obligations envers la Fox et, comme le scénario posait de sérieux problèmes, Arthur s'engagea à le remanier.

En septembre, Marilyn rejoignit la côte ouest pour des séances préparatoires au tournage du *Milliardaire,* et rencontra Nikita Khrouchtchev venu visiter les studios de la Fox. « Vous êtes une très jolie jeune femme », lui dit Khrouchtchev. La réponse de Marilyn fit la une des journaux dans le monde entier : « Mon mari, Arthur Miller, m'a chargée de vous transmettre ses amitiés. Ce genre de chose devrait se produire plus souvent. Cela aiderait à la compréhension mutuelle entre nos deux pays. » Ce qui lui valut un hommage aussi rare que précieux de la part des journalistes californiens au moment où elle prenait l'avion qui allait la ramener sur la côte est : rompant avec leurs habitudes, ils l'applaudirent à tout rompre au lieu de la bombarder de questions.

Pendant que Marilyn était à Hollywood, Yves Montand et Simone Signoret arrivèrent à New York, où Montand devait se produire dans son *one man show* au Henry Miller Theatre. Ce fut un énorme succès. Marilyn assista à la première en compagnie de Montgomery Clift, et Montand lui fit une si forte impression qu'elle y retourna le lendemain soir avec Miller et les Rosten. Norman Rosten se souvient que le public gloussait à contretemps parce que le pantalon de Montand était déboutonné — un problème récurrent chez l'inoubliable interprète de *Battling Joe.*

Quand Gregory Peck apprit qu'Arthur Miller récrivait le scénario de Norman Krasna pour Marilyn et que son rôle s'amenuisait de jour en jour, il se retira du film. Arthur proposa de le remplacer par Yves Montand, et Marilyn fut d'accord. George Cukor et Jerry Wald acceptèrent à leur tour, après avoir vu le spectacle de Montand. La Fox signa un contrat à celui-ci et Arthur entreprit de récrire pour lui le rôle de Jean-Marc Clément.

En novembre et décembre, Marilyn fit de nombreux allers et retours entre New York et Hollywood pour des essayages, des essais de couleur, et les répétitions des séquences musicales dont son ami John Cole assurait la chorégraphie. Le chanteur français Frankie Vaughan, qui jouait un second rôle, se souvient d'elle pendant cette période : « Elle arrivait toujours à l'heure aux répétitions. Il n'y eut pas un seul de ces fameux retards Dès qu'elle apparaissait, chacun essayait d'être à son avantage, sa présence électrisait tout le monde. Son grand professionnalisme m'a paru évident. »

Vers la fin de 1959, bien des rêves de Marilyn étaient devenus réalité. Après quatre films consécutifs salués par des critiques dithyrambiques, elle était respectée par l'ensemble de l'industrie cinématographique, et occupait la première place au box-office mondial. Elle était devenue la star la plus célèbre du siècle. Mais quand Georges Belmont, qui l'interviewait pour *Marie Claire,* lui demanda si elle était heureuse, elle répondit : « C'est quand je peux réussir certaines choses dans mon travail que je m'approche le plus du bonheur. Mais ce ne sont que des instants. D'une manière générale, je ne suis pas heureuse. Si je suis quelque chose d'une manière générale, je crois que je suis plutôt malheureuse, mais comme je n'ai que trente-trois ans et qu'il me reste quelques années à vivre, j'espère avoir le temps de progresser et d'être heureuse, dans ma profession et dans ma vie privée. C'est ma seule ambition. Je mettrai peut-être longtemps à y parvenir, car je suis lente. Je ne dirai pas que c'est la meilleure des méthodes, mais c'est la seule que je connaisse et cela me donne le sentiment que, malgré tout, la vie n'est pas sans espoir. »

Elle savait que son mariage avec Arthur Miller avait vécu, mais elle était amoureuse et pensait devenir un jour Mrs. Kennedy. « Il faut se rappeler que Marilyn travaillait et vivait dans un monde de rêve, remarque son ami Henry Rosenfeld. Et son grand rêve était de supplanter Jackie et d'épouser John Kennedy. » Mais à la fin de l'année 1959, au moment des fêtes, elle arriva soudain au-delà de l'arc-en-ciel, cet endroit mythique où les couleurs éclatantes se perdent dans une obscurité profonde. Il était certain, désormais, que John Kennedy ne divorcerait pas. Il s'apprêtait à être candidat à la présidence des États-Unis. Un divorce était hors de question.

Lors d'un dîner à Manhattan, Norman Rosten fut frappé par la tristesse de Marilyn. « Je l'observai un instant alors que, assise sur le rebord de la fenêtre, elle buvait à petites gorgées en fixant d'un œil morne la rue en contrebas. Je ne connaissais que trop bien ce regard. Elle était perdue dans ses pensées, très loin, et ces pensées, à l'évidence, n'étaient pas des plus gaies. Je m'approchai et lui dis à voix basse : “Eh, pssst, redescends !”

« Elle se retourna. “Je sens que j'aurai du mal à dormir cette nuit. Ça m'arrive de temps en temps... et j'étais en train de me dire que si je le voulais, j'aurais vite fait d'en finir.” C'était la première fois que je l'entendais parler ainsi. Elle poursuivit : “Si je tombais, qui s'en apercevrait ? — Moi, répondis-je, et tous ceux qui sont dans cette pièce. À cause du bruit.” Elle se mit à rire. Et tout de suite après, nous conclûmes un pacte. Si jamais l'un de nous deux se sentait sur le point de sauter par la fenêtre, d'ouvrir le robinet du gaz ou d'avaler des cachets, il appellerait l'autre. Et l'autre ferait tout pour l'en dissuader. Tout cela était dit sur le ton de la plaisanterie, mais j'étais sincère et j'y croyais. Je sentais qu'un jour elle m'appellerait. Elle dirait : “C'est moi, je vais sauter.” Et je répondrais : “Pas aujourd'hui, c'est l'anniversaire d'Abraham Lincoln”, ou une ânerie de ce genre. »

Les lettres échangées par les Drs Ralph Greenson et Marianne Kris nous apprennent que Greenson rencontra pour la première fois Marilyn dans le bungalow 21 de l'Hôtel Beverly Hills, où l'actrice s'était réfugiée, victime d'un effondrement nerveux. On a souvent imputé cette dépression à la rupture de sa brève liaison amoureuse avec Yves Montand, mais la correspondance entre les deux médecins situe de façon certaine la visite de Greenson en janvier 1960, avant que ne se nouent des relations intimes entre les deux stars sur le tournage du *Milliar-*

daire, mais peu après que John Kennedy eut rendu publique sa candidature à la Maison Blanche.

Selon Hildi, la femme de Ralph Greenson, la psychanalyste de Marilyn à New York avait elle-même appelé le Dr Greenson en lui demandant de prendre sa patiente pour quelques séances afin de l'aider à surmonter « une situation difficile ». Marilyn, lui avait expliqué Marianne Kris, se trouvait « dans un état grave de tension et d'angoisse ». Mais ce ne fut pas un simple concours de circonstances qui amena ce jour-là Romeo Greenschpoon à la porte de Norma Jeane. Greenson jouissait déjà, à cette époque, d'une position bien établie dans les milieux freudiens de Hollywood. Peter Lorre, Celeste Holm, le producteur Dore Schary, Vincente Minnelli, Inger Stevens et Frank Sinatra figuraient au nombre de ses patients. Après que Sinatra, rendu inconsolable par la rupture de son mariage avec Ava Gardner, se fut ouvert les veines, il était devenu un patient de Ralph Greenson sur les conseils de Mickey Rudin, son avocat. Mickey Rudin, par ailleurs beau-frère de Greenson, faisait partie du Cabinet Gang, Tyre & Brown, qui assurait la défense de nombreuses personnalités du spectacle devant la Commission d'enquête sur les activités anti-américaines. On demandait souvent, en manière de plaisanterie, lequel des deux beaux-frères, le psychanalyste ou l'avocat, comptait le plus de stars dans sa clientèle. Le Dr Greenson figurait sur la liste des analystes recommandés aux membres du parti communiste, et il n'était pas rare que des patients de l'un deviennent les clients de l'autre, ou vice-versa.

Avocat de Frank Sinatra et de Marilyn Monroe, Mickey Rudin, ainsi que son épouse Elizabeth Greenschpoon, n'ignoraient rien des relations de Marilyn Monroe avec le candidat à la présidence. Pas plus, bien entendu, que Marianne Kris et Rudolph Loewenstein, l'analyste d'Arthur Miller. Marianne Kris et son mari Ernst étaient des amis proches de Ralph et Hildi Greenson, et aussi de John M. Murray, ex-commandant de l'Air Force[1].

On voit ainsi que les circonstances qui amenèrent Marilyn dans le cercle très fermé des freudiens marxistes ne tenaient pas seulement au hasard. Et que Ralph Greenson, quand il frappa à la porte de Norma Jeane, était déjà largement et assez intimement informé des relations de Marilyn avec JFK et des problè-

1. Le fils de Marianne Kris, Anton, serait plus tard l'analyste de John M. Murray, et prononcerait l'éloge funèbre à ses obsèques.

mes qui avaient jeté la jeune femme dans cet « état grave de tension et d'angoisse ».

Il la trouva abrutie par les calmants. Marilyn bredouillait et ses réflexes étaient sérieusement ralentis. Elle était distante, incapable de tenir une conversation. Greenson fut plus qu'inquiet en l'entendant réciter la liste des drogues qu'elle avait absorbées — Demerol, Pentothal, phénobarbitol, amytal... Le problème le plus urgent du médecin était de mettre fin à cette consommation abusive de médicaments. Il devait, par la suite, exprimer sa colère à l'égard des « imbéciles » qui avaient cédé aux demandes d'ordonnances de Marilyn : elle disposait, dans son carnet d'adresses, d'une liste de médecins amplement suffisante pour lui permettre de satisfaire ses besoins. À dater de ce jour, Greenson veilla à ce qu'elle ne fasse plus appel qu'à un seul médecin, et recommanda le Dr Hyman Engelberg, éminent praticien de Beverly Hills.

Cette première visite du Dr Greenson se prolongea pendant plusieurs heures, et quand il prit congé Marilyn avait retrouvé son calme. Touchée par la chaleur humaine et la compréhension dont il avait fait preuve, elle demanda à le voir de façon régulière. Ainsi débuta une relation médecin/patiente de nature tout à fait inhabituelle, qui devait durer jusqu'à la mort de Marilyn deux ans et demi plus tard.

Après quelques jours de traitement, Marilyn put reprendre le tournage du *Milliardaire*. Elle restait officiellement la patiente du Dr Kris mais, quand elle séjournait sur la côte ouest, voyait le Dr Greenson. Au cours des mois qui suivirent, Greenson et Kris correspondirent et échangèrent leurs notes. Greenson écrivit qu'il s'était fixé comme objectif de délivrer Marilyn de son accoutumance aux drogues et de la guérir de ses insomnies. Elle lui avait confié, disait-il également, son « ressentiment venimeux » envers Arthur Miller, auquel elle reprochait d'être « froid et indifférent à ses problèmes » et attiré par d'autres femmes. Greenson avait détecté chez elle des symptômes de paranoïa et des traces de schizophrénie. « Quand elle cède à l'angoisse, écrivait-il, elle se comporte comme une orpheline, une enfant abandonnée, et provoque les gens, avec masochisme, pour qu'ils la maltraitent et profitent d'elle. En retrouvant des bribes de son passé, elle s'est mise à parler de plus en plus souvent de ses expériences traumatisantes d'enfant abandonnée. » Ils avaient, à l'évidence, parlé des problèmes qui l'avaient précipitée dans la dépression, et Greenson avait remarqué sa crainte obsessionnelle d'être rejetée.

Marilyn était très impressionnée par le savoir de l'analyste et par la compréhension qu'il lui témoignait. Elle l'appelait désormais « mon Jésus, mon Sauveur ». Téléphonant à Lena Pepitone, qui était restée à New York, elle le lui décrivit avec enthousiasme : « Lena, je l'ai enfin trouvé ! Je me suis trouvé un Jésus pour moi toute seule !

— Un Jésus ? s'étonna Lena.

— Oui, je l'appelle Jésus ! Il me fait un bien fou.

— Quoi ? Qu'est-ce qu'il vous fait ?

— Il m'écoute.

— Et à part ça ?

— Il me donne du courage. Avec lui je me sens intelligente, il me fait réfléchir. Je me sens capable d'affronter n'importe quoi avec lui. Je n'ai plus peur. »

Mais Marilyn ignorait tout des circonstances bien particulières qui avaient conduit le Dr Ralph Greenson à frapper un jour à la porte de cette femme fascinante qui en savait si long sur un homme appelé à devenir président des États-Unis d'Amérique.

Un dossier venait de s'ouvrir au Kremlin.

CINQUIÈME PARTIE

1960-1962
AU BOUT DE L'ARC-EN-CIEL

45
Le milliardaire

« Si Marilyn est amoureuse de mon mari, c'est la preuve qu'elle a bon goût. »

Simone Signoret.

Lors d'une réception donnée à la Fox en janvier 1960, en l'honneur d'Yves Montand, Marilyn apparut dans le rôle de l'hôtesse, souriante et plus belle que jamais. « Elle a toujours ce charme fou, cette magie », écrivit Sidney Skolsky. Marilyn porta un toast : « Avec Marlon Brando et juste après mon mari, Yves Montand est l'homme le plus séduisant que j'aie jamais rencontré. »

On demanda à Montand quel effet cela lui faisait de travailler avec « Monroe ». « Tout ce qu'elle fait est — comment dites-vous ? — "original" — même quand elle vous parle sans faire un mouvement* », répondit-il. Et il ajouta dans son meilleur anglais d'importation : « Elle m'aide, et je m'efforce de l'aider. »

Mais il ignorait à quel point elle avait besoin d'aide. Il ignorait que son mariage avec Arthur Miller n'était plus qu'une coquille vide, et il ne savait rien de ses relations avec John Kennedy. Montand avait une certaine ressemblance morphologique avec Miller, mais il n'en avait pas la froideur ; il était aussi chaleureux et séduisant que John Kennedy, mais sans la ruse. Il ignorait que tout ce qu'elle faisait était — comment dites-vous ? — en réaction à ce qu'elle venait de vivre.

Peu après l'arrivée des Miller dans le bungalow 21 de l'Hôtel

* Les propos d'Yves Montand cités dans ce livre sont extraits du livre de H. Hamon et P. Rotman, *Tu vois, je n'ai pas oublié*, Le Seuil/Fayard, 1990.

Beverly Hills, la Fox réserva le bungalow 20 pour Yves Montand et Simone Signoret. Les deux couples sympathisèrent immédiatement, se recevant mutuellement pour des dîners improvisés et passant de longues soirées à discuter. Les Montand avaient joué dans l'adaptation européenne des *Sorcières de Salem*, et partageaient les convictions politiques d'Arthur ; Simone appréciait l'humour de Marilyn et s'amusait de ses excentricités. Elle ne voyait pas en elle une menace.

Montand était si soucieux d'apprendre l'anglais et de maîtriser son texte qu'il ne vit pas jusqu'au dernier moment le *piège amoureux* dans lequel il était tombé. « Si je rêve d'avoir le béguin pour quelque chose, c'est pour la langue anglaise... Au départ, nous n'avons en commun, Marilyn et moi, qu'une idée fixe : le travail. Elle bosse, elle bosse. »

Un soir de février, alors que le tournage était déjà commencé, les Montand et les Miller allèrent dîner au célèbre restaurant La Scala. Sur le chemin du retour, Marilyn chuchota à l'oreille d'Yves :

« Tu sais, Cukor n'est pas un très grand metteur en scène.

— Mais non, ne dis pas ça : Cukor est un merveilleux metteur en scène, et il adore les artistes, répondit Montand, d'autant plus affolé qu'il ne comprenait jamais rien à ce que lui disait Cukor. Tu t'en tires magnifiquement, mais je vois bien que tu as peur de jouer et que tu as besoin de répétitions.

— Oui, tu as raison. Peut-être devrions-nous répéter encore. »

Montand devait raconter par la suite comment ils s'étaient mis à travailler ensemble pour lutter contre leur trac respectif. « Je frappais à sa porte, ou elle venait chez moi... Nous nous asseyions face à face, et on répétait, répétait, elle corrigeant mon anglais, moi l'aidant de mon mieux à prendre confiance en elle. Et l'image qui me revient est celle de Marilyn en jean à carreaux écossais, la chemisette entrouverte (absolument pas équivoque), et de ses yeux incroyablement bleus qui conservaient cette limpidité que la plupart des autres femmes n'ont que par périodes ou par éclats... »

Arthur Miller en parla plus tard à l'un de ses amis : « Je crois [que notre mariage] était en train de se défaire. Marilyn avait tendance à idolâtrer Montand, sans se rendre compte qu'il n'était pas l'homme solide comme un roc qu'elle voyait en lui. Tout au long de sa vie, elle a été ainsi. L'inconnu, le dernier arrivé l'emportait sur tout le reste. Il ou elle se voyait investi d'un immense espoir, qui bien entendu volait en éclats dès l'instant où cette personne se révélait un être humain. »

Toujours en quête de celui sur qui elle pourrait s'appuyer, Marilyn s'aperçut que l'assurance et la joie de vivre de Montand lui donnaient confiance en elle-même. Montand était fier de son professionnalisme, et on ne tarda pas à constater, sur le plateau du *Milliardaire,* que Marilyn s'était laissé gagner par son influence. Elle se montrait plus coopérative et arrivait à l'heure. Pour Cukor et Jerry Wald, cette ponctualité fut une divine surprise.

« Sur le plateau, elle fait tout ce que je lui dis, confia Yves Montand, et tout le monde est stupéfait de sa coopération. » Au grand déplaisir de Paula Strasberg, Marilyn, désormais, se tournait plus souvent vers Montand que vers Paula pour quêter une approbation — Paula, qui gagnait désormais 2 000 dollars par semaine en tant que répétitrice de Marilyn.

Il y avait de mauvais jours, toutefois : ceux où Marilyn quittait le plateau en début d'après-midi pour se rendre chez le Dr Greenson, et où Cukor devait tourner des plans dans lesquels elle n'apparaissait pas. Après les premières séances avec Greenson dans le bungalow de son hôtel au mois de janvier, Marilyn continua à se rendre chez le psychanalyste, qui partageait un bureau avec le Dr Milton Wexler au 405 North Bedford Drive. C'était une adresse commode, entre les studios de la Fox et l'Hôtel Beverly, et Marilyn y allait quotidiennement quand son emploi du temps le lui permettait.

Dans une lettre à Marianne Kris, Greenson écrivit à propos de Marilyn : « C'était une éternelle orpheline, au point que j'étais encore plus triste de voir avec quelle énergie elle se débattait et ne cessait de retomber, ce qui la rendait pathétique. » Il l'encouragea à lui téléphoner quotidiennement quand elle ne pouvait pas venir, « afin qu'elle comprenne ses valeurs et s'efforce de les transposer dans les choses dont elle avait besoin pour survivre ».

Il y avait un autre Ralph dans la vie de Marilyn : Ralph Roberts. Tandis que Ralph Greenson « massait » les âmes des vedettes de cinéma, Ralph Roberts, « le masseur des stars », s'occupait de leurs corps. Il avait étudié la physiothérapie, et connaissait bien les problèmes musculaires particuliers aux acteurs. Acteur lui-même, Ralph Roberts avait rencontré Marilyn en 1955 chez Lee Strasberg, alors qu'il travaillait avec Strasberg et apparaissait à Broadway dans *The Lark (L'Alouette)* avec Julie Harris et Boris Karloff.

Il était venu à Hollywood en 1958, comme masseur de Judy Holliday pendant le tournage de *Bells Are Ringing (Un numéro du tonnerre)* sous la direction de Vincente Minnelli. Apprenant que Ralph Roberts était à Hollywood, Marilyn le fit appeler quand les répétitions de danse pour *Le Milliardaire* commencèrent. Ils se lièrent d'amitié, et elle le baptisa « Rafe ». Malgré ses deux mètres de haut et sa mine plutôt patibulaire, Rafe était un gentil garçon doux et cultivé, un vrai gentleman de Caroline du Nord.

À la fin du mois de février, le tournage du *Milliardaire* fut arrêté pour plusieurs semaines par une grève des acteurs et des auteurs à propos des droits à la télévision. Arthur Miller et Marilyn repartirent sur la côte est pour y rencontrer leur avocat et homme d'affaires Aaron Frosch. « Vous allez me manquer », murmura gentiment Marilyn à l'oreille de Montand en prenant congé. Comme il ne comprenait pas, Montand nota ce qu'il venait d'entendre et se le fit traduire plus tard. Il fut touché par ces mots, mais « n'y vit rien de plus ». Juste avant le départ de Marilyn, l'Académie publia la liste des nominés aux Oscars. Shelley Winters y figurait comme meilleur second rôle féminin dans *The Diary of Anne Frank (Le Journal d'Anne Frank)*, et Simone Signoret comme meilleure actrice pour son interprétation dans *Room at the Top (Les Chemins de la haute ville.)*

« Bonne chance ! Je sais que vous allez l'avoir ! » lança Marilyn à Simone au moment où les Miller partaient pour l'aéroport. De fait, elle était un peu jalouse de n'avoir pas été sélectionnée elle aussi, après sa performance dans *Certains l'aiment chaud.* Les critiques l'avaient saluée unanimement comme la meilleure interprétation comique de l'année. Mais les membres de l'Académie, qui votaient à Hollywood, étaient quelque peu agacés par les prétentions de cette fille venue de l'est à laquelle ils trouvaient des airs de parvenue. Marilyn ne fut pas nominée, et l'Oscar alla à Doris Day pour *Pillow Talk (Confidences sur l'oreiller).*

Lors de cette Trente-deuxième Nuit des Oscars, Shelley Winters fut désignée comme meilleure interprète de second rôle féminin et, devant un parterre d'étoiles, Yves Montand chanta et dansa *Un garçon dansait* en hommage à Fred Astaire qui l'avait appelé sur scène. Un tonnerre d'applaudissements salua sa prestation, puis, comme le metteur en scène Vincente Minnelli l'invitait à rejoindre sa place, Montand répondit : « Mais non, c'est maintenant l'Oscar de la meilleure interprète féminine, et Marilyn a dit à Simone qu'elle allait l'avoir ! » Rock Hudson décacheta l'enveloppe. Marilyn ne s'était pas trompée. Simone était attendue pour un tournage en Europe et, quelques jours plus tard, elle prit l'avion pour Rome, son Oscar sous le bras — et Marilyn resta avec le cher Yves.

Peu après le retour des Miller à Hollywood, Arthur s'envola

pour l'Irlande afin d'y rencontrer John Huston et de lancer la production des *Désaxés.* Montand se demanda si sa connaissance approximative de l'anglais n'était pas en train de lui jouer des tours lorsque Miller lui dit au revoir en ajoutant à voix basse : « Advienne que pourra. »

Doris Vidor, une amie de Montand et des Miller, se souvient que Montand était « dans tous ses états » lorsqu'il l'appela au téléphone. « Il s'en va et me laisse avec Marilyn, dont l'appartement jouxte le mien ! s'écria-t-il. Comme s'il ne savait pas qu'elle est prête à se jeter dans mes bras ! » Doris se rappelle de sa réponse à Montand : « Yves, tout cela devient très compliqué. À votre place, je me méfierais. Qui vous dit qu'Arthur n'a pas fait exprès de s'en aller ? Il est peut-être las du fardeau qu'on lui fait porter, et trop heureux de s'en décharger aux pieds d'un autre... » Montand raconte dans ses souvenirs :

> J'avais Marilyn pour moi tout seul, et je ne le savais pas. C'est à ma partenaire, ma camarade, que je rendais visite afin de répéter... Chaque soir, en rentrant du studio, nous travaillons une heure ou deux. Quand elle se lève, à la fin, nous sommes encore sous la tension de la répétition, je fume cigarette sur cigarette, et puis elle sourit : « Bon, on va manger, maintenant ! » Je la regarde alors et je pense qu'elle est formidablement belle, saine, désirable — mais je ne la désire pas... simplement, je reçois cette énorme irradiation, l'impact de ce charisme rayonnant.
>
> ... Un jour, elle est vraiment fatiguée, hors d'état de répéter. Et moi, j'ai une scène délicate sur les bras. Je m'apprête donc à rentrer chez moi pour potasser de mon côté. Je croise Mme Strasberg : « Allez donc dire bonsoir à Marilyn, me dit-elle, vous lui ferez plaisir parce qu'elle est ennuyée de ne pouvoir travailler... » J'y vais. Je me rappelle que le salon était tout blanc, fauteuils blancs, rideaux blancs, une table noire, du caviar, et, comme d'habitude, une bouteille de champagne rosé. Je m'assois sur le bord du lit et lui tapote la main.
>
> « Tu as de la fièvre ?
>
> — Un peu, mais ça ira. Je suis contente de te voir.
>
> — Moi aussi, je suis content de te voir. Comment s'est passée ta journée ?
>
> — Bien, bien... »
>
> Le dialogue le plus plat de la terre. Il me reste une demi-page à réviser pour le lendemain. Je lui fais le *kissing good night.* Et sa tête pivote, mes lèvres dérapent. C'est un baiser superbe, tendre. Je suis à moitié sonné, je bafouille, je me redresse, me demandant ce qui m'arrive. Je ne me le demande pas longtemps...

Il fut très vite évident pour tout le monde, sur le plateau du *Milliardaire*, que les deux vedettes prenaient le titre original du film, *Let's Make Love*, au pied de la lettre. L'idylle qui venait de naître entre Marilyn Monroe et Yves Montand fit la une des potins d'Hollywood.

L'échotière Dorothy Kilgallen fut la première à alerter le public en écrivant : « Une actrice lauréate d'un Oscar cette année a actuellement des problèmes conjugaux. » Une femme de chambre de l'Hôtel Beverly Hills lâcha quelques indiscrétions bien épicées au journaliste James Bacon, et plus personne n'ignora l'affaire. C'était du pain bénit pour la presse spécialisée. On racontait que la star s'était présentée « nue sous son vison » à la porte du bungalow 20 ; que Arthur Miller, retournant chez lui pour prendre la pipe qu'il y avait oubliée, avait surpris les deux amants au lit... Hedda Hopper, la redoutée commère, y alla de son conseil d'amie dans les dizaines de journaux qui publiaient sa chronique : « Il vous reste encore à prouver que vous êtes une grande comédienne. Votre succès n'est dû qu'à la publicité. Je vous en conjure, Marilyn, cessez de vous autodétruire. »

Au plus fort de cette tempête médiatique, Marilyn Monroe reçut le Golden Globe Award de la meilleure actrice de l'année 1959 pour son interprétation dans *Certains l'aiment chaud*. Au même moment, les deux plus grands magazines hebdomadaires américains, *Life* et *Look*, lui consacraient leur couverture et préparaient des articles sur la double histoire d'amour, à l'écran et hors écran, des deux vedettes du *Milliardaire*.

Quand Arthur Miller revint à Hollywood pour rejoindre Marilyn à l'Hôtel Beverly Hills, la nouvelle était partout. « Je n'y pouvais rien, racontera plus tard Arthur. À cette époque, mon nom était devenu pour elle synonyme de trahison et de confiance perdue. Et il n'y avait aucun espoir de la faire changer d'avis. C'était ainsi. »

Si on en croit Norman Rosten, « Montand ne fut pas le seul. Il y en avait eu d'autres. Elle n'était plus depuis un certain temps d'une fidélité irréprochable à Arthur. Marilyn avait terriblement besoin de cela. Quand elle perdait confiance, elle allait vers d'autres hommes pour avoir quelque chose à quoi se raccrocher ».

Les dernières prises de vues du *Milliardaire* avaient été repoussées à la mi-juin, et Marilyn voulait croire que ce qu'elle vivait avec Yves Montand n'était pas une aventure programmée pour le temps d'un tournage. Mais vers la fin, d'après ce qu'il devait en dire lui-même, Montand était partagé « entre l'ivresse et l'affolement ». Marilyn « s'accrochait à moi... et l'éclat de son regard disait que tout ce bonheur devait durer ».

« J'étais infiniment touché, avouera-t-il dans ses souvenirs. Touché parce que c'était beau, et touché parce que c'était impossible. Pas une seconde je n'ai envisagé de rompre avec ma femme, pas une seconde ; mais si elle avait, elle [Simone], claqué la porte, j'aurais probablement refait ma vie avec Marilyn. Ou essayé. C'était le sens de la pente. Ça n'aurait peut-être duré que deux ou trois ans. Je n'avais pas trop d'illusions. N'empêche, ces deux ou trois ans, quelles années ! »

La double histoire d'amour, à l'écran et en dehors, s'acheva avec le dernier tour de manivelle du *Milliardaire.* Marilyn quitta Hollywood pour New York, où l'attendaient des essayages de costumes pour *Les Désaxés,* tandis que Montand restait à Hollywood pour négocier des contrats.

Le 30 juin, en route pour l'Europe, il fit une escale à New York. Marilyn vint le retrouver à l'aéroport pour un rendez-vous amoureux qui s'acheva en déchirante scène d'adieu sur la banquette arrière d'une grosse Cadillac. Montand lui dit qu'elle l'avait rendu heureux et qu'il espérait lui avoir donné lui aussi quelques instants de bonheur, mais qu'il n'avait aucunement l'intention de quitter sa femme.

Puis il s'envola pour Paris où Simone et les paparazzi l'attendaient. « Les Montand ont survécu à l'ouragan Marilyn », titra *Paris-Match.*

Marilyn, quant à elle, était une fois de plus rejetée sur — comment dites-vous ? — le bas-côté.

46
La bande à Jack

« Rappelle-toi que l'important n'est pas ce que tu es, mais ce que les gens pensent que tu es. »

Joseph P. Kennedy.

Joseph P. Kennedy avait eu soixante ans au mois de septembre 1948. Parti de rien, l'ancien docker de Boston était déjà à la tête d'une fortune d'environ 400 millions de dollars. Décidé à fêter dignement son anniversaire, il fit défiler quelques jeunes beautés locales dans sa suite du Ritz-Carlton et jeta son dévolu sur Janet Des Rosiers, âgée de vingt-quatre ans. Outre sa taille de guêpe et ses formes avantageuses, Janet, diplômée de Leicester High School, était drôle et intelligente. Et ressemblait de façon frappante à Rose jeune fille.

« Je lui ai vraiment tapé dans l'œil, devait-elle raconter par la suite. Il a décidé sur-le-champ que je lui appartiendrais. » Janet devint donc la maîtresse de Joe Kennedy, sa secrétaire et sa fidèle compagne.

Dix ans plus tard, l'ambassadeur, sentant qu'il n'était plus tout à fait un jeune homme, propulsa sa maîtresse à la direction de l'une de ses entreprises les plus florissantes, la General Dynamic Corporation. Après qu'on eut décidé que John serait candidat à la Maison Blanche, Joe estima qu'il lui fallait un bimoteur Convair de la General Dynamic pour sa campagne, et Janet organisa un vol de démonstration de Washington à New York pour John et son équipe. À quelques jours de là, Joe l'appela au téléphone et lui dit : « Bon sang, Janet, Jack ne va tout de même pas te louer un avion. Nous allons lui en acheter un ! »

L'appareil, baptisé *Caroline* en l'honneur de la fille de John, fut donc acheté pour 385 000 dollars et luxueusement aménagé à l'intention du candidat. Celui-ci hérita en même temps de Janet Des Rosiers, qui devint son hôtesse de l'air, sa secrétaire et sa masseuse. Quand John souffrait d'extinction de voix au cours de la campagne, il communiquait en griffonnant sur un bloc-notes. Janet Des Rosiers conserva le bloc-notes et en vendit plus tard des pages qui éclairent certains aspects de ce rude combat. On y trouve des notations comme : « Je me suis tapé la blonde. »

Le 7 février 1960, le *Caroline*, avec à son bord John Kennedy et son frère Teddy, atterrit à Las Vegas pour une entrevue avec Frank Sinatra, le « président du conseil d'administration », et Sam Giancana, le « patron des patrons ». On décida de miser sur la candidature démocrate de John et on dressa un plan de bataille lors d'une réunion au Sands, où Sinatra se produisait chaque soir avec son groupe, le « Rat Pack ».

Si on proclamait volontiers, alors, que tout jeune Américain avait une chance de devenir président des États-Unis, Sam Giancana estimait quant à lui que tout jeune mafioso avait une chance de *posséder* le président des États-Unis. Et il savait parfaitement où se situait le talon d'Achille des Kennedy. Il l'avait déjà observé chez le vieux Joe, et n'ignorait pas que son fils John était, comme lui, un « homme à femmes ». S'il parvenait à le piéger dans une situation compromettante, la Mafia disposerait d'un redoutable moyen de pression. Grâce à l'entremise de Sinatra, Giancana espérait à la fois remplir les caisses de l'organisation en prenant pied dans quelques-unes des plus grandes compagnies de Hollywood, et ajouter un Kennedy à sa collection.

Seul le Dr Ralph Greenson, le psychanalyste de Frank, aurait peut-être pu expliquer l'étrange fascination de celui-ci pour la puissance de la Mafia. On se souvient de ce commentaire d'Eddie Fischer : « Frank aurait aimé être un truand. Il m'a dit un jour : "Je préférerais être patron de la Mafia que président des États-Unis." Je ne pense pas qu'il plaisantait. » Sinatra et Giancana avaient bien des points communs : ils étaient l'un et l'autre sujets à de brusques changements d'humeur, terriblement orgueilleux, portés sur le jeu et la fornication, capables de générosité autant que de cruauté, aimant l'argent et le dépensant sans compter pour s'offrir un complet de luxe, une fille ou un beau postiche.

Quand il devint évident que John Kennedy avait de bonnes

chances d'être candidat et d'être élu président, Sinatra se mit à cultiver assidûment l'amitié du « beau-frère Lawford » et redoubla de sollicitude envers Marilyn, dont il connaissait les liens intimes avec John, son nouvel ami. Avec d'un côté un copain en passe d'entrer à la Maison Blanche et de l'autre une amie blonde qui partageait de temps en temps le lit dudit copain, Frank se trouvait dans une position des plus intéressantes. Dans un moment d'égarement précédant sa mort en 1983, Peter Lawford déclara : « Je ne veux pas parler de John et de ses poules, ça, je ne peux pas... mais, bref, je ne suis pas très fier de tout ça, et ce que je peux dire c'est que j'ai fait le maquereau pour Frank, et que Frank l'a fait pour John. C'est affreux à dire maintenant, mais à l'époque, on s'est bien amusé. »

Les archives du FBI contiennent des informations sur les filles que Sinatra rabattit pour John à Palm Springs, Las Vegas et New York. On y lit notamment : « Il est de notoriété publique que l'Hôtel Sands appartient à des truands, et que lorsque le sénateur, Sinatra et Lawford y séjournaient, des filles venues de tous les établissements de la ville ne cessaient d'entrer et de sortir de la suite du sénateur. »

C'est au Sands que Sinatra présenta à John Kennedy Judith Campbell Exner, une séduisante divorcée aux cheveux bruns et aux magnifiques yeux bleus. C'était, d'après son amie Patricia Bree, « la plus somptueuse créature qu'on ait jamais vue, et elle avait une vague ressemblance avec Jackie Kennedy ».

Judith Exner fréquentait les night-clubs de Los Angeles et de Las Vegas, où on l'avait souvent vue au bras de Johnny Rosselli, patron de la Mafia de la côte ouest.

D'après le récit que fit Judith de cette visite, elle se trouvait au Sands avec un groupe d'amis à l'invitation de Sinatra. Il y avait là l'épouse de Dean Martin, Jeanne, l'agent Mort Viner, Gloria Romanoff, et la chargée de relations publiques Pat Newcomb, qui était amie à la fois avec Sinatra, les Lawford et les Kennedy.

L'avion amenant les invités de Sinatra atterrit à Las Vegas dans l'après-midi du vendredi 5 février 1960, et le dimanche après-midi, à la table de Sinatra dans la grande salle du Sands, Judith Exner fut présentée au sénateur John Kennedy et à son frère Teddy. Le soir même, Judith Exner, Pat Newcomb et Gloria Romanoff furent invitées à la table de Sinatra au Copa Room, où il se produisait avec Dean Martin, Peter Lawford et Sammy Davis Jr. « J'étais assise à côté de Teddy, et John en face de moi, raconte Judith Exner. John était follement séduisant dans son complet à fines rayures. Ah, ces robustes dents blanches et ces yeux rieurs d'Irlandais... Je dois dire que je fus terriblement impressionnée par son assurance, son charme et son esprit. »

Bien des années plus tard, Judith Exner révélera, dans une autobiographie intitulée *My Story*, sa liaison avec John Kennedy. Elle y parle de dizaines de rendez-vous clandestins dans des chambres d'hôtel à travers le pays, et à la Maison Blanche. Ses révélations furent accueillies avec scepticisme, mais par la suite l'ouverture des archives du FBI et des relevés d'appels téléphoniques de la Maison Blanche confirmèrent que plus de soixante-dix conversations téléphoniques, dont certaines très longues, s'étaient déroulées entre Judith Exner et le Président pendant la période qui va de février 1961 à avril 1962. Et que le président Kennedy parla encore avec elle au téléphone le 5 août 1962, jour où on apprit la mort de Marilyn Monroe.

Judith Exner servit d'intermédiaire entre Kennedy et Giancana. Elle nous apprend qu'elle organisa un rendez-vous à l'Hôtel Fontainebleau de Miami, au cours duquel les deux hommes mirent la dernière main au plan qui devait permettre à John de rafler un maximum de voix lors des primaires dans la partie occidentale de l'État de Virginie. Kennedy avait déjà battu son adversaire démocrate Humphrey dans le New Hampshire et le Wisconsin, mais la Virginie occidentale comptait quatre-vingt-dix pour cent de protestants. Pour être désigné comme candidat, John devait prouver à son parti qu'il pouvait, bien que catholique, rassembler sur son nom un maximum de voix protestantes. Les troupes des Kennedy s'engagèrent dans ces primaires avec toute l'énergie, la détermination et l'argent dont elles disposaient. Les comptes rendus des écoutes téléphoniques réalisées par le FBI devaient révéler que la contribution de Giancana à ce trésor de guerre s'était élevée à 150 000 dollars, à travers les dons effectués par son ami Paul Emilio « Skinny » D'Amatao et Sinatra lui-même. On dépensa plus de 50 000 dollars pour « expliquer » aux shérifs des régions concernées, qui contrôlaient l'appareil politique, à quel point il était important que Kennedy l'emporte.

John Fitzgerald Kennedy remporta ces primaires avec 219 246 voix, contre 141 941 voix à Humphrey. Le *New York Times* parla d'une « écrasante victoire » et tous les démocrates du pays en furent impressionnés. Hubert Humphrey pleura et se retira de la course après avoir confié à un collègue : « Avec tout ce que John Kennedy et son père ont distribué comme argent, les habitants de la Virginie occidentale pourront se passer de subventions pendant les quinze prochaines années. »

Selon l'ami des Kennedy, le sénateur George Smathers, John était préoccupé par le « problème Marilyn Monroe ». Il s'inquiétait à l'idée qu'elle puisse parler de leur relation ou évoquer d'autres sujets d'ordre privé susceptibles de nuire à sa candidature.

Mais Marilyn se joignit elle aussi à la campagne. Alors qu'elle se trouvait sur la côte est pendant que les studios d'Hollywood étaient paralysés par la grève, elle avait été nommée déléguée du parti démocrate dans le cinquième district du Connecticut ; et quand elle revint à Hollywood pour y reprendre le tournage du *Milliardaire*, son nom était le premier sur la liste des célébrités appelant à la candidature de JFK. Sinatra avait été l'artisan de ce prestigieux comité de soutien, avec l'aide de son ami Henry Rogers et de Pat Newcomb.

En cette année 1960, le choix de Los Angeles pour accueillir la convention du parti démocrate ne pouvait que satisfaire JFK. Ses partisans dans les milieux du show-business seraient à proximité et pourraient plus facilement manifester leur soutien. Le 10 juillet, veille de l'ouverture, le parti organisa à l'Hôtel Beverly Hilton un dîner à 100 dollars le couvert pour collecter des fonds. Sinatra recruta une armada de célébrités comme Milton Berle, Janet Leigh, Tony Curtis, Judy Garland, Mort Sahl et la « bande à Jack » au grand complet, qui se mêlèrent à la foule des deux mille huit cents « invités ». Jacqueline Kennedy, qui était enceinte de six mois, n'y assista pas.

John, Bobby et Teddy Kennedy descendirent à l'Hôtel Biltmore. La suite des Kennedy, qui se trouvait dans le même couloir que l'appartement privé du chef de la police Bill Parker, devint le poste de commandement de Bobby pour la durée de la convention. L'équipe de sécurité comprenait le capitaine James Hamilton, le lieutenant Daryl Gates, les agents Frank Hronek, Marvin Ianonne, Archie Case et James Ahaern.

Joe Kennedy ne mit pas les pieds à la convention, mais il occupait une aile de la demeure de Marion Davies, à l'arrière de l'Hôtel Beverly Hills, et « il était le cerveau de toute l'affaire », selon l'expression de Joe Timilty, assistant de John dans la campagne.

John résidait officiellement à Baltimore, et logeait dans un appartement prêté par Jack Haley, l'un des patrons des casinos, sur Rossmore Boulevard non loin du Wilshire Country Club. Son repaire fut découvert et un voisin le vit un jour descendre par l'escalier de secours pour éviter d'être surpris dans une situation compromettante. Des journalistes éberlués l'aperçurent au moment où il sautait par-dessus une clôture pour regagner sa voiture. « J'ai rendez-vous avec mon père ! » leur lança-t-il avant de démarrer en trombe. La « situation compromettante » s'appelait peut-être, ce jour-là, Marilyn Monroe. La star était attendue à Reno, dans ce même État du Nevada, où le tournage des *Désaxés* devait commencer le 21 juillet.

Au deuxième jour de la convention à Los Angeles, John et Marilyn dînèrent ensemble chez Pucini, le restaurant préféré de la « bande à Jack », en compagnie de Peter Lawford et de Peter Summers, l'un des responsables de la campagne de Kennedy. Le Pucini avait pour propriétaires Sinatra, Lawford et Mickey Rudin. Aux dires de l'inspecteur John St John de la police municipale de Los Angeles, l'établissement était fréquenté par la Mafia et mettait, à l'étage, un salon particulier à la disposition des clients de marque. Peter Summers se rappelle avoir vu le lendemain matin John Kennedy et Marilyn sortir d'une cabine de douche sur la plage, devant la maison des Lawford. « Jack appréciait réellement Marilyn, déclara Summers. Elle était délicieuse... Je sentais qu'elle était tellement impressionnée par le charme et le charisme de Kennedy qu'elle en était presque éblouie. »

La fin de la convention approchait, et la victoire de John sur son rival Adlaï Stevenson n'était pas assurée. Quant ce fut aux délégués du Wyoming de se prononcer, il lui manqua quelques voix pour l'emporter au premier tour de scrutin. Joe Kennedy envoya Teddy s'occuper du Wyoming. Jouant des coudes à travers la foule, Teddy vint se planter à côté du président de la délégation et lança par-dessus le tumulte : « Vous avez la possibilité de désigner le prochain président des États-Unis. Un président n'oublie jamais ceux qui l'ont soutenu ! » Un instant plus tard, la délégation votait comme un seul homme pour John Fitzgerald Kennedy, et un tonnerre d'acclamations s'élevait pour saluer la nomination du candidat démocrate à la présidence. Le « beau-frère Lawford » n'avait jamais vu Sinatra aussi radieux. Pour peu, on aurait cru que c'était lui qui s'apprêtait à entrer à la Maison Blanche. Il avait bel et bien un pied dans la place.

Le discours prononcé deux jours plus tard par John Kennedy au Coliseum de Los Angeles devant une foule en délire montre qu'il avait bien assimilé les leçons de son père sur l'importance de la victoire : « Nous avons aujourd'hui devant nous une Nouvelle Frontière — la frontière des années soixante — faite de dangers et d'opportunités encore inconnus... Je vous demande à tous d'être les pionniers de cette Nouvelle Frontière ! »

Après le discours triomphant du Coliseum, Peter Lawford avait organisé une soirée pour John dans sa maison du bord de mer, et emprunté le chef barman de Romanoff, Ross Acuna. Acuna se souvient de l'arrivée de Marilyn accompagnée de Sammy Davis. « Je n'étais pas dans le coup, mais quand vous servez au bar vous voyez toutes sortes de choses, et vous la fermez. Je n'ai pas tardé à voir arriver le fils Kennedy, après son discours au Coliseum... Et j'ai vite vu que cette Marilyn Monroe et le fils Kennedy se tenaient de très près. Sammy Davis ? À mon avis, il était simplement chargé d'amener Marilyn Monroe, si vous voyez ce que je veux dire — pour donner le change. »

Peter Summers a déclaré lui aussi que Marilyn et John étaient ensemble ce soir-là chez les Lawford. La fête se prolongea jusqu'à l'aube. Case, Ahaern et les agents de sécurité de Parker montaient la garde. Frank Hronek, qui les commandait, se souvient qu'au fil des heures l'ambiance se fit de plus en plus débridée. Ils virent arriver un bataillon de filles en tenue légère amenées par une sous-maîtresse bien connue à Hollywood. Comme devait le dire l'un des policiers présents, « plusieurs filles étaient cul nu ». La frontière des années soixante s'annonçait, effectivement, pleine « de dangers et d'opportunités encore inconnus ».

47
Les yeux du serpent

> « Ceci est une tentative pour réaliser le film des films. »
>
> Frank Taylor.

Rien n'est aussi éphémère que le travail sur un film. Pendant quelques semaines, ou quelques mois — ou ce qui semble parfois une éternité —, un certain nombre d'individus plus ou moins égocentriques, agréables ou névrosés sont précipités, ensemble, dans un creuset d'activité cinématographique. Faire partie d'une équipe de tournage, c'est vivre et travailler de longues heures dans un rassemblement de savoir-faire et de talents, et œuvrer de concert jusqu'à la dernière image du dernier plan. Des liens se tissent, des amitiés naissent. Des histoires d'amour et des histoires de haine commencent et s'achèvent — s'achèvent et commencent. Il y a des secrets partagés, des promesses qu'on échange, des royalties qu'on attribue et des animosités qui se renforcent. Chaque acteur, chaque technicien a le sentiment de contribuer à quelque chose d'unique — au-delà de l'ordinaire, au-delà du commun. Des gens IMPORTANTS et des sommes d'argent CONSIDÉRABLES concourent à la réalisation de QUELQUE CHOSE DE GRAND. Le MAINTENANT prend une signification particulière qui va PLUS HAUT et PLUS LOIN.

Et soudain, c'est fini.

Chacun repart de son côté — vers d'autres films, en vacances, au chômage. Les acteurs et les techniciens se revoient rarement. Il y avait là, sans doute, de quoi rappeler à Marilyn l'époque où elle allait d'école en école, de foyer d'adoption en foyer d'adoption. C'est peut-être pour cela qu'elle avait formé cette « famille » d'amis de confiance et de compagnons de travail qui la suivait de film en film.

Les Désaxés devait être le vingt-neuvième et dernier film achevé par Marilyn en seize années d'une stupéfiante carrière. Il serait aussi un hommage offert à Marilyn par son mari, l'un des plus éminents auteurs dramatiques du monde. Non seulement il serait réalisé par John Huston, l'un des metteurs en scène préférés de Marilyn, mais elle y aurait pour partenaire son idole de toujours, Clark Gable, et le film serait produit par un ami de Miller, Frank Taylor. Tous ceux de sa « famille » seraient là pour la soutenir : répétitrice, Paula Strasberg ; masseur, Ralph Roberts ; secrétaire, May Reis ; chef maquilleur, Allan « Whitey » Snyder ; coiffeurs, Sidney Guilaroff et Agnes Flanagan ; chauffeur de la limousine, Rudy Kautzky ; doublure, Evelyn Moriarty ; et pour la publicité, Rupert Allan... Qu'est-ce qui aurait pu aller de travers ?

Tout.

Dans l'après-midi du 20 juillet 1960, Marilyn atterrit à Reno dans un DC-7 de United Airlines en provenance de Los Angeles. Arthur Miller, le producteur Frank Taylor et Rupert Allan étaient venus l'attendre à l'aéroport, ainsi que les journalistes locaux et quelques centaines de fans. Tout le monde patienta une demi-heure pour la voir émerger. On expliqua qu'elle était allée se changer dans les toilettes des dames, mais Guilaroff révéla par la suite qu'elle avait eu des problèmes avec sa perruque. Le tournage des *Désaxés* ayant été repoussé en raison de la grève qui avait retardé celui du *Milliardaire*, elle n'avait eu que deux semaines pour souffler entre les deux films. Toujours d'après Guilaroff, ses cheveux avaient souffert des teintures et des changements de coiffure subis sur le plateau de la Fox, et on avait décidé au dernier moment qu'elle tournerait *Les Désaxés* avec une perruque. Elle n'aimait pas cette idée et ne parvint pas à s'y faire, et la perruque avait été retaillée pendant le vol de Los Angeles à Reno.

Marilyn Monroe allait devoir se plier à un plan de tournage chargé et très rigoureux, avec six heures de prises de vues par jour dans la chaleur intense du désert, alors qu'elle arrivait physiquement épuisée et moralement atteinte par les déceptions qu'elle venait d'éprouver de la part des trois hommes qui comptaient le plus dans sa vie : Montand lui avait joué la Grande Évasion, JFK avait abusé de sa naïveté et Miller, pensait-elle, s'était servi d'elle. Elle souffrait en outre d'une douleur persistante au côté gauche, et avait des crises de vomissements. Mais la production des *Désaxés* était lancée, et rien ne devait l'arrêter. Tout délai supplémentaire, l'avait-on prévenue, risquait de leur faire perdre Gable et Huston, qui avaient d'autres engagements. Elle arriva avec un sac plein de médicaments contre la douleur. Mais la souffrance qu'elle allait endurer pour tourner *Les Désaxés* était de celles qu'aucun médicament ne peut apaiser.

Rupert Allan constata qu'elle était « malheureuse jusqu'au désespoir d'être obligée de jouer des scènes écrites par Miller et qui parlaient de façon si évidente de la vraie Marilyn ». Pourtant, bien que le personnage de Roselyn fût son double et qu'une grande partie des dialogues et des situations eussent été directement inspirés par la vie du couple Miller, Marilyn trouvait cette Roselyn inconsistante à bien des égards — trop passive, débitant des platitudes et manquant d'humanité. Elle n'avait jamais pleinement adhéré au scénario et, au moment où elle arriva à Reno, Arthur était encore en train de remanier des scènes de ce texte sur lequel il travaillait depuis plus trois ans. Et elle devait maintenant faire face au rôle le plus difficile de sa carrière — un portrait faussé d'elle-même. Arthur avait commencé à écrire *Les Désaxés* comme un hommage à sa femme, un témoignage de son amour, pour finir par un récit douloureux de l'échec de leur mariage.

La rumeur se répandit comme une traînée de poudre : la présidente des Marilyn Monroe Productions et son vice-président ne filaient pas le parfait amour, ils étaient sur le point de divorcer. Les Miller logeaient dans une suite de l'Hôtel Mapes de même que le reste des acteurs et de l'équipe de tournage, mais on les voyait rarement ensemble et ils arrivaient sur le plateau chacun dans sa voiture.

John Huston ne s'attendait pas vraiment aux problèmes qu'il allait rencontrer avec Marilyn. « J'ai tout de suite vu qu'elle n'allait pas bien quand nous avons commencé à tourner, dira-t-il. Elle arrivait très en retard, et, apparemment, prenait des somnifères depuis pas mal de temps... Elle avait un regard bizarre et, les jours passant, semblait aller de plus en plus mal. »

Huston n'avait revu Marilyn qu'une seule fois, et brièvement, depuis le tournage de *Quand la ville dort*, et ils avaient l'un comme l'autre beaucoup changé. Le cynisme de Huston s'était épanoui en un sadisme raffiné, et Marilyn était devenue une actrice accomplie, à qui les avatars de sa vie privée faisaient toucher le fond de la tristesse. Elle n'était plus la même dans *Les Désaxés.* La perruque lui enlevait un peu de son aura, et les yeux lourdement cernés par le maquillage qui masquait en partie le « regard bizarre » étaient peut-être ceux de la jeune divorcée de Reno, mais l'ensemble ne ressemblait plus tout à fait à Marilyn — celle de *Sept ans de réflexion, Bus Stop,* et *Certains l'aiment chaud.* La fatigue, la souffrance et les déceptions avaient laissé leur marque. Elle avait perdu un peu de son éclat, même si les photographes et les journalistes qui se succédaient sur le plateau de façon ininterrompue ne s'en apercevaient pas encore.

Alice McIntyre, du magazine *Esquire,* trouva Marilyn « d'une stupéfiante beauté ». Le photographe Henri Cartier-Bresson vit dans sa beauté radieuse « une illustration mythique de ce que nous appelons en France la femme éternelle ». Une photographe, toutefois, ne trouva peut-être pas si éternelle cette femme : Inge Morath, la photographe de Magnum, qui était arrivée avec Cartier-Bresson et resta sur place pour devenir la prochaine Mrs. Miller.

Marilyn était impatiente de travailler avec Clark Gable, que son épouse Kay avait accompagné à Reno. Gable, de son côté, avait pour Marilyn de la sympathie et de la compréhension. Toujours très gentleman, il se plaignait en privé de ses retards mais s'inquiétait pour elle d'une façon toute paternelle. Et le grand professionnel qu'il était ne pouvait admettre qu'elle soit si longue à se présenter sur le plateau. Gable déclara à George Chasin, son agent, qu'il appréciait Marilyn en tant que comédienne, mais s'étonna : « Bon sang, quel est le problème de cette fille ? Je l'aime bien, mais je deviens cinglé à l'attendre comme ça ! »

Pourtant, il ne manifesta jamais son impatience sur le plateau. Quand elle arrivait enfin, il lâchait des réflexions du genre : « Pourquoi faut-il que ces jolies filles ne soient jamais à l'heure ? » Il lui arrivait aussi de la pincer, et de dire avec un clin d'œil : « Au boulot, beauté ! » Sensible à sa détresse et à sa fatigue, il la faisait toujours asseoir, et ils restaient souvent côte à côte entre les prises de vues pour bavarder des mille et une expériences de Gable dans le cinéma. Marilyn ne fut pas longue à repérer la faille chez celui dont elle aurait aimé faire son père : Gable descendait un demi-litre de whisky par jour, et il lui arrivait d'avoir les mains qui tremblaient. Malgré son problème cardiaque et malgré l'interdiction de boire et de fumer que lui avait faite son médecin, il ne renonça pas à ces habitudes de toute une vie pendant le tournage épuisant auquel il était soumis dans le désert du Nevada. On dut refaire un certain nombre de gros plans parce qu'on ne pouvait pas montrer un Clark Gable tremblant par trente-huit degrés de chaleur.

John Huston était un perfectionniste, réputé pour perdre tout intérêt au film qu'il tournait dès l'instant où il constatait que son alchimie cinématographique ne fonctionnait pas. Il s'aperçut très vite qu'aucun sorcier n'aurait pu deviner la formule magique qui sauverait *Les Désaxés* et, aussitôt, laissa mentalement tomber le film pour se rabattre sur les casinos de Reno et sur la bonne vieille solution qui, elle, marchait toujours : l'alcool. Il passait des nuits à jouer aux dés et à boire, aussi peu avare de son argent que de ses heures de sommeil. Pendant la journée, il traversait le film dans un brouillard de benzédrine, s'efforçant avec plus ou moins de bonheur de diriger le groupe de personnalités hétéroclites rassemblées sur son plateau.

L'alcool n'était que l'un des innombrables problèmes de Montgomery Clift. Ses excès de boisson l'avaient conduit, le mois de mai précédent, au Mount Sinai Hospital de New York, pour une cirrhose du foie. À en croire un malade hospitalisé en même temps que lui, « il ne semblait plus savoir qui il était, ni où il était. Dévoré par l'angoisse et ayant perdu tous ses repères, il avait peur du sexe et il avait peur de l'autorité ». Marilyn avait dit une fois que Clift était la seule personne de sa connaissance à aller plus mal qu'elle. Sur le tournage des *Désaxés*, il se montra fidèle à lui-même, buvant à longueur de journée un mélange de vodka et de jus de pamplemousse qu'il gardait auprès de lui dans une bouteille Thermos ; et dans le rôle de Perce, le cow-boy alcoolique chasseur de chevaux sauvages, il se montra une fois encore l'un des plus brillants acteurs que le cinéma américain ait jamais connus. D'après Whitey Snyder, qui n'était pas vraiment sobre lui-même, la plupart des acteurs et des techniciens se ruaient vers les bars pour se remettre des horreurs du tournage et de la chaleur. « Ils se réveillaient avec de sacrés maux de tête, en priant Dieu que Marilyn soit encore en retard. »

En cours de tournage, l'équipe tout entière se trouva divisée en deux factions ennemies à cause des graines de discorde semées par le clan Miller. Frank Taylor, John Huston et Arthur Miller avaient mis au point une stratégie destinée à contrer Black Bart. Avant même l'arrivée de Paula Strasberg à Reno, Frank Taylor, agissant sur les directives de Miller, avait réuni les principaux responsables de la production : « Je leur expliquai que la tactique habituelle de Paula, qui consistait à diviser pour régner — comme elle l'avait fait avec George Cukor pendant le tournage du *Milliardaire* —, ne marcherait pas si nous y opposions un front uni. Tout le monde devait être poli avec elle, lui dire bonjour et bonsoir, mais se refuser à toute conversation. Il s'agissait de la neutraliser. »

Quand Marilyn se rendit compte de ce qu'Arthur et ses alliés étaient en train de faire, elle devint blême de rage. C'était la dernière trahison, et le reste de cordialité professionnelle qui subsistait entre les deux époux vola en éclats. Un soir où il avait raté la voiture qui devait le ramener à l'Hôtel Mapes, Arthur voulut monter dans celle de Marilyn et elle lui claqua la portière au nez, le laissant planté au milieu du désert. Ils restèrent ensuite plusieurs jours sans s'adresser la parole.

Rentrant d'une visite à Reno, le scénariste Arnold Schulman raconta : « Je suis allé à Reno, et c'était abominable. La tension qui régnait là-bas ! Miller boudait comme un marmot de deux ans en jetant des regards noirs à tout le monde, et particulièrement à Paula. S'il m'avait regardé comme ça, j'aurais séché sur pied dans la seconde. Je me demande comment Paula a fait pour tenir le coup depuis le début. Tout le monde la détestait. Elle faisait son possible pour éviter que tout se casse la figure, mais ils disaient : "Quelle emmerdeuse !" et ils ne cessaient de se moquer d'elle. »

La stratégie du clan Miller s'acheva en crise de larmes pour Paula, et quand elle vit ce qu'on lui faisait subir, Marilyn appela Lee Strasberg à New York. Sans prévenir quiconque, Lee et Susan Strasberg prirent un avion pour Reno. Lee apparut sur le plateau chaussé de bottes de cow-boy et coiffé d'un chapeau à larges bords, et eut une explication avec Arthur Miller à Quail Canyon.

« Je ne tolérerai pas un tel comportement vis-à-vis de Paula, déclara Lee, menaçant. Paula est une artiste. Elle a travaillé avec de nombreuses stars et on ne l'a jamais traitée de cette façon. Si les choses ne changent pas, je serai dans l'obligation de la rappeler. Elle a droit à un minimum de respect ! »

Confrontés aux inévitables conséquences de leur stratégie malveillante, Arthur et son clan mirent de l'eau dans leur vin. Sidney Guilaroff se souvient que Huston souriait de temps en temps à Paula avec « ses yeux de serpent ». Le clan de Marilyn fêta la victoire au champagne et aux chandelles. Ralph Roberts, Susan Strasberg, Agnes Flanagan, May Reis et Whitey Snyder firent sauter les bouchons et burent au succès de leur entreprise, tandis que des feux de brousse éclataient tout autour de Reno. Ralph Roberts se souvient : « Les feux de brousse avaient provoqué une panne de courant, et nous n'avions que des bougies pour nous éclairer. Nous étions dans le dépôt de costumes que nous avions installé au neuvième étage de l'Hôtel Mapes, et Marilyn s'échappa un instant de la suite qu'elle partageait avec Arthur pour boire le champagne avec nous. »

Susan Strasberg, elle non plus, ne devait pas oublier cette soirée : « Marilyn était venue prendre un verre avec ses amis, et elle était assise sur une malle de costumes. S'emparant d'une perruque, elle se leva et exécuta une formidable imitation de Mitzi Gaynor — elle chantait et dansait dans la pénombre et on ne pouvait pas voir son visage, mais elle était éclatante de vie. »

Puis elle prit la perruque d'Estelle Winwood pour chanter *I'm going to wash that man right out of my hair* (« Je vais envoyer promener ce type »), et chacun comprit de qui elle voulait parler.

Peu après la convention démocrate de Los Angeles, Frank Sinatra se produisit au Cal-Neva Lodge sur la rive du lac Tahoe. Le samedi 3 août, il invita Marilyn et les principaux acteurs des *Désaxés* à son spectacle. Gable déclara qu'il n'irait que si l'équipe au complet était invitée, et il fut entendu. Tout le monde, y compris Arthur Miller, se transporta donc à Cal-Neva.

Marilyn fut touchée par la gentillesse et la générosité de Sinatra. Mais il y avait autre chose derrière cette invitation. L'agent Bill Roemer, qui surveillait Giancana, atteste que parmi les invités présents à Cal-Neva au cours de ce week-end figuraient également Joe et John Kennedy, Sam Giancana et Johnny Rosselli.

Sinatra était alors en train d'acheter le Cal-Neva Lodge en association avec Sam Giancana et Mickey Rudin. Le directeur en serait Skinny D'Amato, l'homme qui avait arrangé les primaires de Virginie occidentale, et avait tenu, toujours pour Giancana, le Thunderbird à La Havane. Le Cal-Neva Lodge était depuis bien des années l'un des établissements favoris de Joe Kennedy, qui y était souvent venu en vacances avec sa maîtresse Janet Des Rosiers. Après la désignation de John comme candidat des démocrates, Joe y passa deux semaines au cours desquelles il travailla avec Sinatra et Giancana à un plan de campagne pour son fils.

Le sénateur George Smathers eut l'impression que tout allait bien entre Marilyn et John. John ayant remporté une première bataille avec sa désignation comme candidat du parti démocrate, le silence de Marilyn prenait une importance vitale. Smathers parle des efforts qui furent faits pour « convaincre Marilyn

Monroe de tenir sa langue, car le pays entier risquait d'être au courant ».

Mais ce qui se passa au Cal-Neva Lodge produisit des effets catastrophiques sur Marilyn, à quelques jours de là, quand elle dut se soumettre à nouveau à la torture du tournage. Le cameraman Russell Metty annonça à Huston qu'il ne pouvait plus la filmer en gros plan à cause de « ce regard bizarre ». Elle commença à se tromper dans son texte et à sauter des répliques. Le 26 août, un vendredi, Paula Strasberg la trouva sans connaissance dans sa chambre de l'Hôtel Mapes. Elle avait fait une surdose de médicaments. Après avoir récupéré les cachets non dissous qu'elle avait encore dans la bouche, Paula appela une ambulance. On conduisit Marilyn à l'hôpital, où elle subit un lavage d'estomac. Le samedi, elle fut transférée à l'Hôpital Westside de Los Angeles et confiée aux soins du Dr Ralph Greenson et de l'interne qu'il avait recommandé, le Dr Hyman Engelberg. Chuck Spalding, un ami de John Kennedy, déclara qu'on lui avait demandé de prendre un avion pour Reno afin de s'assurer qu'elle tenait le coup. « À mon arrivée là-bas, je la trouvai réellement malade. Avec l'aide de Lawford, je la conduisis à l'hôpital. » Marilyn resta une semaine à l'Hôpital Westside, où les Drs Greenson et Engelberg la soumirent à un traitement destiné à la désaccoutumer des barbituriques. Greenson devait dire par la suite : « En dépit des apparences, Marilyn n'était pas réellement accrochée à ces drogues. Elle pouvait s'en passer du jour au lendemain sans éprouver de manque. »

En repartant pour le Nevada où elle devait achever le tournage des *Désaxés*, elle fit une étape à San Francisco pour rendre visite à Joe DiMaggio. Elle annonça à DiMaggio qu'elle divorcerait d'Arthur Miller dès que le film serait terminé, et DiMaggio se prit peut-être à rêver d'une réconciliation.

Au soir du 5 septembre, Marilyn était de retour à Reno, bien décidée à achever ce tournage. Elle se remit au travail, « avec l'air d'avoir merveilleusement repris possession d'elle-même, déclara Arthur Miller. Je la trouvais héroïque mais nous savions l'un et l'autre, à ce moment, que notre séparation était consommée ».

Dans un moment de colère et de frustration, Marilyn dit un jour : « Ce film devait être “notre film” ! Mais Arthur a modifié le scénario. Elle [Roselyn] n'est pas du tout comme moi ! Elle joue pratiquement un rôle secondaire dans l'histoire. Il n'y a que les hommes qui comptent pour lui... Arthur ne voulait qu'une chose, se servir de moi pour restaurer son prestige ! Je ne lui pardonnerai jamais. Jamais ! »

Courant octobre, l'équipe acheva les prises de vues en extérieur et reprit le chemin des Studios Paramount à Hollywood, pour tourner la dernière scène des *Désaxés,* qui devait être aussi la scène finale des carrières respectives de Clark Gable et Marilyn Monroe.

Le 4 novembre, dans le studio 7, Clark et Marilyn s'installèrent dans la cabine d'un camion face à un écran de transparence :

INT. CAMION
DEUX PLANS
Gay entoure d'un bras protecteur les épaules de Roselyn.
Ils roulent dans le désert et la lumière baisse rapidement.

Roselyn : Comment retrouveras-tu ton chemin quand il fera noir ?

Gay regarde le vaste désert qui s'étend devant lui, et fixe une étoile au ciel.

Gay : Face à cette grosse étoile, tout droit. La route est dessous — elle nous ramènera directement chez nous.

Roselyn regarde fixement l'étoile avant de se blottir contre l'épaule de Gay. Ils continuent tous deux à fixer l'étoile au-dessus d'eux, si brillante et si lointaine — l'étoile étincelante de l'espoir.

FONDU AU NOIR

« L'espoir ! L'espoir ! L'espoir ! » Il n'y avait plus d'espoir.

Le tournage des *Désaxés* prit fin, et avec lui le supplice, et ce qu'il restait du mariage des Miller. Ce jour-là, Marilyn avait encore une scène importante à jouer. Quand les Miller retrouvèrent leur bungalow de l'Hôtel Beverly Hills, elle laissa exploser sa rage à l'égard de son mari. Arthur Miller fit rapidement ses bagages et s'enfuit dans la nuit.

« Aujourd'hui pour Toujours », c'était fini.

« Aujourd'hui » avait duré mille cinq cent cinquante-huit jours.

« Toujours », c'était le temps des *Désaxés.*

48

Le blues

Pourquoi suis-je né ?
Pourquoi faut-il que je vive ?
Qu'est-ce que ça me rapporte ?
Qu'est-ce que je donne ?
Je suis au fond du trou
Au dix-neuvième étage...

Peter Chatman, *Every Day I Have the Blues.*

Le 8 novembre 1960, Marilyn Monroe était trop déprimée par la fin de son mariage pour se rendre aux urnes et voter pour son ami John Fitzgerald Kennedy. Il n'en remporta pas moins la victoire, avec un petit nombre de voix d'avance sur Richard Nixon. John avait d'autres amis.

À l'aube du 9 novembre, pourtant, Kennedy n'était toujours pas assuré de sa victoire : l'incertitude planait sur les résultats de la Californie, du Michigan et de l'Illinois. Avant d'aller se coucher, il téléphona à Richard Daley, maire de Chicago et ami de longue date de son père, pour lui faire part de ses inquiétudes. « Monsieur le président, lui répondit Daley, avec un peu de chance et l'aide de quelques amis sûrs, vous allez l'emporter dans l'Illinois. » Daley parlait d'expérience. Il avait lui-même obtenu sa première élection grâce au vaste quartier des docks de Chicago ouest, contrôlé par Sam Giancana et la Mafia. La fraude électorale était une véritable tradition dans le comté de Cook. À son réveil, Kennedy avait gagné par 118 574 voix sur plus de 68 millions de votants. Nixon était arrivé en tête dans 93 des 102 comtés de l'Illinois, mais il perdait tout de même cet État à cause de la formidable avance de 8 858 voix obtenue par Kennedy dans le comté de Cook, qui comprenait Chicago.

En cours de soirée, les tout premiers résultats du dépouillement dans 699 bureaux de vote donnaient une confortable avance de 4 539 voix à Nixon. C'est alors que Richard Daley, le maire, était intervenu en personne pour imposer un nouveau comptage. Par la suite, on entendit souvent Sam Giancana se vanter auprès de Judith Campbell Exner : « Écoute, ma chérie, sans moi ton petit copain ne serait pas à la Maison Blanche. »

Le 10 novembre, lors de sa première conférence de presse, le président élu annonça le maintien de J. Edgar Hoover à la direction du FBI. Ce fut un choc pour les amis et les supporters de Kennedy, dont aucun n'ignorait l'animosité du nouveau Président à l'égard du patron du FBI. La veille au soir, le rédacteur en chef de *Newsweek*, Ben Bradlee, l'avait pressé de limoger Hoover et l'avait quitté avec la certitude qu'il le ferait ; mais Bradlee ne savait rien de l'épais dossier que détenait Hoover sur les activités extra-professionnelles du nouveau Président.

Parfaitement informé des fredaines de son fils, et conscient de l'antipathie de J. Edgar Hoover pour les Kennedy, l'ambassadeur avait dit à John de nommer Bobby attorney général. Seul Bobby, à la tête du département de la Justice, aurait une chance de contrôler efficacement Hoover. Sentant que cette nomination ne pouvait que prêter à controverse, John tenta d'en dissuader son père. Mais Joe ne voulut pas céder.

L'un des problèmes soulevés par cette nomination tenait au gigantisme d'un ministère disposant d'un budget de 130 millions de dollars et employant trente mille personnes, alors que le jeune Bobby n'avait aucune expérience de juriste. En apprenant la nouvelle, Ben Bradlee demanda à John comment il allait l'annoncer. « Ma foi, répondit John, je vais ouvrir la porte de ma maison de Georgetown vers 2 heures du matin, je regarderai à gauche et à droite pour m'assurer qu'il n'y a personne dans la rue, et je dirai tout doucement : “C'est Bobby.” »

John annonça effectivement la nouvelle sur le perron de sa maison de Georgetown, mais il était midi et il avait devant lui une foule de journalistes. Au moment où il s'apprêtait à sortir, on l'entendit dire à Bob qui se tenait près de lui, « Bon sang, Bob, recoiffe-toi un peu et ne souris pas comme ça, on va croire que nous sommes ravis ! »

J. Edgar Hoover entra dans une colère noire en apprenant le nom de son nouveau supérieur. Conservateur dans l'âme, Hoover dirigeait déjà le FBI alors que Bobby n'était pas encore né, et voici que « ce gringalet, ce petit merdeux de libéral » allait désormais le commander. Sa fureur augmenta de quelques degrés lorsque Bobby, peu après l'entrée en fonction officielle de son frère, obligea le FBI, pour la première fois de son histoire, à soumettre ses communiqués de presse et les déclarations de ses responsables à l'attorney général. Il ordonna également que tous les communiqués soient publiés au nom du ministère de la Justice et non plus à celui du FBI. Plus humiliant encore, Bobby exigea que toutes les directives émises par le directeur du FBI soient préalablement visées par ses propres services. L'antagonisme entre Hoover et le clan Kennedy ne fit que croître et embellir tout au long des mille jours éclatants et des mille nuits beaucoup plus sombres de la présidence Kennedy.

Après l'élection, Marilyn prit l'habitude de dire « Prez » lorsqu'elle parlait de John Kennedy, et confia à Robert Slatzer que si elle avait craint un instant de voir le nouveau Président rompre toutes relations avec elle, ses inquiétudes étaient désormais dissipées. Son ami new-yorkais Henry Rosenfeld raconta à Anthony Summers que « quand il fut élu président, elle était tout excitée. Elle pensait que c'était désormais la personne la plus importante au monde, et qu'elle le fréquentait. Elle était si excitée qu'on aurait dit une adolescente ».

Le sénateur George Smathers remarqua : « Tout naturellement, comme n'importe quelle femme, elle aurait voulu être proche du Président. Elle se mit à chercher des occasions de venir à Washington et à la Maison Blanche... Elle devint exigeante. »

Smathers se rappelle avoir vu John Kennedy et Marilyn ensemble à bord du yacht présidentiel naviguant sur le Potomac, et Chuck Spalding garde le souvenir d'une visite privée de Marilyn à Hyannis Port, où elle fut accueillie comme une intime de John.

Comme le remarqua plus tard Arthur Schlesinger, « quoi qu'il se soit passé de malencontreux par la suite, ce fut sans conséquences sur la conduite de Kennedy en tant que Président ». De même que le fait d'être Président ne changea apparemment rien aux habitudes de John Fitzgerald Kennedy. À partir de là, toutefois, Marilyn dut souvent ruser avec les services secrets et les journalistes qui entouraient Kennedy, en s'affublant d'une perruque brune et de grosses lunettes de soleil. Armée d'un bloc-notes de sténotypiste, elle se faisait passer pour une secrétaire lorsqu'elle allait retrouver Kennedy à l'Hôtel Carlyle ou à bord de l'avion présidentiel Air Force One. Pour le joindre par téléphone à la Maison Blanche, elle passait par Kenny O'Donnell, la secrétaire particulière du Président, sous le nom de code de « Miss Green ». Et, d'après le témoignage de Bob Neuman, pilote de l'avion-ambulance, il y eut quelques « malencontreux » trajets aériens pour des rendez-vous secrets à Palm Springs et à Cabo San Lucas.

Au mois de novembre 1960, Marilyn posa dans le studio photographique de la Paramount pour une série de portraits destinés au lancement des *Désaxés.* Derrière les projecteurs se tenait Pat Newcomb. Deux ans après l'incident survenu sur le tournage de *Bus Stop,* elle se retrouvait au service de Marilyn à la suite d'un enchaînement de circonstances particulièrement compliqué. Rupert Allan, associé à Pat Newcomb et Arthur Jacobs dans une agence de communication, s'occupait des relations publiques d'un certain nombre de stars d'Hollywood. Parmi celles-ci, Frank Sinatra, Grace Kelly et Marilyn Monroe. Sinatra était un ami intime de la princesse Grace. Il se rendait fréquemment à Monaco et participait aux galas de charité de la princesse. Celle-ci s'étant plainte auprès de lui de ses attachés de presse européens, Rupert Allan se vit confier les relations publiques de la Principauté. L'offre était de celles qu'on ne refuse pas ; elle garantissait à Allan des avantages fiscaux considérables en échange de sa présence à Monaco pendant la majeure partie de l'année. On a écrit ici et là que c'était Rupert Allan qui avait recommandé Pat Newcomb pour le remplacer auprès de Marilyn, mais cette hypothèse n'est guère crédible dans la mesure où il ne faisait pas mystère de son antipathie pour celle qu'il considérait comme une « pourvoyeuse de drogues [pharmaceutiques] ». « Pat Newcomb, a-t-il dit, était la dernière personne que j'aurais recommandée. » Ce ne fut donc pas Allan mais Sinatra qui convainquit Marilyn d'embaucher Pat. Sinatra savait qu'elle était une proche des Kennedy, protégée de Pierre Salinger et amie intime de Bobby. Autrement dit, la personne idéale pour surveiller Marilyn.

À son retour à New York, Marilyn dut annoncer la rupture de son mariage avec Arthur Miller. Pat Newcomb l'accompagna sur la côte est pour s'occuper des relations avec la presse. Leur divorce imminent fut annoncé le 11 novembre, et Marilyn dut faire face, une fois de plus, à une meute de journalistes. Elle sortit de chez elle en pleurant, Pat Newcomb à ses côtés, pour dire d'une petite voix : « Ce sera un divorce à l'amiable. »

Arthur Miller avait déjà emporté ses ramettes de papier et sa collection de pipes, et il se présenta quelques jours plus tard à l'appartement de la 57e Rue pour prendre ses livres et sa machine à écrire. Marilyn resta dans sa chambre. Lena Pepitone se rappelle que Miller, après avoir rassemblé tout ce qu'il voulait emporter, repartit sans dire un mot. Après son départ, Marilyn sortit de sa chambre et entra dans le bureau de Miller, qui lui était pratiquement interdit depuis qu'ils s'étaient installés dans cet appartement. La pièce était vide. Il n'y restait qu'une photo de Marilyn pendue au mur. « Il veut vraiment oublier, dit-elle. Il va falloir que j'oublie, moi aussi. »

Le 17 novembre, un journaliste réveilla Marilyn à 4 heures du matin pour lui apprendre que Clark Gable venait de mourir d'une crise cardiaque. Elle en éprouva une telle peine qu'elle fut incapable de dire un mot. C'était un coup terrible, et Lena Pepitone la trouva ce matin-là en état de choc. « Oh, mon Dieu, pourquoi fallait-il qu'il meure ? sanglotait-elle. Je l'aimais, Lena. Il était si gentil avec moi. Il souriait tout le temps, il m'encourageait. C'était lui le plus grand, mais il me respectait. Je l'ai vu il n'y a pas longtemps. Il m'a embrassée quand on s'est quittés. Mon ami... »

Une affreuse rumeur, déjà, circulait dans les rédactions : Marilyn était responsable de la mort de Gable. Un échotier osa écrire, au mépris de toute vérité, que Kay Gable pensait que son mari était tombé malade à cause de Marilyn. « La tension et la fatigue dues aux incessants retards de Marilyn et à son manque de professionnalisme ont entraîné un dépassement de plusieurs semaines et provoqué la crise cardiaque qui a emporté Gable. » Craignant qu'il n'y ait du vrai dans cette rumeur, Marilyn se laissa envahir par le remords.

« Elle était si douce, si triste, se souvient Lena Pepitone. Mais elle s'était mis dans la tête qu'elle était responsable de la crise cardiaque de Gable. Elle prenait de plus en plus de cachets pour dormir et restait des journées entières dans son lit, les yeux grands ouverts, se tordant les mains de désespoir. »

Montand l'ayant abandonnée pour Simone Signoret, Miller pour sa ferme, John Kennedy pour ses ambitions et son père imaginaire pour l'autre monde, Marilyn se sentait complètement seule, et Noël approchait. Pour la distraire et la sortir de son appartement, Lena Pepitone lui proposa d'aller faire les magasins. L'idée paraissait bonne. Elle ne l'était pas. Le spectacle des rues brillamment illuminées ne fit qu'ajouter à sa tristesse. Les gens qu'elle croisait avaient un air de fête. Touristes, parents, amoureux, ils se bousculaient pour acheter des cadeaux. Rien n'avait vraiment changé depuis l'époque de Union Station, quand Norma Jeane observait, en spectatrice solitaire, les réjouissances familiales.

En rentrant à l'appartement, se souvient Lena Pepitone, elle était en larmes. Pas d'arbre de Noël, pas de cadeaux, personne. Inquiète pour Marilyn, Lena décida de rester auprès d'elle jusqu'à ce qu'elle soit couchée. À un moment, ne la voyant plus, elle courut dans sa chambre et la trouva debout devant la fenêtre ouverte, les mains crispées sur la barre d'appui. Elle semblait prête à se jeter dans le vide du treizième étage.

Lena se précipita sur elle et la prit par la taille. « Non, non ! Je veux mourir ! C'est tout ce que je mérite ! » cria Marilyn.

Tandis que Lena luttait pour la retenir et s'efforçait de la calmer, elle dit : « Je ne peux plus vivre. C'est Noël ! Qui ai-je ? Personne ! Pourquoi faudrait-il que je vive ? »

Lena attendit un long moment, sans la lâcher, pour qu'elle cesse de trembler et de sangloter. Et passa le reste de cette nuit de Noël à surveiller la star de cinéma.

Le jour de Noël, Joe DiMaggio lui fit porter une grande gerbe de poinsettias, et dans la soirée vint sonner à sa porte. Joe, une fois encore, était là au moment où elle avait besoin de lui. Lena se souvient qu'il resta plusieurs jours à New York, et que Marilyn parut retrouver un meilleur moral. Il arrivait souvent à l'heure du dîner et repartait très tôt le lendemain matin en empruntant l'ascenseur de service pour ne pas être vu.

« Elle était contente d'avoir Joe auprès d'elle, se souvient Lena. Et pour moi, il ne faisait pas de doute qu'ils étaient toujours amoureux l'un de l'autre. » N'y tenant plus, elle dit un jour à DiMaggio : « Pourquoi ne vous remariez-vous pas avec Marilyn ? Elle vous aime. Ce serait merveilleux pour elle. » DiMaggio répondit qu'il aimait Marilyn plus que toute autre femme, mais que trop de choses les sépareraient tant qu'elle aurait sa carrière à mener.

Joe repartit pour la Floride, et Pat Newcomb proposa de fixer la date du divorce au 20 janvier 1961 : ce jour-là devait se dérouler la cérémonie d'entrée en fonction du Président Kennedy et on pouvait espérer que l'attention des médias serait monopolisée par l'événement. Accompagnées de l'avocat Aaron Frosch,

Pat et Marilyn prirent un avion pour Juarez, en espérant que rien ne filtrerait jusqu'au retour de Marilyn à New York.

À 8 heures du soir, un juge mexicain voulut bien rouvrir son bureau, qu'il avait fermé pour la journée. Il accorda rapidement le divorce pour « incompatibilité d'humeur ». Marilyn signa les papiers sans les lire. À sa sortie du bureau du juge, l'immeuble était assiégé par les paparazzi et elle dut se frayer un chemin à travers cette foule jusqu'à la voiture qui attendait pour la reconduire à l'aéroport.

Marilyn et Pat Newcomb firent une escale à Dallas, pendant laquelle elles regardèrent la cérémonie d'intronisation du nouveau Président que la télévision transmettait en direct. Parmi les personnalités invitées au bal qui clôturait la journée figurait Arthur Miller. Il était venu avec Inge Morath, en compagnie de Joe et Olie Rauh. De cette journée mémorable, Miller devait surtout retenir la vision « de Frank Sinatra et sa bande dans une loge particulière placée au-dessus de la salle. Dominant la foule en un splendide isolement, Sinatra avait moins l'air de fêter le nouveau Président que de daigner, pour l'occasion, lui faire l'honneur de sa présence ».

Dans le règlement de ce divorce par consentement mutuel, Miller obtint la garde d'Hugo, leur chien, et Marilyn lui laissa la ferme de Roxbury, où il devait vivre encore plus de trente ans avec sa troisième épouse, Inge Morath, après leur mariage en 1962.

Après la visite de Joe DiMaggio, Marilyn n'avait plus personne vers qui se tourner sinon ses psychiatres. Tout en poursuivant ses séances régulières avec Marianne Kris, elle téléphonait fréquemment au Dr Ralph Greenson à Los Angeles. Paula Strasberg s'inquiétait beaucoup pour elle, et sa fille Susan raconte que Marilyn « semblait se retirer, comme un animal malade, dans une sorte de semi-hibernation ». Elle n'allait plus voir les Strasberg pour oublier sa peine et son désespoir, mais restait chez elle à écouter des blues sur son électrophone...

Because it's you I hate to lose
Every day... every day I have the blues
Every day... every day I have the blues.

Accompagnée de Montgomery Clift, Marilyn assista le 31 janvier, au Capitol Theatre, à la première des *Désaxés*. Elle détesta tout en bloc. Son interprétation. Elle-même — la perruque, le noir et blanc. L'histoire. Les souvenirs.

La critique fut indulgente. On jugea l'histoire abstraite, déconcertante — une aventure de cow-boys racontée avec la condescendance d'un représentant du Group Theatre. Un western de la côte est. Mais Marilyn fut encore plus déprimée après avoir vu le film. Marianne Kris l'entendit évoquer l'idée de suicide. Elle s'enferma chez elle et resta plusieurs jours sans manger, sans parler, n'absorbant que des barbituriques. Marianne Kris, très inquiète, lui proposa de la faire admettre dans un hôpital new-yorkais où elle disposerait d'une chambre seule et pourrait se reposer, arrêter les barbituriques et recevoir tous les soins nécessaires. Le dimanche 5 février, au volant de sa voiture, elle emmena Marilyn à l'Hôpital Cornell, où elle fut admise sous le nom de « Faye Miller ». Elle s'attendait à entrer dans un établissement ordinaire, on la conduisit au pavillon psychiatrique Payne Whitney pour l'enfermer dans une cellule aux murs capitonnés, réservée aux grands agités.

Pour Marilyn, c'était kafkaïen. Elle était précipitée dans le cauchemar qui hantait ses nuits depuis l'enfance, et qu'elle avait décrit un jour au photographe David Conover :

« Je crie : "Je ne suis pas folle ! Je ne suis pas folle !" Alors ils m'enf-enf-enferment dans une pièce sinistre avec des fenêtres à barreaux et ils sortent, ils ferment la porte en fer à clef et me laissent en camisole de force. "Je n'ai rien à faire ici !" Je hurle et hurle jusqu'à ce que je n'aie plus de voix... »

Mais ce n'était pas un cauchemar. Ce qu'elle redoutait le plus : finir comme sa mère, était en train de lui arriver. Prise au piège, elle fit une véritable crise de nerfs, hurlant, pleurant, appelant pour qu'on la laisse sortir, martelant la porte en acier de ses poings jusqu'à avoir les mains en sang. Avec une chaise qu'elle lança à travers la pièce elle parvint à briser la vitre de la lucarne encastrée dans la porte.

Aux yeux du personnel soignant, la gravité de son état ne faisait aucun doute. On décida de lui passer une camisole de force pour mettre fin à son agitation. Elle devait, quelques mois plus tard, raconter ces instants terribles à Gloria Romanoff : « C'était comme un cauchemar... Ils m'ont immobilisée. Puis ils m'ont tellement assommée de médicaments que je ne savais plus ce qui m'arrivait... Pendant la nuit, c'était un défilé permanent de gens, médecins, infirmiers et infirmières, qui venaient me regarder. Et moi j'avais les bras attachés. Je ne pouvais pas me défendre. On me regardait comme une bête curieuse, et personne ne se souciait réellement de moi, de ce que j'avais dans le cœur. »

Elle vécut quarante-huit heures de terreur et d'enfermement dans cette cellule capitonnée avant qu'une aide-infirmière compatissante ne consente à lui donner de quoi écrire et à porter son message chez les Strasberg. Ils en prirent connaissance le mercredi 8 février :

> Cher Lee et chère Paula,
>
> Le Dr Kris m'a mise dans un hôpital sous la garde de deux imbéciles de médecins. Je suis enfermée avec des malheureux complètement cinglés. Je vais devenir cinglée moi aussi, j'en suis certaine, si je n'échappe pas à ce cauchemar. S'il vous plaît aidez-moi. Je ne devrais pas être dans un endroit pareil. Je vous aime tous les deux.
>
> Marilyn.
>
> P.S. Je suis avec les malades dangereux. Comme en prison.

Le jeudi 9 février, Marilyn fut autorisée à donner un coup de téléphone. Elle appela la seule personne sur qui elle pouvait compter, Joe DiMaggio. Joe arriva à New York le soir même, se rendit au pavillon Payne et demanda qu'on lui confie Marilyn. Marilyn, lui répondirent les médecins, ne sortirait pas sans l'accord du Dr Kris. Joe appela le Dr Kris et lui dit que si Marilyn n'était pas dehors dans les vingt-quatre heures, « il démolirait cet hôpital jusqu'à la dernière brique ».

Estimant que Marilyn ne pourrait jamais décrocher des barbituriques ailleurs que dans un hôpital, Marianne Kris se déclara d'accord pour la faire sortir du pavillon Payne Whitney à condition qu'elle accepte d'aller dans un autre hôpital qui lui conviendrait mieux. Afin d'éviter les journalistes, Joe attendit dans l'appartement de Marilyn pendant que Ralph Roberts et le Dr Kris allaient la chercher à Payne Whitney, d'où on la fit sortir par la porte de service. Au moment où la voiture quittait l'hôpital, « Marilyn s'en prit aux deux médecins en hurlant comme elle seule en était capable, se souvient Ralph Roberts. Un véritable ouragan. Je crois que le Dr Kris ne l'avait jamais vue dans un tel état, et qu'elle fut choquée et effrayée par la violence de Marilyn. Ensuite, je reconduisis le Dr Kris chez elle. Elle tremblait et ne cessait de répéter : "J'ai fait une chose affreuse, affreuse. Oh, mon Dieu, je ne voulais pas ça. Je ne le voulais pas, mais je l'ai fait." »

Marilyn ne devait jamais revoir Marianne Kris. Mais, par une ironie du sort, Marianne Kris fit partie des héritiers de Marilyn car son nom figurait sur le testament que celle-ci avait signé seulement un mois auparavant.

Le vendredi 10 février, Joe DiMaggio accompagna Marilyn au Columbia-Presbyterian Medical Center, et l'aida à s'y installer dans une chambre plus confortable. Elle y resta plus de trois semaines, pendant lesquelles il vint la voir chaque jour.

Après une cure de repos et de désintoxication de vingt-trois jours exactement, Marilyn Monroe regagna son appartement de la 57e Rue. Un de ses premiers gestes fut d'appeler « Prez ». Alors même que la guerre froide faisait rage, que Russes et Américains étaient au coude à coude dans la course vers la lune, qu'on construisait des abris antiatomiques et que JFK restait à portée du bouton de l'apocalypse nucléaire — apparemment, l'ordre avait été donné au standard de la Maison Blanche que tous les appels émanant de « Miss Green » soient transmis immédiatement au Bureau ovale.

Au nombre des questions pressantes pour la Maison Blanche à cette époque figuraient le projet d'assassinat de Fidel Castro et l'invasion de la baie des Cochons. Le président Kennedy avait confié à son assistant Tad Szulc que « les conseillers faisaient terriblement pression pour qu'il donne le feu vert pour le meurtre de Fidel Castro ». Et le président avait ajouté : « Que diriez-vous si je donnais l'ordre d'assassiner Castro ? » Mais, d'après les dossiers de la commission Church, tout était déjà organisé. C'était une affaire troublante, dont JFK s'entretint avec Bob et d'autres hommes dans la confidence. Le sénateur George Smathers et Jack en discutèrent encore au cours d'un dîner à Miami. « Il a pris sa fourchette et frappé son assiette, qui s'est cassée, se souvient Smathers. Et il m'a dit : “Bon sang ! Parlons d'autre chose... Soyez gentil... Je ne veux plus que vous me parliez de Cuba !” »

Mais c'était un sujet d'une actualité brûlante.

Pour Pierre Salinger, le désastre de la baie des Cochons est « l'opération militaire la moins secrète de l'histoire ». Et il ajoute : « Le seul renseignement que Castro n'avait pas, c'était l'heure précise et le lieu. » Encore que tout porte à croire que Castro les connaissait aussi. Il semble en avoir su beaucoup plus long sur les projets d'invasion que bien des membres de l'entourage du Président à la Maison Blanche : Adlaï Stevenson, le délégué américain aux Nations-Unies, fit partie des nombreux hauts responsables qui furent pris de court. Néanmoins, dès janvier 1961, peu après l'investiture de Kennedy, Castro avait dénoncé les projets d'invasion américains et hâté les préparatifs. Il savait qu'on attenterait à ses jours peu avant le débarquement des forces contre-révolutionnaires. Frank Sturgis, également appelé Frank Fiorini, a témoigné devant la commission Church en 1975 qu'un assassinat avait été concocté par la Mafia et la CIA, impliquant Santo Traficante, Sam Giancana et Johnny Rosselli. En effet, Marita Lorenz, la maîtresse de Castro, avait été chargée d'introduire dans la boisson de celui-ci des comprimés de bacille botulique fournis par Giancana... Peu avant l'invasion de la baie des Cochons, le 17 avril 1961, la presse de La Havane fit savoir que Castro était « gravement malade ». Il disparut brusquement de la scène et la CIA en conclut que ses efforts avaient été couronnés de succès. En fait, Castro se cachait pour mieux combattre l'envahisseur.

Quelqu'un d'autre, semble-t-il, était au courant des projets d'invasion et du complot, et ce quelqu'un était Marilyn Monroe. En juillet 1962, Marilyn a montré son journal à couverture rouge, son « carnet de secrets », à Robert Slatzer. Dans ce journal figuraient des notes établissant qu'elle avait su très tôt l'existence du complot de la CIA contre Castro ; elle y affirmait aussi que c'était Bobby qui avait tenu absolument à ce que les forces militaires américaines ne participent pas directement au débarquement dans la baie des Cochons.

Marilyn tenait un journal et un carnet de notes depuis des années. D'après le reporter James Bacon, elle tenait déjà son journal dans les années cinquante et il s'amusait de la voir griffonner des notes sur ce qu'il disait. Susan Strasberg se souvenait qu'elle était « une grande preneuse de notes ». Amy Greene a confirmé que Marilyn tenait un carnet quand elle était suivie par le Dr Margaret Hohenberg. Beaucoup de psychanalystes recommandaient cette pratique à leurs patients et, apparemment, le Dr Ralph Greenson avait poussé Marilyn à continuer. L'analyste passait ensuite en revue le contenu du journal au cours de la séance.

En tant qu'analyste d'une proche du président des États-Unis, cet apparatchik du Komintern se trouvait placé dans une position exceptionnelle. Le divan de l'analyste pouvait révéler une foule de secrets compromettants sur la vie intime de l'homme le plus puissant du pays et donner des éclairages sur les affaires du monde abordées par le « Prez » et dûment enregistrées dans le petit carnet — ce fameux journal, ce « carnet de secrets » qui finit par donner des sueurs froides au chef de la CIA, James

Jesus Angleton (voir le document de la CIA dans les annexes, p. 526).

D'après Lena Pepitone, Marilyn passait des heures au téléphone — son meilleur ami —, à discuter avec le Dr Greenson. Lena avait l'impression que Marilyn devenait « complètement dépendante de lui. C'était comme une drogue, se souvient-elle. Et elle n'avait pas l'air de penser qu'un jour elle irait bien et pourrait se passer de lui ». Marilyn confia à Lena que, grâce au Dr Greenson, elle avait compris que son mariage avec Arthur Miller était la source de nombre de ses problèmes. « En tant qu'intellectuel et auteur dramatique, il plaçait la barre trop haut pour elle, d'après Greenson. Désireuse de gagner son estime [celle de Miller], elle était obsédée par l'idée de devenir une “comédienne sérieuse”. C'était une erreur, ce n'était pas elle. Elle devait continuer à prendre des cours d'art dramatique et à améliorer progressivement ses dons, mais elle devait s'en tenir désormais aux rôles qui lui venaient le plus naturellement : les comédies, les *musicals*, les films “drôles”, rien de trop sérieux... Et par-dessus tout, elle devait être elle-même », préconisait le psychiatre.

« Pour autant qu'on sache ce que ça veut dire, » avait ajouté Marilyn en gloussant et d'un air plutôt dubitatif.

L'actrice précisait aussi qu'elle tenait de loin Greenson pour « le plus gentil, le plus brave docteur qu'elle ait jamais eu ». Il croyait en elle, il l'aidait à avoir confiance en elle et elle avait confiance en lui.

Elle prenait souvent l'avion pour aller sur la côte ouest pendant le week-end afin d'avoir une séance avec Greenson et de rencontrer Frank Sinatra. Lors d'un de ses voyages de retour, Marilyn rapporta un caniche blanc que lui avait offert Sinatra. « C'est mon bébé, à moi et à Sinatra », s'écria Marilyn, qui serrait le chien dans ses bras, en retrouvant Lena. Marilyn le baptisa « Maf », un diminutif de Mafia. Un an et demi plus tard, Maf, témoin du meurtre de sa maîtresse, saurait respecter l'*omerta*.

En avril 1961, le centre de sa vie se déplaça de droite à gauche et d'est en ouest. Après six ans à New York, Marilyn décida de repartir pour la côte ouest. Cela ne se fit pas du jour au lendemain, car, en un sens, c'était un échec — le renoncement à un rêve. Dès l'époque de l'Actor's Lab, à Hollywood, elle en avait rêvé : « Je ne pouvais penser qu'à cet endroit si loin, si loin, qui s'appelait New York... Ça me semblait tellement exaltant et je voulais connaître cette vie-là, moi aussi. » Et, en fait, elle avait réussi à mener la vie à laquelle elle avait aspiré — elle avait étudié avec Strasberg, avait épousé un des plus grands auteurs dramatiques américains et était devenue une actrice consommée. Mais elle n'avait pas trouvé le bonheur, ni les amis, ni elle-même.

New York représentait pour elle trop de souvenirs douloureux. À Hollywood, il y avait Sinatra, les tournages et son « sauveur ». Elle mettait son salut en Ralph Greenson. Aussi partit-elle retrouver le pays du soleil avec ses piscines et ses Cadillac, où elle foulait jadis langoureusement le sable d'Ocean Park en s'imaginant qu'elle marchait « d'un pas fier, vêtue de beaux vêtements, entourée de l'admiration de tous et de paroles élogieuses qui parvenaient jusqu'à elle ». Là, les rêves prenaient l'apparence de la réalité et on croisait l'amour pour mieux le perdre. C'est là qu'Ana Lower et la tante Grace gisaient dans leur tombe. Et c'est là que les « gens de la nuit » emportaient les enfants qui disparaissaient avant l'aube.

Zelda Zonk était de retour.

49

Côte ouest, et à gauche

> « Si Louis B. Mayer était encore en vie aujourd'hui et pouvait voir ce que Hollywood est devenu, il se retournerait dans sa tombe. »
>
> Sam Goldwyn.

Hollywood avait considérablement changé depuis le temps où Marilyn Monroe faisait partie de ses célébrités. À son retour, elle n'était plus en phase avec une époque où les studios avaient renoncé au star system et où le cinéma était en plein désarroi. Nombre des grands scénaristes avaient tiré leur révérence, les têtes des milliardaires roulaient dans la poussière et le cinéma quittait les mains de la classe dirigeante hollywoodienne pour tomber entre celles des tyrans de Wall Street. De plus en plus, les décisions revenaient à des agents dotés d'un visage nouveau et d'une duplicité sans âge.

Tandis que Zanuck, en pleine crise de la cinquantaine, se bronzait sur la côte d'Azur avec Juliette Gréco, Buddy Adler, qui le remplaçait à la Fox, était tombé raide devant les entrées minables du deuxième trimestre. Spyros Skouras, qui vieillissait, désigna Robert Goldstein pour chausser les souliers à talonnettes d'Adler qui n'avaient pas eu le temps de refroidir. Mais Goldstein, qui dirigeait depuis quatre bonnes années le bureau de Londres, avait une expérience limitée de la vie hollywoodienne. Il avait pour principaux antécédents d'avoir exporté le Group Theatre et il devait sa célébrité au fait d'avoir produit à Londres *Golden Boy*, la pièce de Clifford Odets, avec un plateau comprenant Lee J. Cobb et Elia Kazan.

Né en 1903 à Bisbee, Arizona, Goldstein avait fait la connaissance dans la capitale britannique de Henry Weinstein, compagnon de voyage et mordu de théâtre, qui devint par la suite le producteur de son dernier film, resté inachevé, *Something's Got to Give.* Henry Weinstein s'était rendu à Londres en compagnie de sa cousine Hannah Weinstein, une responsable du Komintern qui, en tant que présidente du Conseil des arts, des sciences et des professions libérales de New York, était l'organisatrice de la Waldorf Peace Conference.

À la suite de la « chasse aux sorcières » exercée par la Commission d'enquête sur les activités anti-américaines dans les années cinquante, Hannah Weinstein avait déménagé pour Londres, où elle avait produit la série télévisée *Robin des Bois.* Sa maison de production devint un havre pour nombre de réfugiés inscrits sur la liste noire de Hollywood. Parmi les écrivains et directeurs qui trouvèrent un emploi providentiel au Little Red Robin Hood* figuraient Ring Lardner Jr, Waldo Salt, Joseph Losey, Cy Entfield et Walter Bernstein. On fera plus tard appel à celui-ci pour les modifications de dernière minute dans *Something's Got to Give* qui épuiseront Marilyn.

Lorsque le nouveau directeur de studio, Robert Goldstein, débarque à la Fox, à la mi-juillet 1960, David O. Selznick est déjà dans la préproduction de *Tender is the Night (Tendre est la nuit),* avec en vedette sa femme Jennifer Jones. Cela faisait des années que Selznick rêvait d'adapter le roman de F. Scott Fitzgerald, une histoire de psychanalyste dont la vie est détruite par son mariage avec une patiente d'une grande beauté mais gravement perturbée. Cependant, avec l'arrivée de Goldstein à la Fox, David O. Selznick — producteur de *Gone with the Wind (Autant en emporte le vent), Rebecca, Spellbound* et *The Third Man (Le Troisième Homme)* — doit céder la place au camarade de Londres, Henry Weinstein, qui n'a encore jamais produit de films.

Dès qu'il débarque à Hollywood, Henry Weinstein descend chez Shelley Winters, au 711 Rexford Drive, à Beverly Hills, qui reçoit souvent la visite de l'actrice Celeste Holm, une patiente du Dr Ralph Greenson. Il partage avec le docteur de nombreux intérêts politiques et culturels : il assiste chez lui, à Franklin Street, aux réunions de la « commission culturelle » et aux récitals de musique de chambre et prend le Dr Greenson comme conseiller technique de *Tendre est la nuit,* qui fait néanmoins

---

* Jeu de mots associant « Le Petit Chaperon rouge » et « Robin des Bois ». (*NdT.*)

un flop. Les documents laissés par Selznick comprennent de nombreuses notes adressées à Weinstein dans l'ultime espoir de sauver le film de ces « séances navrantes », au cours desquelles Henry se contente de dire amen à tout ce que décrète Bob Goldstein. Lors d'une conférence de presse, Goldstein déclare : « L'argent ne suffit pas à faire le succès d'un film. Sinon, les studios ne feraient jamais de bide. » Sur quoi, il lâche le monstre de Walter Wanger, *Cleopatra (Cléopâtre)*, qui va engloutir un budget phénoménal.

Lorsque Marilyn regagne les collines ondoyantes de la Fox, rien n'a changé en apparence — mais le studio ne retrouvera jamais sa gloire d'antan, celle du temps où Norma Jeane a franchi pour la première fois les portes de la Twentieth Century Fox.

À l'époque où Marilyn revient à Hollywood, Frank Sinatra est à Hawaii. Après un bref séjour dans le pied-à-terre de Frankie à Coldwater Canyon, elle réintègre le cadre familier du 882 North Doheny Drive, où elle habitait en 1952. Ceux qui ont eu l'occasion de la voir dans l'appartement moderne, blanc sur blanc, situé au coin de Doheny Drive et de Cynthia Street, ont toujours eu une impression de provisoire. Pour Ralph Roberts et Susan Strasberg, l'appartement faisait penser à une chambre d'hôtel : mobilier récent, sans aucune touche personnelle — pas de photos, pas de trophées —, juste quelques livres, des valises et des vêtements.

Ce n'était un mystère pour personne, dans l'entourage de Sinatra, que Harry Ziegler, le comptable de Sinatra, s'occupait de l'appartement, et que, depuis des années, l'endroit servait de point de chute aux amis du chanteur, à ses conquêtes et à ses relations d'affaires. Angie Dickinson et Betsy Duncun y avaient séjourné avec l'acteur Brad Dexter, qui avait jadis sauvé Sinatra de la noyade.

Lorsque Marilyn revint en 1961, Gloria Lovell, la secrétaire de Sinatra, habitait dans un des logements de Doheny et Jeanne Carmen, une des blondes préférées de Sinatra, dans l'autre. D'après Brad Dexter, Jeanne Carmen connaissait Sinatra et Johnny Rosselli depuis des années. Dexter, qui avait fait la connaissance de Marilyn sur le plateau de *Quand la ville dort*, se souvient d'avoir vu plusieurs fois Marilyn et Jeanne Carmen ensemble dans l'appartement.

« Elles étaient amies, a-t-il déclaré récemment. Je les voyais chez Pucini avec Frank et, quelquefois, à Palm Springs. Frank a occupé quelque temps l'appartement de Marilyn après son départ et Jeanne y était encore en 1964. »

Marilyn et Jeanne étaient liées depuis le début des années cinquante. Comme Marilyn, Jeanne avait débuté comme mannequin et cover-girl pour des revues érotiques, et jouait de temps à autre dans des films de série B, par exemple *The Monster from Piedras Blancas* pour la compagnie Republic en 1959.

Jeanne était un oiseau de nuit. Lorsque Marilyn ne pouvait pas dormir et que Jeanne n'avait rien à faire, elles passaient la nuit à parler et à boire. Elles parlaient souvent des hommes, du sexe et de la drogue, et du sexe et des hommes. « On se bourrait de barbituriques », a reconnu Jeanne, qui se souvenait que c'est au cours d'une de ces soirées que Marilyn avait évoqué le bébé qu'on lui avait enlevé.

« Un soir, on buvait et on discutait toutes les deux, et j'ai dit à Marilyn que j'avais été enceinte de Frankie et que je m'étais fait avorter. J'avais peur que cela se reproduise. Et Marilyn m'a dit que si j'étais de nouveau enceinte, je devrais garder le bébé, quoi que dise Frankie. Et alors elle m'a parlé de la petite fille qu'elle avait eue lorsqu'elle avait dix-neuf ou vingt ans. On lui avait enlevé son bébé et elle en était toujours restée culpabilisée. Quand elle voyait des fillettes dans la rue, ou des enfants dans le parc qui auraient eu l'âge de sa fille, elle se demandait où était son bébé et ce qu'elle faisait... Elle n'a pas dit qui était le père. J'étais tellement sidérée quand elle m'a raconté cette histoire qu'elle a dû le voir à mon air, car elle a brusquement changé de sujet. On n'en a plus jamais reparlé... Marilyn avait ces marques qu'ont les femmes au niveau du ventre après avoir eu un enfant et je suis sûre qu'elle disait la vérité. Marilyn ne racontait pas d'histoires... pas comme ça. »

À la demande de Marilyn, Ralph Roberts l'avait suivie sur la côte ouest et elle louait une chambre pour lui au Château Marmont, tout proche. Rafe l'aida à s'installer et accrocha des rideaux opaques qui faisaient le noir dans sa chambre. C'était Montgomery Clift qui, le premier, lui avait vanté les vertus de ces rideaux, affirmant ne pouvoir s'en passer pour dormir. Non seulement ils étaient censés isoler des excès de lumière et de bruit, mais ils répondaient également à ce besoin épidermique des stars de se couper du monstre abominable qui les guettait sans relâche : le public.

Ralph Roberts devint son compagnon ainsi que son masseur. Et comme Marilyn ne prenait plus le volant, Ralph la conduisait chez le Dr Greenson deux ou trois fois par semaine. Maintenant qu'elle habitait à nouveau Los Angeles, l'analyste se montrait particulièrement accommodant. Elle pouvait le joindre par téléphone jour et nuit et il lui accordait un tarif préférentiel de 50 dollars par séance. Souvent, les séances duraient deux ou trois heures. Plus tard, quand ses problèmes parurent s'aggraver, il la vit presque tous les jours et parfois deux fois par jour. Sa dernière note d'honoraires, adressée à la succession de Marilyn antérieurement aux funérailles, était de 1 450 dollars pour le mois de juillet et les quatre premiers jours du mois d'août.

Le Dr Greenson ne voyait pas d'un bon œil les relations de Marilyn avec Frank Sinatra. En mai 1961, il écrivit au Dr Kris : « Par-dessus tout, j'essaie de l'aider à ne pas se sentir seule, ce qui l'amène à fuir dans la drogue ou à s'impliquer avec des gens très destructeurs, qui entreront dans une relation sadomasochiste avec elle... C'est le genre de programme qu'on a normalement avec une adolescente qui a besoin de conseils, d'amitié et de fermeté, et elle semble très bien le prendre... Elle a dit que, pour la première fois, elle était impatiente de venir à Los Angeles, parce qu'elle pourrait me parler. Bien entendu, cela ne l'empêche pas d'annuler plusieurs séances pour aller à Palm Springs avec Mr. FS. Elle m'est infidèle comme on l'est avec un parent... »

Marilyn fêta ses trente-cinq ans le 1er juin 1961. Ce jour-là, elle adressa un télégramme au psychiatre : « Cher docteur Greenson. Au milieu de tous ces gens, je suis heureuse que vous soyez là. J'ai une sensation d'espoir, bien que je passe à Trente-Cinq aujourd'hui. »

Marilyn devint de plus en plus proche de Patricia Kennedy Lawford et fréquenta la maison du bord de mer des Lawford, en compagnie de Frank Sinatra et de Dean et Jeanne Martin. Des voisins signalent sa présence en même temps que John Kennedy, en juin 1961. Ralph Roberts, qui semble avoir partagé avec elle de nombreux secrets, se souvient qu'elle dit, après une rencontre avec le Président : « J'ai beaucoup soulagé son dos. »

À la mi-juin, lorsque Sinatra passa au Sands de Las Vegas, Marilyn était dans la salle avec Peter et Pat Lawford, ainsi que Jean Kennedy Smith. Eddie Fischer, qui s'y trouvait avec Elizabeth Taylor, raconte : « Elizabeth et moi étions assis dans la salle avec Dean et Jeanne Martin et Marilyn Monroe, qui avait une liaison avec Sinatra, pour le voir sur scène. Mais tout le monde n'avait d'yeux que pour Marilyn, qui ondulait d'avant en arrière avec la musique et battait la mesure avec les mains sur la scène, les seins hors de son décolleté. Elle était très belle — et très soûle. Elle est venue à la soirée qui a suivi, mais Sinatra n'a pas caché ce qu'il pensait de sa conduite, et elle a disparu presque instantanément. »

Elle était malade et Sinatra a cru qu'elle ne tenait pas l'alcool, un péché impardonnable. En fait, Eddie Fischer et Sinatra ne s'étaient pas rendu compte que Marilyn était réellement souffrante. La douleur qui lui tenaillait le côté depuis plus d'un an et ses problèmes digestifs étaient devenus éprouvants. Les barbituriques et l'alcool ne la soulageaient pas. Le Dr Hyman Engelberg ne réussit pas à établir un diagnostic avant que son état s'aggrave. On lui annonça alors qu'elle avait une inflammation de la vésicule biliaire et, dans la dernière semaine de juin, Ralph Roberts et Pat Newcomb retournèrent avec elle à New York, où elle entra au Manhattan Polyclinic Hospital. Là, les médecins découvrirent qu'elle souffrait de calculs biliaires enkystés. Le 29, elle subit une ablation de la vésicule.

Lorsque Marilyn quitta l'hôpital le 11 juillet, une foule de journalistes, de photographes et de fans l'attendaient dehors avec des questions, des flashes et des carnets d'autographes. Ils hurlaient, voulaient la toucher, vociféraient et tiraient sur son pull-over : « Comment vous sentez-vous ?... Souriez... Une signature pour David... Arthur Miller vous manque-t-il ?... Vous avez tué Gable !... Un autographe, Miss Mansfield !... Quel est votre prochain film ?... Est-il vrai que vous allez reprendre la vie avec Joe ?... Regardez par ici ! »

La foule avait quelque chose de bestial et de cruel que Marilyn n'avait pas ressenti auparavant. « C'était terrifiant, a-t-elle raconté. J'ai eu un instant l'impression qu'ils allaient me mettre en morceaux. En fait, j'en étais malade. Bien sûr, j'étais touchée par leur sollicitude, leur affection et tout, mais... je ne sais pas... c'était comme un cauchemar. Je n'étais pas sûre d'arriver à monter en voiture sans problème et à m'en aller. »

Tandis qu'elle récupérait à New York dans son appartement, Berneice Miracle vint lui rendre visite.

« Je m'étais rendu compte depuis plusieurs mois d'un changement d'attitude chez Marilyn, déclara Berneice. De nouveaux problèmes surgissaient de tous les côtés. Au téléphone, au lieu de regretter vaguement qu'on ne puisse pas se voir, c'était des invitations en bonne et due forme. “J'ai besoin de toi près de moi, disait-elle. Il faut absolument que je te parle, Berneice, et autrement qu'au téléphone !” »

Bien qu'elles se soient souvent téléphoné et écrit, Marilyn

n'avait pas revu sa demi-sœur depuis sa dernière visite en Californie en 1946, et son insistance laissa Berneice perplexe. Les retrouvailles, qui eurent lieu chez Marilyn, les comblèrent de joie. Joe DiMaggio et son ami Georgie Solitaire furent invités à dîner. Elles avaient tant de choses à se dire ; elles passèrent une partie de la nuit à parler de Gladys.

Depuis sa rupture avec John Eley, Gladys avait passé huit ans au Rockhaven Sanitarium de Verdugo City, en Californie, où le diagnostic officiel avait conclu à une schizophrénie paranoïde. Elle avait fait plusieurs tentatives d'évasion et de nouvelles tentatives de suicide. Depuis des années, Marilyn payait l'hospitalisation de sa mère, qui ne cessait de se plaindre dans ses lettres que Rockhaven n'était pas dirigé par des adeptes de la science chrétienne. Marilyn reçut une de ses lettres pendant la visite de Berneice, qui se rendit compte que sa sœur avait du mal à la lire. « Je ne peux pas finir cette lettre maintenant, décréta Marilyn, les larmes aux yeux. Je ne peux pas finir de lire la lettre de maman. Je vais la mettre de côté pour l'instant. » Les paupières fermées, elle poursuivit : « Ça me met en rage. Je sais que c'est irraisonné. Je sais qu'elle ne voulait pas me tourner le dos. Elle ne fait pas exprès d'être malade. Je fais tout mon possible, mais ça me met quand même en colère... même quand elle était avec moi, elle n'était pas *là.* Seigneur, ma pauvre mère... »

Berneice attendait que Marilyn lui révèle pourquoi elle l'avait fait venir — une chose trop grave pour qu'elle ait pu lui en parler au téléphone. « Je restais à écouter en essayant d'imaginer ce qu'elle voulait dire et comment je pouvais l'aider. J'attendais qu'elle aborde enfin ce qui la perturbait. » Selon Lena Pepitone, Marilyn avait invité Berneice à New York afin de lui donner une grosse somme d'argent, « pour qu'ils vivent mieux et puissent donner une bonne éducation à leurs gosses ».

À la fin de juillet, avant que Berneice reparte pour la Floride, Ralph Roberts conduisit les deux sœurs à la ferme de Roxbury pour récupérer une partie des affaires que Marilyn y avait laissées. Alors qu'il savait qu'elle allait venir, Arthur s'était absenté. D'après Ralph Roberts, un manteau de fourrure que Marilyn avait laissé dans un placard était imprégné d'Eau de bourgeoisie. « Une pépée a dormi dans mon lit et mis mon manteau », dit Marilyn à la manière de Boucle d'or. Puis elle abandonna promptement la fourrure dans une poubelle.

L'absence délibérée d'Arthur perturbait Marilyn, qui s'en ouvrit à Norman Rosten. « Je lui ai dit [à Arthur] que je viendrais, mais quand je suis arrivée, il n'était pas là. C'était triste.

Je m'étais dit que peut-être il m'inviterait à prendre un café ou quoi. Nous avons connu des années de bonheur dans cette maison. Mais il n'était pas là et je me suis dit : "C'est peut-être lui qui a raison." Le passé est le passé, pourquoi se dire bonjour ? Tout de même cela aurait été poli, d'une certaine manière, vous ne trouvez pas, s'il avait été là pour me dire bonjour ? Rien qu'un petit sourire aurait suffi. »

Avant de rentrer à Hollywood, Marilyn avait confié à Lena Pepitone que Frank Sinatra allait sûrement lui demander de l'épouser. Bien qu'il ne lui eût pas encore fait sa demande, elle avait l'intuition qu'il était « presque prêt ». Contrairement à Joe DiMaggio, qui voulait qu'elle abandonne le cinéma, Sinatra appartenait au même milieu qu'elle. « Frankie ne voudra pas faire de moi une femme d'intérieur. Nous pouvons poursuivre chacun notre carrière. Ce sera parfait... j'espère. » Croisant les doigts des deux mains et les levant en l'air, elle avait fermé les yeux et dit : « Faites que j'aie de la chance... rien qu'une fois ! »

Au cours de l'été de 1961, Marilyn fréquenta beaucoup Sinatra et sa bande. En août, elle passa un week-end avec Sinatra à bord de son yacht. « Je suis allée chez Frank avant qu'on embarque, raconte Jeanne, la femme de Dean Martin, et il m'a dit : "Peux-tu aller aider Marilyn à s'habiller pour qu'on puisse prendre la limousine et partir ?" Elle ne savait pas se débrouiller, mais elle était la seule avec qui Frank se montrait patient. »

Le Dr Greenson, qui considérait qu'elle avait des rapports néfastes pour elle avec Sinatra, écrivit à l'époque à un confrère : « Elle était terriblement, terriblement seule » et avait l'impression d'« être maltraitée, avec des connotations paranoïaques ». Il ajoutait qu'à son avis, Marilyn réagissait au fait qu'elle était alors impliquée avec « des gens qui ne lui faisaient que du mal ».

En septembre, Lena Pepitone reçut un appel survolté de Marilyn : « Tu dois venir en Californie. Je vais te montrer Hollywood ! » Marilyn lui demanda de lui apporter une robe particulière, qu'elle voulait porter pour un grand bal à Hollywood auquel elle allait se rendre avec Sinatra. C'était une robe verte à paillettes que Jean-Louis avait créée pour elle pour la somme de 3 000 dollars. D'après Lena, Pat Newcomb prit les dispositions nécessaires et elle voyagea en première. Rudy Kautzky, le chauffeur de Marilyn, l'attendait à l'aéroport. Quand elle arriva à l'appartement, Marilyn la serra contre elle dans une étreinte chaleureuse. « Mon petit agneau, te voilà ! Tu as réussi ! » s'écria-t-elle.

Lena se souvenait de Sinatra arrivant en smoking pour conduire Marilyn au bal et surpris de la trouver prête à l'heure. « Marilyn surgit dans la pièce tel un oiseau exotique, avec ses cheveux platine et sa longue robe vert pailleté, elle était magnétique. Le visage de Frank s'éclaira. Il était manifestement aux anges. Elle le prit dans ses bras en s'exclamant, le souffle court : "Frankie !" Puis, après lui avoir dit de fermer les yeux, Sinatra tira de sa poche des boucles d'oreilles somptueuses en émeraude et diamant, qu'il lui mit. Comme Marilyn s'extasiait sur leur beauté, Frankie rétorqua : "Y a intérêt ! Elles valent 35 000 dollars !" »

Un des invités à cette soirée de collecte de fonds était Philip Watson, assesseur du comté de Los Angeles, invité aussi, en fin de soirée, à une réunion plus intime, dans la suite de Kennedy au Hilton. « Elle était là dans la pièce, avec lui [JFK], se souvient Watson. J'avais entendu des rumeurs les concernant, et je ne fus pas particulièrement surpris. On m'a présenté à eux deux. Quand j'ai parlé à Marilyn, j'ai pensé qu'elle était vraiment très belle. Elle portait une robe moulante à paillettes. »

En 1961, la liaison de Marilyn avec le Président était devenue à Hollywood un secret de polichinelle. James Bacon, chargé de rubrique à Associated Press, raconte que Marilyn lui avait parlé de ses relations pendant la campagne. « Elle ne s'en cachait pas, dit-il. En fait, je pense qu'elle était amoureuse de lui. » Jeanne Carmen, l'amie de Marilyn, fut présente à plusieurs reprises lorsque John Kennedy venait voir la star. D'après elle, cette liaison n'était pas vraiment un secret. « On le savait dans le milieu. Je ne crois pas que le public l'aurait cru, à l'époque, s'il l'avait appris. Les gens auraient refusé de l'entendre. Ils ne voulaient pas entendre parler de ce genre de trucs. Je ne suis pas sûre qu'ils aient envie de le savoir maintenant. Mais ça se savait dans le milieu du cinéma. Je veux dire qu'ils ne se gênaient pas. Je suis sidérée que ça ne se soit pas su. »

Edwin Guthman, l'ancien attaché de presse de Robert Kennedy, a assisté à plusieurs soirées dans la villa des Lawford en présence de Robert Kennedy, à l'époque de son aventure avec Marilyn. Une de ces soirées se tenait dans la première semaine d'octobre 1961, alors que le Président venait de participer avec son frère à une conférence à San Francisco. « Après la fête chez les Lawford, raconte Guthman, elle avait trop bu pour conduire et nous l'avons donc raccompagnée tous les deux chez elle, un appartement situé quelque part dans les parages de Beverly Hills. Bob m'a demandé de venir aussi. Il n'a pas dit pourquoi, mais la raison était assez évidente. Il ne voulait pas qu'on le voie partir seul en voiture la nuit avec Marilyn Monroe. »

Le photographe du magazine *Look*, Stanley Tretick, se souvient d'avoir vu Bobby et Marilyn danser ensemble à la fête. « C'était dans un hôtel lors d'une soirée chic et semi-privée ; le genre de soirée pour récolter des fonds. Ils dansaient très près l'un de l'autre, leurs corps très proches, et ça avait l'air plutôt romantique. Sur l'instant, je me suis dit : « Bon sang, ils forment vraiment un beau couple ! »

Marilyn écrivit à Norman Rosten qu'elle avait dansé avec Bob à une soirée :

> Il était très mignon, genre gamin et sympathique. Évidemment, il n'arrêtait pas de plonger les yeux dans mon décolleté, mais j'ai l'habitude. Je pensais qu'il allait me faire des compliments, mais en fait, il m'a demandé pendant qu'on dansait qui, d'après moi, était le plus bel homme présent dans la salle. Vous pensez, comment étais-je censée répondre à ça ? Je lui ai dit que c'était lui. Et en un sens, c'était vrai !

En tant que psychiatre, le Dr Greenson avait besoin de la confiance totale de Marilyn pour qu'elle lui parle de ses relations, et bien qu'il ait tenté de la détourner de plusieurs des hommes de son entourage, y compris Frank Sinatra et Joe DiMaggio, il ne chercha pas à s'interposer dans le cas de John ou de Bobby Kennedy. Dans l'interrogatoire effectué après la mort de Marilyn par Robert Litman, de l'équipe du Centre de prévention du suicide de la police de Los Angeles, le psychiatre fit état des relations de la star avec « deux hommes puissants et importants au gouvernement ». Le rapport de Litman disait : « Greenson était très préoccupé par le fait qu'on puisse utiliser Marilyn dans ces relations. Cependant, cela semblait si gratifiant pour elle d'être associée à des hommes aussi puissants et importants qu'il ne put se prononcer contre. »

D'après Gloria Lovell, la secrétaire de Sinatra, le « président du conseil d'administration » s'entretenait souvent avec « Prez » au téléphone. Si le Président appelait, elle interrompait les réunions d'affaires pour annoncer à son patron qu'il avait un appel de la Maison Blanche. « Frank adressait un large sourire à l'assistance, décrochait et disait : "Salut, *Prez* !" Après chacun de ces appels, Frank se pavanait, tellement il était fier que le Président l'appelle ! »

La vie privée de Frank fascinait le Président, qui avait une curiosité insatiable pour ce qu'il faisait et avec qui. Judith Campbell Exner raconte que, lors de ses visites à la Maison Blanche, Kennedy la pressait de questions sur Sinatra. « Presque immédiatement, il cherchait à me soutirer des ragots, surtout à propos de Frank. Que faisait Frank ? Voyait-il réellement Janet Leigh ? Cela se passait toujours de la même façon. »

« Au cours d'un de nos dîners privés, raconte Peter Lawford, Jack évoqua Sinatra. "Je devrais vraiment faire quelque chose pour lui", dit-il. Jack lui était toujours terriblement reconnaissant pour tout ce qu'il avait fait pendant la campagne. "Peut-être vais-je l'inviter à la Maison Blanche pour dîner ou pour déjeuner." Je dis que Frank allait adorer, mais alors, Jack se reprit : "Il y a bien un problème, Jackie le déteste et n'en veut pas à la Maison Blanche." Mais le Président s'égaya quelques minutes plus tard en ajoutant : "Je vais attendre que Jackie aille à Middleburg et je demanderai à Eunice de jouer les hôtesses." C'est ce qu'il fit. Lorsque Jackie partit, Evelyn Lincoln, la secrétaire de JFK, appela Frank pour l'inviter à la Maison Blanche. Il prit l'avion pour passer la journée à Washington et une voiture le conduisit au portail sud-ouest. Même en l'absence de Jackie, le Président ne le faisait pas passer par la grande porte, remarqua Peter Lawford. J'imagine qu'il ne tenait pas à ce que les journalistes voient Frank Sinatra aller à la Maison Blanche. C'est pourquoi il ne vola jamais sur Air Force One, et ne fut invité à aucun dîner officiel des Kennedy ni aux réceptions de Camp David. Il est allé tout de même à Hyannis. Une fois. »

Le 23 septembre 1961, jour de sa venue à la Maison Blanche, Frank Sinatra eut droit au grand jeu avec visite complète des appartements privés, et il dégusta un Bloody Mary sur le balcon de Truman. « Sinatra s'assit sur le balcon, raconte Dave Powers, un assistant du Président, pour boire son verre en regardant le soleil qui entrait à flots et la vue magnifique sur Washington que nous avions de là-haut. Il se tourna vers moi et me dit : "Dave, tout le mal que je me suis donné pour Jack... être assis ici, comme ça, fait que ça en valait la peine." » Le lendemain, Sinatra embarqua à bord du *Caroline* à destination de Hyannis Port avec Pat Lawford, Ted Kennedy, Porfirio Rubirosa et sa femme Odile. Quand ils atterrirent, Sinatra descendit tranquillement de l'avion des

Kennedy, une coupe de champagne à la main, suivi de douze malles et sacs de voyage, une caisse de vin, une douzaine de bouteilles de champagne, trois cartons de crème glacée et deux pains italiens.

Le 25 septembre, ils partirent tous en croisière avec John à bord du *Honey Fitz*. Sinatra raconta à John son voyage en Italie et son audience avec le pape Jean XXIII. Frank en profita pour glisser quelques mots en faveur de ses bons amis italiens de Chicago.

En revanche, ses bons amis italiens de Chicago n'étaient pas satisfaits de leurs relations avec les Kennedy. Peu après la visite de Sinatra, Sam Giancana appela Johnny Rosselli pour égrener sa litanie. Or, il y avait un troisième larron sur la ligne : le FBI.

Rosselli : ... Il [Frank Sinatra] s'est montré vraiment sympa avec moi... Il m'a dit : « Johnny, j'ai pris le nom de Sam, je l'ai écrit, et j'ai dit à Bobby Kennedy : "Ça, c'est mon pote, et je tiens à ce que vous le sachiez, Bob." » De toi à moi, Frank a vu Joe Kennedy à trois reprises... Joe Kennedy, le père. Il l'a rencontré à trois reprises... Il [Frank] dit qu'il a l'impression que tu lui en veux. Je lui ai dit : « Alors là, je ne suis pas au courant. »

Giancana : Il doit pas avoir la conscience tranquille. J'ai jamais rien dit... Enfin, je ne sais pas à qui il [Frank] cause, mais si je dois causer à... après tout, si je prends le pognon de quelqu'un, je ferai tout pour que ce pognon serve à quelque chose, du genre tu le prends ou tu le laisses. S'il prend le pognon, peut-être qu'un de ces jours, le mec va me rendre un service.

Rosselli : C'est exact. Il [Frank] dit qu'il a écrit ton nom...

Giancana : Ben, tantôt il [Frank] me dit ci, et tantôt il me dit ça, et la dernière fois que je lui ai parlé c'était à l'hôtel en Floride un mois avant son départ et il m'a dit : « Vous inquiétez pas. Si je peux pas parler au vieux [Joseph Kennedy], je parlerai au jeune [le Président]. » D'abord, il dit qu'il a parlé à Robert, la minute d'après il dit qu'il lui a rien dit. Donc, il ne lui a jamais rien dit. C'est de la merde... Pourquoi il me ment ? Je l'ai pas volé... Quand il dit qu'il va vous rendre un petit service, je me fous de savoir combien de temps ça prendra. Il doit vous rendre un petit service.

Depuis des mois, Ralph Roberts avait pris l'habitude de conduire Marilyn faire ses courses après les séances de massage et, l'après-midi, plusieurs fois par semaine, il la déposait chez le Dr Greenson. Marilyn était devenue très dépendante de Ralph et l'appelait parfois son « frère ».

Un samedi à la fin du mois d'octobre, il la vit sortir très bouleversée de chez son analyste. Elle pleurait. « Le Dr Greenson pense que tu devrais rentrer à New York, dit-elle au milieu de ses larmes. Il m'a trouvé quelqu'un d'autre pour me tenir compagnie. Il dit que deux Ralph dans ma vie, c'est un de trop. Je lui ai dit que je t'appelais *Rafe.* "C'est Rafe", ai-je dit et répété. Mais il dit que non, qu'il me faut quelqu'un d'autre ! »

Le lendemain, Ralph Roberts quitta le Marmont, passa à l'appartement sur Doheny pour prendre sa table de massage et, après des adieux larmoyants, repartit pour New York.

Quelques jours plus tard, une femme d'âge mûr, profil d'oiseau, cheveux gris et regard espiègle, entra dans le patio, devant l'appartement de Doheny, juste en contrebas du Sunset Strip. Elle longea la fontaine monumentale près des hautes grilles de sécurité. Au tableau, lui avait-on expliqué, figurait le nom de la locataire de l'appartement numéro trois. Derrière la porte émaillée de noir de l'appartement, elle trouverait Marilyn Monroe. « Marilyn Monroe » n'était pour elle que le nom d'une star de cinéma. Elle n'avait jamais vu un film de Marilyn.

Elle appuya sur le bouton et elle dut attendre un bon moment avant que la porte s'ouvre sur une blonde aux yeux incroyablement bleus et d'un éclat radieux. Marilyn Monroe était nu-pieds, vêtue d'un kimono rouge, les cheveux ébouriffés par le sommeil.

« Bonjour ! dit la dame d'une voix douce. Je m'appelle Eunice Murray. Le Dr Greenson m'a dit que vous m'attendiez. »

50
The Lady of Shalott

« Les chaînes d'un vieil amour le tenaient droit :
Son honneur ancré dans le déshonneur se dressait,
Et la foi infidèle lui prêtait un air de loyauté. »

Alfred Tennyson, *Les Idylles du roi*, 1872*.

Dans son livre, *Marilyn, the Last Months,* Eunice Murray explique qu'elle fut engagée « en premier lieu, pour conduire Marilyn Monroe de son appartement au cabinet du psychiatre et la ramener, effectuer des tâches comme répondre à la porte et au téléphone et faire l'entretien et le ménage ». Mrs. Murray emplissait également d'autres fonctions auprès de la star, fonctions qu'elle gardait sous silence.

Quelques années après la mort de Marilyn, quand on apprit que Mrs. Murray était infirmière psychiatrique de formation, on supposa que le Dr Greenson l'avait placée auprès de Marilyn pour surveiller son comportement : cependant, placer clandestinement une infirmière psychiatrique sous le toit d'un patient était une procédure sans précédent. D'autres aspects, dans les relations entre le Dr Greenson et Mrs. Murray, sont également d'une nature peu orthodoxe.

* Fasciné par la légende arthurienne, Tennyson reprit le personnage de *The Lady of Shalott,* poème écrit en 1932, dans *The Idylls of the King* (*Les Idylles du roi*). L'époque victorienne était très friande de ces histoires de jeunes filles éplorées et solitaires qui — prisonnières ou victimes d'un sort — se consumaient dans l'attente de leur amant. (*NdT.*)

Les amis de Marilyn la trouvaient bizarre. Whitey Snyder la considérait comme « une dame très étrange. Elle avait été introduite dans la vie de Marilyn par Greenson et elle chuchotait sans arrêt — elle chuchotait et elle écoutait. Elle était tout le temps là, et répétait tout à Greenson ».

Jeanne Carmen sentait bien que Eunice Murray n'était pas simplement la gouvernante qu'elle prétendait être. « Je n'étais pas folle de Mrs. Murray. Je ne sais pas ce qui me déplaisait en elle, mais je lui trouvais un air sournois. Quand elle était là, je faisais de mon mieux pour l'éviter. »

Mrs. Murray traitait d'assez haut les amis et relations de Marilyn et, à sa manière condescendante, parvenait à exercer un ascendant réel sur la vie quotidienne de Marilyn. La journée semblait s'organiser autour du rendez-vous de 16 heures au cabinet du Dr Greenson. Le « cabinet du psychiatre » n'était autre que le domicile du docteur à Santa Monica.

En 1968, Mrs. Murray révéla qu'elle conduisait toujours Marilyn au domicile du psychiatre, où la star était souvent invitée à dîner. Marilyn insistait souvent pour donner un coup de main à la cuisine et nettoyer ensuite, raconte Hildi, la femme du Dr Greenson. « Je fais très bien la vaisselle, disait-elle. J'ai appris ça dans les familles d'accueil et à l'orphelinat. » Ainsi, Marilyn faisait presque partie de la famille. Joan, la fille des Greenson, étudiante à l'Otis Art Institute, se lia bientôt d'amitié avec elle. Le Dr Greenson poussait également son fils de vingt-quatre ans, Danny, à passer du temps avec sa célèbre patiente. À l'époque, Danny faisait sa médecine à l'université de Californie, à Berkeley, et il militait au SLATE[1].

Les Greenson habitaient une vaste demeure, style mexicain de luxe, campée en haut d'une colline avec vue sur Santa Monica et, au loin, l'océan. Les murs étaient lambrissés, le plafond soutenu par des poutres taillées à la main mises en place pendant la longue grève de Hollywood par les artisans des studios que John Murray et Herb Sorrell avaient fait venir dans les années quarante. L'immense cheminée était agrémentée de carreaux mexicains faits main, qui décoraient également l'escalier et la cuisine. Nombre des carreaux faits main que Marilyn admirait avaient été posés là par Eunice.

---

1. Le SLATE était considéré par le California Senate Fact Finding Committee comme une organisation communiste. C'est ce mouvement qui organisa les manifestations violentes de mai 1960 à San Francisco contre la Commission d'enquête sur les activités anti-américaines.

La salle de séjour avait une chaleur et une élégance engageantes. Une vieille table se trouvait devant la cheminée et de grandes bibliothèques tapissaient toute la longueur d'un mur. Au piano se trouvait souvent Elizabeth Greenschpoon Rudin. La sœur du psychiatre, pianiste de concert, accompagnait fréquemment les soirées de musique de chambre auxquelles Marilyn assistait dans le salon des Greenson. Loin des sarcasmes des petits durs de Brownsville, Romi jouait du violon dans sa maison de Santa Monica pour le plaisir de ses amis et de ses invités distingués.

Parmi les invités qui fréquentaient les concerts de musique de chambre figuraient Henry Weinstein, Celeste Holm, Dore Schary, Leo Rosten, Hannah Weinstein, Lillian Hellman, la veuve d'Otto Fenichel, Hanna Fenichel et Lewis Fielding[1]. Katharine Greenschpoon, la mère de Ralph Greenson, qui avait jadis dirigé les concerts du Brownsville Labor Lyceum, était souvent l'invitée d'honneur. Toutefois, de la part du Dr Greenson, introduire sa patiente sous son toit violait de façon flagrante les principes de la psychanalyse. C'était une démarche totalement contraire à la thérapie et qui serait vivement critiquée par ses collègues quelques années plus tard lorsqu'on découvrirait la chose.

Onze ans après la mort de Marilyn, le Dr Greenson défendit sa démarche peu orthodoxe dans la *Medical Tribune* du 24 octobre 1973 : « C'est controversé, je le sais. Toutefois, cela fait près de trente-cinq ans que j'exerce et j'ai fait ce qui m'a paru être le mieux, d'autant que d'autres modes de traitement ne lui avaient apparemment fait aucun effet. » Pourtant, en faisant de Marilyn un quasi-membre de sa famille, le docteur avait transgressé une règle qu'il avait exposée lui-même dans son recueil, *The Technique and Practice of Psychoanalysis,* où il critiquait la technique anti-analytique. « Les procédures anti-analytiques, écrivait-il page 37, sont celles qui bloquent ou amoindrissent la capacité de perception et de compréhension. Le recours à toute mesure ou forme d'action pour réduire la faculté du moi à observer, penser, se souvenir ou juger relève

1. Lewis Fielding, qui était un grand ami et un collègue de Ralph Greenson, de même que Norman Leites de la Rand Corporation, devint le psychiatre de Daniel Ellsberg et fut victime d'une effraction de la part des fameux « plombiers » sous l'administration Nixon. Le fait que les Pentagon Papers soient sortis à Moscou avant de paraître dans le *New York Times* était devenu source d'inquiétude.

de cette catégorie. Parmi les exemples évidents figurent l'administration de drogues, certains types de transfert, diversions, etc. » Il admit ensuite que sa rupture avec la relation traditionnelle analyste-patient avait été une démarche inappropriée. « Je l'ai fait dans un but précis, déclara-t-il au *Medical Tribune.* Mon mode de traitement particulier pour cette femme particulière était, croyais-je, essentiel à l'époque. Mais j'ai échoué. Elle est morte. »

Les amis et les collègues du Dr Greenson font état de l'abattement et de la dépression qui l'accablèrent dans les années qui suivirent la mort de Marilyn. En fait, il fut extrêmement ébranlé. Le « drôle de petit sourire sardonique », que le sergent Clemmons remarqua chez le docteur lorsqu'il arriva sur les lieux, après la mort, n'était que le premier symptôme d'un problème de conscience qui hanta le Dr Greenson jusqu'à la fin de ses jours, en 1979. Le psychiatre avait fait passer certaines priorités avant la santé de sa patiente — des priorités qui l'avaient conduit à sacrifier des principes essentiels de sa profession. « Je l'ai fait dans un but précis », déclara-t-il. Mais le but, dans le cas de Marilyn Monroe, n'était pas l'intérêt de sa patiente. Le Dr Greenson se trouvait face à deux exigences contradictoires : se justifier devant ses collègues mais sans révéler ce qu'il savait vraiment des circonstances de la mort de sa patiente. Car, s'il l'avait fait, il aurait avoué la nature de ses propres priorités — et du même coup, le secret de sa vie cachée.

Le Dr Greenson entretenait une double personnalité au sein du parti communiste. D'après Norman Jefferies et Ernest Phillips Cohen, un ancien agent du FBI, le Dr Ralph R. Greenson était un agent du Komintern. Quarante pages du dossier abondant et très bien rédigé du FBI sont toujours retenues sous le sigle « Sûreté nationale — C (communiste) 105 ». Norman Jefferies, le gendre d'Eunice Murray, a déclaré que le Dr Greenson était à la tête du Conseil des arts, des sciences et des professions libérales (l'ASPC), qui favorisait grandement la progression de l'idéologie communiste sur la côte ouest. Présenté par John Howard Lawson, l'ASPC avait occupé à un moment donné une place de premier plan dans la défense des causes communistes avant d'être contraint à la clandestinité par les investigations de la Commission d'enquête sur les activités anti-américaines et la mise sur liste noire de nombre de personnalités hollywoodiennes.

C'est sous la coordination de Greenson, en 1947, que John

Howard Lawson et le scénariste Albert Maltz[1] avaient organisé le Hollywood Film Quaterly et la Hollywood Writers' Mobilization For Defense. Considérées par le ministre de la Justice comme des organisations communistes, elles avaient leurs quartiers généraux sur le campus de l'UCLA, université dont le Dr Greenson était membre. D'après le fichier du FBI, Greenson présida certains des événements de la Writers' Mobilization et prit la parole à plusieurs de leurs tribunes.

Louis Budenz, un des responsables du parti communiste, directeur du *Daily Worker* et fondateur du Conseil des arts, des sciences et des professions libérales, a donné, après avoir déserté ses rangs en 1949, une image claire et instructive du mode de fonctionnement du parti et de ses buts :

> Comment les écrivains, les scientifiques et les professions libérales communistes étaient mobilisés et comment ils obtenaient la coopération de pléthore d'organisations non communistes avec cette organisation dirigée par des rouges est relativement simple. Pour commencer, de petits noyaux d'écrivains, d'artistes et de scientifiques communistes à New York et à Hollywood demandaient à d'autres, amis ou relations, de les rejoindre à l'intérieur du Conseil. Comme toujours, les responsables communistes s'assuraient de la mainmise secrète de l'appareil sur l'organisation. Cela signifiait l'introduction de suffisamment de cryptocommunistes dans le comité de direction et aux postes clés pour exercer le pouvoir de direction.

Budenz explique ensuite que les membres du Parti à l'intérieur du Conseil devaient se montrer « loyaux d'abord envers le marxisme et Joseph Staline, le plus grand marxiste vivant. On ne tolérait aucun autre lien, quelle que soit la situation de la personne dans sa propre sphère d'influence ».

Ainsi, les priorités du Dr Greenson se situaient au-delà de l'intérêt individuel de sa patiente — voire au-delà des principes déontologiques de sa profession.

En tant que responsable secret du Conseil des arts, des sciences et des professions libérales, le psychiatre était responsable de plusieurs groupements de professions libérales à l'intérieur du Conseil. Parmi eux se trouvait le groupe des

1. Esther, la femme du Dr Engelberg, épousa Albert Maltz après son divorce en 1963.

médecins libéraux, dont le Dr Hyman Engelberg était un membre éminent[1].

Autre division dans la structure du Conseil, le Centre d'éducation populaire, fondé et financé par Frederick Vanderbilt Field. Parmi les enseignants de cette école, qui diffusait l'idéologie communiste, figuraient le Dr Hyman Engelberg et le Dr Frank Davis, un proche de Greenson, responsable du département psychologie de l'UCLA. Le lien entre Greenson et Engelberg ne se limitait pas à de simples rapports professionnels, à des relations familiales, ni au fait de partager le même cabinet médical. Ils participaient d'une même vision d'un ordre mondial conforme à l'idéologie marxiste.

En 1955, le Dr Oner Barker Jr, qui exerce toujours dans ses bureaux de Hollywood, témoigna devant une commission du Sénat que le Dr Hyman Engelberg appartenait au parti communiste et à la même cellule que lui au sein de l'ASPC. Pendant quelque temps, le Dr Engelberg utilisa ouvertement son nom dans le cadre des activités communistes, mais, après les investigations du Sénat, il passa à son tour à la clandestinité.

Frederick Vanderbilt Field était un des contacts de Greenson à l'intérieur de la hiérarchie du Komintern. Directeur de l'American Russian Institute, Field était également en relation avec Katherine Greenschpoon, la mère de Ralph Greenson, elle-même membre du conseil d'administration, d'après le bulletin de la Commission d'enquête sur les activités anti-américaines en Californie (1948)[2].

Dans les années cinquante, après avoir été dénoncé par Louis Budenz en tant qu'agent du Komintern, Frederick Vanderbilt Field s'était enfui à Mexico, où il avait vécu avec un groupe d'exilés américains, parmi lesquels figuraient certains des Dix de Hollywood, qui étaient défendus par la bande de Tyre Rudin et Brown. Pendant son séjour au Mexique, Frederick Vanderbilt Field s'était lié d'amitié avec Churchill Murray, beau-frère d'Eunice Murray.

Frederick Vanderbilt Field, étroitement surveillé par le FBI à Mexico, restait, d'après Norman Jefferies, en contact aux États-Unis avec le chef du Komintern à Los Angeles, le Dr Ralph Greenson.

Dès 1964, Frank Capell écrivait dans le complément à son opuscule *The Strange Death of Marilyn Monroe* :

1. Voir annexe p. 527.
2. Voir référence en annexe.

> Le Dr Ralph Greenson, le psychiatre de Marilyn, habitait au 902 Franklin Street dans une maison bâtie par le mari de Mrs. Eunice Murray, la « gouvernante » de Marilyn. Le mari de Mrs. Murray était un responsable et un organisateur syndical de gauche, qui rentrait souvent chez lui « complètement débraillé » en raison d'une grève ou des actions qu'il organisait. Le Dr Greenson a tenu chez lui pendant des années des réunions auxquelles assistait un groupe hétéroclite de gens. Des membres des professions libérales bien habillés, des Noirs et ce qui semblait être des ouvriers. Les voisins avaient l'impression que la maison des Greenson servait à des sortes de réunions de « cellule ». Pour leurs voisins, les Greenson étaient d'ardents partisans d'un gouvernement socialiste.

Capell étant considéré plus ou moins comme un extrémiste qui voyait un rouge à tous les coins de rue, ses soupçons furent écartés. Sauf qu'en l'occurrence, concernant Franklin Street, Capell avait vu juste.

Quand c'était possible, un responsable de cellule bénéficiait d'une formation psychiatrique. Il incombait au responsable d'interroger périodiquement les membres clés de la cellule afin d'évaluer clairement leur état d'esprit et leur détermination. Les témoignages devant la Commission d'enquête ont confirmé que des bureaux de psychanalystes à travers le pays servaient d'abris aux agents prosoviétiques pour le transfert des informations confidentielles. La situation en tête à tête dans le cabinet de consultation leur procurait un cadre idéal. Parmi les membres des instituts de psychanalyse établis à New York, Boston, Washington, Topeka, Chicago, San Francisco et Los Angeles figuraient un grand nombre d'analystes aux convictions diverses. Ils comptaient en leur sein des héritiers des disciples très proches de Freud et de Marx, tel le Dr Ralph Greenson, un disciple d'Otto Fenichel.

Dès qu'il eut Marilyn Monroe comme patiente, Ralph Greenson devint un des agents du Komintern les plus importants des États-Unis. Il avait accès à l'esprit d'une femme qui partageait souvent la couche du Président et parfois celle du ministre de la Justice.

Comme l'avait dit le Dr Greenson à juste titre, Marilyn Monroe avait tendance à « s'impliquer avec des gens très destructeurs, qui entraient dans une relation sadomasochiste avec elle ». Parmi eux figuraient son psychiatre, son médecin et sa gouvernante, Eunice Murray. Ils s'unirent pour enfermer Marilyn à l'intérieur d'une sphère d'influence dans l'espoir de recueillir des renseignements grâce à ceux qu'elle fréquentait.

Dans les dernières semaines de sa vie, Marilyn se rendit enfin compte qu'on avait tissé autour d'elle un tissu d'illusions. En juillet 1962, elle confia à Ralph Roberts que l'influence envahissante exercée par le docteur la perturbait. « Elle s'en prenait carrément au Dr Greenson et à Mrs. Murray, la femme qu'il avait mise auprès d'elle ; elle avait l'impression qu'elle l'espionnait. »

Avec sa manière inimitable de dire la vérité sur un mode déguisé, Eunice Murray cite la légende de *The Lady of Shalott* dans la conclusion de son livre, *Marilyn, the Last Months.*

> Marilyn vivait un mythe guère différent du personnage légendaire dans le poème de Tennyson, *The Lady of Shalott,* une jeune fille du royaume du roi Arthur. The Lady, emprisonnée au sommet d'une tour, tisse dans une tapisserie ce qu'elle voit sur la route au pied de la tour, où les gens passent pour se rendre à Camelot.
>
> Mais The Lady of Shalott était victime d'un sortilège. Elle ne pouvait observer la vie que de manière indirecte, comme réfléchie dans le miroir de sa chambre. Si elle se retournait et regardait directement la scène, elle mourrait.
>
> Or The Lady of Shalott tomba amoureuse du fringant Sir Lancelot qui passait sur son destrier. Elle descendit dans le monde — et mourut avant d'avoir rejoint Camelot.

51

Zona Rosa

> « Elle tomba sous la coupe de beaucoup de gens qu'elle autorisait, avec une confiance enfantine, à planifier le cours de sa vie et qui la conduisirent à une fin prématurée. »
>
> Frank A. Capell.

Alors qu'elle voyait son psychiatre presque tous les jours, Marilyn passa une bonne partie de son temps, au cours de l'automne 1961, à se débattre au milieu de démêlés juridiques avec la Twentieth Century Fox et des préparatifs de son prochain film, *Something's Got to Give.* Sous son ancien contrat, signé en 1955, elle ne gagnait que 100 000 dollars par film. En 1962, une somme pareille pour une des plus grandes stars, c'était une affaire pour le studio. La plupart étaient payées au moins 700 000 dollars, mais la Fox exigeait qu'elle remplisse ses engagements.

Something's Got to Give était déjà sorti sur les écrans en 1940 sous le titre *My Favorite Wife* (*Mon épouse favorite*), avec Irene Dunne et Cary Grant. L'intrigue datait. OUVERTURE EN IRIS. À la suite d'un naufrage, une femme a échoué sur une île tropicale en compagnie d'un homme au physique irrésistible. On la croit morte. Le mari de la disparue convole une seconde fois, mais la femme est miraculeusement sauvée et revient récupérer son époux. FERMETURE EN IRIS.

Marilyn ne voulait pas tourner *Something's Got to Give,* mais son avocat d'Hollywood, Mickey Rudin, lui fit valoir que la Fox avait les moyens juridiques d'entraver sa carrière si elle refusait.

Le Dr Greenson, qui la conseillait à présent aussi dans ce domaine, l'incita à tourner ce film afin de se débarrasser de ses obligations avec la Fox. En décembre 1961, elle signa donc à contrecœur. Le réalisateur devait être George Cukor.

Les archives de la Twentieth Century Fox montrent à l'évidence que Marilyn n'aurait jamais commencé *Something's Got to Give* si le Dr Greenson ne l'en avait pas convaincue : il prétendait que c'était important pour « sa santé affective ». Le Dr Greenson ne se contenta pas de pousser Marilyn à faire ce film : des centaines de documents prouvent qu'il était profondément impliqué dans divers aspects de la production. Des transcriptions téléphoniques retracent de nombreux entretiens nocturnes entre le psychanalyste et des membres importants du studio. Durant la phase de préproduction du film, le docteur resta constamment en contact avec les avocats du studio, le producteur et même avec Ted Strauss, le monteur. En d'autres termes, le psychiatre de Marilyn devint son agent, ce qui n'est pas banal. En novembre 1961, la rupture avec MCA fut consommée. Désormais, Greenson et Mickey Rudin allaient représenter Marilyn.

Something's Got to Give devait être produit par David Brown. Sous la férule de Robert Goldstein, Brown avait porté le projet depuis le départ et travaillé au scénario avec le célèbre scénariste Nunnally Johnson. Vers la fin novembre, David Brown apprit avec stupeur qu'il était remplacé par Henry Weinstein, l'ami de Robert Goldstein qui avait fait ses débuts à trente-sept ans dans *Tendre est la nuit.* Dépité d'avoir à céder la place à quelqu'un dont l'expérience en tant que producteur lui paraissait douteuse, Brown rechercha assidûment la raison de sa mise à pied et découvrit que les ordres émanaient du bureau de New York, et que le changement avait été orchestré par le psychiatre de Marilyn. La nomination de Weinstein à la production était une des conditions à la signature de Marilyn. L'accord comportait en annexe un codicille étonnant : si Brown était remplacé par Weinstein, Greenson garantissait la ponctualité de la star et le film serait terminé dans les temps. « Ne vous inquiétez pas, je peux lui faire faire ce que je veux », avait répondu le Dr Greenson quand on s'était étonné de sa faculté d'obtenir ce résultat.

« Cukor était furieux qu'on ait viré Brown, raconte le monteur Ted Strauss. Il lui fallait le producteur le plus aguerri et le plus doué pour ce film, et Brown était le bon choix. Le fait que Henry Weinstein, le producteur, connaisse le psychiatre de

Marilyn n'y changerait rien. » « Alors vous vous croyez capable de faire venir Marilyn à l'heure sur le plateau ? s'écria Cukor à l'adresse de Weinstein. Je vais vous dire une bonne chose. Même si vous colliez le lit de Marilyn avec Marilyn dedans sur le plateau, et que le plateau soit inondé de lumière, elle ne serait pas à l'heure pour la première prise de vues ! »

Peu après la nomination de Henry Weinstein à la production, son ami Robert Goldstein fut remplacé par Peter Levathes. Celui-ci était délégué par les juristes de Wall Street, Milton Gould, John Loeb et Samuel Rosenman qui faisaient partie de l'entourage des Kennedy. John Loeb avait été nommé ambassadeur au Pérou par JFK. Le magistrat Samuel Rosenman travaillait au sein du ministère de la Justice et comme consultant syndical à la Maison Blanche, et Gould faisait partie de la même société d'investissement immobilier que Joe Kennedy, la Roades and Company. Et le trio était moins emballé par la magie du grand écran que par la rentabilité prometteuse des dépôts sédimentaires dormant sous les collines ondoyantes de la Twentieth Century Fox — autrement dit, le sous-sol. Le terrain derrière, qui bordait Beverly Hills, recouvrait un champ de pétrole et valait largement plus que tous les rêves en carton-pâte qui constellaient le vieux ranch de Tom Mix. Et tandis que la barge lourdement chargée de *Cléopâtre* s'enfonçait dans le lagon noir de la sottise collective, les barracudas de Wall Street dessinaient Century City, où les rues de Paducah et la gare où Marilyn avait acheté son ticket pour Tomahawk allaient être défoncées au bulldozer pour céder la place au Marriott, aux tours miroitantes de l'ABC Entertainment Center et au Century Plaza.

Après plusieurs rencontres avec Nunnally Johnson pour le scénario de *Something's Got to Give*, Marilyn prit l'avion pour aller passer une semaine à New York, puis rentra à Los Angeles avant Noël. Le cafard qui s'emparait immanquablement d'elle pendant les fêtes de fin d'année fut aggravé par quelque chose qui survint au cours de son séjour à New York. Le Dr Greenson a raconté qu'elle sombra dans une dépression qui rappelait l'état dans lequel elle se trouvait la première fois où il était venu la voir dans son bungalow de Beverly Hills, en janvier 1960. Elle ne supportait pas, dit-il, la « méchanceté » de la part de « certaines figures idéales de sa vie ». Après son retour de New York, écrit Greenson, « elle traversa en réaction une phase dépressive et paranoïde sévère ». Sans décrire en détail en quoi consistait cette « réaction », Greenson poursuit : « Elle parlait d'abandonner le cinéma, de se tuer, etc. Je dus mettre jour et nuit des infirmières dans son appartement pour surveiller de près son traitement, puisque je la sentais potentiellement suicidaire. »

Bien qu'il ne vît pas d'un bon œil les relations que Marilyn entretenait avec son ex-mari Joe DiMaggio, le psychiatre dut se résigner à faire appel à lui. Elle se sentit moins seule quand il arriva pour fêter avec elle une fois encore — la dernière — la fin de l'année. La veille de Noël, il l'aida à décorer son appartement. Ils achetèrent ensemble un sapin et accrochèrent des guirlandes pour donner aux lieux un air de fête. Et ils passèrent l'après-midi de Noël chez les Greenson. La veille du nouvel an, Joan Greenson, la fille du psychiatre, fit un saut après minuit chez Marilyn. Ils sablèrent le champagne et firent rôtir des châtaignes dans la cheminée. « DiMaggio semblait aux petits soins, attentionné, comme un père ou un frère, dit Joan. Quant à Marilyn, elle avait l'air contente de s'occuper de lui. Ils ressemblaient à un vieux couple. » Jeanne Carmen raconte que le sapin demeura dans la salle de séjour bien après les fêtes et le retour de DiMaggio à San Francisco ; les guirlandes pendaient lamentablement sur l'arbre mort — mais Marilyn continuait d'allumer les lumières.

À la fin de l'année, le Dr Greenson conseillait Marilyn dans divers domaines importants : quels amis elle devait conserver, avec qui elle devait sortir, quel genre de films elle devait tourner, voire où elle devait habiter. Il la poussait à acheter et Marilyn demanda à Mrs. Murray de lui trouver « une maison mexicaine, le plus possible comme celle du Dr Greenson ». La gouvernante accepta de bon gré et ne tarda pas à trouver une habitation qu'elle montra à Marilyn en décembre 1961. C'était une maison de style hacienda mexicaine sur Fifth Helena Drive. Il y avait des pseudo-murs d'adobe, un toit couvert de tuiles et des grilles en fer forgé aux fenêtres. La maison, qui était cernée de grands arbres au bout d'une impasse, était à l'abri des regards indiscrets. Bâtie sur un étage avec de petites pièces, elle avait une piscine. Même si Marilyn n'était pas une nageuse invétérée, elle avait toujours rêvé d'une piscine pour ses amis. Bien que la maison fût dépourvue du luxe ostentatoire de celles des grandes stars de Hollywood, Marilyn fut séduite. Encouragée par le Dr Greenson, elle se hâta d'en faire l'acquisition avec l'aide de son avocat, Mickey Rudin, qui souscrivait également à ce choix.

La maison fut achetée, en janvier 1962, pour 35 000 dollars.

Marilyn dut emprunter le montant du premier acompte à DiMaggio[1]. Elle aurait éclaté en sanglots au moment de la signature. « C'était affreux parce que j'achetais une maison toute seule », expliqua-t-elle par la suite. Elle avait pourtant un ami qu'elle pouvait appeler à tout moment, jour et nuit : le Dr Ralph Greenson, qui n'habitait qu'à quelques minutes de là. Mrs. Murray avait certes trouvé pour Marilyn la maison idéale. Elle avait pour voisine Hanna Fenichel, la veuve d'Otto Fenichel, qui était toujours amie avec Ralph et Hildi Greenson. En 1961, Hanna Fenichel était devenue une psychanalyste éminente de la côte ouest, qui militait également dans le milieu marxiste de l'Institut de psychanalyse. De sa fenêtre à l'étage du 12403 Third Helena Drive, elle avait une vue plongeante sur l'impasse et la cour de la maison de Marilyn. Sa propriété était à moins de soixante-quinze mètres de la fenêtre de la chambre à coucher de Marilyn.

En janvier, Marilyn fut invitée chez Pat et Peter Lawford pour fêter le départ de Bobby Kennedy. Ministre de la Justice, celui-ci se rendait en Extrême-Orient dans le cadre de ses fonctions. Et comme Pat Newcomb devait le déclarer à Donald Spoto qui l'interviewait sur les relations entre Marilyn et Bobby : « Entre nous, elle l'a dragué. » Sur quoi, elle ajouta : « Je sais que certains ont écrit que Bobby Kennedy aurait pu quitter sa femme... ils sont dingues ? J'ai très bien connu Bobby... mieux que Marilyn à bien des égards, et il fallait le connaître pour savoir qu'il n'aurait jamais quitté Ethel. Écoutez, sept enfants... pensez donc ! Elle le draguait, mais je ne crois pas que ce serait jamais arrivé[2]. »

Comme Marilyn s'en ouvrit à Jeanne Carmen et à Terry Moore, elle se mit en quatre en vue de la réception en l'honneur de Bobby chez les Lawford. Et le Dr Greenson prit le temps de passer en revue avec elle les sujets de discussion qu'elle pourrait aborder avec le ministre de la Justice, afin que celui-ci soit impressionné par sa connaissance de l'actualité et des grandes questions politiques du moment.

Non seulement il lui indiqua d'éventuelles questions à débat-

---

1. Les dossiers de l'homologation indiquent que l'argent a été remboursé sur la succession.

2. Les interviews de Spoto pour *Marilyn Monroe — La biographie* sont déposées à la bibliothèque de l'Academy of Motion Picture Arts and Sciences. Nombre de ces interviews comportent des éléments qui confirment les relations entre Robert Kennedy et Marilyn. Toutefois, ces éléments n'apparaissent pas dans le livre de Spoto.

tre avec Bob, mais son fils, Danny, l'y aida. Il lui fournit une liste de questions à poser au ministre de la Justice, que Marilyn transporta dans son sac à main pour se rendre à la soirée.

Interrogé à ce sujet par Anthony Summers en 1984, Danny Greenson se souvenait qu'au cours d'un dîner chez ses parents, plusieurs semaines avant la fête, Marilyn avait lancé : « Zut, je vais dîner chez les Lawford et Bobby va être là. Kim Novak va parler de sa nouvelle maison dans les environs de Big Sur et je veux pouvoir discuter avec lui de quelque chose de sérieux. »

D'après Danny Greenson, elle cherchait des questions politiques pour faire la conversation. « Elle a fini par les noter, se rappelait le jeune homme. C'était des critiques de centre gauche — à l'époque, je m'inquiétais de notre soutien au régime de Diem au Viêt-nam — et il y avait des questions concernant la Commission d'enquête sur les activités anti-américaines et les droits civiques, et ainsi de suite... Elle avait envie de l'impressionner. »

Des invités de la fête furent témoins de son succès. D'après Gloria Romanoff, qui était présente, Bob dansa avec elle toute la soirée. Elle lui apprit à danser le twist et *Let's Twist Again* repassa sans arrêt sur le pick-up des Lawford. Bob Kennedy appela son père au téléphone : « Devine qui j'ai à côté de moi ? dit-il. Marilyn Monroe ! » Et il lui passa le téléphone pour qu'elle parle à Joe. Toutefois, comme le vieux Kennedy était en convalescence après une attaque, il ne pouvait parler ni marcher.

Le journaliste James Bacon, qui était aussi de la fête, raconte : « Marilyn suivait Bobby partout. Elle portait des lunettes à monture d'écaille et avait à la main un calepin qu'elle ne lâchait pas. Et quand Bobby disait quelque chose sur les droits civiques ou autre, Marilyn notait. J'ai trouvé ça bizarre sur le coup, mais Marilyn a toujours eu un humour assez loufoque. »

C'est peut-être à cette époque, au début de 1962, que la sœur de Bobby, Jean Smith, envoya à Marilyn le billet qu'on retrouva parmi ses papiers personnels chez Inez Melson.

Le Dr Greenson conseilla à Marilyn de partir en vacances avant de démarrer le tournage de *Something's Got to Give.* Il fut décidé qu'elle irait au Mexique pour se reposer et trouver le mobilier pour sa nouvelle maison. Pendant son absence, il était convenu que Norman Jefferies, le gendre d'Eunice Murray, et son frère Keith entreprendraient les travaux nécessaires pour la remettre à neuf.

Début février 1962, la star fit une halte en Floride, officiellement pour rendre visite à Joe DiMaggio, qui y passait l'hiver avec les New York Yankees. Elle appela également Isadore, le père d'Arthur Miller, avec lequel elle conserva des relations amicales bien après la fin de son mariage. Marilyn descendit au Fountainbleu et alla voir John Kennedy qui, d'après les registres de la Maison Blanche, se trouvait à Palm Beach les 6 et 7 février.

Mack McSwane, qui travaille depuis 1955 au Fountainbleu où il est, à présent, chef des chasseurs, a déclaré récemment que Marilyn venait souvent à l'hôtel quand les Kennedy étaient dans les parages et a confirmé qu'elle s'y trouvait en février 1962 en même temps que le Président : « Marilyn Monroe avait la chambre au fond du couloir à côté de la suite des Kennedy, au dix-septième étage. Tout le monde était au courant ! »

De Floride, Marilyn s'envola pour Mexico et descendit au Hilton, où Frank Sinatra avait réservé pour elle. Mais, au lieu du repos qu'elle escomptait avant le début du tournage, elle dut affronter un véritable siège. Il fallut faire venir la garde armée pour maintenir la presse à l'écart et Marilyn fut harcelée par les photographes. Au cours d'une conférence de presse convoquée à la hâte pour amadouer les paparazzi déchaînés, elle abusa du champagne et une photo fut prise qui prouvait, une fois pour toutes, que Marilyn ne portait pas de culotte.

Eunice était arrivée avant Marilyn et, le lendemain de la conférence de presse, la star rencontra Churchill Murray, frère de John. À en croire Jefferies, « Churchill était un communiste de la plus belle eau. Il dirigeait une station de radio de propagande communiste à Mexico et avait divers contacts politiques, y compris parmi les diplomates des ambassades cubaine et soviétique ». Churchill conduisait volontiers Marilyn et Eunice chez Frederick Vanderbilt Field. Avec sa femme, Nieves, ancien modèle et ex-maîtresse du peintre Diego Rivera, celui-ci faisait partie de la pittoresque colonie de « Zona Rosa », où les expatriés de gauche vivaient pratiquement en exil. Plus de vingt-cinq familles avaient fui les États-Unis pour ne pas avoir à subir les conséquences de leurs opinions communistes. Parmi les exilés de Zona Rosa se trouvaient Dalton Trumbo, Herbert Bibberman, John Bright, George Pepper, John Howard Lawson et Albert Maltz.

Field devait écrire dans son autobiographie *From Right to Left* : « Mrs. Eunice Murray, la dame de compagnie de Marilyn, devait arriver à Mexico une semaine à l'avance pour que tout soit prêt. Je vins la voir pour prendre un rendez-vous avec Marilyn dès son arrivée. Mrs. Murray est, à sa manière, une personne pleine de ressources. Quand elle a perdu son mari, elle s'est reconvertie dans la décoration d'intérieur et a pris des cours de psychologie. À la demande du Dr Ralph Greenson, le psychiatre de Marilyn, elle était devenue la dame de compagnie à mi-temps de M.M., son chauffeur, sa gouvernante et une sorte d'observatrice. »

Ignorante des relations entre Frederick Vanderbilt Field et le Dr Greenson, Marilyn éprouva pour Field une sympathie spontanée qui fut réciproque. Il la trouvait « superbe au-delà de tout — chaleureuse, séduisante, intelligente et pleine d'esprit, curieuse des choses, des gens et des idées — et terriblement compliquée ».

Field se rendit vite compte que Marilyn avait une aventure avec le scénariste mexicain José Bolaños, membre du groupe La Reforma lothario. Sombre, maigre et beau, il était le type même du *latin lover.* Jouant son rôle à fond, il couvrit Marilyn de cadeaux, de fleurs et lui fit donner la sérénade par un orchestre de mariachis. Mais Frederick Vanderbilt Field le considérait d'un œil méfiant. Si Bolaños fréquentait Luis Buñuel, Dalton Trumbo et les réfugiés de la Zona Rosa mis à l'index aux États-Unis, il était également un ami de l'écrivain et agent de la CIA E. Howard Hunt, qui rendait souvent visite au bureau de l'agence de Mexico. Field conseilla à Marilyn de rester à l'écart de Bolaños, qu'il décrivit comme « un homme ayant des prétentions de gauche — mais dont la vraie gauche se méfiait beaucoup ».

Field passa plusieurs jours en compagnie de Marilyn, qu'il conduisit au marché de Toluca — souvent avec Eunice Murray et son beau-frère, Churchill. Ils firent un séjour à Taxco, une station de montagne, où Bolaños vint les rejoindre. Arrivé en pleine nuit à l'auberge où Marilyn était descendue, il loua plusieurs mariachis qui lui chantèrent la sérénade.

Comme tous les Américains, Marilyn était harcelée par des « expatriés » avides d'entendre des nouvelles du pays. Field et Marilyn pouvaient parler pendant des heures. De l'aveu de Field, elle parla beaucoup avec lui. Ils trouvaient exaltant de connaître les Kennedy et discutèrent des droits civiques, de la réforme agraire en Chine, du maccarthysme, qui la rendait furieuse, et de la haine des Kennedy à l'égard de J. Edgar Hoover. « Elle m'a dit qu'à une soirée chez les Lawford, à laquelle assistait Bob Kennedy, elle lui avait demandé carrément si le Président et lui allaient licencier Hoover. Il répondit, d'après elle, qu'ils "aimeraient bien, mais que pour le moment, c'était politiquement impossible". »

Elle parla abondamment de son mariage avec Arthur Miller. « Elle voulait quitter Hollywood, raconte Field, pour trouver un type... un cocktail de Miller et de Joe DiMaggio, pour autant que j'aie pu comprendre. Quelqu'un qui serait correct avec elle, mais serait également son guide et une stimulation intellectuelle. Elle voulait vivre aux États-Unis et changer complètement sa vie. Elle parlait beaucoup de ses défaillances intellectuelles, de son incapacité à être à la hauteur avec les gens qu'elle admirait. Elle parlait de son âge, du fait qu'elle allait avoir trente-six ans et qu'il fallait qu'elle s'y mette. »

Mais Marilyn aborda, avec Frederick Vanderbilt Field, d'autres sujets qui éveillèrent les craintes du FBI à Washington. Depuis que Louis Budenz avait identifié en Frederick Vanderbilt Field un agent du Komintern, il était étroitement surveillé par le Bureau.

Un document du FBI, daté du 6 mars et ayant pour en-tête : « MARILYN MONROE — SÛRETÉ NATIONALE — C (communiste) », fut adressé par le bureau de Mexico à J. Edgar Hoover. Le contenu est lourdement barré, mais un compte rendu du FBI révèle que ce rapport, qui a été classé plusieurs jours après que Marilyn eut quitté Mexico, se référait à ses conversations avec Frederick Vanderbilt Field et contenait des renseignements confidentiels qu'elle avait appris au cours de discussions avec le Président et son frère (voir annexe p. 529).

J. Edgar Hoover, que le tempérament donjuanesque de Jack Kennedy inquiétait beaucoup, fut profondément troublé d'apprendre que ses mises en garde n'avaient servi à rien et que des informations confidentielles avaient été involontairement transmises par Marilyn à un éventuel agent de l'espionnage soviétique. On savait au FBI que Frederick Vanderbilt Field était en contact avec des agents en opération. D'après des sources proches de Hoover à l'époque, cela le rendit furieux et il piqua une colère d'une violence mémorable.

Chose incroyable, le président des États-Unis représentait une menace pour la sécurité du pays.

52
La Main de Dieu

> « Miss Monroe connaît le monde, mais cette connaissance n'a réduit en rien sa formidable et magnanime dignité ; la noirceur du monde n'a pas terni sa bonté. »
>
> Dame Edith Sitwell.

John Kennedy projetait pour mars 1962 un déplacement politique en Californie et, en janvier, Peter Lawford demanda à Frank Sinatra si le Président pourrait descendre chez lui, à Palm Springs, pendant son séjour. Non seulement celui-ci accepta d'emblée, mais il consacra plus de 500 000 dollars à des travaux d'envergure pour transformer Palm Springs en une Maison Blanche de la côte ouest. On construisit un héliport géant de même que des bungalows pour les amis, des aménagements pour les services secrets et un central téléphonique avec plus de vingt-cinq lignes. « C'était la blague qu'on ressortait sans arrêt en famille, dit Peter par la suite. Il avait même dressé un mât pour le drapeau présidentiel après en avoir vu un au-dessus du domaine des Kennedy à Hyannis Port. Personne ne lui en avait demandé autant. » Sinatra alla jusqu'à commander une plaque en or sur laquelle était gravée la phrase : « John F. Kennedy a dormi ici » à poser à l'entrée.

Au cours d'un des briefings quotidiens au ministère de la Justice, un jeune juriste zélé se plaignit de l'amitié entre le Président et Frank Sinatra. « Nous sommes en première ligne pour nous battre contre le crime organisé à tous les niveaux et voilà que le Président se montre avec Sinatra, qui est mouillé avec tous ces types.

— Faites-moi un mémo avec des faits », répondit Bob Kennedy.

Le mémo révéla, preuves à l'appui, que Sinatra entretenait des contacts personnels avec dix des principales personnalités de la Mafia ; il énumérait les jours et les heures où ces gangsters avaient appelé Sinatra sur sa ligne personnelle.

« Sinatra a eu souvent et depuis longtemps des contacts avec des truands et des racketteurs, qui semblent se poursuivre, stipulait le rapport. La nature du travail de Sinatra peut à l'occasion le mettre en contact avec des membres de la pègre, mais cela n'explique pas son amitié et/ou son implication financière avec des gens tels que Joe et Rocco Fischetti, cousins d'Al Capone, Paul Emilio D'Amato, John Formosa, Sam Giancana, qui figurent tous sur notre liste de racketteurs. »

Si Bob Kennedy n'ignorait pas les contacts de Sinatra avec le milieu, il fut sidéré par le nombre de visites que Giancana avait rendues à Sinatra à Palm Springs.

Le ciment était à peine sec sur l'héliport présidentiel dans la propriété de Sinatra quand Bobby parvint à dissuader le Président de descendre chez Sinatra. « Sam Giancana a été reçu sous le même toit, expliqua l'attorney général. De quoi ça aura l'air ? Trop de gens sont au courant des relations de Sinatra avec ces types-là. Nous ne pouvons pas prendre le risque, Jack. »

Bien qu'il ne voulût pas décevoir son copain Sinatra, John fut obligé de s'incliner après avoir lu le rapport du ministère de la Justice. Il dit à Bobby de prendre d'autres dispositions. Bob chargea Peter Lawford de prévenir Frank que le Président avait changé ses plans. Peter paniqua en apprenant la nouvelle. Il savait que la réaction de Sinatra serait loin d'être agréable et il ne voulait pas se trouver en première ligne. Il appela le Président pour le supplier de ne pas modifier ses projets en lui rappelant tout ce que Sinatra avait fait pendant la campagne.

« Je ne peux pas y descendre, expliqua John Kennedy à Peter Lawford. D'après Bobby, c'est impossible à cause des relations de Frank. Tu sauras t'y prendre, Peter ! »

Peu emballé, comme on s'en doute, par la tâche ingrate qui lui incombait, Peter s'arma de courage pour informer Sinatra de la nouvelle.

« Frank était furieux, a raconté Peter. Il a traité Bobby de tous les noms, m'a rappelé pour m'engueuler encore. Il était hors de lui, complètement largué. George Jacobs [le valet de Frank] m'a raconté plus tard qu'après avoir raccroché le téléphone, il est sorti avec un marteau de forgeron et il s'est mis à réduire en miettes la piste en béton de l'héliport. Il était fou. »

Pis encore, le Président fut invité dans la propriété voisine, celle de Bing Crosby. « Pour lui, c'était de ma faute si Jack descendait chez Bing — un autre chanteur et un républicain pardessus le marché, se lamentait Peter. Bref, Frank ne m'a jamais pardonné. Il a rompu avec moi du jour au lendemain — carrément ! »

Sinatra fit savoir à ses amis qu'il n'avait qu'une envie : foutre son poing dans la figure de Lawford. Il refusa de lui répondre au téléphone, l'élimina des spectacles du Sands et des deux films qu'il allait tourner avec son clan. La vengeance n'a pas de prix et le bruit court que Sinatra dut payer Bing Crosby près d'un million de dollars pour qu'il remplace Lawford dans *Robin and the Seven Hoods (Les Sept Voleurs de Chicago).*

« Frank fit une croix sur Peter, et Peter ne put s'en remettre, raconte Milt Ebbins, le manager de Peter Lawford. Il aimait Frank. Il aimait faire partie de la bande et, brusquement, il était rejeté. Non seulement il perdait les films du clan, mais aussi un tas d'autres possibilités. »

Il devint clair pour Lawford qu'il ne serait plus jamais admis dans le saint des saints. Sombrant dans la dépression, il se heurta bientôt aux obstacles que Sinatra sema sur son chemin. En même temps, son mariage avec Patricia commençait à battre de l'aile et, dépassé par les événements, il s'abîma dans l'alcool.

Sous Eisenhower, J. Edgar Hoover savait que la porte du Bureau ovale lui était ouverte. Les deux hommes déjeunaient volontiers ensemble et discutaient une fois par semaine. Mais sous Kennedy, Hoover se vit refuser ce libre accès. D'après Kenny O'Donnell, le secrétaire présidentiel chargé des rendez-vous, « Hoover [en] était très mécontent ». « Pendant les mille jours du Président, Hoover fut convié à la Maison Blanche moins d'une douzaine de fois. »

Le 22 mars 1962, le Président avait un de ces rares entretiens avec Hoover à la Maison Blanche. Ils déjeunaient en privé dans ses appartements. Deux semaines plus tôt, Hoover avait reçu le document inquiétant concernant les rendez-vous de Marilyn avec le supposé espion communiste Frederick Vanderbilt Field à Mexico. « On ne saura peut-être jamais ce qui s'est vraiment passé à ce déjeuner, puisque les deux protagonistes sont morts et que les fichiers du FBI ne possèdent aucun dossier sur la question », note un rapport du Sénat treize ans plus tard.

D'après les comptes rendus, la rencontre porta sur les relations de JFK avec Judith Campbell Exner. Toutefois, le point le plus important de l'ordre du jour devait concerner l'aventure de Kennedy avec Marilyn Monroe et les entrevues ultérieures de celle-ci avec Field. Hoover n'a sûrement pas manqué de souligner le risque que courait le Président. Pour la première fois peut-être depuis l'époque d'Inga Arvad, John Kennedy n'avait plus à se demander ce que Hoover savait ou non de sa vie privée.

À en croire Kenny O'Donnell, Kennedy était de très mauvaise humeur après sa rencontre avec Hoover. « Un jour, je me débarrasserai de ce salaud, ragea-t-il. C'est le dernier des casse-pieds ! » Il est toutefois évident que certains des avertissements de Hoover eurent de l'effet. Après plus de soixante-dix coups de téléphone entre le Président et Judith Campbell Exner, les appels devinrent très rares à partir de cette date. Il se peut toutefois que Jack ait simplement décidé de se montrer plus discret. Judith Campbell affirme qu'elle est restée en contact avec lui jusqu'à l'été 1962 et il est vrai aussi que Kennedy, peu après le déjeuner avec Hoover, eut un rendez-vous avec Marilyn Monroe, qui avait pris soin de se déguiser.

Le samedi 24 mars, deux jours après la mise en garde de Hoover, Marilyn émergea avant 9 heures de sa chambre toute neuve de Fifth Helena Drive. D'habitude elle dormait jusqu'à midi. « Je pars en voyage et mon coiffeur va m'aider à me préparer », annonça-t-elle à Mrs. Murray. Mais, à 8 heures, le plombier débarqua avec des ouvriers pour installer un nouveau ballon d'eau chaude et il coupa l'eau.

« Ça ne fait rien, assura Marilyn. Je vais aller chez les Greenson pour qu'on me lave la tête — ça ira. »

Quelques heures plus tard, Marilyn revint, la mise en plis terminée et l'esprit alerte, prête à discuter avec les hommes importants du gouvernement qu'elle devait rencontrer. À midi, Peter Lawford vint la chercher. « Peter faisait les cent pas, raconte Mrs. Murray, tandis que Marilyn mettait la dernière main à sa tenue. » Une bonne heure plus tard, elle était prête. Portant une perruque brune sur ses cheveux bien coiffés, des lunettes en écaille, un tailleur classique Norman Norrell, armée d'un bloc-sténo et d'une poignée de crayons, Marilyn se rendit à l'aéroport où Air Force One attendait. L'avion présidentiel avait déjà débarqué ses passagers à Palm Springs, puis il faisait un crochet par Los Angeles, où il devait prendre Peter Lawford et « la nouvelle secrétaire du Président ».

En arrivant à Palm Springs, Marilyn découvrit que le Président était logé dans la vaste propriété de Bing Crosby. Elle fut isolée dans une maison d'amis située à l'écart, cachée de la maison des maîtres par un rideau d'arbres et de fourrés. Philip Watson, assesseur du comté de Los Angeles, avait été invité dans la somptueuse salle à manger de Crosby, où le Président donnait une soirée dont les invités étaient triés sur le volet. Plus tard, d'après Watson, il y eut une autre soirée moins collet monté dans la discrète maison d'amis. Watson, qui faisait partie des invités, aperçut Marilyn Monroe. Il ne fut pas surpris outre mesure. Il l'avait vue à une autre réception dans la suite présidentielle du Beverly Hilton, en novembre. En revanche, il fut surpris de constater qu'ils ne cherchaient pas à dissimuler la nature de leurs relations.

« Le Président portait un pull à col roulé, déclara Watson, et elle une espèce de peignoir. Elle avait manifestement beaucoup bu. Il était évident qu'ils étaient très proches, qu'ils allaient passer la nuit ensemble sur place. »

Cette nuit-là, Ralph Roberts reçut un appel de Marilyn à Palm Springs.

« Je me dispute avec un ami, dit-elle, malicieuse. Il croit que je me trompe à propos de ces muscles dont nous avons parlé. Je vais te le passer et tu vas lui dire. »

« Une minute plus tard, dit Roberts, j'entendais cet accent de Boston qui nous est familier. Je lui ai parlé des muscles et il m'a remercié. Bien sûr, je n'ai pas révélé que je savais qui il était et il n'a rien dit. »

Marilyn raconta par la suite à Roberts qu'elle avait massé le dos douloureux du Président et qu'ils avaient discuté du système musculaire. « Je lui ai dit qu'il devrait se faire masser par toi, Ralph, mais il m'a dit : "Ça ne serait pas pareil." »

Alors que le Président semblait ne pas se rendre compte du danger que représentaient ses aventures, Marilyn devenait de plus en plus bavarde. Beaucoup parmi ses proches étaient au courant de ses relations et elle espérait toujours que Jack divorcerait un jour et qu'elle deviendrait Mrs. Kennedy.

La virée présidentielle à Palm Springs fut suivie d'une brillante soirée au Beverly Hilton de Los Angeles pour collecter des fonds. Marilyn y assistait et fut remarquée par plusieurs personnes dans la suite de Kennedy après le gala. Elle écrivit à Norman et Hedda Rosten qu'elle avait dansé avec Bobby Kennedy, qu'elle commençait à surnommer « le général ». Dès leur première rencontre, Marilyn et le frère du Président se parlèrent souvent au téléphone. « C'était quelqu'un de formidable quand on avait des soucis, se souvient Ed Guthman, son attaché de presse. Et Marilyn l'appelait beaucoup... mais Judy Garland aussi de même qu'un tas de dames en détresse. »

Souvent, ils poursuivaient la conversation qu'ils avaient commencée en février dans la maison du bord de mer des Lawford, passant des questions sociales à la politique, puis au problème cubain, aux « marches pour la paix » et aux droits civiques, avant de débattre de l'aspect moral de la bombe atomique. Déterminée à se montrer bien informée, Marilyn se documentait sur les sujets abordés, en puisant parfois dans la vaste bibliothèque des Greenson, ou en appelant Danny ou Joan Greenson pour qu'ils lui donnent des indications sur la question.

Au cours du printemps 1962, Norman Rosten se trouvait à Hollywood pour travailler à un scénario. La veille de son retour sur la côte est, il passa chez Marilyn pour lui faire ses adieux. Il raconta par la suite un curieux événement qui survint et lui parut inexplicable sur le coup. L'incident se produisit l'après-midi qui suivait la soirée de gala au Beverly Hilton. Le Président s'envolait pour Washington le jour même, dimanche 25 mars.

> Il était midi, écrira-t-il. Elle sortit du salon en titubant et en boutonnant son peignoir : paupières gonflées, bouffie, abrutie de sommeil. La femme fatale n'avait pas la forme. Elle s'approcha de la fenêtre en se protégeant les yeux. « Seigneur, ça va vraiment être un dimanche sinistre. »
>
> Pour lui remonter le moral, je lui ai proposé d'aller à Beverly Hills pour voir les galeries d'art qui seraient ouvertes. Elle a accepté. En fait, cela a eu l'air de la réveiller d'un coup... Nous avons trouvé une galerie qui présentait une exposition d'art moderne. Marilyn a commencé à se détendre, à y trouver du plaisir. Elle a acheté une petite huile par Poucette, une étude rouge abstraite. Puis son regard a été attiré par quelque chose qui ne faisait pas partie de l'exposition normale : une statuette de Rodin, une copie en bronze, il y en a douze en tout, pas plus d'une soixantaine de centimètres. Elle représentait la silhouette en pied d'un homme et d'une femme passionnément enlacés. Une construction lyrique, élancée. L'homme avait une attitude violente, prédatrice, presque brutale ; la femme innocente, émue, humaine.
>
> Marilyn considéra la statuette pendant une bonne minute, puis se décida à l'acheter. Elle coûtait plus d'un millier de dollars. Je lui

ai proposé d'y réfléchir. « Non, m'a-t-elle dit. Quand on réfléchit trop longtemps à quelque chose, ça veut dire qu'on ne le veut pas vraiment. » Elle a signé un chèque.

Nous sommes rentrés avec la statuette. Elle la tenait en équilibre sur son genou et la fixait des yeux. « Regardez-les, s'émerveilla-t-elle tout haut en secouant la tête. Que c'est beau. Il lui fait mal, mais il veut l'aimer aussi. » Cela semblait confirmer en elle un sentiment profond d'exaltation et de peur. Puis je me suis souvenu que, des années plus tôt à New York, nous avions passé une heure dans la section Rodin du Metropolitan Museum of Art. Elle avait été transportée par les exquises figures en marbre blanc de *La Main de Dieu.* Les amants enlacés dans cette main illustraient une extase dont elle pouvait rêver et qu'elle atteindrait peut-être.

Pour une raison inexplicable, son humeur changea et, de joyeuse, elle devint maussade, voire hargneuse. « Nous allons faire un saut chez mon analyste, dit-elle, cassante. Je veux lui montrer la statue.

— Tout de suite ? » demandai-je. Ce brusque revirement m'inquiétait.

« Absolument, marmonna-t-elle. Pourquoi pas ? »

Le Dr Greenson nous accueillit fort aimablement. Marilyn posa aussitôt la statuette sur le buffet proche du bar, fière de son acquisition. « Qu'en pensez-vous ? » demanda-t-elle d'une voix stridente en se tournant vers lui. Il répondit avec calme que c'était une œuvre d'art étonnante. Marilyn avait l'air très agité et n'arrêtait pas de toucher les silhouettes de bronze. Son discours prit un ton agressif. « Qu'en pensez-vous ? Qu'est-ce que ça veut dire ? Est-ce qu'il la saute seulement ? Est-ce qu'il fait semblant ? Je voudrais savoir ! Qu'est-ce que ça veut dire ? » Marilyn répétait, furieuse, d'une voix aiguë : « Qu'est-ce que vous en pensez, docteur ? Qu'est-ce que ça veut dire ? »

Sous les yeux effarés de Norman Rosten, un drame caché se jouait. Elle exigeait une réponse. Comme un enfant enfermé dans le noir, elle appelait en criant celui qui détenait la clé.

Plus tard, elle rentra chez elle et posa le Rodin sur une table de la salle de séjour. Le lendemain, Norman Rosten repartit pour la côte est. C'était la dernière fois qu'il l'avait vue vivante.

53

Le cavalier blanc

> « Pour joindre Marilyn, ce n'était pas sa secrétaire, son agent ou son avocat qu'on appelait, mais son psychiatre ! »
>
> George Cukor.

Le tournage de *Something's Got to Give* devait démarrer le 9 avril, et Marilyn était prête. Toutefois, le réalisateur George Cukor tenait à quelques modifications supplémentaires du scénario et le début du tournage fut repoussé au 23 avril. Marilyn décida d'aller à New York en attendant. Henry Weinstein, qui avait un sombre pressentiment, la supplia de ne pas partir.

« Elle se rendit dans l'est pour l'une de ces soirées de collecte de fonds triées sur le volet et réservées aux grosses fortunes de Manhattan — le genre à 10 000 dollars l'assiette, raconta le conseiller en publicité Rupert Allan, qui dîna avec Marilyn le 14 avril à New York. Le Président avait promis à ses richissimes donateurs que Marilyn serait présente. »

C'était un dîner en smoking en l'honneur du Président offert par la mondaine Fifi Fell dont le *penthouse* dominait Park Avenue. Peter Lawford était au nombre des invités, de même que son manager, Milt Ebbins. Vers 19 heures, Ebbins devait prendre Marilyn à son appartement sur la 57e Rue, mais quand il arriva, elle n'était pas prête. Le dîner était prévu à 20 heures. À 20 h 10, le téléphone sonna chez Marilyn et Ebbins décrocha. C'était Peter. « Où est-elle ? Le Président est là... Tout le monde attend.

— Elle n'est pas prête. Je l'attends, dit Ebbins.

— Allez, rétorqua Peter. Amène-la. Elle retarde le dîner ! »

À 20 h 30, l'habilleuse de Marilyn, Hazel Washington, annonça qu'elle n'en avait plus pour longtemps. À 21 heures, toujours pas de Marilyn. Peter rappela : « Espèce de salaud ! brailla-t-il. Tu l'amènes... ils sont toujours là à poireauter ! »

À 21 h 30, n'en pouvant plus, Ebbins ouvrit la porte de la chambre pour supplier la star de se dépêcher. Elle était assise, nue, à sa table de toilette, les yeux fixés sur son reflet dans la glace. « Bon Dieu, Marilyn ! dit-il. Allez ! Le Président attend... tout le monde attend ! »

Marilyn le regarda, l'air rêveur. « Oh ! fit-elle. Je suis ravie que vous soyez enfin là. J'ai besoin de quelqu'un pour m'aider à enfiler ma robe. »

Marilyn arriva à la soirée à 22 heures bien sonnées. D'après Ebbins, « elle avait un air sensationnel, une princesse ! Marilyn s'approcha avec nonchalance du Président et lui dit : "Hi, Prez !" Il se retourna, lui sourit et répondit : "Hi ! Venez, que je vous présente quelques personnes." » Comme ils s'éloignaient, Marilyn croisa le regard d'Ebbins et lui fit un clin d'œil. Il apprit par la suite que le dîner ne fut pas servi. Tout le monde s'était jeté sur les hors-d'œuvre et soûlé. Au bout d'un moment, personne ne pensait plus à manger et Marilyn, bien sûr, fut la reine de la soirée.

Avant de repartir pour Hollywood, Marilyn alla voir Lee Strasberg. Bien qu'il l'eût prévenue qu'il avait pris froid, ils se rencontrèrent à plusieurs reprises pour discuter de *Something's Got to Give*, une scène après l'autre. Au cours du dîner du 18 avril, elle obtint de Paula Strasberg qu'elle revienne à Hollywood pour un salaire de 3 000 dollars par semaine et, pour la cinquième fois, celle-ci devint sa répétitrice pour le tournage. Le lendemain, en route pour l'aéroport, Marilyn dit à Paula : « Je crois que Lee m'a passé son rhume. »

À son retour à Los Angeles, une surprise l'attendait. Le scénario de Nunnally Johnson, qu'elle avait appris et passé en revue, une scène après l'autre, avec Lee Strasberg, avait été intégralement réécrit par George Cukor et Walter Bernstein, l'écrivain sur liste noire qu'Henry Weinstein avait fait revenir de Londres.

Le dimanche 22 avril, la veille du premier jour de tournage, Marilyn fut prise de frissons et de fièvre. Pratiquement incapable de quitter son lit, elle saisit son téléphone et appela Henry Weinstein. « Je voulais vous prévenir le plus tôt possible que je ne vais pas pouvoir être sur le plateau aujourd'hui », chuchota-t-elle. Weinstein l'écouta avec une inquiétude croissante. Les maladies et les problèmes de la star avaient provoqué des retards qui avaient coûté cher lors du tournage de *Certains l'aiment chaud*, du *Milliardaire* et des *Désaxés*, mais ce serait la première fois qu'elle arrêterait une production avant d'avoir commencé. Le lundi matin, à la Fox, sur le plateau 14, les acteurs et cent quatre techniciens attendraient, prêts à tourner. Mais de vedette féminine, point.

Pendant plusieurs jours, George Cukor tourna les scènes où Marilyn n'apparaissait pas mais où figuraient Dean Martin, Cyd Charisse et Tom Tryon. Souffrant de rhume des foins, de vertige et de léthargie, Marilyn se plaignait d'une « douleur insupportable derrière les yeux ». Un virus lui avait laissé une mauvaise infection des sinus. Le Dr Engelberg diagnostiqua une « sinusite » et des examens au Cedars-Sinai Hospital indiquèrent qu'elle avait contracté une « sinusite chronique », qui implique habituellement un mois d'antibiotiques à fortes doses.

Une cohorte de médecins envoyés par la compagnie d'assurance du studio défila chez Marilyn. « Personne ne croyait qu'elle était vraiment malade », dit la secrétaire de la production, Lee Hanna. Les cadres de New York se méfiaient de l'avis des médecins du privé et ils diligentèrent leur propre docteur, Lee Siegel. Grand, de l'allure, sachant parler aux malades, il avait soigné l'actrice à plusieurs reprises depuis 1951. Il releva qu'elle avait trente-huit et demi de température, constata qu'elle avait la respiration « très encombrée » et nota qu'elle avait un grave foyer d'infection secondaire dans la gorge. « Il faudra des semaines pour guérir cette infection », concluait son rapport.

À la Fox, l'humeur était sombre. « Tout le monde savait qu'à moins de se sentir parfaitement en forme, Marilyn ne viendrait pas, dit Weinstein. Nous étions désormais à la merci de tous ces docteurs. » George Cukor, écœuré, était sûr qu'elle « simulait ». Mais Eunice Murray raconte que « Marilyn se réveillait chaque matin à 3 heures avec un mal de tête et une forte fièvre ». Tous les jours, elle essayait d'aller au studio, mais elle en était incapable. Les registres du studio indiquent qu'elle fit venir la limousine à quatre reprises au cours de la première semaine de sa maladie. Une fois, Mrs. Murray prévint le chauffeur Rudy Krautzky que Marilyn avait perdu connaissance dans son bain. « Elle savait qu'elle était malade, mais se sentait tout de même en faute de ne pas y aller », raconte son masseur, Ralph Roberts, qui était revenu à Hollywood à la demande de Marilyn malgré les réticences de Greenson.

Le 30 avril, contre l'avis du Dr Siegel, Marilyn se rendit au studio et tourna pendant environ quatre-vingt-dix minutes avant de s'effondrer dans sa loge et de se faire raccompagner chez elle. Malgré ses efforts obstinés, elle fut contrainte de garder la chambre de nouveau du 5 au 11 mai. Tandis qu'elle s'efforçait de se remettre et que Cukor se creusait la tête pour tourner des séquences où elle n'apparaissait pas, la peur gagnait du terrain à la direction de la Fox. Le studio tournait simultanément en Europe *Cléopâtre*, un monstre qui engloutissait des millions de dollars. Les problèmes rencontrés sur les deux productions menaçaient de faillite la Twentieth Century Fox.

Le Dr Greenson avait garanti à la Fox que Marilyn se trouverait chaque jour sur le plateau et que le film serait fini à la date prévue, il n'avait pas prévu qu'elle tomberait physiquement malade. Après son retour de New York, c'est le plus souvent chez elle qu'ils se rencontrèrent le temps qu'elle récupère. Les cadres paranoïaques de la Fox téléphonaient régulièrement au psychiatre pour lui rappeler ses engagements et pour essayer de comprendre pourquoi la star pourrait vouloir la faillite du studio. Était-elle vraiment malade ? Faisait-elle du sabotage parce qu'elle était sous-payée ? Faisait-elle une dépression ? Se droguait-elle ?

Curieusement, Greenson quitta Los Angeles le 10 mai pour quatre semaines et cette disparition à un moment particulièrement critique pour Marilyn reste un mystère. Il déclara à la Fox que sa femme était malade et devait se faire soigner dans une clinique suisse. C'était faux. À Marilyn et à plusieurs confrères, il raconta qu'il allait en Europe pour faire des interventions publiques. En son absence, il adressa sa patiente au Dr Milton Wexler, le psychanalyste qui partageait son cabinet de Beverly Hills. Ce dernier, qui exerce toujours à son adresse de Santa Monica, refuse de dire pourquoi son associé disparut à cette période difficile, à quel endroit il s'est rendu, ou encore de parler de ses visites à Marilyn Monroe durant cette période. Mais d'après un collègue proche du psychanalyste à l'époque, Greenson s'était rendu en Suisse et en Allemagne, où il participa à une conférence à l'école de Francfort.

Dans son recueil *Explorations in Psychoanalysis*, le Dr Greenson évoque le cas de Marilyn et s'explique sur son absence. Sans nommer sa patiente, dans le chapitre « Des objets transitionnels et du transfert », il déclare :

> À bien des égards, l'objet transitionnel est comme un talisman, ainsi que le montre le cas suivant.

Je dis à une jeune patiente, immature sur le plan affectif et qui avait développé un transfert très dépendant à mon endroit, que j'allais participer à un congrès international en Europe. Un jour, elle m'annonça qu'elle avait découvert quelque chose qui lui permettrait de tenir pendant mon absence. Cette jeune femme venait de recevoir en cadeau un jeu d'échecs en ivoire. Alors qu'elle regardait l'échiquier à travers la lumière scintillante d'une coupe de champagne, elle avait été frappée par la ressemblance qu'elle voyait entre le cavalier blanc et moi. Cela lui donna immédiatement un sentiment de réconfort, voire de triomphe. Le cavalier blanc était un protecteur, il lui appartenait, elle pouvait l'emporter où elle irait, il veillerait sur elle. Je pouvais donc aller prendre du bon temps en Europe sans m'inquiéter pour elle.

L'inquiétude majeure de la patiente pour la période de mon absence concernait une manifestation publique de grande importance pour elle sur le plan professionnel. Elle sentait à présent qu'elle y arriverait parce qu'elle pouvait cacher le cavalier blanc dans un mouchoir ou dans un foulard. Elle savait qu'il la protégerait de la nervosité, de l'angoisse ou de la malchance. Je fus soulagé et ravi d'apprendre que, pendant que j'étais en Europe, sa manifestation publique avait été une formidable réussite.

La manifestation publique était, bien entendu, l'anniversaire du Président. Le 14 mai, Marilyn se sentit mieux et revint sur le plateau, mais le bruit courait au quartier général de la Fox qu'elle avait l'intention de participer au gala d'anniversaire de Kennedy prévu pour le samedi 19 mai au Madison Square Garden.

Henry Weinstein avait accordé son feu vert du bout des lèvres à Marilyn, mais c'était avant les multiples retards de tournage dus à son état de santé. La star avait payé 6 000 dollars pour une robe époustouflante que Jean-Louis avait conçue pour elle, et les détails de sa participation avaient été orchestrés par Peter Lawford, qui était aux quatre cents coups à l'idée de voir Marilyn chanter *Happy Birthday* pour le Président.

L'échotière Dorothy Kilgallen avait déjà averti ses auditeurs que Marilyn serait le clou de la soirée donnée à l'occasion des quarante-cinq ans du Président et qu'elle arborerait pour la circonstance une « robe renversante ».

D'après le styliste Jean-Louis, plusieurs semaines avant le gala, Marilyn lui avait demandé d'imaginer une robe éblouissante. « Elle était en voile de soie couleur chair rebrodée de strass pour accrocher les feux des projecteurs. Chaque paillette de strass était cousue à la main. » Au cours d'un des essayages, raconte Jean-Louis, il y eut un appel de Hyannis Port, que Marilyn prit dans la pièce voisine. Quand elle revint, elle fredonnait : « *Happy Birthday, Mr. Presi...* » — et elle s'arrêta net pour dire avec un clin d'œil : « Oh là là, je ne suis pas censée le dire. » Norman Jefferies raconte que Marilyn l'a laissé prendre la robe quand elle lui a été livrée chez elle, et qu'elle tenait tout entière dans le creux de sa main.

Mais le bureau de New York fit savoir que Marilyn n'était pas autorisée à assister à la fête. Milton Gould, le juriste qui siégeait à la tête du comité exécutif de la Fox, demanda à Frank Ferguson, le principal avocat du studio, de prier instamment Marilyn de ne pas quitter le plateau jeudi pour prendre l'avion de New York. Bien que l'événement eût lieu le samedi, des répétitions furent programmées pour le vendredi soir. Même s'il paraissait invraisemblable qu'un grand studio refuse une publicité pareille à l'une de ses plus grandes stars, une lettre de deux pages la menaçant de renvoi si elle quittait le plateau de *Something's Got to Give* fut adressée à son avocat, Mickey Rudin. « Au cas où Miss Monroe s'absenterait, spécifiait la missive, cet acte constituerait un manquement délibéré à ses obligations. Au cas où Miss Monroe reviendrait et où le tournage du film reprendrait, une telle reprise ne serait pas considérée comme constituant un renoncement de la Fox au droit de renvoyer Miss Monroe comme dûment stipulé dans son contrat. »

Ayant été informée de la lettre envoyée par le service juridique de la Fox, Marilyn téléphona à Bobby Kennedy, qui connaissait certains des hauts responsables de la direction du studio. Bobby redouta toutefois que des factions du parti démocrate désapprouvent la présence de la star et il tenta de la dissuader de venir. Certains leaders n'appréciaient pas l'amitié que JFK lui témoignait. En privé, quelques-uns se déclaraient carrément scandalisés. Avant le gala, un certain nombre des principaux responsables appelèrent Richard Adler, coordinateur de la soirée, pour le supplier d'éliminer l'actrice du programme. Six congressistes et trois sénateurs, tous démocrates, lui avaient envoyé des télégrammes pour protester contre sa participation. À l'époque, Washington bruissait de rumeurs sur les relations entre le Président et la « blonde sulfureuse ». D'après Ted Landreth, un ancien réalisateur de CBS qui produirait plus tard pour la BBC le documentaire *Say Goodbye to the President* (1986), « des responsables politiques très haut placés étaient au courant de leur liaison. L'ensemble de la presse de Washington aussi ». Toutefois, le Président était inconscient du danger que représentaient ses relations avec la star, ou son tempérament casse-cou l'aveuglait quant aux conséquences inévitables.

Henry Weinstein se rendit compte que Marilyn était décidée à y aller, quoi qu'il arrive. « Écoutez, on avait là une fille qui sortait vraiment de la rue, qui avait été abandonnée par sa mère et dont le père avait disparu. Une fille qui avait vécu dans une misère noire. Et là, elle allait chanter *Happy Birthday* pour le président des États-Unis au Madison Square Garden. Elle était incapable de résister. »

Quand l'équipe de production de *Something's Got to Give* fit une pause pour le déjeuner, le jeudi 17 mai, un gémissement assourdissant annonça l'arrivée d'un énorme hélicoptère qui se posa sur l'héliport près du plateau 14. Emprunté à Howard Hughes par Peter Lawford, ce char aérien sans âge arrivait pour emmener The Lady of Shalott à Camelot. Lawford sauta de l'hélicoptère et se précipita dans la loge de Marilyn pour l'escorter jusqu'à l'engin bleu royal qui l'attendait. Quelques pas derrière eux suivaient Pat Newcomb et Paula Strasberg. Quand elles montèrent à bord, Lawford regarda derrière lui dans l'espoir de ne pas voir arriver au pas de course un Cukor furieux. Avant que, dans l'immeuble de Zanuck, le réalisateur et les producteurs frustrés ne se rendent compte de ce qui s'était produit, l'hélicoptère avait pris l'air et la direction de l'aéroport de Los Angeles.

Quand elle apparut au Madison Square Garden pour le gala présidentiel, le 19 mai 1962, c'était la première fois que Marilyn montait sur scène devant un vaste public depuis qu'elle avait diverti les soldats américains en Corée au cours de sa lune de miel avec Joe DiMaggio. Quinze mille personnes devaient assister au gala, qui serait retransmis à la télévision. En un sens, l'événement était le summum, l'accomplissement du rêve de conquête de Norma Jeane, son rêve d'être acceptée et désirée. Une des stars les plus populaires de Hollywood chantant *Happy Birthday* à l'homme le plus important du monde, le président des États-Unis d'Amérique.

« Pendant que je m'occupais d'elle, elle était extrêmement nerveuse et crispée, a raconté Mickey Song, le coiffeur de Marilyn pour la circonstance. La porte de la loge était ouverte et Bobby Kennedy faisait les cent pas dehors, l'œil fixé sur nous. Finalement, il est entré dans la loge et il m'a dit : "Vous pourriez nous laisser une minute ?" Ensuite, il a refermé la porte derrière moi et il est resté à l'intérieur une quinzaine de minutes. »

Tandis qu'il attendait devant la porte de la loge, Mickey Song entendit Bobby et Marilyn qui se disputaient. La voix du ministre de la Justice était de plus en plus forte et il lâchait des jurons. Quand il sortit, Bobby dit à Song : « Vous pouvez entrer maintenant. » Puis il attrapa brusquement le bras de Song et lui demanda : « Au fait, vous l'aimez bien ? »

Song opina du chef avec ardeur.

« Eh bien, à mon avis, c'est une sacrée salope ! » rétorqua-t-il en fonçant dans le hall.

Lorsque Song entra dans la loge, Marilyn était tout échevelée. Elle s'efforça de sourire. « Vous pourriez m'aider à m'arranger ? » demanda-t-elle.

Marilyn était de plus en plus terrifiée à mesure qu'approchait l'heure de son entrée en scène et elle but du champagne pour se calmer. Elle avait du mal à se remémorer un couplet qui avait été écrit spécialement pour l'occasion. Richard Adler, qui produisait le spectacle, proposa à Jack qu'on la retire du programme, parce qu'il avait l'impression qu'elle risquait de rater sa chanson. « Oh, je pense qu'elle s'en tirera très bien », répondit Kennedy.

Pendant le spectacle, le Président resta assis dans la loge présidentielle, les pieds sur la rampe, à tirer sur son cigare. Bobby et Ethel se trouvaient à ses côtés. Jackie s'était excusée. Lorsqu'elle avait appris que Marilyn serait là, elle avait opté pour une randonnée à cheval en Virginie.

Tandis que Peter Lawford, en tant que maître de cérémonie, débitait le laïus qui annonçait son entrée, Marilyn était assise dans les coulisses, avec un trac croissant. D'après Milt Ebbins, elle avait perdu son cavalier blanc et en attendant sa prestation, elle s'était largement remontée au champagne. Enfin, Lawford annonça : « Monsieur le Président, parce que, dans l'histoire du show-business, il n'y a sans doute pas eu une seule femme qui ait représenté autant, qui ait fait plus... Monsieur le Président... la *tardive* Marilyn Monroe ! » Ce fut une ovation étourdissante tandis que les projecteurs se braquaient sur Marilyn. Les milliers de paillettes de strass formaient un halo lumineux autour d'elle et elle parut flotter jusqu'au micro. Tendant à Lawford la cape en hermine qu'elle avait secrètement empruntée à la garde-robe de la Fox, elle se mit à chantonner doucement au Président, de cette voix haletante inimitable qui était la sienne, donnant à chaque syllabe un sens particulier :

Happy Birthday... to... you
Happy Birthday... to... you
Happy Birthday Mr. Pres...i...dent
Happy Birthday to *you.*

En chantant plus fort que les rires braillards et les applaudissements, elle donna alors un rendu impeccable du poème écrit spécialement par Richard Adler sur l'air de *Thanks for the Memory* !

Thanks, Mr. President,
For all the things you've done,
The battles you've won,
The way you deal with US Steel,
And our problems by the ton,
We thank you... so *much* ! *

Tandis qu'on apportait sur scène le gâteau géant, Marilyn faisait chanter la foule et s'éloignait du micro. Le Président entra en scène sous les acclamations délirantes du public. « Merci, dit-il. Je puis me retirer de la politique maintenant qu'on m'a chanté... ah... *Happy Birthday* avec autant de gentillesse et de naturel. »

Après sa prestation, Marilyn fut littéralement portée dans sa loge, où elle se plaignit à son habilleuse, Hazel Washington, d'avoir des étourdissements. Le stress l'avait épuisée et la sinusite faisait un retour en beauté. Hazel tenta de la convaincre de rentrer chez elle, mais Marilyn insista pour assister à la fête qui suivait le gala, dans le *penthouse* du magnat du théâtre Arthur Krim. « J'étais très inquiète pour elle, dit Hazel Washington. Depuis le début de la soirée, Marilyn allait de plus en plus mal, mais elle ne voulait pas s'arrêter. »

C'est son ex-beau-père, Isadore Miller, que Marilyn présenta au Président et à l'attorney général, qui l'escorta à la fête d'Arthur Krim. Elle avait été le clou de la soirée de gala et la foule était hypnotisée tandis qu'elle la traversait, passant d'un groupe à l'autre, recevant des félicitations pour son interprétation éton-

* « Merci, monsieur le Président,
Pour tout ce que vous avez fait,
Pour les batailles que vous avez gagnées,
Pour votre façon de traiter avec US Steel
Et de régler nos problèmes à la pelle,
Nous vous disons merci... et merci encore. » (*NdT.*)

nante. Adlai Stevenson, qui était au nombre des invités, commenta : « Je ne crois pas avoir jamais vu quelqu'un d'aussi beau que Marilyn Monroe ce soir-là. Elle n'avait que la peau et les perles. Je n'ai pas vu les perles ! Toutefois, je n'ai pu l'approcher qu'après avoir fait céder les solides défenses dressées par Robert Kennedy, qui s'agitait autour d'elle comme un papillon de nuit autour d'une flamme. »

Cet intérêt n'avait pas échappé à Arthur Schlesinger Jr : « Il y avait en elle au premier abord quelque chose de magique et de désespéré. Bobby, avec sa galanterie habituelle, sa compassion et son franc-parler, parvint comme pas un à pénétrer la brume scintillante qui enveloppait Marilyn. » Pourtant, le « franc-parler » et les manœuvres en coulisse n'avaient pas réussi à entamer la détermination de Marilyn d'assister à la fête.

Plus tard dans la soirée, le Président et Bobby entraînèrent Marilyn dans un coin tranquille où ils eurent tous les trois une conversation privée mais animée qui dura un quart d'heure. Bien que plusieurs photographies aient été effectuées en cette occasion, une seule a survécu, le reste ayant été détruit par les services secrets. Dorothy Kilgallen raconta par la suite que Marilyn et Bobby Kennedy dansèrent cinq fois au cours de la soirée, sous le regard furibond d'Ethel Kennedy. Comme ils quittaient la piste, ils tombèrent sur Merriman Smith, un journaliste de la Maison Blanche qui n'avait pas été invité. Cela ennuya Bobby de voir Smith prendre des notes dans son calepin, et à 2 h 30 du matin des agents des services secrets vinrent cogner à la porte de Smith pour l'interroger à propos des notes qu'il avait prises. « Ils voulaient être sûrs que je n'écrirais rien sur Marilyn et Bobby. » Les agents se manifestèrent de nouveau à 8 h 30 dans le labo photo du *Time* pour réclamer les négatifs des clichés montrant les frères Kennedy et Marilyn Monroe à la réception d'Arthur Krim.

Au petit jour, le dimanche, le Président et Marilyn quittèrent la fête pour prendre un ascenseur privé qui descendait au sous-sol de l'immeuble de Krim. De là, ils traversèrent le labyrinthe de tunnels qui mène à l'Hôtel Carlyle et à l'ascenseur privé conduisant à la suite de Kennedy. C'était le dénouement d'une journée très particulière, et ce que Marilyn espérait être l'aube d'un nouveau rêve. Ce fut en fait le début d'une descente précipitée aux enfers.

Elle ne revit jamais John Kennedy.

54

Merci et ciao !

« C'est quoi encore, ce foutoir ? »

Dorothy Parker.

Sur le chemin de l'aéroport où elle devait prendre l'avion de Los Angeles, Marilyn renonça à se dissimuler sous une perruque et des lunettes noires pour profiter pleinement de sa nouvelle notoriété. Ceux qui ne l'avaient pas vue chanter *Happy Birthday Mr. President* aux actualités n'avaient pu manquer les photos du gala à la une du journal du dimanche. Son arrivée à l'aéroport déclencha presque une émeute, qui fut réprimée avec l'aide de la police.

Soutenue par les amphétamines, Marilyn se présenta au travail à 6 h 15 le matin du lundi 21 mai, trente-trois heures après le gala. Elle avait fait savoir à Cukor qu'elle était prête à tourner les scènes prévues pour la journée, mais que les gros plans étaient hors de question. On voyait qu'elle était malade et pas même l'artiste du maquillage qu'était Whitey Snyder ne pourrait effacer les traces d'épuisement de son week-end tumultueux. Pour aggraver les choses, Dean Martin était venu travailler malgré un mauvais rhume et de la température. Le médecin du studio, Lee Siegel, déconseilla à Marilyn de tourner avec lui tant qu'il était fébrile.

Le mardi après-midi, l'attachée de presse Pat Newcomb appela le photographe Lawrence Schiller chez lui. « À votre place, je prévoirais de passer toute la journée de demain sur le plateau, Larry, et j'apporterais des stocks de pellicules, lui conseilla-t-elle. Marilyn va tourner la scène de la piscine et, la connaissant, elle pourrait bien enlever son maillot ! » Il s'agissait d'un bain de minuit ; dans cette séquence Marilyn, en costume d'Ève, tirait Dean Martin du lit de Cyd Charisse. Elle n'était pas vraiment nue, ce n'était qu'une illusion. Normalement, pour ce genre de scène, on portait un maillot chair. Mais Pat Newcomb savait que le film avait besoin d'un coup de pub et c'était une chance à ne pas rater. Toutefois, personne ne s'attendait à ce que Marilyn tourne vraiment la scène nue comme au premier jour.

« Elle savait qu'elle avait encore un corps fabuleux, raconte Robert Slatzer. Et c'était une façon de montrer à tous qu'à trente-six ans, elle était encore dans la course. » Quand Schiller et le photographe Billy Woodfield prirent leurs photos, Marilyn, qui nageait au bord de la piscine, leva une jambe qu'elle posa sur le rebord. À un autre moment, elle s'assit sur les marches de la piscine, les regardant par-dessus son épaule avec de grands yeux innocents. La rumeur se répandit très vite à la Fox : Marilyn tournait nue.

« La réaction fut incroyable, se souvient Henry Weinstein. Tout le monde voulait être sur le plateau. C'était la débandade. » Le producteur appela en urgence les gardiens de la sécurité pour protéger l'entrée du studio.

Ayant vaincu sa fièvre avec des amphétamines et soulagé son mal de tête avec du Demerol, Marilyn passa quatre heures dans l'eau tandis que les obturateurs cliquetaient et que Cukor faisait tourner les caméras. Schiller et Woodfield orchestrèrent une guerre internationale pour l'obtention des photos qui firent la couverture de soixante-douze revues dans trente-deux pays. Les deux photographes empochèrent près de 150 000 dollars pour leurs clichés — beaucoup plus que Marilyn ne fut payée pour le film.

Le lendemain, les cadres de la Fox visionnèrent la séquence du « bain de minuit » et furent enchantés. Marilyn avait été sur le plateau toute la semaine. Le dimanche, Lee Siegel déclara Dean Martin en bonne santé et lui donna le feu vert pour qu'il travaille avec Marilyn Monroe. L'heure était enfin à l'optimisme.

Le lundi 28 mai, Cukor avait prévu le tournage d'une scène de huit minutes, avec Marilyn, Dean Martin, Cyd Charisse, Tom Tryon et Wally Cox. Mais ce lundi matin, Marilyn n'allait pas bien. Tom Tryon fut l'un des premiers à s'en rendre compte.

« Qu'est-ce qu'elle a, Marilyn ? » chuchota-t-il au réalisateur. Cukor reconnut que quelque chose clochait. « Je ne l'ai jamais vue comme ça, dit-il. On dirait qu'elle va s'effondrer. »

« Dès qu'elle mit le pied sur le plateau, on aurait dit un objet en cristal sur le point de se briser, dit Tom Tryon. Tous ses gestes étaient incertains, hésitants. Pour la première prise, elle n'avait que deux mots à dire — "Nick, *darling*" — mais on avait beau recommencer, elle n'arrivait pas à les dire correctement. J'avais le cœur serré pour elle. »

La nouvelle des problèmes qui agitaient le plateau ne tarda pas à faire le tour du studio. Une standardiste se souvient que « Marilyn essaya toute la journée de joindre Frank Sinatra ». Incapable de découvrir où il se trouvait, elle apprit par le bureau de Mickey Rudin que Frank était parti en tournée mondiale.

Au bout de dix prises éprouvantes, au cours desquelles Marilyn finit par bégayer, Cukor se mit à la traiter avec une impatience croissante. Marilyn quitta le plateau en courant. « Elle m'a presque fait tomber, se rappelle Hazel Washington. Cukor se comportait comme une brute, ce qui eut pour résultat de faire empirer les choses. » Comme une hystérique, elle fonça dans sa loge, prit un rouge à lèvres de couleur écarlate et griffonna sur la glace : « Frank, aide-moi ! Frank, je t'en supplie, aide-moi ! » avant de s'effondrer.

Weinstein trouva son comportement tout à fait incompréhensible. Quand Marilyn avait terminé le tournage le vendredi, elle était de très bonne humeur. Elle avait bu plusieurs verres de Dom Pérignon avec les autres acteurs et des membres de l'équipe qu'elle invita dans son bungalow. Plus tard, elle rencontra Larry Schiller pour choisir les photos de sa scène de nu. Elle riait en voyant les angles de prises de vue et Schiller la trouva « vivante et tout excitée ». Comme elle agitait la main en signe d'au revoir, ce vendredi soir, dans sa limousine qui la ramenait vers Brentwood, le photographe admira sa détermination et son humeur enjouée. Puis elle disparut pour soixante-douze heures. Elle n'honora pas ses rendez-vous et ne répondit pas aux appels téléphoniques. Ses dîners furent annulés.

« C'est peut-être le week-end le plus mystérieux de la vie de Marilyn, explique Henry Weinstein. Plus déconcertant encore que le jour de sa mort. Quelque chose de terrible lui est arrivé ce week-end-là. Quelque chose de très intime, qui a bouleversé son psychisme. Je m'en suis rendu compte et je me reproche de n'avoir pas appelé immédiatement le Dr Greenson pour lui demander de rentrer. » Pour Weinstein, l'enchaînement des événements qui ont entraîné la « chute de Marilyn vers la mort » a débuté avec un événement survenu peu après son départ du studio le vendredi 25 mai.

En un rien de temps, les rumeurs les plus fantaisistes circulèrent dans Hollywood sur ce qui avait pu arriver au cours de ce funeste week-end, à peine neuf semaines avant sa mort. Certains disaient qu'elle s'était fait avorter, d'autres qu'elle était en plein trip de LSD avec Timothy Leary, d'autres encore qu'elle avait eu une crise de démence comme sa mère. Toutes les variantes possibles passaient de bouche à oreille, quand elles n'étaient pas carrément imprimées noir sur blanc comme des faits avérés.

« Je doute que nous sachions jamais ce qui s'est passé ces jours-là, remarque Henry Weinstein. Je veux dire qu'il y a quelques personnes qui le savent. Quelqu'un qui, je pense, doit vraiment le savoir, c'est Pat Newcomb. »

Ce qui s'est passé au cours de ce mystérieux week-end est lié à l'enchaînement de circonstances ayant suivi le gala de l'anniversaire présidentiel. Le 22 mai, le Bureau ovale reçut un appel en urgence de J. Edgar Hoover. Le directeur du FBI exigeait de voir le Président pour une question de sécurité nationale. Ce fut donc une autre des rares rencontres que ces deux puissants adversaires eurent au cours des « mille jours ». Les escarmouches se multipliaient dans les sous-sols de Pennsylvania Avenue depuis plus de vingt ans. Rendez-vous fut pris pour le jeudi 24 mai, exactement cinq jours après la fête. Il se peut que cette conversation fasse partie des deux cent soixante-dix entretiens confidentiels enregistrés dans le Bureau ovale par Kennedy, et qui sont à présent déposés à la Kennedy Library. Mais il paraît peu probable qu'elle passe jamais à la postérité.

Hoover savait bien que les relations avec Marilyn Monroe et Judith Campbell Exner s'étaient poursuivies en dépit de ses mises en garde. Si John Kennedy s'obstinait à se conduire comme au temps d'Inga Arvad, cela risquait de porter un coup fatal à la présidence en pleine guerre froide, à un moment critique provoqué par la crise de Cuba.

Le résultat de cette entrevue nous donne une idée de la véhémence dont Hoover fit preuve en la circonstance.

Le jour même de la rencontre, le 24 mai 1962, le standard de la Maison Blanche reçut pour consigne de ne plus transmettre les appels de Marilyn Monroe et la ligne directe dont le Président avait donné le numéro à Marilyn fut coupée. Ils ne se revirent ni ne se reparlèrent. Alors qu'il avait pris sur lui d'appeler Judith Campbell Exner pour lui faire savoir qu'il mettait fin à leurs relations, John Kennedy se déchargea de cette responsabilité sur son beau-frère, Peter Lawford, en ce qui concerne Marilyn Monroe. Patricia Seaton Lawford confirme que ce fut à lui d'en informer la star. Ainsi, d'après Eunice Murray, le samedi 26 mai, « quelqu'un appela par l'inter... un proche de la famille Kennedy ». Ce « proche » n'était autre que Peter Lawford qui téléphonait de Hyannis Port. La mission n'était pas vraiment à son goût. Il savait ce que sa liaison avec le Président représentait pour Marilyn.

Peter était sûr qu'il valait mieux ne pas tergiverser. Il préféra ne pas y aller par quatre chemins. D'après Patricia Seaton Lawford, « il n'essaya même pas de la ménager. Il lui dit qu'elle ne pourrait plus jamais reparler au Président... qu'elle ne serait jamais la *first lady*. Elle n'avait même pas vraiment compté pour lui ». Quand Marilyn s'effondra, Peter lui dit : « Écoute, Marilyn, Jack s'est juste envoyé en l'air avec toi comme avec d'autres. »

Pat Newcomb paraissait la personne à prévenir. Affolée par l'état d'esprit de Marilyn et effrayée à l'idée que la star, hystérique, contacte un journaliste de son entourage pour parler de ses relations avec le Président, Pat prit ses quartiers chez elle ce week-end-là en apportant son propre flacon de calmants pour être sûre que Marilyn ne serait pas à court. « Pat Newcomb s'installa pour deux jours afin de s'occuper de Marilyn. Pat disait qu'elle savait exactement ce qu'il fallait faire : apparemment, apporter ses propres calmants en attendant le retour du médecin de Marilyn, avance Mrs. Murray. La porte de sa chambre resta fermée pendant deux jours, Pat la maintenant sous sédatifs. » L'attachée de presse dormit au pied du lit de Marilyn pratiquement sans quitter la chambre. Norman Jefferies, qui travaillait dans la maison ce week-end, a déclaré : « On aurait cru Marilyn prisonnière dans sa propre chambre. »

Le lundi matin, la limousine du studio était à 6 heures devant la porte de la star pour la conduire au travail. « Elle pouvait à peine se tenir debout, dit Hazel Washington. Mais elle tenait absolument à travailler. » Ce qui lui était arrivé pendant le week-end resta un mystère pour l'équipe de tournage. « Tout ce qu'on savait, c'est qu'elle était effondrée et avait besoin d'aide », dit Tom Tryon. Mais Marilyn avait une faculté de récupération fantastique. Toute sa vie, elle avait dû surmonter des obstacles. Il y avait en elle quelque chose qui n'acceptait pas la défaite. Le mardi après-midi, elle était sur le plateau de *Some-*

thing's Got to Give armée d'une volonté plus farouche que jamais. Exception faite de la débâcle du lundi 28 mai, Marilyn travailla neuf jours pleins, du 21 mai au 1er juin. Si elle avait tout perdu, il lui restait sa carrière, ses fans et son admirateur le plus fidèle : l'œil de la caméra.

Le vendredi 1er juin 1962, on voyait déjà de la lumière à 4 heures du matin derrière les vitres de l'hacienda du 12305 Fifth Helena Drive... Mrs. Murray faisait le café dans la cuisine. Elle avait déjà fait couler le bain de Marilyn, dans lequel elle avait versé les trois centilitres de Chanel nº 5. Dehors, Rudy, le chauffeur du studio, attendait près de la limousine d'où il entendait un disque de Frank Sinatra qui passait sur le tourne-disque de Marilyn. Il dut attendre plus d'une heure et demie qu'elle ait fini de prendre son bain et de se maquiller. « Elle avait l'air d'avoir besoin de tout ça, remarqua Eunice Murray, les bains parfumés, le maquillage, la musique de fond, pour pouvoir donner corps à ce personnage sensuel. »

Une fois encore, et ce serait la dernière, Norma Jeane se préparait à faire son tour de passe-passe devant la lanterne magique, qui donnerait naissance à cette illusion que les foules appelaient « Marilyn Monroe ». Norma Jeane ne se doutait pas que ce jour-là, le 1er juin 1962, serait le dernier où elle apparaîtrait devant les caméras, point culminant d'une carrière époustouflante qui avait duré seize ans.

Ironie du sort, ce jour-là était également celui de son anniversaire. Elle fêtait ses trente-six ans, un cap inquiétant pour une vedette. Cet âge avait marqué un tournant dans la carrière de nombreuses actrices de Hollywood, dont le physique tenait un rôle capital. Mais, à trente-six ans, Marilyn semblait plus resplendissante que jamais. Elle avait perdu quelques kilos pour le film et sa beauté avait pris une fragilité ensorcelante. « Pour moi, je l'ai trouvée merveilleuse pendant le tournage de *Something's Got to Give,* plus qu'elle ne l'avait été depuis des lustres, » a déclaré Whitey Snyder.

La séquence qu'on tournait le 1er juin était assez compliquée. Marilyn devait faire passer l'anémique Wally Cox pour l'homme avec lequel elle avait vécu sept ans sur une île déserte. Les reparties minables qu'elle était censée faire ne lui plaisaient guère, mais elle parvint à en tirer quelque chose qui, au montage, se révéla tout à fait ingénieux.

Au cours d'une pause, le vendredi après-midi, Cukor repéra

Pat Newcomb qui traversait le plateau, deux coupes en cristal et un Dom Pérignon dans les mains. « Ces quelques gorgées de champagne le mirent hors de lui, raconte la doublure Evelyn Moriarty. Et il était furieux qu'on ait prévu de fêter son anniversaire en fin de journée.

« "Pas sur le plateau. Pas maintenant !" rugit-il. »

La Fox consacra plus de 5 000 dollars pour l'anniversaire d'Elizabeth Taylor pendant le tournage de *Cléopâtre,* à Rome. Mais la direction, furieuse de ses nombreux retards, n'était pas disposée à arroser l'anniversaire de Marilyn, surtout si cela devait prendre une minute sur le tournage. L'équipe avait collecté 5 dollars pour un petit gâteau. Dean Martin avait fourni le champagne et l'intendant de la Fox envoya un grand pichet de café, que le studio factura par la suite à la succession Monroe. Avant la célébration misérable qui l'attendait, Marilyn, Dean Martin et Wally Cox terminèrent la toute dernière scène que la star tournerait jamais. « Elle était merveilleuse dans ces dernières scènes, raconte le monteur David Bretherton. Elle n'avait jamais été meilleure ni fait preuve d'un meilleur timing. »

Pour ceux qui ont eu le privilège de voir l'ensemble des prises de *Something's Got to Give,* le travail de Marilyn Monroe est stupéfiant. Sur les six heures de prises et de séquences qui constituent l'ensemble des scènes tournées par Marilyn, le spectateur assiste à la performance d'une professionnelle confirmée. On est frappé de ce qu'elle ne saute jamais une ligne, qu'elle ne rate pas une réplique, qu'elle ne perd jamais ses marques en dépit de ce qu'elle pouvait ressentir émotionnellement et physiquement. « Quand elle est là, avait dit un jour Clark Gable, elle est vraiment là. »

Après la dernière prise de ce dernier jour devant la caméra, Henry Weinstein l'escorta à la limite de la salle de tournage plongée dans une relative pénombre. Les membres de la distribution, des bougies magiques crépitant dans les mains, attendaient là, autour du piteux gâteau. Marilyn fit preuve d'une gaieté de circonstance et, pour la caméra, donna à manger une tranche de gâteau à un Cukor grognon. « On faisait semblant de faire la fête, dit Weinstein. L'ambiance pesait des tonnes. Je ne sais pas pourquoi. »

Ce jour-là, il avait fait exceptionnellement froid pour cette période de l'année dans le sud de la Californie, avec un ciel couvert de nuages et du brouillard au-dessus de Los Angeles. La soirée fut fraîche et humide. Comme la petite fête tirait à sa fin, Marilyn se tourna vers Henry Weinstein et lui demanda si elle pouvait emprunter l'ensemble de Jean-Louis et le chapeau qu'elle portait dans le film. « Je dois faire une apparition ce soir au Dodger Stadium. Je n'ai plus le temps de rentrer chez moi et cet ensemble est la seule chose assez chaude. »

Henry Weinstein s'inquiéta aussitôt. « Je craignais que, si elle sortait par ce temps-là, elle ne soit de nouveau malade », expliqua-t-il. Il tenta de la convaincre d'annuler, mais elle s'obstina. « Je dois y aller. J'ai promis aux gens de la Dystrophie musculaire et ils ont vendu des milliers de tickets. En plus, j'ai promis d'y emmener le fils de Dean Martin. »

Ignorant la brume froide qui tombait, Marilyn passa une heure ce soir-là au Dodger Stadium, à bavarder avec des enfants myopathes en fauteuil roulant. Un coup de vent emporta son chapeau de vison et la dernière photo d'elle prise en public la montre agitant son chapeau en direction des enfants.

Tandis qu'elle rentrait chez elle, ce soir-là, en limousine, elle ressentit une douleur fulgurante derrière les yeux. La sinusite était de retour et allait prendre sa revanche.

55
L'enfer n'a pas semblable fureur...

> « Fondamentalement le problème de Marilyn sa vie durant a été un problème de rejet. »
>
> Ralph R. Greenson.

Le week-end des 2 et 3 juin, Marilyn, malade, appela de son lit Jeanne Carmen et Terry Moore pour leur dire le mal qu'elle avait à joindre John Kennedy. « Elle était très fière de pouvoir appeler le Président sur sa ligne privée et fut anéantie quand il la supprima », explique Terry Moore. Le connaissant depuis tant d'années, elle trouvait qu'il lui devait des explications.

L'absence du Dr Greenson aggrava son sentiment d'abandon. « Marilyn ne voulait pas que le docteur interrompe son voyage à cause de ses problèmes », raconte Eunice Murray. Danny, le fils du psychiatre, avait insisté pour qu'elle le laisse faire « son intervention en Suisse » avant de le faire revenir.

Si Marilyn comptait sur l'aide de Peter Lawford, elle fut déçue. Lui aussi s'était mis à la fuir. « Où diable est passé Peter ? demanda-t-elle à Jeanne Carmen. Ça fait des jours que j'essaie de le joindre. » « Peter savait se faire rare quand il ne voulait pas vous parler », constate Carmen.

Peter Lawford n'avait pas caché à John Kennedy que Marilyn avait très mal pris sa rupture avec elle. Elle lui écrivit à plusieurs reprises sur un ton de plus en plus excédé. « Des lettres assez pitoyables », à en croire Peter Lawford. Pris en tenaille entre Hoover et Marilyn, JFK était obligé de tenir compte des coups de semonce du chef du FBI en même temps qu'il réalisait la nécessité d'apaiser la star. Si on pouvait compter sur Pat Newcomb pour tenir informés au jour le jour Peter Lawford et les Kennedy de l'état d'esprit de Marilyn, on se tourna naturellement vers Bobby pour régler « le problème Marilyn », qui avait pris une allure de bombe à retardement. Bobby était le « bricoleur » de la famille. Seul Bobby était suffisamment au courant de la complexité des choses entre Jack et Marilyn.

Le dimanche 3 juin, Marilyn, dans un vague état de somnolence dû au Nembutal, éprouvait un profond sentiment de rejet. Le calendrier aztèque, acheté à Taxco en des temps plus heureux, égrenait les jours et les heures délétères. L'échiquier était posé sur la table de bridge — sans le cavalier blanc. Le Rodin, posé sur la table de la salle de séjour, répondait en silence à une question indéfinissable. « Qu'est-ce que cela veut dire ? Est-ce qu'il l'aime ? Ou veut-il seulement la sauter ? Fait-il semblant ? Qu'en pensez-vous, docteur ? Qu'est-ce que cela veut dire ? »

Dans l'après-midi, elle appela Joan et Danny, les enfants du Dr Greenson. Elle avait l'air complètement dans les vapes et au comble du désespoir. D'après Danny, ils se précipitèrent chez elle. « Elle était dans son lit, nue, avec juste un drap sur elle, et elle portait un bandeau noir pour dormir, on aurait dit le Cavalier masqué. Elle n'arrivait pas à dormir — on était en plein après-midi. Elle nous a dit à quel point elle en avait assez, que les gens n'étaient gentils avec elle que par intérêt. Elle a dit qu'elle n'avait personne — que personne ne l'aimait. Elle évoqua le fait qu'elle n'avait pas d'enfant. Elle nous a débité toute la litanie des pensées négatives. »

Joan et Danny ne trouvèrent pas les mots pour la rassurer. Leur père étant absent, ils firent appel au Dr Milton Wexler, qui partageait le cabinet de Greenson. Voyant toute une panoplie de calmants près du lit, celui-ci les fit promptement disparaître dans sa mallette. Bien que Pat Newcomb niât avoir donné à Marilyn des médicaments sans prescription médicale, d'après Mrs. Murray, le grand manitou des médias revint ce soir-là chez Marilyn avec des sédatifs pour remplacer ceux confisqués par Wexler.

Le lundi 4 juin au matin, Eunice Murray appela Henry Weinstein pour lui faire savoir que l'infection de Marilyn avait repris et qu'elle ne serait pas en état de venir travailler. À 8 heures, Lee Siegel, le médecin du studio, se rendit à Brentwood pour vérifier l'état de Marilyn. Il signala qu'elle avait plus de trente-huit de fièvre et, d'après Pat Newcomb, il invita Marilyn à rester chez elle. Des bruits commencèrent à circuler que la Fox allait mettre fin au tournage.

Henry Weinstein parvint à joindre le Dr Greenson pour faire le point sur la situation. Greenson décida de rentrer par le premier avion et promit que Marilyn serait sur le plateau le lundi. Il se posa à Los Angeles le mercredi 6 juin dans l'après-midi. Bien qu'épuisé après dix-sept heures de vol, il se rendit directement chez la star et se présenta à sa porte juste avant la nuit. Après avoir passé deux heures avec Marilyn et en avoir conféré avec le Dr Engelberg, Greenson décida qu'elle était en état, tant sur le plan physique qu'affectif, de terminer le film.

Le vendredi 8 juin, Rudin et le Dr Greenson tinrent une réunion avec les cadres du studio, Phil Feldman et Milton Gould. La Twentieth Century Fox s'apprêtait à présenter à Marilyn une longue liste de conditions humiliantes lorsqu'elle reviendrait sur le plateau. Elle perdrait le peu d'initiative créatrice qu'elle avait sur le tournage, devrait se présenter promptement au travail, respecter les limitations de temps pour la pause du déjeuner, et la présence de Paula Strasberg ne serait pas autorisée sur le plateau. Rudin pensait que Marilyn regimberait à l'idée de ne pas avoir Paula. Mais le Dr Greenson, qui n'aimait pas celle-ci, fit savoir : « Je peux convaincre Marilyn de se plier à toute demande raisonnable, affirma-t-il. Sans vouloir me faire passer pour Raspoutine, je peux convaincre Marilyn de faire à peu près tout ce que je veux. » Gould et Feldman furent interloqués par cette déclaration du psychiatre, qui apparaît dans le compte rendu de la réunion. « Pourriez-vous déterminer dans ce cas quelles scènes Marilyn va jouer ou non, et décider quelles prises ont été favorables ou non ? demandèrent-ils alors.

— Oui, répliqua-t-il. S'il le faut, j'irai même en salle de montage. » Le déjeuner avec Feldman et Gould s'acheva à deux heures moins le quart et, quand ils regagnèrent leurs voitures, Rudin et Greenson avaient toutes les raisons d'envisager avec optimisme la suite du tournage.

Or, la décision de renvoyer Marilyn avait déjà été prise à New York par le président du conseil d'administration de la Fox, Samuel Rosenman. Le mardi 5 juin, alors que Greenson volait vers Los Angeles, Rosenman avait donné l'ordre à son service juridique de préparer une lettre de licenciement et de réclamer à Marilyn 1 million de dollars de dommages et intérêts. Les papiers avaient été déposés au tribunal de Santa Monica le vendredi après-midi, au moment même où Rudin et Greenson négociaient avec Feldman et Gould.

Le Dr Greenson apprit le licenciement dans sa voiture par la radio, et il se précipita aussitôt chez Marilyn. La nouvelle accablante la prit au dépourvu. Le Dr Greenson passa plus d'une heure avec elle. Après lui avoir administré un tranquillisant par voie intraveineuse, il se répandit en invectives contre la Fox et lança, furieux, à Mrs. Murray : « Vous savez, ce n'est pas comme si elle fainéantait ou faisait la bringue. Ils sont de mauvaise foi ! »

« Elle n'avait jamais encore été renvoyée, elle était donc complètement anéantie, raconte Whitey Snyder, qui vint la voir juste après le départ de Greenson. Elle n'arrivait pas à comprendre. » Les journaux du matin annoncèrent la nouvelle dans le monde entier. Ainsi débuta la campagne orchestrée par le service de la publicité de la Fox à New York pour discréditer Marilyn. Le studio s'apprêtait à mener une croisade des plus redoutables contre une star de Hollywood : New York avait donné l'ordre de détruire celle que la Fox avait contribué à porter au pinacle. Les cadres du studio se montrèrent sans pitié et la bassesse de leurs attaques fut sans précédent.

Le vendredi, Charles Endfield, vice-président de la publicité, fit passer en exclusivité à Sheilah Graham : « Lorsque Marilyn viendra travailler lundi, elle se rendra compte qu'elle a été licenciée et remplacée... peut-être par Kim Novak. Marilyn n'est pas venue depuis des jours, bien qu'on l'ait vue en ville dans les night-clubs. La Twentieth Century Fox ne veut plus d'elle. »

La Fox adressa à l'agence Associated Press des récits préjudiciables, citant des gens du studio : « Miss Monroe n'est pas seulement capricieuse, c'est une malade mentale, peut-être gravement atteinte », déclarait Peter Levathes, le directeur du studio.

D'après le *Los Angeles Herald Examiner*, Henry Weinstein aurait dit : « À force de se conduire de façon irresponsable, Marilyn a retiré le pain de la bouche d'hommes qui dépendent de ce film pour nourrir leur famille. »

La rubrique de Hedda Hopper citait George Cukor : « La pauvre chérie est devenue complètement folle. Ce qui est triste, c'est que le peu qu'elle a fait n'est pas bon... D'après moi, elle est finie. »

Pourtant, Cukor, Levathes et Weinstein ont contesté par la suite avoir tenu ces propos. « On m'a mis ces déclarations dans la bouche, a affirmé Weinstein. Je n'en ai jamais parlé à personne. En fait, j'ai démissionné de la Fox pour protester. À partir du 8 juin, je n'étais plus là ! »

Prêt à donner le coup de grâce, le service de publicité de la Fox se surpassa en s'offrant dans *Weekly Variety* une pleine page intitulée : « Merci, Miss Monroe, de nous avoir privés de notre gagne-pain. » C'était signé : « Les techniciens de *Something's Got to Give.* » Cependant, les techniciens en question, qui n'avaient que de l'admiration pour Marilyn, n'avaient rien à faire avec la publicité.

Il était déconcertant de voir un studio important se donner autant de mal pour anéantir sa propre star. Comment la Fox pouvait-elle diffuser des communiqués mettant en cause son état de santé en la faisant passer pour une « malade mentale » ? Pour Marilyn, ce fut sans doute le pire, dans cette incroyable campagne montée contre elle. Certains ont imaginé que c'était une escroquerie à l'assurance, à un moment où le studio avait besoin de liquidités. Mais l'assurance ne pouvait dédommager le studio que dans le cas d'une maladie dûment confirmée, et pas sur des faux-semblants. D'autres ont émis l'hypothèse que la campagne était la conséquence d'une erreur de jugement de la part des avocats de Wall Street qui venaient de prendre la majorité à la direction de la Fox.

Le samedi, Marilyn appela Spyros Skouras. En tant que président de la Fox, il l'avait toujours guidée et avait protégé ses intérêts. Quand Marilyn parvint à le joindre, elle apprit qu'il avait été malade et qu'il était toujours hospitalisé à New York après une opération. Il lui dit qu'il avait été triste d'apprendre qu'on l'avait renvoyée et qu'il n'y était pour rien. Il avait perdu son pouvoir des jours de gloire. En 1962, Skouras gardait tout juste un poste honorifique et était sur le point de démissionner. Le vrai pouvoir était entre les mains des barracudas de Wall Street, tels Milton Gould, John Loeb et le président du conseil d'administration, Samuel Rosenman. Ils avaient mis la main sur un énorme paquet d'actions de la Fox afin de s'assurer le contrôle de la société.

Marilyn apprit que Samuel Rosenman était un proche d'Averell Harriman et des Kennedy. Il avait été un des conseillers de Franklin Roosevelt, dont il avait rédigé un certain nombre de discours. Il était devenu par la suite conseiller du président Truman et collaborateur de Clark Clifford, le juriste de la Maison Blanche sous la présidence de Kennedy. Celui-ci l'avait convié à plusieurs tables rondes avec les syndicats et il participa au règlement des grandes grèves de la sidérurgie du début des années soixante. C'est par son intermédiaire que Bobby avait fait affaire avec la Fox pour *The Enemy Within*, quand le bruit avait couru que Skakel et Kennedy avaient mis de l'argent dans la reprise du studio.

The Great Lakes Carbon Corp., qui appartenait à la famille d'Ethel Skakel Kennedy, avait d'importants intérêts immobiliers dans le sud de la Californie. Les Skakel avaient acquis de vastes hectares pour la mise en valeur de Rancho Palos Verdes, et construisaient le centre commercial de Del Amo dans le comté d'Orange. Sous la direction de Samuel Rosenman, en 1962, le conseil d'administration de la Fox vendit le terrain situé derrière la Twentieth Century Fox pour en faire Century City : il fut acquis par Alcoa Aluminium, une filiale de Great Lakes Carbon Corp., propriété des Skakel. Aujourd'hui, les pompes et les derricks des champs de pétrole des Fox Hills, au pied des gratte-ciel de Century City, sont si bien camouflés que le passant ne peut soupçonner leur présence. Mais on peut dire qu'avec l'opération de forage latéral qui va jusqu'à Beverly Hills et au-delà de Rodeo Drive, ce terrain a fait un malheur !

Comme Rosenman et les barracudas de Wall Street injectaient l'argent de la Fox dans les veines de *Cléopâtre*, le conseil d'administration avait une excuse toute trouvée pour vendre le terrain, sans oublier quelques solides primes d'intermédiaires et un bon paquet de billets verts.

Les relevés du téléphone du ministre de la Justice portent mention de plusieurs appels de Rosenman juste avant la mise à pied de Marilyn. Si c'était Bobby Kennedy qui avait manigancé son renvoi et la campagne d'infamies pour la discréditer dans le but de s'assurer de son silence, il détenait en otage la seule chose qui comptait pour elle : sa carrière.

Marilyn trouva un allié inattendu en la personne de son vieil ennemi, Darryl F. Zanuck. Il était en Europe, où il produisait *Le Jour le plus long* et, dans une conférence de presse à Paris, il avait récemment déclaré que la nouvelle direction de la Fox n'était pas vraiment à son goût. C'est Nunnally Johnson qui lui apprit le licenciement de Marilyn en lui téléphonant de Londres.

« Vous savez que je n'ai jamais été fou de Marilyn, dit Zanuck à Johnson. Mais j'ai une foutue estime pour sa valeur au box-office. La façon dont on l'a traitée durant ce tournage me fait craindre le pire pour l'avenir de la Fox. »

Le lundi qui suivit son renvoi, Marilyn appela Zanuck à Paris. D'après Whitey Snyder, qui était chez elle, Marilyn expliqua à

Zanuck qu'elle était vraiment malade et qu'elle tenait beaucoup à finir *Something's Got to Give.*

« Je n'ai entendu que ce qu'elle disait, explique le maquilleur. Mais j'ai eu l'impression qu'il était d'accord pour l'aider à concocter son retour. » C'était le début des manœuvres d'approche de Marilyn pour essayer de damer le pion à Robert Kennedy.

L'appel de Marilyn Monroe à Darryl F. Zanuck trouva celui-ci déjà furieux contre Rosenman et les barracudas de Wall Street, qui bradaient le terrain de la Fox et passaient le studio au bulldozer. Avides d'argent, ils projetaient de prendre son film, de couper une demi-heure sur la durée de projection et de le lancer sur le marché avec une diffusion de masse.

Le Jour le plus long avait pris plus de deux ans de tournage et trente-cinq stars y figuraient, y compris Richard Burton, Henry Fonda, John Wayne et Robert Redford. Zanuck s'était imaginé que son film serait traité par la Fox comme une œuvre de prestige avec une série de jeunes premiers brillants et une présentation de haut niveau. Mais Rosenman avait déclaré à Zanuck qu'« en aucun cas, *Le Jour le plus long* n'aurait droit à un traitement de faveur ». Il devrait tenter sa chance avec une distribution générale dans des milliers de salles de quartier.

Zanuck n'avait pas tardé à comprendre que s'il voulait sauver son œuvre des puissantes mâchoires des juristes de Wall Street, il devrait reprendre le contrôle du conseil d'administration de la Twentieth Century Fox en retrouvant son siège de président.

Rosenman, Gould et les autres membres du bureau ne se doutaient de rien mais Spyros Skouras, toujours souffrant, signa un pacte secret avec le producteur indépendant pour mater les insurgés de Wall Street. Zanuck détenait 280 000 actions de la Fox et Skouras 100 000 : presque assez pour emporter la bataille qui s'annonçait.

À peine Zanuck venait-il de décider de se lancer à la reconquête du pouvoir que Marilyn l'appelait à Paris, ce lundi 11 juin. L'ayant mise au courant de son projet, Zanuck lui promit que, quand il serait de retour à la tête du studio qu'il avait contribué à fonder, *Something's Got to Give* serait terminé et qu'elle en serait la vedette.

Après ses conversations avec Skouras et Zanuck, Marilyn envoya par Western Union un câble à Robert et Ethel Kennedy pour refuser une invitation qu'elle avait reçue en avril à assister à l'anniversaire de mariage de Pat et Peter Lawford.

56
De la méthode à la folie

> « En vérité, je n'ai jamais trompé personne. J'ai parfois laissé des hommes se tromper eux-mêmes. »
>
> Marilyn Monroe.

Nunnally et Nora Johnson recevaient Joe DiMaggio à Londres quand ils entendirent parler des problèmes de Marilyn avec la Fox. Joe travaillait en tant qu'attaché aux relations publiques pour la Valmore Monette Corporation, une société de la côte est qui fournissait les magasins de l'armée américaine. Pour Joe, c'était la carrière de Marilyn qui avait toujours fait obstacle à leur bonheur et, à en croire tous les papiers parus dans la presse, sa carrière était fichue.

« Il l'aimait terriblement, a déclaré Valmore Monette. Il m'a dit qu'il était décidé à se remarier avec elle. Il était sûr que ce serait différent cette fois et que désormais, tout marcherait pour le mieux. C'est pour cette raison qu'il nous a quittés et qu'il est retourné là-bas... »

Norman Jefferies travaillait dans le pavillon d'amis, que Marilyn préparait en vue d'une prochaine visite de Carl Sandburg, quand Joe DiMaggio arriva de Londres. « Marilyn s'était absentée. Mr. DiMaggio s'assit sur une échelle et me parla en attendant son retour, raconte Jefferies. Marilyn m'avait longuement parlé de lui... combien il était gentil... Il était très sympa et on a parlé de base-ball, de Marilyn, de cinéma, de la cuisine italienne... de tout. »

D'après Jefferies, au retour de Marilyn, ce furent des retrouvailles très chaleureuses. Marilyn montra à Joe son jardin d'herbes aromatiques, qu'elle avait planté elle-même le long d'un sentier en briques qui conduisait de la cuisine au pavillon d'amis, et ils parlèrent du bon vieux temps. Mais ils en vinrent à parler de l'avenir et quand Joe comprit qu'elle était plus résolue que jamais à poursuivre sa carrière ils se disputèrent. Pamela Reis, la fiancée de Joe DiMaggio Jr, a confirmé avoir entendu dire qu'ils s'étaient « drôlement disputés » à propos de la carrière de Marilyn et des Kennedy. Ce fut la dernière querelle entre Marilyn et « *The Slugger* ».

Le lendemain, jeudi 14 juin, le Dr Ralph Greenson fit entrer Marilyn à la clinique du Dr Michael Gurdin à Beverly Hills. Le chirurgien plasticien avait déjà opéré Marilyn. Il fut stupéfait en la voyant. Quand Marilyn retira foulard et lunettes, le Dr Gurdin put constater qu'elle avait le nez noir et bleu, et un gros hématome sur la pommette gauche. Marilyn avait eu « un petit accident dans la douche », déclara le Dr Greenson. Elle était tombée et s'était heurtée contre le carrelage. On prit des radios pour s'assurer qu'il n'y avait rien de cassé.

« C'est Greenson qui parlait, raconte Gurdin. Il n'avait pas l'air de tenir à ce que Marilyn le fasse. » Toutefois, quand l'infirmière rapporta les radios, Marilyn demanda : « Si mon nez est cassé, combien de temps faudra-t-il pour le réparer ? » Les radios permirent de constater que les os et le cartilage étaient intacts. Elle prit le Dr Greenson dans ses bras et dit : « Heureusement ! »

Remettant ses lunettes noires et son foulard, elle ressortit par la porte de derrière au bras de Greenson. Gurdin dit plus tard que les blessures auraient pu être consécutives à une chute, mais Robert Slatzer a toujours pensé que « quelqu'un l'avait rouée de coups ».

« D'après moi, Joe l'aimait toujours, commenta Nunnally Johnson. Mais après ça, Joe ne se faisait plus d'illusions sur une possible reprise de la vie à deux. Autrement dit, il en avait soupé. En ce qui le concernait, elle était paumée, et s'il y avait quelqu'un qui pouvait la sauver, ce n'était pas lui. »

Du 20 juin au 15 juillet, Marilyn lança une contre-offensive tous azimuts dans la presse en accordant des interviews aux plus grands chroniqueurs syndiqués du monde et une série non-stop de séances de photos à *Vogue, Life, Redbook, Cosmopolitan.* Ayant fait venir Pat Newcomb, elle lui dicta cent quatre télégrammes adressés aux acteurs et aux techniciens de *Something's Got to Give* en déplorant la décision du studio de mettre fin au tournage.

« Je ne me considère pas comme un produit, dit-elle au cours d'une interview. Mais je suis sûre que beaucoup de gens le font, y compris une compagnie en particulier que je ne nommerai pas. Si j'ai l'air de quelqu'un qui se sent harcelé, eh bien je pense que c'est le cas... Un acteur est censé être un instrument sensible. Isaac Stern bichonne son violon. Et si tout le monde se mettait à sauter dessus à pieds joints ? »

Pour George Barris, de *Cosmopolitan,* elle posa sur une plage balayée par le vent, vêtue d'un pull-over mexicain, un verre de champagne à la main. « En ce qui me concerne, c'est maintenant le moment le plus heureux, déclara-t-elle du haut de ses trente-six printemps. L'avenir m'attend et je suis impatiente de le connaître ! »

Le photographe Bert Stern fut enchanté de l'extraordinaire séance de pose qu'elle fit pour *Vogue.* « Marilyn avait la puissance, s'extasia-t-il plus tard. Elle était la lumière, et la déesse, et la lune — l'espace et le rêve, le mystère et le danger ! »

Quand Richard Meryman l'interviewa pour *Life,* il fut hypnotisé par son enthousiasme et sa vitalité. « Ses inflexions faisaient l'effet de tournures surprenantes et chaque émotion avait de l'allure, s'accompagnait de gestes exubérants, raconta Meryman. Sur son visage passaient la colère, la mélancolie, l'insolence, la tendresse, le chagrin, un formidable humour et une profonde tristesse. Et chaque idée aboutissait en général à un enchaînement de pensées étonnant, et son rire grimpait pour finir par un petit cri ravi... J'ai été submergé par l'envie de la protéger ; le désir — peut-être du même ordre que ce qui était à la base de la tendresse du public pour Marilyn —, le désir de la protéger de tout ce qui était moche et pouvait lui faire du mal. »

Quand Meryman lui demanda si beaucoup d'amis l'avaient appelée pour la soutenir après son licenciement par la Fox, il y eut un silence. Assise très droite, les yeux grands ouverts et peinés, elle répondit par un tout petit « non ». Toutefois, elle avait des millions d'amis anonymes, venus à elle dans l'obscurité des salles de cinéma de par le monde et, bientôt, la Fox fut bombardée de lettres et de télégrammes de protestation. Marilyn reçut un autre soutien inattendu. Quand Dean Martin apprit que le studio avait l'intention de la remplacer par Lee Remick, l'acteur signala à son agent à MCA qu'il abandonnait le tournage si on ne le finissait pas avec Marilyn Monroe. Au cours d'une succession de réunions houleuses entre les responsables de la Fox et MCA pour obliger Martin à accepter le remplacement de la star, l'agence défendit la position de Dean Martin et, au grand dam du service de publicité de la Fox, la décision de Dean Martin fit des titres plus gros dans la presse que la mise à pied de Marilyn.

À la mi-juin, Darryl F. Zanuck arriva à New York pour rencontrer son avocat, Arnold Grant. Il achetait en sous-main des actions de la Fox en vue de sa future bagarre autour de la table du conseil d'administration pour reprendre les rênes du studio. « Nous ne nous doutions pas du tout de ce que tramait Zanuck, déclara Milton Gould par la suite. Il passa des semaines à acquérir des milliers d'actions afin d'avoir assez de voix pour nous éjecter. »

Au cours de l'été 1962 l'hélicoptère du ministre de la Justice se posa souvent sur le terrain de la Fox. Bobby en serait descendu en jean et T-shirt, suivi par les agents des services secrets en costume bleu et cravate ; ils fonçaient dans le bureau de Jerry Wald pour préparer la production de *The Enemy Within.* Lors de ces visites, Bobby passa fréquemment la nuit dans la suite des Kennedy au Beverly Hilton Hotel qui n'était qu'à quelques minutes.

Le samedi 23 juin, deux semaines après le licenciement de Marilyn, le ministre de la Justice s'envola pour Los Angeles. Et Peter Lawford arrangea un rendez-vous entre Marilyn et Bobby. Ce dernier devait se trouver à une soirée dans la maison du bord de mer des Lawford où Marilyn était invitée. D'après Patricia Seaton Lawford, la visite de Bobby avait pour but de dissuader Marilyn d'essayer de contacter JFK. Elle avait tenté d'atteindre Jack au Bureau ovale et à Hyannis Port, abandonnant son nom de code : « C'est Marilyn Monroe, avait-elle déclaré, et je demande à parler à Jack ! » Si elle voulait sauver sa carrière, elle devait apprendre à coopérer — et savoir se taire.

Peu avant que Marilyn rencontre Bobby Kennedy chez Lawford, Elizabeth Courtney, la première main du couturier Jean-Louis, raconte : « Je ne l'ai jamais vue aussi nerveuse avant une réception. Nous avons modifié trois robes avant que Marilyn trouve la bonne. » Lorsqu'elle quitta la pièce au cours d'un des essayages, Elizabeth Courtney demanda à Hazel Washington ce qui se passait. « Elle a rendez-vous avec un homme, ma chérie, répondit Hazel.

— Qui est-ce ? s'enquit Elizabeth Courtney.
— Kennedy.
— Tu veux dire le Président ? s'étonna Elizabeth Courtney.
— Non, l'autre... le frère », lui fut-il répondu.

Lorsque Marilyn se présenta enfin chez les Lawford, elle avait deux heures et demie de retard.

Le lendemain, dimanche 24 juin, Bobby vint voir Marilyn chez elle. Les voisins remarquèrent sa présence dans l'impasse Fifth Helena et Mrs. Murray déclara que le ministre de la Justice était arrivé seul, conduisant lui-même sa décapotable. « Il était vêtu décontracté, expliqua-t-elle. L'air gamin, en pantalon et col de chemise ouvert. » Norman Jefferies travaillait dans la maison ce jour-là et s'était entendu dire qu'il devrait « disparaître avant l'arrivée de Kennedy ». Mais Bobby arriva au moment même où il partait. Marilyn lui montra sa nouvelle cuisine, puis ils sortirent au bord de la piscine et discutèrent pendant plus d'une heure. « Marilyn n'avait pas l'air heureuse ni excitée par sa visite », remarqua Mrs. Murray.

Bien qu'il n'existe aucun compte rendu de la conversation entre la star et « le général » au cours de ce dimanche après-midi, on peut déduire à partir des conséquences quels furent les sujets abordés. Le lendemain, lundi 25 juin, Bobby Kennedy appela Rosenman et, d'après les archives de la Fox, le directeur du studio Peter Levathes fut chargé de renégocier le contrat de Marilyn pour achever le tournage de *Something's Got to Give.* « J'ai reçu l'ordre d'essayer de renégocier de New York avec Miss Monroe. Je ne sais pas si cela venait de Milton Gould ou de Rosenman », déclara Levathes.

Seize jours après l'avoir renvoyée de façon humiliante, le studio faisait une étonnante volte-face et lui demandait de revenir.

Le jeudi 28 juin, Marilyn Monroe avait rendez-vous avec Peter Levathes pour discuter les conditions de la reprise de son travail. Quand il arriva chez elle, il vit que du caviar rafraîchi, des plateaux de canapés et des cocktails l'attendaient, et Marilyn Monroe surgit, ponctuelle, pour l'accueillir avec la classe d'une Joan Crawford. Elle avait un comportement peu coutumier de femme d'affaires. Exécutant une de ses meilleures interprétations hors écran, elle était la nouvelle Monroe, celle qui avait la tête sur les épaules. Whitey Snyder et Sidney Guilaroff s'étaient activés tout l'après-midi pour lui donner cette allure étonnante, rigoureuse, dans une robe de Norman Norell d'un beige sobre que complétaient ses lunettes à monture d'écaille. Peter Levathes reconnaît avoir été impressionné par cette superstar pleine de jugeote, exactement à l'opposé de l'image frivole créée par la campagne de presse de son propre studio.

À l'époque, Levathes ne se doutait pas que Pat Newcomb était derrière la porte de Marilyn à épier chacune de ses paroles et à en prendre note. « J'ai eu la surprise de découvrir que c'était une femme d'affaires astucieuse à bien des égards, dira Levathes par la suite. Elle était très rationnelle. On ne pouvait espérer une meilleure rencontre avec une actrice. Elle avait un regain d'intérêt pour le film qui était communicatif. J'ai fini par être convaincu que le film se ferait. En fait, j'ai même autorisé qu'on rewrite le scénario en intégrant les idées de Marilyn. »

Comme le mois de juin touchait à sa fin, l'accord était en cours pour la reprise de *Something's Got to Give* et le studio accepta de renégocier son contrat pour 1 million de dollars : la moitié pour le tournage du film, plus un bonus s'il était achevé à la nouvelle date prévue, et encore 500 000 dollars ou plus pour une nouvelle comédie musicale intitulée *What a Way to Go*, qui serait produite par Arthur Jacobs. Marilyn n'avait jamais été payée des sommes pareilles. Chose incroyable, la Fox accepta d'oublier les versions écrites par Walter Bernstein pour reprendre le scénario de Nunnally Johnson, que Marilyn préférait, et le studio accepta de remplacer George Cukor par un réalisateur approuvé par la star.

C'était une époustouflante victoire pour Marilyn, qui la devait à un coup de téléphone de Bobby Kennedy à Samuel Rosenman. Mais à quel prix ? Avait-elle accepté de « s'abstenir à jamais de contacter JFK » ? Quand elle signa le nouveau contrat avec la Fox, à quel point ne laissait-elle pas aussi une partie de son cœur « au bas du parchemin » ?

Début juillet, Bobby Kennedy passa de nouveau par Los Angeles en allant dans le Nevada, où il devait rencontrer le général Maxwell Taylor, président des chefs d'état-major, et assister au premier essai de la bombe à hydrogène sur le continent américain — un secret-défense. Un mois exactement avant la mort de Marilyn Monroe, un barbecue fut organisé chez les Lawford à l'occasion de la fête nationale du 4 juillet, barbecue auquel Marilyn et Bobby Kennedy assistaient. C'était une rencontre de conciliation. Selon toute apparence, les divergences entre les Kennedy et Marilyn Monroe avaient été aplanies. Bobby et Marilyn se promenèrent ensemble sur la plage et la star écouta attentivement l'attorney général évoquer des sujets sensibles, tels que l'essai de la bombe atomique, et parler politique*.

La Fox comptait reprendre le tournage de *Something's Got to Give* avec Marilyn Monroe en vedette au cours de la troisième semaine de juillet. Mais, curieusement, une fois le nouveau contrat établi, l'avocat de Marilyn, Mickey Rudin, multiplia les manœuvres dilatoires. La Fox voulait qu'on signe le contrat et que le tournage redémarre au plus vite, mais Rudin gardait le contrat non signé sous le coude.

Les multiples appels de l'avocat de la Fox restaient sans réponse. Le studio fit passer le message auprès du chroniqueur Earl Wilon : « Mickey Rudin fait traîner exprès la signature du nouvel accord avec Monroe. Maintenant que le contrat d'un million de dollars a été établi, Mickey Rudin, l'avocat de Marilyn Monroe, ne semble pas pressé de le ratifier. »

Mais c'était Marilyn qui n'était plus aussi pressée de le signer. Ayant appris que Darryl F. Zanuck était sur le point de lancer sa grande offensive lors d'une réunion prévue pour le 25 juillet, elle prenait son temps. Toutefois, il n'était pas possible de préjuger de l'issue de ce qui serait une formidable empoignade. Rien ne permettait de croire que Rosenman, Gould et Loeb ne l'emporteraient pas, ou que la carrière de Marilyn pourrait échapper à la mainmise du clan Kennedy. Tant que Zanuck n'était pas sorti de sa réserve, Marilyn restait un pion sur l'échiquier de Rosenman. Et la stratégie de Marilyn consistait à traîner pour faire échec aux Kennedy.

---

* Ce dont Bobby et Marilyn discutèrent devint « une affaire de sûreté nationale » dans le document du FBI daté du 13 juillet 1962 (voir ce document p. 530).

57

Échec et mat

> « Maintenant je me consacre à mon travail et aux relations avec les quelques personnes sur lesquelles je peux vraiment compter. La célébrité passera et alors, au revoir, célébrité, je t'ai eue ! Si elle passe, j'ai toujours su qu'elle était inconstante. Alors, ce sera au moins quelque chose que j'aurai connu mais ce n'est pas ma vie. »
>
> Marilyn Monroe.

En juillet 1962, le satellite américain de surveillance photographia les installations des missiles balistiques à longue portée nouvellement construites par Cuba. En quinze semaines, la crise des missiles cubains conduisit le monde au bord du gouffre. À ce moment périlleux de l'histoire, J. Edgar Hoover reçut un autre rapport confidentiel du bureau du FBI de Mexico concernant : MARILYN MONROE — SÛRETÉ NATIONALE — C [communiste].

En date du 13 juillet 1962 — juste trois semaines avant la mort de la star — le document, écarté du dossier Monroe, a survécu sous une forme largement censurée dans les dossiers du FBI consacrés à Peter Lawford et à Frederick Vanderbilt Field.

En vertu de la loi sur la liberté de l'information (Freedom of Information Act), l'avocat James Lesar, spécialisé dans ce type de démarches, apprit du FBI que la source de ce rapport écarté du rapport Monroe était un informateur. Le FBI s'était vu demander par une autre agence de renseignements (la CIA) de ne pas communiquer le nom de l'informateur. Toutefois, le FBI révéla à Lesar que celui-ci connaissait Field et Monroe et s'était récemment entretenu avec l'un et l'autre.

Seuls Eunice Murray, José Bolaños et Ralph Greenson satisfont à ces critères. L'informateur probable est Bolaños. Mettant en garde Marilyn contre ce dernier, Field le décrivait comme « un homme prétendument de gauche, dont la vraie gauche se méfiait profondément ».

En mars 1962, Bolaños avait suivi Marilyn aux États-Unis et il l'accompagnait quand elle avait reçu le Golden Globe Awards. Lorsque Anthony Summers l'interviewa en 1983, il déclara qu'il était venu la voir à New York en avril 1962 et l'avait vue pour la dernière fois à Los Angeles au début de juillet.

Or l'identification de Bolaños se trouve confirmée par la précision, apportée par le FBI, que les détails du rapport confidentiel ont été « entendus de la bouche de Marilyn par l'informateur ». Marilyn aurait dit qu'elle « assistait à un déjeuner chez Peter Lawford avec un des frères Kennedy ». Des questions importantes avaient été abordées, y compris d'ordre politique. Une de ces « questions importantes » était « l'aspect moral des essais nucléaires ». Le FBI indiquait que le déjeuner avait eu lieu début juillet, époque justement où Bolaños vit Marilyn pour la dernière fois.

À ce moment critique de la guerre froide, les relations entre les frères Kennedy et Marilyn Monroe posaient un problème grave à la sécurité nationale. Les agences de renseignements américaines voyaient avec méfiance les liens entre la star et Frederick Vanderbilt Field, suspecté d'être un agent communiste. Un document de la CIA signé par James Jesus Angleton, le chef du contre-espionnage (voir annexe p. 526), prouve que le domicile de Marilyn était sous surveillance électronique. Le dossier de l'époque du FBI sur Field indique qu'à l'époque il fit lui-même l'objet d'une surveillance étroite en juin et juillet. La sonnette d'alarme se déclencha dans les couloirs du bureau du FBI quand les agents apprirent que Field avait quitté Mexico, franchi la frontière et qu'il se rendait à New York. Il y arriva le 10 juillet et séjourna chez Marilyn Monroe au 444 57e Rue est, où il passa plusieurs semaines.

Quand Bobby Kennedy rentra à Washington après avoir assisté à l'explosion de la première bombe à hydrogène, J. Edgar Hoover l'attendait avec une autre bombe prête à sauter.

Le mardi 17 juillet, Marilyn appela la ligne privée du ministre de la Justice, mais ne put lui parler. Ses relevés téléphoniques pour le 17 juillet indiquent qu'elle essaya à plusieurs reprises d'atteindre Bobby en passant par le standard du ministère de la Justice, mais qu'on ne lui passa pas le ministre. Après sa rencontre avec Hoover, Bobby coupa brusquement tout contact avec Marilyn. Comme John, il se dispensa de toute explication.

« Brusquement, elle ne pouvait plus toucher Bobby, remarqua Jeanne Carmen. Elle ne comprenait pas ce qui se passait, pourquoi elle ne pouvait le joindre. Elle était dans une colère noire. »

« Bon sang ! Il me doit une explication ! dit Marilyn à Robert Slatzer. Je veux savoir ce qui s'est passé et que Bobby me le dise lui-même ! »

En juillet, les relevés téléphoniques indiquent que Marilyn tenta à huit reprises d'appeler Bobby Kennedy au ministère de la Justice à partir de sa maison de Brentwood. Elle essaya également de le joindre chez lui, à Hickory Hill. « Bobby était furieux que Marilyn prenne cette liberté », a relevé Patricia Seaton Lawford.

Du début juillet au 4 août, les comptes indiquent que Marilyn vit son psychiatre, le Dr Greenson, vingt-sept fois en trente-cinq jours, et son médecin traitant, le Dr Hyman Engelberg, treize fois. Les dossiers indiquent que Marilyn reçut des injections au cours de plusieurs de ces visites : ce ne sont peut-être pas seulement ses propres problèmes que révèlent ces dossiers, mais aussi ceux de ses médecins. Les difficultés qu'elle avait avec les Kennedy commençaient à les mettre mal à l'aise. La rupture de sa relation avec eux signifiait également, en un sens, leur propre perte. En même temps, ils se demandaient avec inquiétude pourquoi on l'évitait. Peut-être réalisaient-ils qu'on s'était rendu compte qu'elle posait un problème de sécurité.

De plus en plus, les médecins et les Kennedy partageaient un intérêt commun : que Marilyn reste tranquille. Le psychiatre pouvait, d'une part, faire le point chaque jour sur son état d'esprit et ses intentions et, d'autre part, avec l'aide du généraliste, veiller à ce qu'elle soit mise sous tranquillisants lorsque la fureur prenait le dessus. « Hy gardait Marilyn sous sédatifs pour le Dr Greenson », a dit récemment Esther Maltze, l'ex-femme du Dr Hyman Engelberg. Et, bien entendu, il y avait aussi l'incontournable Mrs. Murray, qui avait l'œil sur Marilyn dans la maison et pouvait signaler tout symptôme inquiétant.

Robert Slatzer raconte que, dans la troisième semaine de juillet, peu avant son départ pour Columbus, Ohio, Marilyn l'appela d'une cabine téléphonique de Brentwood. Elle voulait le voir. Elle était convaincue que sa ligne était sur écoute. Ils se rendirent en voiture sur une plage située à Point Dume. Marilyn passait de la colère aux larmes en parlant des Kennedy et de leur refus de lui adresser la parole.

« Elle était furieuse et blessée — complètement hors d'elle — parce qu'ils avaient rompu tous les deux du jour au lendemain, explique Slatzer. Deux mois plus tôt, elle chantait *Happy Birthday* au Président et elle était accueillie comme une invitée de marque à la réception qui suivait. Cette relation comptait beaucoup pour elle. Brusquement, on tournait la page et elle avait l'impression d'avoir été utilisée, maltraitée, et puis complètement rejetée. »

Comme Marilyn discutait de ses problèmes avec Slatzer, elle tira de son grand cabas une liasse de papiers entourés d'un élastique. C'était des notes manuscrites de Bobby Kennedy — certaines sur papier à en-tête du ministère de la Justice. Elle montra également à Slatzer son carnet rouge et lui permit de le feuilleter. Il vit à l'intérieur des notes relatives à des conversations avec les Kennedy et concernant Cuba et la baie des Cochons, Castro, la Mafia et Jimmy Hoffa. Lorsque Slatzer demanda à Marilyn pourquoi elle avait pris des notes, elle répondit : « Parce que Bobby aimait parler de questions politiques. Un jour, il s'est mis en colère contre moi sous prétexte que je ne me souvenais pas de ce qu'il disait. »

Slatzer lui demanda ce qu'elle comptait faire si John ou Bobby continuaient à refuser de lui parler. « Il se pourrait que je donne une conférence de presse, répondit-elle, furieuse. J'ai beaucoup à dire ! »

Marilyn Monroe était en mesure de renverser la présidence. Elle était au courant des infidélités de Jack et d'autres faits personnels. Elle avait des « notes et lettres » et était au courant des relations de Kennedy avec Sam Giancana. Le fait que les frères Kennedy aient abordé avec la star des questions relatives à la sûreté nationale ne faisait qu'allonger la liste impressionnante de leurs frasques. L'affaire Profumo, qui finit par renverser le gouvernement anglais, allait éclater l'année suivante.

Plusieurs personnes se sont demandé si Marilyn pensait sérieusement à convoquer une conférence de presse. Marilyn était célèbre pour ne jamais dire de mal de personne. « Je n'ai jamais eu de dispute ou de querelle publique, dit-elle un jour à Sidney Skolsky. J'ai une mémoire merveilleuse quand il s'agit d'oublier. » Mais d'après Jeanne Carmen, Marilyn était dans une rage terrible et fermement résolue. Selon elle, Marilyn aurait tout dit... si elle avait vécu. En attendant, tant que sa carrière était entre les mains de Rosenman et du clan Kennedy au conseil d'administration de la Fox, elle était contrainte au silence. Comme la date cruciale de la lutte pour le pouvoir approchait, la nouvelle mouture du contrat de Marilyn demeurait non signée sur le bureau de Mickey Rudin.

Il faisait chaud et humide à New York le mercredi 25 juillet, lorsque le bureau d'administration de la Twentieth Century Fox se réunit pour le combat des chefs. Sous la présidence de Samuel Rosenman, Darryl F. Zanuck et Spyros Skouras étaient assis en face de leurs adversaires. Milton Gould vilipendait violemment Zanuck. Traité de « coureur de jupons, ivrogne, joueur invétéré et producteur de fiascos », celui-ci restait impassible sous la tempête.

« Ils déversaient leur bile, raconta Zanuck par la suite. C'était répugnant — ils s'en prenaient surtout à ma vie privée. »

Lorsque le torrent d'invectives se tarit, Rosenman se tourna vers Zanuck. « Et maintenant, peut-être que Mr. Zanuck pourrait nous dire ce qu'il ferait pour l'entreprise au cas où il deviendrait président. »

Allumant un cigare, celui-ci se leva. « Je n'ai rien à dire, déclara-t-il. Si vous voulez de moi, très bien. Sinon, prenez quelqu'un d'autre ! » Puis il s'étendit pendant quatre heures sur la gestion désastreuse du studio et les pertes financières phénoménales qui s'étaient accrues en son absence. En conclusion, il fut élu président par huit voix contre trois. Ces dernières étaient celles de Rosenman, Gould et John Loeb. Ils démissionnèrent rapidement et Spyros Skouras, l'ancien président, remplaça Rosenman à la tête du conseil d'administration.

Avec la victoire de Zanuck, Marilyn sortait victorieuse. Le tournage de *Something's Got to Give* allait reprendre dès que le calendrier serait établi et elle en serait la star avec un contrat d'un million de dollars qu'à présent elle était prête à signer. Elle n'était plus sous la coupe des Kennedy.

La « blonde stupide » s'était montrée la plus habile.

58
Un week-end diabolique

« La fin justifie les moyens ! »

Joseph P. Kennedy.

Les 28 et 29 juillet, une semaine avant sa mort, Marilyn passa le week-end au Cal-Neva Lodge, sur le lac Tahoe. Le déroulement de ce mystérieux week-end est devenu flou à force de supputations et de déclarations erronées de la part de Peter Lawford. Les rares personnes qui ont été témoins des événements répugnent à dire ce qu'elles savent.

Paul D'Amato, dit « Skinny », qui dirigeait le Cal-Neva Lodge pour Sinatra et Sam Giancana, n'avait pas oublié la venue de Marilyn et, bien qu'il ne fût guère loquace, il fit à Anthony Summers la déclaration suivante : « Il s'en est passé plus que ce qu'on a bien voulu dire. Ç'aurait été un coup dur pour Bobby Kennedy, pas vrai ? » Regrettant aussitôt d'avoir parlé, il murmura : « Évidemment, je n'ai pas dit que... »

Mais Skinny en avait assez dit. La raison d'être de ce « mystérieux week-end » était de convaincre Marilyn, par tous les moyens, de ne pas parler à la presse. Non seulement cela aurait été « un coup dur pour Bobby Kennedy », mais cela aurait été aussi « un coup dur » pour l'ensemble de l'exécutif et pour toute une coterie de gens proches du clan Kennedy, ainsi que pour Sam Giancana. L'enjeu était de taille. Le destin était au rendez-vous. Sinatra et son associé, Sam Giancana, pourraient ensuite présenter l'addition.

Sinatra orchestra la fête. Il invita Marilyn au Cal-Neva, officiellement pour célébrer son nouveau contrat avec la Fox et discuter de son prochain film, *What a Way to Go,* dont elle devait partager la vedette avec lui. D'après Ralph Roberts, Marilyn n'avait pas très envie d'y aller, mais Dean Martin passait en vedette au Celebrity Room ce week-end-là. Elle espérait l'amener à modifier son engagement au night-club pour reprendre le tournage de *Something's Got to Give* pendant la dernière semaine d'août. Cependant, le programme n'annonçait pas tout, et le rapport curieux entre les gens que Sinatra réunit pour la circonstance donne une idée de sa volonté de réussir son coup, coûte que coûte.

Sinatra transporta Marilyn au Cal-Neva dans son avion privé, le *Christina,* avec moquette, lambris de bois sculpté, salon-bar, piano et salle de bains luxueuse — y compris siège chauffant pour les toilettes. L'avion prit également Peter Lawford, à qui Sinatra avait pourtant menacé de « flanquer son poing dans la figure » quand John Kennedy avait renoncé à séjourner chez lui à Palm Springs. Sinatra et Lawford ne s'étaient pas reparlé depuis l'incident, et ils ne se reparlèrent jamais. Mais Lawford et Pat, sa femme, avaient de l'emprise sur Marilyn et, ce week-end-là, certaines considérations passaient avant le reste — même avant la rancune.

Les Lawford avaient des difficultés conjugales. Peter était devenu un gros buveur et avait des mœurs plutôt douteuses. Pat passait le plus clair de son temps sur la côte est, loin de lui, mais Marilyn avait plus d'estime pour Pat que pour Peter et elles étaient devenues amies. Comme Pat était capable de raisonner Marilyn et d'exercer une certaine influence, elle fut également invitée à quitter Hyannis Port pour le Cal-Neva où elle aussi devait jouer son rôle au cours de ce funeste week-end.

Gloria Romanoff, l'amie de Marilyn, était là avant l'arrivée de Marilyn, de même qu'un autre invité que Marilyn ne s'attendait pas à voir, Sam Giancana, le parrain de la Mafia. La commission des jeux du Nevada ayant pu prouver la présence de Giancana au Cal-Neva Lodge ce week-end, Sinatra perdit par la suite sa licence de jeu.

D'après Robert Slatzer, Marilyn espérait rencontrer Bobby. On lui avait dit qu'il viendrait peut-être. Le ministre de la Justice se trouvait à Los Angeles la veille. Le registre du Beverly Hills indique qu'il y a séjourné du jeudi 26 juillet au vendredi 27. Bien que la Bibliothèque Kennedy ait conservé l'agenda du ministre de la Justice et ses relevés de téléphone pour ses années d'exercice, certaines pages des dossiers de juillet et août 1962 ne sont pas disponibles, elles sont introuvables.

Peggy Randall, la secrétaire d'Arthur Jacobs, raconte qu'elle était seule au bureau de Sunset Boulevard, le samedi 28 juillet, quand elle reçut un appel de Bobby Kennedy. Il cherchait à joindre, dit-elle, Pat Newcomb. Précisant qu'il y avait urgence, il lui laissa un numéro où Pat devait le rappeler, mais elle ne se souvient pas d'où il téléphonait. « Ce n'était pas extraordinaire, de la part de Robert Kennedy, d'appeler Pat Newcomb au bureau, précise Miss Randall. Il l'avait déjà fait à plusieurs reprises. »

Le nom de Marilyn n'apparaît pas sur les registres du Cal-Neva Lodge. Elle se vit attribuer le bungalow 52, qui faisait partie d'un ensemble réservé aux invités de marque de Sinatra et de Giancana. D'après les chasseurs qui lui apportaient à manger dans sa chambre, c'était généralement Peter Lawford qui ouvrait la porte et ils ne l'ont jamais vue sortir de chez elle.

« Elle restait pas mal déguisée, se cachait sous un foulard noir et des lunettes noires, et demeurait dans sa chambre la plupart du temps, raconte Mae Shoopman qui, à l'époque, était caissière au Cal-Neva Lodge. Elle dormait le téléphone à l'oreille et branchée sur le standard. Je pense qu'elle avait peur. »

Marilyn commença bientôt à se douter de la raison pour laquelle on l'avait fait venir. Ce n'était pas une réunion d'amis venus fêter avec elle sa victoire contre la Fox. Ils voulaient qu'elle ne s'occupe plus des frères Kennedy — et ils voulaient s'assurer de son silence.

Giancana était là pour bien montrer qu'il tenait beaucoup à ce que Marilyn ne crée pas de difficultés. Sam n'était pas homme à prendre des gants. Il ne manqua pas de lui faire comprendre que si elle devenait un problème il y avait toujours moyen de trouver une solution.

D'après Susan Strasberg, lorsque Marilyn rentra du Cal-Neva Lodge, elle dit à Paula qu'elle « avait peur de la Mafia ». Mais, pour Paula Strasberg, c'était de la paranoïa.

Marilyn parla également à Ralph Roberts de son séjour au Cal-Neva Lodge. « Elle m'a dit que ç'avait été un week-end abominable, un cauchemar. Elle n'avait pas spécialement envie d'y aller et, une fois sur place, elle a eu l'impression d'être prisonnière, et que le seul ami qu'elle avait là-bas était Joe DiMaggio, et elle n'avait pas pu le voir. »

Joe DiMaggio, qu'on n'attendait pas, arriva, lui aussi. L'avait-elle appelé quand elle avait commencé à avoir peur ? Il se trouvait à San Francisco, à moins d'une heure d'avion. Ray Langford, le chef des grooms, se rappelait que DiMaggio arriva tard le samedi soir et n'eut pas le droit de descendre au Lodge. Langford l'aida à retenir une chambre au Silver Crest Motel voisin. DiMaggio demanda où était Marilyn, mais Langford n'en savait rien parce qu'elle ne s'était pas inscrite. Joe Langford, le frère de Ray, qui avait pris Marilyn à l'aéroport, reconnut plus tard que Sinatra avait donné l'ordre d'interdire à DiMaggio l'accès de l'hôtel et de refuser de transmettre ses appels.

Un portier du Cal-Neva Lodge a raconté plus tard que, le dimanche matin, comme il regardait la piscine tandis que le brouillard descendait sur la rive du lac, il eut la surprise de voir Marilyn, debout « au bord de la piscine, pieds nus, qui se balançait d'avant en arrière. Elle avait les yeux fixés en haut de la colline ». Le portier suivit son regard en direction des contreforts qui dominaient le Lodge et aperçut Joe DiMaggio dans la brume, qui la regardait. Ce fut la dernière fois que DiMaggio la vit vivante.

D'après Harry Hall, l'ami de Joe DiMaggio, celui-ci était furieux de ce qui était arrivé à Marilyn ce week-end au Cal-Neva Lodge. Il en voulait à Sinatra et il en voulait aux Kennedy.

« Il était très secoué, déclara Hall. Elle était partie là-bas, ils lui avaient donné des pilules, ils avaient fait des partouzes... Je crois qu'il n'a plus jamais reparlé à Sinatra après. »

Le photographe Billy Woodfield, qui travaillait pour Marilyn et Sinatra, vit des images infâmes de ce week-end. En rentrant du Cal-Neva Lodge, a-t-il déclaré, Sinatra lui remit une pellicule à développer. Dans la chambre noire, il découvrit, scandalisé, des photos de Marilyn inconsciente, violée en présence de Sam Giancana et Frank Sinatra. Woodfield apprit que Marilyn avait été droguée pour qu'on puisse prendre les clichés compromettants.

Quand il remit négatifs et tirages à Sinatra, Woodfield lui conseilla de les brûler, mais ces épreuves étaient destinées à s'assurer le silence de Marilyn.

La surveillance dont Giancana faisait l'objet de la part du FBI corrobore ce récit atterrant. L'agent Bill Roemer, qui travaillait avec la Chicago Crime Commission, avait placé Giancana sous surveillance électronique en 1962. Il signala que, peu après la mort de Marilyn, Johnny Rosselli s'était rendu à Chicago pour s'entretenir avec Giancana. Roemer avait enregistré la conversation entre les deux truands.

« La conversation était assourdie, a-t-il raconté, mais ce que j'en ai retiré, c'est que Giancana avait été au Cal-Neva Lodge, l'hôtel de luxe sur les rives du lac Tahoe, avec Sinatra et Marilyn la semaine précédant sa mort. Là, d'après ce que j'ai pu reconstituer, elle avait pris part à une partouze. D'après ce que j'ai pu saisir de la conversation, il semble qu'elle aurait eu des rapports avec Giancana. Rosselli a dit à celui-ci : “Ça doit être le pied de baiser la même gonzesse que les frères, hein ?” »

Roemer avait découvert avec surprise que Rosselli parlait des frères Kennedy.

Peter Lawford a fait par la suite un récit édulcoré de ce week-end au Cal-Neva Lodge afin d'entériner le scénario du suicide qu'on a fait circuler après la mort de Marilyn. Il racontait à qui voulait l'entendre que Marilyn avait fait une tentative de suicide et une surdose. « Elle a essayé de se tuer dans la nuit du 28 juillet, déclarait-il. Et elle y est finalement arrivée le 4 août. » Il fit état d'une surdose parce qu'elle était abattue à la suite de son licenciement par la Fox. Mais Peter savait que Marilyn avait remporté la bagarre et qu'en fait, elle exultait.

« Quand Marilyn est partie, dit Joe Langford, elle avait l'air terriblement pressée. Je pense qu'elle leur causait des problèmes. » Barbara Lieto, la veuve du pilote de Sinatra, a raconté que son mari avait été appelé au lac Tahoe en urgence l'après-midi du dimanche 29 juillet. D'après elle, Peter Lawford et Marilyn rentrèrent ensemble, et la star semblait ivre ou droguée. L'avion se posa à Los Angeles après minuit et, toujours d'après Mrs. Lieto, Lawford n'était pas d'accord sur le lieu d'atterrissage. Il voulait qu'ils atterrissent à Santa Monica, alors que Lieto savait que cet aéroport était fermé après minuit. Lorsque l'avion atterrit finalement à l'aéroport international de Los Angeles, Marilyn était « vidée, dans un sale état ». Elle alla nu-pieds de l'avion à sa limousine et le pilote conduisit Lawford à sa maison du bord de mer dans sa voiture personnelle. Son mari, dit Mrs. Lieto, était furieux parce que Lawford avait tenu à s'arrêter à quelques rues de chez lui pour passer un coup de fil de vingt minutes d'une cabine. Le pilote ne comprenait pas pourquoi il ne pouvait attendre quelques instants de plus et appeler de chez lui. À l'époque, Lawford devait savoir par Bobby Kennedy qu'il était sur écoutes. À qui Peter Lawford téléphonait-il confidentiellement lundi matin avant l'aube ?

Les relevés téléphoniques de la Maison Blanche indiquent que le Président reçut un appel de dix-huit minutes de Lawford le lundi 30 juillet à 8 h 40 — c'est-à-dire 5 h 40 heure de la côte ouest. Manifestement, le problème Marilyn Monroe était dans l'impasse.

59
Une « grande oreille » omniprésente

> « J'ai l'impression que Marilyn attendait les lendemains avec impatience. »
>
> Eunice Murray.

Les relevés téléphoniques indiquent que le lundi 30 juillet, jour où Marilyn rentra du Cal-Neva Lodge, elle passa un appel de huit minutes au ministère de la Justice. Seule peut-être la « grande oreille omniprésente » des écoutes téléphoniques sait ce que Marilyn avait à dire à Bobby Kennedy.

Durant toute la semaine, Marilyn eut une foule d'entretiens concernant de nouveaux projets. Elle eut au studio des réunions avec le réalisateur J. Lee Thompson portant sur son prochain film avec la Fox, *What a Way to Go.* Elle s'entretint avec Gene Kelly à propos d'une nouvelle comédie musicale. Il était question pour elle de tourner une version musicale du *Lys de Brooklyn,* et elle parla de la partition avec la compositrice Julie Styne.

Le mardi 31, elle appela son ami Henry Rosenfeld sur la côte est pour discuter d'un voyage de trois jours à New York, qu'elle comptait faire au début de septembre. Elle devait aller à une soirée théâtrale à Washington et voulait qu'Henry l'escorte à la première de la nouvelle comédie musicale d'Irving Berlin, *Mr. President,* dirigée par Joshua Logan. Celle-ci devait avoir lieu le 6 septembre au National Theatre de Washington et la presse annonçait la présence du Président et de Jackie Kennedy. Marilyn Monroe se faisait donc un point d'honneur de se trouver également dans la salle ce soir-là et elle avait commandé à Jean-

Louis une nouvelle robe du soir de 6 000 dollars pour la circonstance. Ce devait être une nuit mémorable.

Le soir du mardi 31, Marilyn fit venir chez elle « Whitey » Snyder et Marjorie Plecher, sa première main. Comme ceux-ci étaient fiancés, ils fêtèrent ensemble leur projet de mariage et le redémarrage de *Something's Got to Give,* dont le tournage devait reprendre le 16 septembre. Les Snyder trouvèrent la star pleine d'enthousiasme et d'optimisme pour l'avenir. « Elle avait l'air plus en forme que jamais — elle avait un moral du tonnerre », a commenté Marjorie.

Mrs. Murray ne resta pas pour la nuit du mercredi et Marilyn passa la soirée chez elle. Elle avait pris rendez-vous avec Mickey Song, le coiffeur de Kennedy, qui l'avait aidée pour le gala d'anniversaire. Song arriva chez elle dans l'idée que la star voulait se faire coiffer. En fait, elle voulait lui tirer les vers du nez sur les Kennedy. « Elle s'était dit : qui peut en savoir plus que leur coiffeur sur la vie privée des Kennedy ? » Marilyn lui posa des questions sur Bobby et John, où ils étaient allés et si Song les avait vus avec « d'autres femmes ».

« Je ne voulais pas m'en mêler et elle se rendait compte que je restais dans le vague. Elle m'a demandé : “Vous ne voulez pas m'aider ?” Puis elle m'a dit qu'ils se servaient de moi comme ils se servaient d'elle. Elle essayait de nous faire apparaître comme solidaires vis-à-vis des Kennedy. J'ai juste répondu : “On ne se sert pas de moi. Ils sont formidables avec moi !” » Plusieurs semaines plus tard, après la mort de Marilyn, Song raconta : « J'ai vu Bobby et il m'a dit : “Vous prenez toujours la défense des Kennedy, n'est-ce pas ? C'est bien. J'ai entendu un enregistrement de vous que Marilyn a fait il y a quelques semaines.”

« J'étais sidéré. Je ne me doutais pas qu'elle m'enregistrait. J'imagine qu'elle cherchait à avoir quelque chose sur eux. À l'époque, je me fichais de Marilyn et des Kennedy. Maintenant, je pense qu'on a profité d'elle. Ils se sont amusés avec elle, puis ils en ont eu assez et ils ont trouvé qu'ils avaient du mal à s'en débarrasser. Elle ne voulait pas se laisser faire. »

À la mi-juillet, Marilyn alla trouver le détective Fred Otash pour lui demander de lui fournir des écoutes à brancher sur son propre téléphone. À l'insu de Marilyn, Otash était déjà en train de placer des micros dans l'appartement de la star. Sur le moment, elle ne lui dit pas pourquoi elle voulait cette installation. « Peut-être voulait-elle avoir quelque chose qui pourrait lui servir contre Bobby », se dit le détective.

Quelques années après la mort de Marilyn, Otash a déclaré

au *Los Angeles Times* qu'il avait été recruté par Bernard Spindel, un spécialiste de la surveillance, pour installer un système d'écoutes téléphoniques sur la ligne de Peter Lawford et celle de Marilyn. Spindel lui avait expliqué que Jimmy Hoffa cherchait à obtenir des renseignements compromettants sur le Président et le ministre de la Justice. Cependant, rien ne prouve que les écoutes étaient effectivement commandées par Hoffa. Si le contenu des bandes était aussi catastrophique qu'Otash le prétend, le chef des *teamsters* n'en a pas fait usage quand il a eu maille à partir avec Robert Kennedy. Selon toute vraisemblance, les écoutes étaient réclamées par le chef du contre-espionnage, James Jesus Angleton, dont la signature figure sur un des dossiers contenant les transcriptions. Les statuts de la CIA lui interdisent la pose d'écoutes ne relevant pas du contre-espionnage. Mais, comme l'a révélé la commission Church, la CIA ne s'en privait pas et confiait communément cette mission à des privés. C'était le cas de la B.R. Fox Company, de Spindel, qui était coutumière du fait.

D'après Eunice Murray, le jeudi 2 août, « Marilyn, qui était fascinée par la verdure et les plantes, passa quatre heures chez Frank's Nursery, à Santa Monica, et commanda des citronniers et un choix de plantes à fleurs pour son jardin ». Ce jour-là, le Dr Greenson la vit deux fois. D'après ses derniers honoraires, il la vit une fois chez lui et, plus tard, chez elle.

Le soir, Marilyn était invitée chez les Lawford, dans leur maison du bord de mer. « Elle est venue avec sa propre bouteille de Dom Pérignon, raconte Dick Livingston, un ami de Peter. Elle se le versait sur des petits glaçons provenant de l'appareil à glaçons de Peter. Elle portait une tenue extravagante — un pantalon taille basse, laissant la taille nue de sorte qu'on voyait la cicatrice de son opération de la vésicule biliaire — et une couverture mexicaine autour du cou. Elle était complètement blanche, de la couleur de l'albâtre. "Mon Dieu, Marilyn, lui dit Livingston, vous devriez vous mettre un peu au soleil." Elle le regarda. "Je sais, chuchota-t-elle. J'ai besoin de bains de soleil — et d'un homme." »

Bobby Kennedy prit l'avion de San Francisco le vendredi 3 août avec Ethel et les enfants. L'attorney général devait prendre la parole pour l'ouverture de la Bar Association Conference le lundi 6 et il comptait passer le week-end à Bates Ranch, à une centaine de kilomètres au sud de San Francisco. « Il n'avait pas son sourire éclatant habituel et il serra de façon très protocolaire les mains de ceux qui étaient venus l'accueillir, nota le *San Francisco Chronicle.* Il se peut que les soucis de l'administration pèsent lourdement sur lui. » À moins que Bobby n'eût lu l'accroche de la chronique de Dorothy Kilgallen, dans le *New York Journal American* du jour ?

> On dirait que Marilyn Monroe se porte mieux. On l'a vue à des soirées très huppées de Hollywood et, en ville, on ne parle plus que d'elle. En Californie, on se passe une de ses photos et si elle n'y est pas aussi dévêtue que sur le fameux calendrier, elle n'en est pas moins intéressante... Et côté sex-appeal, elle n'est pas en reste. Elle s'est montrée irrésistible aux yeux d'un très beau monsieur, dont le nom est plus connu que celui de Joe DiMaggio au sommet de sa gloire. Alors, n'allez pas croire que Marilyn n'est plus dans le coup.

Kilgallen s'était penchée sur l'histoire Kennedy-Monroe et avait questionné plusieurs personnes proches des Kennedy, y compris Kenn O'Donnell. Elle avait appelé mercredi 1er août Robert Kennedy au ministère de la Justice pour vérifier les bruits qui couraient. Kilgallen a affirmé par la suite qu'elle avait eu vent des rapports entre Marilyn et les Kennedy par quelqu'un de l'entourage de la star. Le document Angleton de la CIA impliquait que ce quelqu'un était Howard Rothberg. Pourtant, même s'il était le décorateur d'intérieur de Kilgallen et une de ses relations, il ne connaissait pas Marilyn directement. C'est par tout un réseau de relations qu'il avait été mis au courant des détails de sa vie privée.

Il était un ami de Ron Pataki, un critique de théâtre syndiqué appartenant au journal Scripps-Howard de Columbus, Ohio, et Pataki était un ami de longue date de Robert Slatzer. Ils avaient grandi ensemble à Columbus et c'était grâce à lui que Pataki était entré au journal. Lorsque Anthony Summers fit son enquête pour son livre *Les Vies secrètes de Marilyn Monroe* en 1984, il interviewa Pataki ainsi que plusieurs amis de Slatzer qui connaissaient ses relations avec Marilyn.

Ron Pataki vit aujourd'hui encore à Columbus, où il est devenu psychothérapeute et docteur en théologie. « Ah oui, a-t-il expliqué dans une interview récente. J'étais tout à fait au courant de l'amitié qui liait depuis longtemps Bob et Marilyn. Quand Bob était à Columbus, on se voyait et, souvent, Bob parlait à Marilyn au téléphone. Il arrivait qu'il me la passe au téléphone et on a eu ainsi l'occasion de bavarder à plusieurs reprises de tout et de rien... Elle m'a appelé plusieurs fois quand elle voulait joindre Bob et qu'il était descendu chez moi. Elle a appelé une fois de Reno ou du Cal-Neva Lodge. Elle savait que Bob la comprenait vraiment. Elle pouvait toujours s'adresser à lui quand elle avait des ennuis. »

D'après Pataki, Slatzer était à Columbus pendant l'été 1962 pour travailler sur une série de documentaires télévisés sur la nature. Il se souvient de deux appels que Slatzer reçut de Marilyn peu avant sa mort.

« On était peut-être à la fin de juillet ou au début d'août quand Marilyn a téléphoné, raconte Pataki. J'étais chez Bob et j'ai décroché. Ils ont parlé longtemps. En raccrochant, Bob était contrarié et je lui ai demandé ce qui n'allait pas. Il m'a dit que Marilyn avait des ennuis avec les Kennedy. Il était très inquiet pour elle ; et nous avons parlé des problèmes de Marilyn avec JFK et son frère, l'attorney général. »

Comme on lui demandait récemment s'il avait parlé à Dorothy Kilgallen ou Howard Rothberg des problèmes de Marilyn avec les Kennedy, Pataki fit une pause avant de répondre : « Ça se peut. »

Pataki et Dorothy Kilgallen étaient amants. Désigné comme l'« étranger à la ville » par Lee Israel dans son livre *Kilgallen*, Pataki fut l'un des derniers à avoir vu la journaliste avant sa mort prématurée et il connaissait nombre des amis de Dorothy. Y compris Howard Rothberg [1].

Le vendredi 3 août, Marilyn rappela Robert Slatzer à Columbus, Ohio. D'après lui, elle comptait voir Bobby au cours du week-end. Lorsqu'il lui dit qu'il avait lu que Bobby se trouvait à San Francisco pour une conférence du barreau, elle lui dit

---

1. Lorsque Dorothy Kilgallen, chroniqueuse à *Journal American*, fit une enquête par la suite sur l'assassinat du président Kennedy, elle confia à des proches qu'elle avait découvert « des informations explosives », qu'elle comptait publier dans son livre *Murder One*. De retour de Dallas, où elle avait interviewé Jack Ruby, la journaliste décéda dans la nuit du 8 novembre 1965 dans des circonstances douteuses. Le manuscrit presque terminé de son interview avec Ruby avait disparu, de même que ses notes. Lorsqu'on demanda à Ron Pataki s'il avait vu le manuscrit, il dit que oui. Quand on lui demanda ce qui y était révélé, il eut cette réponse étrange : « Rien que quiconque doive savoir. »

qu'elle allait essayer de savoir par Pat Lawford où il était descendu. « Je vais faire sauter le couvercle de cette fichue histoire ! Je vais tout dire ! Tout le monde m'appelle pour essayer de savoir, de toute façon... Winchell, Kilgallen. Et il est clair pour moi que les Kennedy ont eu de moi ce qu'ils voulaient et après, circulez ! »

« Je lui ai déconseillé de tenir une conférence de presse, a raconté Slatzer, je l'ai mise en garde en lui disant de ne pas confier à n'importe qui ce qu'elle comptait faire. Elle m'a dit : "Bon, certains le savent déjà." J'ai insisté pour qu'elle s'en tienne là, et qu'elle attende pour voir comment ça tournerait pendant le week-end. »

Ce fut la dernière fois qu'ils se parlèrent.

Bien que la famille de Robert Kennedy fût descendue au Bates Ranch, l'American Bar Association avait effectué une réservation pour lui au St. Francis Hotel. Après avoir appelé Hyannis Port et appris de Pat Kennedy que Bobby avait réservé au St. Francis, Marilyn appela l'hôtel le vendredi après-midi. Une standardiste de l'hôtel a affirmé que Marilyn ne parvint pas à le contacter et qu'elle laissa plusieurs messages.

Robert Kennedy devait être déconcerté de voir partout, cette semaine-là, des photos de Marilyn Monroe. Elle faisait la couverture de *Life* et de *Paris-Match. Life* menait une campagne de publicité comportant de grands panneaux avec la photo de Marilyn. La revue avait été mise en vente dans les kiosques ce vendredi-là, avec une interview de Richard Meryman où Marilyn parlait sans mâcher ses mots du système des studios de Hollywood et disait ce qu'elle pensait de la gloire :

> Si je suis une star, c'est que les gens ont fait de moi une star — pas le studio ni personne. Ce sont les gens... Mais la célébrité ne représente pour moi qu'une chose temporaire et un bonheur imparfait... même pour une enfant abandonnée. La célébrité ne se prend pas vraiment au quotidien, ça ne vous comble pas... On se sent peut-être soulagé quand c'est fini. C'est comme si, je ne sais pas, comme si on faisait un sprint, puis quand on franchit la ligne d'arrivée, on fait ouf... on a réussi ! Mais on ne la franchit jamais... Il faut toujours tout recommencer.

Et Marilyn allait tout recommencer. Au cours de cette dernière semaine, elle avait annoncé à Slatzer : « Je fais le grand ménage et je commence par Paula. Elle est partie ! » En fait, Marilyn avait déjà payé un aller simple pour New York à Paula Strasberg.

« Je ne suis pas aussi mature que je le devrais, dit un jour Marilyn. Il y a une partie de moi qui n'a jamais grandi et qui n'arrête pas de se mettre en travers, ce qui me met dans de sales situations, fiche en l'air mes relations, m'empêche de me reposer. J'y pense sans arrêt. Ma mère n'avait pas de volonté. Peut-être que ce dont je parle, c'est un manque de volonté que j'ai hérité d'elle. »

Mais les choses prenaient forme à présent. À trente-six ans, l'enfant abandonnée devenait indépendante. En se battant contre la Fox et en refusant résolument de laisser les Kennedy diriger sa vie, elle avait mûri et sa volonté s'était forgée. On ne pourrait plus continuer à profiter de sa vulnérabilité. Elle était enfin décidée à se débarrasser de ceux qui ne voulaient pas d'abord et avant tout son bien.

Elle avait l'intention de se défaire de Pat Newcomb mais aussi du Dr Greenson. « Ce dernier mois, elle était convaincue que Greenson ne lui faisait pas de bien, expliqua Ralph Roberts. Ce n'était qu'une question de temps avant qu'elle s'en sépare ainsi que de Mrs. Murray. Elle était complétement braquée contre Greenson et Mrs. Murray, la femme qu'il avait placée auprès d'elle, elle le sentait, pour la surveiller. »

Marilyn avait appris que son vieil attaché de presse et ami, Rupert Allan, rentrait de son séjour à Monaco et elle espérait qu'il remplacerait Newcomb. Elle chargea Roberts de mettre la main sur lui. « Dis-lui que c'est très important », insista-t-elle.

« Ralph a réussi à me joindre, raconte Allan. Mais je souffrais du décalage horaire après mon retour de France et j'avais une sale bronchite. Je savais que si je disais un mot à Marilyn, elle voudrait absolument venir m'apporter du bouillon de poule et de l'aspirine. Et j'étais vraiment trop mal pour ça. » Lorsque Allan a compris plus tard que ce qui était « si important », c'était peut-être la conférence de presse concernant les Kennedy, il a reconnu : « Je ne sais pas comment j'aurais réagi à ça... Je trouvais révoltante et déprimante la façon dont les Kennedy l'avaient traitée, mais je pense que j'aurais pu la dissuader de tout mettre sur la place publique. »

Le vendredi matin, Marilyn appela les Rosten à Brooklyn pour leur demander ce qu'ils pensaient de l'article paru dans *Life*. Norman Rosten lui répondit que Hedda et lui avaient beaucoup aimé l'interview et qu'ils l'avaient trouvée superbe sur les photos. Marilyn les invita à la fête pour la création de *Mr. President* en septembre.

Plus tard dans la matinée, Marilyn parla à Pat Newcomb, qui

se plaignait d'un mauvais rhume de cerveau. D'après Pat Newcomb, c'est Marilyn qui lui proposa de venir se détendre au bord de la piscine et d'utiliser sa lampe à bronzer. Pourtant, Pat Newcomb savait que Dorothy Kilgallen cherchait à joindre Marilyn et il lui incombait de faire en sorte qu'elles ne puissent pas se parler.

Marilyn avait été amenée à croire que Bobby viendrait chez Lawford vendredi soir pour une ultime explication. Mais comme il ne se présenta pas, Pat Newcomb et Peter Lawford emmenèrent Marilyn dîner à la Scala de Beverly Hills, un des restaurants préférés de la star. Billy Travilla se souvenait fort bien d'avoir vu Marilyn dans la salle ce soir-là en leur compagnie. Pour lui, Marilyn était tellement dans les vapes, ivre ou droguée, qu'elle ne le reconnut pas quand il vint la saluer à sa table. « Elle a levé les yeux vers moi sans me reconnaître du tout », a-t-il raconté.

Pat Newcomb raccompagna Marilyn chez elle et la soirée se termina par une dispute. Toujours résolue à avoir une explication avec Bobby, Marilyn appela de nouveau le St. Francis pour laisser un autre message. Newcomb dormit dans la pièce des téléphones, voisine de la chambre de Marilyn. Le soir, Marilyn procéda selon le rituel habituel, tira hermétiquement ses rideaux et mit son téléphone avec sa ligne directe près du lit avant de se retirer dans sa chambre.

Ce week-end-là, le secteur de Los Angeles subit les assauts du Santa Ana, un vent d'orage chaud et sec qui souffle du désert mojave. Parfois, Maf, le caniche de Marilyn, aboyait quand le vent agitait les arbres et, après la tombée de la nuit, on le mit dans le pavillon d'amis, où il put aboyer tout son soûl sans gêner le sommeil de la maisonnée.

Ces derniers mois, Marilyn souffrait de terreurs nocturnes. D'après Eunice Murray, elle « se réveillait souvent avec un petit cri juste après s'être endormie... Elle se réveillait chaque fois en tremblant de peur et baignée de transpiration. Alors elle se levait et restait assise dans un fauteuil en attendant que s'estompe le souvenir désagréable ».

En un sens, la maison de Marilyn sur Fifth Helena était un rempart contre le monde extérieur et ses propres peurs. Les murs étaient des blocs de ciment de soixante-dix centimètres d'épaisseur et les fenêtres étaient protégées de grilles en fer forgé ouvragé. Les portes et les portails épais et sculptés à la main donnaient une impression de stabilité et de sécurité. À l'extérieur, les hauts murs en stuc garantissaient sa solitude et les immenses eucalyptus formaient un rideau de protection. Lorsque Marilyn était arrivée, elle avait décrit les lieux comme « une forteresse où je peux me sentir à l'abri du monde ». Mais l'ennemi était au-dedans : c'était son enfance terrifiante, sans amour, et elle avait beau bâtir autour d'elle — sa carrière, sa réussite époustouflante, ses connaissances multiples ou sa « forteresse » —, la nuit réveillait les démons de son enfance. Ils venaient avec l'obscurité. Lorsqu'elle était seule. Lorsqu'elle avait peur. Personne à part Norma Jeane ne saurait jamais le courage qu'il lui fallait pour vivre chaque jour.

Dehors, le carillon traditionnel, un cadeau de Carl Sandburg, tintait dans les grands arbres pendant qu'elle attendait que les somnifères qui lui étaient prescrits fassent leur effet bienfaisant. Norma Jeane avait besoin de dormir, pour que Marilyn Monroe renaisse à l'aube.

« Mon impression, c'est que Marilyn attendait ses lendemains avec impatience », dit Eunice Murray.

Demain serait son dernier jour.

60
Terreurs nocturnes

« Ne pleure pas ma poupée
Non ne pleure pas
Je te tiens et te berce pour t'endormir
Chut chut maintenant je fais comme si
Je n'étais pas ta mère morte...

En bas du chemin
Clic clac clic clac
Comme ma poupée dans sa poussette
Passait par-dessus les craquelures
Nous partirons très loin »

Marilyn Monroe.

Le vent sec du désert chauffait le bassin de Los Angeles, et, dès 9 heures du matin, le 4 août 1962, il faisait près de vingt-sept degrés.

Marilyn se leva de bonne heure, enfila son peignoir et se fit du café à la cuisine. Pat Newcomb dormait encore dans la pièce des téléphones. Marilyn avait passé une bonne partie de la nuit debout. Les rideaux tirés, la chambre plongée dans le noir était étouffante — et puis il y avait eu une série d'appels troublants. D'après Jeanne Carmen, Marilyn la réveilla à 6 heures pour lui dire qu'elle avait reçu des appels bizarres au cours de la nuit. Une femme, dont Marilyn n'était pas sûre de reconnaître la voix, l'avait appelée à plusieurs reprises entre minuit et le lever du jour, pour lui dire : « Fichez la paix à Bobby ! » en la traitant de « traînée ». Carmen se demanda si ce pouvait être Ethel Kennedy.

« Marilyn avait l'air tendue et exténuée, a déclaré Carmen. Elle m'a suppliée de venir lui tenir compagnie. » Marilyn avait besoin de discuter de certaines choses avec Carmen — des choses dont elle ne pouvait pas parler par téléphone. Mais Carmen n'était pas assez réveillée ou assez consciente de l'inquiétude qu'elle sentait dans la voix de Marilyn. Celle-ci lui demanda : « Apporte un sachet de pilules », et elle se dit que Marilyn avait besoin d'excitants pour se requinquer après une mauvaise nuit. Mais comme c'était son anniversaire et qu'elle avait une foule de rendez-vous qui allaient lui prendre toute la journée, elle n'avait pas le temps de passer chez Marilyn. Elles décidèrent de se voir le dimanche.

Ayant passé la nuit dans son appartement d'Ocean Avenue, Eunice Murray arriva vers 8 heures. Elle avait laissé sa voiture à réviser au garage voisin d'Henry D'Antonio. Il l'avait conduite chez Marilyn et devait lui déposer sa voiture en fin d'après-midi. Peu après l'arrivée de Mrs. Murray, Norman Jefferies franchit le nouveau portail en bois et gara sa fourgonnette rouge près de la voiture de Pat Newcomb.

À 8 h 30, Jefferies était au travail sur le nouveau sol de la cuisine. Il vit Marilyn entrer dans la cuisine peu après 9 heures. Elle était enveloppée dans une immense serviette et n'avait pas la forme. « Elle avait l'air malade, dit-il. Elle était pâle et semblait fatiguée. Je me suis dit qu'il y avait sûrement quelque chose qui clochait. »

Interviewant Eunice Murray en 1974, Slatzer lui demanda ce que Marilyn avait mangé ce jour-là. « Nous nous sommes mises à table et avons bu un jus de pamplemousse, répondit-elle. Marilyn adorait les jus, comme vous le savez... Mais elle n'avait pas faim. Elle n'a rien mangé. » Slatzer a précisé que Mrs. Murray s'était montrée catégorique sur ce point. « Marilyn n'a rien mangé et n'a pas bu d'alcool ce jour-là », a-t-elle déclaré.

Le manque d'appétit de Marilyn le samedi concorde avec la remarque du Dr Engelberg au sergent Clemmons : « Je lui ai fait une piqûre tout récemment parce qu'elle avait la diarrhée. » L'autopsie, qui a révélé une inflammation de la partie inférieure du côlon, corrobore les déclarations d'Engelberg, de Clemmons et de Mrs. Murray. La diarrhée évoquée par le médecin pourrait être une des manifestations de la colite diagnostiquée par le Dr Richard Cottrell, son médecin new-yorkais, qui avait relevé en 1961 que Marilyn souffrait d'ulcérations du côlon. Il attribuait le problème à une « névrose d'anxiété chronique » et avait déclaré que, dans les cas où sa patiente était

« extrêmement nerveuse, effrayée ou troublée », l'émotion déclenchait des crises de colite.

Au cours de la matinée, Marilyn s'entretint au téléphone avec Sidney Skolsky et mentionna qu'elle comptait voir Bobby Kennedy ce jour-là. Un peu plus tard, Ralph Roberts appela pour vérifier l'éventualité d'un rendez-vous à dîner avec Marilyn. Elle n'était pas sûre de pouvoir et lui conseilla de rappeler dans l'après-midi.

D'après Mrs. Murray, vers 9 h 30 ou 10 heures, le photographe Larry Schiller fit un saut pour discuter avec Marilyn des photographies pour *Playboy*. Du portail, Schiller la vit agenouillée près des fleurs qui bordaient le pavillon d'amis. Elle arrachait les mauvaises herbes ou cueillait des fleurs, se dit-il. Quand il l'appela, elle se retourna et traversa la pelouse. Schiller raconta qu'elle se posait des questions sur l'opportunité de paraître en couverture de *Playboy*, où elle serait de nouveau réduite à l'état d'objet sexuel. Ils décidèrent d'en reparler le lundi.

Mrs. Murray nota que Pat Newcomb, qui avait passé la nuit dans la pièce des téléphones, se leva peu avant midi. Elle alla dans la cuisine, où elle trouva Marilyn, et une dispute éclata. Dans une rare interview accordée à Robert Slatzer en 1974, Pat Newcomb a déclaré : « Notre prise de bec ce jour-là tenait au fait que j'étais capable de dormir toute la nuit et pas Marilyn. » Mais la « prise de bec » n'était en fait qu'une reprise de la dispute qui avait commencé vendredi quand Bobby Kennedy ne s'était pas montré. Le samedi, la dispute vira à l'aigre et Pat Newcomb fut renvoyée.

D'après Norman Jefferies, Marilyn reprochait à Pat sa fidélité aux Kennedy. Ce fut une véritable engueulade, avec des propos au vitriol qu'Eunice Murray prétendit d'abord ne pas avoir entendus. Par la suite, elle a reconnu qu'il y avait eu un grave désaccord.

En dépit du conflit et de l'ordre qu'elle avait reçu de partir, Pat Newcomb resta chez Marilyn, traînant dans la pièce des téléphones, prenant sur elle de garder l'œil sur Marilyn jusqu'à l'arrivée de Bobby. Elle prétendit devant la presse qu'elle s'apprêtait à partir après la « prise de bec », mais que Mrs. Murray l'avait retenue en lui proposant de rester à déjeuner. Pourtant, Mrs. Murray et Pat Newcomb n'étaient pas très amies et se parlaient à peine. En fait, elles éprouvaient une forte antipathie l'une pour l'autre.

En parlant d'Eunice Murray, Pat Newcomb a déclaré : « Marilyn lui demandait son avis parce qu'elle était censée être la perle que Greenson avait trouvée pour elle. Mais dès le premier jour, je me suis méfiée d'Eunice Murray, qui était toujours en train de fourrer son nez partout. Je faisais de mon mieux pour l'éviter parce qu'elle me déplaisait. Elle avait l'air d'un revenant, toujours à rôder, toujours à la périphérie des choses... Je pense qu'on aurait dû pendre Mrs. Murray par les pouces. »

« Mrs. Murray s'est occupée de Marilyn et j'ai déjeuné, expliqua Pat Newcomb au cours de son interview par Robert Slatzer en 1974. Il y avait des hamburgers.

— Vous êtes catégorique, vous vous souvenez que vous avez mangé avec Marilyn ? demanda Slatzer.

— Oui, répondit-elle. Vers midi. »

Pourtant, d'après Mrs. Murray, Marilyn est allée dans sa chambre et Pat Newcomb a mangé seule. Elle soutient que Marilyn n'a rien mangé de la journée. Ce que l'autopsie a confirmé.

En début d'après-midi le samedi, le vrombissement d'un hélicoptère retentit entre les cloisons de la salle de tournage de la Fox. Un gardien de la sécurité plissa les paupières, ébloui, quand l'appareil amorça sa descente sur l'héliport près du plateau 14, ce même héliport d'où Marilyn s'était envolée pour se rendre au gala d'anniversaire du Président. Comme l'indique le registre de la sécurité du studio, l'hélicoptère avait reçu l'autorisation d'atterrir peu après 11 heures. Une limousine gris foncé attendait dans l'ombre tandis que l'hélicoptère se posait en soulevant un tourbillon de poussière. L'attaché de presse du studio, Frank Neill, qui travaillait près de l'aire d'atterrissage le samedi, savait que Darryl Zanuck avait mis en sommeil *The Enemy Within.* Il fut donc surpris de voir Bobby Kennedy sauter à terre et foncer sur la limousine. Quand la portière s'ouvrit et que Bobby monta, Neill entraperçut Peter Lawford. L'arrivée de Bobby a été confirmée par l'ancien directeur de la police de Los Angeles, Daryl Gates, qui a reconnu : « À vrai dire, on savait que Robert Kennedy était en ville le 4 août. »

Sam Yorty, l'ancien maire de Los Angeles, a également confirmé la présence de l'attorney général à Los Angeles le jour de la mort de Marilyn. « Je me suis entretenu avec le chef de la police Parker, et il m'a dit que Robert Kennedy était arrivé à Los Angeles ce jour-là et qu'il était descendu au Beverly Hilton. »

« Il m'a été signalé par des agents de sécurité que le ministre de la Justice se trouvait à Los Angeles le week-end de la mort de

Marilyn Monroe », a récemment déclaré Tom Reddin, ancien directeur de police qui, en 1962, était un des adjoints de Parker.

Enfin, après avoir nié pendant vingt-trois ans, Eunice Murray a reconnu en 1985 que Bobby Kennedy se trouvait bien à Los Angeles et qu'il s'était rendu chez Marilyn le 4 août 1962. « Je n'étais pas censée savoir que les Kennedy occupaient une place très importante dans la vie de Marilyn, expliqua-t-elle au cours de l'interview pour *Say Goodbye to the President*, le documentaire tourné par la BBC. Mais pendant un certain temps, j'ai été témoin de ce qui se passait. » Quand on lui demanda de but en blanc si Bobby Kennedy s'était trouvé chez Marilyn ce samedi, elle en convint : « Mais oui, bien sûr ! J'étais dans le living quand il est arrivé. Elle n'était pas habillée. »

En 1993, Norman Jefferies a confirmé à son tour la visite du ministre au domicile de la star ce jour-là. Il a révélé qu'il n'avait pas quitté les alentours de la maison de Marilyn ce samedi et était resté aux côtés de sa belle-mère, Eunice Murray, jusqu'à ce qu'elle reparte en voiture le dimanche matin. Il a été un des témoins de la mort de Marilyn et des tentatives ultérieures pour étouffer l'affaire.

Il avait prévu, ce jour-là, de partir de bonne heure. Il chargeait les outils dans sa camionnette quand Eunice sortit de la maison pour lui dire qu'elle venait d'être renvoyée. « Je n'avais pas remarqué de grave différend entre Eunice et Marilyn, mais Marilyn lui avait dit de plier bagages et de s'en aller. Elle voulait qu'Eunice parte au plus tard le soir même. J'ai donc accepté de rester pour l'aider à faire ses bagages et à ramasser ses affaires. J'ai demandé à Eunice si cela voulait dire que j'étais également renvoyé et elle m'a dit que je devrais poser la question à Marilyn. Mais Marilyn était partie dans sa chambre. » Eunice avait appelé le Dr Greenson, mais il ne pouvait pas venir régler le problème avant plusieurs heures. Comme la voiture de Murray était en révision, Jefferies chargea les affaires d'Eunice dans sa fourgonnette.

D'après Jefferies, Robert Kennedy arriva entre 15 et 16 heures en compagnie de Peter Lawford. Bien que Marilyn eût dit à Pat Newcomb qu'elle ne souhaitait plus la voir, celle-ci se trouvait toujours sur place au moment de cette visite.

« Mr. Lawford nous a demandé de disparaître, Eunice et moi, et il nous a envoyés au supermarché. Il m'a donné de l'argent en me disant d'acheter des cocas. À notre retour — peut-être une heure plus tard —, la voiture était partie et, quand nous sommes entrés dans la maison, Marilyn était en pleine crise d'hystérie, elle était dans un état épouvantable — il s'était passé une chose terrible —, elle avait une peur épouvantable. »

Pat Newcomb s'efforça de calmer Marilyn, mais sans y parvenir. « Je ne l'oublierai jamais, déclara Jefferies. Marilyn était complètement hystérique. Je n'avais jamais vu ça. Elle avait une trouille noire et, en même temps, elle était absolument furieuse. » Mrs. Murray appela le Dr Greenson pour la seconde fois de la journée, précisa que c'était urgent et le docteur répondit qu'il arrivait immédiatement.

Les révélations de Jefferies ont été corroborées par Sidney Guilaroff. En 1984, Guilaroff a signalé à Anthony Summers qu'il avait parlé à Marilyn ce samedi, mais il a refusé d'en dire plus sur le contenu de leur conversation, à part que Marilyn était « bouleversée et déprimée ». Dans une interview en 1995, il a déclaré pour la première fois qu'il avait parlé deux fois à Marilyn ce jour-là. La première, en fin d'après-midi ou en début de soirée. « Quand Marilyn m'a appelé, elle était complètement hors d'elle, a-t-il expliqué. Elle était en larmes et j'avais du mal à la comprendre. Quand j'ai réussi à la raisonner et lui ai demandé quelque chose du genre : "Mais qu'est-ce qui se passe, ma chérie ?" elle m'a dit : "Bobby Kennedy est venu ici et il m'a menacée, il a crié après moi et m'a bousculée !" J'ai dû répondre plus ou moins : "Qu'est-ce que Robert Kennedy fichait chez toi ?" parce que je n'en croyais pas mes oreilles. Je ne savais strictement rien de son aventure avec Bobby, moi qui croyais être au courant de tout ! Je savais pour Jack, mais elle m'a dit qu'elle avait eu une aventure avec Bobby en plus de Jack, et que tout était allé de travers. Maintenant, elle avait la trouille et se croyait terriblement en danger. Bobby avait l'impression qu'elle représentait un problème et lui avait dit : "Si tu me menaces, Marilyn, on ne manque pas de moyens de te faire taire." » Quand Marilyn fut calmée et parut avoir retrouvé ses esprits, Guilaroff lui proposa de se reposer et de le rappeler dans la soirée.

La révélation de Guilaroff coïncide avec les déclarations faites par Fred Otash au *Los Angeles Times* et avec son interview interdite à « 20/20 » sur ABC. Otash a déclaré que les écoutes avaient enregistré en continu une querelle entre Marilyn et Bobby Kennedy tandis qu'ils passaient d'une pièce à l'autre. « Marilyn et Bobby se disputaient violemment, et elle lui a dit : "J'ai l'impression d'être jetée ! J'ai l'impression d'avoir été utilisée." » Earl Jaycox, l'assistant de Bernard Spindel, a confirmé qu'ils se criaient après et que Marilyn hurlait, tandis que Kennedy essayait de la convaincre de lui donner son journal et les papiers, et vociférait : « Où est-il ? Où est-il ? » Elle cria qu'on la traitait comme « un morceau de viande ».

En 1985, Anthony Summers a été mis en contact par Mark Monsky, directeur de l'information sur NBC, avec quelqu'un du gouvernement qui avait entendu une quarantaine de minutes des bandes Otash-Spindel, notamment ce qui s'était passé chez Marilyn le jour de sa mort. On avait mis en marche le magnétophone, qui avait révélé « deux visites de Robert Kennedy ». Lors de la première, dont l'informateur de Summers fait état, « on pouvait entendre Marilyn et Kennedy parler. Il y avait comme un écho, un effet de distance, comme si le son se trouvait dans la pièce voisine du lieu de réception, peut-être dans une sorte de couloir ». L'entrée carrelée de la maison de Marilyn se trouvait en fait juste au-delà de la chambre. La bande enregistra alors la conversation, qui vira rapidement à l'altercation. « Les voix parlaient de plus en plus fort, a-t-il raconté. Ils se disputaient à cause de quelque chose que Robert Kennedy avait promis. Comme ils se bagarraient, les voix devinrent plus perçantes. Si je n'avais pas déjà identifié la voix de RFK, je ne suis pas sûr que je l'aurais reconnue à ce moment-là. Il poussait des cris stridents, aigus, on aurait dit une vieille harpie... » Il était évident que Kennedy cherchait quelque chose. « Il n'arrêtait pas de revenir à la charge : "Où est-il ? Où est ce putain de truc ?" »

L'informateur de Summers lui a dit qu'il n'avait pas pu identifier la troisième voix sur la bande, mais on lui avait dit que c'était celle de Peter Lawford. « Calme-toi ! Calme-toi ! » répétait-il. Et Robert Kennedy revenait à la charge : « On a besoin de savoir. C'est important pour la famille. On peut prendre toutes les dispositions que tu veux ! » Les voix se rapprochèrent alors de l'emplacement du micro. « Il y eut un clac, clac, clac, sur la bande, qui pourrait indiquer qu'on poussait des cintres sur une tringle. Il y eut ensuite des coups et le bruit de quelque chose qui tombe, et Marilyn Monroe qui leur hurlait après et leur donnait l'ordre de partir de chez elle. » La scène se terminait par le bruit d'une porte qu'on claque[1].

---

1. Les enregistrements, qui avaient été faits par Fred Otash pour Bernie Spindel, furent saisis au cours d'une descente de police faite en 1966 par le procureur de New York Frank Hogan. À l'époque, Hogan était un proche collaborateur du sénateur de New York Robert Kennedy. Ce dernier se préparait pour les présidentielles et Spindel déclara à John Neary, un reporter de *Life* : « Hogan a rendu un fier service à Kennedy en organisant cette descente de police. Ils ont volé mes bandes sur Marilyn et tout le dossier. » Pendant

D'après ses déclarations, le Dr Greenson arriva chez Marilyn entre 16 h 30 et 17 heures. Trois versions différentes ont été données des motifs de sa visite. D'après le récit de Mrs. Murray à la police et à la presse, elle avait appelé le docteur parce que Marilyn avait réclamé de l'oxygène. Une deuxième histoire, celle de Greenson dans une lettre à Norman Rosten, est la suivante : « J'ai reçu un appel de Marilyn vers quatre heures et demie. Elle semblait plutôt déprimée et plutôt droguée. Je me suis rendu chez elle. Elle était en colère contre une amie [Pat Newcomb], qui avait dormi quinze heures cette nuit-là et Marilyn était hors d'elle parce qu'elle avait tellement mal dormi... Mais après que j'ai passé environ deux heures et demie avec elle, elle semblait calmée. »

Le psychiatre a donné une autre interprétation au Dr Tabachnick de l'équipe de prévention du suicide. Il lui a confié que « Marilyn avait été proche de membres du gouvernement très haut placés et qu'elle attendait l'un d'eux ce soir-là ». Elle avait appelé Greenson en apprenant que le rendez-vous était annulé. « Marilyn est morte avec le sentiment qu'elle était rejetée par certaines personnes dont elle avait été proche », a-t-il précisé.

C'est Norman Jefferies qui a dévoilé la vérité concernant le véritable motif de la visite du docteur. Après s'être vus congédiés par Lawford lorsqu'il avait débarqué avec Bobby Kennedy en milieu d'après-midi, Eunice Murray et lui avaient trouvé Marilyn en pleine hystérie à leur retour, aux environs de 16 h 30. Mrs. Murray avait alors appelé Greenson.

L'arrivée de celui-ci entre 16 h 30 et 17 heures a été confirmée par la gouvernante et Pat Newcomb. Sans doute Mrs. Murray le mit-elle au courant des derniers événements du jour avant qu'il entre dans la chambre de Marilyn. Il trouva Marilyn abattue, furieuse et terrifiée.

D'après Mrs. Murray, pendant que le Dr Greenson était avec la star, elle se trouvait dans le living avec Pat. Puis le Dr Greenson entra dans le living et demanda : "Vous partez, Pat ?" Et Pat se leva et partit. Je ne veux même pas chercher à comprendre, mais c'est ce que j'ai observé... Je sais que Pat n'était pas franchement ravie ».

Invité ce soir-là à dîner dans la maison de Peter Lawford au

---

des années, Spindel, puis sa veuve, tentèrent d'obtenir des tribunaux la restitution des enregistrements et d'autres pièces saisis, mais en vain. D'après le bureau du procureur de New York, les éléments saisis au cours de cette descente de police furent détruits.

bord de la mer, George Durgom, dit « Bullets », observa le comportement de Pat Newcomb. C'est là qu'elle s'était apparemment rendue un peu plus tard. « Ce dont je me souviens clairement, a raconté Bullets, c'est de Pat arrivant, il devait être neuf heures. Elle est restée sur le seuil et a dit : "Peter, Marilyn ne viendra pas, elle ne se sent pas bien." »

Ralph Roberts déclare avoir appelé la ligne directe de Marilyn vers 18 h 30. « Un homme a répondu. Je savais que c'était le Dr Greenson, j'ai reconnu sa voix. » Roberts le trouva curieusement tendu. « J'ai demandé Marilyn et il a dit : "Elle n'est pas là pour le moment !" » Il était inhabituel que son psychiatre décroche à sa place pour dire, qui plus est, qu'elle n'était pas là. Ralph Roberts se demanda ce que le médecin faisait chez elle si elle n'y était pas. Il laissa son nom et un message pour qu'elle le rappelle.

Dans une lettre adressée au Dr Marianne Kris, le 20 août 1962, Greenson s'attarde sur sa visite chez Marilyn cet après-midi-là. Il fait état de la décision de Marilyn de « mettre fin à sa thérapie » et déclare : « Je me rendais compte que je commençais à l'agacer. Elle était souvent agacée quand je n'étais pas absolument et totalement d'accord avec elle... Elle était en colère contre moi. Je lui ai dit que nous en reparlerions, qu'il fallait qu'elle m'appelle le dimanche matin. »

La visite de Greenson s'acheva aux alentours de 19 heures. Il lui conseilla de prendre du Nembutal pour passer une bonne nuit. Il dit à Mrs. Murray de rester pour la nuit, bien qu'elle eût bouclé ses bagages. À la demande de Mrs. Murray, Norman Jefferies passa aussi la nuit sur place. Sa belle-mère était troublée par les événements de la journée et il regarda la télévision avec elle tandis que Marilyn demeurait dans sa chambre.

Pendant les dernières heures de sa vie, Marilyn se raccrocha à son meilleur ami : le téléphone. Plus tôt, elle avait longuement parlé à Sidney Guilaroff de la visite de Bobby et, d'après Joe et Dolores Naar, d'autres invités de Peter Lawford, il était environ 19 h 30 quand Marilyn l'appela, au cours du dîner. Peter revint à table. « Oh, fit-il, décontracté, ce n'était que Marilyn, de nouveau. » Sans aucun doute, Marilyn avait autre chose à dire à Peter que « Embrasse le Président pour moi ! » ou « Tu es vraiment sympa ». Sa colère doit encore dormir dans les tiroirs de la CIA.

À peu près au même moment, Joe DiMaggio Jr appela et il eut une conversation animée avec Marilyn au sujet de sa petite amie. Si on l'en croit, « ils bavardèrent pendant environ un quart d'heure. Marilyn avait l'air tout à fait normale et de bonne humeur ».

« C'est entre huit heures et huit heures et demie que j'ai eu de nouveau Marilyn au téléphone, raconte Sidney Guilaroff. Elle allait beaucoup mieux et avait vu son psychiatre, le Dr Greenson, que je détestais carrément. J'ai essayé d'apaiser ses angoisses après sa dispute avec Robert Kennedy et je pense maintenant que je me suis complètement mépris sur la situation. Je n'y ai vu à l'époque qu'une querelle d'amoureux. Nous sommes convenus d'en reparler le lendemain et je lui ai proposé d'aller au Holiday Inn pour discuter des choses à fond. Elle a conclu la conversation avec cette remarque provocante : "Tu sais, Sidney, je sais un tas de secrets sur les Kennedy.

— Quel genre de secrets ? ai-je demandé.

— Des dangereux", a-t-elle répondu, et elle a raccroché. »

Jeanne Carmen dit que Marilyn la rappela aux alentours de 21 heures. C'était son troisième coup de fil de la journée. « Tu es sûre de ne pas pouvoir venir ? » insista Marilyn. Jeanne Carmen lui dit qu'elle était très fatiguée. « Marilyn semblait nerveuse et effrayée », remarqua-t-elle. Jeanne s'est toujours reproché de ne pas avoir répondu à la demande pressante qu'elle a sentie dans la voix de Marilyn. Ce fut leur dernière conversation.

Henry Rosenfeld, le riche ami new-yorkais de Marilyn, l'appela vers 21 heures (heure californienne). Ils parlèrent de sa soirée au théâtre en septembre. « Elle avait l'air groggy, mais ça n'avait rien d'exceptionnel. »

C'était la fin d'une longue et rude journée. Bien qu'elle eût tiré les rideaux pour faire le noir dans sa chambre, elle avait laissé les fenêtres de devant ouvertes. Dehors, l'air était encore étouffant. Au cœur de l'été, dans le sud de la Californie, la lumière du crépuscule s'attarde bien après le coucher du soleil. Mais bientôt, la nuit viendrait et le croissant de la lune se lèverait.

Entre chien et loup, trois hommes descendirent Fifth Helena Drive. L'un d'eux portait une petite sacoche noire ressemblant à une serviette de médecin. Elizabeth Pollard, une voisine de Marilyn, invitait souvent quelques amies à jouer aux cartes le samedi soir. Elles virent « Kennedy entrer dans la maison de Marilyn juste après le crépuscule », ont-elles déclaré au sergent Jack Clemmons plusieurs mois après la mort de Marilyn. Elles faisaient un bridge « et Bobby Kennedy est carrément passé par la fenêtre pour pénétrer chez Marilyn ». Ces femmes dirent à

Clemmons que le ministre était accompagné de deux hommes. Toutefois, en 1962, la police et le procureur écartèrent ce témoignage, qu'ils qualifièrent d'aberrant. La version officielle, corroborée par des documents du FBI, affirmait que Bobby Kennedy n'était pas à Los Angeles ce fameux jour. Aujourd'hui, Elizabeth Pollard n'est plus de ce monde, mais une interview récente de sa fille, Betty Pollard, a confirmé la déclaration de la mère.

La ligne directe de Marilyn sonna peu après 21 h 30. C'était une voix amie, celle de José Bolaños. Il était de retour à Los Angeles pour voir Marilyn et appelait d'un bar de Santa Monica Canyon. Il a seulement révélé que Marilyn lui dit « quelque chose de scandaleux... quelque chose qui, un jour, sera un choc pour le monde entier », et a ajouté que Marilyn s'éloigna du téléphone au cours de la conversation. Elle ne raccrocha pas, mais posa l'écouteur pendant qu'il attendait au bout du fil. Elle ne revint jamais.

Il y avait eu du bruit à la porte et Marilyn était allée voir ce que c'était.

Jefferies raconte qu'entre 21 h 30 et 22 heures, Robert Kennedy apparut à la porte, accompagné de deux hommes. Ils donnèrent l'ordre à Jefferies et à sa belle-mère de s'en aller. « Ils nous ont dit de partir. Ils nous ont bien fait comprendre que nous devions déguerpir. Mais cette fois, Eunice et moi n'avons pas quitté le coin. Nous sommes allés chez des voisins. Je ne me doutais pas du tout de ce qui se passait. Je veux dire, c'était le ministre de la Justice des États-Unis. Je ne savais pas qui étaient les deux hommes qui l'accompagnaient. J'ai supposé que c'étaient des membres du gouvernement. Nous avons attendu chez les voisins qu'ils s'en aillent. » Jefferies semblait parler de la maison de Mr. et Mrs. Abe Landau, située à l'ouest. Mais ceux-ci affirment qu'ils étaient sortis ce soir-là jusqu'à 23 heures au moins. Jefferies parlait peut-être de la maison voisine de Hanna Fenichel, sur Third Helena Drive.

D'après les Naar, il était environ 22 h 30 lorsque Peter Lawford reçut un appel alarmant de Marilyn, qui perdit connaissance. Lawford rappela aussitôt, mais les deux lignes étaient décrochées, sans qu'il y ait aucune conversation. Paniqué, Lawford appela les Naar et demanda à Joe de partir voir ce qui n'allait pas.

À la même heure, Eunice Murray et Jefferies virent Bobby et

les deux hommes s'en aller. D'après Jefferies, ils s'aventurèrent alors chez Marilyn. Comme ils passaient le portail resté ouvert et traversaient la cour en direction de la porte de la cuisine, ils entendirent Maf aboyer dans le pavillon d'amis, où la lumière était allumée et la porte ouverte. En entrant dans le pavillon, ils découvrirent Marilyn dévêtue, allongée en travers sur le divan.

« J'ai cru qu'elle était morte, déclara Norman Jefferies. Elle était sur le ventre, une main tenant plus ou moins le téléphone. Je n'avais pas l'impression qu'elle respirait et elle avait une couleur affreuse... comme si elle était morte. Eunice a pris le téléphone pour appeler une ambulance. Puis elle a appelé en urgence le Dr Greenson, qui se trouvait dans les environs et a dit qu'il arrivait tout de suite. Il a dit à Eunice d'appeler le Dr Engelberg, poursuivit Jefferies. Je suis allé au portail attendre l'arrivée de l'ambulance, mais avant qu'elle n'arrive, Peter Lawford et Pat Newcomb étaient là. Pat est devenue hystérique et s'est mise à crier après Eunice. J'ai dû conduire Eunice dans la maison. C'était une loque. Je crois que l'ambulance est arrivée avant le Dr Greenson. »

Ces propos corroborent ceux du chauffeur de l'ambulance Schaefer, James Hall, qui a déclaré qu'il n'était qu'à quelques minutes de l'endroit quand lui et son coéquipier, Murray Liebowitz, reçurent l'appel en urgence. Hall avait reconnu en Pat Newcomb la femme hystérique, et se rappelait la présence de Peter Lawford et du Dr Greenson sur les lieux.

Hall confirma avoir trouvé Marilyn dans un état comateux sur le divan du pavillon d'amis, précisant qu'ils l'avaient mise sur le dos par terre pour essayer de la ranimer. Lorsque le Dr Greenson arriva, il donna l'ordre d'arrêter et de tenter une réanimation cardiopulmonaire. Il injecta une piqûre d'adrénaline directement dans le cœur, mais l'aiguille heurta une côte. Hall dit que Marilyn succomba quelques instants plus tard.

« Après, ce fut la folie, dit Jefferies. Ce fut horrible. J'étais dans le living avec Eunice quand Marilyn est morte et on pouvait entendre Pat Newcomb hurler, et on savait que Marilyn était morte. Ensuite il y a eu les voitures de police, les camions des pompiers, d'autres ambulances... tout ce qu'on veut ! Un hélicoptère de la police s'est posé sur le terrain de golf et bientôt, ça grouillait de partout. »

Le Dr Engelberg arriva autour de minuit et le corps de Marilyn fut transféré du sol du pavillon d'amis à sa chambre, dans la maison principale. Jefferies a déclaré que le scénario d'un suicide « à huis clos » fut formulé par des officiels en civil arrivés sur place peu après la mort de Marilyn. D'après lui, à un moment donné, il y avait au moins une douzaine de policiers en civil qui s'agitaient au 12305 Fifth Helena Drive — puis, brusquement, plus personne. Il ne sait pas du tout qui c'était.

Le responsable fut identifié plus tard par Billy Woodfield et plusieurs anciens membres de la police de Los Angeles comme étant le capitaine James Hamilton du bureau du renseignement de la police de Los Angeles, un ami de Robert Kennedy, et on reconnut dans les deux hommes qui avaient accompagné Bobby chez Marilyn ce soir-là deux détectives chargés de la sécurité de Kennedy.

Avaient-ils vraiment l'intention d'assassiner Marilyn ? Ou voulaient-ils seulement la neutraliser en lui collant une bonne dose pour qu'elle les laisse tranquillement fouiller dans ses papiers rangés dans le pavillon d'amis, juste le temps de mettre la main sur les notes et les lettres, les documents officiels et son journal intime ? Tout porte à croire à un crime prémédité. Elle a reçu une injection en présence de Bobby Kennedy et la dose était assez forte pour tuer quinze personnes.

Avant l'aube du dimanche 5 août 1962, un vent chaud venu du désert mojave balayait le bassin de Los Angeles, agitant les hauts eucalyptus qui protégeaient comme un rideau la maison de Marilyn Monroe, à Brentwood. On entendait tinter doucement dans l'obscurité le vieux carillon que lui avait offert le poète Carl Sandburg. D'autres sons, plus étranges, furent portés par le vent au cours de la nuit : des cris, une vitre qu'on brise. Les voisins ont parlé d'une femme hystérique qui aurait crié : « Assassins ! Espèce d'assassins ! Vous êtes contents, maintenant qu'elle est morte ? »

Mr. et Mrs. Abe Landau, qui vivaient juste à l'ouest de la maison de Marilyn Monroe, rentrèrent chez eux après un dîner tard le samedi soir et virent une ambulance et une voiture de police garées dans l'impasse devant la résidence de la star de cinéma. Vers minuit, les voisins entendirent un hélicoptère au-dessus d'eux. Il y eut d'autres spectacles et d'autres sons étranges avant l'aube, tandis que la ville dormait. Dans l'urgence, on rangea avec soin la maison de la star, on fit saisir les archives téléphoniques, on détruisit papiers et autres notes — et on passa un appel affolé à la Maison Blanche.

Peu avant minuit, une Mercedes noire roulait à toute vitesse vers l'est sur Olympic Boulevard, à Beverly Hills. Jugeant que la voiture allait à plus de 90 km/h, un officier de la police de Beverly Hills, Lynn Franklin, alluma sa sirène et son gyrophare et prit la voiture en chasse. Quand la Mercedes se rangea sur le bas-côté, Franklin s'approcha et éclaira de sa torche le visage des trois occupants de la voiture. Il reconnut immédiatement le conducteur, l'acteur Peter Lawford. Sur le siège arrière, il fut surpris de découvrir l'attorney général des États-Unis, Robert Kennedy, et près de lui un troisième personnage qu'il identifiera plus tard comme étant le Dr Ralph Greenson. Peter Lawford expliqua qu'il conduisait l'attorney général au Beverly Hilton Hotel pour affaire urgente. Après avoir rappelé à l'acteur que la vitesse était limitée à 55 km/h sur le boulevard, l'officier Franklin les laissa repartir.

À minuit, le sergent Jack Clemmons prit son poste au commissariat de police de West Los Angeles, Purdue Street. Les premières heures de ce 5 août 1962, un dimanche, la garde du sergent Jack Clemmons fut très calme. Jusqu'à cet appel, peu avant l'aube. Son interlocuteur se présenta : Dr Hyman Engelberg. Et il dit : « Marilyn Monroe est morte. Elle s'est suicidée. »

Annexes

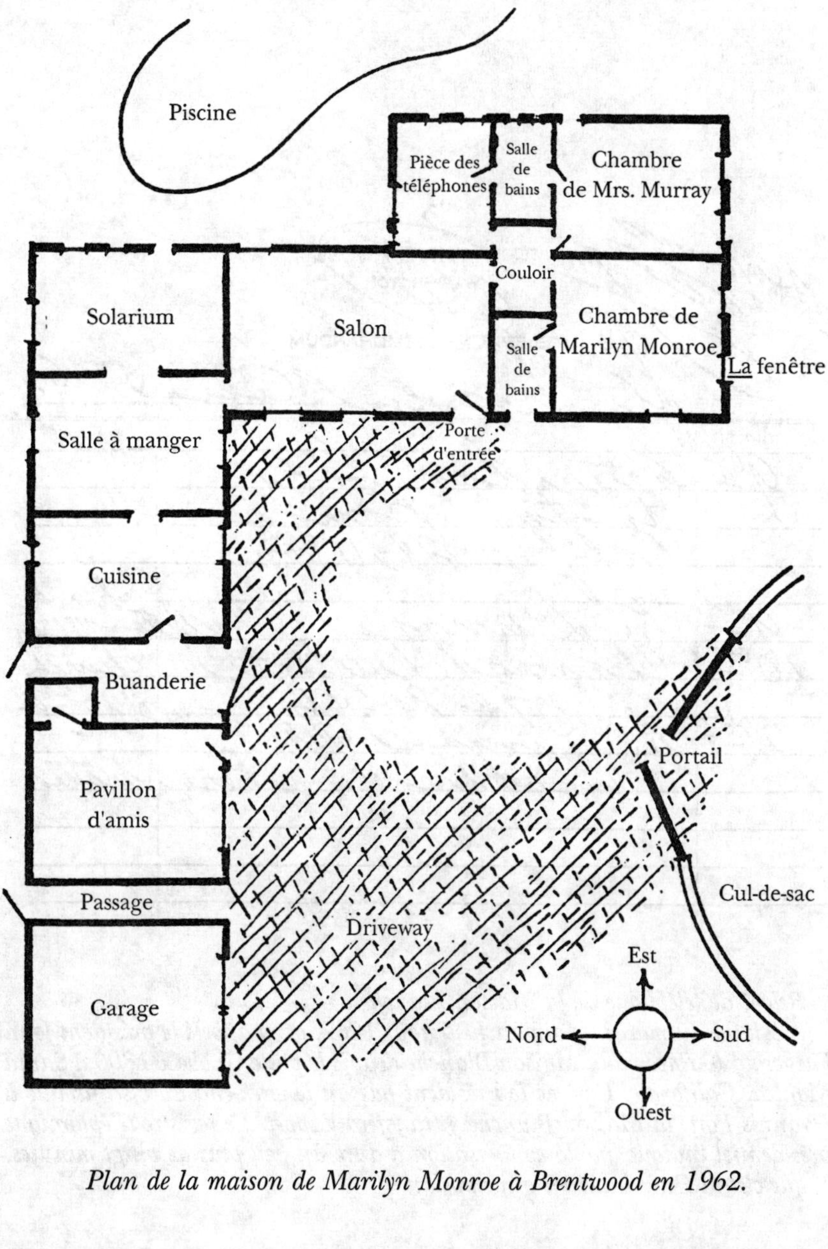

Plan de la maison de Marilyn Monroe à Brentwood en 1962.

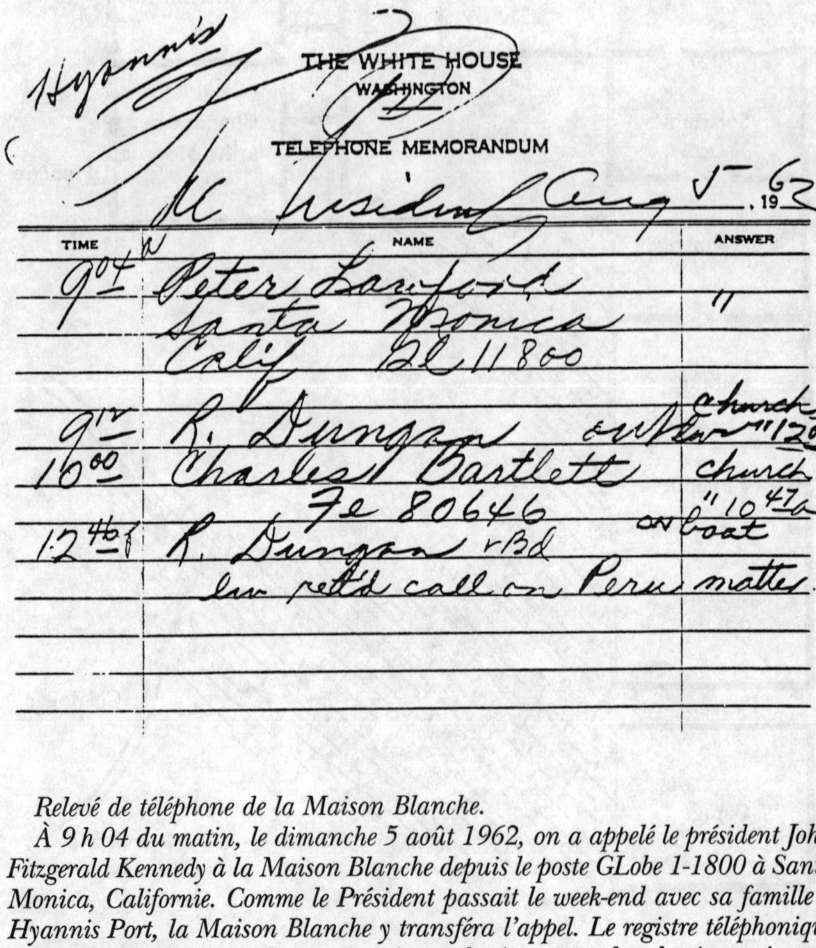

THE WHITE HOUSE
WASHINGTON

TELEPHONE MEMORANDUM

Hyannis

Mr President Aug 5, 1962

TIME	NAME	ANSWER
9:04a	Peter Lawford	"
	Santa Monica	
	Calif GL 11800	
9:12	R. Dungan	church "12:01
10:00	Charles Bartlett	church
	FE 80646	"10:47a
12:40p	R. Dungan + Bd	on boat
	lv ret'd call on Peru matter	

Relevé de téléphone de la Maison Blanche.

À 9 h 04 du matin, le dimanche 5 août 1962, on a appelé le président John Fitzgerald Kennedy à la Maison Blanche depuis le poste GLobe 1-1800 à Santa Monica, Californie. Comme le Président passait le week-end avec sa famille à Hyannis Port, la Maison Blanche y transféra l'appel. Le registre téléphonique présidentiel indique que la conversation a duré un peu plus de vingt minutes, et que c'était Peter Lawford qui appelait.

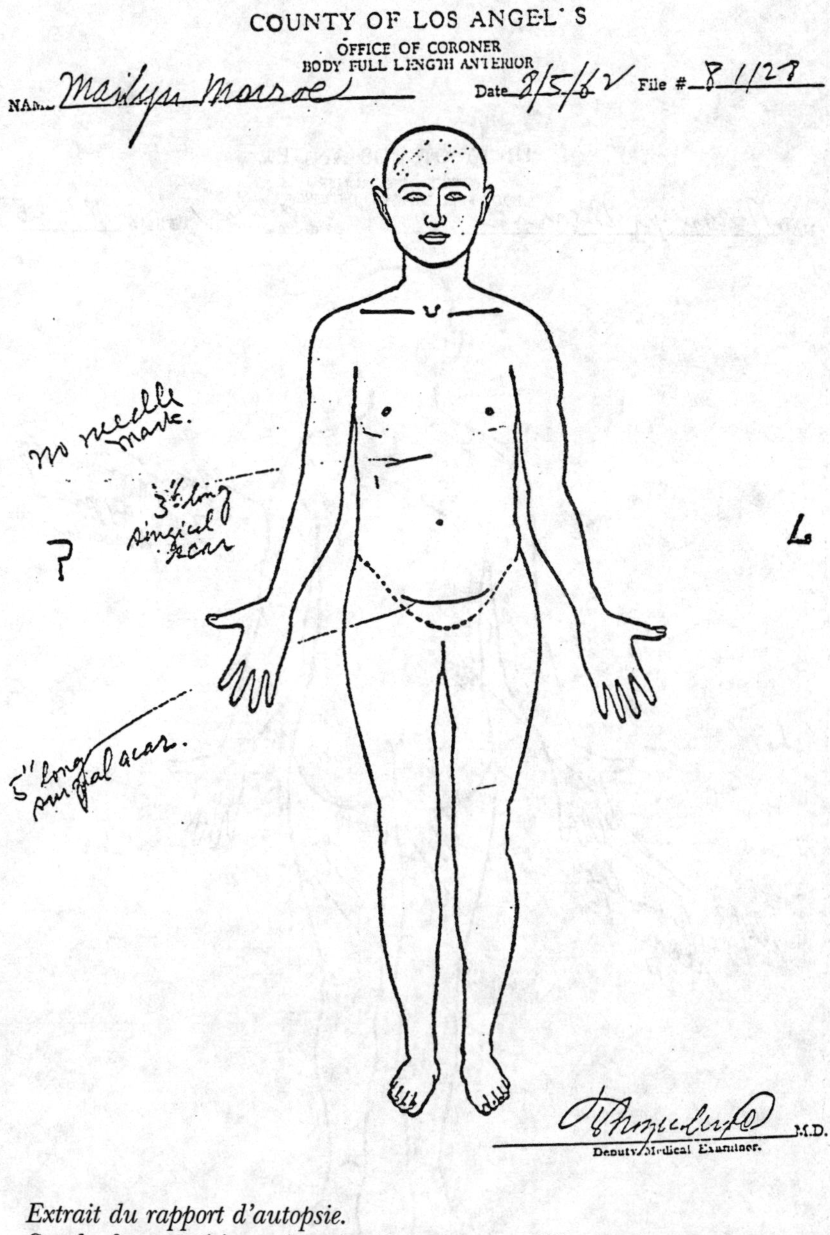

Extrait du rapport d'autopsie.

Sur la face postérieure (page suivante), sont désignées deux ecchymoses et une « légère lividité qui disparaît à la pression » (« faint lividity which disappears on pressure »).

C UNTY OF LOS ANGEL

OFFICE OF CORONER

BODY FULL LENGTII POSTERIOR

NAME *Marilyn Monroe* Date *8/5/62* File # *81128*

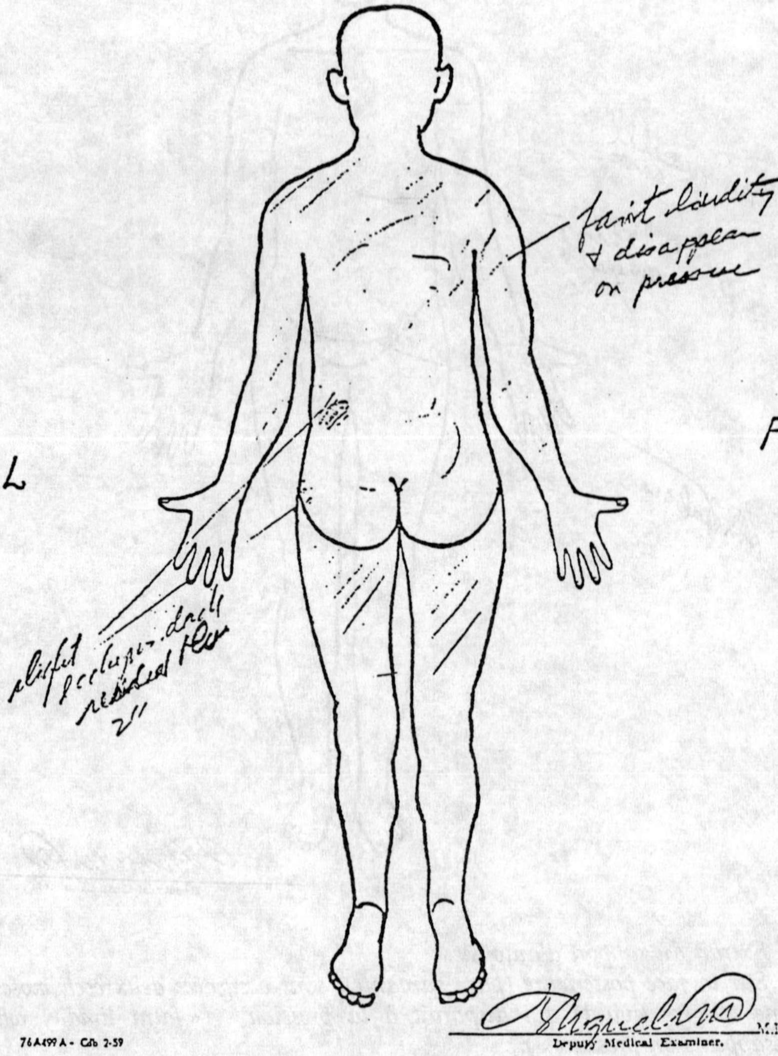

76A499A - Cdb 2-59

[signature] M.D.

Deputy Medical Examiner.

REPORT OF CHEMICAL ANALYSIS
LOS ANGELES COUNTY CORONER
Toxicology Laboratory
Hall of Justice
Los Angeles, California

File No. 81128 I

Name of Deceased Marilyn Monroe

Date Submitted August 6, 1962 Time 8 A.M.

Autopsy Surgeon T. Noguchi, M.D.

Material Submitted:

Blood x	Liver x	Stomach x
Brain	Lung	Lavage
Femur	Spleen	Urine x
Kidney x	Sternum	Gall bladder
Drugs x	Chemicals	Intestines x

Test Desired: Ethanol. Barbiturates

Laboratory Findings:

Blood: Ethanol Absent

Blood: Barbiturates 4.5 mg. per cent
Phenobarbital is absent

Drugs:
(1) 27 capsules, #19295, 6-7-62, Librium, 5 mgm. #50
(2) 17 capsules, 20201, 7-10-62, Librium, 10 mgm. #100
(3) 26 tablets, #20569, 7-25-62, Sulfathallidine, #36
(4) Empty container, #20858, 8-3-62, Nembutal, 1½gr.#25
(5) 10 green capsules, #20570, 7-31-62, Chloral Hydrate, 0.5 gm. #50 (Refill: 7-25-62 - original)
(6) Empty container, #456099, 11-4-61, Noludar, #50
(7) 32 pink capsules in a container without label Phenergan, #20857, 8-3-62, 25 mg. #25

Examined By R.J. Abernethy Head Toxicologist. Date ~~August 6, 1962~~

Rapport toxicologique du Dr Raymond Abernethy.

REPORT OF CHEMICAL ANALYSIS

LOS ANGELES COUNTY CORONER
Toxicology Laboratory
Hall of Justice
Los Angeles, California

File No. 81128 I

Name of Deceased Marilyn Monroe 1st Supplement

Date Submitted August 6, 1962 Time 8 A.

Autopsy Surgeon T. Noguchi, M.D.

Material Submitted:

Blood x	Liver x	Stomach x
Brain	Lung	Lavage
Femur	Spleen	Urine x
Kidney x	Sternum	Gall bladder
Drugs x	Chemicals	Intestines x

Test Desired: Chloral Hydrate, Pentobarbital

Laboratory Findings:

Blood:	Chloral Hydrate	8 mg. per cent
Liver:	Pentobarbital	13.0 mg. per cent

Drugs: Correction - delete #7 on original report of August add:

(7) 32 peach-colored tablets marked MSD in prescript. type vial without label.

(8) 24 white tablets #20857, 8-3-62, Phenergan, 25 m #25

(SEE ORIGINAL REPORT)

Examined By R. J. Abernethy Head Toxicologist. Date August 13, 1962

June 20	Brooklyn, N.Y.	Mrs. Rosten - Collect
June 25	Washington	RE 7-8200
July 2	Washington	RE 7-8200
July 2	Washington	RE 7-8200
July 6	San Diego	GR 6-1890
July 6	San Diego	DiMaggio - Collect
July 9	New York City	EL 5-2288
July 9	New York City	MU 3-6522
July 16	Washington	RE 7-8200
July 16	New York City	OR 3-7792
July 17	Fullerton	TR 1-3190
July 17	Washington	RE 7-8200
July 17	Washington	RE 7-8200

CONFIDENTIAL

LONG DISTANCE

MONROE PHONE CALLS - FROM TWO PHONES
476 1890 & 472 4830

PO 5-0647.
6400 Sunset
Hollywood.

CONFIDENTIAL

7/18	NYC	BR 91195	3 "	
7/23	WASH (D.C)	RE. 78200	1 "	
7/28	NYC	PL. 92497	10 "	Kennedy?
4830 7/30	NYC.	LA. 41000	1 "	
7/30	WASH. (D.C)	RE. 78200	8 "	
7/30	BKLN	TR. 51367	13 "	
7/31	N.Y.C.	TR. 72212	11 "	
8/3	BKLN	TR. 51367	32 "	

Une page des relevés téléphoniques de Marilyn Monroe extraite des fichiers de la police de Los Angeles.

On y relève huit appels à destination du RE 7-8200, numéro en 1962 du ministre de la Justice à Washington.

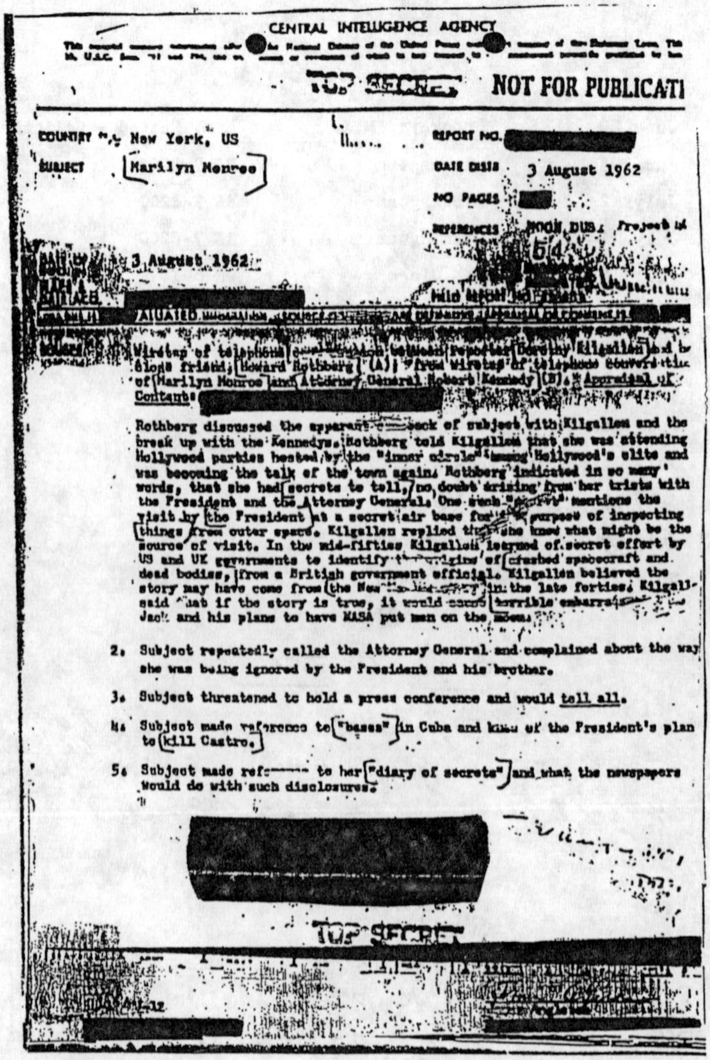

CENTRAL INTELLIGENCE AGENCY

TOP SECRET NOT FOR PUBLICATI

COUNTRY New York, US

REPORT NO. [redacted]

SUBJECT Marilyn Monroe

DATE DISTR 3 August 1962

NO PAGES [redacted]

REFERENCES MOON DUST Project

DATE OF INFO 3 August 1962

PLACE & DATE ACQ [redacted]

SOURCE Wiretap of telephone conversation between reporter Dorothy Kilgallen and her close friend, Howard Rothberg (A); from wiretap of telephone conversation of Marilyn Monroe and Attorney General Robert Kennedy (B). Appraisal of Content: [redacted]

Rothberg discussed the apparent comeback of subject with Kilgallen and the break up with the Kennedys. Rothberg told Kilgallen that she was attending Hollywood parties hosted by the "inner circle" among Hollywood's elite and was becoming the talk of the town again. Rothberg indicated in so many words, that she had secrets to tell, no doubt arising from her trists with the President and the Attorney General. One such "secret" mentions the visit by the President at a secret air base for the purpose of inspecting things from outer space. Kilgallen replied that she knew what might be the source of visit. In the mid-fifties Kilgallen learned of secret effort by US and UK governments to identify the origins of crashed spacecraft and dead bodies, from a British government official. Kilgallen believed the story may have come from the New Mexico in the late forties. Kilgallen said that if the story is true, it would cause terrible embarrassment to Jack and his plans to have NASA put men on the moon.

2. Subject repeatedly called the Attorney General and complained about the way she was being ignored by the President and his brother.

3. Subject threatened to hold a press conference and would tell all.

4. Subject made reference to "bases" in Cuba and knew of the President's plan to kill Castro.

5. Subject made reference to her "diary of secrets" and what the newspapers would do with such disclosures.

[redacted]

TOP SECRET

[redacted]

Document de la CIA, daté du 3 août 1962, relatif aux écoutes téléphoniques tant de Marilyn Monroe que de Dorothy Kilgallen, éditorialiste de plusieurs grands journaux.

Le premier paragraphe fait référence à une discussion entre Dorothy Kilgallen et Howard Rothberg à propos des relations tumultueuses de Marilyn avec le Président et l'attorney général. Le deuxième confirme que Marilyn appelait constamment Robert Kennedy pour se plaindre de ce que John la négligeait. Le troisième traite de la menace qu'elle aurait faite de réunir une conférence de presse. Le quatrième révèle qu'elle était au courant de secrets d'État. Le dernier confirme qu'elle tenait un « carnet de secrets ». Le document est signé par James Angleton, directeur du service de renseignement de la CIA.

"A. Yes, I did.

"Q. That was the basic motivating element that prompted you to affiliate with it?

"A. Yes.

"Q. Do you understand, Doctor, what is meant by the term 'recruit' in ordinary Communist parlance?

"A. Yes, I do.

"Q. Were you recruited?

"A. Yes, I was.

"Q. By whom were you recruited?

"A. Dr. Alex Riskin.

"Q. Is he a physician?

"A. Yes, he is.

"Q. After you were recruited and joined the party in early 1946, were you assigned to a specific component part of the Communist organization in Los Angeles?

"A. It was the doctors' unit. The professional unit.

"Q. It was the doctors' unit of the party?

"A. Yes.

"Q. About how many members comprised that unit at the time you were assigned to it?

"A. I really don't recall exactly how many members there were.

"Q. Could we put it this way, Dr. Barker. I understand you can only approximate. About how often did you attend meetings of that particular unit?

"A. During the time I was in the party I must have attended between 10 and 15 meetings all told.

"Q. What was the average attendance at those meetings?

"A. I would imagine about 10.

"Q. About 10?

"A. Yes.

"Q. All of them were doctors?

"A. I believe they were all doctors.

"Q. Was there in that unit, in addition to yourself, Alex Riskin?

"A. Yes.

"Q. Hyman Engelberg?

"A. Yes.

"Q. He was a physician?

"A. Yes, he was.

"Q. Or he is a physician.

"A. Yes.

"Q. Dr. Harold Koppleman?

"A. Yes.

"Q. Dr. Milton Z. Lindon?

Extraits du rapport de la Commission d'enquête sur les activités anti-américaines. Durant les enquêtes de la Commission, plusieurs personnes témoignèrent que le Dr Hyman Engelberg appartenait au parti communiste et était membre actif du Conseil des arts, des sciences et des professions libérales.

> *Resolved,* That the press of the State of California be reque to give this resolution the most prominent and conspicuous publici possible to the end that the people of the State of California fully advised of the findings and recommendations of the Sena Fact-Finding Committee on Un-American Activities in Californ

As was to be expected, the hard core of Communist Party line were immediately mobilized in defense of the Communist *People Daily World.* Bert Witt, Southern California director of the Communi Progressive Citizens of America, Herbert Biberman, Lester Cole, Reube W. Borough, Robert W. Kenny, and Norman Smith, were among th first to come to the defense of the anti-United States, pro-Soviet, pro Communist *People's Daily World.* Bill Elconin, international field organizer of the C.I.O. United Electrical, Radio and Machine Workers; Ed Roybal, chairman of the Community Service Organization; and Mrs. Charlotta Bass, editor of the pro-Communist *California Eagle,* leaped immediately into the arena in defense of Joe Stalin's California mouthpiece.

Albert Dekker, former pro-Communist member of the California Legislature, added his voice to the defense of the Kremlin.

Assemblyman Edward Elliott, of the Forty-fourth Los Angeles Assembly District, made his initial public appearance as a supporter of the red conspiracy by attacking the committee's resolution as a violation of the "freedom of the press."

PEOPLE'S EDUCATIONAL CENTER

See the Committee's 1947 Report for a full account of this Communist school. (Pages 63 to 75 inclusive.)

Communists and fellow-travelers who have been connected with this Communist project include John Howard Lawson, Albert Dekker, Dr. Franklin Fearing, Leo Gallagher, Carey McWilliams, Charles Katz, Philip M. Connelly, and Dr. Frank Davis.

Sidney Davison of the People's Educational Center was subpenaed to appear before the committee at its February, 1948 hearing. John McTernan, Davison's attorney, presented a doctor's certificate signed by H. Engelberg, stating that Sidney Davison was under his care and was suffering from intestinal flu and would be unable to answer the committee's subpena. Dr. Hyman Engelberg, who signed the certificate, is listed as a teacher in the Communist People's Educational Center. He was an instructor in the Communist school during the winter and fall terms of 1947. He was listed as a speaker at the Communist Conference on "Thought Control" at the Beverly Hills Hotel on the eleventh day of July, 1947. (This conference was sponsored by the Hollywood Arts, Sciences and Professions Council of the Progressive Citizens of America.) He subscribed to the *People's Daily World* as of July, 1940, at 805 Tularosa Drive, in Los Angeles. In September of 1947 Dr. Engelberg was one of the donors to the Spanish Refugee Appeal at the Paul Robeson concert meeting in the Shrine Auditorium.

The following is from the committee's transcript of testimony for February 18, 1948 (pp. 490-494):

> (By Mr. Combs): Mr. Chairman, at the conclusion of the session yesterday, we were discussing the background and history and

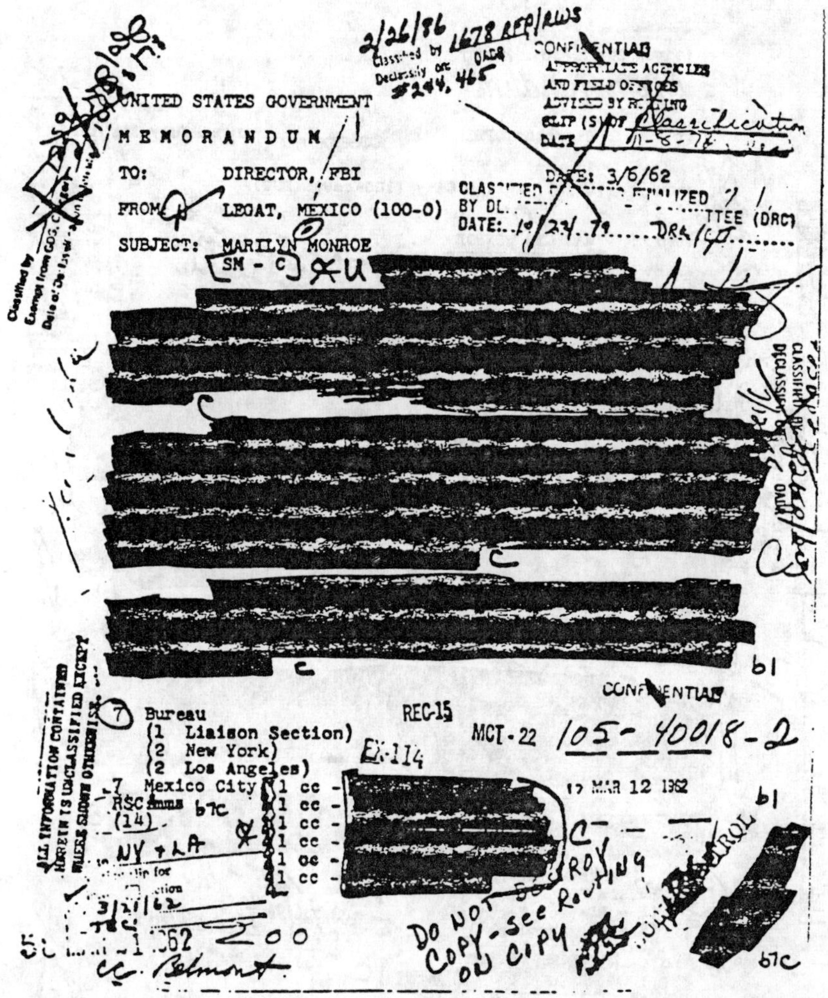

2/26/86 1678 RFP/RWS
Declassify on: OADR
#244,465

CONFIDENTIAL
APPROPRIATE AGENCIES
AND FIELD OFFICES
ADVISED BY ROUTING
SLIP (S) OF Classification
DATE 11-8-78

UNITED STATES GOVERNMENT
MEMORANDUM

TO: DIRECTOR, FBI
DATE: 3/6/62
FROM: LEGAT, MEXICO (100-0)
SUBJECT: MARILYN MONROE
[SM - C]

BY DL
DATE: 10/24/79
COMMITTEE (DRC)

[redacted]

c

b1

CONFIDENTIAL

7 Bureau
(1 Liaison Section)
(2 New York)
(2 Los Angeles)
7 Mexico City
1 cc - [redacted]

REC-15
MCT-22 105-40018-2
EX-114
12 MAR 12 1962

NY + LA
3/21/62
cc Belmont

DO NOT DESTROY
COPY - SEE ROUTING
ON COPY

ALL INFORMATION CONTAINED
HEREIN IS UNCLASSIFIED EXCEPT
WHERE SHOWN OTHERWISE

b1
b7C

Document du FBI daté du 6 mars 1962.

Ce document émane du bureau de Mexico City. Le sujet, Marilyn Monroe, est classé SM — C (Sûreté nationale — Communiste). Bien que le contenu en ait été censuré, le FBI a révélé qu'il concernait des conversations entre Marilyn et Frederick Vanderbilt Field enregistrées grâce aux écoutes placées dans la résidence de Field. Ces conversations abordaient des sujets sensibles de sûreté nationale.

UNITED STATES GOVERNMENT

Memorandum

TO : Director, FBI   CONFIDENTIAL   DATE: July 13, 1962

FROM : Legat, Mexico City (100-new) (RUC)

SUBJECT: MARILYN MONROE
SECURITY MATTER - C

[redacted]

[redacted]

[redacted]

[redacted]

[redacted]

5 - Bureau
(1 - Liaison Section)
(2 - Los Angeles)
3 - Mexico City
(1 - [redacted]
(1 - [redacted]

REC-8 105-40018

CONFIDENTIAL

Document du FBI daté du 13 juillet 1962.

Il y était noté que Marilyn Monroe avait déjeuné chez Peter Lawford avec un des frères Kennedy et qu'ils avaient abordé des questions touchant à la sûreté nationale, dont les essais nucléaires.

Note sur les sources

Première partie

La police de Los Angeles m'a fourni tous les rapports de police complets. J'ai longuement interrogé Jack Clemmons, à plusieurs reprises sur une durée de cinq ans. C'est grâce à lui que je cite les propos qu'auraient tenus les divers intéressés sur les lieux du décès de Marilyn Monroe.

En octobre 1994, un entretien avec Don Hockett a corroboré les activités de ce directeur des pompes funèbres. Richard Stolley, de *Time and Life,* m'a fait entendre les bandes de Tommy Thompson. J'ai récolté les informations concernant l'attitude de la presse devant la maison de Marilyn lors d'entretiens avec Joe Hyams, James Bacon et William Woodfield. Robert Byron m'a exposé le rôle de la police sur place. Mes nombreux entretiens avec Robert Slatzer, ainsi que les informations publiées dans son livre *The Life and Curious Death of Marilyn Monroe,* se sont révélés des outils inestimables pour l'évaluation des récits contradictoires fournis par les témoins clés. Celui de Mrs. Murray provient en grande partie de son livre *Marilyn, the Last Months,* et de ses entretiens enregistrés avec Robert Slatzer.

Mes nombreuses conversations avec Norman Rosten m'ont éclairé sur les habitudes téléphoniques de Marilyn Monroe. Les dires de Pat Newcomb et Mickey Rudin sont pour l'essentiel tirés des rapports de police et des déclarations à la presse. La présence du capitaine James Hamilton sur les lieux a été confirmée par William Woodfield et par un ancien du bureau du renseignement de la police de Los Angeles qui s'y trouvait lui-même. Joe Hyams a recueilli les récits des voisins. Plusieurs conversations avec Alan Abbott, employé aux pompes funèbres, m'ont fourni des indications incomparables pour reconstituer ce qui s'était passé sur son lieu de travail la nuit de la mort de Marilyn.

James Dougherty, Robert Slatzer et des articles dans la presse m'ont servi de sources quant aux réactions suscitées par la mort de Marilyn. C'est dans sa déclaration à la police que Joe DiMaggio Jr a raconté sa dernière conversation téléphonique avec Marilyn. Quant aux déclarations de Peter Lawford, il les a faites à la presse et lors de son entretien « maison » avec Daryl Gates.

J'ai emprunté les informations concernant l'autopsie au rapport officiel du coroner, à la transcription d'entretiens avec le Dr Thomas Noguchi, au livre de Noguchi, *Coroner*, et à la transcription de l'interview de Noguchi pour l'émission télévisée d'ABC. J'ai plusieurs fois interrogé John Miner. Les commentaires de Lionel Grandison m'ont été rapportés par Robert Slatzer lors de conversations que j'ai eues avec lui. Les documents du Dr Sidney S. Weinberg, conservés dans les archives de Robert Slatzer, m'ont apporté une aide considérable, de même que les articles d'investigation de Robert Cravey. Dans ses souvenirs, qu'elle n'a pas publiés mais qui sont conservés dans la collection Zolotow de l'université du Texas, Natasha Lytess raconte la tentative de suicide dont je parle. Leigh Wiener a confié ses souvenirs lors d'une interview, en 1993, et dans *Les Vies secrètes de Marilyn Monroe*, d'Anthony Summers.

Le bureau du coroner de Los Angeles m'a fourni le rapport de toxicologie. Le journal de Marilyn, sous forme d'un carnet rouge, a été évoqué en 1993 au cours de conversations avec Norman Jefferies et Lionel Grandison. C'est dans la presse et dans *Les Vies secrètes de Marilyn Monroe* que j'ai glané les informations concernant le Centre de prévention du suicide.

John Miner m'a parlé de sa rencontre avec le Dr Greenson, et j'ai obtenu d'autres informations grâce aux entretiens avec Miner relatés dans *Les Vies secrètes de Marilyn Monroe* et dans *The Marilyn Files* de Robert Slatzer.

Les citations de la conversation entre Grandison et Slatzer proviennent des archives de Slatzer, ainsi que les informations relatives aux tentatives de Marilyn pour joindre Robert Kennedy. Le récit de la conversation de Rosenfeld avec Marilyn provient des dossiers d'Anthony Summers, qui l'a publiée dans son ouvrage. Je cite ce que m'a confié Sidney Guilaroff lors de deux entretiens en 1996. Jeanne Carmen fut interrogée en 1997. Je cite José Bolaños d'après ses déclarations à Summers en 1989, que celui-ci a publiées dans son livre. Les souvenirs de « Bullets » Durgom proviennent des *Vies secrètes de Marilyn Monroe*. Les souvenirs des Naar sont tirés du livre de Summers ainsi que de celui de James Spada, *The Man Who Kept the Secrets* et des dossiers de Slatzer. J'ai obtenu les détails de l'enquête menée par Joe Hyams et William Woodfield lors de conversations en 1995 et 1996. J'ai trouvé à la Bibliothèque Kennedy la correspondance entre Robert Kennedy, le chef de la police William Parker et le capitaine Hamilton. Des documents relatifs à l'enquête de Thad et Finis Brown figurent dans les archives de Slatzer ; cette enquête est aussi relatée dans *The Life and Curious Death of Marilyn Monroe*.

C'est grâce à la presse et aux souvenirs de Whitey Snyder et d'Alan Abbott que j'ai pu reconstituer les funérailles, ainsi qu'aux éléments que Mrs. Murray a publiés dans son livre de souvenirs. Par les photos conservées à la Bibliothèque Kennedy, j'ai su où se trouvaient Pat Newcomb et Peter Lawford après les funérailles.

Ce sont des entretiens avec Billy Woodfield et Joe Hyams, ainsi que ce qui en est rapporté dans *Les Vies secrètes de Marilyn Monroe*, qui constituent la source des révélations concernant le service d'hélicoptères Conners. J'ai trouvé d'autres documents concernant le « carnet de secrets » dans les archives de Slatzer, et Slatzer lui-même a confirmé lors de maints entretiens qu'il avait bien vu et lu en partie le carnet de Marilyn.

Les problèmes émotionnels du Dr Greenson après la mort de Marilyn Monroe ont été évoqués dans l'ouvrage de Stephen Farber et Marc Green, *Hollywood on the Couch.* Les déclarations du lieutenant Marion Philips ont été publiées par Summers, et c'est dans les papiers de l'attorney général, à la Bibliothèque Kennedy, que j'ai trouvé des documents sur le voyage de Parker à Washington et sa rencontre avec Robert Kennedy. Il en va de même pour la nomination de James Hamilton à la tête de la Ligue nationale de football et pour les activités de Pat Newcomb après la mort de Marilyn Monroe.

Les informations sur Frank Capell ont été récoltées dans le *Herald of Freedom* et dans les papiers de Capell conservés à la bibliothèque de la John Birch Society. Ce que je sais sur la gestation du livre de Frederick Guiles *Norma Jeane,* je l'ai obtenu lors de plusieurs entretiens avec Guiles au fil des années, et Robert Slatzer m'a parlé lui aussi des origines et de l'odyssée de cette publication. L'interview de Quinn par Slatzer est conservée dans les archives de Slatzer.

L'histoire de l'enquête de Gates est tirée du *Los Angeles Times,* de conversations avec Daryl Gates et de copies du rapport fourni par la police de Los Angeles.

John Miner m'a parlé en 1996 et 1997 de sa rencontre avec Greenson, et les commentaires de Grandison ont été récoltés auprès du *Los Angeles Times* et des archives de Slatzer. Ce sont les recherches du Dr Cyril Wecht qui ont prouvé que le corps de la star était cyanosé, ce qu'il révèle dans un entretien avec Leigh Wiener et dans un article du *Los Angeles Times* daté du 7 septembre 1982.

Une série d'interviews menées en 1993 et 1994 a confirmé le récit de James Hall. Le rapport du procureur du district provient du service de presse du bureau du procureur du district de Los Angeles. Une conversation avec Carl Bellonzi, en 1993, a établi que Ken Hunter ne travaillait pas pour Schaefer en 1962. Les interviews de Walter Schaefer par Robert Slatzer sont conservées dans les archives de Slatzer.

Murray Leibowitz a confirmé le récit de Hall lors d'un entretien en 1993. Le pilote du service d'ambulances aériennes Schaefer, Bob Neuman, a été interrogé en 1995 en présence de Jack Clemmons.

J'ai obtenu des détails sur la rédaction par Anthony Summers des *Vies secrètes de Marilyn Monroe* lors de nombreux entretiens au fil des années. Il a publié dans son ouvrage son entretien avec le Dr Robert Litman, ainsi que les détails de sa conversation avec Peter Lawford et les révélations de Natalie Jacobs. J'ai personnellement interrogé Natalie en 1996, et elle a confirmé que c'était bien Pat Newcomb qui avait appelé Arthur Jacobs au Hollywood Bowl.

Ted Landreth comme Anthony Summers m'ont parlé de l'interview de Mrs. Murray pour la BBC. Les commentaires de Mrs. Murray sont extraits de la transcription de l'émission.

Le fiasco de l'émission « 20/20 » m'a été relaté par Slatzer, et le *New*

York Post ainsi que le *Daily News* en ont beaucoup parlé. On connaît par la transcription de l'enregistrement le contenu de l'émission déprogrammée. C'est le *Los Angeles Times* qui a publié les déclarations de Fred Otash.

Ce que recèlent les bandes de Schermerhorn a été révélé par Ted Landreth et dans un article de Schermerhorn qui parut dans le *New York Post* du 16 octobre 1995. Les déclarations de Sam Cordova sont tirées du *Los Angeles Times*, de même que celles d'Ira Reiner. Les dernières déclarations de Cordova concernant son renvoi datent d'une conversation en 1997.

Le déroulement des débats du Conseil des contrôleurs de Los Angeles et les commentaires de Ronald Carroll proviennent des minutes de la réunion.

Le procès intenté à Spoto par Anthony Summers est signalé au calendrier de la Cour royale. Quant à Norman Jefferies, il s'est confié lors d'un entretien en novembre 1993.

Deuxième partie

Presque toute la recherche concernant les antécédents de Marilyn Monroe est fondée sur les documents du généalogiste Roy Turner. Ces documents comprennent les actes de naissance et les certificats de décès, des interviews de parents ou d'amis et des lettres. Les autres informations ont été fournies par la fille de Grace Goddard, Bébé Goddard, avec qui Norma Jeane a passé une partie de son enfance — au cours de différents entretiens et interviews, étalés sur plusieurs années. Le livre de Frederick Guiles *Norma Jeane* a été également une source précieuse de renseignements. Les propres souvenirs de Norma Jeane qui figurent dans *My Story* ont été, pour nous, d'une valeur inestimable. La Venice Historical Society nous a fourni une histoire détaillée de la plage de Venice, et les souvenirs de Berneice Miracle racontés dans *My Sister Marilyn* ont été très utiles également.

La liaison de Joe Kennedy avec Gloria Swanson était exposée à grands traits dans *Swanson on Swanson* et dans *The Founding Father* de Richard Whalen. Nous avons trouvé également des détails sur l'enfance de Kennedy dans l'ouvrage de Nigel Hamilton *Reckless Youth*, ainsi qu'à la Bibliothèque Kennedy.

Les détails concernant les terreurs nocturnes de Norma Jeane sont tirés de *My Story* et du livre de David Conover *Finding Marilyn*, ainsi que de celui d'Eunice Murray, *Marilyn, the Last Months.* Les informations relatives au syndrome des terreurs nocturnes nous ont été données par le département spécialisé dans les troubles du sommeil du Centre médical de l'UCLA.

Le récit des séjours de Norma Jeane dans ses différentes familles d'accueil a pour base les interviews de Bébé Goddard et *My Story.* Les citations d'Olin Stanley ont été trouvées dans des correspondances et des interviews effectuées par le généalogiste Roy Turner, qui a interviewé également plusieurs camarades de classe de Norma Jeane à l'Emerson Junior High School.

L'histoire du parti communiste à Hollywood et la documentation sur le Conseil des arts, des sciences et des professions libérales sont exposées dans les rapports de la Commission d'enquête sur les activités anti-américaines. Nous avons tiré de plus amples informations d'interviews de Dorothy Healey, ancienne secrétaire du parti communiste de Los Angeles, et des archives du parti, conservées à la School for Special Research de Los Angeles.

La fête à laquelle participait David Niven sur un yacht, au large de Catalina, est racontée dans *City of Nets*, d'Otto Friedrich.

Le rôle joué par Frederick Vanderbilt Field au sein du parti communiste a été confirmé par Louis Budenz devant la Commission d'enquête sur les activités anti-américaines et figure dans le livre de Field *From Right to Left*.

Presque tout le récit de l'histoire d'amour et du mariage de Norma Jeane avec Jim Dougherty s'inspire du livre de celui-ci, *The Secret Happiness of Marilyn Monroe*. Quelques détails sont tirés de différentes conversations avec Dougherty et Bébé Goddard, ainsi que de *My Story*.

Tout ce qui concerne la liaison d'Inga Arvad avec John Kennedy figure dans les dossiers de surveillance du FBI et est relaté dans *Reckless Youth* ainsi que dans le livre de Lynne McTaggert, *Kathleen Kennedy — Her Life and Times*.

La rencontre de David Conover et Norma Jeane est racontée dans le livre de Conover *Finding Marilyn*. La visite à Berneice, rapportée dans *My Sister Marilyn*, a été complétée par Bébé Goddard.

Les souvenirs de Marilyn à la gare de Union Station sont tirés de *My Story*, de même que le récit de son premier entretien à l'agence de mannequins Blue Book. Les autres détails relatifs à Miss Emmeline Snively nous ont été fournis par le photographe Joseph Jasqur, par les transcriptions d'interviews télévisées d'Emmeline Snively faites par David Wolper et par les notes de Maurice Zolotow sur l'interview d'Emmeline Snively qui sont conservées au Special Collections Department de l'université du Texas.

Pour la création par Field du Centre d'éducation populaire, nous avons consulté les rapports de la Commission d'enquête sur les activités anti-américaines. L'engagement de Hyman Engelberg dans le parti est attesté par les archives du PC américain (CPUSA) conservées à la School for Social Research de Los Angeles et corroboré, en outre, par une interview de Dorothy Healey.

Herb Sorrell est mentionné également comme membre du parti communiste dans les rapports de la Commission d'enquête sur les activités anti-américaines et lui-même parle de son engagement dans le mouvement ouvrier de Hollywood dans son histoire orale conservée au Special Collections Department de l'UCLA. La collaboration de Sorrell avec John Murray est attestée dans les minutes du procès civil de l'IATSE (syndicat des personnels du théâtre et du cinéma) contre Sorrell et Murray. Leur collaboration est corroborée par une interview de Norman Jefferies, dans laquelle il évoque les réunions de cellule dans la maison des Murray située Franklin Street.

L'histoire de Ralph Greenson a été retracée d'après différentes sources. Sur sa scolarité, nous avons trouvé des renseignements à l'école primaire 114 de Brownsville, à Brooklyn, et dans les archives de la Seth Low Junior School, à l'université de Columbia. De nombreuses données biographiques sont contenues dans le dossier Greenson du Collections Department de l'UCLA. D'autres informations proviennent de *Hollywood on the Couch* et de la Labor Library de l'université de la ville de New York où sont conservés les documents du Labor Lyceum de Brownsville. Une partie de l'histoire de Ralph Greenson nous a été narrée par un de ses associés. Les informations relatives à Otto Fenichel proviennent de l'Institut de psychanalyse de New York et figurent également dans *The Repression of Psychoanalysis* de Russell Jacoby. Les dossiers sur John Murray sont conservés à l'Institut de psychanalyse de Boston. De nombreux détails concernant John et Churchill Murray sont tirés d'une interview de Norman Jefferies.

Le récit relatif à de Dienes est tiré de ses mémoires et de *My Story.* Dougherty a relaté ses problèmes conjugaux dans *The Secret Happiness of Marilyn Monroe* et dans différentes interviews. À plusieurs reprises, Robert Slatzer m'a raconté sa rencontre avec Norma Jeane. Gene Tierney a relaté sa liaison avec John Kennedy dans son autobiographie, *Self-Portrait.* Dans son ouvrage *Straight Shooting,* Robert Stack rapporte que John Kennedy et Norma Jeane Baker faisaient partie de ses invités lors de la soirée qu'il donna en 1946 dans sa villa de Whitley Heights. Il le raconta plus en détail en 1998, interviewé au Tom Snyder Show.

Le récit du bout d'essai passé par Marilyn figure dans les notes de Zolotow conservées à l'université du Texas, et dans *My Story.*

Troisième partie

Les débuts de Marilyn à la Fox ont été relatés par Maurice Zolotow dans *Marilyn Monroe.* Whitey Snyder les a enrichis de détails lors d'un entretien avec l'auteur. Les difficultés de Marilyn avec sa mère sont exposées dans *My Sister Marilyn* de Berneice Miracle. C'est de Robert Slatzer lui-même que je tiens le récit de la visite de Marilyn à la propriété de John Barrymore, récit confirmé par le propriétaire, Hugo Grimaldi. L'anecdote concernant George Sanders a été racontée par Marilyn elle-même à Ben Hecht, et figure dans les notes Hecht à l'université de Chicago.

La preuve des liens de Joe Schenck avec les dirigeants et les racketteurs de la Mafia est apportée dans *All American Mafioso* de Charles Rappleye et Ed Becker.

Shelley Winters a raconté son amitié avec Marilyn dans son autobiographie, *Shelley.* L'histoire du Group Theatre est relatée dans l'ouvrage de Jay Williams, *Stage Left.* La majeure partie de l'histoire de l'Actor's Lab provient de l'expérience directe de l'auteur. Quant au passé de Natasha Lytess, l'auteur en tient l'essentiel de l'époque où il était lui-même élève de Lytess en 1957.

Le récit de la mort d'Ana Lower provient d'un entretien avec Bébé Goddard, et Arthur Miller y fait allusion dans son autobiographie, *Au fil du temps : une vie.* L'idylle entre Marilyn et Freddy Karger est tirée essentiellement des notes de Ben Hecht et des mémoires inédits de Natasha Lytess. L'anecdote de sa rencontre avec Harry Cohn est relatée dans *My Story.*

Les circonstances de la reprise de la voiture de Marilyn m'ont été racontées par Robert Slatzer.

L'ascension de William Parker dans la hiérarchie de la police de Los Angeles m'a été confiée par l'ex-officier de police Vincent Carter ainsi que par plusieurs retraités du LAPD. La question a été approfondie lors d'un entretien avec Daryl Gates, lequel a détaillé le fait dans son livre, *Chief.*

Le récit de la tentative de suicide de Marilyn après la mort de Johnny Hyde figure dans les mémoires de Natasha Lytess. La première rencontre entre Arthur Miller et Marilyn est racontée dans *Au fil du temps : une vie.* Les renseignements concernant les réunions de la cellule communiste au domicile des Murray à Rustic Canyon m'ont été communiqués par Norman Jefferies au cours d'un entretien en novembre 1993. Les activités du parti d'Engelberg sont détaillées dans les rapports de la Commission d'enquête sur les activités anti-américaines et dans les archives de la Los Angeles School of Social Research.

Le voyage de Marilyn à Hemet chez Stan Gifford a été raconté par des proches de Gifford dans des interviews réalisées par Anthony Summers.

Le récit de l'accession de Marilyn au vedettariat est consigné dans les notes de Sidney Skolsky conservées à la bibliothèque de l'Académie des arts et des sciences du cinéma et dans celles de Maurice Zolotow à l'université du Texas. *My Story* est la source des souvenirs personnels de Marilyn au sujet de sa rencontre avec Joe DiMaggio. Robert Slatzer lui-même m'a raconté comment il est allé retrouver Marilyn sur le tournage de *Niagara.* L'ancien assistant de Dorothy Kilgallen, Eddie Jaffe, a confirmé que Kilgallen avait obtenu l'accord de Marilyn pour la publication de la chronique de Slatzer. Les détails concernant le mariage de Slatzer avec Marilyn sont corroborés par l'enregistrement de l'interview de Kid Chissell fourni par Hardcopy. Les problèmes de Marilyn avec Otto Preminger sont extraits du dossier Marilyn Monroe de l'Académie des arts et des sciences du cinéma.

Les circonstances de la mort de Grace Goddard m'ont été racontées par Bébé Goddard lors d'un entretien. L'incident ayant conduit au mariage de Marilyn avec DiMaggio, ainsi que les incidents relatifs à leur lune de miel et à l'expédition en Corée sont rapportés dans *My Story.* Le récit de la soirée où furent invités les DiMaggio et les Kennedy chez Feldman a été fait par Marilyn à Robert Slatzer. Les déclarations d'Arthur James ont été recueillies par Anthony Summers lors d'un entretien pour *Les Vies secrètes de Marilyn Monroe.* Les incidents relatifs à *Sept ans de réflexion* sont rapportés dans *Billy Wilder in Hollywood* de Maurice Zolotow. Les renseignements concernant la séparation du couple DiMaggio proviennent du dossier de presse Monroe de la bibliothèque de l'Académie des arts et des sciences du cinéma, et de déclarations faites par Whitey Snyder à l'auteur. Les informations concernant les Marilyn Monroe Productions figurent dans les archives de Milton Greene.

Quatrième partie

Le récit de l'arrivée de Marilyn à New York figure dans les papiers légués par Zolotow à l'université du Texas. Une interview de John Springer, qui s'occupait de la publicité de Marilyn, m'a également aidé. Plusieurs entretiens avec Jimmy Haspiel m'ont fourni de nombreuses informations sur les activités de Marilyn sur la côte est. Norman Rosten a évoqué pour moi ses souvenirs de Marilyn, et dans son livre *Marilyn et ses amis* il raconte avec de plus amples détails les visites qu'elle effectua chez lui. Les souvenirs de Truman Capote proviennent du livre *A Biography — Capote,* de Gerald Clarke.

Je dois à Jimmy Haspiel, qui était présent ce jour-là, le récit de la participation de Marilyn au Celebrity Circus. La relation avec Arthur Miller est relatée dans *Au fil du temps : une vie.* Norman Rosten m'a fourni d'autres informations à ce sujet. Les citations d'Henry Rosenfeld sont extraites du livre *Les Vies secrètes de Marilyn Monroe,* tout comme celles de Jane Shalam.

Les épisodes qui se déroulent à l'Actors Studio ont été racontés par Susan Strasberg dans *Marilyn and Me.* Les démêlés de Marilyn avec la Fox sont retracés à partir des archives de la compagnie et des dossiers laissés par Milton Greene. Les démêlés de Marilyn avec Natasha Lytess, à partir des documents Zolotow, des papiers de Milton Greene et du mémoire rédigé par Natasha Lytess elle-même. Le nouveau contrat de Marilyn avec la Fox se trouve dans les archives de la Fox à l'université de Californie du Sud. Les souvenirs de Joshua Logan à propos du tournage de *Bus Stop* proviennent de l'autobiographie publiée par ce dernier sous le titre *Movie Stars, Real People and Me.* Le témoignage de Billy Woodfield a été rédigé à partir de plusieurs entretiens. Celui de Rupert Allan provient de son interview, archivée à l'Académie des arts et sciences du cinéma.

L'itinéraire professionnel de Pat Newcomb a été retracé à partir des dossiers du *Washington Times-Herald,* de son dossier de candidature auprès de l'US Information Agency en 1963, et de mes entretiens avec Michael Selsman et Natalie Jacobs.

Les souvenirs de Pierre Salinger proviennent de ses entretiens enregistrés à la Bibliothèque Kennedy et de son livre *With Kennedy.* La collaboration entre Robert Kennedy et James Hamilton au département de la police de Los Angeles est décrite dans une interview de Daryl Gates, et confirmée par la correspondance archivée à la Bibliothèque Kennedy.

Les démêlés de Marilyn avec Don Murray ont été analysés par Arthur Miller dans *Au fil du temps : une vie.* Les problèmes de Miller avec la Commission d'enquête sur les activités anti-américaines (commission McCarthy) sont consignés dans les procès-verbaux d'auditions de la Commission. Les commentaires de Danny Greenson s'adressaient à Anthony Summers. Maurice Zolotow a fait dans son livre *Marilyn Monroe* le récit du mariage avec Arthur Miller, et la scène qui se déroula à la ferme d'Arthur m'a été racontée par Jimmy Haspiel, qui en fut le témoin direct.

Les documents concernant *Le Prince et la Danseuse* proviennent des papiers de Milton Greene, et du legs Arthur Miller à l'université du

Texas. Laurence Olivier devait évoquer ce tournage dans *Confessions of an Actor*, et j'ai largement fait appel au journal tenu par Colin Clark.

Les difficultés conjugales des Miller après leur retour d'Angleterre sont racontées dans *Au fil du temps : une vie*, et j'ai recueilli à ce sujet les témoignages de Norman Rosten et James Haspiel.

Le parcours professionnel de Marianne Kris a été retracé grâce aux archives de l'Institut de psychanalyse de New York, et aux informations concernant Otto Fenichel et les *Rundbriefe*.

Des entretiens avec Lena Pepitone et son livre de souvenirs *Marilyn Confidential* m'ont aidé à décrire la vie de Marilyn dans son appartement new-yorkais. Les notes de Maurice Zolotow m'ont été très utiles pour raconter le tournage de *Certains l'aiment chaud*. Beaucoup d'anecdotes sur ce tournage sont de première main : je travaillais dans les locaux de la Goldwyn pendant cette période, et j'ai passé de nombreuses journées sur le plateau de *Certains l'aiment chaud*. Le récit de la dépression nerveuse de Marilyn à la suite de ce tournage a été fait par Norman Rosten dans *Marilyn et ses amis*.

Les observations de Lena Pepitone sont extraites de mes entretiens avec cette dernière ainsi que de son livre *Marilyn Confidential*, et les informations concernant Sam Giancana proviennent des dossiers du FBI et de mes entretiens avec Bill Roemer, l'agent du bureau du FBI à San Francisco qui était chargé de surveiller Giancana. Les déclarations faites par Marilyn à Georges Belmont sont extraites de *Marie Claire*. Marilyn avait confié son rêve d'épouser John Kennedy à Ralph Roberts ainsi qu'à Terry Moore et à Henry Rosenman. L'incident survenu lors d'un dîner à Manhattan m'a été raconté par Norman Rosten, qui en fait le récit dans son livre *Marilyn et ses amis*. La correspondance de Greenson est archivée au Special Collections Department de l'université de Californie à Los Angeles. L'épisode entre Sinatra et Greenson est relaté dans *Hollywood on the Couch* ainsi que dans le livre *Sinatra* de Kitty Kelley. Les informations concernant la collaboration entre le colonel John M. Murray et Greenson ont été livrées par Greenson lui-même dans les papiers légués à l'UCLA.

Cinquième partie

Les événements survenus au cours du tournage du *Milliardaire* sont tirés en grande partie des archives de la Fox à l'université de Californie du Sud de même que des mémoires d'Yves Montand, sous la plume de H. Hamon et P. Rotman dans *Tu vois, je n'ai pas oublié*. Des entretiens avec Whitey Snyder et Ralph Roberts ont apporté des précisions complémentaires.

Les relations de Janet Des Rosiers avec Joe Kennedy ont été abordées dans les interviews effectuées par Ronald Kessler pour *Les Péchés du père*[1]. La présence de Jack Kennedy aux Sands est mentionnée dans les dossiers du FBI. La soirée à laquelle ont assisté Judith Campbell et Pat Newcomb

1. Éd. Albin Michel, 1996.

figure dans le livre de Judith Campbell Exner, *My Story*. La participation de la Mafia aux primaires de Kennedy est évoquée dans plusieurs biographies du Président et a été récemment confirmée par le livre de Seymour Hersh, *The Dark Side of Camelot*.

Frank Hronek a fait ses déclarations à Anthony Summers. John St. John a évoqué Pucini au cours d'un entretien qui a eu lieu en 1993.

Les références au tournage des *Désaxés* s'inspirent en grande partie d'interviews de Ralph Roberts, Whitey Snyder et Sidney Guilaroff. D'autres informations proviennent de *The Story of the Misfits*, par James Goode et de *Au fil du temps : une vie*, par Arthur Miller. Les remarques d'Arnold Schulman ont été publiées dans *Marilyn and Me*, de Susan Strasberg.

L'incident du Cal-Neva Lodge, le week-end du 13 au 14 août, m'a été rapporté par Ralph Roberts. L'agent Bill Roemer m'a confirmé la présence des Kennedy et de Giancana. Dans *His Way*, Kitty Kelley a esquissé les relations entre Giancana, Sinatra et Rudin. Les citations de George Smathers sont tirées de son entretien avec Seymour Hersh, publié dans *The Dark Side of Camelot*.

Les déclarations de Chuck Spalding concernant l'hospitalisation de Marilyn figurent dans ses interviews faites par Seymour Hersh.

La classification des résultats des élections se trouve dans le livre de Thomas Reeves, *A Question of Character*. C'est à Judith Campbell Exner que Giancana a adressé ce commentaire sur les élections, qui apparaît dans *My Story*. Les remarques du sénateur Smathers sur le président Kennedy et Marilyn Monroe font partie d'une interview effectuée par Seymour Hersh. Le fait que Marilyn se présentait sous le nom de « Greene » pour appeler le ministre de la Justice et la Maison Blanche a été confirmé par Angie Novello, la secrétaire de Robert Kennedy.

C'est au cours de son interview avec Donald Spoto, sur les enregistrements à l'Académie des arts et sciences du cinéma, que Rupert Allan a confié que Pat Newcomb avait tendance à pousser Marilyn à la consommation de calmants.

Les réflexions de Lena Pepitone sont extraites de *Marilyn Monroe Confidential*. La visite de DiMaggio à Noël est racontée dans une lettre que Marilyn a adressée au Dr Greenson depuis Payne Whitney en donnant des détails sur son hospitalisation. Sa sortie de Payne Whitney a été décrite par Ralph Roberts au cours d'une interview et dans *Marilyn and Me*, par Susan Strasberg. Que le Dr Ralph Greenson ait été un agent du Komintern, je le tiens de Norman Jefferies, qui me l'a déclaré au cours d'une interview effectuée en novembre 1993.

Les problèmes de la Twentieth Century Fox au début des années soixante sont visibles dans les archives de la Fox et dans *Zanuck*, le livre de Leonard Mosley. Le cheminement de Hannah Weinstein est esquissé dans *The Red Network*, par Elizabeth Dilling, et Walter Bernstein en fait état dans son livre *Inside Out*.

L'amitié entre Ralph Roberts et Marilyn est évoquée dans plusieurs interviews ainsi que dans le livre de Susan Strasberg, *Marilyn and Me*. Berneice raconte la visite qu'elle rendit à Marilyn à New York dans *My Sister Marilyn*. Les réflexions de Lena Pepitone figurent dans son livre *Marilyn Confidential* et dans une interview qu'elle a accordée en 1995.

Les citations de James Bacon concernant Marilyn et JFK se trouvent dans *The Dark Side of Camelot*, par Seymour Hersh. Le message de Marilyn adressé à Norman Rosten concernant Bobby fait partie des documents Rosten et est cité dans *Marilyn, an Untold Story.*

Les citations de Lawford proviennent de *Peter Lawford, the Man Who Kept the Secrets*, par James Spada.

La conversation de Sam Giancana avec Johnny Rosselli est extraite d'un décryptage des services de surveillance du FBI ; l'agent du FBI Bill Roemer me l'a expliqué au cours d'une interview.

Les conditions de la mise à pied de Ralph Roberts ont été révélées au cours d'une de ses nombreuses interviews.

Jeanne Carmen a adressé à Robert Slatzer ses remarques sur Eunice Murray. Hildi Greenson a confié à Anthony Summers et Peter Brown ses réflexions sur le comportement de Marilyn lors de ses visites. Les soirées culturelles chez les Greenson ont été racontées par Henry Weinstein, Lucy Freeman et un associé du Dr Greenson. Les problèmes affectifs du Dr Greenson après la mort de Marilyn sont décrits dans *Hollywood on the Couch.* Le rôle de Greenson à l'intérieur du parti communiste a été révélé par Norman Jefferies. Les liens entre Greenson et la Hollywood Writers Mobilization sont détaillés dans son dossier au FBI.

Les déclarations de Louis Budenz font partie des rapports de la Commission d'enquête sur les activités anti-américaines (HUAC) et les citations portant sur le Conseil des arts, des sciences et des professions libérales sont tirées de son livre *Men without Faces.* L'appartenance du Dr Hyman Engelberg à ce Conseil a été attestée devant l'HUAC et est largement traitée dans les archives de la Los Angeles School for Social Research. Le rapport entre l'appartenance de Frederick Vanderbilt Field au parti et son rôle en tant qu'agent prosoviétique a été attesté par Louis Budenz et se trouve plus longuement développé dans *The Amerasia Spy Case*, par Harvey Klehr et Ronald Radosh. Le fait que les cabinets des psychiatres servaient souvent de relais pour la transmission des informations a été confirmé lors des auditions devant la Commission d'enquête sur les activités anti-américaines.

Le rôle croissant du Dr Greenson dans la gestion de la carrière de Marilyn est entériné par les dossiers de la Fox. Les réflexions de David Brown sur l'influence de Greenson figurent dans une interview de Peter Brown. Les intérêts de Joe Kennedy dans la Rhodes Holding Company, que représentait Milton Gould, sont confirmés par les dossiers de la municipalité de New York.

Les liens de Samuel Rosenman et de John Loeb avec la Maison Blanche sont entérinés par les documents déposés à la Bibliothèque Kennedy. Les problèmes inhérents au tournage de *Something's Got to Give* sont relatés dans *Marilyn, histoire d'un assassinat*, par Peter Brown et Pattie Barham. Des interviews de Whitey Snyder, Ralph Roberts et Evelyn Moriarty ont également apporté de nombreuses précisions. La réflexion de Pat Newcomb sur Marilyn et Bobby figure dans l'interview de Spoto déposée à l'Académie des arts et sciences du cinéma.

Les déclarations de Gloria Romanoff sur Bobby et Marilyn ont été faites à Anthony Summers. James Bacon a évoqué en 1994, au cours d'une interview, l'histoire des notes que prenait Marilyn. Mack McSwan a été interviewé en janvier 1998.

Le récit du voyage de Marilyn au Mexique provient de l'autobiographie de Frederick Vanderbilt Field, *From Right to Left*, de même que du livre d'Eunice Murray, *Marilyn, the Last Months.* Les documents concernant la surveillance exercée par le FBI au cours de sa visite chez Field ont été obtenus par Anthony Summers.

Spada raconte dans son livre, *Lawford, the Man Who Kept the Secrets*, la rage de Sinatra contre Lawford. Les réunions entre JFK et J. Edgar Hoover sont portées sur les agendas présidentiels déposés à la Bibliothèque Kennedy. Les préparatifs de Marilyn pour son voyage à Palm Springs sont racontés par Eunice Murray dans *Marilyn, the Last Months* et par Robert Slatzer au cours d'une interview. Ralph Roberts a fait état, lors d'une émission de « 20/20 » qui a été déprogrammée, de l'appel que Marilyn lui avait passé de Palm Springs et a raconté l'histoire à Peter Brown et à moi-même. Ed Guthman évoque la soirée à laquelle il a assisté avec Marilyn et Bobby dans les enregistrements Spoto déposés à la bibliothèque de l'Académie des arts et sciences du cinéma.

Norman Rosten m'a raconté au cours d'une interview sa visite à Marilyn à Hollywood et il l'a décrite dans *Marilyn et ses amis.*

Milt Ebbins a raconté la soirée de Fifi Fell à James Spada et à Anthony Summers. La presse s'est largement fait l'écho de la maladie de Marilyn. Des notes dans le dossier de Greenson à l'UCLA et à l'Institut de psychanalyse confirment qu'il s'est rendu en Suisse et a participé à une conférence. L'histoire du chevalier blanc figure également dans l'enregistrement d'une conférence de Greenson à l'Institut. Les archives de la Fox évoquent le problème du voyage de Marilyn à New York pour le gala de JFK. Jean-Louis a raconté la fabrication de la robe à l'occasion d'une interview qui eut lieu en 1993. La dispute survenue dans la loge de Marilyn démontre à l'évidence que Bobby ne voulait pas de la présence de Marilyn au gala d'anniversaire ; cet épisode a été raconté par Mickey Song lors de son interview. Jimmy Haspiel a été témoin de la présence de Marilyn aux répétitions et de sa participation au gala, comme il en a fait état pendant son interview.

Dans son livre *Les Vies secrètes de Marilyn Monroe*, Anthony Summers raconte les altercations avec les services secrets après le gala. Joseph Narr, dans son interview avec Donald Spoto, déposée à l'Academy Library, évoque l'arrivée de Marilyn dans la suite de Kennedy ce soir-là.

Billy Woodfield a parlé de la séance de nu dans la piscine au cours d'une interview ; Whitey Snyder et Agnes Flanagan ont décrit l'état de Marilyn sur le plateau ce fameux jour. La date du rendez-vous entre le Président et Hoover, en mai, est mentionnée sur l'agenda présidentiel, à la Bibliothèque Kennedy. La fin brutale des communications entre Marilyn et JFK a été racontée par Patricia Seaton Lawford ainsi que par Eunice Murray dans *Marilyn, the Last Months.* Dans son interview de novembre 1993, Norman Jefferies a décrit ce qui s'était passé.

Henry Weinstein et Whitey Snyder ont raconté le dernier jour de Marilyn. Terry Moore a parlé des problèmes de Marilyn avec JFK dans des interviews accordées à Robert Slatzer et à Anthony Summers. Elle a confirmé ses propos lors d'une interview en 1996.

Les réflexions de Joan et Danny Greenson figurent dans *Les Vies secrètes de Marilyn Monroe.* Le retour de Greenson après son voyage en Europe est confirmé par les archives de la Fox et les documents Greenson à l'UCLA. Dans *Zanuck* et dans *The Letters of Nunnally Johnson,* Leonard Mosley fait état de la communication téléphonique entre Marilyn et Spyros Skouras. La situation de Rosenman à la Maison Blanche et au ministère de la Justice est attestée par les archives de la Bibliothèque Kennedy de même que dans sa nécrologie parue dans le *New York Times.* L'histoire de Century City est confirmée par les papiers de la société conservés à la City of New York.

Whitey Snyder, qui l'a évoqué dans son interview, a été témoin de l'appel de Marilyn à Zanuck. Le câble de la Western Union provient d'un dossier concernant la correspondance du ministre de la Justice déposé à la Bibliothèque Kennedy.

Lors de son interview de 1993, Norman Jefferies a évoqué la venue de DiMaggio chez Marilyn.

Patricia Seaton Lawford a mentionné à James Spada le déplacement de Bobby à Los Angeles. Hazel Washington a été interviewée par Peter Brown.

La renégociation du contrat de Marilyn fait partie des archives de la Fox. L'interview de Peter Levathes a été publiée dans *Marilyn, histoire d'un assassinat.* La visite de Bobby sur la côte ouest et sa présence lors de l'expérimentation de la bombe à hydrogène sont attestées par les dossiers du FBI, qui ont été passés en revue par James Lesar, l'avocat du FOI, pour Anthony Summers. Le document daté du 13 juillet 1962 révélait que Marilyn Monroe avait en sa possession des documents relevant de la sûreté nationale.

Les déclarations de José Bolaños sur ses rencontres avec Marilyn ont été recueillies par Anthony Summers, qui y fait allusion dans l'édition de poche des *Vies secrètes de Marilyn.*

Le séjour de Field dans l'appartement new-yorkais de Marilyn a été confirmé par Norman Rosten lors d'une interview. Jeanne Carmen a fait état, en 1996, à l'occasion d'une interview, de la colère de Marilyn après que Bobby eut coupé les ponts. Les relevés téléphoniques de Marilyn ont été découverts par Anthony Summers et Ted Landreth. Ils ont été publiés dans *Les Vies secrètes de Marilyn.* Les factures de Greenson se trouvaient dans les papiers de la succession de Marilyn. Esther Maltz a raconté en 1996, dans une interview, comment Engelberg gardait Marilyn sous sédatifs. Dans *The Life and Curious Death of Marilyn Monroe,* Robert Slatzer aborde la venue de Marilyn à Malibu, où elle lui a montré son carnet de secrets et cet incident m'a également été rapporté récemment par Slatzer. Leonard Mosley raconte, dans *Zanuck,* la réunion du conseil d'administration de la Fox.

Julius Bengston, le coiffeur de Marilyn, qui l'a accompagnée durant ce voyage, a parlé longuement du week-end au Cal-Neva Lodge au cours d'une rencontre, et aussi lors d'autres interviews avec Billy Woodfield. De même, l'agent Bill Roemer, qui assurait la surveillance de Giancana.

Les activités de Marilyn au cours de la dernière semaine de juillet sont abondamment décrites dans le dossier de la succession. Whitey Snyder et Marge Pletcher ont dû faire le récit de la soirée du mardi 31 juillet. On trouve, dans *Les Vies secrètes de Marilyn,* la visite de Mickey Song à Marilyn, qui l'évoque à nouveau lors d'une interview en 1995. Dans une interview effectuée par Anthony Summers pour *Les Vies secrètes de Marilyn,* Fred Otash a raconté comment Marilyn l'avait contacté pour lui demander du matériel d'enregistrement et il a révélé l'existence des bandes Spindel au cours de l'émission « 20/20 » dont la programmation a été annulée. Eunice Murray raconte dans *Marilyn, the Last Months* les activités de Marilyn. Le lien entre Rothberg et Ron Pataki a été vérifié grâce à plusieurs interviews de Pataki en 1994 et 1995. Robert Slatzer a fait état dans plusieurs entretiens de ses conversations avec Marilyn.

Lors d'un entretien, en 1997, Ralph Roberts a révélé que Marilyn avait l'intention de se séparer de Greenson et de Mrs. Murray. Les déclarations de Rupert Allan figurent dans son entretien déposé à l'Académie des arts et sciences du cinéma. Norman Rosten m'a parlé du dernier appel de Marilyn lors d'une rencontre en 1993. Le récit de Billy Travilla apparaît dans *Les Vies secrètes de Marilyn.*

Le déroulement des événements, le dernier jour de la vie de Marilyn, provient de sources diverses. Jeanne Carmen m'a raconté le coup de téléphone de Marilyn, comme elle l'avait fait à Bob Slatzer et Anthony Summers. Les déclarations de Jefferies font partie de son interview de 1993. Dans son numéro de janvier 1965, *The Ladies Home Compagnion* fait état de la colite de la star, diagnostiquée par le Dr Cottrell. Jefferies a révélé en 1993, lors d'un entretien, la nature de la querelle qui a opposé Pat Newcomb à Eunice Murray. La déclaration de Newcomb concernant Mrs. Murray figure dans une interview de Spoto déposée à l'Académie des arts et sciences du cinéma. Frank Neills a raconté, lors d'un entretien avec Peter Brown, qu'il avait vu un hélicoptère à la Fox, de même que la présence de Bobby et de Peter Lawford. Cité dans *Marilyn, histoire d'un assassinat.*

Les propos de Sam Yorty et de Tom Reddin proviennent de l'émission annulée, « 20/20 », ainsi que d'interviews effectuées par Robert Slatzer. Les paroles d'Eunice Murray sur Bobby Kennedy sont tirées de transcriptions de *Say Goodbye to the President,* un documentaire de la BBC. En 1993, pendant son interview, Norman Jefferies a également confirmé la présence de Bobby.

En 1995, Sidney Guilaroff m'a parlé des appels de Marilyn à propos de Bobby. Bullets Durgom a fait état de la présence de Pat Newcomb chez les Lawford lors d'un entretien avec Peter Brown ; ses propos ont été confirmés par Patricia Seaton Lawford.

La correspondance entre le psychiatre de Marilyn et Marianne Kris fait partie des documents Greenson, à l'UCLA.

La seconde conversation de Guilaroff avec Marilyn figure dans son interview. Le récit de Rosenfeld se trouve dans *Les Vies secrètes de Marilyn.*

L'interview de Pollard est tirée des archives de Robert Slatzer et m'a également été racontée au cours d'un entretien avec Jack Clemmons.

José Bolaños a raconté à Anthony Summers comment Marilyn a posé l'écouteur pour ne plus revenir.

Norman Jefferies a raconté en 1993, dans son interview, l'arrivée à la porte de Marilyn de Bobby Kennedy en compagnie de deux hommes.

Au cours de son interview, Lynn Franklin, de la police de Beverly Hills, a raconté comment il a arrêté la voiture de Lawford et reconnu les occupants.

Sources

Les noms d'auteur et les titres d'ouvrages donnés en référence renvoient à la Bibliographie, p. 579. En dehors de toute précision, les entretiens (ent.) ont été menés par l'auteur.

Première partie

Chapitre 1

p. 16 Appel d'Engelberg : ent. Jack Clemmons, 1993, 1997.
p. 17 Description de la scène : Slatzer, *The Life and Curious Death of Marilyn Monroe* ; ent. Clemmons, 1993.
p. 17 Les conversations entre J. Clemmons, les médecins et Mrs. Murray ont été reconstruites à partir de nombreux entretiens avec J. Clemmons.
p. 20 Indication du Dr Engelberg sur l'injection faite à Marilyn : *Marilyn Remembered*, notes du 22 mars 1991 ; ent. Clemmons, 1996.

Chapitre 2

p. 22 « Quel jour sommes-nous ? » : Rosten, *Marilyn : an Untold Story*.
p. 22 Appel avant l'aube : ent. Don Hockett, 1994.
p. 23 Appel en urgence à Tommy Thompson : ent. Richard Stolley, 1993.
p. 23 Réactions de la presse : Joe Hyams, 1994 ; Billy Woodfield, 1994 ; James Bacon, 1994.
p. 23 Absence de verre : ent. Clemmons, 1993.
p. 23 Observations de Byron : ent. Robert Byron, 1993.
p. 24 Chronologie des événements : rapports de Byron, 5 et 6 août 1962 ; ent. Clemmons, 1993.
p. 24 Enregistrement de Tommy Thompson : archives de *Time and Life* ; ent. Richard Stolley, 1993.

p. 25 Les déclarations d'Eunice Murray sont reconstituées d'après les rapports de police et ses déclarations au *L.A. Times* et au *Herald Examiner*, 8 août 1962.

p. 26 Qualités de Poissons de Mrs. Murray : Murray, *Marilyn, the Last Months.*

p. 26 Appels de Marilyn : d'après les relevés téléphoniques publiés par Summers, dans *Les Vies secrètes de Marilyn* ; ent. Norman Jefferies, 1993 ; ent. Ralph Roberts, 1993 ; ent. Norman Rosten, 1994.

p. 27 « Mrs. Murray est restée vague... » : rapport du policier Armstrong, 5 août 1962.

p. 27 Déclarations de Pat Newcomb : *L.A. Times, Herald-Examiner*, 6 août 1962 ; ent. Slatzer-Newcomb, 1973.

p. 27 Clemmons ne vit ni Pat Newcomb ni Jacobs : ent. Clemmons, 1993, 1994.

p. 27 Pat Newcomb hystérique : ent. Jefferies, 1993 ; Murray.

p. 28 « La rigidité cadavérique... » : Summers ; Slatzer, *The Life and Curious Death of Marilyn Monroe* ; ent. Don Hockett, 1994.

p. 28 Récit de Hyams : ent. Hyams, 1994, 1995 ; Hyams, *Mislaid in Hollywood* ; *N.Y. Herald-Tribune*, 6 août 1962.

p. 28 Présence de James Hamilton : ent. Billy Woodfield, 1994 ; ent. Joe Hyams, 1994, 1995 ; ent. ancien officier du bureau du renseignement qui tient à garder l'anonymat.

p. 29 Enlèvement du corps de Marilyn : photos de presse ; entretiens avec Woodfield, Hyams, Don Hockett et le correspondant d'United Press, Joe Finegan, 1993, 1994.

p. 29 Incidents aux pompes funèbres de Westwood Village : entretiens avec Hyams, Woodfield, Don Hockett et Alan Abbott, 1993, 1994.

Chapitre 3

p. 31 Slatzer réveillé par un coup de téléphone : ent. Ron Pataki, 1995 ; transcriptions de l'entretien de Summers avec le Dr Firestone et Ron Pataki, 1983.

p. 32 Remarque d'Arthur Miller : *N.Y. Post*, 6 août 1962.

p. 32 Appel de Clemmons à Dougherty : ent. Clemmons, 1993.

p. 32 Commentaire de Lee Strasberg : *New York Herald-Tribune*, 6 août 1962.

p. 33 « Ce qu'il était bon de dire à l'époque... » : Summers.

p. 33 « Je suis arrivée chez Marilyn... » : *N.Y. Journal-American*, 12 août 1962.

p. 33 « Je suis arrivée vers 8 h 30 le samedi matin... » : déclarations de Mrs. Murray à la police ; ent. Slatzer/Murray, 1972 ; Summers.

p. 35 Récit de Lawford : interrogatoire « à la maison » de Daryl Gate, 1975 ; *L.A. Times*, 6 août 1962 ; *L.A. Herald-Examiner*, 7 août 1962.

p. 36 « Mr. Rudin a déclaré... » : interrogatoire de Milton Rudin mené par le lieutenant Grover Armstrong et tiré des fichiers de la police de Los Angeles par Robert Slatzer.

p. 38 « L'heure a été confirmée... » : rapport de police du sergent Byron, 5 août 1962 ; *N.Y. Post*, 6 août 1962.
p. 38 Déclaration de Mrs. Murray à propos de l'appel de DiMaggio Jr : rapport de police du sergent Byron, 5 août 1962.
p. 38 « Finalement, madame Murray... » : *L.A. Herald-Examiner*, 6 août 1962.

Chapitre 4

p. 40 « Quelque chose d'étrange... » : le récit de l'affectation du Dr Noguchi au cas Marilyn Monroe est tiré du livre de Noguchi, *Coroner* ; ent. Slatzer/Noguchi, 1972.
p. 41 Découverte de Grandison : ent. Grandison, 1993 ; transcription de l'entretien Slatzer/Grandison, 1974.
p. 42 « Peu après 9 heures du matin... » : ent. Slatzer/Grandison, 1973.
p. 42 John Miner avocat général adjoint : Summers.
p. 42 Présence du coroner : ent. Grandison, 1993.
p. 43 Nombre de comprimés : rapport de police du lieutenant Armstrong, 5 août 1962.
p. 43 Déclarations de Miner sur l'autopsie : ent. Miner, 1993, 1995 ; Summers ; ent. Slatzer/Miner, 1973.
p. 44 Cas de John Belushi : Noguchi.
p. 44 Lividité cadavérique : ent. Dr Kay Cassell, 1993 ; ent. Robert Cravey, 1933 ; ent. Alan Abbott, 1944.
p. 45 « Une petite ecchymose sur la fesse gauche... » : rapport d'autopsie, 1962.
p. 45 Déclarations de Grandison et Miner sur les bleus : ent. Grandison, 1994 ; Slatzer, *Marilyn Files.*
p. 45 « C'est un signe de violence... » : Noguchi, *N.Y. Times*, 13 novembre 1982.
p. 45 Déroulement de l'autopsie : rapport d'autopsie ; Noguchi, *Coroner* ; ent. Slatzer/Noguchi, 1972 ; ent. Miner, 1993.
p. 47 Précédente tentative de suicide : N. Lytess, « My Years with Marilyn », manuscrit, coll. Zolotow, Université du Texas, Austin.
p. 47 « Odeur de poire » : ent. Dr Kay Cassell, 1993.
p. 47 « Le sang non embaumé est prélevé... » : rapport d'autopsie.
p. 48 Photos de Wiener : ent. Leigh Wiener, 1992 ; Summers.

Chapitre 5

p. 49 Analyses : rapports de R.J. Abernethy des 8 et 13 août 1962.
p. 50 Conclusion du rapport : rapport du coroner, dossier 81128.
p. 51 Laboratoire de toxicologie de l'UCLA : Centre médical de l'UCLA, dossier Marilyn Monroe du 6 août 1962.
p. 51 « Si j'analyse... » : Slatzer, *The Marilyn Files.*
p. 52 Commentaires de Grandison sur la procédure d'investigation : transcription des entretiens Slatzer/Grandison, 1974 ; ent. Grandison, 1994.

p. 52 « Carnet de secrets » : CIA, par l'intermédiare d'une source confidentielle.
p. 52 « C'étaient plutôt des notes... » : ent. Mike Rothmiller, 1998.
p. 53 Confirmation de Jefferies : ent. Jefferies, 1993.
p. 53 Grandison et le carnet de secrets : transcription de l'entretien Slatzer/Grandison, 1974.
p. 54 Conférence de presse de Curphey et équipe de prévention du suicide : *Los Angeles Herald-Examiner*, 6 août 1962.
p. 54 Litman, Farberow et Tabachnik collègues de Greenson et membres de l'ACLU : dossier du FBI sur Greenson.
p. 54 Subvention du Centre de prévention du suicide par l'Institut national de santé mentale (NIMH) : fichier du NIMH.
p. 54 Conférence de presse de l'équipe de prévention du suicide : *Los Angeles Herald-Examiner*, 7, 8 et 14 août 1962.
p. 56 Entretien Greenson/Miner : ent. Miner, 1993, 1997 ; Slatzer, *The Marilyn Files* ; Summers.
p. 57 « Si l'évaluation de Miner... » : Noguchi.
p. 58 Récit de Grandison sur la signature du certificat de décès : Slatzer, *The Marilyn Files* ; ent. Grandison, 1993.
p. 58 Conférence de presse de Curphey : *Los Angeles Times*, 22 août 1962 ; *Los Angeles Herald-Examiner*, 21 août 1962 ; dossiers du bureau du coroner.
p. 59 Analyse par ordinateur du cas n° 81128 : Dr Kay Cassell, et INFORM.
p. 60 Tableau établi par le toxicologue Robert H. Cravey.
p. 60 L'inéluctabilité de la mort avant que la concentration dans le sang n'atteigne un tel niveau a été confirmée par de nombreux pathologistes dont le Dr Sidney Weinberg, et a été démontrée par Robert H. Cravey ; statistiques de l'INFORM.

Chapitre 6

p. 62 Brown : Summers.
p. 62 Note griffonnée : ent. Slatzer/Grandison, 1978.
p. 63 Entretien de Slatzer avec Marilyn : ent. Slatzer, 1994 ; ent. Pataki, 1995.
p. 63 Déclaration de Lawford : *Long Beach Star*, 17 février 1976.
p. 64 Standardiste : Slatzer, *The Life and Curious Death of Marilyn Monroe.*
p. 64 Appel mystérieux de Marilyn : *Los Angeles Times*, 7 août 1962.
p. 64 Appel de Rosenfeld : Summers.
p. 64 Appel à Guilaroff : ent. Sidney Guilaroff, 1996 ; Guilaroff, *Crowning Glory*.
p. 65 Appel à Carmen : ent. Jeanne Carmen, 1997 ; Summers.
p. 65 Appel de Bolaños : Summers.
p. 66 Confirmation de « Bullets » Durgom : Summers.
p. 66 Récit des Naar : James Spada, *The Man Who Kept the Secrets* ; Summers, *Les Vies secrètes de Marilyn...* ; Slatzer, *The Marilyn Files.*
p. 67 Appels téléphoniques de Marilyn : ent. Joe Hyams, 1994 ; Summers.

p. 68 Déclarations de Reddin et Yorty : archives Slatzer.
p. 68 Correspondance avec Hamilton : Bibliothèque Kennedy, correspondance personnelle du ministre de la Justice.
p. 69 Déclaration de Tobin : Summers.
p. 69 « Étranges pressions... » : *New York Daily News,* 8 août 1962.
p. 69 « Je lui ai demandé quels appels... » : ent. Slatzer, 1995.
p. 70 Bates : Bibliothèque Kennedy, correspondance personnelle du ministre de la Justice.
p. 70 Déclaration de Bates : Donald Spoto, *Marilyn Monroe : la biographie.*
p. 70 Présence de Bobby Kennedy à la messe : *Gilroy Dispatch,* 6 août 1962.
p. 70 Découverte de Thad Brown : Summers.
p. 71 « Dès que Hamilton et son bureau... » : Summers.

Chapitre 7

p. 72 « Mrs. Eley n'a jamais entendu parler... » : *Los Angeles Herald-Examiner,* 7 août 1962.
p. 73 Snyder aux pompes funèbres : ent. Snyder, 1993.
p. 73 Assistant de Hockett : ent. Alan Abbott, 1994.
p. 74 « Tout le monde vous tire... » : interview Meryman, *Life,* 3 août 1962.
p. 74 Oraison funèbre de Strasberg : collection d'Alan Abbott.

Chapitre 8

p. 77 Interview de Marianne Means : *Washington Times-Herald,* 11 août 1962.
p. 78 Voyage sur le *Manitou* : Julius Fanta, *Sailing with Kennedy.*
p. 78 Déclaration de Ward Wood : Fanta.
p. 78 Enquête de Hyams/Woodfield : ent. Hyams, 1994 ; ent. Woodfield, 1995 ; Summers.
p. 78 « Écoutez, je ne peux m'expliquer... » : Summers ; ent. Woodfield, 1995.
p. 79 Slatzer et Inez Melson : ent. Slatzer, 1994.
p. 79 A-1 Lock and Safe Co. : papiers Monroe.
p. 80 Slatzer et Marilyn à Malibu : ent. Slatzer, 1994, 1995.

Chapitre 9

p. 82 Clemmons retourna... : ent. Clemmons, 1993, 1996.
p. 83 Slatzer retourna... : ent. Slatzer, 1995.
p. 84 « La mort de Marilyn a été... » : Farber et Green, *Hollywood on the Couch.*
p. 84 « Il n'y aura jamais... » : Farber et Green.
p. 85 « En 1962, le chef de la police... » : Summers.
p. 85 Correspondance Parker/RFK : Bibliothèque Kennedy, correspondance du ministre de la Justice.
p. 85 Démission de Hamilton : Daryl Gates, *Chief* ; ent. Gates, 1996.
p. 85 Retour de Pat Newcomb : correspondance P. Newcomb/RFK, Bibliothèque Kennedy, correspondance du ministre de la Justice ; registre des employés de l'USIA.

Chapitre 10

p. 87 Mémorandum de Hoover : fichier personnel et confidentiel du bureau du FBI.
p. 88 Guiles et Marilyn : ent. Fred Guiles, 1994, 1995.
p. 88 Slatzer et Marilyn : ent. Slatzer, 1994.
p. 90 Entretien Quinn/Slatzer : ent. Slatzer, 1994 ; Slatzer, *The Life and Curious Death of Marilyn Monroe.*
p. 93 « Tous les indices... » : interview de Norman Mailer par Mike Wallace, *60 Minutes,* 13 juillet 1973.
p. 94 Compilation « maison » de Gates : ent. Daryl Gates, 1995 ; Gates, *Chief* ; ent. Neil Sports, 1998.
p. 94 Interview de Lawford : Gates.
p. 95 Greenson : Farber et Green.
p. 96 Miner : ent. John Miner, 1994, 1997.

Chapitre 11

p. 97 Van de Kamp et le Grand Jury : *Los Angeles Times,* 12 août 1982.
p. 97 Conférence de presse de Van de Kamp : service de presse du bureau du procureur de Los Angeles.
p. 98 « Surdose par injection... » : ent. Kay Cassell, 1993 ; Noguchi.
p. 98 Absence d'hydrate de chloral dans le foie : rapport toxicologique du Dr Abernethy.
p. 98 Signes de cyanose : le Dr Cyril Wecht, pathologiste de renommée internationale, a déclaré : « Quand le corps présente des signes de cyanose, le pathologiste recherche les causes de la mort ailleurs que dans une surdose par injection orale » ; Milo Speriglio, *Crypt 33.*
p. 99 « Le corps [...] était bleu » : ent. Leigh Wiener, 1992.
p. 99 Récit de James Hall : ent. James Hall, 1993, 1996 ; *Globe,* 23 novembre 1982 ; ent. Rick Summers.
p. 102 Récit de Ken Hunter : Rapport au procureur, 1982.
p. 102 « Il n'y avait aucune ambulance... » : ent. Clemmons, 1995.
p. 102 Bellonzi sur Hunter : ent. Carl Bellonzi, 1993.
p. 103 Slatzer et Schaefer : ent. Slatzer, 1994.
p. 103 Hunter et Summers : Summers.
p. 104 Charges sociales et photo de Hall : en 1993, Hall a montré à l'auteur des copies de ses relevés de charges sociales. Une photo de Hall portant l'uniforme de Schaefer a paru dans le *Santa Monica Evening Outlook,* du 24 septembre 1962.
p. 104 Koder : ent. Hall, 1993.
p. 104 Portrait-robot : *Globe,* 23 novembre 1983.
p. 104 Don Fraser : ent. Fraser, 1993.
p. 105 « Ce n'était pas naturel... » : ent. Clemmons, 1993.
p. 105 Rétractation de Leibowitz : ent. Murray Leibowitz (Leib), 1993.
p. 105 Déclarations du pilote Bob Neuman : ent., 1995.
p. 105 « Arthur connaissait tout... » : Summers.

Chapitre 12

p. 107 Déclaration de Litman : Summers.
p. 109 Mort de Lawford : Spada, *The Man Who Kept the Secrets.*
p. 109 « Nous avons reçu la nouvelle... » : Summers ; ent. Natalie Jacobs, 1996.
p. 110 « Si nous avions su... » : déclaration de Carroll à Anthony Summers en 1986.
p. 110 Affirmations de Natalie : ent. Natalie Jacobs, 1996.
p. 112 « J'ai reçu un appel... » : interview de Rudin, Special Collections Department, bibliothèque de l'Academy of Motion Picture Arts and Science ; Spoto.

Chapitre 13

p. 113 BBC et Mrs. Murray : ent. Ted Landreth, 1996.
p. 113 Murray et Summers : ent. Summers, 1996 ; transcription de *Say Goodbye to the President.*
p. 115 Annulation de « 20/20 » : Robert Slatzer était consultant pour ABC, et le contenu de l'émission a été rapporté par Slatzer, Sam Yorty et Bill Roemer. Les autres renseignements proviennent d'une transcription.
p. 115 « J'espère seulement... » : Liz Smith, *N.Y. Daily News,* 3 octobre 1985.
p. 116 « Un piètre travail de journalisme... » : Liz Smith, *N.Y. Daily News,* 4 octobre 1985.
p. 116 « Je suis très ennuyé... » : *N.Y. Times,* 5 octobre 1985.
p. 116 Liens d'Ethel Kennedy avec Arledge : *People,* 21 octobre 1985 ; Marc Gunther, *The House that Roone Built.*
p. 117 Otash et Chase : transcription de l'interview d'après des archives privées.
p. 118 « Il [Lawford] m'a dit... » : *Los Angeles Times.*
p. 119 Schermerhorn/Murray : ent. Terry Schermerhorn, 1995 ; ent. Ted Landreth, 1995 ; *N.Y. Post,* 16 octobre 1985.
p. 120 Saisine du Grand Jury : *Los Angeles Times,* 26 octobre 1985.
p. 120 Noguchi/ABC-TV : transcription, 25 octobre 1985.
p. 121 Annonce de Reiner : *L.A. Times,* 29 octobre 1985.
p. 121 Renvoi de Cordova : ent. Slatzer/Sam Cordova, 1997.
p. 122 « À la vérité, nous savions... » : Gates.
p. 123 Déclarations de Carroll : compte rendu de la réunion du Conseil des contrôleurs du 8 septembre 1992, archives du Conseil des contrôleurs de Los Angeles.
p. 123 « Le récit définitif de sa vie... » : Harper-Collins, catalogue du printemps 1993.

Chapitre 14

p. 124 « Pour la première fois... » : *Star,* février 1993.
p. 124 « Patricia Newcomb m'a accordé... » : Spoto.
p. 125 « L'affirmation sans aucun fondement... » : Spoto.

p. 125 « Dans *Les Vies secrètes...* » : Spoto.
p. 125 Procès de Spoto : « All about Marilyn », juillet 1994 ; la rétractation de Spoto figure dans l'édition en livre de poche de *Marilyn Monroe : la biographie.*
p. 126 « S'il vous plaît... » : *Life,* 3 août 1966.
p. 126 Jefferies chez Marilyn Monroe : Murray ; Summers
p. 126 « Murray sembla très réticente... » : Summers.
p. 126 Landreth et Jefferies : ent. Landreth, 1993.
p. 127 Révélations de Jefferies : ent. Jefferies, 1993.

Deuxième partie

Chapitre 15

p. 131 « Je me souviens... » : Guiles, *Norma Jean.*
p. 131 Histoire et généalogie de la famille de Marilyn Monroe : dossiers du généalogiste Roy Turner ; Guiles, *Norma Jean* et *Legend* ; Miracle, *My Sister Marilyn.*
Colère de Della : Guiles ; archives Roy Turner.

Chapitre 16

p. 134 « Je ne suis pas Maman... » : Guiles.
p. 135 « Le matin, je m'asseyais... » : Marilyn Monroe, *My Story* ; les paroles de Marilyn reproduites dans *My Story* ont été recueillies par Ben Hecht et figurent dans les documents Ben Hecht au Special Collections Department de la Bibliothèque Newberry, à Chicago. Elles ont été collationnées par le London Empire News en 1954 et publiées sous forme de livre en 1974. Certains se sont interrogés sur l'authenticité de ces propos. En 1975, Rose, la veuve de Ben Hecht, a confirmé qu'ils avaient bien été recueillis par son mari de la bouche de Marilyn.
p. 135 « C'était la belle dame... » : Monroe.
p. 135 « Elle ne me parlait... » : Monroe.
p. 136 « Le terrain de jeu du Pacifique » : archives de la Venice Historical Society.
p. 136 Mariage de Gladys et naissance de ses enfants : dossiers de Roy Turner ; Miracle.
p. 137 « Elle ne faisait ni la cuisine... » : Miracle.
p. 137 Visite à Flat Lick : Miracle.
p. 137 Demande de divorce : archives Turner.
p. 137 « Papa et ma grand-mère... » : Miracle.
p. 138 Gladys et Gifford : ent. Bébé Goddard, 1993, 1995 ; manuscrit inédit de Roy Turner ; Guiles, *Norma Jean.*
p. 138 Procédure de divorce : archives Turner.
p. 138 « Elles aimaient bien... » : correspondance Olin Stanley, archives Turner.
p. 139 « Ma mère a dû être... » : George Barris, *Marilyn* ; ent. Barris, 1998.

Chapitre 17

p. 140 « Presque tous les gens... » : Monroe.
p. 140 Mort de Jackie : Miracle.
p. 141 « Un jour ma mère... » : Monroe.
p. 141 Grèves à Hollywood : *Hollywood Citizen News,* 13 mars 1933.
p. 141 Gladys enjambant le grillage : correspondance Olin Stanley, archives Turner.
p. 142 « Je lui ai dit de ne pas... » : Miracle.
p. 142 « Ma mère acheta... » : Monroe.
p. 142 Murray Kinnell : bibliothèque de l'Academy of Motion Picture Arts and Sciences ; Guiles, *Norma Jean.*
p. 143 Incident avec Kinnell : Monroe.
p. 144 Incident avec Kinnell tel que raconté à Barris : Barris, *Marilyn.*
p. 145 Documents officiels d'internement : archives Roy Turner.
p. 145 « Quand Gladys a acheté... » : Miracle.
p. 146 « Soudain il y a eu... » : Monroe.
p. 146 Gladys déclarée incapable : archives Turner.
p. 146 « Tous les meubles ont disparu... » : Monroe.
p. 147 « J'entendais ses amis » : Monroe.
p. 147 Mariage de Doc et Grace : ent. Goddard, 1994.
p. 148 Norma Jeane à l'orphelinat : Guiles, *Norma Jean* ; Zolotow.

Chapitre 18

p. 149 RKO : Zolotow.
p. 149 Joseph Kennedy et l'acquisition de RKO : Richard J. Whalen, *The Founding Father.*
p. 150 Joe et Gloria : Gloria Swanson, *Swanson on Swanson.*
p. 150 « Miss Swanson et ses amis... » : Damore, *Cape Cod Years.*
p. 151 À cheval sur tante Gloria... : Madsen, *Gloria and Joe.*
p. 151 « C'est à cette époque... » : Rose Fitzgerald Kennedy, *Times to Remember.*
p. 151 « Je l'obligeais à me donner... » : Ralph G. Martin, *A Hero For Our Time.*
p. 152 « C'est à l'orphelinat... » : Monroe.
p. 152 Bégaiement : Zolotow.
p. 153 Sorties avec Grace : ent. Goddard.
p. 153 « Grace adorait... » : archives Turner.
p. 155 Les troubles du sommeil de Marilyn sont décrits dans *Night Terrors,* une publication du Centre médical de l'UCLA.
p. 155 « Tout à coup... » : Monroe.

Chapitre 19

p. 159 « Grace était drôle... » : archives Turner.
p. 159 La petite maison des Goddard : ent. Goddard, 1993 ; *All about Marilyn.*
p. 159 « Grace n'avait pas d'enfant... » : ent. Goddard, 1993 ; *All about Marilyn.*

p. 159 « N'est-ce pas qu'elle est belle... » : archives Turner.
p. 159 Doc buvait trop... : ent. James Dougherty, 1995 ; *All about Marilyn.*
p. 160 « Si ma mémoire est bonne... » : ent. Goddard, 1993.
p. 160 « Norma Jeane et moi... » : ent. Roy Turner/Ida Mae, 1981.
p. 161 « Les autres filles... » : Monroe.
p. 162 « Dans les années trente... » : Spoto.
p. 162 « Norma Jeane était une enfant... » : Wolper, *Legend.*
p. 162 « Mon corps se développait... » : Monroe.
p. 163 « Je ne pensais pas à... » : Monroe.
p. 164 « Nous avions dansé... » : Spoto.
p. 164 Ligue antinazis : Nancy Schwartz, *Hollywood Writers' Wars.*
p. 165 Dr Engelberg au Conseil des arts, des sciences et des professions libérales : rapport de la Commission sur les activités anti-américaines, 1947.
p. 165 Les rapports du Dr Engelberg avec le parti communiste sont corroborés par les archives du parti communiste à Los Angeles et par un entretien de l'auteur avec Dorothy Healy qui était la secrétaire générale du parti à Los Angeles.
p. 165 Témoignage du Dr Owen Barker : rapport de la Commission sur les activités anti-américaines, 1947.
p. 165 « Je me souviens... » : Schwartz.
p. 165 « Notre plus grande erreur... » : ent. Dorothy Healy.
p. 166 Réunion à bord du yacht de Niven : Otto Friedrich, *City of Nets.*
p. 166 « Cet été-là... » : Monroe.

Chapitre 20

p. 168 Fred Field et les activités du parti communiste : Field, *From Right to Left* ; Klehr et Radosh, *The Amerasia Spy Case* ; Howe et Coser, *The American Communist Party.*
p. 168 « L'aide totale... » : Howe et Coser.
p. 169 « Hollywood a produit... » : Friedrich.
p. 169 Dougherty à Lockheed : ent. Dougherty, 1997.
p. 169 « J'avais treize ans... » : ent. Goddard, 1993.
p. 169 « Le chien avait le dessus... » : Dougherty.
p. 170 « Si je me souviens bien... » : ent. Goddard, 1993.
p. 170 « Quel merveilleux Daddy ! » : ent. Goddard, 1993.
p. 171 Attaque sur Pearl Harbor : Friedrich.
p. 172 « Même Grace et Doc » : Spoto.
p. 172 « Un jour, en 1942 » : Dougherty ; ent. Dougherty, 1997.
p. 172 « Nous avions le cœur brisé... » : ent. Goddard ; *Marilyn Remembered.*
p. 173 Mariage : Guiles ; ent. Dougherty, 1997.
p. 173 « Norma Jeane adorait... » : ent. Dougherty, 1997 ; Dougherty.
p. 175 « Le souvenir le plus vivace... » : Dougherty.
p. 175 Tentatives de Dougherty pour s'engager : ent. Dougherty, 1997 ; Dougherty.
p. 176 « Avec nos amis... » : ent. Dougherty, 1997.
p. 177 « C'était épouvantable... » : Dougherty.
p. 177 Déménagement à Avalon : Dougherty.

p. 178 « Norma Jeane était très excitée... » : Dougherty.
p. 178 Embarquement de Dougherty : ent. Dougherty, 1997.

Chapitre 21

p. 180 Jack et « Inga Binga » : Lynne McTaggert : *Kathleen Kennedy — Her Life and Times.*
p. 181 Surveillance de JFK et Inga Arvad : dossiers personnels et confidentiels d'Edgar Hoover, ARVAD.
p. 182 Réaction du vice-amiral Wilkinson : Nigel Hamilton, *JFK, Reckless Youth.*
p. 183 Première unité de production cinématographique à Hal Roach : Friedrich.
p. 183 Conover à la Radioplane : Conover, *Finding Marilyn* ; Guiles, *Legend.*
p. 184 Lettre à Grace : collection Bébé Goddard.
p. 185 Visite de Norma Jeane à Chicago : ent. Bébé Goddard, 1993 ; Miracle.
p. 186 « Je préfère ne pas travailler... » : collection Bébé Goddard.
p. 186 « Norma Jeane s'était acheté... » : Dougherty.
p. 186 « Durant ces derniers jours... » : Dougherty.
p. 187 « J'aurais pu t'aimer... » : Marilyn Monroe, *The Observer magazine,* 11 mai 1975.

Chapitre 22

p. 188 « Ils veulent me mettre... » : David Conover, *Finding Marilyn.*
p. 189 « C'était le dimanche... » : Monroe.
p. 190 « On n'a pas besoin de savoir... » : Monroe.
p. 191 Agence de mannequins Blue Book Modeling : Snively, *Los Angeles Daily News,* 4 février 1954 ; Snively, dans le documentaire de Wolper, *Legend* ; Zolotow, *Marilyn Monroe.*
p. 192 Réparation de la voiture : ent. Dougherty, 1997.
p. 192 Concentration de l'attention du Komintern sur Hollywood : Schwartz ; William Z. Foster, *Toward Soviet America* ; Harvey Klehr, *The Secret World of American Communism.*
p. 192 Financement par Field : rapport de la Commission sur les activités anti-américaines, 1947.
p. 193 Lawson, Engelberg et Sorrell aux Centres d'éducation populaire : archives du parti communiste de Los Angeles.
p. 193 Un autre personnage obscur : d'après Norman Jefferies, John Murray était membre du Conseil des arts, des sciences et des professions libérales.
p. 193 Murray membre du parti communiste et organisateur avec Sorrell de la « Conference of Studio Unions » : ent. Jefferies, 1993 ; L.A. Hall of Records, dossier 446193.
p. 193 Objectif de Lawson : « Pour ma part, écrivait Lawson dans le magazine *New Theatre,* je n'hésite pas à dire que mon but est de présenter les positions communistes et de le faire de la façon la plus précise » ; Friedrich, *City of Nets.*

p. 193 Grève à la Warner Bros. : Schwartz.
p. 194 « John Murray était un homme étrange... » : ent. Jefferies, 1993.

Chapitre 23

p. 196 Sigmund Freud à douze ans : Ernest Jones, *The Life and Work of Sigmund Freud.*
p. 196 Dr Henry Lowenfeld : Otto Friedrich, *Before the Deluge.*
p. 197 L'histoire de l'immigration freudienne et marxiste vers les États-Unis : Otto Friedrich, ; Russell Jacoby, *The Repression of Psychoanalysis : Otto Fenichel and the Political Freudians ;* O. Fenichel, *Über die Psychoanalyse als Keim einer Zukunftigen dialektisch-materialistischen Psychologics* (1934) *(Psychoanalysis as the Nucleus of a Future Dialectical-Materialistic Psychology).*
p. 198 *Rundbriefe* d'Otto Fenichel : beaucoup de *Rundbriefe* sont en possession de Randi Markowitz et Hanna Fenichel Pitkin. Certaines des notes de Fenichel sont conservées au YIVO Institute for Jewish Research à New York. Les documents d'Ernst Simmel sont visibles à la Bibliothèque de l'Institut de psychanalyse de Los Angeles et au Special Collections Department de la Bibliothèque de l'UCLA.
p. 198 Arrivée de Fenichel à Los Angeles : Albert Kandelin, *The Psychoanalytic Study Group* ; Institut de psychanalyse de Los Angeles, vol. 6, n° 4 (février 1970).
p. 199 Les souvenirs de Greenson sur le groupe d'études, transmis oralement, ont été transcrits dans les archives Greenson, au Special Collections Department de la Bibliothèque de l'UCLA.
p. 199 Histoire de Ralph Greenson : Faber et Green ; archives Greenson, Special Collections Department, Bibliothèque de l'UCLA.
p. 200 Brownsville : Alter F. Landesman, *Brownsville, the Birth, Development and Raising of a Jewish Community in New York* ; Frommer, *Growing up Jewish in America.*
p. 201 École : archives de la « Danny Kaye School ».
p. 201 Hurok et Kate Greenschpoon : S. Hurok, *Impresario* ; Faber et Green ; Landesman.
p. 202 « Quartier rouge » : Landesman.
p. 202 « Une demeure coloniale... » : archives Greenson, Special Collections Department, Bibliothèque de l'UCLA.
p. 203 Études de Greenson à Seth Low : archives Seth Low, Bibliothèque de l'université de Columbia.
p. 203 Études de Greenson en Europe : Faber et Green ; archives Greenson, Special Collections Department, Bibliothèque de l'UCLA.
p. 204 Fort Logan : Faber et Green ; archives Greenson.
p. 205 « À ce moment-là, le colonel Murray... » : archives Greenson.
p. 205 « Elle était attirée... » : Murray.
p. 205 John M. Murray : Bibliothèque de l'Institut de psychanalyse de Boston.

Chapitre 24

p. 207 De Dienes engage Norma Jeane : de Dienes, *Marilyn Mon Amour.*
p. 208 « En un clin d'œil... » : de Dienes.
p. 208 « Dans les petites robes... » : Miss Snively interrogée par Ted Thackrey, *Los Angeles Herald-Examiner,* 7 août 1962.
p. 208 Excursion de De Dienes : de Dienes.
p. 209 Visite à Gladys : de Dienes.
p. 210 « Elle est arrivée avec une heure de retard... » : ent. Dougherty, 1997 ; Dougherty.
p. 210 « Elle me montrait ses nouvelles robes... » : de Dienes.
p. 211 « À Catalina, c'était merveilleux... » : de Dienes.
p. 211 Débuts dans la carrière de modèle : ent. Joe Jasqur, 1996 ; Earl Moran, « A Marilyn for all Seasons », *Life,* vol. 6, n° 7, 1983.
p. 211 Février 1946 : ent. Bébé Goddard, 1993, 1998.
p. 212 Norma Jeane blonde : Zolotow ; Snively, interview à propos de *Legend.*

Chapitre 25

p. 214 « Tous les acteurs... » : Monroe.
p. 214 Harry Lipton et M.M. : entretien de Wolper avec Lipton, *Legend.*
p. 216 « Dis donc, ta femme... » : ent. Dougherty, 1997 ; Dougherty.
p. 217 Le jeune Robert Slatzer : ent. Slatzer, 1996.
p. 217 « Qu'est-ce que vous lisez ? » : ent. Slatzer, 1996 ; Slatzer, *The Mysterious Life and Death of...*
p. 218 « Se tailler une réputation... » : interview de Chuck Spalding, archives Nigel Hamilton, Mass. Historical Society, Boston.
p. 218 Gene Tierney et JFK : Gene Tierney, *Self-Portrait.*
p. 219 « Avoir couché avec la star du patinage... » : interview de Red Fay, archives Nigel Hamilton, Massachusetts Historical Society, Boston.
p. 219 « Quand j'ai rencontré Norma Jeane... » : Robert Stack, *Straight Shooting.*
p. 219 Accident d'Howard Hughes : Zolotow.
p. 219 « Howard Hughes est en voie... » : *Los Angeles Times,* 29 juillet 1946.
p. 220 Bout d'essai de Marilyn Monroe : Zolotow ; Monroe.

Troisième partie

Chapitre 26

p. 225 Premiers jours de Marilyn Monroe à la Fox : Guiles, *Legend* ; Zolotow, *Marilyn Monroe* ; ent. Whitey Snyder, 1993.
p. 226 Interview de Roy Craft : Zolotow.
p. 226 Gladys chez tante Ana : Miracle.

p. 226 « Je persiste à croire... » : Miracle.
p. 227 John Stewart Eley : Berneice parle d'un voyageur de commerce qui sous-loue l'appartement de tante Ana, peut-être John Stewart Eley, qui était de West Los Angeles.
p. 227 Visite à John Barrymore : ent. Slatzer, 1993, 1997 ; Slatzer, *The Life and Curious Death of M.M.* L'auteur était un ami de Hugo Grimaldi, qui acquit la maison Barrymore en 1946. Grimaldi a raconté la visite de Marilyn Monroe et Bob Slatzer chez Barrymore à plusieurs reprises.
p. 228 « Un soir, un figurant... » : Monroe.
p. 229 Feldman connaissait Joe Kennedy : Blair, *The Search for JFK.* Les entretiens de Blair avec la femme de Feldman, Jean, Betty Spalding et Red Fay figurent dans les archives Nigel Hamilton à la Massachusetts Historical Society, Boston.
p. 230 « Que dois-je faire pour devenir... » : Brown et Barham, *Marilyn.*
p. 231 Schenck, Bioff et Rosselli : Rappleye et Becker, *All American Mafioso.*
p. 231 Marilyn et Schenck : Guiles, *Norma Jean.*
p. 231 « La première gloire... » : Monroe.
p. 232 « Maintenant, Miss Monroe, vous avancez... » : Monroe.
p. 232 « Nous étions une douzaine... » : Monroe.

Chapitre 27

p. 235 Skolsky et le Schwabadero : Shelley Winters, *Shelley* ; Ezra Goodman, *The Fifty-Year Decline and Fall of Hollywood.*
p. 235 « Voici l'Actor's Lab... » : Winters.
p. 235 Le Group Theatre, Hannah Weinstein, et le Conseil des arts, des sciences et des professions libérales : Walter Bernstein, *Inside Out* ; Jay Williams, *Stage Left.*
p. 236 « Je ne savais jamais qu'en penser... » : Zolotow.
p. 236 « Je ne pouvais penser qu'à... » : archives Milton Greene, dossier 16, fiche 4.
p. 237 « Je fus convoquée... » : Monroe.
p. 237 « C'est ce que l'on ressent... » : Monroe.
p. 238 Rosselli et Joe Kennedy : Rappleye.

Chapitre 28

p. 241 « Croc-Blanc » : Goodman.
p. 242 « Elle n'était absolument pas sûre d'elle » : N. Lytess, mémoires inédits, Special Collections Department, Université du Texas, Austin.
p. 242 Marilyn et Natasha : Zolotow.
p. 242 Le récit de la vie de Natasha Lytess (née Liesl Massary) est en grande partie tiré des souvenirs de l'auteur en tant qu'étudiant de Natasha Lytess en 1956-1957.
p. 244 La mi-mars : Guiles, *Legend.*
p. 244 Obsèques d'Ana Lower : ent. Goddard, 1993.
p. 245 « Le lendemain de sa mort... » : Miller.

p. 245 Marilyn et Karger : Guiles, *Legend* ; Monroe ; Summers.
p. 246 Studio Club : Slatzer, *The Life and Curious Death of...* ; Zolotow.
p. 246 *Ladies of the Chorus* : Guiles, *Legend.*
p. 247 Marilyn et Cohn : Monroe.

Chapitre 29

p. 250 « De nouveau, je restai couchée... » : Monroe.
p. 251 Conseil de Nana Karger : Guiles, *Legend.*
p. 251 « Je me suis assise toute seule... » : Monroe.
p. 251 « Alors que je gisais au fond... » : Monroe.
p. 251 Marilyn et Freddy : Summers ; Zolotow.
p. 252 « Je pensais que nous pourrions nous marier... » : Monroe.
p. 253 Le cadeau à Freddy : Monroe.
p. 254 L'audition pour Groucho : Monroe.

Chapitre 30

p. 255 La période de pauvreté : ent. Slatzer, 1993, 1997.
p. 256 Les photos de Tom Kelley : Guiles, *Legend.*
p. 257 « Vous deviendrez une grande star... » : Monroe.
p. 258 « Il y a un rôle qui serait parfait... » : Monroe.
p. 258 « Johnny Hyde m'accompagna au bureau... » : Monroe.
p. 259 « C'est une sensation agréable... » : Monroe.
p. 260 Autre étoile montante : ent. Daryl Gates, 1995 ; ent. Vince Carter, 1995.
p. 260 L'histoire de Mrs. Albro : Carter ; ent. Daryl Gates, 1995 ; ent. Jack Clemmons, 1995.

Chapitre 31

p. 262 « L'être au monde que je souhaitais le plus aider... » : Monroe.
p. 263 « Lorsque je suis passée près... » : Monroe.
p. 263 Tentative de suicide de Marilyn : Summers ; Lytess.
p. 264 Rencontre de Miller : Miller, *Au fil du temps.*
p. 265 Les années cinquante : Victor Navasky, *Naming Names.*
p. 265 John et Eunice Murray : ent. Jefferies, 1993.
p. 265 Dr Greenson... : archives du parti communiste de Los Angeles ; ent. Dorothy Healy, 1993.
p. 267 Rendez-vous avec Miller : Miller.
p. 267 « Il n'y avait pas à se voiler la face... » : Monroe.
p. 267 Marilyn et Tchekhov : Guiles, *Legend.*
p. 268 Marilyn à la recherche de son père : Guiles, *Legend* ; transcription d'interviews de la famille Gifford par Summers, 1989.

Chapitre 32

p. 271 *Clash By Night* : Zolotow.
p. 272 Harry Brand et le calendrier : Slatzer.
p. 272 « La réussite m'est tombée... » : Monroe.

p. 273 « Miss Monroe, je vous présente Joe Di Maggio » : Monroe.
p. 273 « Cela ne vous ennuierait-il de me... » : Monroe.
p. 274 « Cher Dr. Rabwin... » : collection privée.
p. 274 Promesse de Whitey : ent. Snyder, 1993
p. 275 Appel à Slatzer : ent. Slatzer, 1995 ; Summers.
p. 276 « Voice of Broadway » : *N.Y. Journal-American*, 12 septembre 1952 ; la commande de Dorothy Kilgallen a été confirmée par l'assistant de Dorothy Kilgallen, Eddie Jaffe, dans une interview de 1996.
p. 276 Dans une interview filmée en 1972, Noble Chissell décrit la cérémonie de mariage : ent. Slatzer, 1995.
p. 276 « C'était un pur hasard... » : Summers.
p. 276 Au retour de la frontière : ent. Slatzer, 1996.
p. 277 « Je me rappelle très bien... » : Summers.
p. 277 « Je gagnais plus d'argent... » : Monroe.
p. 277 *Comment épouser un millionnaire* : Guiles, *Legend* ; Zolotow.
p. 278 Conflits avec Preminger : Zolotow.
p. 279 « Je me demande si je suis capable... » : Monroe.

Chapitre 33

p. 281 La lune de miel : Guiles, *Legend.*
p. 281 « Nous nous sommes rendus sur le front en hélicoptère » : Monroe.
p. 282 La blessure : Summers ; *L.A. Times*, 30 janvier 1954.
p. 282 « Sidney, devine qui je vais épouser ? » : Skolsky, *Don't Get Me Wrong.*
p. 283 Les DiMaggio et les Kennedy : Summers ; Slatzer, *The Marilyn Files.*
p. 283 L'hospitalisation de Jack Kennedy : Summers.
p. 284 Les voisins du St. Regis : Summers ; Zolotow.
p. 285 Annonce de la séparation : *Los Angeles Times*, 4 et 5 octobre 1954.
p. 285 Le bouclage de *Sept ans de réflexion* : *Hollywood Citizen-News*, 9 novembre 1954 ; *Life*, 29 novembre 1954.
p. 286 Marilyn et Milton : Guiles, *Legend.*

Quatrième partie

Chapitre 34

p. 291 « Cette enfant triste... » : Monroe.
p. 292 « Marilyn parut enfin... » : Kotsilibas-Davis, *Milton's Marilyn.*
p. 293 Edward R. Murrow : *Person to Person*, 8 avril 1955.
p. 293 « Nous interviendrons dans tous les domaines... » : *N.Y. Times*, 8 janvier 1955.
p. 294 Installation au Gladstone : Haspiel.
p. 295 « Les voici sur mon palier... » : Rosten.
p. 295 « Ah oui, elle a quelque chose... » : Truman Capote, *Music For Chameleons.*

p. 296 L'Actors Studio et Lee Strasberg : Adams, *Imperfect Genius* ; Zolotow ; Summers.
p. 297 « Je ne savais plus ce que je voulais » : Miller.

Chapitre 35

p. 298 Celebrity Circus : ent. Jimmy Haspiel, 1995 ; Haspiel, *The Ultimate Look at the Legend.*
p. 299 Les dossiers du FBI sur Marilyn Monroe indiquent clairement qu'Arthur Miller et elle furent mis sous surveillance en 1955.
p. 299 « Ce type étrange qui ne paraissait... » : ent. Haspiel, 1996.
p. 299 Brando, Rosenfeld et Karger : Summers.
p. 300 « J'ai vu Marilyn entrer... » : Summers.
p. 301 « C'est moi... » : Rosten.

Chapitre 36

p. 302 L'histoire de Lee Strasberg et de l'Actors Studio : Cindy Adams, *Lee Strasberg : the Imperfect Genius of the Actors Studio* ; Kazan, *A Life.*
p. 303 « Cette petite créature... » : Summers.
p. 303 Marilyn choisit *I'll Get By* : Strasberg, *Marilyn and Me.*
p. 304 Marilyn et Hohenberg : ent. Haspiel, 1995 ; Spoto.
p. 305 « Ne me parlez pas de... » : Guiles, *Legend.*
p. 305 *Sept ans de réflexion* : ent. Haspiel, 1995.
p. 305 « Nous sommes simplement amis » : *N.Y. Journal-American*, 2 juin 1955.
p. 306 La victoire de Marilyn sur la Fox : Zolotow, *Marilyn Monroe.*
p. 307 « Miller était amoureux... » : ent. Rosten, 1994.
p. 307 « Vu Marilyn M. et... » : Gerald Clarke, *A Biography — Capote.*

Chapitre 37

p. 308 La conférence de presse : *Time*, vol. 67, n° 8 (20 février 1956) ; Summers.
p. 309 *Anna Christie* : Zolotow, *Marilyn Monroe* ; Strasberg, *Marilyn and Me.*
p. 309 « Elle était morte de peur... » : Strasberg, *Marilyn and Me.*
p. 309 « Au moment d'entrer en scène, je ne voyais plus rien » : *Redbook*, février 1958.
p. 310 « Très profonde et très touchante... » : Kobal, *People Will Talk.*
p. 310 Retour de Marilyn à Hollywood : Summers.
p. 310 La loge : Dorothy Manning, *Photoplay*, octobre 1956.
p. 311 Apparition de Marilyn : *Time*, 14 mai 1956.
p. 311 Problèmes de Natasha Lytess : Lytess.
p. 312 « C'est la dernière fois que... » : Lytess.
p. 313 L'auteur était l'élève de Natasha Lytess durant les difficiles années qui suivirent son renvoi par la Fox. Son appartement à Beverly Hills fut saisi en 1957.

p. 313 « Elle réclamait de l'argent... » : ent. Slatzer, 1997.
p. 313 Préparation de *Bus Stop* : Zolotow, *Marilyn Monroe* ; Logan, *Movie Stars, Real People, and Me.*

Chapitre 38

p. 318 « C'était au point que, pendant la scène du rodéo... » : Summers.
p. 318 Carmen Adams Newcomb : *Who's Who in Washington*, 1938.
p. 318 Le dossier scolaire de Pat Newcomb provient de la Mills College Alumni Association, et les cours de Pierre Salinger au Mills sont attestés par les enregistrements de l'histoire de Salinger à la Bibliothèque Kennedy.
p. 319 « Je n'oublierai jamais... » : Salinger, *With Kennedy.*
p. 319 « Nous arrivâmes à Los Angeles... » : Robert Kennedy, *The Enemy Within.*
p. 319 « Comme le chef William Parker le lui avait proposé... » : ent. Daryl Gates, 1996.
p. 320 Le renvoi de Pat Newcomb : Summers ; interview d'Allan, bibliothèque de l'Academy of Motion Picture Arts and Sciences, 1992.
p. 320 « Ses week-ends au Marmont... » : Patten, *Life at the Marmont.*
p. 321 Séjour d'Arthur Miller à Pyramid Lake : Goode, *The Story of the Misfits*, p. 17.
p. 322 « Elle était comme une enfant égocentrique... » : Guy Trebay, *Interview*, octobre 1973.
p. 322 « Je ne peux pas... » : Miller.

Chapitre 39

p. 324 Miller devant la Commission d'enquête sur les activités anti-américains : Guiles, *Legend.*
p. 325 Miller et la Commission : *N.Y. Times*, 22 juin 1956 ; *Chicago Tribune*, 25 juin 1956.
p. 325 « Tu ne vas pas te laisser faire par ces salopards » : Summers.
p. 326 « Ce maudit communiste ! » : ent. Lena Pepitone, 1994.
p. 326 « Tu as entendu ? » : ent. Rosten, 1994.
p. 327 « Je crois un peu en tout... » : Strasberg, *Marilyn and Me.*
p. 328 Journalistes attendant au Stutton Place South : ent. Haspiel, 1997 ; Zolotow, *Marilyn Monroe.*
p. 329 Le problème de dernière minute Spoto.
p. 330 « Ce fut une journée... » : Rosten

Chapitre 40

p. 331 « Surtout, assurez-vous... » : Logan.
p. 333 Un air carrément « réfrigérant » : Zolotow, *Marilyn Monroe.*
p. 333 « Cette journée ne s'était pas achevée que j'étais... » : Olivier, *Confessions of an Actor.*
p. 334 Les problèmes de Vivien Leigh : Alexander Walker, *Vivien : the Life of Vivien Leigh.*

p. 335 « La présence de Paula m'inquiéta... » : Olivier.
p. 336 « Marilyn n'avait pas l'habitude... » : Olivier.
p. 337 « On ne vous demande qu'une chose, Marilyn : être sexy... » : Spoto ; Strasberg, *Marilyn and Me.*
p. 337 « Elle était de plus en plus désagréable... » : Olivier, *Confessions.*
p. 337 « Ma chère, il ne faut pas vous en faire » : Colin Clark, *The Prince, the Showgirl and Me.*
p. 338 « Mercredi 15 août » : Clark.
p. 339 « Je me refusais à traiter Marilyn différemment... » : Olivier.
p. 340 Des épouses à problèmes : Walker.
p. 340 Arthur, Larry et Osborne : Miller, *Au fil du temps.*
p. 341 « Dimanche 19 août » : Clark.
p. 341 Sammy Davis Jr : Sammy Davis Jr, *Hollywood in a Suitcase.*
p. 342 Jacqueline Kennedy admise aux urgences : C. David Heymann, *A Woman Named Jackie.*
p. 342 Les révélations du calepin : Bart Mills, *Marilyn on Location* ; Spoto ; Strasberg, *Marilyn and Me.*
p. 343 « Lundi 27 août » : Clark.
p. 344 « Mercredi 19 septembre » : Clark.
p. 344 « Vendredi 12 octobre » : Clark.

Chapitre 41

p. 347 « Après leur retour... » : Rosten.
p. 347 « La vue d'une touffe d'herbe... » : Rollynson.
p. 347 « Ne tuez rien, s'il vous plaît » : Miller, *Au fil du temps.*
p. 348 « Marilyn s'y rendit un soir... » : ent. Haspiel, 1997 ; Haspiel.
p. 348 Le contrôle des MMP : *N.Y. Times,* 12 avril 1957 ; ent. Robert Montgomery, 1997.
p. 348 « Marilyn, semble-t-il, ne souhaite... » : *L.A. Times,* 12 avril 1957.
p. 349 « Elle a donné une interprétation de tout premier ordre... » : Olivier, *Confessions.*
p. 349 « Elle était hypersensible... » : *Los Angeles Herald-Examiner,* 5 août 1982.
p. 350 Marianne Kris : Gargan, « Tribute to Marianne Kris », *N.Y. Times,* 8 décembre 1980 ; *N.Y. Times,* 25 novembre 1980.
p. 350 « Une couronne sertie de mille diamants » : Miller.

Chapitre 42

p. 352 « Cette maison se trouve... » : Guiles, *Legend.*
p. 354 « Qu'y a-t-il mon petit ? » : Rosten.
p. 355 « Quand elle reprenait connaissance... » : Guiles, *Legend.*
p. 355 « Elle avait l'air de regarder... » : Pepitone.

Chapitre 43

p. 357 « Encore une blonde écervelée... » : Pepitone.
p. 358 « L'argent ! c'est tout ce qui compte pour lui... » : Pepitone.
p. 358 « J'ai un problème... » : Guiles, *Legend.*

p. 359 « Dois-je tourner ce film... » : Rosten.
p. 360 « Elle avait un talent comique extraordinaire... » : Guiles, *Legend.*
p. 361 « Coupez ! Tu n'y es toujours pas ma chérie... » : Guiles, *Legend.*
p. 361 L'auteur travaillait aux studios Goldwyn durant le tournage de *Certains l'aiment chaud* et était sur le plateau lors de l'enregistrement de la séquence du flacon de whisky.
p. 362 « Je n'avais jamais vu... » : *The Listener* (Londres), 30 août 1979.
p. 363 Les ratages successifs : relevés par l'auteur lui-même.
p. 363 « Marilyn était constamment en retard » : Spoto.
p. 363 « Eh bien, c'est justement là qu'est le problème » : M.M. à Richard Meryman, juillet 1962.
p. 364 « Où est le bourbon ? » : I.A.L. Diamond, « The Day Marilyn Needed 47 Takes to Remember to Say, "Where's the bourbon ?" », *California,* vol. 10, nº 12 (décembre 1985) ; Zolotow, *Marilyn Monroe.*
p. 364 Cette scène du bourbon a été vécue par l'auteur sur le plateau.
p. 365 Vingt-neuf jours de dépassement : Zolotow, *Marilyn Monroe.*
p. 366 « Je mange de meilleur appétit » : Zolotow.
p. 366 « Je l'ai rendu malade, *lui* ? » : Pepitone.
p. 367 On avait, une fois de plus, frôlé la catastrophe : Rosten.

Chapitre 44

p. 368 « L'élève/disciple était désormais un critique » : Rosten.
p. 369 « Marilyn en voulait terriblement à son mari » : Pepitone.
p. 369 « Elle avait décidé une fois pour toutes... » : Pepitone.
p. 369 « Je ne suis pas certaine... » : Gene Tierney, *Self-Portrait.*
p. 370 « Ce grand coquin... » : Pepitone.
p. 371 Carl Sandburg et M.M. : *Look,* vol. 26, 11 septembre 1962.
p. 371 Montand et Signoret : Guiles, *Legend.*
p. 372 Gregory Peck... : Guiles, *Legend.*
p. 372 « Elle arrivait toujours à l'heure » : Hutchinson, *Marilyn Monroe.*
p. 372 « C'est quand je peux réussir... » : Georges Belmont, *Marilyn Monroe and the Camera Eye.*
p. 373 Le dîner à Manhattan : Rosten.
p. 373 Correspondance Greenson/Kris : archives Greenson, Special Collections Department, Bibliothèque de l'UCLA.
p. 374 Selon Hildi... : Lucy Freeman, *Why Norma Jean Killed Marilyn Monroe.*
p. 375 Abrutie par les calmants, Summers ; Farber et Green, *Hollywood on the Couch.*
p. 375 « Quand elle cède à l'angoisse... » : Summers.
p. 376 « Mon Jésus, mon Sauveur » : Pepitone.

Cinquième partie

Chapitre 45

p. 379 « Elle a toujours ce charme fou... » : *Hollywood Citizen-News*, 20 janvier 1960.
p. 379 « Avec Marlon Brando... » : *Look*, 5 juillet 1960.
p. 379 « Tout ce qu'elle fait... » : *Look*, 5 juillet 1960.
p. 380 « Si je rêve d'avoir... » : Hamon et Rotman, *Tu vois, je n'ai pas oublié.*
p. 380 « Tu sais, Cukor n'est pas... » : Hamon et Rotman.
p. 380 « Je frappais à sa porte... » : Hamon et Rotman.
p. 380 « Je crois... » : Guiles, *Legend.*
p. 381 « Sur le plateau... » : Hamon et Rotman.
p. 381 « C'était une éternelle orpheline... » : archives Greenson, Special Collections Department, Bibliothèque de l'UCLA.
p. 381 L'autre « Ralph » : ent. Roberts, 1998.
p. 382 « Vous allez me manquer... » : Hamon et Rotman.
p. 383 « Il s'en va et me laisse... » : Guiles, *Legend.*
p. 384 « Je n'y pouvais rien... » : Guiles, *Legend.*
p. 384 « Montand ne fut pas le seul... » : ent. Rosten, 1994 ; Summers.
p. 385 « J'étais infiniment touché... » : Hamon et Rotman.

Chapitre 46

p. 386 « Je lui ai vraiment tapé dans l'œil... » : Kessler, *Les Péchés du père.*
p. 386 « Bon sang, Janet, Jack ne va pas... » : Kessler.
p. 387 « Je me suis tapé la blonde... » : Kessler.
p. 387 Sinatra et Giancana : Kitty Kelley, *His Way.*
p. 387 « Frank aurait aimé... » : Kelley.
p. 388 « Je ne veux pas parler de John... » : Kelley.
p. 388 « Il est de notoriété publique... » : déclaration insérée dans le dossier Peter Lawford du FBI.
p. 388 Invitation de Sinatra : Judith Exner, *My Story.*
p. 388 « J'étais assise à côté de Teddy... » : Exner.
p. 389 Primaires de Virginie occidentale : Kessler ; Hersh, *The Dark Side of Camelot.*
p. 390 « Problème Marilyn Monroe » : Hersh.
p. 390 Marilyn et la « bande à Jack » : Summers.
p. 390 « Il était le cerveau... » : Kessler.
p. 391 Chez Pucini : ent. détective John St. John, 1993.
p. 392 Après le discours triomphant... : Summers.
p. 392 « Je n'étais pas dans le coup... » : Summers.

Chapitre 47

p. 394 Arrivée de Marilyn à Reno : James Goode, *The Story of the Misfits.*
p. 394 Problèmes de perruque : ent. Guilaroff, 1996.

p. 395 « Malheureuse jusqu'au désespoir... » : Spoto.
p. 395 La rumeur : Guiles, *Legend.*
p. 395 « Elle arrivait très en retard... » : Guiles, *Legend.*
p. 396 « D'une stupéfiante beauté... » : McIntyre, *Esquire*, mars 1961.
p. 396 « La femme éternelle... » : Goode.
p. 396 « Pourquoi faut-il que ces jolies filles... » : Gregory et Speriglio.
p. 396 Problème cardiaque de Clark Gable : Gregory et Speriglio ; ent. Whitey Snyder, 1994.
p. 397 Problèmes de Montgomery Clift : Patricia Bosworth, *Montgomery Clift — A Biography.*
p. 397 Graines de discorde : Guiles, *Legend.*
p. 397 « Je leur expliquai que la tactique habituelle... » : Guiles, *Legend.*
p. 398 « Je suis allé à Reno » : Strasberg, *Marilyn and Me.*
p. 398 « Je ne tolérerai pas... » : Strasberg, *Marilyn and Me.*
p. 398 Champagne et chandelles : ent. Ralph Roberts, 1998.
p. 399 « Marilyn était venue prendre un verre... » : Strasberg.
p. 399 Invitation de Sinatra : ent. Ralph Roberts, 1998.
p. 399 Acquisition du Cal-Neva Lodge : Kelley.
p. 399 Les Kennedy au Cal-Neva : ent. Bill Roemer, 1994, 1996 ; dossier Lawford du FBI.
p. 399 « Convaincre Marilyn Monroe... » : Hersh.
p. 400 Marilyn hospitalisée : Goode ; Summers.
p. 400 « Je la trouvais héroïque... » : Miller.
p. 401 Dernière scène au Paramount : Guiles, *Legend.*

Chapitre 48

p. 402 « Monsieur le Président... » : Bradlee, *Conversations with Kennedy* ; Reeves, *A Question of Character.*
p. 403 Nomination de Bobby : Reeves.
p. 404 « Tout naturellement... » : Hersh.
p. 404 Souvenirs de Smathers : Hersh.
p. 404 « Quoi qu'il se soit passé... » : Arthur Schlesinger Jr, *A Thousand Days : John F. Kennedy in the White House.*
p. 405 Nom de code : Summers.
p. 405 Sinatra et Grace Kelly : Sarah Bradford, *Princess Grace.*
p. 405 Imminence du divorce : Guiles, *Legend.*
p. 406 « Il veut vraiment oublier... » : Pepitone.
p. 406 « Oh, mon Dieu, pourquoi... » : Pepitone.
p. 406 « Elle était si douce... » : Pepitone.
p. 407 « Non, non ! Je veux mourir ! » : Pepitone.
p. 408 « De Frank Sinatra et sa bande... » : Miller, *Au fil du temps.*
p. 408 « Semblait se retirer comme... » : Strasberg.
p. 409 Marilyn à l'hôpital : le séjour de Marilyn au pavillon Payne Whitney est relaté par Guiles, *Legend* ; Spoto, *MM : la biographie* ; Pepitone, *Marilyn Confidential* ; et Norman Rosten, *Marilyn : An Untold Story.*
p. 409 C'était comme un cauchemar... : Summers.

p. 410 Lettre aux Strasberg : Guiles, *Legend.*
p. 410 « Il démolirait cet hôpital... » : Rosten.
p. 410 « Marilyn s'en prit aux deux médecins... » : ent. Ralph Roberts, 1993, 1998 ; Strasberg.
p. 411 « Les conseillers faisaient terriblement pression... » : Reeves.
p. 411 « Il a pris sa fourchette... » : George Smathers, enregistrement, Bibliothèque Kennedy.
p. 411 « L'opération militaire la moins secrète de l'histoire... » : Pierre Salinger, enregistrement, Bibliothèque Kennedy.
p. 412 Complot contre Castro : Reeves ; rapport de la commission Church.
p. 412 Quelqu'un d'autre : ent. Robert Slatzer, 1994, 1997 ; Slatzer, *The Marilyn Files.*
p. 412 Carnet de notes : ent. James Bacon, 1994 ; Summers. Amy Greene a raconté à Summers : « Marilyn acheta un petit agenda en cuir, avec une serrure et une minuscule clef. Elle l'emmènerait pour prendre des notes sur les conversations et les articles qui l'intéresseraient. »
p. 413 Document de la CIA : c'est le chef de la CIA Angleton qui signa ce document.
p. 413 « Complètement dépendante de lui... » : Pepitone.
p. 413 « En tant qu'intellectuel... » : Freeman.
p. 413 « C'est mon bébé... » : Pepitone.

Chapitre 49

p. 416 Hannah et *Robin des Bois* : Bernstein.
p. 416 La Fox, Selznick et Weinstein : Rudy Behlmer, *Memo from David O. Selznick.*
p. 416 Henry Weinstein à Hollywood : Winters II.
p. 417 « Séances navrantes » : Behlmer.
p. 417 « L'argent ne suffit pas... » : *N.Y. Times,* 18 juillet 1960.
p. 417 Brad Dexter et Sinatra : Kelley.
p. 417 « Elles étaient amies... » : ent. Dexter, 1998.
p. 418 « Un soir, on buvait... » : ent. Carmen, 1998.
p. 418 Ralph Roberts : ent. Roberts, 1993, 1997.
p. 419 Relation médecin/patient : Slatzer, *The Life and Curious Death of MM.*
p. 419 « J'ai beaucoup soulagé... » : ent. Roberts, 1993, 1998 ; interview de Roberts dans l'émission « 20/20 » annulée.
p. 419 « Elizabeth et moi... » : Fisher.
p. 420 « Je m'étais rendu compte... » : Miracle.
p. 421 « Je ne peux pas finir... » : Miracle.
p. 421 « Je lui ai dit... » : Rosten.
p. 422 « Frankie ne voudra pas... » : Pepitone.
p. 423 « Marilyn surgit dans la pièce... » : Pepitone.
p. 423 « Elle ne s'en cachait pas... » : ent. Carmen, 1997.
p. 423 « Après la fête... » : Summers.
p. 424 « Il était très mignon... » : Rosten.

p. 425 « Frank adressait un large sourire... » : Kelley.
p. 425 Visite de Sinatra à la Maison-Blanche : Kelley.
p. 426 Conversation Rosselli/Giancana : d'après le dossier Giancana du FBI.
p. 427 « Le Dr Greenson pense... » : ent. Roberts, 1993, 1998.
p. 427 « Je m'appelle Eunice Murray... » : Murray.

Chapitre 50

p. 428 « En premier lieu... » : Murray ; Spoto.
p. 429 « Je n'étais pas folle... » : Slatzer, *Marilyn Files.*
p. 429 « Je fais très bien la vaisselle... » : Freeman.
p. 429 Danny membre du SLATE : Capell ; rapport sur les activités anti-américaines en Californie, 1961.
p. 430 Soirées de musique de chambre : Freeman ; archives Greenson, Special Collections Department, Bibliothèque de l'UCLA.
p. 430 Démarche thérapeutique peu orthodoxe : Freeman.
p. 431 Agent prosoviétique : ent. Jefferies, 1993.
p. 432 Au fil des ans, plusieurs demandes ont été déposées, au nom du libre accès à l'information, auprès du FBI pour avoir accès au dossier Greenson. Le FBI n'y a pas répondu.
p. 432 Sous la coordination de Greenson : l'engagement de Greenson dans la Hollywood Writer's Mobilization a été confirmé par un associé de Greenson qui a assisté à de nombreuses réunions de l'organisation ; noté dans le dossier Greenson du FBI.
p. 432 Louis Budenz : lors d'une audience de la Commission d'enquête sur les activités anti-américaines, Louis Budenz, ancien directeur du *Daily Worker*, a désigné Frederick Vanderbilt Field comme un agent soviétique, qui finançait le Conseil des arts, des sciences et des professions libérales. Aux pages 219-220 de son livre, *Men Without Faces,* il décrit l'organisation de la Writer's Mobilization à l'université de Los Angeles, déclarant : « Ils avaient ordonné aux camarades de la Writer's Mobilization, menés par John Howard Lawson, d'organiser un Congrès des écrivains. Sous la direction de Trachtenberg, Jerome et du Politburo, les camarades de la côte Ouest avaient persuadé le Dr Robert Sproul, président de l'Université de Californie, de leur prêter le campus comme lieu de réunion et de les laisser utiliser le nom de l'université. »
p. 432 « Le Conseil des arts, des sciences et des professions libérales... » : Budenz.
p. 433 Témoignage du Dr Oner Barker à propos du Dr Engelberg : rapport sur les activités anti-américaines en Californie, 1948. Le Dr Engelberg est désigné comme un des principaux orateurs à la « Thought Control Conference » tenue le 11 juillet 1947 sous l'égide du Conseil des arts, des sciences et des professions libérales ; rapport de la Commission sur les activités anti-américaines, 1948.

p. 433 Un des exilés : Norman Jefferies a déclaré que l'association de Murray et Field débuta dans les années 1940 et qu'Eunice Murray a correspondu avec Field dans les années 1950 et plusieurs années après la mort de Marilyn. Dans une lettre de 1968 au généalogiste Roy Turner, Eunice Murray évoque une récente correspondance avec Fred Field. Field a contesté son association avec Churchill et Eunice Murray dans son livre *From Right to Left.*

p. 433 Déclaration de Capell : Capell, *The Strange Death of MM.*

p. 434 Témoignages sur la psychanalyse : rapport du Senate Fact Finding Committee.

p. 435 « Marilyn vivait un mythe... » : Murray.

Chapitre 51

p. 436 Démêlés avec la Fox : Summers.

p. 437 Implication du Dr Greenson dans la production : Brown/Barham ; archives Brown.

p. 437 David Brown et Weinstein : D. Brown, *Let Me Entertain You.*

p. 438 « Alors vous vous croyez capable... » : D. Brown.

p. 438 La Bibliothèque Kennedy conserve la correspondance entre John Loeb et Samuel Rosenman ; notice nécrologique de Rosenman, *N.Y. Times*, 25 juin 1973.

p. 438 Au Manhattan Corporate Records Department de l'État de New York, Joe Kennedy apparaît sur la liste de cofondateurs, et Gould est désigné comme officier de la Rhoades and Company.

p. 438 « Elle traversa en réaction... » : Summers.

p. 439 « DiMaggio semblait... » : Summers.

p. 439 À la recherche d'une maison : Murray ; *Redbook*, août 1962.

p. 440 L'adresse et le numéro de téléphone d'Hanna Fenichel au 12403 Third Helena Drive ont été accidentellement découverts dans un livre provenant de la bibliothèque Greenson à l'Institut de psychanalyse de San Diego. Le fait qu'elle vivait là en 1962 a été confirmé par les voisins.

p. 440 « Entre nous, elle l'a dragué... » : Newcomb, enregistrement, Special Collections Department, Bibliothèque de l'Academy of Motion Picture Arts and Science.

p. 441 « Zut, je vais... » : Summers.

p. 441 « Devine qui j'ai à côté... » : Summers.

p. 441 « Marilyn suivait Bobby... » : ent. Bacon.

p. 442 « Marilyn Monroe avait la chambre... » : ent. Mack McSwane, 1998.

p. 442 Visite de Marilyn à Mexico : Murray ; Field.

p. 442 « Mrs. Eunice Murray, la dame de compagnie... » : Field.

p. 443 Bolaños ami d'E. Howard Hunt : archives Dalton Trumbo ; Special Collections Department, Bibliothèque de l'UCLA.

p. 443 « Un homme ayant des prétentions... » : Summers.

p. 443 « Elle m'a dit qu'à une soirée... » : Field.

p. 444 Document du FBI : en 1986, Anthony Summers a obtenu une copie du dossier « 105-C » du FBI (« 105 » désignait les affaires d'espionnage extérieures et « C » signifiait « communiste »). Après une procédure déposée au nom de la liberté de l'information, le document fut fourni à Summers par un des responsables du FBI. Il informa Summers et l'avocat James Lesar que le dossier Marilyn Monroe était volumineux et contenait trente et un documents classés « 105-C ». Trente pages lourdement censurées furent communiquées à Lesar, dont le document daté du 6 mars 1962 qui concernait ses conversations avec Frederick Vanderbilt Field sur des informations confidentielles qu'elle avait obtenues auprès du Président et du ministre de la Justice.

Chapitre 52

p. 445 « C'était la blague... » : Spada.
p. 445 « Nous sommes en première ligne... » : Kelley.
p. 446 « Sam Giancana a été reçu... » : Kelley.
p. 446 « Frank était furieux... » : Spada.
p. 446 Sinatra et Lawford : l'histoire a été largement véhiculée dans le salon du barbier de Beverly Hills, Harry Drucker, qui avait pour clients Sinatra, Johnny Rosselli, Lawford et l'auteur.
p. 447 « Frank fit une croix... » : Spada.
p. 447 Hoover : les registres de rendez-vous présidentiels à la Bibliothèque Kennedy relèvent seulement neuf rencontres entre JFK et Hoover. Un de leurs rendez-vous eut lieu le 22 mars 1962.
p. 448 Marilyn le 24 mars : Murray.
p. 448 « Peter faisait les cent pas... » : Murray.
p. 449 « Le Président portait un pull... » : Summers ; Brown.
p. 449 « Je me dispute avec un ami... » : Ralph Roberts à « 20/20 » ; Summers ; Brown.
p. 450 « C'était quelqu'un de formidable... » : Brown.
p. 450 « Il était midi... » : ent. Rosten, 1994 ; Rosten.

Chapitre 53

p. 452 « Elle se rendit dans l'Est... » : Brown.
p. 452 « Elle n'est pas prête... » : Spada.
p. 453 « Je voulais vous prévenir... » : Brown, d'après les transcriptions de ses entretiens avec Weinstein.
p. 454 Maladie de Marilyn : détails trouvés par Peter Brown dans les archives sur microfilm de la Fox.
p. 454 « Tout le monde savait... » : ent. Brown/Weinstein.
p. 454 « Marilyn se réveillait... » : Murray.
p. 454 Maladie de Marilyn : Slatzer, *The Marilyn Files.*
p. 454 « Elle savait qu'elle était... » : ent. Roberts, 1993, 1998.
p. 455 Départ de Greenson : Spoto ; Murray.
p. 455 Objet transitionnel : Greenson, *Explorations in Psychoanalysis.*
p. 456 « Elle était en voile de soie... » : ent. Jean-Louis, 1993.

p. 457 Souvenirs de Norman Jefferies : ent. Jefferies, 1993.
p. 457 « Au cas où Miss Monroe... » : Brown.
p. 457 « Les responsables politiques... » : ent. Landreth, 1997.
p. 458 « Écoutez, on avait là une fille... » : Brown.
p. 458 L'hélicoptère : Brown ; Bernstein, « Monroe's Last Picture Show », *Esquire*, juillet 1973.
p. 458 « Pendant que je m'occupais d'elle... » : ent. Song, 1994 ; Spada.
p. 459 « Au fait, vous l'aimez bien ? » : Brown.
p. 459 « Oh, je pense qu'elle s'en tirera... » : Spada.
p. 459 Le gala est passé dans le documentaire télévisé de Wolper, *The Legend of Marilyn Monroe.*
p. 460 « J'étais très inquiète... » : Brown.
p. 461 « Il y avait en elle... » : Schlesinger, *Robert Kennedy.*

Chapitre 54

p. 462 « À votre place... » : ent. Schiller, 1993 ; Brown.
p. 463 « Elle savait qu'elle avait encore... » : ent. Slatzer, 1994, 1997.
p. 463 « La réaction fut incroyable... » : Brown.
p. 464 « Qu'est-ce qu'elle a, Marilyn ? » : Brown.
p. 464 Quelque chose clochait : Brown.
p. 464 « C'est peut-être le week-end... » : Brown.
p. 465 « Je doute que nous sachions jamais... » : Summers.
p. 465 24 mai : le rendez-vous entre Hoover et le Président est noté dans le carnet de rendez-vous présidentiel à la Bibliothèque Kennedy.
p. 465 Appels de Marilyn refusés : Brown ; ent. Slatzer, 1994, 1997 ; interview de Mrs. Murray à « 20/20 ».
p. 466 « Il n'essaya même pas... » : Patricia Seaton Lawford, *The Peter Lawford Story.*
p. 466 « Pat Newcomb s'installa... » : Murray.
p. 466 « Elle pouvait à peine se tenir debout... » : Brown.
p. 467 « Elle avait l'air d'avoir besoin... » : Murray.
p. 467 « Pour moi, je l'ai trouvée merveilleuse... » : ent. Snyder, 1994.
p. 468 « Elle était merveilleuse... » : Brown.
p. 468 L'entière transcription des prises de *Something's Got to Give* provient des archives d'un collectionneur qui a aimablement autorisé l'auteur à en prendre conaissance.
p. 469 « Je dois faire une apparition... » : Brown.

Chapitre 55

p. 470 « Elle était très fière... » : Brown.
p. 470 « Marilyn ne voulait pas... » : Murray.
p. 470 « Où diable est passé Peter ? » : Spada.
p. 470 « Des lettres assez pitoyables... » : Spada.
p. 471 « Elle était dans son lit, nue ... » : Summers.
p. 472 Retour de Greenson : Summers ; Brown.

p. 472 « Je peux convaincre Marilyn... » : Brown ; relevés téléphoniques de Feldman, archives de la Fox.
p. 473 « Vous savez, ce n'est pas... » : Brown ; ent. Brown/Rudin, 1992.
p. 473 Éditions du matin : *L.A. Times* et *L.A. Herald-Examiner*, 9 juin 1962 ; *N.Y. Times*, 10 juin 1962.
p. 474 Pleine page de publicité : le directeur adjoint Buck Hall a déclaré : « Ça venait d'ailleurs. Croyez-moi, je l'aurais su si l'équipe avait placé cette pub. »
p. 474 Les appels de Marilyn à Skouras sont conservés dans les archives Skouras, Special Collections Department, Université Stanford ; Brown.
p. 474 Le passé de Rosenman et ses rapports avec les Kennedy ont été exposés dans sa nécrologie parue dans le *N.Y. Times* du 25 juin 1973.
p. 475 Great Lakes Carbon Corp. : Jerry Oppenheimer, *The Other Mrs. Kennedy*.
p. 475 Appels de Rosenman : Brown ; archives Skouras, Special Collections Department, Université Stanford ; archives Zanuck, American Film Institute.
p. 475 « Vous savez que je n'ai jamais... » : Leonard Mosley, *Zanuck*.
p. 476 « Je n'ai entendu que ce qu'elle disait... » : Brown.
p. 476 Problèmes de Zanuck avec la Fox : Mosley.
p. 476 Télégramme de Western Union : correspondance privée du ministre de la Justice, Bibliothèque Kennedy.

Chapitre 56

p. 477 « Il l'aimait terriblement » : *N.Y. Daily News*, 14 août 1962.
p. 477 « Marilyn s'était absentée... » : ent. Jefferies, 1993.
p. 478 La fiancée de Joe DiMaggio Jr... : Summers.
p. 478 Visite au Dr Gurdin : Summers ; Brown ; ent. Brown/Rudin, 1992.
p. 478 « D'après moi, Joe l'aimait toujours... » : « Marilyn Remembered », juillet 1993.
p. 479 « Ses inflexions faisaient l'effet... » : Meryman, *Life*, 4 novembre 1966.
p. 479 Dean Martin : *L.A. Herald-Examiner*, 8 juin 1962 ; *N.Y. Times*, 9 juin 1962.
p. 480 Arrivée de Zanuck à New York : Mosley.
p. 480 « Je ne l'avais jamais vue... » : Brown.
p. 481 « Il était vêtu décontracté... » : Murray ; interview de Mrs. Murray à « 20/20 ».
p. 481 « J'ai reçu l'ordre d'essayer... » : Brown.
p. 482 « J'ai eu la surprise... » : Brown.
p. 483 « Mickey Rudin... » : Earl Wilson, *The Show Business Nobody Knows*.

Chapitre 57

p. 484 Dossier FBI : dossier 105-40018 sur Marilyn Monroe.
p. 485 Bolaños : Summers ; Bolaños fut photographié accompagnant Marilyn aux Golden Globes : voir Summers, *Les Vies secrètes...*
p. 485 Les détails du rapport confidentiel... : Summers, *Les Vies secrètes...*
p. 485 Séjour de Field chez Marilyn : ent. Summers/Field, 1986 ; Field.
p. 486 « Brusquement, elle ne pouvait... » : ent. Carmen, 1997.
p. 486 « Bobby était furieux... » : Lawford.
p. 486 Les notes d'honoraires des médecins ont été authentifiées.
p. 486 « Hy gardait Marilyn sous sédatifs... » : ent. Maltz, 1996.
p. 486 Robert Slatzer : ent. Slatzer, 1993, 1998 ; Slatzer, *The Life and Curious Death of MM.*
p. 488 Selon elle, Marilyn aurait tout dit... : ent. Carmen, 1997.
p. 488 Réunion à la Twentieth Century Fox : Mosley.
p. 488 Démission de Rosenman, Gould et Loeb : Mosley.

Chapitre 58

p. 489 « Il s'en est passé... » : Summers.
p. 490 Ralph Roberts : ent. Roberts, 1993, 1998.
p. 490 Sinatra et Marilyn : ent. Julius Bengston, 1993 ; Bengston, qui était un ami de Pat Newcomb, se rendit au Cal-Neva sur le *Christina* en tant que coiffeur de Marilyn ; il a fourni de multiples détails sur le week-end au Cal-Neva.
p. 490 Giancana au Cal-Neva : ent. Bill Roemer, 1994, 1995. L'ancien agent du FBI Roemer avait placé Giancana sous constante surveillance et il a déclaré que le FBI était au courant de la présence de Sam Giancana au Cal-Neva ce week-end-là.
p. 490 Présence de Bobby : ent. Slatzer, 1993, 1998.
p. 491 Bobby essayant de joindre Pat Newcomb : ent. Peggy Randall, 1993.
p. 491 « Elle restait pas mal déguisée... » : Summers.
p. 491 Elle dit à Paula... : Strasberg, *Marilyn and Me.*
p. 491 « Elle m'a dit que ç'avait été un week-end... » : ent. Roberts, 1993, 1998.
p. 492 « Au bord de la piscine... » : Summers.
p. 492 « Il était très secoué... » : Summers.
p. 492 Déclarations de Woodfield : ent. Woodfield, 1995.
p. 492 « La conversation était assourdie... » : ent. Roemer, 1994, 1995 ; Roemer.
p. 493 « Quand Marilyn est partie... » : Summers.
p. 493 « Vidée, dans un sale état... » : Summers.
p. 493 Relevés téléphoniques de la Maison Blanche : Bibliothèque Kennedy.

Chapitre 59

p. 494 Appel à Rosenfeld : Summers.
p. 495 Robe du soir : ent. Jean-Louis, 1993.
p. 495 « Elle avait l'air plus en forme... » : Summers.
p. 495 « Elle s'était dit : qui peut... » : Spada.
p. 496 Déclaration d'Otash au *L.A. Times* : *Los Angeles Times,* 8 octobre 1985.
p. 496 Écoutes de la CIA : Jim Hougan, *Spooks.*
p. 496 « Marilyn, qui était fascinée. » : Murray.
p. 496 « Elle est venue avec sa propre bouteille... » : Spada.
p. 497 « Il n'avait pas son sourire... » : *San Francisco Chronicle,* 4 août 1962.
p. 497 « On dirait que Marilyn Monroe... » : « The Voice of Broadway », *N.Y. Journal-American,* 3 août 1962 ; Dorothy Kilgallen n'a jamais identifié l'« intéressante » photo qui circula en Californie.
p. 497 Rothberg : ent. Howard Rothberg, 1995 ; Lee Israel, *Kilgallen.*
p. 497 « Ah oui... J'étais... » : ent. Ron Pataki, 1995.
p. 498 « On était peut-être... » : ent. Ron Pataki, 1995.
p. 498 Pataki et Dorothy Kilgallen : ent. Lee Israel, 1995 ; Israel.
p. 498 Appel de Marilyn à Slatzer : ent. Slatzer, 1993, 1998.
p. 499 Standardiste de l'hôtel : Summers.
p. 499 « Si je suis une star... » : interview de Meryman, *Life,* 3 août 1962.
p. 499 « Je fais le grand ménage... » : ent. Slatzer, 1993, 1998.
p. 500 « Je ne suis pas aussi mature... » : Weatherby.
p. 500 « Ce dernier mois, elle était... » : ent. Roberts, 1993, 1998 ; Strasberg.
p. 500 « Dis-lui que c'est très important... » : ent. Roberts, 1993.
p. 500 « Ralph a réussi à me joindre... » : ent. Roberts, 1993.
p. 500 Appel de Marilyn aux Rosten : ent. Rosten, 1993, 1994.
p. 501 Travilla à la Scala : Spada.
p. 501 « Elle se réveillait souvent... » : Murray.
p. 502 « Mon impression, c'est que... » : Murray.

Chapitre 60

p. 503 Série d'appels troublants : Summers ; Spada ; ent. Carmen, 1997.
p. 504 Mrs. Murray : Murray.
p. 504 Activités de Jefferies : ent. Jefferies, 1993.
p. 504 « Nous nous sommes mises à table... » : transcription d'un entretien de Slatzer avec Mrs. Murray, 1971.
p. 504 « Je lui ai fait une piqûre... » : conférence de Clemmons, « Marilyn Remembered », 22 mars 1991.
p. 504 « Névrose d'anxiété chronique » : Cottrell, *Ladies Home Companion,* janvier 1965.
p. 505 Appel à Skolsky : Summers.
p. 505 Passage de Schiller : ent. Schiller, 1993.

p. 505 « Notre prise de bec... » : Slatzer.
p. 505 Fidélité de Pat Newcomb aux Kennedy : ent. Jefferies, 1993.
p. 506 « Mrs. Murray s'est occupée... » : Slatzer.
p. 506 Vrombissement d'un hélicoptère : Summers ; Brown.
p. 506 « À vrai dire, on savait... » : Gates.
p. 507 « Je n'étais pas censée savoir... » : Murray, transcription de « Say Goodbye to the President ».
p. 507 Déclaration de Norman Jefferies : ent. Jefferies, 1993.
p. 508 « Mr. Lawford nous a demandé... » : ent. Jefferies, 1993.
p. 508 « Quand Marilyn m'a appelé... » : ent. Guilaroff, 1995 ; Guilaroff, *Crowning Glory* ; transcription de l'entretien de Peter Brown avec Guilaroff.
p. 508 Interview d'Otash : transcription de l'émission « 20/20 ».
p. 509 « Où est-il ? Où est-il ? » : Summers.
p. 509 « Deux visites de Robert Kennedy » : Summers, *Les Vies secrètes...*
p. 510 « J'ai reçu un appel de Marilyn... » : ent. Rosten, 1994.
p. 510 Marilyn furieuse : ent. Jefferies, 1993.
p. 510 « Vous partez, Pat ? » : Slatzer.
p. 511 « Un homme a répondu... » : Summers.
p. 511 « De mettre fin à sa thérapie... » : Greenson à Marianne Kris, 20 août 1962.
p. 511 Demande de Mrs. Murray : ent. Jefferies, 1993.
p. 512 « C'est entre 8 heures et 8 h 30... » : ent. Guilaroff, 1995.
p. 512 « Tu es sûre de ne pas pouvoir... » : ent. Carmen, 1998 ; Summers.
p. 512 Appel de Rosenfeld : Summers.
p. 512 Entre chien et loup... : ent. Clemmons, 1993, 1997 ; ent. Slatzer, 1993, 1997 ; Summers. Durant ses recherches pour *Les Vies secrètes...*, Summers interrogea Betty Pollard qui confirma que Robert Kennedy avait été vu franchissant le seuil de Marilyn le soir où elle mourut.
p. 513 L'appel de Bolaños est cité dans la transcription d'un entretien avec Summers en 1983. Bolaños a déclaré que Marilyn ne raccrocha pas, mais ne revint jamais au téléphone.
p. 513 « Ils nous ont dit de partir... » : ent. Jefferies, 1993.
p. 514 « J'ai cru qu'elle était morte... » : ent. Jefferies, 1993.
p. 514 Déclarations de Hall : ent. Hall, 1993, 1994. Bien qu'un article du *Globe* ait émis l'hypothèse que le Dr Greenson puisse être responsable de la mort de Marilyn, l'injection d'adrénaline dans le cœeur comme dernière tentative de réanimation était pratique courante en 1962.

Bibliographie

Adams, Cindy, *Lee Strasberg : The Imperfect Genius of the Actors Studio,* Garden City, Doubleday, 1980.

Allen, Maury, *Where Have You Gone, Joe DiMaggio ?,* New York, Dutton, 1975.

Bacall, Lauren, *By Myself,* New York, Knopf, 1979 ; trad. fr. *Par moi-même,* Paris, Stock, 1995.

Barris, George, *Marilyn : Her Life in Her Own Words,* New York, Birch Lane Press, 1995.

Behlmer, Rudy (éd.), *Memo From David O. Selznick,* New York, Viking Press, 1972.

Belmont, Georges, *Marilyn Monroe and the Camera Eye,* Boston, Bulfinch/ Little, Brown, 1989.

Bernstein, Walter, *Inside Out,* New York, Knopf, 1996.

Blair, Joan et Clay, Jr., *The Search for J.F.K.,* New York, Berkley, 1976.

Bosworth, Patricia, *Montgomery Clift,* New York, Harcourt Brace Jovanovich, 1978 ; trad. fr. *Montgomery Clift : portrait d'un rebelle,* Paris, Mercure de France, 1982.

Brown, David, *Let Me Entertain You,* New York, William Morrow, 1990.

Brown, Peter, and Patte, Barham, *Marilyn : The Last Take,* New York, Penguin, 1992.

Budenz, Louis Francis, *Men Without Faces,* New York, Harper & Brothers, 1948.

Capell, Frank, *The Strange Death of Marilyn Monroe,* The Herald of Freedom, 1964.

Carpozi, George, Jr., *Marilyn Monroe, Her Own Story,* New York, Belmont Books, 1961.

Carter, Vincent A., *L.A.P.D.'s Rogue Cops,* Lucerne Valley Ca., Desert View Books, 1993.

Clark, Colin, *The Prince, the Showgirl and Me,* New York ; St. Martin's Press, 1996.

Conover, David, *Finding Marilyn,* New York, Grosset & Dunlap, 1981.

Davis, Sammy, Jr., *Hollywood In a Suitcase*, New York, William Morrow, 1980.

De Dienes, André, *Marilyn Mon Amour, New York, St. Martin's.* 1985 ; trad. fr. *Marily mon amour, l'album intime de son premier photographe*, Filipacchi, 1985.

Dougherty, James E., *The Secret Happiness of Marilyn Monroe*, Chicago, Playboy Press, 1976.

Draper, Theodore, *The Roots of American Communism*, New York, Viking Press, 1957.

Exner, Judith et Demaris, Ovid, *My Story*, New York, Grove Press, 1977.

Farber, Stephen et Green, Marc, *Hollywood On The Couch*, New York, William Morrow, 1993.

Field, Frederick Vanderbilt, *From Right To Left*, Connecticut, Lawrence Hill & Co., 1983.

Freeman, Lucy, *Why Norma Jean Killed Marilyn Monroe*, Chicago, Global Rights Limited, 1992 ; trad. fr. *Pourquoi Norma Jean a tué Marilyn Monroe*, Éd. Zélie, 1993.

Friedrich, Otto, *City Of Nets*, New York, Harper & Row, 1986.

Gates, Daryl F., *Chief ; My Life in the L.A.P.D.*, New York, Bantam, 1992.

Gentry, Curt, Hoover, J. Edgar, *The Man and the Secrets*, New York, Penguin, 1991.

Goode, James, *The Story of the Misfits*, Indianapolis, Bobbs-Merrill, 1961.

Goodman, Ezra, *The Fifty-Year Decline and Fall of Hollywood*, New York, Simon & Schuster, 1961.

Goodman, Walter, *The Committee*, New York, Farrar, Straus & Giroux, 1964.

Greenson, Ralph R., *The Technique and Practice of Psychoanalysis*, New York, International Universities Press, 1967 ; trad. fr., *Technique et pratique de la psychanalyse*, Paris, PUF, 1977.

Gregory, Adela et Speriglio, Milo, *Crypt 33*, New York, Carol Publishing, 1993.

Guiles, Fred Lawrence, *Legend : The Life and Death of Marilyn Monroe*, New York, Stein and Day, 1984.

Guiles, Fred Lawrence, *Norma Jean : The Life of Marilyn Monroe*, New York, McGraw-Hill, 1969.

Gunther, Marc, *The House That Roone Built*, New York, Little, Brown and Company, 1994.

Hamilton, Nigel, *J.F.K. — Reckless Youth*, New York, Random House, 1992 ; *J.F.K.*, Paris, Le Seuil, 1996.

Hamon, Hervé, Rotman, Patrick, *Yves Montand : Tu vois ; je n'ai pas oublié*, Paris, Seuil/Fayard, 1990.

Haspiel, James, *Marilyn : The Ultimate Look at the Legend*, New York, Henry Holt, 1991.

Hersh, Seymour M., *The Dark Side of Camelot*, New York, Little Brown, 1997.

Howe, Irving et Coser, Lewis, *The American Communist, Party*, Boston, Beacon Press, 1957.

Hoyt, Edwin P., *Marilyn : The Tragic Venus*, Chilton, 1965.

Hurok, S. et Goode, Ruth, *Impresario*, Canada, Random House, 1946.

Huston, John, *An Open Book*, New York, Knopf, 1980.
Israel, Lee, *Kilgallen*, New York, Delacorte Press, 1979.
Jacoby, Russell, *The Repression of Psychoanalysis*, Chicago, The University of Chicago Press, 1983.
Johnson, Dorris, Leventhal, Ellen (éd.), *The Letters of Nunnally Johnson*, New York, Knopf, 1981.
Johnson, Nora, *Flashback : Nora Johnson on Nunnally Johnson*, New York, Doubleday, 1979.
Kahn, Roger, *Joe and Marilyn : a Memory of Love*, New York, William Morrow, 1986.
Kazan, Elia, *A Life*, New York, Alfred A. Knopf, 1988 ; trad. fr. *Une vie*, Paris, Grasset, 1989.
Kazan, Elia, *People Will Talk*, New York, Knopf, 1985.
Kennedy, Robert F., *The Enemy Within*, New York, Harper & Brothers, 1960.
Kessler, Ronald, *The Sins of The Father*, New York, Warner Books, 1996 ; trad. fr. *Le Péché du père : l'origine secrète du clan Kennedy*, Albin Michel, 1996.
Klehr, Harvey, *The Heyday of American Communism*, New York, Basic Books, 1984.
Klehr, Harvey, Haynes, John Earl, et Firsov, Fridrikh Igorevich, *The Secret World of American Communism*, New York, Yale University Press, 1995.
Klehr, Henry et Radosh, Ronald, *The Amerasia Spy Case*, Caroline du Nord, Chapel Hill, 1996.
Koch, Stephen, *Double Lives*, New York, Macmillan, 1994.
Lambert, Gavin, *On Cukor*, New York, Putnam's, 1972.
Lawford, Patricia Seaton, Schwarz, Ted, *The Peter Lawford Story*, New York, Carroll & Graf, 1988.
Logan, Joshua, *Movie Stars, Real People and Me*, New York, Delacorte, 1978.
Mailer, Norman, *Marilyn*, New York, Grosset & Dunlap, 1973 ; New York, Galahad, 1988 ; trad. fr. *Marilyn*, Paris, Ramsay, 1985.
Mailer, Norman, avec des photos de Milton H. Greens, *Of Women and Their Elegance*, New York, Simon & Schuster, 1980.
Mankiewicz, Joseph L., *More About All About Eve*, New York, Random House, 1972.
Masters, George, Browning, Norma Lee, *The Masters Way to Beauty*, New York, NAL/Signet, 1978.
McCann, Graham, *Marilyn Monroe*, New Brunswick, Rutgers University Press, 1988.
Miller, Arthur, *Timebends*, New York, Grove Press, 1987 ; trad. fr. *Au fil du temps*, Paris, Grasset, 1988.
Miller, Arthur, *After The Fall*, New York, Dramatists Play Service, Inc., 1964.
Miracle, Berneice Baker, et Miracle, Mona Rae, *My Syster Marilyn*, Chapel Hill, Algonquin Books, 1994.
Monroe, Marilyn, *My Story*, New York, Stein and Day, 1974.
Morphos, Évangeline (éd.), *Lee Strasberg : A Dream of Passion*, Boston, Little, Brown, 1987.
Mosley, Leonard, *Zanuck*, Boston, Little, Brown, 1984 ; trad. fr. *Zanuck, le dernier grand nabab*, Paris, Ramsay, 1992.

Murray, Eunice, *Marilyn : the Last Months,* New York, Pyramid, 1975.
Negulesco, Jean, *Things I did... and Things I Think I Did,* New York, Linden Press/Simon & Schuster, 1984.
Noguchi, Thomas T., *Coroner,* New York, Pocket Books, 1983.
Olivier, Laurence, *Confessions Of An Actor,* New York, Penguin, 1984 ; trad. fr. *Confessions d'un acteur,* Paris, Ramsay, 1988.
Olivier, Laurence, *On Acting,* New York, Touchstone/Simon & Schuster, 1986.
Oppenheimer, Jerry, *The Other Mrs. Kennedy,* New York, St. Martin's Press, 1994.
Otash, Fred, *Investigation Hollywood,* Chicago, Regnery, 1976.
Parsons, Louella O., *Tell It To Louella,* New York, Putnam's, 1961.
Pepitone, Lena, Stadiem, William, *Marilyn Monroe Confidential,* New York, Simon & Schuster, 1979 ; trad. fr. *Marilyn secrète,* Paris, Pygmalion, 1986.
Preminger, Otto, *Preminger, An Autobiography,* New York, Doubleday, 1977 ; trad. fr. *Autobiographie,* Paris, Ramsay, 1988.
Rappleye, Charles, Becker, Ed, *All American Mafioso,* New York, Doubleday, 1991.
Riese, Randall, Hitchens, Neal, *The Unabridged Marilyn : Her Life from A to Z,* New York, Congdon & Weed, 1987.
Roemer, William F., *Man against the Mob,* New York, Donald I. Finc, Inc., 1989.
Rollyson, Carl E., Jr., *Marilyn Monroe : A Life of the Actress,* Ami Arbor, UMI Research Press, 1986.
Rose Frank, *The Agency,* New York, Harper Collins, 1995.
Rosten, Norman, *Marilyn : An Untold Story,* New York, NAL/Signet, 1973 ; trad. fr. *Marilyn Monroe par elle-même,* Lherminier, 1985.
Russell, Jane, *Jane Russell : My Paths & My Detours,* New York, Franklin Watts, 1985.
Schlesinger, Arthur M., Jr., *Robert Kennedy and His Times,* Boston, Houghton Mifflin, 1978.
Schwartz, Nancy Lynn, *The Hollywood Writer's Wars,* New York, Knopf, 1982.
Shaw, Sam, Rosten, Norman, *Marilyn Among Friends,* Londres, Bloomsbury, 1987 ; trad. fr. *Marilyn et ses amis,* Paris, Ramsay, 1988.
Signoret, Simone. *La nostalgie n'est plus ce qu'elle était,* Paris, Le Seuil, 1976.
Skolsky, Sidney, *Don't Get Me Wrong-I Love Hollywood,* New York, Putnam's, 1975.
Skolsky, Sidney, *Marilyn,* New York, Dell, 1954.
Slatzer, Robert, *The Life and Curious Death of Marilyn Monroe,* New York, Pinnacle, 1974.
Spada, James, Zeno, George, *Monroe : Her Life in Pictures,* New York, Doubleday, 1982.
Speriglio, Milo, *The Marilyn Conspiracy,* New York, Pocket Books, 1986.
Spindel, Bernard B., *The Ominous Ear,* New York, Award House, 1968.
Spoto, Donald, *Marilyn Monroe : The Biography,* New York, Harper Collins, 1993 ; trad. fr. *Marilyn Monroe : la biographie,* Paris, Presses de la Cité, 1993.
Stack, Robert, Evans, Mark, *Straight Shooting,* New York, Macmillan, 1980.

Steinem, Gloria, avec des photographies de Georges Barris, *Marilyn*, New York, Henry Holt, 1986.
Strasberg, Susan, *Bittersweet*, New York, Putnam's, 1980.
Strasberg, Susan, *Marilyn and Me ; Sisters, Rivals, Friends*, New York, Warner, 1992.
Sullivan, William C., Brown, Bill, *The Bureau : My Thirty Years in Hoover's F.B.I.*, New York, Norton, 1979.
Summers, Anthony, *Goddess : The Secret Lives of Marilyn Monroe*, New York, Macmillan, 1985 ; Signet, 1986 ; trad. fr. *Les Vies secrètes de Marilyn Monroe*, Paris, Presses de la Renaissance, 1986.
Swanson, Gloria, *Swanson On Swanson*, New York, Random House, 1980 ; trad. fr. *Swanson par elle-même*, Paris, Stock, 1981.
Tchekhov, Michael, *To the Actor : On the Technique of Acting*, New York, Harper & Row, 1953 ; trad. fr. *Être acteur*, Paris, Pygmalion, 1984.
Theoharis, Athan (éd.), *From the Secret Files of J. Edgar Hoover*, Chicago, Ivan R. Dee, 1991.
Tierney, Gene, Herskowitz, Mickey, *Self-Portrait*, New York, Wyden, 1979.
Walker, Alexander, *Vivien : the Life of Vivien Leigh*, New York, Grove, 1987.
Weatherby, W.J., *Conversations with Marilyn*, New York, Mason/Charter, 1976.
Whalen, Richard J., *The Founding Father : The Story of Joseph P. Kennedy*, New York, N.A.L. World, 1964.
Williams, Jay, *Stage Left*, New York, Scribner's, 1974.
Wilson, Earl, *Show Business Laid Bare*, New York, Putnam's, 1974.
Winters, Shelley, *Shelley II*, New York, Simon & Schuster, 1989.
Young-Bruehl, Elisabeth, *Anna Freud*, New York, Summit, 1988, trad. fr. *Anna Freud*, Paris, Payot, 1991.
Zolotow, Maurice, *Billy Wilder in Hollywood*, New York, Putnam's, 1977.
Zolotow, Maurice, *Marilyn Monroe*, New York, Harcourt Brace, 1960 ; trad. fr. *Marilyn Monroe*, Paris, Gallimard, 1992.

Table

Troisième partie

LES COULEURS CHATOYANTES (1946-1954)

Quatrième partie

LE DANGER DE TOUS LES RÊVES (1955-1959)

Cinquième partie

AU BOUT DE L'ARC-EN-CIEL (1960-1962)

Achevé d'imprimer en juin 1999
sur presse Cameron
par **Bussière Camedan Imprimeries**
à Saint-Amand-Montrond (Cher)
pour le compte de France Loisirs
123, boulevard de Grenelle, Paris

Cet ouvrage a été imprimé
sur du papier sans bois et sans acide

Dépôt légal : juillet 1999.
N° d'édition : 31851. N° d'impression : 992784/4.

Imprimé en France